Administrative Gliederung der UdSSR 1959
Russische Sozialistische Föderative Sowjet-republik (RSFSR)
Autonome Republiken (ASSR) innerhalb d. RSFSR
Armenische SSR
Aserbaidschanische SSR, mit ASSR Nachitschewan und Nagorno-Karabachischem AG
Estnische SSR
Grusinische SSR, mit Abchasischer ASSR, Adscharischer ASSR und Süd-Ossetischem AG
Kasachische SSR
Kirgisische SSR
Lettische SSR
Litauische SSR
Moldauische SSR
Tadschikische SSR, mit Gorno-Badachschan. AG
Turkmenische SSR
Ukrainische SSR
Usbekische SSR
Weißrussische SSR
Autonome Gebiete (AG) und Nationale Kreise in den Farben der übergeordneten Sowjetrepubliken
EISMEER
Sewernaja Semlja
Laptew-See
Neusibirische In.
Ostsibirisches Meer
Taimyr-H.-I.
Chatanga
Norilsk
Igarka
Turuchansk
Jenissei
Unt. Tunguska
Steinige Tunguska
Obere Tunguska
Jenisseisk
Tomsk
Krasnojarsk
Kansk
Bratsk
Angara
Leninsk-Kusnezkij
Nowokusnezk
Tscheremchowo
Angarsk
Irkutsk
Baikal-See
Kusbas
Leninogorsk
Tuwin. ASSR (Tannu Tuwa) 1944
Kirensk
Bodaibo
Lena
Burjatische ASSR
Ulan-Ude
Tschita
Kjachta
Jakutische ASSR
Tiksi
Werchojansk
Wiljuisk
Jakutsk
Aldan
Oimjakon
Indigirka
Nischne-Kolymsk
Anadyr
Magadan
Ochotsk
Ochotskisches Meer
Kamtschatka
Petropawlowsk
Kommandeur-In.
Sachalin
Ocha
Nikolajewsk
Komsomolsk
Sowjetskaja Gawan
1905-45 jap.
Juschno-Sachalinsk
Kurilen bis 1945 jap.
Amur
Blagowjeschtschensk
Birobidschan
Chabarowsk
Ussuri
Wladiwostok
Sungari
Charbin
Mandschuria
Mandschurei 1945-46 sowj. bes.
Ulan-Bator
MONGOLEI
seit 1912 russischer, seit 1921 sowj. Einfluß
1924 Volksrepublik
CHINA
Schenjang (Mukden)
NORD-KOREA 1945-48 sowj. bes., 1945 VR
Pjöngjang
38. Breitengr.
Söul
SÜD-KOREA 1950-53 komm. Aggression
Dairen 1945 sowj. Freihafen
Pt. Arthur 1945-55 sowj. Stützpkt.
Peking
Japanisches Meer
JAPAN
Hakodate
Tokio
Sinkiang 1928 sowj. Einfluß
Idscha
CHINA
140
160
80
100
120

K. Witt

Geschichte Russlands und der Sowjetunion

Leonid Luks

Geschichte Russlands und der Sowjetunion

Von Lenin bis Jelzin

Verlag Friedrich Pustet
Regensburg

Die Deutsche Bibliothek – CIP-Einheitsaufnahme

Ein Titeldatensatz für diese Publikation ist bei
Der Deutschen Bibliothek erhältlich

ISBN 3-7917-1687-5

Umschlaggestaltung: Bachmann & Seidel, Reischach
Gesamtherstellung: Friedrich Pustet, Regensburg
Printed in Germany 2000

Meiner Frau
und
meinem Sohn

Inhalt

Vorwort 11

I. Russland zwischen der Februar- und der Oktoberrevolution 1917 – Warum kamen die Bolschewiki an die Macht?

1. Die Erosion des Glaubens an den Zaren 15
2. Die militärischen Niederlagen des Zarenreiches – wichtigster Auslöser der Revolution? 17
3. Das „Paradox" der Februarrevolution 19
4. Die Angst vor den „Bauern in Uniform" 20
5. Die Provisorische Regierung und der Sowjet auf der Suche nach Verständigung 23
6. Lenins Rückkehr nach Russland und die Spaltung im Lager der „revolutionären Demokraten" 25
7. Die Radikalisierung der Massen 27
8. Lenins Zusammenarbeit mit den Deutschen 30
9. Die erste Koalitionsregierung: Das Ende der Doppelherrschaft? 33
10. Die „Juli-Tage": Ein Debakel der Bolschewiki 35
11. Der Kornilow-Putsch: Das Debakel der „Rechten" 40
12. Der Oktoberputsch (1917) oder: Die Kunst des Aufstandes 42
13. Die Flucht vor der Verantwortung 50
14. Die Nationalitätenfrage im Vielvölkerreich 53

II. Der russische Bürgerkrieg – Warum blieben die Bolschewiki an der Macht?

1. Die bolschewistische Partei und die Sowjets: Eine neue „Doppelherrschaft" 59
2. Die Zerschlagung der Verfassunggebenden Versammlung – Das letzte Gefecht des russischen Parlamentarismus ... 67
3. Die Friedensverhandlungen von Brest-Litowsk – Der deutsche „Siegfrieden" im Osten 74
4. Lenins Lavieren zwischen den Mittelmächten und der Entente 84
5. „Lerne beim Deutschen!" – Der „Kriegskommunismus" 89

6. Staatsterror und soziale Isolierung des Regimes 100
7. „Rot“ gegen „Weiß“ 112
8. Die Bolschewiki und die Entente – Ein neuer „Kapitulationsfriede“ à la Brest-Litowsk? 120
9. Das Selbstbestimmungsrecht der Völker – bolschewistische „Pragmatiker“ und „weiße Doktrinäre“ 124
10. Der polnisch-sowjetische Krieg – nationalistisch oder revolutionär? 133
11. Entstehung der Kommunistischen Internationale und der Traum von der Weltrevolution 138
12. Das Scheitern des kriegskommunistischen Experiments . 149

III. Die Neue Ökonomische Politik und der Kampf um die Nachfolge Lenins (1921–1929)

1. Der Terror wird fortgesetzt 153
   a) Ausschaltung der politischen Konkurrenz auf der Linken 153
   b) Ausschaltung der weltanschaulichen Konkurrenz – Der bolschewistische Kirchenkampf 154
2. Fraktionsverbot auf dem X. Kongress der Bolschewiki (März 1921) – Vergeblicher Versuch, die Partei zu disziplinieren 157
3. Die Hungerkatastrophe von 1921/22 – Spätfolge des Kriegskommunismus 160
4. Die „Diktatur des Proletariats“ in einem Bauernland ... 161
5. Das Scheitern der „weltrevolutionären“ Offensive im Westen – Von der „Märzaktion“ in Deutschland bis zur Verkündung der Einheitsfrontpolitik auf dem III. Kongress der Komintern (Juni 1921) 166
6. Die konfliktreiche Koexistenz – Die schrittweise Normalisierung der Beziehungen mit der „kapitalistischen“ Welt 170
7. Moskau und der Aufstieg des italienischen Faschismus . 173
8. Das Bündnis der Verlierer des Ersten Weltkrieges – Der Weg nach Rapallo 179
9. Der „Ruhrkampf“ und der „deutsche Oktober“ (1923) oder: Die Ambivalenz der sowjetischen Deutschlandpolitik 184
10. Zentralismus versus Föderalismus – Die Entstehung der Sowjetunion 194
11. Der Kampf um die Nachfolge Lenins – Erster Akt: Die Entmachtung Trotzkis 195
12. Der Kampf um die Nachfolge Lenins – Zweiter Akt: Die Niederlage der „Linken“ 203

13. Der Kampf um die Nachfolge Lenins – Dritter Akt: Die Entmachtung der „rechten Opposition" 212
14. Moskau und der Westen in der Zeit der europäischen Stabilisierung (1924–1929) – Zwischen Rapallo und Locarno 223
15. „Russland jenseits der Grenzen" – Zu den ideologischen Kontroversen in der russischen Emigration 246

IV. Stalins „Siege" und Niederlagen (1930–1938)

1. Bezwingung der „bäuerlichen Kleineigentümer" und „Liquidierung des Kulakentums als Klasse" 252
2. Industrialisierung nach einem Plan, der nicht erfüllt wurde 264
3. Moskau und der Wiederaufstieg des Nationalsozialismus – Primat der Innenpolitik 273
4. Der Parteitag der „Sieger" (1934) und der Mord an Kirow – „Provokation des Jahrhunderts"? 287
5. Die Enthauptung der „Sieger" – Der „Große Terror" (1936–1938) 297
6. Kollektive Sicherheit und Volksfrontstrategie versus Appeasementpolitik – Neue Akzente in der sowjetischen Außenpolitik (1934–1938) 317
7. Die Geschichte Russlands und des Bolschewismus wird neu geschrieben 333

V. Die UdSSR im Zweiten Weltkrieg

1. Der Hitler-Stalin-Pakt – Die brüchige Allianz 337
2. Die erste Phase des deutsch-sowjetischen Krieges – spontane Entstalinisierung? Modifizierung des stalinistischen Regimes? 363
3. Moskau und die westlichen Demokratien – Die widersprüchliche Allianz 376

VI. Die „spätstalinistische" Sowjetunion (1945–1953)

1. Die Genese des Kalten Krieges 394
2. Die Entstehung des „äußeren" Sowjetimperiums 399
3. Die spätstalinistische Restauration – Die Wiederherstellung der totalitären Kontrollmechanismen in der Sowjetunion 411

VII. Der Kampf um die Nachfolge Stalins und die Herausbildung des Chruschtschowschen Systems (1953–1964)

1. Der Fall Berija 428
2. Die Fortsetzung des „Neuen Kurses" 434
3. Der postume „Tyrannensturz" – Der XX. Parteitag der KPdSU 444
4. Die Entstalinisierungskrise im Ostblock am Beispiel Polens und Ungarns 447
5. Widersprüche der Chruschtschow-Periode 451

VIII. Die Breshnew-Periode oder der Sieg der Parteibürokratie (1964–1982)

1. Die „bürokratische Restauration"? 460
2. Die Entstehung der sowjetischen Dissidentenbewegung . . 463
3. Reform und „Gegenreform" an der westlichen Peripherie des Ostblocks 467
4. Zwischen Entspannung und Konfrontation – Das Ost-West-Verhältnis in der Breshnew-Periode 470
5. Die Chruschtschow- und die Breshnew-Perioden im Vergleich 480

IX. Die Gorbatschowsche Perestrojka (1985–1991)

1. Von einer Erneuerung des Systems zum Systemwechsel . . 484
2. Die Auflösung des sowjetischen Imperiums 499

X. Das postkommunistische Russland unter Boris Jelzin – Auf der Suche nach Identität

1. Der dornige Weg zu einer offenen Gesellschaft 507
2. Das postsowjetische Russland auf der Suche nach seiner Großmachtrolle 527
3. Die Tschetschenien-Kriege 532
4. Eine neue Ost-West-Konfrontation? 537

Schlusswort 547
Literatur 550
Personenregister 562
Bildnachweis 575

Vorwort

Im Verlaufe des 20. Jahrhunderts erlebte Russland zwei Zusammenbrüche seiner Staatlichkeit und die Auflösung der jeweiligen Staatsdoktrin, die den herrschenden Regimen zugrunde lag. 1917 brachen kurz nacheinander sowohl das „alte" zarische als auch das „erste" demokratische Regime Russlands zusammen. 1991 löste sich seinerseits das bolschewistische Regime auf, das auf den Ruinen des Zarentums und der ungefestigten russischen Demokratie aufgebaut worden war. Die Ereignisse von 1917 hatten sich seit Generationen angebahnt: „Hundert Jahre lang hatte die russische Gesellschaft der Zarenmonarchie mit einer Revolution gedroht", schrieb 1927 der russische Schriftsteller Mark Aldanow: „[Der letzte russische Zar] ... hat wahrscheinlich deshalb den Vorwarnungen nicht geglaubt, weil es so viele davon gegeben hatte."

Der Zusammenbruch des sowjetischen Imperiums hingegen hatte keinen allzu langen Prolog. Er vollzog sich beinahe über Nacht und ausgerechnet zu einer Zeit, in der das sowjetische Weltreich, auch in den Augen der meisten Beobachter, als endgültig saturiert, ja als im Grunde unbezwingbar galt.

Die anderen großen europäischen Revolutionen (die englische und die französische) endeten etwa nach einer Generation mit einer Restauration. Nur in Russland blieb dieser revolutionäre Zyklus im Verlaufe mehrerer Generationen unvollendet. Fünfzig Jahre nach der bolschewistischen Revolution bezeichnete Isaac Deutscher – einer der scharfsinnigsten Sowjetologen – die Vorstellung, dass in Russland irgendwann eine Restauration stattfinden könne, als absurd. Keine andere europäische Revolution habe sich so lange an der Macht gehalten. Anders als die englische oder die französische Revolution habe die russische alle möglichen Verfechter der Restauration überlebt. 24 Jahre später existierte indes das scheinbar endgültig saturierte sowjetische Imperium nicht mehr; diese plötzliche Auflösung eines Reiches, das inzwischen zur zweitstärksten Macht der Erde avanciert war, ruft bis heute Staunen hervor.

Mit den Gründen für die beiden Zusammenbrüche – von 1917 und von 1991 – befasst sich das vorliegende Buch. Aber auch mit der Frage, warum ausgerechnet in Russland 1917 das erste totalitäre Regime der Moderne entstehen konnte – also mit dem russischen „Sonderweg", von dem die Kenner Russlands so oft sprechen. Vor einem inflationären Gebrauch des Begriffs „Sonderweg" in Bezug auf Russland soll aber zugleich gewarnt werden, denn die geschichtliche Entwicklung dieses Landes spiegelt nicht nur spezifisch russische, sondern auch allgemein europäische Tendenzen wider. So erlebten die parlamentarisch-demokratischen Institutionen, die in Russland 1917, kurz nach ihrer Errichtung, zusammengebrochen waren, einige Jahre später auch im restlichen Europa eine der tiefsten Krisen ihrer Geschichte. In den dreißiger Jahren verwandelte sich der Totalitarismus aus einer Ausnahme in eine europäische „Norm". Und zu Beginn der vierziger Jahre wurde der ganze Kontinent – bis auf wenige Ausnahmen – von totalitären Regimen direkt oder indirekt beherrscht. Insofern nahmen die russischen Ereignisse von 1917 die allgemein europäischen Entwicklungen in mancher Hinsicht nur um einige Jahre vorweg. Trotz dieser Parallelität in der Entwicklung von Ost und West muss die Frage aufgeworfen werden, warum die Zerstörung der demokratischen Einrichtungen in Russland einerseits und im Westen (Italien, Deutschland) andererseits nach unterschiedlichen Szenarien erfolgte, warum in Russland die linksextreme, im Westen hingegen die rechtsextreme totalitäre Variante obsiegte.

Schließlich muss man darauf hinweisen, dass das bolschewistische Russland nicht nur in seiner Eigenschaft als revolutionäres, sondern auch als totalitäres Regime die bis dahin vorherrschenden Vorstellungen der Analytiker sprengte. Nach dem Zusammenbruch des Dritten Reiches bildete sich bei den Totalitarismusforschern die Meinung heraus, die bereits gefestigten totalitären Regime ließen sich nur durch gewaltsame Einwirkung von außen – Krieg – oder von innen – Bürgerkrieg – überwinden. Einen Systemwechsel infolge von Reformen hielten die Experten, insbesondere nach der Zerschlagung des reformkommunistischen Experiments in Prag (1968) und der Solidarność-Bewegung in Polen (1981), im Grunde für undenkbar. Die kommunistischen Regime galten von nun an als unreformierbar und zugleich als unbesiegbar. So stellte die durch die Gorbatschowsche Perestrojka eingeleitete (und abgesehen von Rumänien) friedliche Revolution von 1989 in Osteuropa und die relativ glimpfliche Entmachtung der kommunistischen Partei in der Sowjetunion im August 1991 ein Novum in der Geschichte der totalitären Staaten dar.

Die Analyse dieser beinahe geräuschlosen Auflösung eines Regimes, das bis dahin sein Machtmonopol als kostbarstes Gut verteidigte, und zwar mit allen ihm zur Verfügung stehenden Mitteln, nimmt in der vorliegenden Arbeit einen breiten Raum ein.

Das bolschewistische Regime existierte nicht nur wesentlich länger als andere revolutionäre Regime der Moderne, es überdauerte auch um etwa zwei Generationen die anderen totalitären Systeme, die in Europa in diesem Jahrhundert entstanden waren und 1945 zusammenbrachen. So musste der bolschewistische Staat in seiner 74-jährigen Geschichte, ganz anders als das Dritte Reich, das nur 12 Jahre existierte, sich völlig unterschiedlichen historischen Konstellationen anpassen und seinen Charakter manchmal bis zur Unkenntlichkeit ändern. Trotz all dieser Zäsuren und qualitativer Sprünge blieb das Regime in vieler Hinsicht „sich selbst treu". Die Analyse dieses Spannungsverhältnisses zwischen Bruch und Kontinuität in der Geschichte des sowjetischen Staates stellt den nächsten Schwerpunkt des Buches dar.

Seit Beginn der Neuzeit zeichnete sich die russische Geschichte durch Allmacht des Staates und Ohnmacht der Gesellschaft aus. Nur in den äußerst seltenen Momenten tiefster Staatskrisen wurde dieses Kräfteverhältnis revidiert bzw. auf den Kopf gestellt. Und in diesen kurzen Zeitabschnitten entschied sich in der Regel das Schicksal des Landes für die nächsten Generationen. Der Grundstein für die künftigen Staatsstrukturen wurde gerade in diesen Perioden der Befreiung von der staatlichen Bevormundung gelegt.

Im Frühjahr 1917 nannte Lenin Russland „... das freieste Land der Welt". Dennoch wandten sich damals nicht zuletzt unter dem Einfluss der Leninschen Demagogie die politisch aktivsten Teile der Bevölkerung von der Freiheit ab und zogen die Gleichheit vor. Diese ließ sich aber nicht ohne revolutionäre Diktatur verwirklichen.

1991 erhielt die russische Gesellschaft zum zweiten Mal in diesem Jahrhundert die Chance, ihre Zukunft selbst zu bestimmen. Mit dem Charakter des Systems, das sich in Russland nach dem doppelten Zerfall – des Sowjetimperiums und der kommunistischen Diktatur – zu etablieren beginnt, befasst sich der abschließende Teil des Buches.

Mehrere Entwicklungen werden in dieser Monographie nur skizzenhaft dargestellt. Dies war leider unvermeidlich, sonst hätte sie einen vertretbaren Umfang gesprengt. Das Buch verfolgte in erster Linie das Ziel, die Grundtendenzen der russischen bzw. sowjetischen Geschichte nach 1917 darzustellen und ihren internationalen Kontext zumindest ansatzweise zu erhellen. Eine weiterreichende Bibliographie wird der Leser am Ende des Bandes finden.

Während der Arbeit an diesem Buch erhielt ich viele wertvolle Anregungen von meinen Freunden und Kollegen. Insbesondere möchte ich hier Herrn Friedrich von Halem, Herrn Donal O'Sullivan und Herrn

Peter Krupnikow dankend erwähnen. Mein besonderer Dank gilt Frau Elisabeth Maier, die den gesamten Text sorgfältig abtippte und Frau Chiara Savoldelli, die die Arbeit technisch betreute.

Eichstätt, im Januar 2000

I. Russland zwischen der Februar- und der Oktoberrevolution 1917 – Warum kamen die Bolschewiki an die Macht?

1. Die Erosion des Glaubens an den Zaren

Der Sturz des letzten russischen Zaren rief in Russland im allgemeinen kein Bedauern hervor. Die erschreckende Leere, die sich um den Thron gebildet hatte, war bereits zur Zeit der so genannten „gescheiterten Revolution" vom Jahre 1905 offensichtlich. Um so deutlicher offenbarte sie sich zwölf Jahre später, zur Zeit der „siegreichen" Februarrevolution. Die Monarchie hatte so gut wie keine Verteidiger mehr, sie brach beinahe über Nacht zusammen und dies in einem Land, in dem der Glaube an den Zaren jahrhundertelang das Weltbild breiter Bevölkerungsschichten geprägt hatte. Man muss dabei bemerken, dass die Abwendung einiger Teile der politischen Eliten des Landes von der Autokratie, die vor allem in der Zeit der beinahe despotischen Herrschaft des Zaren Nikolaus I. (1825–1855) stattfand, die russischen Volksschichten in keiner Weise beeinflusste. Sie blieben zarentreu und sahen im Selbstherrscher den Wahrer der Rechtgläubigkeit und der sozialen Gerechtigkeit. Dies ungeachtet der Tatsache, dass die bestehenden Besitzverhältnisse, die die russische Bauernschaft als äußerst ungerecht empfand, vom zarischen Regime legitimiert wurden. Erst um die Jahrhundertwende – infolge der nun einsetzenden Modernisierung des Landes – fand eine allmähliche Korrosion dieses „vormodernen" Glaubens statt. Nicht zuletzt deshalb begann sich die Kluft zwischen den revolutionär gesinnten Vertretern der Bildungsschicht und den sozial unzufriedenen Volksschichten zu schließen.

Die Petersburger Bürokratie war auf diese Entwicklung völlig unvorbereitet. Noch 1905 haben manche ihrer Vertreter an die Zarentreue der russischen Landbevölkerung geglaubt. Dementsprechend war auch das Wahlgesetz zur ersten russischen Staatsduma (Parlament) konzipiert. Die Bauern, die als besonders zarentreu galten, wurden in diesem Wahlrecht eindeutig begünstigt. Doch sie wählten ein Parlament, das den revolutionären Parteien ein deutliches Übergewicht verlieh. So sehe also der viel gepriesene Konservativismus der russischen Bauern aus, bemerkte der damalige Ministerpräsident Sergej Witte sarkastisch, der in Bezug auf die angebliche Zarentreue der russischen Unterschichten im Gegensatz zu seinen entsetzten Kabinettskollegen keine großen Illusionen hegte. Aus der wichtigsten Stütze der russischen Selbstherrschaft verwandelten sich nun die Unterschichten in ihre gefährlichsten Gegner. Ihre Hoffnung auf die Errichtung einer sozial gerechten Ordnung, auf die Enteignung der Gutsbesitzer, die sie für Schmarotzer hielten, begannen sie in einem immer stärkeren Ausmaß vom Zaren auf revolutionäre Parteien zu übertragen.

Viele Verfechter der bestehenden Ordnung, nicht zuletzt der Zar selbst, versuchten damals, die revolutionäre Gefahr mit Hilfe chauvinistischer Ideen zu bekämpfen. Sergej Witte bezichtigte den letzten russischen Monarchen allzu großer Sympathien für die extreme Rechte. Nikolaus II. habe seine Untertanen dazu aufgerufen, sich unter der Fahne der Schwarzhundertschaften (einer rechtsextremen und antisemitischen Organisation, die antijüdische Ausschreitungen initiierte) zu sammeln. Er habe auch die von den extremen Rechten organisierten Judenpogrome nicht ausdrücklich verurteilt. Diesen Kurs hielt Witte für verhängnisvoll. In der Tat hat der Flirt mit den Chauvinisten die Monarchie nicht zur erhofften „Volksnähe“ geführt. Die russische Bauernschaft – die überwältigende Mehrheit der Bevölkerung des Reiches – war für die nationalistischen Ideen wenig empfänglich. Der aus ihrer Sicht ungelösten Agrarfrage schenkte sie wesentlich mehr Aufmerksamkeit als der nationalen Größe Russlands. Nicht anders verhielt es sich auch mit der russischen Industriearbeiterschaft, die bereits bei ihrer Entstehung im ausgehenden 19. Jahrhundert zu einem der militantesten Gegner des Regimes wurde. 1891 schrieb der Ahnherr des russischen Marxismus, Georgij Plechanow, das russische Industrieproletariat stelle die erste revolutionäre Kraft in der russischen Geschichte dar, die im Stande sei, die Autokratie zu stürzen und Russland in die Gemeinschaft der zivilisierten Völker zu führen. Die Hoffnungen, die die russischen Marxisten mit dem Industrieproletariat verknüpften, waren nicht unbegründet. Die Erosion des Glaubens an den Zaren, die bei der russischen Bauernschaft einen langsamen und langwierigen Prozess darstellte, vollzog sich bei den russischen Proletariern abrupt. Zaghafte Versuche der Autokratie, die Arbeiterschaft in das bestehende System zu integrieren, scheiterten. Die gewaltsame Sprengung der friedlichen

Demonstration der Petersburger Arbeiter vom 9. Januar 1905*, die dem Zaren eine Petition überreichen wollten („Blutsonntag"), symbolisierte den endgültigen Bruch. Die Tatsache, dass die russische Selbstherrschaft sich infolge der Revolution von 1905 in eine konstitutionelle Monarchie verwandelte (im Manifest vom 17. Oktober 1905 versprach der Zar den Untertanen Grundrechte und die Einberufung eines Parlaments) und die Arbeiterbewegung legalisierte, beeinflusste die Einstellung der Arbeiterschaft zum Regime kaum.

So hat sich der nationalistische Rausch, der die europäischen Völker nach dem Ausbruch des Ersten Weltkrieges erfasste, in Russland lediglich auf die Bildungsschicht beschränkt. Die Unterschichten blieben davon wenig berührt. Mit Euphorie begrüßten sie dagegen im Februar 1917 die Revolution. Die militanten russischen Nationalisten spielten bei den Ereignissen des Jahres 1917 so gut wie keine Rolle. Die Februarrevolution sei zu einer Katastrophe für die russische Rechte geworden, schreibt Viktor Tschernow, der Vorsitzende der Partei der Sozialrevolutionäre (der sozialistischen Partei, die sich besonders stark für die Belange der russischen Bauernschaft engagierte). Kaum jemand habe den Mut gehabt, sich offen zu rechten Ideen zu bekennen.

2. Die militärischen Niederlagen des Zarenreiches – wichtigster Auslöser der Revolution?

Bei der Suche nach den Gründen für die Februarrevolution – die erste erfolgreiche Revolution von unten in der neueren russischen Geschichte – nennen viele Autoren an erster Stelle die militärischen Niederlagen der russischen Armee im Weltkrieg. Der amerikanische Sowjetologe Bertram Wolfe stellt dieses Erklärungsmodell in Frage. 1812 und 1941 (beim Russlandfeldzug Napoleons und zu Beginn des deutsch-sowjetischen Krieges) habe Russland viel katastrophalere Niederlagen erlitten als im Ersten Weltkrieg. Das bestehende System habe aber diese Rückschläge überdauern können. In der Tat, die Katastrophen von 1812 und von 1941 haben das Rückgrat der Nation keineswegs gebrochen, im Gegenteil, sie lösten lediglich eine patriotische Aufbruchstimmung im Lande aus, die das jeweilige Regime bei allen Schichten der Bevölkerung

* Kalendarische Angaben beziehen sich in diesem und den nächsten Kapiteln auf den Julianischen Kalender, der in Russland bis zum 1. Februar 1918 galt. Der Rückstand zwischen dem Julianischen und dem seit Februar 1918 geltenden Gregorianischen Kalender betrug 13 Tage.

zusätzlich legitimierte. Nichts Vergleichbares fand in den Jahren 1914 bis 1917 statt.

Anders als die Bildungsschichten und politische Eliten Russlands verstanden die russischen Arbeiter und Bauern diesen Krieg nicht als einen „vaterländischen Krieg". Solange die russischen Unterschichten traditionellen Weltbildern verhaftet waren, verkörperte für sie der rechtgläubige Zar den Staat. Als Soldaten kämpften sie für „den Glauben, den Zaren und das Vaterland". Der russische Historiker und Philosoph Georgij Fedotow hält es nicht für Zufall, dass der Begriff Vaterland sich in dieser Dreiheit an letzter Stelle findet. So führte die Abwendung der russischen Unterschichten vom Glauben an den Zaren zwangsläufig zur Lockerung ihrer Bindungen an den Staat. Die moderne Nationalidee, die den eigenen Staat unabhängig von religiösen Konnotationen als eine Art Krönung der Schöpfung betrachtet, setzte sich in Russland nur in Ansätzen, und zwar nur bei Teilen der Bildungsschicht durch. So verabschiedeten sich die breiten Massen in Russland von vormodernen Staatsvorstellungen, ohne den Anschluss an die moderne Nationalidee gefunden zu haben. Sie befanden sich in einem Schwebezustand, und gerade in dieser Situation wurde von ihnen seit dem Ausbruch des Ersten Weltkrieges eine maximale Opferbereitschaft abverlangt. Ohne eine weitgehende Identifizierung mit den Kriegszielen der Staatsführung und der herrschenden Staatsidee war ein derartiger Einsatz auf die Dauer nicht möglich. Kein Wunder, dass das Zarenregime sich als das schwächste Glied in der Kette der Krieg führenden Regime erwies und als erstes an der Herausforderung des Weltkrieges zerbrach.

Die Lage an der Front war damals ungeachtet einiger empfindlicher Rückschläge nicht in jeder Beziehung katastrophal. Die Auflösung der Armee begann erst nach dem Sturz des Zaren. Dass eine der ältesten Monarchien Europas trotzdem, nach einem nur dreitägigen revolutionären Kampf in der Hauptstadt, so schnell zerbrach, hatte in erster Linie damit zu tun, dass sie bei der eigenen Bevölkerung, sowohl bei den Unterschichten als auch bei den politischen Eliten, jegliche Verankerung verloren hatte. Während die russischen Unterschichten sich gegen das damalige Regime vor allem deshalb auflehnten, weil sie „ihren eigenen Staat, seine politischen Ziele und Ideen nicht mehr verstanden" (Fedotow), wandten sich die national gesinnten Kreise der politischen Klasse Russlands aus ganz anderen Gründen gegen den Zaren. Sie verdächtigten die Zarenfamilie, sie identifiziere sich nicht ausreichend mit dem Krieg. Da die Romanow-Monarchie, im Gegensatz zu vielen anderen Krieg führenden Nationen, nicht im Stande gewesen war, eine volkstümliche, alle Völker und Stände des Reiches einigende Idee zu entwickeln, ließen sie den unpopulären Zaren und die unberechenbar gewordene „Hofkamarilla" um die Zarin kurzerhand fallen. Die Tatsache, dass der im Dezember 1916 ermordete Favorit der Zarin und Scharlatan Grigorij Rasputin das Land praktisch mitregiert hatte, trug zur Diskreditierung der Zarenfamilie zusätzlich stark bei.

3. Das „Paradox" der Februarrevolution

Zum größten Problem der Februarrevolution, zu ihrem „Paradox", wie Leo Trotzki – einer der wichtigsten Akteure der Ereignisse von 1917 – dies einmal nannte, gehörte die Tatsache, dass sie aus zwei völlig verschiedenen, ja entgegengesetzten Revolutionen bestand: Erstens aus einer Revolution der Bildungsschichten, die Russland in eine parlamentarische Demokratie nach westlichem Muster verwandeln wollten. Die bereits 1905 begonnene Entwicklung Russlands in Richtung pluralistischer Rechtsstaat sollte nun vollendet werden. Ganz andere Vorstellungen verbanden die russischen Unterschichten mit der Februarrevolution. Sie erwarteten von ihr die Verwirklichung ihrer alten Gerechtigkeitsideale, die, worauf mehrere Autoren hinweisen, in erster Linie egalitaristische Komponenten enthielten. Die Revolution wurde von den russischen Unterschichten mit einer Auflehnung gegen das hierarchische Prinzip als solches gleichgesetzt. Parteien, die das Gleichheitsprinzip in Frage stellten, hatten im Rausch der Gleichmacherei des Jahres 1917 wenig Chancen.

Die Kluft zwischen oben und unten, die in Russland ohnehin seit Generationen außerordentlich tief gewesen war, erreichte nun Dimensionen, die für das damalige Europa beispiellos waren. Diese Kluft wurde seit den ersten Tagen der Revolution auch institutionalisiert. Die bürgerlich-liberalen Kreise fühlten sich durch das am 27. Februar 1917 errichtete Provisorische Dumakomitee und seit dem 2. März 1917 durch die von ihm gebildete Provisorische Regierung repräsentiert, die Unterschichten hingegen durch den basisdemokratischen Petrograder Rat (Sowjet) der Arbeiter- und Soldatendeputierten, der zur gleichen Zeit entstand. Die Rätebewegung verbreitete sich ungewöhnlich schnell über das ganze Land und griff auch auf die russische Bauernschaft über. Bei den Sowjets handelte es sich eindeutig um Klassenorganisationen der Unterschichten, die sich von den bürgerlichen Einrichtungen abzugrenzen suchten. Nur sozialistische Parteien bzw. Parteien, die sich zum Prinzip der so genannten „revolutionären Demokratie" bekannten, waren hier vertreten – in erster Linie die Sozialrevolutionäre (diese Partei vertrat vor allem die russische Agrarbevölkerung), zwei marxistische Parteien – Menschewiki und Bolschewiki (die 1898 entstandene Sozialdemokratische Arbeiterpartei Russlands hatte sich 1903 in zwei Flügel gespalten: Die linksradikalen Bolschewiki- vom russischen Wort „bolsche"- mehr – und die gemäßigten Menschewiki – vom russischen Wort „mensche"- weniger) , Anarchisten und kleinere linke Gruppierungen. Da die Sowjets die überwältigende Mehrheit der Bevölkerung vertraten, die nun eindeutig die „sozialistische Wahl" traf, wird von vielen Beobachtern wiederholt die Frage aufgeworfen, warum die Führung des Petrograder Sowjets nicht von Anfang an danach strebte, die ganze Macht im Lande zu übernehmen. Warum war sie zunächst bereit, die Provisorische Regierung, der kaum Machtmittel zur Verfügung standen, zu unterstützen? Immer wieder wird die These angeführt, dass die gemäßigten Sozialisten (die Menschewiki und die Sozialrevolutionäre), die im Petrograder Sowjet etwa bis Sommer 1917 dominierten, nicht bereit waren, die Führung in einer „bürgerlichen Revolution" – und die Februarrevolution galt ihnen als solche – zu übernehmen.

4. Die Angst vor den „Bauern in Uniform"

Die Angst vor der Übernahme der Verantwortung in einer „bürgerlichen Revolution" spielte in der Tat vor allem bei den Menschewiki eine wichtige Rolle. Aber nicht weniger wichtig war bei den gemäßigten Sozialisten die Angst vor der anarchischen Woge, die Russland nach der Auflösung der bisherigen Kontrollmechanismen zu überfluten drohte, vor einer grausamen Bauernrevolte, die die Errungenschaften der Februarrevolution hätte zunichte machen können. Russland war das klassische Land der gewaltigen Bauernaufstände, die immer wieder den russischen Staat in seinen Grundfesten zu erschüttern drohten. Insbesondere sind hier die Aufstände von Stenka Rasin (1667–1671) und von Jemeljan Pugatschow (1773–1775) zu nennen. Um dieser Herausforderung Herr zu werden, wurde die russische Regierung wiederholt zu einer ungewöhnlichen Anspannung all ihrer militärischen Kräfte gezwungen. Letztendlich erwiesen sich die regulären Regierungstruppen bei der Auseinandersetzung mit den schlecht organisierten verzweifelten Menschenmassen immer als überlegen.

1917 bahnte sich aber in Russland eine ganz neue Form der Jacquerie

(Bauernrevolte) an. Der unzufriedenen russischen Bauernschaft, die eine radikale Lösung der Agrarfrage anstrebte, wurden nach dem Ausbruch des Ersten Weltkrieges Waffen in die Hand gegeben. Bis Ende 1916 wurden etwa 14,6 Millionen Männer in die Armee einberufen – die überwältigende Mehrheit von ihnen waren bäuerlicher Herkunft. Zu Beginn der Februarrevolution zählten die russischen Streitkräfte etwa 9 Millionen Soldaten, und es handelte sich bei ihnen im Wesentlichen um den bewaffneten Arm der russischen Landbevölkerung. Die Unbotmäßigkeit der Petrograder Garnison (etwa 180000 Soldaten) und ihre Verbrüderung mit den revoltierenden Arbeitern der Hauptstadt besiegelte das Schicksal der russischen Monarchie. Dies steigerte das Selbstbewusstsein der „Bauern in Uniform" außerordentlich. Unter ihrem Druck verabschiedete der Petrograder Sowjet am 1. März 1917 den berühmt gewordenen Befehl Nr. 1, der unter anderem folgende Postulate enthielt: „Punkt 3. In allen politischen Angelegenheiten untersteht jeder Truppenteil dem Sowjet der Arbeiter- und Soldatendelegierten und seinen Komitees. 4. Die Befehle der militärischen Kommission der Staatsduma sind nur in den Fällen auszuführen, wenn sie zu den Befehlen und Beschlüssen des Sowjets der Arbeiter- und Soldatendelegierten nicht in Widerspruch stehen. 5. Alle Arten von Waffen, wie Gewehre, Maschinengewehre, Panzer, Autos usw. müssen sich in den Händen und unter der Kontrolle der Kompanie- und Bataillonskomitees befinden und dürfen unter keinen Umständen den Offizieren ausgeliefert werden auch wenn diese das verlangten."

Zwar bezog sich dieser Befehl zunächst lediglich auf die Petrograder Garnison, zwar wurde er am 5. März 1917, nach heftigen Protesten der Militärführung, durch den Befehl Nr. 2 des Sowjets etwas abgeschwächt. Dennoch ließ sich der Prozess der Revolutionierung der gesamten Armee und der Auflockerung der Befehlsstrukturen nicht mehr aufhalten. Das Schicksal der Februarrevolution hing von nun an in immer stärkerem Ausmaße vom Verhalten der Soldaten ab. Viele Sowjetführer aus dem Lager der gemäßigten Sozialisten hielten diese Entwicklung für äußerst besorgniserregend. Nikolaj Suchanow, der dem linken, „internationalistischen" Flügel der Menschewiki angehörte, schreibt: „Die unmittelbare Beteiligung der Armee an der Revolution war nichts anderes als eine Form der Einmischung der Bauernschaft in den revolutionären Prozess gewesen. Von meinem marxistischen und internationalistischen Standpunkt aus war das eine gänzlich unangebrachte Einmischung, ein zutiefst schädliches Eindringen ... Die Bauernschaft ... fühlte ... sich als Hauptheld der Revolution. Sie ... beugte sich ... mit dem vollen Gewicht ihrer Masse und dazu noch mit dem Gewehr in der Hand über die Wiege der Revolution. Und sie erklärte: Ich bin der Herr nicht nur des Landes, nicht nur des russischen Staates, nicht nur der nächsten Periode der russischen Geschichte, ich bin der Herr der Revolution, die ohne mich nicht hätte vollzogen werden können ... Das war völlig unangebracht und außerordentlich schädlich."

Der Menschewik Iraklij Zereteli, der zu den zentralen Figuren des Sowjets zählte, fügt hinzu: Eine besondere Prägung hätte der Revolution die Allgegenwart der Soldatenmassen verliehen, die durch ihr Verhalten im Februar 1917 den Sieg der Revolution gesichert hätten. Das revolutionäre Engagement dieser Massen sei nicht sozialistischen Idealen, sondern einem elementaren Hass gegen das alte Regime entsprungen. Die unzufriedenen Soldaten hätten zwar das alte Regime hinweggefegt, sie seien sich aber über den eigentlichen Sinn der damaligen Prozesse nicht im Klaren gewesen. Es wäre die Aufgabe der Revolutionsführer gewesen, diese Menschen, denen die elementarste politische Bildung fehlte, über die Mechanismen einer freien demokratischen Gesellschaft aufzuklären. Nur auf diese Weise hätte man der enormen Gefahr, die diese anarchisierten Massen für die Revolution darstellten, Herr werden können.

Schon einmal im 20. Jahrhundert hatte sich ein Teil der revolutionären russischen „Intelligenzija" (so wird der radikal gesinnte Teil der russischen Bildungsschicht seit den 30er Jahren des 19. Jahrhunderts bezeichnet) von der revolutionären Wirklichkeit erschreckt abgewandt. Dies war im Jahre 1905, als die Aufstände auf dem Lande und in den Städten in voller Deutlichkeit zeigten, welche Intensität die sozialen Konflikte im Imperium erreicht hatten. Die Reaktion eines Teils der Bildungsschicht auf diese Entwicklung erinnert in gewisser Hinsicht an das Verhalten der europäischen Liberalen im Jahre 1848. Auch bei ihnen wich die anfängliche revolutionäre Euphorie sehr bald einer „grande peur". Nicht das angeschlagene Ancien Régime sahen sie nun als ihren Hauptgegner an, sondern den „Vierten Stand" (Industriearbeiterschaft), der das zu gefährden schien, was sie als den Eckpfeiler der gesellschaftlichen Ordnung betrachteten, das Privateigentum. In Russland bangte der nach 1905 gemäßigt gewordene Teil der Intelligenzija nicht so sehr um das Privateigentum, als um die Existenz der Kulturschicht als solcher. Michail Gerschenson – einer der Autoren des Sammelbandes „Wechi" (Wegmarken) vom Jahre 1909, der das revolutionäre Credo der russischen Intelligenzija scharf verurteilte, schrieb: Nach 1905 sei eine paradoxe Situation entstanden: „Die Unterschichten, für die [die Intelligenzija] gekämpft hatte, hassen ... [die Bildungsschicht als solche] und von dem Staat, den ... [die Intelligenzija] bekämpfte, wurde sie verteidigt... [Der Staat allein ist es], der mit seinen Bajonetten und Gefängnissen uns ... vor dem Volkszorn bewahrt." Infolge der Februarrevolution brach aber der gewaltige zarische Verwaltungs- und Polizeiapparat innerhalb von wenigen Tagen zusammen.

5. Die Provisorische Regierung und der Sowjet auf der Suche nach Verständigung

In ihrem Manifest vom 3. März 1917 verkündete die Provisorische Regierung die Ablösung der Polizei durch eine Volksmiliz und die Abhaltung von allgemeinen, direkten, gleichen und geheimen Wahlen.

Es war aber alles andere als einfach, diese Postulate in einem Land, das sich in revolutionärer Gärung befand und zugleich einen Krieg gegen übermächtige äußere Feinde führte, in die Wirklichkeit umzusetzen und einen Ersatz für die gigantische zarische Staatsmaschinerie zu finden. Um den gänzlichen Zerfall des Staates und der Gesellschaft und damit auch eine zivilisatorische Katastrophe im Lande zu verhindern, war die Provisorische Regierung auf die Unterstützung der Sowjets geradezu angewiesen. Die Führung der Sowjets, zunächst auf der Petrograder und seit dem I. Allrussischen Kongress der Sowjets vom Juni 1917 auf der gesamtstaatlichen Ebene, war durchaus bereit, diese Unterstützung zu gewähren. Es handelte sich allerdings dabei um eine bedingte Unterstützung. Die Räte stellten eine Art Überwachungsorgan der „revolutionären Demokratie" dar, dessen Hauptaufgabe „der Kampf gegen die Reste des alten Regimes und gegen konterrevolutionäre Versuche" war. Unter dem Druck der Sowjetführer war das erwähnte Manifest der Provisorischen Regierung vom 3. März 1917 entstanden, in dem unter anderem eine vollständige und sofortige Amnestie in allen politischen und religiösen Fällen einschließlich terroristischer Attentate, militärischer Aufstände, landwirtschaftlicher Verbrechen verkündet wurde. Hinzu kamen Rede-, Presse- und Versammlungsfreiheit. Alle ständischen, konfessionellen und nationalen Beschränkungen wurden abgeschafft. Das Manifest versprach auch die „sofortige Vorbereitung zur Einberufung der konstituierenden Versammlung".

Trotz seiner Radikalität sprengte dieser Katalog der Freiheitsrechte nicht den Rahmen des bürgerlich demokratischen Systems. Abgesehen davon wollten die Sowjetführer die künftige Staatsordnung Russlands nicht vorwegnehmen. Darüber hatte die Verfassunggebende Versammlung zu entscheiden, die auf der Basis des allgemeinen demokratischen und nicht des revolutionären Klassenwahlrechts gebildet werden sollte.

Die Führung des Sowjets sanktionierte nicht nur das Programm, sondern auch die Zusammensetzung der Provisorischen Regierung. Dominiert wurde diese Regierung von der liberalen Partei der Konstitutionellen Demokraten („Kadetten") und den „Oktobristen", die sich etwas rechts von den Kadetten befanden. Der Führer der Kadetten, Pawel Miljukow, übernahm das Amt des Außenministers, der Führer der Oktobristen, Gutschkow, wurde Kriegsminister. Pawel Miljukow, der eigentliche starke Mann des neuen Kabinetts, wollte auch einige Sowjetführer in die Regierung einbeziehen. Der einzige, der dieses Angebot akzeptierte, war Alexander Kerenski, einer der stellvertretenden Vorsitzenden des Petrograder Sowjets. Er übernahm das Amt des Justizministers. Diese Entscheidung Kerenskis rief keine prinzipiellen Einwände seitens des Sowjets hervor. Zwar stimmte ein Teil der bolschewistischen Fraktion im Sowjet gegen die Verständigung mit der bürgerlichen Regierung und rief zur Bildung einer provisorischen Revolutionsregierung auf. Der Antrag wurde aber von der überwältigenden Mehrheit der Sowjetdeputierten abgelehnt. Sogar mehrere Bolschewiki stimmten dagegen.

Man hatte damals durchaus den Eindruck, dass sogar die Bolschewiki – dieser wohl radikalste Flügel der russischen Arbeiterbewegung – sich in die Einheitsfront der „revolutionären Demokratie" und der bürgerlich liberalen Kräfte einreihte, vor allem nach der Rückkehr solcher zentralen Figuren der Partei wie Lew Kamenew und Josif Stalin aus der Verbannung. Der Kurs der Bolschewiki und ihres Zentralorgans „Prawda" begann sich immer stärker dem der gemäßigten Menschewiki anzunähern. Sogar die Möglichkeit der Vereinigung dieser seit 1903 verfeindeten Flügel der russischen Sozialdemokratie wurde erwogen. Dieser Prozess wurde jedoch nach der Rückkehr des Gründers und Führers der bolschewistischen Partei, Wladimir Lenin, aus dem Schweizer Exil am 3. April 1917 jäh unterbrochen.

6. Lenins Rückkehr nach Russland und die Spaltung im Lager der „revolutionären Demokraten"

Bereits einen Tag nach seiner Rückkehr verkündete Lenin seine berühmt gewordenen „Aprilthesen", die „Russland ein halbes Jahr später aus den Angeln heben sollten" – so die Autoren des 1991 in Moskau erschienenen Geschichtswerks „Nasche Otetschestwo" (Unser Vaterland). Lenin sagte: „Die Eigenart der gegenwärtigen Lage in Russland besteht im *Übergang* von der ersten Etappe der Revolution, die in Folge des ungenügend entwickelten Klassenbewusstseins und der ungenügenden Organisiertheit des Proletariats der Bourgeoisie die Macht gab, zur *zweiten* Etappe der Revolution, die die Macht in die Hände des Proletariats und der ärmsten Schichten der Bauernschaft legen muss. Dieser Übergang ist gekennzeichnet einerseits durch ein Höchstmaß an Legalität (Russland ist zur Zeit von allen Krieg führenden Ländern das freieste Land der Welt), andererseits dadurch, dass gegen die Massen keine Gewalt angewandt wird, und schließlich durch die blinde Vertrauensseligkeit der Massen gegenüber der Regierung der Kapitalisten, der ärgsten Feinde des Friedens und des Sozialismus." Danach verkündete der Führer der Bolschewiki folgende Parolen: „3. Keinerlei Unterstützung der Provisorischen Regierung ... 4. ... Aufklärung der Massen darüber, dass die Sowjets der Arbeiterdeputierten die *einzig mögliche* Form der revolutionären Regierung sind ... 5. Keine parlamentarische Republik – von den Sowjets der Arbeiterdeputierten zu dieser zurückzukehren, wäre ein Schritt rückwärts –, sondern eine Republik der Sowjets der Arbeiter-, Landarbeiter- und Bauerndeputierten im ganzen Lande von unten bis oben ... 6. ... Konfiskation aller [Landgüter] ..."

Nicht nur für die gemäßigten russischen Sozialisten, sondern auch für die Mehrheit der bolschewistischen Führer stellten die Thesen Lenins einen wahren Schock dar. Lenin wurde der Weltfremdheit bezichtigt. Aufgrund seiner langjährigen Emigration habe er den Bezug zur russischen Realität verloren, meinten übereinstimmend viele Beobachter, sogar manche Bolschewiki. Stalin kritisierte damals die Thesen Lenins als schematisch und zu abstrakt. Kamenew wandte sich gegen Lenins Behauptung, die bürgerlich-demokratische Revolution in Russland sei bereits vollendet.

Ungeachtet dieser massiven Kritik aus den eigenen Reihen setzte sich Lenin in der Partei sehr schnell durch. Mitte April wurde Lenins Kurs von der Petrograder und Ende April von der Allrussischen Parteikonferenz der Bolschewiki akzeptiert. Dies war vielleicht einer der wichtigsten Siege Lenins im Verlaufe seiner gesamten politischen Karriere. Dass Lenin die innerparteiliche Opposition mit einer derartigen Leichtigkeit zu bezwingen vermochte, wird von dem Zeitzeugen Nikolaj Suchanow folgendermaßen erklärt: „Lenin war in der Praxis das monopolistische, einzige und unteilbare Haupt der Partei seit ihrer Entstehung. Die bolschewistische Partei ist allein Lenins Schöpfung. Dutzende, Hunderte von Menschen folgten einander auf den verantwortlichen Posten, Generationen von Revolutionären wechselten einander ab. Lenin aber blieb auf seinem Posten ..., bestimmte unumschränkt das Gesicht der Partei und teilte mit keinem die Macht. ... Es gab [in der Partei] einige bedeutende Generäle, aber sie waren nichts ohne Lenin, wie Planeten ohne die Sonne ... Von einer Ersetzung Lenins durch einzelne Individuen, Paare oder Kombinationen konnte keine Rede sein. Die bolschewistische Partei hatte ohne Lenin weder einen selbständigen ideologischen Gehalt, noch eine organisatorische Basis, also weder Ziele noch Existenzmöglichkeiten."

Der mehr oder weniger solidarische Block der „revolutionären Demokratie" erhielt nun einen Riss, der im Verlaufe des Jahres 1917 immer tiefer wurde. Am Ende dieses Prozesses stand die Spaltung des Blocks mit verhängnisvollen Folgen für alle Beteiligten.

Immer wieder wird in der Forschung die Frage nach den Ursachen für den atemberaubenden Triumph der Bolschewiki gestellt.

Ihr Aufstieg innerhalb von 8 Monaten nach der Februarrevolution von einer politischen Randerscheinung zum Herrscher über eines der größten Reiche der Erde gehört zu den erstaunlichsten Phänomen der neuesten Geschichte.

Zwar forderte Lenin in seinen Aprilthesen „alle Macht den Sowjets", dennoch musste er zugleich zugeben, dass die bolschewistische Partei „in den meisten Sowjets der Arbeiterdeputierten in der Minderheit, vorläufig sogar in einer schwachen Minderheit ist".

Der I. Allrussische Kongress der Arbeiter- und Soldatendeputierten vom Juni 1917 wurde eindeutig von den gemäßigten Sozialisten dominiert. Von 822 Delegierten gehörten 285 der sozialrevolutionären und 248 der menschewistischen Fraktion an. Die Bolschewiki verfügten lediglich über 105 Mandate. Das Kräfteverhältnis auf dem ersten Allrussischen Kongress der Bauerndeputierten vom Mai 1917 sah für die Bolschewiki noch deprimierender aus. Von 1115 Delegierten gehörten nur 14 der bolschewistischen Partei an, die sozialrevolutionäre Partei hingegen verfügte über 573 Mandate. Die gemäßigten Sozialisten schienen also bis Mitte 1917 die Kontrolle über die Entwicklungen im Lande zu besitzen.

7. Die Radikalisierung der Massen

Wie Lenin in den Aprilthesen mit Recht sagte, war Russland nach der Februarrevolution „von allen Krieg führenden Ländern das freieste Land der Welt". Wenn man dabei bedenkt, dass Russland vor dem Sturz des Zaren mit besonders strenger Hand regiert worden war, wird die Bedeutung der Zäsur vom Februar 1917 offensichtlich. Das Land befand sich in einem Freiheitsrausch. Dabei kann der Begriff Freiheit im Russischen entweder als „swoboda" oder als „wolja" übersetzt werden. Im ersten Fall handelt es sich eher um Freiheit im westlichen Sinne, die auch ihre eigenen Grenzen respektiert – die Freiheitsräume des Anderen. Bei „wolja" hingegen handelt es sich um eine Freiheit, die keine Schranken kennt. Setzte sich in Russland nach dem Zusammenbruch des zarischen Obrigkeitsstaates diese zweite anarchische Form der Freiheit durch? Die Meinungen der Beobachter sind geteilt. Eines steht aber fest: Den Appellen der „Vernunft"-Sozialisten, die die Bevölkerung zu maßvollem und verantwortungsbewusstem Handeln aufriefen, wurde immer weniger Gehör geschenkt. Warum sollten die Bauern mit der Enteignung der Gutsbesitzer und die Arbeiter mit der Errichtung der Arbeiterkontrolle in den Betrieben bis zur Einberufung der Verfassunggebenden Versammlung warten, wenn ihre „Klassengegner" so wehrlos und so schwach wie nie zuvor waren? Die Statistik der Bauernunruhen zeigt, dass ihre Zahl von März bis Juli ununterbrochen stieg.

März	April	Mai	Juni	Juli
16	193	253	562	1100

Bezeichnend ist auch die Tatsache, dass die Form dieser Unruhen sich im Verlaufe der Zeit radikal änderte. Noch im März wurden zumeist die Gutshäuser zerstört. In den nächsten Monaten nahm indes diese Form der Gewalt kontinuierlich ab, immer häufiger wurden dagegen die Gutsbesitzer eigenmächtig enteignet und verjagt. Dies veranschaulicht deutlich die folgende Tabelle über die auf dem Lande registrierten Strafdelikte:

	März	April	Mai	Juni	Juli
Zerstörungen	51,3%	8%	6,7%	3,6%	4,3%
Landaneignungen	2,6%	24,9%	34,3%	37%	34,5%

Statt auf eine von oben beschlossene Bodenreform zu warten, begannen also die Bauern faktisch ihren alten Traum von der so genannten „schwarzen Umverteilung" (tschornyj peredel), d. h. von der gänzlichen Enteignung der Gutsbesitzer auf eigene Faust zu verwirklichen.

Eine ähnliche Radikalisierung ließ sich auch im Verhalten der Arbeiter feststellen. Eine Vorreiterrolle spielten dabei die Fabrik- und Betriebskomitees (Fabsawkomy), die bei den Auseinandersetzungen mit Unternehmern und Betriebsleitern eine besondere Militanz an den Tag legten. Sie kämpften nicht nur um Lohnerhöhungen und um die Verbesserung der Arbeits- und Lebensbedingungen, sondern sie versuchten zugleich auch die Kontrolle über die jeweiligen Betriebe zu übernehmen. In mehreren Unternehmen, vor allem in einigen staatlichen Rüstungsbetrieben, ist es ihnen vorübergehend auch gelungen, dieses Ziel zu erreichen. Die Fabrik- und Betriebskomitees Petrograds gehörten zu den ersten Organisationen des Landes, in denen die Bolschewiki sich durchzusetzen vermochten. Auf ihrer ersten Konferenz Ende Mai 1917 bekannten sich $^2/_3$ der Delegierten dieser Komitees zu den bolschewistischen Positionen.

Aber nicht nur die Arbeiter und die Bauern sondern auch die Soldaten wurden immer ungeduldiger. Über ihre Stimmung schreibt Alexander Kerenski: „Nach drei Jahren bitteren Leidens fragten sich Millionen kriegsmüder Soldaten: Warum muss ich jetzt sterben, wenn in der Heimat ein neues, freieres Leben beginnt?"

Dass die russischen Soldaten nicht mehr bereit waren, die Früchte der in der Februarrevolution neu gewonnenen Freiheit vor dem äußeren Feind zu verteidigen, stellte für die Vertreter der national gesinnten liberalen Kreise Russlands eine gänzliche Überraschung dar. Sie waren davon überzeugt, dass die Einstellung der Bevölkerung zum Krieg sich nach dem Sturz der unpopulären Romanow-Dynastie radikal ändern würde. Sie erwarteten eine revolutionäre Kriegsbegeisterung vergleichbar derjenigen, die im revolutionären Frankreich nach dem Ausbruch des Krieges gegen die legitimistischen Mächte geherrscht hatte. Nichts dergleichen ist aber geschehen. Die Februarrevolution vermochte es nicht, das weltanschauliche Vakuum, das im Bewusstsein der russischen Unterschichten infolge der Erosion des Glaubens an den Zaren entstanden war, auszufüllen. Man muss in diesem Zusammenhang Folgendes hinzufügen: Die Abkehr der russischen Unterschichten vom Zarenideal führte keineswegs dazu, dass sie ihre traditionellen Vorstellungen vom politischen Führungsstil gänzlich aufgegeben hätten. Gemäß dieser Tradition musste die Staatsmacht stark, unabhängig und ungeteilt sein. Der Doppelherrschaft, die sich infolge der Februarrevolution etablierte, fehlten aber all diese Eigenschaften. Im Volke war nun das Gefühl verbreitet, man lebe nicht in einem richtigen Staat, sondern in einem Provisorium. Diese Stimmung spiegelte sich in einigen Aussagen russischer Bauern wider, die Pawel Miljukow in seinen Erinnerungen zitiert. So weigerten sich zum Beispiel die Bauern, Steuern zu zahlen, mit dem Argument, dass sie nicht wüssten, an wen man jetzt zahlen solle. Es gebe keine echte Regierung und keine Gesetze. Um so weniger waren die Bauern und ihre Söhne bereit, der Obrigkeit, die in ihren Augen keine war, ihr Leben zu opfern. Der Sowjet, der die Interessen dieser Schichten vertrat, musste ihrer Friedenssehnsucht Rechnung tragen. Am 14. März 1917 richtete der Petrograder Sowjet einen Appell „An die Völker der Welt", in dem es hieß: „Im Bewusstsein ihrer revolutionären Macht bekräftigt die russische Demokratie ihren Willen, mit allen Mitteln gegen die Eroberungspolitik ihrer eigenen Herrscherklasse zu kämpfen und ruft die Völker Europas zur Entscheidungsschlacht für den Frieden auf."

Die westlichen Alliierten, die am Durchhaltewillen Russlands zu zweifeln begannen, forderten von der Provisorischen Regierung, vor allem von ihrem Außenminister Miljukow, ein eindeutiges Bekenntnis zum Krieg. Als Miljukow dem französischen Botschafter in Petersburg, Maurice Paléologue die prekäre Lage der vom Wohlwollen des Sowjets abhängigen Provisorischen Regierung zu erklären suchte, stieß er bei dem französischen Diplomaten auf kein Verständnis. Die französische Regierung sei nicht bereit, irgendwelche Zweideutigkeiten in der Frage des russischen Kriegseinsatzes zu dulden. Auch der britische Botschafter in Petersburg, George Buchanan, war darüber empört, dass die Provisorische Regierung nicht entschlossen gegen die Verbreitung pazifistischer Parolen im Lande vorging. Aber der Druck der Alliierten war sicher nicht die wichtigste Ursache für die Erklärung Miljukows vom 27. März, in der vom Streben Russlands, den Krieg bis zum siegreichen Ende zu führen, die Rede war. Miljukow handelte auch aus innerer Überzeugung. Die Fortsetzung des Krieges an der Seite der Alliierten hielt er, ähnlich wie die national gesinnten liberalen Kreise Russlands, für eine Sache der nationalen Ehre. Es kam für ihn nicht in Frage, die Verbündeten, aus welchen Gründen auch immer, im Stich zu lassen. Dennoch entwickelte die Revolution allmählich einen neuen Ehrenkodex, in dem die nationalen Ehrbegriffe als antiquiert galten. Nur diese radikale Umwertung der Werte, nur dieser neue revolutionäre Ehrenkodex machte es möglich, dass ein Politiker, dem eine Kollaboration mit dem Kriegsgegner vorgeworfen und nachgewiesen wurde, so gut wie keinen Schaden davontrug und letztendlich die Alleinherrschaft im Lande erringen konnte.

8. Lenins Zusammenarbeit mit den Deutschen

Die Zusammenarbeit Lenins mit der Deutschen Reichsführung und mit der Obersten Heeresleitung (OHL), stellte für die sowjetischen Historiker immer eine sehr heikle Angelegenheit dar. Sogar in dem bereits erwähnten, sehr sachlichen Geschichtswerk vom Jahre 1991 „Unser Vaterland", an dem sich die Elite der sowjetischen Historikerzunft beteiligte, wurde die These einer Zusammenarbeit Lenins und der Bolschewiki mit den Deutschen als nicht eindeutig bewiesen dargestellt. Zugleich geben aber die Autoren selbstkritisch zu, dass diese Frage in der Sowjetunion noch nicht erforscht sei.

Nach der Auflösung der Sowjetunion verloren aber auch viele russische Autoren ihre Zweifel. Es wurden nun zusätzlich zu den deutschen auch viele sowjetische Dokumente ausgewertet, die Beweise für die Zusammenarbeit der Bolschewiki mit den außenpolitischen Gegnern Russlands liefern. Der Lenin-Biograph Dmitrij Wolkogonow spricht deshalb von einem beispiellosen Landesverrat und bezeichnet Lenin als einen „historischen Verbrecher".

Einen besonders spektakulären Auftakt der Zusammenarbeit Lenins mit der deutschen Führung stellte bekanntlich seine Reise aus dem Schweizer Exil durch Deutschland nach Russland dar. Aber auch vorher hatte es gelegentlich Kontakte zwischen den Bolschewiki und den Deutschen gegeben, die in erster Linie der germanophil eingestellte russisch-deutsche Sozialdemokrat Alexander Parvus (Helphand) vermittelte. Parvus, der zu den umstrittensten Figuren der deutschen und der russischen Arbeiterbewegung zählte, wurde im März 1915 sogar zum Berater der deutschen Regierung für die Angelegenheiten der russischen Revolution ernannt.

Als die Nachricht vom Sturz des Zaren die Schweiz erreichte, wollte Lenin sofort nach Russland zurückkehren. Aber es war nicht leicht, diesen Wunsch zu verwirklichen. Die Entente-Regierungen und die Provisorische Regierung Russlands versuchten seine Rückkehr zu verhindern. Sie wussten, wie gefährlich Lenins defätistische und revolutionäre Propaganda für die russische Verteidigungsbereitschaft werden konnte. Am 17. März 1917 schrieb Lenin an seinen Parteigefährten

Hanecki: „Sie können sich vorstellen, was für eine Folter es für uns alle ist, in einer solchen Zeit hier sitzen zu müssen."

Trotzki berichtet in seiner „Geschichte der Russischen Revolution", dass Lenin sich wie ein Rasender bemüht habe, seinem Käfig in der Schweiz zu entkommen. So beschloss Lenin, letztendlich mit den Deutschen über seine Durchreise durch das deutsche Territorium direkt zu verhandeln. Darauf hatte man in Berlin bereits gewartet. Die deutsche Regierung und die Oberste Heeresleitung waren einverstanden. Am 23. März 1917 kabelte der Unterstaatssekretär im Auswärtigen Amt Zimmermann an den Vertreter des Auswärtigen Amtes in der OHL, Lersner: „Da wir Interesse daran haben, dass der Einfluss des radikalen Flügels der Revolutionäre in Russland Oberhand gewinnt, scheint mir eventuelle Durchreise-Erlaubnis durch Deutschland angezeigt. Ich möchte daher Gewährung befürworten." Lersner antwortete: „Oberste Heeresleitung lässt drahten: Gegen Durchreise russischer Revolutionäre keine Bedenken."

Am 27. März 1917 fuhr der Zug mit Lenin und seinen Anhängern von Bern ab. „Selbst unter den Frachten des Krieges [war es] eine Fracht von außerordentlicher Explosionskraft", schrieb später Trotzki.

Lenin hatte keine Skrupel, das Kollaborationsangebot der Deutschen anzunehmen. Die Beschuldigungen seiner Gegner, die ihn als deutschen Agenten bezeichneten, waren überaus naiv. Lenin war Agent für niemanden. Er arbeitete nur für sich selbst und für sein Ziel – für die proletarische Weltrevolution. Er wollte das deutsche Herrschaftssystem genauso wie das russische zerstören. Aber die unsichere und schwache postrevolutionäre Regierung Russlands war nun einmal viel leichter zu stürzen als das deutsche Militärregime. Getreu seiner Devise „Bezwingung des schwächsten Gliedes der imperialistischen Kette" wollte Lenin alle seine Kräfte auf Russland konzentrieren.

Trotzki resümiert das Wesen des Abkommens zwischen Lenin und Ludendorff, dem mächtigsten Mann in der OHL und damit auch im Deutschen Reich: „Ludendorff hat gehofft, die Revolution werde in Russland die zaristische Armee demoralisieren ... Von Ludendorff war das ein Abenteuer, das aus der schwierigen militärischen Lage Deutschlands resultierte. Lenin nutzte die Berechnung Ludendorffs aus und hatte dabei seine eigene Berechnung. Ludendorff sagte sich: Lenin wird die Patrioten stürzen, dann werde ich kommen und Lenin und seine Freunde ersticken. Lenin sagte sich: Ich werde in Ludendorffs Eisenbahnwaggon ... fahren und werde ihm für diesen Dienst auf meine Art zahlen."

Lenins Reise durch Deutschland war nur der Beginn der Kollaboration zwischen den Bolschewiki und der deutschen Führung. Die letztere bemühte sich zunächst noch um einen Separatfrieden mit der Provisorischen Regierung, sie versuchte auch Kontakte mit den Mitgliedern des Petrograder Sowjets, die gegen den Krieg eingestellt waren, anzuknüpfen. Aber alle diese Versuche scheiterten, die Provisorische Regierung wollte weiter Krieg führen, und darum waren die Deutschen entschlossen, sie zu beseitigen. Hier waren sie sich mit Lenin einig. Die Antikriegspropaganda, die Lenin seit seiner Rückkehr nach Russland führte, wäre in solchen Maßstäben ohne die Geldmittel, die die Deutschen ihm zu Verfügung stellten, unmöglich gewesen. Viele Dokumente weisen eindeutig darauf hin, dass Lenins Zusammenarbeit mit der deutschen Regierung bis zur Oktoberrevolution sehr intensiv war. So berichtete der deutsche Gesandte in Bern, Freiherr von Romberg, am 30. 4. 1917 in seinem Schreiben an den Reichskanzler von Bethmann Hollweg über ein Gespräch, das er mit einem der engsten Gefährten Lenins, Fritz Platten [Schweizer Sozialdemokrat] geführt hatte: „Herr Platten, der ... den russischen Revolutionär Lenin ... auf ... [seiner] Reise durch Deutschland begleitet hatte, besuchte mich heute, um mir namens der Russen für das erwiesene Entgegenkommen zu danken. Die Reise sei vortrefflich vonstatten gegangen ... Lenin [sei] von seinen Anhängern ein glänzender Empfang bereitet worden. Man könne wohl sagen, dass er $^{3}/_{4}$ der St. Petersburger Arbeiter hinter sich habe ... Aus den Bemerkungen Plattens ging hervor, dass es den Emigranten sehr an Mitteln für ihre Propaganda fehlt, während ihre Gegner natürlich über unbegrenzte Mittel verfügen."

Um dieses „Ungleichgewicht" zumindest partiell zu beseitigen, fand die deutsche Führung mehrere Kanäle, um die Bolschewiki finanziell zu unterstützen. Dies lässt sich anhand vieler deutscher und russischer Dokumente ausreichend belegen.

Die Bolschewiki waren sich darüber im Klaren, dass das weitere Schicksal der Revolution von der Haltung der Armee abhing und sie wussten auch, mit welcher Parole sich die kriegsmüden Soldatenmassen ködern ließen – sie hieß „sofortige Beendigung des räuberischen, imperialistischen Krieges". Das Argument der gemäßigten Sowjetführer, die meinten, die Februarrevolution müsse vor den außenpolitischen Feinden verteidigt werden, rief bei Lenin Empörung hervor. In seinen Aprilthesen hielt er auch die geringsten Zugeständnisse an die so genannte „revolutionäre Vaterlandsverteidigung" für unzulässig.

Trotz der damals in Russland so verbreiteten Friedenssehnsucht schien Lenin mit seinem offen defätistischen Kurs zu weit gegangen zu sein. Deshalb beteuerte Miljukow im Gespräch mit dem britischen Botschafter Buchanan, dass Lenin vom Volke nun gehasst werde, dass die Soldaten nur auf einen Wink der Regierung warteten, um den Führer der Bolschewiki zu verhaften.

In Wirklichkeit musste aber nicht Lenin, sondern Miljukow einer Explosion des Volkszorns weichen. Seine Erklärung vom 27. März 1917, in der er vom Krieg bis zum siegreichen Ende sprach, gelangte am 20. April an die Öffentlichkeit und rief die Empörung der Linken hervor. Es fanden am 20. und am 21. April regierungsfeindliche Demonstrationen statt. Aber auch die Anhänger der Regierung trauten sich damals noch auf die Straßen. Bei den Zusammenstößen wurden drei Menschen getötet. Die Regierung benötigte nun unbedingt die Unterstützung der Sowjetführung, um die Gemüter zu beruhigen. Für diese Unterstützung hatte sie aber einen recht hohen Preis zu zahlen. Die Politiker, die sich für die Fortsetzung des Krieges besonders stark engagierten, mussten das Kabinett verlassen – abgesehen von Miljukow auch der Kriegsminister Gutschkow. So waren die Voraussetzungen für die Entstehung einer Koalitionsregierung aus Vertretern des „bürgerlichen" Lagers auf der einen und aus Vertretern des Sowjets auf der anderen Seite geschaffen. Am 1. Mai 1917 erklärte sich die Mehrheit des führenden Organs des Petrograder Sowjets – des Zentralen Exekutivkomitees des Sowjets – (44 Stimmen gegen 19, bei 2 Enthaltungen) mit dem Eintritt seiner Mitglieder in die Provisorische Regierung einverstanden.

9. Die erste Koalitionsregierung: Das Ende der Doppelherrschaft?

Für einige Autoren bedeutet die Errichtung der „bürgerlich"-sozialistischen Koalitionsregierung zugleich das Ende des im Februar 1917 entstandenen Systems der Doppelherrschaft. Aus einem revolutionären Kontrollorgan habe sich nun der Petrograder Sowjet in einen Teil des Regierungsblocks verwandelt. Die immer radikaleren Volksschichten hätten sich von den zentralen Sowjetinstitutionen nicht mehr vertreten gefühlt.

Auch der Arbeitsstil der Sowjetorgane veränderte sich damals sehr stark. Die Sitzungen des Sowjets verliefen nicht mehr so chaotisch wie in den ersten Tagen der Revolution. Aber durch die größere Effektivität büßten die zentralen Sowjetorgane an Popularität ein. Der russische Philosoph und Akteur der damaligen Ereignisse, Fjodor Stepun, meinte, ein wichtiges Wesensmerkmal der Revolution sei das Chaos. Deshalb habe nur ein chaotischer Sowjet der damaligen Gemütslage der Volksmassen entsprochen. Je besser und geordneter der Sowjet zu funktionieren begann, desto weniger Einfluss habe er auf die Massen gehabt. Diese Beobachtung Stepuns wird von vielen Historikern bestätigt.

Trotz dieser Entwicklung wäre es sicher verfehlt, die Errichtung der sozialistisch-bürgerlichen Koalitionsregierung als ein Zeichen für das Ende der Doppelherrschaft zu betrachten. Die sozialistischen Minister der Provisorischen Regierung fühlten sich weiterhin ihrer proletarisch-bäuerlichen Klientel verpflichtet und betrachteten sich als Vertreter der sozialistischen Solidargemeinschaft, die auch die Bolschewiki einschloss. Für das weitere Schicksal der Februarrevolution sollte dieser Sachverhalt von ausschlaggebender Bedeutung werden.

Obwohl die Bolschewiki die gemäßigten Sozialisten unentwegt als „Handlanger der Bourgeoisie" und „Verräter der Werktätigen" diffamierten, appellierten sie wiederholt an deren sozialistisches Gewissen und Solidaritätsgefühl, wenn die Provisorische Regierung versuchte, entschlossener gegen die regierungsfeindlichen Aktivitäten der bolschewistischen Partei vorzugehen. Als die bürgerliche Presse Lenin kurz nach seiner Durchreise durch Deutschland der Kollaboration mit dem Feind bezichtigte, erschien Lenin im Sowjet und bat um Hilfe. Die sozialistischen Gegner Lenins waren bereit, darauf positiv zu reagieren. Das Zentrale Exekutivkomitee des Sowjets nahm Lenin in Schutz. Nikolaj Suchanow, der damals zu den führenden Kritikern der Bolschewiki innerhalb des Sowjets zählte, hält in seinen Erinnerungen diesen Schritt für selbstverständlich. Es sei die Pflicht der Sozialisten gewesen, Lenin vor dieser „wilden Hetze" der „Bourgeoisie" zu beschützen.

Zu den wenigen Verfechtern einer härteren Vorgehensweise gegenüber den Bolschewiki gehörte der Menschewik Iraklij Zereteli. Als die Führung des Sowjets am 9. Juni erfuhr, dass die Bolschewiki für den nächsten Tag eine große, gegen die Regierung gerichtete Demonstration planten, ohne dabei die Sowjetmehrheit zu konsultieren, forderte Zereteli die Entwaffnung der Bolschewiki: „Was die Bolschewiki jetzt tun, ist keine Verbreitung von Ideen, sondern Konspiration. Die Waffe der Kritik ist durch die Kritik der Waffen ersetzt worden. Mögen die Bolschewiki uns vergeben, aber wir werden von nun an andere Methoden des Kampfes anwenden. Revolutionären, die nicht würdig sind, Waffen zu tragen, muss man sie [die Waffen] abnehmen. Die Bolschewiki müssen entwaffnet werden".

Zereteli vertrat die Meinung, dass die größte Gefahr, die die russische

Revolution nun bedrohe, nicht von rechts komme, wie viele Vertreter der Sowjetmehrheit annähmen, sondern von links: „Die Konterrevolution kann nur durch ein einziges Tor einfallen, das der Bolschewiki."

Diese Worte klangen in den Ohren der gemäßigten Sozialisten beinahe blasphemisch. Sie betrachteten die Bolschewiki als einen integralen Bestandteil der „revolutionär-demokratischen" Front. Demzufolge galt ihnen eine eventuelle Entwaffnung der Bolschewiki als Schwächung des eigenen Lagers, als Verrat an der Sache der Revolution. Einer der Führer der Menschewiki, J. Martow, sagte, sollten die Führer des Sowjets Gewalt gegen die Bolschewiki anwenden, würden sie sich in „Prätorianer der Bourgeoisie" nach dem Vorbild von General Cavaignac verwandeln. (Cavaignac war Kriegsminister in der revolutionären Regierung Frankreichs von 1848, der im Juni 1848 einen Aufstand der Pariser Arbeiter blutig unterdrückte.)

Zereteli setzte sich mit dieser Position Martows und anderer nichtbolschewistischer Linken schonungslos auseinander. In seinen Erinnerungen schrieb er: Die nichtbolschewistische Mehrheit des Sowjets habe keine Macht gewollt, um nicht gezwungen zu sein, gegen die Bolschewiki nicht nur mit Worten, sondern auch mit Taten vorzugehen. Die nichtbolschewistische Linke habe es für ein Axiom gehalten, dass Revolutionen ihre Feinde nur auf der Rechten, niemals auf der Linken haben können. Das Gespenst „Cavaignac" habe die sozialistischen Gegner der Bolschewiki davon abgehalten, den linken Extremismus, der zur Hauptgefahr für die Februarrevolution geworden sei, energischer zu bekämpfen.

Die Thesen Zeretelis bedürfen indes einer Korrektur. Im Verlaufe des Jahres 1917 gab es durchaus Situationen, in denen die russische Demokratie sich gegen die linksextreme Herausforderung zu wehren suchte, und zwar mit Erfolg. Dies vor allem während eines linksradikalen Putschversuches vom 3.–5. Juli 1917.

10. Die „Juli-Tage": Ein Debakel der Bolschewiki

Die Ereignisse vom 3.–5. Juli 1917 wurden durch neue Entwicklungen an der Front, so vor allem an ihrem russisch-österreichischen Abschnitt (in Galizien) ausgelöst. Dort begann am 16. Juni eine russische Großoffensive, die nicht nur militärischen, sondern vor allem innenpolitischen Zielen dienen sollte. Alexander Kerenski, der im Mai 1917 das Amt des Kriegsministers übernommen hatte und zur zentralen Figur der

Provisorischen Regierung wurde, versuchte mit Hilfe dieser Offensive eine patriotische Stimmung im Lande auszulösen, um auf diese Weise der Regierung eine zusätzliche Legitimierung zu verschaffen. Einige Wochen vor dem Beginn der Offensive reiste Kerenski an die Front und hielt dort flammende Reden, mit denen er die kriegsmüden Soldaten zur Verteidigung des revolutionären Vaterlandes zu animieren suchte. Da die ursprünglichen Befehlsstrukturen in der Armee sich bereits weitgehend auflösten, verfügte die Regierung über wenig Druckmittel, um die Armee zu einem verstärkten Einsatz zu bewegen. Sie konnte lediglich versuchen, die Soldaten mit Argumenten zu überzeugen, sie zu überreden. Nicht zuletzt deshalb wurde Kerenski von manchen Offizieren spöttisch als der „Höchstüberredende" bezeichnet.

Zwar vermochte Kerenski mit Hilfe seiner Eloquenz die Soldaten zu begeistern, diese Begeisterung hielt aber nicht allzu lange an. Die Offensive, die zunächst einige bescheidene Erfolge an der österreichischen Front gebracht hatte, kam nach wenigen Tagen zum Stehen. Anfang Juli begann die deutsch-österreichische Gegenoffensive, die mit einem Debakel der russischen Streitkräfte endete. Die russischen „Bauern in Uniform", die den Sinn dieses Krieges im Grunde nie verstanden hatten, wollten nicht weiterkämpfen und verließen scharenweise die Front. Kerenski schrieb später dazu: „Wutentbrannte Massen bewaffneter Männer ergriffen die Flucht von der Front ins tiefe Hinterland und fegten auf ihrem Weg die gesamte Staatlichkeit und Kultur hinweg."

Nach dem Beginn der Großoffensive plante die Regierung die Entsendung einiger Regimenter der Petrograder Garnison an die Front. Dies sollte in erster Linie das Erste Maschinengewehrregiment sein, das wegen seiner radikalen, probolschewistischen Haltung der Regierung immer wieder Schwierigkeiten bereitete. Als die Kunde davon die entsprechenden Petrograder Militäreinheiten erreicht hatte, reagierten sie darauf mit einer beispiellosen Empörung. Diese wurde von den bolschewistischen Propagandisten zusätzlich geschürt. So begannen am 3. Juli 1917 regierungsfeindliche Demonstrationen Bewaffneter, die von vielen radikal gesinnten Petrograder Arbeitern unterstützt wurden. Dies war die gefährlichste Herausforderung, die die junge Demokratie bis dahin erlebte. Dass sie ihrer Herr werden konnte, zeigt, dass sich in Russland bereits Mitte 1917 die ersten Ansätze für eine „wehrhafte Demokratie" zu bilden begannen.

In den Ereignissen vom 3.–5. Juli spiegelte sich das bereits erwähnte „Paradox" der Februarrevolution besonders deutlich wider. Die meuternden Soldaten und Arbeiter, die einen Tag nach dem Ausbruch der

Rebellion die Hauptstadt weitgehend kontrollierten, marschierten unter der Parole „Alle Macht den Sowjets“. Sie strömten zum Taurischen Palais, in dem sowohl der Petrograder wie auch der allrussische Sowjet residierten, und versuchten die Führer der Sowjets dazu zu zwingen, die gesamte Macht im Lande zu übernehmen. Diese Forderung wurde von den gemäßigten Sozialisten, die damals im Sowjet dominierten, rundweg abgelehnt. An ihrer Haltung hatte sich seit dem Beginn der Februarrevolution nichts geändert. Sie waren nicht bereit, die gesamte Verantwortung für das Schicksal eines Landes zu übernehmen, das sich gleichzeitig im Aufruhr und im Krieg befand. Sie hielten die Fortsetzung des Bündnisses mit den bürgerlichen Demokraten für unbedingt erforderlich.

Die Haltung der Bolschewiki während der Juli-Ereignisse war sehr ambivalent. Sie waren damals sowohl die Getriebenen, die sich der radikalen Stimmung der meuternden Massen anpassten, als auch die treibende Kraft. Sie wagten es noch nicht, die gesamte Macht für die eigene Partei zu beanspruchen und traten ähnlich wie die rebellierenden Soldaten und Arbeiter unter der Devise „Alle Macht den Sowjets“ auf.

Zwar hatte Lenin einige Wochen zuvor – auf dem I. Allrussischen Kongress der Sowjets der Arbeiter- und Soldatendeputierten – verkündet, dass die bolschewistische Partei „jeden Augenblick bereit ist, die gesamte Macht [in Russland] zu übernehmen“. Diese Erklärung rief allerdings nur Heiterkeit bei der Mehrheit der Deputierten hervor.

Aber auch Lenin selbst hatte während der Ereignisse vom 3.–5. Juli Angst vor der eigenen Courage. Er wagte es nicht, die gesamte Macht für die eigene Partei zu verlangen und erklärte, das Ziel der am 3. Juli begonnenen Auflehnung gegen die Provisorische Regierung sei „die Übergabe der ganzen Macht an den Sowjet der Arbeiter- und Soldatendeputierten“, d.h. an eine Einrichtung, die diese Macht auf keinen Fall übernehmen wollte. Diese widersprüchliche und zögerliche Haltung der Bolschewiki verschaffte der Regierung und der demokratisch gesinnten Sowjetmehrheit eine gewisse Atempause, die dazu ausgenutzt wurde, regierungstreue Truppen zu mobilisieren. Schon beim ersten Anblick dieser Einheiten räumten die Rebellen das Feld.

Die Juli-Ereignisse zeigten, dass die junge russische Demokratie durchaus im Stande war, sich gegen ihre radikalen Gegner zu wehren und dass ihr entschlossenes Vorgehen auf die Extremisten geradezu lähmend wirkte. Iraklij Zereteli berichtet in diesem Zusammenhang von seinem Gespräch mit Josif Stalin, der die Regierung davor warnte, die Zentrale der Bolschewiki zu besetzen. Dies werde zu Blutvergießen führen. Zereteli antwortete, es werde kein Blutvergießen geben. Die Regierung werde also die Zentrale nicht besetzen? reagierte Stalin erfreut. Nein, man werde sie besetzen, entgegnete Zereteli, „und es wird trotzdem kein Blutvergießen geben." Und in der Tat, die Bolschewiki leisteten bei dieser Aktion der Regierungstruppen keinen Widerstand. Etwa 800 Anführer der Juli-Revolte wurden verhaftet, darunter viele Bolschewiki. Die probolschewistischen Militäreinheiten wurden entwaffnet. Um einer Verhaftung zu entgehen, floh Lenin aus der Hauptstadt und lebte bis zur Machtergreifung im Oktober 1917 in einem Versteck auf finnischem Territorium.

Zur Diskreditierung der Bolschewiki trug zusätzlich die Tatsache bei, dass die Regierung einige Dokumente über deren Kollaboration mit den Deutschen der Öffentlichkeit zugänglich machte. Lenin drohte ein Prozess wegen Hochverrats.

Warum gelangten die Bolschewiki trotz dieses verheerenden Rückschlags im Juli 1917 etwa vier Monate später an die Macht? Um diese Frage zu beantworten, muss man zunächst auf die Haltung der nichtbolschewistischen Linken nach den Ereignissen vom Juli eingehen.

Die Tatsache, dass die Bolschewiki während der Juli-Ereignisse die bestehende Ordnung mit Gewalt zu stürzen versucht hatten, führte nicht zu ihrem Ausschluss aus dem Lager der so genannten „revolutionären Demokratie". Sie wurden von ihren sozialistischen Gegnern weiterhin als integraler Bestandteil der sozialistischen Solidargemeinschaft angesehen. Nicht zuletzt deshalb lehnten die Vertreter der Sowjetmehrheit ein allzu hartes Vorgehen gegen die Bolschewiki ab. Da die Provisorische Regierung weitgehend auf die Unterstützung des Sowjets angewiesen war, mussten ihre bürgerlichen Minister den Bedenken ihrer sozialistischen Koalitionspartner Rechnung tragen. Unentwegt prangerte das Zentrale Exekutivkomitee des Sowjets die Hetzkampagne der bürgerlichen Presse gegen die Bolschewiki an und wandte sich gegen die Behauptung, diese arbeiteten mit den Deutschen zusammen. Viele der verhafteten Bolschewiki wurden bereits nach einigen Wochen freigelassen. Trotz ihrer Beteiligung am Putschversuch im Juli 1917 wurden sie nicht wegen staatsfeindlicher Tätigkeit angeklagt. Diese Milde des demokratischen Staates gegenüber seinen extremen Feinden wurde von den Bolschewiki als Schwäche interpretiert. Später sagte Lenin, die Bolschewiki hätten im Juli 1917 eine Reihe von Fehlern gemacht. Ihre Gegner hätten dies im Kampfe gegen sie durchaus ausnutzen können: „Zum Glück besaßen unsere Feinde damals weder die Konsequenz noch die Entschlusskraft zu solchem Vorgehen."

Das Schicksal der Bolschewiki nach ihrem missglückten Staatsstreichsversuch vom Juli 1917 erinnert in verblüffender Weise an das Schicksal Hitlers nach dem gescheiterten Münchener Putsch vom November 1923. Auch der Führer der Nationalsozialisten war von der Milde der Sieger überrascht.

Den Bolschewiki wie den Nationalsozialisten kam zugute, dass sie von den Kräften, die das politische Geschehen einerseits im revolutionären Russland des Jahres 1917, andererseits in der Weimarer Republik bestimmten, als verirrte Brüder und als Gesinnungsgenossen angesehen wurden. Während die nichtbolschewistische Linke die Bolschewiki als eine Art Reserve der revolutionären Front betrachtete, waren die Nationalsozialisten und ihre Kampfverbände für die deutschen Konservativen, die die Schlüsselpositionen im Weimarer Staat kontrollierten, eine Art Reserve der nationalen Front, eine Ergänzung zum Hunderttausend-Mann-Heer, das der Versailler Vertrag dem besiegten Deutschland zugestanden hatte. Abgesehen davon kam der NSDAP die übertriebene Angst der deutschen Konservativen vor einer kommunistischen Revolution zugute. Auch hier wird eine verblüffende Parallele zu den Entwicklungen in Russland im Jahre 1917 sichtbar. So wie die russischen Menschewiki und Sozialrevolutionäre in den Bolschewiki, trotz ihres rücksichtslosen Kampfes um die Macht, Verbündete gegen die so genannte „Gegenrevolution“ sahen, betrachteten die Weimarer Konservativen die Nationalsozialisten als eventuelle Partner im Kampfe gegen die Kommunisten. Dass letztere nicht im Stande waren, die bestehende Ordnung in Deutschland ernsthaft zu gefährden, hat sich während der Nachkriegskrise 1918–1923 wiederholt gezeigt. Die kommunistische Bedrohung reduzierte sich damals auf einige schlecht vorbereitete Aufstandsversuche, die jeweils mit einem Debakel endeten (Januar 1919, März 1921, Oktober 1923).

Und wie verhielt es sich mit der so genannten gegenrevolutionären „rechten“ Bedrohung im revolutionären Russland vom Jahre 1917? Erforderte die Bekämpfung dieser Gefahr wirklich die Mobilisierung aller linken Kräfte, auch solch militanter Antidemokraten wie die Bolschewiki?

Am Beispiel der so genannten „Kornilow-Affäre“ konnte man feststellen, wie das Kräfteverhältnis tatsächlich aussah.

11. Der Kornilow-Putsch: Das Debakel der „Rechten"

General Kornilow, der zu den populärsten und tatkräftigsten Militärführern Russlands zählte, wurde im Juli 1917 von Kerenski zum Oberbefehlshaber der russischen Streitkräfte ernannt. Am 9. Juli hatte Kerenski neben der Leitung des Kriegs- und des Marineministeriums auch das Amt des Ministerpräsidenten übernommen (als Nachfolger des zurückgetretenen Fürsten G. Lwow). Aufgrund dieser Machtkonzentration verwandelte sich die Provisorische Regierung in immer stärkerem Ausmaß in eine Ein-Mann-Regierung und nahm gewisse autoritäre Züge an. Viele gemäßigte Sozialisten waren aber bereit, diese Entwicklung zu dulden. In die von Kerenski gebildete und dominierte Koalitionsregierung traten am 21. Juli acht Sozialisten ein. Einer der einflussreichsten Führer der Menschewiki, Fjodor Dan, sagte: „Wir dürfen unsere Augen nicht davor verschließen, dass Russland am Vorabend einer Militärdiktatur steht. Es ist unsere Pflicht, der Militärdiktatur die Waffen aus den Händen zu reißen. ... Die Provisorische Regierung ... muss von uns unbeschränkte Vollmachten erhalten, damit sie die Anarchie von links und die Gegenrevolution von rechts an der Wurzel fassen kann ... Russlands Rettung liegt allein in einer Aktionseinheit der revolutionären Demokratie und der Regierung."

Anders als die gemäßigten Sozialisten setzten die bürgerlichen Verfechter des Law-and-order-Prinzips ihre Hoffnungen nicht auf Kerenski, sondern auf General Kornilow. Dieser wollte die Armee erneut einer eisernen Disziplin unterwerfen, die Einmischung des Sowjets in die militärischen Angelegenheiten unterbinden und die Todesstrafe auch für die im Hinterland stationierten Truppen wiedereinführen. Für Kerenski, der auf die Unterstützung des Sowjets angewiesen war, waren diese Forderungen Kornilows, die der Sowjet am 18. August klar ablehnte, nicht akzeptabel.

Kornilows wachsende Popularität in bürgerlichen Kreisen wurde für Kerenski zum permanenten Ärgernis, etwa die Tatsache, dass Kornilow Mitte August zum eigentlichen Helden der Moskauer Staatskonferenz wurde, an der mehr als 2000 Vertreter der politischen, wirtschaftlichen und kulturellen Elite teilnahmen. Diese Konferenz stellte eine Verlegenheitslösung der Regierung dar, die nicht im Stande war, die bereits Anfang März 1917 versprochenen Wahlen zur Konstituierenden Versammlung zügig zu organisieren. Der Wahltermin wurde immer wieder verschoben, schließlich wurde er für den 12. November 1917 festgelegt. Dies bedeutete aber, dass der Regierung in der Zwischenzeit eine ausreichende demokratische Legitimierung fehlte. Iraklij Zereteli hält die Verzögerung der Wahl zur Konstituante für einen der größten Fehler der Februarrevolution.

Die von Kerenski einberufene Moskauer Staatskonferenz sollte eine Art Ersatzkonstituante werden. Sie war aber nicht repräsentativ genug. Abgesehen davon machte ihr Verlauf deutlich, dass die Provisorische Regierung bzw. Kerenski bereits die Unterstützung beträchtlicher Teile der wohlhabenden, besser situierten Teile der Gesellschaft verloren hatte.

Kornilow, der neue Hoffnungsträger der bürgerlichen Gruppierungen, ging davon aus, dass Kerenski mit seinem Programm der Wiederherstellung der Disziplin an der Front und der Ordnung im Lande einverstanden sei. Indes fühlte sich Kerenski nicht nur dem Law-and-order-Prinzip, sondern auch den revolutionären Prinzipien verpflichtet. Die Restauration der vorrevolutionären Herrschaftsmechanismen, in welcher Form auch immer, kam für ihn nicht in Frage. Da Kerenski und Kornilow völlig verschiedene politische Sprachen sprachen, kam es zwischen ihnen unentwegt zu Missverständnissen und zu gegenseitigen Verdächtigungen. Am 27. August 1917 bezichtigte Kerenski Kornilow, wahrscheinlich unbegründet, der Meuterei, und setzte ihn ab. Kornilow weigerte sich, diese Entscheidung zu akzeptieren. Er meinte, Kerenski sei nicht mehr Herr der Lage und handle unter dem Einfluss der radikalen Kräfte im Sowjet. In einem Aufruf an die Bevölkerung erklärte er: „Russisches Volk, unser großes Vaterland geht zugrunde! Die letzte Stunde ist nahe! Gezwungen, offen hervorzutreten, erkläre ich, General Kornilow, dass die Provisorische Regierung unter dem Druck der bolschewistischen Mehrheit des Sowjets in vollem Einverständnis mit den Plänen des deutschen Generalstabes handelt … und das Land von innen her zugrunde richtet … Ich, General Kornilow, Sohn eines Kosakenbauern, erkläre allen, dass ich nichts anderes begehre als die Erhaltung des großen Russland, und ich gelobe, das Volk durch den Sieg über den Feind zur Konstituierenden Versammlung zu führen, in der es selbst sein eigenes Schicksal bestimmen kann und seine eigene Regierungsform wählen soll."

Das 3. Kavalleriekorps mit zwei Kosaken- und einer kaukasischen Division unter dem Oberbefehl von General Krymow marschierte nun in Richtung Petrograd. Der Ernstfall, den die russischen Sozialisten seit dem Sturz des Zaren prophezeit hatten, schien eingetreten zu sein. Die „Gegenrevolution" erhob ihr Haupt und drohte das Zentrum der Revolution zu besetzen.

Am 27. August 1917 schuf das Zentrale Exekutivkomitee der Sowjets ein Sonderorgan, das „Komitee für den Kampf mit der Gegenrevolution". Dieses Komitee setzte sich aus allen im Sowjet vertretenen Parteien zusammen. Auch die Bolschewiki traten ihm bei. Statt einen Zweifrontenkrieg zu führen – sowohl gegen die Rechte als auch gegen die Linksextremisten –, beendeten die russischen Demokraten die Kampfhandlungen an einer Front und baten extreme Feinde der Demokratie um Hilfe. Die Regierung verteilte 40 000 Gewehre an die Arbeiter, die in erster Linie bei den Bolschewiki landeten.

Die angebliche gegenrevolutionäre Gefahr war letztendlich eine Farce. Die Divisionen des 3. Kavalleriekorps lösten sich entweder unterwegs auf oder verbrüderten sich mit den Petrograder Arbeitern, die ihnen entgegenkamen. General Krymow, den Kerenski vor Gericht stellen wollte, beging Selbstmord.

Dies war das Ende der Kornilow-Affäre, die zu keinem Zeitpunkt eine Gefahr für die russische Demokratie dargestellt hatte. Der gescheiterte Putsch hat die These, dass die Armee zum Kampfe gegen das eigene Volk nicht mehr geeignet gewesen sei, eindeutig bestätigt. So brauchte die russische Demokratie keineswegs die Hilfe der Linksextremisten, um der Gefahr von rechts erfolgreich zu begegnen. Dennoch war die Angst der gemäßigten Sozialisten vor der Gegenrevolution derart überdimensional, dass sie ihre eigenen Kräfte maßlos unterschätzten. Nicht zuletzt deshalb gaben sie den Bolschewiki, die infolge des gescheiterten Juli-Putsches entwaffnet worden waren, erneut die Waffen in die Hand. Dies war vielleicht die verhängnisvollste Folge der Kornilow-Affäre.

12. Der Oktoberputsch (1917) oder: Die Kunst des Aufstandes

Nach der Kornilow-Affäre verloren die Provisorische Regierung und die mit ihr verbündeten gemäßigten Sozialisten weitgehend die politische Initiative. Wie gelähmt beobachteten sie das entschlossene und zielstrebige Vorgehen der Bolschewiki, die nun meisterhaft zeigten, wie man die demokratischen Freiheiten dazu ausnutzt, die Demokratie zu beseitigen. Das Gesetz des Handelns wurde fast vollständig der bolschewistischen Partei überlassen. Der britische Botschafter in Petersburg, Buchanan, notierte im September 1917: „Die Bolschewiki allein, die eine kompakte Minorität bilden, haben ein bestimmtes politisches Programm. Sie sind tätiger und besser organisiert als jede andere Gruppe ... Wenn sich die Regierung nicht stark genug erweist, die Bolschewiki ...

mit Gewalt niederzuzwingen, bleibt nur mehr die Möglichkeit einer bolschewistischen Regierung."

Die Bolschewiki profitierten davon, dass die Provisorische Regierung nicht den Mut besaß, an solch dringende politische, wirtschaftliche und soziale Fragen wie die Beendigung des Krieges, die Agrarreform, die Arbeitermitbestimmung, das Selbstbestimmungsrecht der nationalen Minderheiten, die mehr als die Hälfte der Bevölkerung des Reiches stellten, und vieles mehr sofort heranzugehen. Mit der Lösung all dieser Probleme wollte die Regierung bis nach der Einberufung der Verfassunggebenden Versammlung warten. Die russischen Unterschichten wurden aber immer ungeduldiger und radikaler.

Viele politische Denker, so zum Beispiel Joseph de Maistre (1753–1821), machten die Beobachtung, dass große Revolutionen unter einem gewissen Zwang stünden, immer radikaler zu werden. Pawel Miljukow sagt dazu: „Es besteht bei den Massen eine Art instinktiver Furcht, dass die Revolution zu früh ende. Sie haben das Gefühl, die Revolution würde fehlschlagen, wenn der Sieg von den gemäßigten Elementen allein davongetragen würde. Wie immer die Namen oder die Programme der politischen Parteien auch lauten mögen, im Zustande der Revolution werden von den Massen stets diejenigen zu ihrem Sprachrohr erkoren, welche für die extremsten Lösungen eintreten. [Dagegen] werden solche Gruppen, die der Revolution Einhalt gebieten wollen, bevor dieser Spannungsgrad erreicht ist, ... sehr bald ‚gegenrevolutionärer' Bestrebungen bezichtigt und von der fortschreitenden revolutionären Bewegung beiseitegeschoben."

So hätte der Prozess der Radikalisierung und der Vertiefung der russischen Revolution sicherlich auch ohne das Zutun der Bolschewiki stattgefunden. Die Bolschewiki waren allerdings die einzige bedeutende politische Kraft Russlands, die sich von diesem Radikalisierungsprozess nicht beunruhigen ließ und ihn sogar zu beschleunigen suchte. Fjodor Stepun schreibt: Lenin sei der einzige russische Politiker gewesen, der vor keinen Folgen der Revolution Angst gehabt habe, das einzige, was er von der Revolution gefordert habe, sei ihre weitere Vertiefung gewesen. Diese Offenheit Lenins gegenüber allen Stürmen der Revolution sei den dunklen instinktiven Sehnsüchten der russischen Massen entgegengekommen.

Die steigende Popularität der Bolschewiki hatte sich bereits am Vorabend des Kornilow-Putsches gezeigt. Bei der Wahl zum Petrograder Stadtparlament am 20. August 1917 erhöhte sich ihr Stimmenanteil von 20,4% (Mai 1917) auf 33,3%. Nach dem Kornilow-Putsch beschleunigte sich dieser Prozess der „Bolschewisierung der Massen". Bei den Moskauer Kommunalwahlen vom September 1917 erhöhte sich der Prozentanteil der von den Bolschewiki gewonnen Sitze von 11,5% (Juni) auf 50,9%. Dramatische Verluste erlitten bei diesen Wahlen die gemäßigten Sozialisten, so reduzierte sich die Zahl der Sitze der Sozialrevolutionäre von 56,2% auf 14,4% und diejenige der Menschewiki von 12,6% auf 4,1%.

Auch in den Sowjets der politischen Zentren des Landes – in Petrograd und in Moskau – begannen die Bolschewiki von einem Erfolg zum anderen zu eilen. Am 1. September 1917 erzielte eine von ihnen eingebrachte Resolution, in der unter anderem die Abschaffung des Privateigentums, die Veröffentlichung aller Geheimverträge mit den Westmächten und die sofortige Einberufung der Konstituierenden Versammlung verlangt wurden, eine Mehrheit im Petrograder Sowjet. Einige Tage später, bei einer erneuten Abstimmung, wiederholte sich dieses Ergebnis. Auch im Moskauer Sowjet gewannen die Bolschewiki seit September 1917 immer wieder Abstimmungen.

Am 25. September wurde Trotzki, der der bolschewistischen Partei erst im Juli beigetreten war, zum Vorsitzenden des Petrograder Sowjets gewählt. Seit der Spaltung der russischen Sozialdemokratie im Jahre 1903 gehörte er zu den schärfsten Kritikern der Bolschewiki. Trotzki prangerte die oligarchische Struktur der Leninschen Partei an, in der die Minderheit – das Zentralkomitee – die Mehrheit (die Parteibasis) beinahe diktatorisch zu führen versuchte. Für Lenin wiederum war Trotzkis Revolutionstheorie inakzeptabel, in der die Rolle der russischen Bauernschaft unterschätzt wurde. 1917 beendeten aber die beiden Politiker ihren jahrelangen Streit. Sie hätten sich quasi gegenseitig rehabilitiert, so der amerikanische Sowjetologe Bertram Wolfe. Lenin und Trotzki waren im Revolutionsjahr 1917 aufeinander geradezu angewiesen. Trotzki – ein ausgesprochener Individualist – vertrat im Streit zwischen den beiden großen Flügeln der russischen Sozialdemokratie einen eigenen Standpunkt und wollte sich zunächst weder mit den Menschewiki noch mit den Bolschewiki identifizieren. Seit 1913/14 war er Mitglied einer kleinen linksradikalen Gruppe, der so genannten „Meshrajonzy" [Interdistriktorganisation]. Dieses Fehlen einer eigenen organisatorischen Basis kompensierte Trotzki durch sein ungewöhnliches rednerisches und publizistisches Talent. Bereits während der Revolution von 1905 hatte der damals 26-Jährige eine beträchtliche Popularität als eine der Zentralfiguren des Petersburger Rates der Arbeiterdeputierten erreicht. Noch größere rednerische bzw. demagogische Erfolge erzielte er im Jahre 1917. Damals wurde er nicht nur von seinen Bewunderern, sondern auch von vielen erbitterten Gegnern als der vielleicht einflussreichste Redner der Revolution bezeichnet. Aber das rednerische Talent allein war nicht ausreichend, um bei den damaligen Ereignissen eine entscheidende Rolle zu spielen. Dazu bedurfte es auch einer disziplinierten Partei von Berufsrevolutionären, die nur Lenin zur Verfügung stand. Nicht zuletzt deshalb erklärte sich Trotzki unmittelbar nach seiner Rückkehr aus dem amerikanischen Exil (Mai 1917) bereit, mit den Bolschewiki zu kooperieren.

Aber auch für Lenin war es äußerst wichtig, Trotzki als Verbündeten zu gewinnen. Die Führung der bolschewistischen Partei bestand im Wesentlichen aus den Zöglingen bzw. „Schülern" Lenins, die aber außerhalb der Partei über wenig Renommee und Ausstrahlungskraft verfügten. Zwar handelte es sich dabei nicht selten um widerspenstige Schüler, die sich gegen ihren Lehrmeister immer wieder auflehnten. Trotzdem besaßen sie ohne Lenin nur wenig Eigengewicht. Bei Trotzki hingegen handelte es sich um eine eigenständige politische Figur, deren Format demjenigen Lenins vergleichbar war. Trotzki selbst wies immer wieder darauf hin, dass es sich bei ihm keineswegs um einen Schüler, sondern um einen gleichwertigen Partner Lenins handele. Einen solchen eigenständigen Partner mit beträchtlichem Einfluss auf die nichtbolschewistischen revolutionären Kreise benötigte Lenin. Insbesondere nach dem Debakel vom 3.–5. Juli, als der Führer der Bolschewiki, um einer Verhaftung zu entgehen, keine öffentlichen Auftritte mehr wagte und bis zum bolschewistischen Staatsstreich im Oktober 1917 nur im Verborgenen agierte. Trotzki hingegen wurde nun – ungeachtet seines so späten Eintritts in die bolschewistische Partei – zum öffentlichen Symbol des bolschewistischen Dranges zur Macht.

Der ansonsten unsentimentale Nikolaj Suchanow wird beinahe pathetisch, wenn er den Charakter der Allianz zwischen Trotzki und Lenin beschreibt: „In diesem monumentalen Spiel [Lenins] war Trotzki ein monumentaler Partner."

Trotzki, der wegen der Juli-Ereignisse, ebenso wie viele bolschewistische Führer, verhaftet worden war, wurde unmittelbar nach der Kornilow-Affäre am 3. September 1917 freigelassen. Er übernahm die Führung der bolschewistischen Fraktion im Sowjet und wurde, neben Lenin, zur treibenden Kraft des sich anbahnenden bolschewistischen Umsturzes.

Trotz der Leichtigkeit, mit der es der Provisorischen Regierung gelungen war, den Kornilow-Putsch niederzuschlagen, wurde ihre Lage immer prekärer. Die Vertreter der „besseren Gesellschaft" wandten sich von Kerenski weitgehend ab, weil er sich ihrer Meinung nach weigerte, Russland vor der Anarchie zu retten. Aber auch im Sowjet verlor die Regierung ihre bisherige Verankerung. Die Zahl der Verfechter der bürgerlich-sozialistischen Allianz begann nun dramatisch zu sinken.

Auch die nichtbolschewistische Linke erlebte einen Radikalisierungsprozess, der dazu führte, dass die Gegner des Kompromisses mit der „Bourgeoisie" an Stärke zunahmen. In der menschewistischen Partei waren dies die „Internationalisten" unter Ju. Martow, in der Partei der Sozialrevolutionäre ihr linksradikaler Flügel unter Maria Spiridonowa und B. Kamkow.

Während der Kornilow-Affäre begann in Russland eine neue Regierungskrise. Alle Minister traten zurück. Es wurde eine Interimsregierung gebildet, das „Direktorium". Dieses fünfköpfige Gremium – analog zum Direktorium der Französischen Revolution – wurde von Kerenski geleitet, der Sondervollmachten erhielt und zugleich Oberbefehlshaber der russischen Streitkräfte wurde. Kerenski wollte nun unterstreichen, dass die Russische Revolution sich nach links bewege und erklärte Russland am 1. September 1917 offiziell zur Republik. Durch diesen Beschluss verlor die Regierung zusätzliche Sympathien auf der Rechten, ohne die Linke für sich gewinnen zu können. Dass das Lager der revolutionären Demokraten der Kompromisse mit der „Bourgeoisie" überdrüssig war, spiegelte sich auf der Beratung der Demokratischen Konferenz wider, die die Regierung am 14. September in Petrograd einberief. Diese Konferenz, die das linke Spektrum der russischen Öffentlichkeit repräsentierte, wurde keineswegs von den Bolschewiki dominiert. Von 1582 Delegierten gehörten nur 134 der bolschewistischen Fraktion an. Trotzdem votierte die Mehrheit der Delegierten gegen die Fortsetzung des Bündnisses der Sozialisten mit den Konstitutionellen Demokraten – der bedeutendsten bürgerlichen Partei des Landes. Den gemäßigten Sozialisten, in erster Linie Zereteli, gelang es aber letztendlich, die Konferenz zu überzeugen, die Entscheidung über die Koalitionsfrage dem neuen Gremium zu übertragen – dem Demokratischen Rat bzw. dem „Vorparlament", das die Delegierten der Demokratischen Konferenz aus ihren Reihen wählen sollten. Ergänzt wurde das Vorparlament durch die Vertreter des „bürgerlichen Lagers".

Am 25. September 1917 bildete Kerenski die dritte bürgerlich-sozialistische Koalitionsregierung. Zwar wurde sie vom Vorparlament anerkannt, dessen ungeachtet hing sie weitgehend in der Luft. Soziale und politische Gegensätze verschärften sich, das Land steuerte eindeutig auf eine Konfrontation zu, und die Regierung war nicht mehr im Stande, die Entwicklungen zu kontrollieren. Angesichts der Linkswendung, die sich im Lande nun vollzog, und der immer akuter werdenden Gefahr eines Bürgerkrieges plädierten einige russische Linkssozialisten, so der Menschewik Martow und der Führer der sozialrevolutionären Partei, Tschernow, für die Bildung einer rein sozialistischen Regierung, die sich auf die Sowjets wie auch auf andere Organe der so genannten „revolutionären Demokratie" stützen sollte. Dieses Konzept hatte auch innerhalb der bolschewistischen Partei viele Anhänger. Zu ihnen gehörten einige der engsten Gefährten Lenins, so L. Kamenew, G. Sinowjew, A. Rykow und W. Nogin. Diese gemäßigten Bolschewiki wandten sich gegen den harten Kurs Lenins, der die Bolschewiki seit der Beendigung der Kornilow-Affäre unentwegt dazu aufforderte, die ganze Macht im Lande zu übernehmen. Am 14. September schrieb Lenin an das Zentralkomitee der Partei: „Nachdem die Bolschewiki in den Sowjets der Arbeiter- und Soldatendeputierten beider Hauptstädte die Mehrheit erhalten haben, können und *müssen* sie die Staatsmacht in ihre Hände nehmen."

Lenin polemisierte nun gegen die Gegner des sofortigen Aufstandes innerhalb der bolschewistischen Partei. Das Argument seiner Opponenten, die Bolschewiki hätten noch keine Mehrheit innerhalb der Bevölkerung, nannte er pedantisch. Man dürfe nicht mit der Revolution warten, bis sich genau 51% der Bevölkerung für sie ausgesprochen hätte. Solche Abstimmungen hätten in einer revolutionären Situation keinen Wert. Der Sieg in der Revolution gehöre nicht denjenigen Parteien, die über eine parlamentarische Mehrheit verfügten, sondern denjenigen, die eine größere Entschlossenheit als andere an den Tag legten, und die in den wichtigsten Zentren des Landes über starke Machtpositionen verfügten. Auf das Argument seiner innerparteilichen Gegner, so vor allem Sinowjews und Kamenews, eine marxistische Partei dürfe nicht eine Revolution mit einer militärischen Verschwörung gleichsetzen, antwortete Lenin, der Marxismus sei eine vielschichtige Lehre, die Theorie von der Kunst des Aufstandes sei Bestandteil des Marxismus. In einer Situation, in der die revolutionäre Aktivität der Massen einen Höhepunkt erreiche und die Verteidiger der bestehenden Ordnung demoralisiert und unschlüssig seien, bedeute der Verzicht auf den Aufstand einen Verrat am Marxismus.

Am 10. Oktober 1917 fand in Petrograd ein konspiratives Treffen des bolschewistischen Zentralkomitees statt, an dem auch Lenin teilnahm. Nach heftigen Auseinandersetzungen verabschiedete das führende Gremium der Partei unter dem Einfluss Lenins folgende Resolution: „Das Zentralkomitee stellt … fest, dass der bewaffnete Aufstand unumgänglich und völlig herangereift ist, und fordert alle Parteiorganisationen auf, sich hiervon leiten zu lassen."

Von zwölf anwesenden ZK-Mitgliedern erklärten sich zehn mit der Resolution einverstanden. Nur Sinowjew und Kamenew votierten dagegen. Am nächsten Tag verschickten sie einen vertraulichen Brief an bolschewistische Organisationen, in dem sie die Partei vor einem abenteuerlichen Kurs zu warnen versuchten. Sie waren davon überzeugt, dass ein Aufstand zum gegebenen Zeitpunkt mit einem ähnlichen Debakel wie im Juli 1917 enden würde. Die Partei würde alle ihre Positionen verlieren, die sie seit der Zerschlagung des Kornilow-Putsches gewonnen hätte. Ein Aufstand würde nicht nur das Schicksal der Bolschewiki, sondern auch das der russischen Revolution sowie das der internationalen Revolution aufs Spiel setzten.

Kamenew verstieß sogar gegen ein Gebot der bolschewistischen Disziplin und wandte sich an die Öffentlichkeit. Am 18. Oktober 1917 stellte er in der linken Zeitung „Nowaja Shisn", die der Schriftsteller Maxim Gorki herausgab, seinen Standpunkt und denjenigen Sinowjews detailliert dar. Sein Fazit lautete: Eine Machtergreifung mit Waffengewalt werde verhängnisvolle Folgen für die Revolution haben.

Die Tatsache, dass Kamenew die Geheimpläne der Partei preisgab, empörte Lenin außerordentlich. Er bezeichnete Kamenew wie auch Sinowjew als „Streikbrecher der Revolution".

Den Gegnern der Bolschewiki nutzte aber der „Verrat" Kamenews wenig. Die Vorbereitungen des bolschewistischen Staatsstreiches erfolgten beinahe öffentlich. Nicht nur Kamenew, auch viele Gegner der Bolschewiki warnten vor einem bolschewistischen Putsch. Ohne greifbare Folgen. Am 7. Oktober 1917 war die bolschewistische Fraktion demonstrativ aus dem Vorparlament ausgezogen, dessen Zusammensetzung den zu Beginn der Februarrevolution getroffenen Kompromiss widerspiegelte. Hier waren sowohl bürgerliche als auch sozialistische Gruppierungen vertreten. Diesen Kompromiss hielten die Bolschewiki für völlig überholt. Das Schwergewicht ihrer Tätigkeit verlagerte sich auf den Petrograder Sowjet, in dem sie seit September 1917 dominierten.

Eine immer größere Bedeutung erlangte in diesem Zusammenhang das militärische Revolutionskomitee, das am 9. Oktober 1917 auf Antrag eines menschewistischen Deputierten gegründet worden war. Sein Ziel sollte ursprünglich die Verteidigung Petrograds vor dem äußeren Feind – vor den deutschen Truppen – sein, die nach der Eroberung Rigas

(21. 8. 1917) und der estnischen Inseln Ösel und Dagö (8. 10. 1917) der russischen Hauptstadt immer näher rückten. Von den Bolschewiki wurde aber dieses Komitee in ein Instrument zur Machteroberung umfunktioniert. Am 22. Oktober 1917 stellte das Komitee dem Kommandanten des Petrograder Militärbezirks, Hauptmann Polkownikow, eine Art Ultimatum: Alle Befehle des Petrograder Militärstabes sollten von nun an vom militärischen Revolutionskomitee gegengezeichnet werden. Polkownikow lehnte diese Forderung ab. So wurde die Petrograder Garnison gleichzeitig zwei unterschiedlichen Befehlszentren unterstellt, die sich gegenseitig nicht anerkannten. Die Doppelherrschaft offenbarte nun ihr eigentliches Wesen – sie bestand in der Zerstörung des Gewaltmonopols des Staates, in der Schaffung zweier unterschiedlichen Militär- und Verwaltungsstrukturen, die sich gegenseitig lähmten. Diese Lähmung beinahe aller Staatsmechanismen kam eindeutig den Bolschewiki zugute. Nur deshalb konnten sie praktisch im Alleingang, gegen den Willen der wichtigsten politischen Gruppierungen im Lande und sogar gegen den Willen eines Teils der eigenen Partei die Alleinherrschaft in Russland erobern. In Anlehnung an Marx betonte Lenin wiederholt, dass einer proletarischen Revolution die Zerstörung der bürgerlichen Staatsmaschinerie vorausgehen müsse, vor allem die Zerschlagung ihres Militärapparates. Später (im November 1918) schrieb er: „Ohne ‚Desorganisation' der Armee ist noch keine große Revolution ausgekommen ... Denn die Armee ist das am stärksten verknöcherte Werkzeug, mit dem sich das alte Regime hält, das festeste Bollwerk der bürgerlichen Disziplin."

Die Auflösung der russischen Staatsmaschinerie stellte einen eigendynamischen Prozess dar, der von den Bolschewiki zwar beschleunigt, aber keineswegs verursacht wurde. Er führte aber letztendlich dazu, dass die Macht in Russland quasi „auf der Straße lag". Keine russische Partei wagte es jedoch, diese Macht „von der Straße aufzuheben", um die ausschließliche Verantwortung für das zusammengebrochene Land zu übernehmen – bis auf die Bolschewiki.

Als Lenin im Juni 1917 auf dem ersten Allrussischen Kongress der Sowjets verkündet hatte: „Unsere Partei ... ist jeden Augenblick bereit, die gesamte Macht zu übernehmen", rief diese Ankündigung, wie gesagt, nur das Gelächter der Mehrheit der Deputierten hervor. Viereinhalb Monate später zeigte sich aber, welch schicksalhafter Ernst in diesen Worten steckte.

Lenin war zunächst nicht einmal mit dem von Trotzki vorgeschlagenen Tarnmanöver einverstanden, den Staatsstreich bis zum Beginn des II. Allrussischen Kongresses der Sowjets zu verschieben, der am 25. Oktober einberufen werden sollte. Dadurch wollte Trotzki dem Putsch eine Art Legitimierung verleihen – er sollte sich im Namen des Sowjets und nicht nur im Namen der Bolschewiki vollziehen. Lenin hielt dieses taktische Manöver für pure Zeitvergeudung. Am 29. September 1917 schrieb er: „Den Sowjetkongress ‚abzuwarten', ist vollendete Idiotie, denn das heißt *Wochen* verlieren ... Das heißt der Machtergreifung feige *entsagen*." Lenin drohte sogar dem ZK mit seinem Rücktritt, sollte die Partei sich mit dem Standpunkt Trotzkis solidarisieren.

Letztendlich stellte das Vorgehen der Bolschewiki eine Art Synthese dar, in der die Vorstellungen Trotzkis mit denjenigen Lenins vereint wurden. Der Staatsstreich fand an dem Tag statt, an dem der II. Allrussische Sowjetkongress einberufen wurde, wie Trotzki dies wollte. Der Kongress wurde aber im Leninschen Sinne vor vollendete Tatsachen gestellt. Als er am 25. Oktober kurz vor Mitternacht eröffnet wurde, befand sich die russische Hauptstadt bereits weitgehend unter der Kontrolle der Bolschewiki – bis auf das Winterpalais, in dem sich die Provisorische Regierung quasi verschanzte. Einige Stunden später (am 26. 10. 1917 etwa um 2.00 Uhr nachts) fiel auch diese letzte Bastion der Februarrevolution. Die Erstürmung des Winterpalastes, wie sie von zahllosen sowjetischen Malern, Dichtern und Filmregisseuren dargestellt wurde, hat in Wirklichkeit in dieser Form gar nicht stattgefunden. Die Regierung ergab sich beinahe kampflos, weil ihr so gut wie keine Truppen zur Verfügung standen. So verlief der bolschewistische Staatsstreich, der eine der radikalsten Revolutionen in der Geschichte der Neuzeit einleitete und das erste totalitäre Regime der Moderne errichtete, beinahe unblutig.

13. Die Flucht vor der Verantwortung

Zeitzeugen wie Nikolaj Suchanow meinen, der Militärkommandant von Petrograd, Polkownikow, wäre durchaus im Stande gewesen, mit etwa 500 Offizieren und Kadetten den Sitz des Petrograder Sowjets und des von den Bolschewiki dominierten Revolutionären Militärkomitees zu besetzen und damit die Zentrale des geplanten Aufstandes lahmzulegen. Andere Autoren meinen auch, dass ein diszipliniertes und regierungstreues Regiment ausreichend gewesen wäre, um den Putsch zu vereiteln. Trotzki – der neben Lenin wichtigste Urheber des Staatsstreiches – ist mit dieser These durchaus einverstanden. Dass ein solches Regiment nicht gefunden werden konnte, gibt den Erforschern der damaligen Ereignisse bis heute Rätsel auf. Alexander Kerenski hatte am Tag des bolschewistischen Staatsstreiches Petrograd heimlich verlassen und sich nach Pskow – das Hauptquartier der russischen Nordfront – begeben. Dort versuchte er den Oberkommandierenden der Front, General Tscheremisow, zu überreden, nach Petrograd zu marschieren – ohne Erfolg. Nur eine kleine Schar von etwa 600 Kosaken unter ihrem Anführer Ataman Krasnow war bereit, Kerenski zu folgen. Am 30. Oktober 1917 erreichten sie Pulkowo, einen Vorort von Petrograd. Dort wurden sie von den schlechtorganisierten, aber zahlenmäßig erdrückend überlegenen bolschewistischen Truppen zum Rückzug gezwungen. Dies war praktisch das letzte Gefecht der Provisorischen Regierung, die nun die politische Bühne endgültig räumen musste.

Warum nahm der bolschewistische Staatsstreich in Petrograd, gegen den sich beinahe die gesamte politische Klasse Russlands und sogar viele Bolschewiki wandten, einen derart reibungslosen Verlauf? Um diese Frage leichter beantworten zu können, sollte man vielleicht eine Parallele zu einem anderen, ebenso folgenschweren Ereignis ziehen – nämlich zur nationalsozialistischen „Machtergreifung“ in Deutschland im Januar 1933. Sie verlief ebenso glimpflich, vielleicht noch glimpflicher. Denn die Nationalsozialisten hatten, im Gegensatz zu den Bolschewiki, mächtige Verbündete – die deutschen Konservativen, die viele Schlüsselpositionen im Weimarer Staat unangefochten kontrollierten und die der NSDAP die Macht praktisch übergaben. Sie lieferten also den Staat, den sie verteidigen sollten, seinen unversöhnlichsten Feinden aus. Diesen beispiellosen „Verrat der Eliten“ erklärt Ernst Niekisch – einer der schärfsten Kritiker der nationalsozialistischen Diktatur, der in der Weimarer Zeit dem Lager der so genannten „Konservativen Revolution“ angehörte – folgendermaßen: „[Die deutschen bürgerlichen Schichten] waren der Herrschaft des unpersönlichen Gesetzes überdrüssig und verachteten die Freiheit, die diese gewährt; sie wollten einem ‚Menschen‘ dienen, einer persönlichen Autorität, einem Diktator, einem Führer. ... Sie zogen die schwankende Laune und sprunghafte Willkür eines persönlichen ‚Führers‘ der strengen Berechenbarkeit und festen Regeln einer unantastbaren gesetzmäßigen Ordnung vor.“

Der Sozialdemokrat Konrad Heiden spricht im Zusammenhang mit dem nationalsozialistischen Triumph von einer Flucht der politischen Klassen Deutschlands vor der Verantwortung, vom „Zeitalter der Verantwortungslosigkeit“. Aber auch im Zusammenhang mit dem bolschewistischen Triumph in Russland kann man von einer Flucht vor der politischen Verantwortung – diesmal der russischen politischen Elite –, von einer Art Desertion sprechen. Die demütigende Suche des letzten demokratischen Ministerpräsidenten des Landes nach Truppen, die bereit gewesen wären, die russische Demokratie vor ihren radikalen Feinden zu verteidigen, veranschaulicht diese Desertion besonders deutlich.

Und wie verhielt es sich mit den sozialistischen Gegnern der Bolschewiki im Sowjet? Auf dem am 25. Oktober 1917 eröffneten II. Allrussischen Sowjetkongress befanden sie sich, im Gegensatz zum I. Kongress vom Juni 1917, bereits in der Minderheit. Der Kongress, an dem etwa 670 Deputierte teilnahmen, wurde eindeutig von den Bolschewiki dominiert, deren Fraktion mehr als 300 Mitglieder zählte. Der linke Flügel der sozialrevolutionären Partei, der den Bolschewiki am nächsten stand, wurde von mehr als 90 Deputierten vertreten. 505 Deputierte sprachen sich für die Losung „Alle Macht den Sowjets", d. h. für den Sturz der Provisorischen Regierung aus.

Die gemäßigten Sozialisten hingegen (die Menschewiki und die „rechten" Sozialrevolutionäre) verurteilten den bolschewistischen Staatsstreich als verwerflichen Willkürakt, der das Land in einen Bürgerkrieg stürze, und verließen nach dieser Erklärung den Saal. Während die Gegner der Bolschewiki den Saal und damit auch die politische Bühne räumten, rief Trotzki ihnen hinterher: „Der Aufstand der Massen bedarf keiner Rechtfertigung. Was geschehen ist, war ein Aufstand und keine Verschwörung ... Die Volksmassen folgten unserem Banner, und unser Aufstand hat gesiegt. Und nun schlägt man uns vor: Verzichtet auf euren Sieg, erklärt euch zu Konzessionen bereit, schließt einen Kompromiss. Mit wem? ... Mit jenen kläglichen Gruppen, die hinausgegangen sind, ... ? ... Hinter ihnen steht doch niemand mehr in Russland ... Nein, hier ist kein Kompromiss mehr möglich. Denen, die hinausgegangen sind und denen, die uns Vorschläge machen, müssen wir sagen: Ihr seid klägliche Bankrotteure, eure Rolle ist ausgespielt; geht dorthin, wohin ihr gehört: auf den Kehrichthaufen der Geschichte."

Bei dem Protest der Gegner des Putsches handelte es sich zweifellos um eine schöne Geste von symbolischem Charakter, um ein Bekenntnis zu den demokratischen Werten, die die Bolschewiki durch ihren Staatsstreich so offen verhöhnten. Diese Geste erinnert an die Weigerung der SPD-Fraktion im Deutschen Reichstag, dem Ermächtigungsgesetz vom 23. März 1933 – der Selbstentmachtung des deutschen Parlaments zugunsten der Exekutive – zuzustimmen. Beide Gesten konnten aber die Diktatur nicht mehr verhindern. Sie kamen zu spät. Totalitäre Regime, die ihre Ziele in erster Linie mit Hilfe der uferlosen, „eliminatorischen" Gewalt zu verwirklichen suchen und ihre politischen Gegner isolieren, verhaften und physisch liquidieren, lassen sich durch Proteste dieser Art nicht wesentlich erschüttern.

14. Die Nationalitätenfrage im Vielvölkerreich

Im Verlaufe des Jahres 1917 verschärften sich in Russland nicht nur soziale und politische, sondern auch nationale Gegensätze. Die Lahmlegung der russischen Staatsmaschinerie infolge der Doppelherrschaft und der Radikalisierung der Massen (und anderer Begleiterscheinungen der Revolution) fassten die nationalen Minderheiten im Lande als eine Chance auf, sich vom imperialen, russisch geprägten Zentrum zu emanzipieren. Diese immer stärker werdenden nationalen Bewegungen waren nicht zuletzt eine Reaktion auf die verschärfte Russifizierungspolitik, die das Regime nach der Thronbesteigung des konservativ gesinnten Zaren Alexander III. (1881–1894) begonnen hatte.

Obwohl der Anteil der Russen an der Gesamtbevölkerung des Reiches um die Jahrhundertwende nur etwa 44% betrug, betrachteten die russischen Konservativen das russische Volk als das eigentliche Fundament des Imperiums. Der einflussreiche Berater der beiden letzten russischen Zaren (Alexander III. und Nikolaus II.), Konstantin Pobedonoszew, für den die Bewahrung der Harmonie zwischen Autokratie und Volk im Vordergrund stand, empfand die nationalen Minderheiten in Russland – immerhin mehr als die Hälfte der Bevölkerung – als eine Bedrohung für das Reich. Er hielt es für undenkbar, andere Völker, Religionen und Konfessionen des Reiches auf die gleiche Stufe mit den Russen bzw. mit der orthodoxen Kirche zu stellen, denn diese Völker und Religionsgemeinschaften besaßen nicht die gleiche ideale Vorstellung vom Zaren, die dem russischen Volk angeblich eigen sei.

Obwohl Pobedonoszew ein militanter Gegner der Moderne war, entsprach sein extrem nationalistischer Kurs durchaus dem damaligen europäischen Zeitgeist. Auch andere europäische Großmächte verhielten sich damals nicht selten extrem unduldsam ihren jeweiligen nationalen Minderheiten gegenüber. Ein besonders anschauliches Beispiel hierfür waren die Versuche Berlins, die polnische Minderheit im Reich zu germanisieren, die um die Jahrhundertwende ihren Höhepunkt erreichten. Allerdings konnte diese Politik für Russland, das im Gegensatz zu Deutschland ein Vielvölkerreich par excellence war, besondere Gefahren nach sich ziehen. Jahrhundertelang versuchte die russische Autokratie, die jeweilige Oberschicht der von ihr eroberten nichtrussischen bzw. nichtorthodoxen Gebiete in das bestehende System zu integrieren. Zu Beginn der Neuzeit waren es die muslimischen Tataren, danach die fast ausschließlich protestantischen Baltendeutschen und die polnischen Katholiken. So bestand die russische Generalität im Jahre 1862 zu 28% aus Protestanten und zu etwa 9% aus Katholiken. Die in den 80er Jahren verstärkte Russifizierung begann sich aber allmählich auch auf die nationale Zusammensetzung der herrschenden Elite im Zarenreich auszuwirken. So reduzierte sich im Jahre 1903 die Zahl der Protestanten in der russischen Generalität im Vergleich zum Jahre 1862 von 28% auf 10% und die der Katholiken von 9% auf 4%.

Auch nach der Verwandlung des russischen Imperiums in eine konstitutionelle Monarchie infolge der Revolution von 1905 behielten das russische Volk und auch die orthodoxe Kirche eine Sonderstellung. Artikel 3 der russischen Staatsgrundgesetze vom Jahre 1906 lautete: „Die russische Sprache ist die allgemeine Staatssprache und ist obligatorisch in der Armee, der Flotte und bei allen staatlichen und kommunalen Behörden." Der christlich-orthodoxe Glaube östlicher Konfession wurde im Artikel 62 als „der im russischen Reiche an erster Stelle stehende und herrschende Glaube" genannt. Und Artikel 1 bezeichnete den russischen Staat als „einheitlich und unteilbar".

Zwar verfügten einige Territorien des Reiches in unterschiedlichen geschichtlichen Perioden über eine beträchtliche Autonomie, die in einigen Fällen einer Souveränität nahe kam (das Königreich Polen 1815–1831, das Großfürstentum Finnland 1809–1899). Diese Ausnahmen bestätigten aber nur die Regel. Im Wesentlichen war der russische Vielvölkerstaat unitaristisch aufgebaut, das föderative Prinzip hatte sich hier vor 1917 nicht durchgesetzt. Mit dieser Bevormundung durch das imperiale Zentrum wollten sich die kleineren Völker des Reiches auf die Dauer nicht abfinden. Bereits die Revolution von 1905 enthielt neben der sozialen und politischen auch eine nationale Komponente. Die Auseinandersetzung mit dem bestehenden System wurde an der nichtrussischen Peripherie des Reiches – Polen, Baltikum, Finnland, Transkaukasien – mit besonderer Schärfe geführt. Dennoch entschied sich das Schicksal des Imperiums letztendlich nicht an der Peripherie, sondern im Zentrum. Als das Herzstück des Reiches – Zentralrussland – pazifiziert worden war, hatte die Provinz keine Chance, ihre Auseinandersetzung mit dem Regime fortzusetzen.

Die Revolution von 1905 offenbarte eine bestimmte Gesetzmäßigkeit, die sich im Verlaufe des 20. Jahrhunderts in der Entwicklung Russlands mehrmals wiederholen sollte. Trotz der sprengenden Kraft der nationalen Bewegungen, die bereits zweimal zur Auflösung des russischen Imperiums (1917 und 1991) beitrugen, wären die nichtrussischen Völker des Reiches allein wohl kaum im Stande gewesen, seine Auflösung herbeizuführen. Sie brauchten einen mächtigen Verbündeten, und als solcher konnte im Grunde nur diejenige Nation auftreten, auf der das Imperium im Wesentlichen basierte – die Russen selbst. Ohne die Abwendung der aktivsten Teile der russischen Gesellschaft vom eigenen Staat und von der in ihm herrschenden Doktrin wäre die Loslösung der nichtrussischen Peripherie vom Zentrum weder 1917 noch 1991 denkbar gewesen.

Unmittelbar nach dem Sturz des Zaren wandte sich die Provisorische Regierung an die beiden Völker des Reiches, deren Nationalbewusstsein und Unabhängigkeitsstreben besonders stark ausgeprägt waren – an die Polen und an die Finnen. In ihrem Polen-Manifest vom 16. März 1917 rief die Regierung das „polnische Brudervolk" dazu auf, gemeinsam gegen das „streitsüchtige Germanentum" zu kämpfen und versprach die „Schaffung eines unabhängigen polnischen Staates aus allen mehrheitlich von Polen bevölkerten Gebieten". Dieser Staat sollte mit Russland in einer freien Union verbunden sein. Der Petrograder Sowjet ging noch weiter und erklärte „[Polen hat] das Recht, in staatlichen und internationalen Beziehungen vollkommen unabhängig zu sein".

Dem finnischen Volk versprach die Provisorische Regierung am 7. März 1917 die Wahrung seiner inneren Unabhängigkeit und die Respektierung seiner sprachlichen, nationalen, kulturellen und legislativen Rechte.

Mit diesen Erklärungen passte sich die Provisorische Regierung dem Zeitgeist an, der im damaligen Europa vorherrschend war. Denn das Selbstbestimmungsrecht der Völker stellte eine Art Fetisch des Weltkrieges dar. So war der Versuch des Habsburger Reiches, ein kleines selbständiges Volk – die Serben – zu demütigen, der unmittelbare Anlass für den Ausbruch des Weltkrieges. Der Eintritt Großbritanniens in den Krieg, der den europäischen Krieg erst wirklich in einen Weltkrieg verwandelte, wurde offiziell ebenfalls mit der Verletzung der Unabhängigkeit eines anderen kleinen Volkes – Belgien – motiviert. Aber auch das Deutsche Reich versuchte den Eindruck zu erwecken, es ringe für die Befreiung der Völker, die unter dem Zarenjoch litten. Der Historiker Ludwig Dehio weist darauf hin, dass Deutschland versuchte „seine eigenen Ansprüche auf Sicherung und Ausdehnung im Osten ... durch seine Funktion als Bollwerk des Abendlandes gegen östliche Barbarei! [zu rechtfertigen]".

Natürlich war es für die Mittelmächte, deren Truppen Belgien, Serbien, Polen, Rumänien und einen Teil des Baltikums besetzt hielten, nicht ganz einfach, die Weltöffentlichkeit davon zu überzeugen, sie kämpften für das Selbstbestimmungsrecht der Völker. Die Lage der Ententemächte war insofern leichter. Auf dem europäischen Kontinent befanden sie sich überall in der Defensive, so schien ihre Parole, sie führten diesen Krieg für die Freiheit der kleinen Völker, glaubwürdiger.

Allerdings nicht nur Deutschland, sondern auch das liberale Russland hatten erhebliche Probleme mit der Auslegung des Selbstbestimmungsrechtes der Völker. Seine buchstabengetreue Verwirklichung bedeutete den Verzicht auf einen Großteil der Gebiete, die Russland seit dem Beginn der Neuzeit an sein Kernterritorium angegliedert hatte, den Verzicht auf das Imperium. Nur in Bezug auf Polen und auf Finnland war die Provisorische Regierung bereit, weitreichende Konzessionen zu machen. Aber sogar hier wurde die Hoffnung ausgesprochen, dass diese Völker „in einer freien Union" mit Russland verbunden bleiben würden. Andere Völker des Reiches sollten indes, wenn auch mit größeren Autonomierechten versehen, Bestandteil des Russischen Reiches bleiben. Beispielhaft für diese Haltung war die Einstellung Petrograds zu den Unabhängigkeitsbestrebungen der Ukrainer, die sich 1917 mit einer besonderen Wucht manifestierten. Am 4. März 1917 entstand in der ukrainischen Hauptstadt Kiew der ukrainische Zentralrat – Rada (Rat) –, der sich aus Vertretern der liberalen und gemäßigt sozialistischen Kreise der ukrainischen Öffentlichkeit zusammensetzte. Die Rada versuchte das Selbstbestimmungsrecht der Ukraine durchzusetzen, und je schwächer die Petrograder Zentrale war, desto radikaler wurden ihre Forderungen. Ihr Manifest vom 10. Juni 1917 glich einer Art Unabhängigkeitserklärung und löste in Petrograd einen wahren Schock aus. Die Provisorische Regierung und der Allrussische Sowjet schickten eine gemeinsame Delegation nach Kiew, die eine Kompromisslösung aushandeln sollte. Der Kompromiss wurde zwar erzielt, aber er befriedigte weder die russischen noch die ukrainischen Nationalisten. Aus Protest gegen die Kiewer Vereinbarungen traten die nationalgesinnten Konstitutionellen Demokraten Anfang Juli 1917 aus der Petrograder Provisorischen Regierung aus. Aber auch die gemäßigten russischen Sozialisten gehörten in ihrer Mehrheit zu den Verfechtern des Einheitsstaates und wollten mit der endgültigen Regelung der Nationalitätenfrage zumindest bis zur Einberufung der Verfassunggebenden Versammlung warten.

Zu den wenigen russischen Politikern, die im Jahre 1917 die Verwirklichung des Selbstbestimmungsrechtes für die nationalen Minderheiten des Reiches mit Vehemenz forderten, gehörte Lenin. Ähnlich wie er die Bauern zur eigenmächtigen Konfiszierung der Ländereien der Gutsbesitzer, die Arbeiter zur Enteignung der Unternehmer und die Soldaten zur sofortigen Beendigung der Kampfhandlungen an der Front aufrief, animierte er die nationalen Minderheiten des Landes zum sofortigen Austritt aus dem russischen Staatsverband. Kurz nach seiner Rückkehr aus dem Schweizer Exil nach Russland erklärte Lenin, in der nationalen Frage müsse die proletarische Partei sich vor allem „für die Proklamierung und sofortige Verwirklichung der vollen Freiheit, der Lostrennung von Russland für alle vom Zarismus unterdrückten ... Nationen" aussprechen. Die VII. Allrussische Konferenz der Bolschewiki (Mai 1917) bestätigte Lenins Kurs. In ihrer „Resolution zur nationalen Frage" proklamierte sie: „Allen Nationen, die zu Russland gehören, muss das Recht auf freie Lostrennung und Bildung eines selbständigen Staates zuerkannt werden. Die Verneinung dieses Rechtes und die Unterlassung von Maßnahmen, die seine praktische Durchführbarkeit verbürgen, ist gleichbedeutend mit der Unterstützung der Eroberungs- oder Annexionspolitik."

Angesichts solcher Parolen galten die Bolschewiki in den Augen vieler Separatisten an der Peripherie des Reiches als die einzigen konsequenten Verfechter des Selbstbestimmungsrechtes der Nationen in der politischen Klasse Russlands. Nicht zuletzt deshalb wurde der Sturz der Provisorischen Regierung durch die Bolschewiki von einigen separatistischen Bewegungen begrüßt. Die ukrainische Rada half den Bolschewiki sogar, die Truppen der Provisorischen Regierung aus Kiew zu vertreiben. Die Tatsache, dass das imperiale Zentrum in Petrograd nun nicht mehr von kompromissbereiten Demokraten, sondern von militanten Gegnern der Demokratie kontrolliert wurde, bereitete den unversöhnlichen Gegnern des „russischen Imperialismus" in den Randgebieten des Reiches zumindest in den ersten Tagen nach dem bolschewistischen Putsch keine allzu großen Sorgen. Dabei hätte das aufmerksamere Lesen der Texte Lenins, die er vor der bolschewistischen Machtübernahme schrieb, sie bedenklicher stimmen sollen, zum Beispiel die Worte: „Das Ziel des Sozialismus ist nicht nur Aufhebung der Kleinstaaterei und jeder Absonderung der Nationen, nicht nur Annäherung der Nationen, sondern auch ihre Verschmelzung" (1916). Oder:

„Die Frage des Rechtes der Nationen auf freie Lostrennung darf nicht verwechselt werden mit der Frage der Zweckmäßigkeit der Lostrennung dieser oder jener Nation in diesem oder jenem Augenblick. Diese letztere Frage muss von der Partei des Proletariats in jedem einzelnen Fall vollkommen selbständig gelöst werden, und zwar vom Standpunkt der Interessen der ganzen gesellschaftlichen Entwicklung und des Klassenkampfes des Proletariats für den Sozialismus" (Mai 1917).

II. Der russische Bürgerkrieg – Warum blieben die Bolschewiki an der Macht?

1. Die bolschewistische Partei und die Sowjets: Eine neue „Doppelherrschaft"

Der Sturz der Provisorischen Regierung am 25./26. Oktober 1917 beendete die Doppelherrschaft, die in Russland unmittelbar nach dem Sturz des Zaren begonnen hatte. „Alle Macht [gehörte nun] den Sowjets", einer Einrichtung also, die von Lenin zwar als die höchste Form der Volksherrschaft öffentlich verklärt wurde, der er aber zugleich außerordentlich misstraute. Bei den Sowjets handelte es sich um eine Institution, die den gesellschaftlichen Ungehorsam, den emanzipatorischen Impetus der russischen Unterschichten, ihre Auflehnung gegen überkommene Macht- und Besitzverhältnisse geradezu verkörperte. Die Sowjets stellten zwar ein äußerst effektives Vehikel der Zerstörung des bestehenden „bürgerlichen" Staates dar, sie waren aber aufgrund ihrer diffusen und amorphen Struktur kaum dazu geeignet, den Herrschaftsapparat eines neuen, diesmal „proletarischen" Staates aufzubauen.

Dieser gigantischen Aufgabe war Lenins Ansicht nach nur die bolschewistische Partei gewachsen. Bereits in seiner programmatischen Schrift „Was tun?" vom Jahre 1902, also ein Jahr vor der Gründung der bolschewistischen Partei, hatte Lenin geschrieben „Gebt uns eine Organisation von Revolutionären und wir werden Russland aus den Angeln heben". Die bolschewistische Partei wurde von Lenin bewusst als Partei neuen Typs konzipiert, als zentralisierte, straff disziplinierte Avantgarde der Arbeiterklasse. Die für Marx und Engels typische Verklärung des Proletariats war Lenin relativ fremd. Sozialdemokratisches Bewusstsein könne die Arbeiterschaft nur von außen empfangen, führte Lenin in „Was tun?" aus, nur die Avantgarde der theoretisch und politisch geschulten Berufsrevolutionäre könne den Proletariern das sozialistische Gedankengut vermitteln. Aus eigener Kraft gelange die proletarische Masse lediglich zum trade-unionistischen Bewusstsein. So wurde für Lenin nicht das Proletariat, sondern die Partei zum eigentlichen Subjekt der Geschichte, zu einem Demiurgen, der die neue Welt erschaffen sollte.

Angesichts dieses Paradigmenwechsels spielte die Frage nach den jeweiligen Produktions- oder Klassenverhältnissen, die für die orthodoxen Marxisten so wichtig gewesen war, eher eine sekundäre Rolle. Die Beschlüsse der Partei erhielten nun absolute Priorität. Die Partei entschied, ob das jeweilige Land reif für eine proletarische Revolution sei oder nicht. Man muss hier freilich hinzufügen, dass es Lenin weder vor der Oktoberrevolution noch unmittelbar danach gelang, sein Parteiideal zu verwirklichen. Die Entwicklung der bolschewistischen Partei wurde seit ihrer Entstehung von ununterbrochenen inneren Auseinandersetzungen und Spaltungen begleitet. Der für die revolutionäre russische Intelligenzija charakteristische Hang zur politischen Polemik, und zwar in den schärfsten Formen, erstreckte sich auch auf die „Partei neuen Typs". Auch während der umwälzenden Ereignisse von 1917/18 waren die Bolschewiki weit davon entfernt, ein organisatorischer Monolith zu sein, wie dies gelegentlich in der sowjetischen Historiographie dargestellt wurde. Zersplittert und uneinheitlich waren nicht nur die Parteiorganisationen auf der regionalen Ebene, sondern auch die Führungsgremien der Bolschewiki. Heftige Auseinandersetzungen im Zentralkomitee der Partei am Vorabend des bolschewistischen Staatsstreiches vom 25. Oktober 1917, die nach dem erfolgreichen Putsch an Schärfe noch zunahmen, sind ein anschauliches Beispiel dafür. Trotz dieser inneren Zerrissenheit waren aber die Bolschewiki wohl besser organisiert als alle anderen politischen Gruppierungen im damaligen Russland. Nicht zuletzt deshalb endeten alle Versuche der Gegner – und dies war beinahe die gesamte politische Klasse des Landes – den Siegeszug der bolschewistischen Partei aufzuhalten, mit einem Fiasko, und zwar sowohl vor als auch nach dem Staatsstreich vom Oktober 1917.

Angesichts der tief greifenden Auflösungsprozesse im Lande, die beinahe alle politischen, sozialen und wirtschaftlichen Strukturen erfassten, wurde die bolschewistische Partei trotz ihrer Inhomogenität zu einem Kristallisationspunkt für den Aufbau der neuen russischen Staatlichkeit. So begannen die Bolschewiki in der Stunde, in der sie meinten, einen völligen Bruch mit dem vorrevolutionären Russland vollzogen zu haben, unbewusst an bestimmte Entwicklungsstränge der russischen Geschichte wieder anzuknüpfen, nicht zuletzt an diejenige der uneingeschränkten zarischen Autokratie. Der russische Philosoph Nikolaj Berdjajew erklärt Lenins Erfolge vor allem dadurch, dass dieser sowohl die in der russischen Geschichte tief verwurzelte Tradition des revolutionären antistaatlichen Maximalismus als auch diejenige der staatlichen Despotie in sich verkörperte. In der Tat, die Leninsche Konzeption der Partei, in der die Massen als unreife Mündel betrachtet wurden, die von der „reifen" Avantgarde zum „richtigen" Bewusstsein herangezogen werden sollten, erinnert an paternalistische Konzepte der Verfechter der uneingeschränkten zarischen Autokratie, die ebenfalls von der Unmündigkeit der Untertanen ausgegangen waren. Allerdings verband Lenin die Geringschätzung der Massen mit der Fähigkeit, sich von ihrem Willen bisweilen treiben zu lassen. Gerade diese Fähigkeit erleichterte ihm sowohl die Machtergreifung als auch die Machtbehauptung außerordentlich.

Fjodor Stepun schreibt, Lenin habe 1917 verstanden, dass ein Führer, sich in gewissen Situationen dem Willen der Massen beugen müsse, um zu siegen. Obwohl er ein Mensch von ungewöhnlicher Willenskraft gewesen sei, sei er gehorsam in die von den Massen gewählte Richtung gegangen. Die ersten Dekrete der Sowjetmacht unmittelbar nach dem Staatsstreich zeugen in einer anschaulichen Weise von dieser Fähigkeit Lenins. Bereits am 26. Oktober 1917 auf dem II. Allrussischen Sowjetkongress, der die Errichtung der Sowjetmacht in Russland verkündete, wurden die Dekrete über den Frieden und über Grund und Boden proklamiert. Mit dem ersten Dekret, mit dem die Bolschewiki die Krieg führenden Staaten zum sofortigen Frieden ohne Annexionen und Kontributionen aufforderten, kamen sie der tief ausgeprägten Friedenssehnsucht der russischen Unterschichten entgegen, mit dem zweiten Dekret, das die entschädigungslose Enteignung des Großgrundbesitzes anordnete, erfüllten sie den generationenalten Wunsch der russischen Bauernschaft nach der gerechten Verteilung des Bodens, nach der „Schwarzen Umverteilung".

Am 2. November 1917 unterzeichnete die neue Regierung die „Deklaration der Rechte der Völker Russlands". Diese proklamierte „das Recht der Völker Russlands auf freie Selbstbestimmung bis zur völligen Loslösung und Bildung eines unabhängigen Staates."

Und schließlich kamen die Bolschewiki den Wünschen der Industriearbeiter entgegen, indem sie am 14. November 1917 das Dekret über die Arbeiterkontrolle verkündeten. In allen Betrieben, in denen Lohnarbeiter beschäftigt waren, sollten nun die von den Arbeitern gewählten Betriebskomitees als Kontrollorgane eingesetzt werden.

Mit dem ursprünglichen bolschewistischen Programm hatten all diese Dekrete wenig gemeinsam, so zum Beispiel das über den Frieden. Lenins Ziel war keineswegs die Beendigung des Weltkrieges, sondern seine Verwandlung in einen weltweiten Bürgerkrieg. Er betonte wiederholt, dass nur auf diese Weise die Hauptursache aller Kriege – das aggressive und expansionistische Weltkapital – ausgeschaltet werden könne. Kurz nach dem Ausbruch des Weltkrieges nannte Lenin diesen „den größten Regisseur der Weltgeschichte“. Einige Monate später schrieb er: die Epoche des Bajonetts sei angebrochen. Dies bedeute, dass man mit dieser Waffe auch kämpfen müsse. All das zeigt, dass die pazifistischen Parolen, die die Bolschewiki 1917 mit einem solch durchschlagenden Erfolg verbreiteten, den langfristigen Zielen der Partei widersprachen. Sie entsprachen aber den Erwartungen der russischen Volksmassen, die letztendlich über die politische Zukunft des Landes entschieden. Deshalb hielt Lenin es für opportun, sich dieser Stimmung vorübergehend anzupassen.

Auch die radikale Bodenreform, die den Großgrundbesitz enteignete und den bäuerlichen Kleinbesitz stärkte, widersprach in eklatanter Weise den Vorstellungen der orthodoxen Marxisten, d. h. auch der Bolschewiki, die von der Vergesellschaftung bzw. der Nationalisierung der Landwirtschaft träumten. Rosa Luxemburg, die den marxistischen Glauben mit einer besonderen Inbrunst vertrat, kritisierte im September 1918 die Agrarpolitik der Bolschewiki als einen Verrat am Marxismus: „Die Besitzergreifung der Ländereien durch die Bauern ... führte einfach zur plötzlichen, chaotischen Überführung des Großgrundbesitzes in bäuerlichen Grundbesitz. Was geschaffen wurde, ist nicht gesellschaftliches Eigentum, sondern neues Privateigentum, und zwar Zerschlagung des großen Eigentums ..., des relativ fortgeschrittenen Großbetriebes in primitiven Kleinbetrieb, der technisch mit den Mitteln aus der Zeit der Pharaonen arbeitet.“ Lenin selbst gab wiederholt zu, dass die Bolschewiki mit ihrem „Dekret über Grund und Boden“ nicht ihr eigenes Programm, sondern das ihrer politischen Gegner – der Sozialrevolutionäre – verwirklichten. Denn anders als die russischen Marxisten verknüpften diese ihre revolutionären Hoffnungen in erster Linie mit der Bauernschaft und nicht mit dem Industrieproletariat und setzten sich mit besonderer Vehemenz für die Belange der russischen Landbevölkerung ein. Anders als die Bolschewiki aber wollten sie mit der Verkündung der radikalen Bodenreform bis zur Einberufung der Verfassunggebenden Versammlung warten. Lenin hatte diese Bedenken nicht und schuf mit dem Dekret über Grund und Boden vollendete Tatsachen, ohne sich dabei um das Plazet der künftigen Konstituante zu kümmern. Deshalb verknüpfte die russische Bauernschaft – die überwältigende Mehrheit der Bevölkerung des Reiches – die Verwirklichung ihres langersehnten Wunsches in erster Linie mit der Sowjetmacht und indirekt auch mit der damals stärksten Partei in den Sowjets – mit den

Bolschewiki. Lenin nahm damit den Sozialrevolutionären, die aufgrund ihrer Verankerung bei der Landbevölkerung für die Bolschewiki äußerst gefährlich hätten werden können, die stärksten Trümpfe aus der Hand.

Auch die Deklaration der Rechte der Völker Russlands vom 2. November 1917 entsprach keineswegs den orthodox marxistischen bzw. bolschewistischen Postulaten. Es wurde bereits die Aussage Lenins erwähnt, dass das Ziel des Sozialismus die Aufhebung der Kleinstaaterei und der Absonderung der Nationen sei. So entfernten sich die Bolschewiki demnach von den klassischen marxistischen Prinzipien, als sie unmittelbar nach ihrer Machtübernahme den Völkern Russlands das Recht auf freie Selbstbestimmung zusicherten. Rosa Luxemburg kritisierte aus orthodox-marxistischer Sicht diesen Schritt: „Während Lenin und Genossen offenbar erwarteten, dass sie als Verfechter der nationalen Freiheit, und zwar ‚bis zur staatlichen Absonderung', Finnland, die Ukraine, Polen, Litauen, ... usw. zu ... treuen Verbündeten der russischen Revolution machen würden, erlebten wir das umgekehrte Schauspiel: Eine nach der anderen von diesen ‚Nationen' benutzte die frisch geschenkte Freiheit dazu, sich als Todfeindin der russischen Revolution gegen sie mit dem deutschen Imperialismus zu verbünden und unter seinem Schutz die Fahne der Konterrevolution nach Russland selbst zu tragen."

Ähnlich scharf, wenn auch aus ganz anderen Gründen, wandten sich die nationalgesinnten Gruppierungen Russlands, die sich für das unteilbare und einige Russland einsetzten gegen die Nationalitätenpolitik der Bolschewiki. Wenn Rosa Luxemburg Lenin des Verrats am Marxismus bezichtigte, galt Lenin den Vertretern des nationalen russischen Lagers als Vaterlandsverräter. Und in der Tat standen für Lenin die Interessen Russlands keineswegs im Vordergrund. Kurz nach dem bolschewistischen Staatsstreich sagte er im Gespräch mit dem sowjetischen Diplomaten G. Solomon, Russland sei für ihn nur eine Etappe (d. h. ein Sprungbrett) für die proletarische Weltrevolution. So lief Lenins Nationalitätenpolitik nach Ansicht seiner Kritiker praktisch auf die Auflösung des seit Jahrhunderten aufgebauten russischen Reiches hinaus. Dabei ließen sie Lenins These außer Acht, die er sowohl vor als auch nach der Machtübernahme immer wieder vertrat: das Selbstbestimmungsrecht der Nationen dürfe nicht getrennt von den Interessen des Klassenkampfes des Proletariats betrachtet werden. Bereits einige Wochen nach dem Staatsstreich sollten manche kleinere Völker im russischen Staatsverband die Gelegenheit erhalten, den Sinn dieser These besser zu verstehen.

Das Dekret über die Arbeiterkontrolle spiegelte, ebenso wie die anderen Proklamationen keineswegs die klassischen bolschewistischen Postulate wider. So verfasste Anfang 1918 einer der wichtigsten bolschewistischen Theoretiker, Nikolaj Bucharin, eine Schrift unter dem Titel „Das Programm der Kommunisten [Bolschewiki]". Hierin war in erster Linie von der zentralen Planwirtschaft, der Verstaatlichung der Banken und der Industrie, von der Arbeitspflicht für alle die Rede. Von der Selbstverwaltung der Betriebe, von ihrer Kontrolle durch die von den Arbeitern gewählten Betriebskomitees erfährt man dagegen wenig. Tatsächlich gehörte die Arbeiterkontrolle zu den zentralen Forderungen nicht der Bolschewiki, sondern der Syndikalisten, die der marxistischen Theorie keine besondere Bedeutung beimaßen. Aber auch hier war Lenin vorübergehend bereit, den Erwartungen der Massen, diesmal der proletarischen Massen, entgegenzukommen, wenn dies der Festigung der bolschewistischen Herrschaft diente. So waren die Bolschewiki keineswegs nur weltfremde Doktrinäre, wie ihre Gegner ihnen dies oft vorwarfen. Wenn dies der Fall gewesen wäre, hätten sie ihre atemberaubenden Erfolge nicht erzielen können. Ihr Erfolgsgeheimnis bestand darin, dass sie im Stande waren, die dogmatische Intransigenz mit einem erstaunlichen Realitätssinn zu verbinden. Sie waren durchaus fähig, ihren Kurs radikal zu ändern, wenn die Umstände dies erforderten bzw. ihr Überleben davon abhing. Nicht zuletzt deshalb neigen viele Autoren dazu, den Pragmatismus der Bolschewiki zu bewundern. Aber auch diese Beobachter unterliegen einer Täuschung. Sie unterschätzen wiederum die dogmatische Seite des Bolschewismus, denn auch in den Zeiten, in denen die Partei einen pragmatischen Kurs verfolgte, gab sie niemals ihr Ziel auf, die marxistische Utopie, natürlich in ihrer bolschewistischen Interpretation, zu verwirklichen.

Um ihren Kurs schnell ändern zu können, wenn die politische Lage es erforderte, benötigte die Partei eine weitgehende Handlungsfreiheit, d.h. die Alleinherrschaft. Rücksichten auf die eventuellen Koalitionspartner mit anderen programmatischen Vorstellungen hätten hier zu erheblichen Verzögerungen führen können. Nicht zuletzt deshalb plädierte Lenin unmittelbar nach dem Staatsstreich für die Errichtung einer Regierung, die rein bolschewistisch sein sollte. Die erste sowjetische Regierung, die auf Vorschlag Trotzkis den Namen „Rat der Volkskommissare" erhielt und die am 26. Oktober vom II. Allrussischen Kongress des Sowjets bestätigt wurde, war dies in der Tat. Dieser Sachverhalt war indes für viele Bolschewiki, auch für manche der engsten Gefährten Lenins, nicht akzeptabel. Sie waren der Meinung, die bolschewistische Alleinherrschaft werde das Land unvermeidlich in einen Bürgerkrieg führen und wollten die politische Basis der Regierung wesentlich erweitern. Sie waren Verfechter einer sozialistischen Mehrparteienregierung und vertraten damit die Meinung, die im Lager der sozialistischen Kritiker der Bolschewiki sehr populär war. Für die sozialistische Mehrparteienregierung plädierte auch die mächtige Eisenbahnergewerkschaft, deren Führung (WIKShEL) den Bolschewiki mit einem Generalstreik drohte, falls der Rat der Volkskommissare seinen rein bolschewistischen Charakter bewahren sollte. Nach heftigen Auseinandersetzungen im bolschewistischen ZK setzten sich aber letztendlich am 1. November 1917 die Verfechter des harten Kurses durch, die von Lenin und von Trotzki angeführt wurden.

Die Parteiführer, die für eine „weiche" Linie plädierten – Sinowjew, Kamenew, Rykow, Miljutin, Nogin und andere – traten aus dem bolschewistischen ZK bzw. aus dem Rat der Volkskommissare aus. Die bezwungene Opposition gab folgende Erklärung ab: „Wir sind der Meinung, dass es notwendig ist, eine sozialistische Regierung aus sämtlichen Sowjetparteien zu bilden ... Wir glauben, dass es jetzt nur noch eine Alternative gibt: die Beibehaltung einer rein bolschewistischen Regierung auf der Grundlage von politischem Terror. Das ist der Weg, wie er vom Rat der Volkskommissare eingeschlagen wurde. Wir können und wollen diesen Weg nicht gehen. Wir sehen, dass er den Ausschluss der proletarischen Massenorganisationen aus der Führung des politischen Lebens zur Folge hat, die Errichtung eines Regimes, das niemandem verantwortlich ist, und die Vernichtung der Revolution und des Landes. Wir können die Verantwortung für diese Politik nicht übernehmen und bieten deshalb dem ZEK [Zentrales Exekutivkomitee des Sowjets] unseren Rücktritt als Volkskommissare an."

Man darf aber nicht vergessen, dass neben dem Rat der Volkskommissare auch die Sowjets existierten, in deren Namen er agierte und deren Kontrolle er unterstand. Zwar verfügten die Bolschewiki seit dem II. Allrussischen Kongress der Sowjets vom 25./26. Oktober 1917 über eine Mehrheit von 58% im ZEK. Aber auch Vertreter anderer sozialistischer Parteien beteiligten sich aktiv an der Tätigkeit dieser offiziell höchsten Instanz im Staate, deren Kompetenz der II. Allrussische Sowjetkongress folgendermaßen definierte: „Die Kontrolle über die Tätigkeit der Volkskommissare sowie das Recht, sie abzusetzen, steht dem Allrussischen Kongress der Sowjets ... und seinem Zentralen Exekutivkomitee zu."

Bei der Analyse des Verhältnisses zwischen dem Sowjet und dem Rat der Volkskommissare drängt sich zunächst der Eindruck auf, dies sei eine Art Gewaltenteilung, wobei die Sowjets die legislative und der Rat der Volkskommissare die exekutive Gewalt verkörperten. Dieser Eindruck täuscht jedoch. Die Bolschewiki hielten die Gewaltenteilung für ein Relikt der bereits überwunden bürgerlichen Vergangenheit. Im 7. Kapitel der Verfassung der Russischen Sozialistischen Föderativen Sowjetrepublik vom 10. Juli 1918 wurde das Allrussische Zentrale Exekutivkomitee der Räte als „das höchste gesetzgebende, verfügende und kontrollierende Organ der Russischen Sozialistischen Föderativen Sowjetrepublik" bezeichnet. Man fühlt sich hier an die Definition der russischen Selbstherrschaft vor der Verwandlung des Zarenreiches in eine konstitutionelle Monarchie im Jahre 1905/06 erinnert. So hatte der russische Rechtsgelehrte Michail Speranski 1832 in der Sammlung der russischen Staatsgrundgesetze Russland als eine absolute und uneingeschränkte Monarchie definiert. Der Zar wurde als alleiniger, autokratischer Träger der obersten Gewalt genannt. Ihm allein gehöre die legislative, die exekutive und die juridische Gewalt.

Es bestand indessen ein gravierender Unterschied zwischen der zarischen Selbstherrschaft und der Sowjetmacht. Während der Zar vor der Revolution von 1905 der tatsächliche Alleinherrscher gewesen war, handelte es sich bei der Alleinherrschaft der Sowjets nur um eine Verfassungstheorie, die von der Verfassungswirklichkeit unendlich weit entfernt war. Das Spannungsverhältnis zwischen der bolschewistischen Partei und den Sowjets stellte den roten Faden der ersten Entwicklungsphase des sowjetischen Staates dar. Diese Konflikte endeten in der Regel zugunsten der Bolschewiki, die trotz all ihrer inneren Auseinandersetzungen einen gewaltigen organisatorischen Vorsprung gegenüber den basisdemokratischen, amorphen Sowjets besaßen. Dennoch wurde diesen ein ganz anderes Schicksal beschieden als den übrigen von den Bolschewiki bezwungenen Kontrahenten. Sie wurden nicht liquidiert, sondern im Gegenteil – konserviert und offiziell als oberste Instanz im Staate bezeichnet. Die Partei, die den sowjetischen Staat uneingeschränkt kontrollierte, wurde in den beiden ersten sowjetischen Verfassungen (1918, 1924) nicht einmal erwähnt.

Warum lehnten die Bolschewiki es ab, die Alleinherrschaft der Partei auch verfassungsmäßig zu verankern? Dieses Verschleiern der wahren Machtverhältnisse war durchaus beabsichtigt. Die Willkür der Herrschenden wurde dadurch keinen formalen Schranken unterworfen. So wurden die Bolschewiki zu den Wegbereitern des ersten totalitären Staates der Moderne, dessen Wesen darin besteht, dass er keine gesetzlichen

Schranken kennt, ohne dies aber offen zuzugeben. Daher rührt die Vorliebe der totalitären Regime für fassadenhafte Einrichtungen, die ihre Herrschaft zwar legitimieren, aber in keiner Weise begrenzen. So hielt die nationalsozialistische Führung in Deutschland es nicht für erforderlich, nach der Machtübernahme im Jahre 1933 die Weimarer Verfassung formell abzuschaffen. Die Nationalsozialisten regierten nicht zuletzt mit Hilfe der Notverordnung des Reichpräsidenten „zum Schutz von Volk und Staat" vom 28. Februar 1933, sie beriefen sich auch auf das vom Reichstag bewilligte Ermächtigungsgesetz vom 24. März 1933, das der Reichstag – inzwischen eine Marionette des Regimes – 1937 und 1939 in grotesk anmutenden Zeremonien wiederholt erneuerte. Dies verlieh der neuen Willkürherrschaft zumindest den Anschein der Legalität. Für ähnliche Zwecke benötigten die Bolschewiki die Fassade der Sowjetlegalität. Diese Vorgehensweise wurde von vielen linken Kritikern des bolschewistischen Regimes mit äußerster Schärfe kritisiert, zum Beispiel vom deutschen Kommunisten Arthur Rosenberg in seinem Buch „Geschichte des Bolschewismus": „Lenin hatte 1917 die Räte dazu verwendet, um den imperialistischen Staatsapparat zu zertrümmern. Dann errichtete er seinen eigenen Staatsapparat im echt bolschewistischen Stil, d. h. als die Herrschaft der kleinen disziplinierten Minderheit der Berufsrevolutionäre über die große und wirre Masse. Aber die Bolschewiki haben nun etwa nicht etwa die Sowjets abgeschafft, was technisch in Russland durchaus möglich gewesen wäre, sondern sie haben die Sowjets als dekoratives Symbol ihrer Herrschaft behalten und ausgenutzt."

Die einzelnen Etappen dieses Prozesses werden später noch genauer geschildert. Zunächst soll aber die Auseinandersetzung der Bolschewiki mit einer anderen Einrichtung dargestellt werden, die ihre Diktatur in einem noch stärkeren Ausmaße zu gefährden schien, als dies die Sowjets taten. Dies war die russische Konstituante.

2. Die Zerschlagung der Verfassunggebenden Versammlung – Das letzte Gefecht des russischen Parlamentarismus

Die Tatsache, dass die in Russland so lang ersehnten Wahlen zur Verfassunggebenden Versammlung erst nach dem bolschewistischen Staatsstreich stattfanden, gehörte zu den größten Versäumnissen der russischen Demokraten. Die am 12. November 1917 begonnenen Wahlen galten indes in den Augen der Beobachter, trotz aller Störmanöver der Bolschewiki, als relativ authentisch. Sie endeten mit einem überragenden Erfolg der Sozialrevolutionären Partei. Dies war nicht verwunderlich, denn in einem Agrarland musste die Partei, die sich mit einem besonderen Engagement für die Belange der Bauern einsetzte, zwangsläufig die größten Stimmengewinne erzielen. Die Sozialrevolutionäre und die ihnen nahestehenden Gruppierungen erhielten fast 60% der Mandate – 419 von 715. Etwa 24% der Sitze gewannen die Bolschewiki, wobei sie besonders große Erfolge in den beiden Hauptstädten – Petrograd und Moskau – und in der Armee zu erzielen vermochten. Hier stimmte etwa die Hälfte der Wähler für die regierende Partei. Dies reichte aber keineswegs aus, um der bolschewistischen Herrschaft eine parlamentarische Weihe zu verleihen. Die überwältigende Mehrheit der Wähler sprach sich für die sozialistischen Parteien aus, sie erzielten insgesamt etwa 88% der Stimmen, aber auch die bürgerlich liberalen Gruppierungen, insbesondere die Partei der Konstitutionellen Demokraten, hatten ihre Hochburgen, dies vor allem in den Großstädten. In Petrograd wie in Moskau wurden die Konstitutionellen Demokraten („Kadetten") jeweils zur zweitstärksten Partei nach den Bolschewiki (etwa 26% bzw. 35%). Allerdings stellten die russischen Städte nur Inseln im bäuerlichen Meer dar. Dementsprechend fiel auch das Gesamtergebnis der „Kadetten" bei den Wahlen recht bescheiden aus, sie erzielten lediglich 4,7% der Stimmen.

Aber auch diesen recht mäßigen Erfolg ihrer so verhassten „bürgerlichen" Gegner betrachteten die Bolschewiki als außerordentliche Gefahr. Um diese im Keim zu ersticken, beschloss die Regierung, die „Kadetten" gänzlich von der politischen Bühne zu verbannen. Am 28. November 1917 erklärte der Rat der Volkskommissare, die Partei der Konstitutionellen Demokraten plane einen Putsch gegen die Sowjetmacht. Wegen dieser „volksfeindlichen" Tätigkeit werde sie verboten. So durften die bereits gewählten Abgeordneten der Konstitutionellen Demokraten an der am 5. Januar 1918 einberufenen Konstituante nicht mehr teilnehmen. Ein ähnliches Schicksal widerfuhr fünfzehn Jahre später den am 5. März 1933 bei den Reichstagswahlen gewählten Abgeordneten der KPD. Zur Abstimmung über das Ermächtigungsgesetz am 24. März wurden sie nicht mehr zugelassen, und zwar wegen des angeblichen Putschversuchs (Reichstagsbrand). Die Argumentation der totalitären Sieger gegenüber den bezwungenen Gegnern war also in beiden Fällen zum Verwechseln ähnlich.

Anders als im Reichstag von 1933 verhielten sich indessen die Kräfteverhältnisse in der russischen Konstituante von 1917/18. Auch nach der

Ausschaltung der „Kadetten" blieben die Bolschewiki hoffnungslos in der Minderheit. Dies ungeachtet der Tatsache, dass der linke Flügel der Partei der Sozialrevolutionäre mit den Bolschewiki sympathisierte. Er verfügte aber lediglich über 40 Mandate. Der antibolschewistisch gesinnte, gemäßigte Flügel der Partei hingegen über etwa 370 und damit auch über die absolute Mehrheit in der Verfassunggebenden Versammlung. Die durch den Staatsstreich vom 26. Oktober 1917 zerschlagenen bürgerlich-demokratischen Institutionen kehrten nun in der Gestalt der Konstituante auf die politische Bühne zurück. Ihren Sieg zuzulassen, bedeutete aber für die Bolschewiki, das „Rad der Geschichte zurückzudrehen". Dies kam für die neuen Machthaber nicht in Frage. Als das Wahlergebnis zur Verfassunggebenden Versammlung feststand, begann die bolschewistische Presse eine gegen die Konstituante gerichtete propagandistische Kampagne. Es wurde immer wieder betont, dass die Verfassunggebende Versammlung ganz andere politische Grundsätze verkörpere als die Sowjetmacht, dass die beiden Einrichtungen nicht miteinander koexistieren könnten. Einer der engsten Gefährten Lenins, Grigorij Sinowjew, führte am 22. Dezember 1917 aus: „Wir wissen sehr wohl, dass sich ... unter der gefeierten Losung ‚Alle Macht der Konstituierenden Versammlung!' die ... Losung ‚Nieder mit den Sowjets!' verbirgt."

Der Verfassunggebenden Versammlung drohte nun das Schicksal der Provisorischen Regierung. Auch die letztere war von den Bolschewiki mit dem Argument beseitigt worden, ihre Existenz sei mit der der Sowjets unvereinbar. Dennoch bestand ein erheblicher Unterschied zwischen den beiden von den Bolschewiki bekämpften Einrichtungen: Die Provisorische Regierung war niemals von einem Wählervotum bestätigt worden, ihre Legitimität konnte deshalb sehr leicht in Frage gestellt werden. Bei der Konstituante hingegen handelte es sich um das erste Gremium in der russischen Geschichte, das aus allgemeinen, direkten, gleichen und geheimen Wahlen hervorgegangen war. Die Wahlen zur Staatsduma im vorrevolutionären Russland (nach 1905) waren nicht gleich, es galt eine Art Drei-Klassen-Wahlrecht (mit der Kurie der Bauern, der Städter und des Adels), das den Gutsbesitzern, die eine kleine Minderheit im Lande darstellten, die Möglichkeit gab, zunächst 30% und seit 1907 51% der Abgeordneten zu wählen. Die Wahlen zu den 1917 entstandenen Sowjets waren wiederum nicht allgemein. Nur die russischen Unterschichten hatten das Recht, sich an ihnen zu beteiligen. Lediglich die Wahlen zu Konstituante waren sowohl gleich als auch allgemein. Auch Frauen erhielten das Wahlrecht, was im damaligen

Europa keineswegs selbstverständlich war. Von 90 Millionen Wahlberechtigten erschien etwa die Hälfte zur Wahl (die genauen Ergebnisse über die Wahlbeteiligung lassen sich nicht ermitteln, weil Angaben aus einigen Wahlbezirken fehlen).

So standen die Bolschewiki mit ihrer Ablehnung der Verfassunggebenden Versammlung vor einem erheblichen Dilemma. Dies um so mehr, als sie seit dem Sturz des Zaren unentwegt die sofortige Einberufung der Konstituante verlangt hatten. Die Beseitigung der Provisorischen Regierung wurde von Lenin nicht zuletzt mit dem Argument begründet, nur auf diese Weise ließen sich faire Wahlen zur Konstituante sichern. Mit ihrer grundsätzlichen Kritik an der Verfassunggebenden Versammlung widersprachen die Bolschewiki also in eklatanter Weise ihren eigenen kurz zuvor geäußerten Thesen und drohten dadurch ihre Glaubwürdigkeit in den Augen der Bevölkerung zu untergraben. So war das bolschewistische Regime einige Wochen nach seiner Errichtung mit einer lebensgefährlichen Bewährungsprobe konfrontiert. Um diese Probe zu bestehen, war Lenin sogar bereit, auf das von ihm wie ein Augapfel gehütete bolschewistische Machtmonopol zu verzichten. Ende November 1917 stimmte er, nach einigem Zögern, einer Koalition mit den Linken Sozialrevolutionären zu, die ebenso wie die Bolschewiki sich recht kritisch gegenüber den so genannten bürgerlichen Institutionen, d. h. auch gegenüber der Konstituante verhielten. Abgesehen davon benötigten die Bolschewiki die Linken Sozialrevolutionäre als Vermittler gegenüber der Landbevölkerung. Trotz des Dekrets über Grund und Boden, das die Bolschewiki am ersten Tag nach ihrer Machtergreifung proklamiert hatten, betrachtete die überwiegende Mehrheit der russischen Bauern immer noch die Sozialrevolutionäre als die eigentlichen Wahrer ihrer Interessen. Auf dem II. Allrussischen Kongress der Bauerndeputierten, der am 26. November 1917 begann, verfügten die Sozialrevolutionäre über eine überwältigende Mehrheit der Mandate. Ihre Fraktion zählte 655 Deputierte von insgesamt 796, davon gehörten 350 der Partei der Linken Sozialrevolutionäre an. Die bolschewistische Fraktion auf dem Kongress bestand lediglich aus 91 Deputierten. Dieses Kräfteverhältnis veranschaulichte den Bolschewiki zusätzlich, wie sehr sie auf die Zusammenarbeit mit den Linken Sozialrevolutionären angewiesen waren.

Am 10. Dezember 1917 entstand eine Koalition zwischen den beiden Parteien. Die Linken Sozialrevolutionäre übernahmen die Leitung von mehreren Volkskommissariaten, darunter das Justiz- und das Landwirtschaftsressort. Die Schärfe, mit der sie die bürgerliche Ordnung ablehnten, glich beinahe derjenigen der Bolschewiki. Einer der Führer der Linken Sozialrevolutionäre, B. Kamkow, sagte später: „Die ganze Agitation und Propaganda der Linken Sozialrevolutionäre hat sich [1917] kaum von der Agitation der Bolschewiki unterschieden."

Einige Linke Sozialrevolutionäre beteiligten sich führend an der Arbeit des revolutionären Militärkomitees der Sowjets, das den Sturz der Provisorischen Regierung organisierte. Die Linken Sozialrevolutionäre gehörten zu den wenigen politischen Gruppierungen Russlands, die sich mit den Bolschewiki auch nach dem Staatsstreich solidarisierten. Bei den schweren Gefechten, die die bolschewistische Machtübernahme Ende Oktober 1917 in Moskau begleiteten, kämpften sie Seite an Seite mit ihnen. „Zwar teile ich die Ansichten der Bolschewiki nicht, aber ich bin bereit, gemeinsam mit ihnen zu sterben, weil ich ein Sozialist bin", verkündete Ende Oktober in Moskau der Linke Sozialrevolutionär Tscherepanow. Dies sagte er am Vorabend der Kämpfe mit den in Moskau stationierten Truppen, die der Provisorischen Regierung die Treue hielten. Diese Aussage spiegelt im Großen und Ganzen die Haltung der Linken Sozialrevolutionäre wider, die sich Ende 1917 als eigenständige Partei konstituierten. Die Linken Sozialrevolutionäre waren auch mit der Anwendung des Terrors gegenüber politischen Gegnern durchaus einverstanden. Viele von ihnen beteiligten sich aktiv an der Tätigkeit der „Allrussischen außerordentlichen Kommission zur Bekämpfung der Gegenrevolution und Sabotage" – der berüchtigten Tscheka – die Anfang Dezember 1917 gegründet worden war. Zum stellvertretenden Leiter dieses Terrororgans, das die Bolschewiki später als das „Schwert der Revolution" bezeichnen sollten, wurde der Linke Sozialrevolutionär Dmitrijewski ernannt.

Aus all diesen Gründen betrachteten die Bolschewiki die Linken Sozialrevolutionäre als geeignete Partner im Kampfe gegen den so genannten bürgerlichen Parlamentarismus, d. h. gegen die Konstituante, der sich Ende 1917/Anfang 1918 anbahnte. Maria Spiridonowa, die zu den prominentesten Führern der Linken Sozialrevolutionäre zählte, sagte am 21. Dezember 1917: „Die Revolution wird vor diesem Hindernis nicht halt machen." Mit diesem Hindernis meinte sie die Konstituante.

Dieser Verbalradikalismus der Linken Sozialrevolutionäre soll aber nicht darüber hinwegtäuschen, dass sie sich selbst keineswegs als Doppelgänger der Bolschewiki verstanden. Manche Willkürakte des Rats der Volkskommissare wurden von ihnen heftig kritisiert, zum Beispiel das Pressedekret vom 27. Oktober 1917, das sich formal gegen die so genannte gegenrevolutionäre Presse richtete, praktisch aber die Pressefreiheit im Lande insgesamt erheblich einschränkte. Auch das Verbot der Partei der Konstitutionellen Demokraten und die vorübergehende Verhaftung ihrer führenden Mitglieder durch die Bolschewiki rief Proteste der Linken Sozialrevolutionäre hervor. Sie waren zwar nicht prinzipiell gegen ein Verbot „gegenrevolutionärer" Parteien, sie wandten sich jedoch gegen das eigenmächtige Vorgehen der Bolschewiki, die diesen Schritt nicht mit den anderen im Sowjet vertretenen Parteien abgestimmt hatten. Einer der Führer der Linken Sozialrevolutionäre, W. Karelin, bezeichnete seine Partei als „einen Regulator zu Dämpfung des übermäßigen Eifers der Bolschewiki". Damit überschätzten die Linken Sozialrevolutionäre ihre Möglichkeiten erheblich. Als Juniorpartner der Bolschewiki waren sie kaum im Stande, den politischen Kurs ihres übermächtigen Verbündeten dauerhaft zu beeinflussen. So war die am 10. Dezember 1917 entstandene Koalition äußerst brüchig. Vorübergehend wurden aber diese inneren Spannungen durch das gemeinsame Vorgehen gegen den so genannten „bürgerlichen Parlamentarismus" in den Hintergrund gedrängt.

Die von den Bolschewiki derart gefürchtete Verfassunggebende Versammlung wurde am 5. Januar 1918 eröffnet. Von 707 namentlich bekannten Abgeordneten der Konstituante waren bei ihrer ersten Sitzung im Taurischen Palais in Petrograd mehr als 400 anwesend. Eine genaue Zahl der Delegierten lässt sich schwer ermitteln. Eines steht aber fest: Dominiert wurde die Konstituante durch die Gegner der Bolschewiki, in erster Linie durch die Partei der Sozialrevolutionäre, deren Fraktion über etwa 240 Delegierte verfügte. Alle Versuche der Bolschewiki und der Linken Sozialrevolutionäre, den Verlauf der Debatten zu bestimmen, scheiterten. Nicht die von den Bolschewiki favorisierte linke Sozialrevolutionärin Maria Spiridonowa, sondern der gemäßigte Sozialrevolutionär Viktor Tschernow wurde zum Vorsitzenden der Konstituante gewählt. Auch die von den Bolschewiki und von den Linken Sozialrevolutionären gestellte Forderung an die Verfassunggebende Versammlung, sie solle alle Dekrete der Sowjetmacht nachträglich sanktionieren und sich anschließend auflösen, lehnte die Mehrheit der Delegierten strikt ab. Der von den Bolschewiki errichtete Sowjetstaat, der die so genannten ausbeuterischen Klassen entrechtete, widersprach den Vorstellungen der Mehrheit der Konstituante. Die Verfassunggebende Versammlung sprach sich für einen parlamentarisch-demokratischen Staat für alle Bürger Russlands aus. Sie plädierte zwar für das größtmögliche Entgegenkommen gegenüber den Unterschichten – radikale Bodenreform, Friedensappell (allerdings keine separaten Friedensverhandlungen mit den Mittelmächten), erhebliche Verbesserung der Lebensbedingungen der Industriearbeiter. Sie lehnte aber einen von den Bolschewiki proklamierten Rachefeldzug gegen die entmachteten Oberschichten ab.

So stellte die Konstituante mit ihren programmatischen Vorstellungen einen Fremdkörper in dem von den Bolschewiki errichteten System dar. Dies ungeachtet der Tatsache, dass dieser Fremdkörper den Willen der Bevölkerungsmehrheit repräsentierte. Aber über das Schicksal des Landes entschieden seit der weitgehenden Auflösung der staatlichen, wirtschaftlichen, politischen und sozialen Strukturen Russlands nicht die unorganisierten Mehrheiten, sondern die halbwegs organisierten Minderheiten, und dies waren in erster Linie die Bolschewiki.

Als die Delegierten der Konstituante nach der Unterbrechung ihrer ersten Sitzung ihre Beratungen am nächsten Tag – am 6. Januar – fortsetzten wollten, war das Taurische Palais von Wachen umstellt und für die Abgeordneten der damals einzigen vom Volk legitimierten Einrichtung unzugänglich.

Am gleichen Tag beschloss das von den Bolschewiki dominierte Zentrale Exekutivkomitee des Sowjets die Verfassunggebende Versammlung aufzulösen, und zwar mit der folgenden Begründung: „Die russische Revolution hat von ihrem Anbeginn an die Sowjets der Arbeiter-, Soldaten- und Bauerndeputierten hervorgebracht als Massenorganisation aller werktätigen und ausgebeuteten Klassen, als die Organisation, die allein im Stande ist, den Kampf dieser Klassen für ihre völlige politische und wirtschaftliche Befreiung zu leiten ... Jeder Verzicht auf die uneingeschränkte Macht der Sowjets, auf die vom Volk eroberte Sowjetrepublik zugunsten des bürgerlichen Parlamentarismus und der Konstituierenden Versammlung wäre jetzt ein Schritt rückwärts, würde den Zusammenbruch der ganzen Oktoberrevolution der Arbeiter und Bauern bedeuten."

Am 8. Januar 1918 wurde der III. Allrussische Kongress der Arbeiter- und Soldatendeputierten eröffnet, der sich nun offiziell mit dem Kongress der Bauerndeputierten vereinigte. Dieser Kongress regelte endgültig die Staatsstruktur und die Herrschaftsordnung Russlands. Russland wurde nun zur Russischen Sozialistischen Sowjetrepublik erklärt. Der Allrussische Kongress der Arbeiter-, Soldaten- und Bauerndeputierten bildete von nun an das einzige oberste Machtorgan im Staate. Der Rat der Volkskommissare, der zunächst einen provisorischen Charakter gehabt hatte (er sollte lediglich bis zur Einberufung der Konstituante amtieren), wurde nun zur einzigen legitimen Regierung des Landes erklärt.

Dies war der endgültige Abschied Russlands von der Demokratie im klassischen Sinne. Die Demokratie für alle wurde nun durch die so genannte Sowjetdemokratie nur für die werktätigen Schichten abgelöst. Der Klassenkampf stellte eine Art raison d'être des neuen Staates dar. Gegenüber den so genannten ausbeuterischen Klassen hatte dieser nur ein Mittel parat – die bewaffnete Unterdrückung. Mit legalen Mitteln konnten die Gegner der bolschewistischen Klassendiktatur das neue Regime nicht mehr in seine Schranken weisen. Das Schicksal der Konstituante veranschaulichte dies eindeutig. Die Tatsache, dass die Bolschewiki die Verfassunggebende Versammlung mit einer noch größeren Leichtigkeit von der politischen Bühne verjagen konnten, als sie dies kurz zuvor mit der Provisorischen Regierung getan hatten, lieferte den radikalen Gegnern des Regimes ein zusätzliches Argument dafür, dass die Gewalt, die die Bolschewiki als politisches Mittel anwenden, nur mit Gegengewalt bekämpft werden könne. Alle Voraussetzungen für den Ausbruch eines Bürgerkrieges waren nun gegeben.

3. Die Friedensverhandlungen von Brest-Litowsk – Der deutsche „Siegfrieden" im Osten

Neben der Auseinandersetzung mit der Konstituante, die die legitimatorische Basis des bolschewistischen Regimes aus den Angeln zu heben drohte, mussten die Bolschewiki sofort nach der Machtergreifung noch eine andere Auseinandersetzung führen, die das neue Regime ebenfalls außerordentlich bedrohte – mit der damals stärksten Militärmacht des Kontinents, dem Deutschen Reich, wie auch mit seinen Verbündeten.

Die bei den russischen Unterschichten verbreitete Ablehnung des Krieges hatte im Herbst 1917 bereits solche Ausmaße erreicht, dass jede Regierung Russlands, die ihn hätte weiterführen wollen, zum Scheitern verurteilt gewesen wäre. Das wusste Lenin. Seine Friedensversprechungen hatten ihn an die Macht gebracht. Wollte er sie behalten, musste er seine Zusagen ohne Zögern einhalten. In seiner Rede über die Aufgaben der Sowjetmacht, die er am 25. Oktober 1917, am Tag der bolschewistischen Machtübernahme, hielt, führte er aus: „Eine unserer nächsten Aufgaben besteht darin, sofort den Krieg zu beenden. Um aber diesen Krieg zu beenden, der mit der gegenwärtigen kapitalistischen Ordnung eng verknüpft ist, muss man – das ist allen klar – das Kapital selbst niederringen."

Seine Rede über den Frieden, die er am nächsten Tag hielt, war weniger an die Regierungen als an die Völker und Arbeiter der Welt gerichtet. Sie enthielt allerdings auch versöhnliche Töne. Bereits einen Tag nach der Machtergreifung begann sich Lenin also nicht nur als Revolutionär, sondern auch als Staatsmann zu verhalten: „Unser Aufruf muss sowohl an die Regierungen als auch an die Völker gerichtet werden. Wir können die Regierungen nicht ignorieren, denn das würde die Möglichkeit des Friedensschlusses hinauszögern ... [Wir] dürfen ... unsere Bedingungen [nicht] ultimativ stellen. Deshalb haben wir auch den Satz mit aufgenommen, dass wir jegliche Friedensbedingungen, alle Vorschläge erwägen werden."

Lenin schlug einen allgemeinen Waffenstillstand für drei Monate vor, fügte aber sofort hinzu, dass Gegenvorschläge über einen kürzeren Waffenstillstand von den Bolschewiki angenommen werden würden. Trotz des demagogischen Charakters dieser Friedensrede konnte man aus ihr eindeutig Lenins Bereitschaft zu großen Kompromissen und Zugeständnissen entnehmen.

Die bolschewistische Revolution, die Russland endgültig aus dem Krieg ausschaltete, änderte das Kräfteverhältnis auf dem Kontinent grundlegend. Zum ersten Mal seit der Marne-Schlacht, also mehr als drei Jahre nach Kriegsbeginn, hatte der deutsche Generalstab nun wieder Grund zu der Hoffnung auf einen Sieg. Der Münchener Historiker Thomas Nipperdey schrieb in diesem Zusammenhang: „Das weltgeschichtliche Ereignis der russischen Revolution(en) hätte beinahe noch das Kriegsschicksal des Reiches wenden können, beendete es doch das, was deutsche Politik seit Bismarck fürchten musste und was die Situation seit 1914 so bedrängend machte: den Zweifrontenkrieg."

Von der Ostfront flossen jetzt ununterbrochen die deutschen Divisionen nach Frankreich, die Westmächte wurden immer unsicherer. Im Dezember 1917 schrieb der damalige Marineminister im Londoner Kabinett, Winston Churchill: „Das Land [England] schwebt in einer Gefahr, wie sie nicht bestand, seit Paris durch die Marne-Schlacht ... gerettet wurde. Die Sache der Alliierten ist in Gefahr. Die Zukunft des britischen Weltreiches, der Demokratie, ja der Zivilisation sind auf dem Spiele ... Russland ist von den Deutschen vollkommen geschlagen. Sein großes Herz ist gebrochen, nicht nur durch die deutsche Macht, nein, auch durch deutsche Intrigen, deutsches Gold. Russland liegt zu Boden, erschöpft und im Todeskampfe."

Der britische Botschafter in Petrograd, Buchanan, riet seiner Regierung, Russland nicht zur Fortführung des Krieges zu zwingen. Russland sei nicht im Stande, weiter zu kämpfen, und eine unnachgiebige Haltung der Entente-Mächte den russischen Friedenswünschen gegenüber würde die Lage nur noch verschärfen. Am 30. November 1917, auf einer Konferenz der Entente-Mächte, wollten der britische Ministerpräsident, Lloyd George, und der Berater des amerikanischen Präsidenten Wilson, Oberst House, Russland von seinen Verpflichtungen entbinden, aber die Regierungschefs Frankreichs und Italiens, Clemenceau und Sonnino, waren entschieden dagegen. Die bolschewistische Regierung wurde von den Entente-Mächten wegen Verrats an der gemeinsamen Sache nicht anerkannt. Sowjetrussland musste also mit den Deutschen allein verhandeln: der zusammengebrochene Staat ohne Armee mit der stärksten Militärmacht Europas! Die früheren Verbündeten waren zu Feinden geworden, der Bürgerkrieg hatte schon begonnen. So stellte die so genannte proletarische Weltrevolution – die revolutionär gesinnten Werktätigen der Welt – im Grunde den einzigen hypothetischen Verbündeten der Bolschewiki dar. Mit ihm verknüpften die Bolschewiki auch all ihre Hoffnungen.

Unmittelbar vor dem bolschewistischen Staatsstreich versuchte Lenin seine schwankenden Parteigefährten, die diesen Staatsstreich ablehnten, zu mehr Entschlossenheit zu bewegen und benutzte dabei folgendes Argument: „Die internationale Lage liefert uns eine Reihe von objektiven Anhaltspunkten dafür, dass wir, wenn wir jetzt handeln, das ganze proletarische Europa auf unserer Seite haben werden." Und Trotzki fügte unmittelbar nach der bolschewistischen Machtübernahme hinzu: „Entweder wird die russische Revolution eine Bewegung in Europa auslösen oder die übriggebliebenen Staaten des Westens werden uns zerdrücken."

Im Januar 1918 fanden in der Donaumonarchie und in Deutschland Unruhen statt, die die Bolschewiki als Vorboten einer proletarischen Revolution auffassten. Am 14. Januar begannen Streiks in Budapest. Drei Tage später erreichte die Streikwelle Wien; Hungerdemonstrationen und Hungerunruhen verbreiteten sich auch über andere Teile der Donaumonarchie. Am 28. Januar wurde in Berlin ein Generalstreik proklamiert. Dennoch wurden all diese Proteste Anfang Februar vom Militär mit eiserner Faust unterdrückt. Als Lenin sah, wie schnell die proletarische Bewegung in Deutschland bezwungen werden konnte, verlor er die Hoffnung auf den sofortigen Ausbruch der Weltrevolution. Jetzt stand für ihn fest, dass die Bolschewiki völlig isoliert waren und sich nur auf ihre eigene Geschicklichkeit und ihre eigenen Kräfte verlassen konnten.

Am 14. November 1917 hatten die Deutschen offiziell erklärt, sie seien mit dem russischen Vorschlag über Friedensverhandlungen einverstanden. Am 20. November 1917 kam die vom sowjetischen Diplomaten Joffe angeführte russische Delegation nach Brest-Litowsk, wo sich das Generalquartier des deutschen Oberkommandos Ost befand. Die deutsche Delegation wurde vom Prinzen Leopold von Bayern und von dem Generalstabschef der Ostfront, General Hoffmann, geleitet. Man schloss einen Waffenstillstand bis zum 4. Dezember 1917 und verschob die Verhandlungen bis zum 13. Dezember, um den Entente-Mächten Gelegenheit zu geben, sich anzuschließen. Aber die westlichen Regierungen zeigten keine offizielle Reaktion auf die Vorschläge der sowjetischen Führung. Deswegen erklärte Trotzki am 29. November, Russland werde mit den Deutschen einen Separatwaffenstillstand schließen, dieser könne sich in einen Separatfrieden verwandeln.

Die Bolschewiki waren sich zunächst über die genaueren Pläne der deutschen Führung in Bezug auf Russland nicht im Klaren. Viele träumten von einem „Frieden ohne Annexionen". Dies war allerdings nur ein Wunschdenken der neuen Machthaber Russlands. Sie überschätzten den Weitblick der deutschen Generäle. Je schwächer und hilfloser Russland wurde, desto kühner wurden die Annexionspläne der OHL. Am 19. Dezember 1917 fand in Kreuznach eine gemeinsame Konferenz der Obersten Heeresleitung und der Reichsregierung statt. Ludendorff und Hindenburg forderten den Anschluss Polens und der baltischen Provinzen Russlands an Deutschland. Als der Staatssekretär für Auswärtige Angelegenheiten, Kühlmann, Hindenburg fragte, wofür er diese Gebiete brauche, antwortete der Feldmarschall: „Für die Manövrierung der Truppen im nächsten Krieg."

Am 13. Dezember erklärte General Hoffmann in einer Unterredung mit Joffe, dass Deutschland die Angliederung von Gebieten des früheren russischen Reiches, deren Bevölkerung sich Deutschland anschließen wolle, nicht als Annexion ansehe. Jetzt verstanden die Bolschewiki, dass sie, um Frieden schließen zu können, gewaltige Gebiete an die Mittelmächte abtreten mussten. Da sie jedoch zu den leidenschaftlichen Verfechtern eines „sofortigen Friedens ohne Annexionen und ohne Kontributionen" zählten, reagierten sie mit Entrüstung auf diese Forderungen der Deutschen. Die Gegner eines Annexionsfriedens, die das Ultimatum der Mittelmächte mit einem revolutionären Krieg beantworten wollten, dominierten zunächst in der Partei. So sprach sich die überwältigende Mehrheit der bolschewistischen Fraktion im Moskauer Sowjet gegen den von Lenin vorgeschlagenen Separatfrieden mit Deutschland aus. Sein Vorschlag wurde nur von 13 Delegierten unterstützt, 387 waren dagegen. Am 28. Dezember lehnte sowohl die Mehrheit des Moskauer als auch die des Petrograder Parteikomitees der Bolschewiki die Friedensbedingungen der Mittelmächte ab. Lenins Kapitulationsbereitschaft gegenüber den Deutschen drohte seine Autorität in der Partei zu untergraben. Er habe im Grunde die Kontrolle über die Partei verloren, schreiben 1991 die Autoren des bereits erwähnten Werks „Unser Vaterland". In Brest-Litowsk habe sich nicht nur die Friedensfrage, sondern auch die Machtfrage innerhalb der bolschewistischen Partei entscheiden sollen.

Am 27. Dezember waren die Friedensverhandlungen in Brest-Litowsk wieder aufgenommen worden. Die sowjetische Delegation wurde nun vom Volkskommissar für Auswärtige Angelegenheiten, Trotzki, angeführt, der die Verhandlungen zu verzögern suchte. Er zwang die Delegierten der Mittelmächte zu endlosen Disputen über das Selbstbestimmungsrecht der Völker, über soziale Gerechtigkeit, über die Verbrechen des kapitalistischen Systems usw. Die deutschen Generäle wurden immer ungeduldiger. Am 5. Januar 1918 zeigte General Hoffmann Trotzki auf der Landkarte die Gebiete, die Russland an die Mittelmächte abtreten sollte. Nun wurde Lenin klar, dass eine weitere Verzögerung der Friedensverhandlungen für die Bolschewiki verhängnisvoll werden könne. Am 7. Januar legte er dem Zentralkomitee seine 21 Thesen über „den sofortigen Abschluss eines Separat- und Annexionsfriedens" vor. Er machte geltend, die sowjetische Regierung benötige viel Zeit für die Konsolidierung und Organisation des neuen Systems in Russland. Sie müsse auch mit einem Bürgerkrieg rechnen. Für die Lösung all dieser Aufgaben bräuchten die Bolschewiki den sofortigen Frieden. In Deutschland habe die extremistische Partei gesiegt. Deswegen sei es gefährlich, die Verhandlungen weiter in die Länge zu ziehen. Die russische Armee sei nicht in der Lage, den Deutschen Widerstand zu leisten. Die russischen Bauern wollten nicht mehr kämpfen, und wenn die sowjetische Regierung sie zur weiteren Kriegführung zwingen werde, bestünde die Gefahr ihres Sturzes. Nur die Weltrevolution könne die sowjetische Regierung retten. Sollte diese nicht ausbrechen, dann sei eine Fortsetzung des Krieges für die Bolschewiki Selbstmord.

Solange die Deutschen Annexionen, nicht aber den Sturz der bolschewistischen Regierung forderten, war Lenin zur Abtretung fast aller verlangten Gebiete bereit. Aber die linksgerichtete Mehrheit der bolschewistischen Führung, die von Nikolaj Bucharin angeführt wurde, war gegen den „imperialistischen" Frieden mit Annexionen und Kontributionen.

In der Sitzung des Zentralkomitees der Bolschewiki vom 8. Januar

1918 forderte Lenin die sofortige Annahme der deutschen Friedensbedingungen, die Mehrheit war jedoch dagegen, Trotzkis Vorschlag zur weiteren Verzögerung der Verhandlungen wurde akzeptiert. Trotzki schlug auch vor, im Falle eines deutschen Ultimatums folgende Erklärung abzugeben: Die sowjetische Regierung beende den Krieg, aber sie werde keinen Annexionsfrieden unterzeichnen.

Lenin war damit nicht einverstanden. Er sagte eine solche Erklärung sei nur eine politische Demonstration, und die Bolschewiki, die sich in einer so komplizierten Lage befänden, hätten nicht das Recht auf eine solche Demonstration.

Am 13. Januar fuhr Trotzki zurück nach Brest-Litowsk mit dem Auftrag, die Verhandlungen weiter zu verzögern. Lenin hielt eine solche Lösung für sinnlos. Er konzentrierte seine ganze polemische Kraft, seine ganze Autorität in der Partei auf die Bezwingung der Gegner eines sofortigen Friedens.

Inzwischen verstärkten die Deutschen ihren Druck auf die Bolschewiki, und zwar mit Hilfe der Ukrainer. Eine Delegation der „bürgerlichen" ukrainischen Regierung, der „ukrainischen Rada", nahm seit dem 17. Dezember 1917 an den Friedensverhandlungen in Brest-Litowsk teil. Trotzki erkannte sie zunächst als legitime Vertretung des ukrainischen Volkes an. Inzwischen eroberten aber die Bolschewiki fast die ganze Ukraine, und am 13. Januar 1918 kam Trotzki mit einer Marionettendelegation, der so genannten „Sowjetischen Regierung der Ukraine", nach Brest-Litowsk. Am 18. Januar erklärte Trotzki, dass die Rada niemanden mehr repräsentiere. Die legitime Repräsentantin der Ukraine sei jetzt ihre sowjetische Regierung. Aber die Mittelmächte führten die Verhandlungen mit der Rada weiter, und am 27. Januar schlossen sie mit ihr einen Separatfrieden. Die Rada wurde als die einzige legitime Regierung der Ukraine anerkannt, das Deutsche Reich versprach der Ukraine militärische und politische Hilfe, um deren Regime zu stabilisieren. Als Gegenleistung sagte die Rada den Mittelmächten die Lieferung von einer Million Tonnen Getreide wie auch anderer Nahrungsmittel zu. Der so genannte „Brotfriede" mit der Ukraine versprach den Mittelmächten wenigstens theoretisch gewaltige wirtschaftliche und politische Vorteile. Trotzki beantwortete den Separatfrieden der Mittelmächte mit der Ukraine mit dem Abbruch der Verhandlungen. Er sagte, die sowjetische Regierung erkläre die Beendigung des Kriegszustandes, sie demobilisiere die Armee, aber den „imperialistischen" Annexionsfrieden werde sie nicht unterzeichnen.

Die politische Demonstration, die Lenin befürchtet hatte, nahm jetzt ihren Lauf. Trotzki hatte zu diesem Zeitpunkt noch Illusionen, die Deutschen würden nicht angreifen. Aber Lenin kannte die Psychologie der deutschen Generäle besser. Einige deutsche Politiker, vor allem der Staatssekretär des Auswärtigen Amtes, von Kühlmann, wollten die Bolschewiki nicht gewaltsam zum Frieden zwingen. Kühlmann war der Ansicht, dass eine Erneuerung des Krieges gegen Russland keinen Sinn habe. Er wollte die Ostgebiete weiter okkupiert halten. Dazu brauchte man nur wenig Truppen, weil die Bolschewiki militärisch bedeutungslos waren. Ludendorff war aber mit dieser Konzeption nicht einverstanden. Er hielt dagegen, die Bolschewiki seien Männer der Tat und könnten in jedem Moment ihre Militärkraft stärken. Die Deutschen brauchen, fuhr Ludendorff fort, die Rohstoffe und Lebensmittel aus der Ukraine, und diese könnten sie nur dann erhalten, wenn sie die Bolschewiki aus der Ukraine gewaltsam vertreiben würden.

Am 18. Februar 1918 begann die deutsche Offensive im Osten und im Nordosten. Sie traf praktisch auf keinen Widerstand. Die Reste der demoralisierten russischen Armee brachen sofort zusammen, nur die schlechten Straßen verlangsamten den deutschen Vormarsch.

Jetzt wollte Lenin ohne Vorbehalte auf alle deutschen Forderungen eingehen. Aber dazu musste er die Mehrheit des Zentralkomitees der Bolschewiki auf seine Seite bringen. Seine vordringlichste Aufgabe war es jetzt, die Zustimmung Trotzkis für den sofortigen Frieden zu erhalten. Autorität und Position Lenins und Trotzkis in der Partei waren so groß, dass für den Fall ihres gemeinsamen Auftretens die Opposition ohne Erfolgsaussichten war: „Ergab sich" – sagt nachträglich Trotzki – „dass wir über eine Sache die gleiche Meinung hatten, so zweifelten weder Lenin noch ich daran, dass der nötige Beschluss durchgeführt werden würde … Im Falle unserer Übereinstimmung waren die Besprechungen stets sehr kurz."

Trotzki zögerte. Mit seinen Ansichten stand er der Fraktion, die den revolutionären Krieg forderte, viel näher als dem Leninschen Standpunkt. Gleichzeitig aber wusste er, dass die Partei seine Auseinandersetzung mit Lenin nicht überleben würde, und dieser drohte mit Rücktritt, falls die Partei sich gegen den Frieden erklären sollte. So entschloss er sich, Lenin zu unterstützen, obwohl dieser seiner Meinung nach im Unrecht war. Mit Trotzki an seiner Seite war Lenin jetzt sicher, den Kampf gegen die eigene Partei zu gewinnen. Am 18. Februar 1918 neuer Zeitrechnung (s. S. 17), auf der Sitzung des Zentralkomitees der Bolschewiki, sprach er über die katastrophale Lage der Armee, es gebe keine Möglichkeit, sich gegen die Deutschen zu wehren. Er wiederholte, die Bauern würden niemals einen revolutionären Krieg führen und jede Regierung, die die Bauern dazu aufriefe, würde von ihnen gestürzt werden.

Bei der Abstimmung im Zentralkomitee am 18. Februar 1918 wurde Lenins Vorschlag über die sofortige Annahme der deutschen Friedensbedingungen mit einer Mehrheit von 7 zu 6 angenommen. Trotzki stimmte dafür. Am 19. Februar erklärten die Bolschewiki offiziell, sie seien mit allen deutschen Bedingungen von Brest-Litowsk einverstanden. Die deutsche Antwort kam erst am 23. Februar. Sie hatte die Form eines Ultimatums, das nur innerhalb von 48 Stunden angenommen werden konnte. Die Bedingungen waren noch härter als in Brest-Litowsk, aber Lenin wollte sie sofort akzeptieren: „Die Antwort der Deutschen stellt uns ... noch schwerere Friedensbedingungen als in Brest-Litowsk. Und nichtsdestoweniger bin ich absolut überzeugt, dass nur völlige Berauschtheit durch revolutionäre Phrasen im Stande ist, irgendjemand zur Ablehnung dieser Bedingungen zu treiben ... Wer gegen einen sofortigen, wenn auch noch so schweren Frieden ist, richtet die Sowjetmacht zugrunde." Lenin drohte mit seinem sofortigen Austritt aus der Regierung, wenn man das deutsche Ultimatum nicht erfülle. Wieder gelang es ihm, die Mehrheit im ZK zu erreichen, vor allem, weil Trotzki nicht gegen ihn stimmte. Die linken Bolschewiki bezichtigten Lenin des Verrats an der Revolution, er musste sich mit ihnen noch hart auseinandersetzen, aber infolge der Unterstützung Trotzkis war sein Sieg sicher.

Auch die Linken Sozialrevolutionäre, die Koalitionspartner der Bolschewiki in der sowjetischen Regierung, verurteilten Lenins Kapitulation. Auf der Sitzung des Zentralen Exekutivkomitees des Sowjets in der Nacht vom 23. auf den 24. Februar sprachen sich 116 Mitglieder des Komitees für den Frieden, 85 dagegen aus (Linke Sozialrevolutionäre, linke Bolschewiki, Anarchisten, Menschewiki, gemäßigte Sozialrevolutionäre), vor allem Linke Sozialrevolutionäre enthielten sich der Stimme. Am 3. März 1918 unterzeichnete die sowjetische Delegation den Frieden in Brest-Litowsk.

Russland verzichtete hier auf beinahe alle territorialen Gewinne, die es seit der Mitte des 17. Jahrhunderts erzielt hatte (Ukraine, Estland, Livland, Kurland, Litauen, Polen, Finnland – insgesamt 780 000 Quadratkilometer). Es verlor mehr als 30% seiner Bevölkerung (56 Millionen), 27% seines bebaubaren Landes, 89% seiner Kohlebergwerke, 73% seiner Eisenindustrie, 26% seines Eisenbahnnetzes. Nicht zuletzt deshalb zog 1993 der prominente russische Historiker und General Dmitrij

Wolkogonow Parallelen zwischen dem Frieden von Brest-Litowsk und den Ereignissen, die 1991 zur Auflösung der UdSSR geführt hatten. Diese beiden Entwicklungen werden von ihm als „erste und zweite Teilung Russlands" bezeichnet.

In Russland löste der Friede einen beispiellosen Schock aus, ungeachtet der Kriegsmüdigkeit, die im Lande vorherrschte und der Tatsache, dass es zur Fortsetzung des Krieges nicht mehr fähig war. Die Koalitionspartner der Bolschewiki – die Linken Sozialrevolutionäre – traten nach dem IV. (Außerordentlichen) Sowjetkongress (14.–16. 3. 1918), der den Frieden ratifizierte, aus dem Rat der Volkskommissare aus. Von nun an regierten die Bolschewiki Russland allein, und daran sollte sich bis zur Entmachtung der KPdSU am 21. August 1991 nichts mehr ändern.

Aber auch die so genannten linken Bolschewiki reagierten mit Entrüstung auf die Friedensbedingungen von Brest-Litowsk. Sie verzichteten auf all ihre Regierungs- und Parteiämter und setzten sich schonungslos mit dem außenpolitischen Kurs Lenins auseinander. Die heftigen Kontroversen, die die Verhandlungen in Brest-Litowsk auslösten, zeigen, dass die bolschewistische Partei unmittelbar nach der Machtübernahme noch kein „monolithisches" Gebilde darstellte. Sie war keineswegs nur eine gehorchende, sondern auch eine diskutierende Partei. Gegenüber ihren politischen Gegnern griffen die Bolschewiki zu den brutalsten Mitteln der politischen Unterdrückung. Bereits unmittelbar nach der Machtübernahme begannen sie sich des so genannten „revolutionären" Terrors zu bedienen, der allmählich auch einen systematischen Charakter annahm. Ein ganz anderer Umgangston hingegen herrschte damals innerhalb der bolschewistischen Partei selbst. Hier beschränkten sich die Kontrahenten in der Regel auf Wortgefechte. Der so genannte bolschewistische Ehrenkodex wurde in der Leninschen Entwicklungsphase des sowjetischen Staates im Großen und Ganzen beachtet. Lenin musste versuchen, die Partei mit logischen Argumenten zu überzeugen. Diese Argumente verband er aber immer wieder mit Rücktrittsdrohungen, und die Letzteren waren insoweit noch effektiver als seine eiserne Logik bzw. seine Eloquenz. Denn eine Existenz der Partei ohne ihren Gründer schien der überwältigenden Mehrheit der Bolschewiki schier unvorstellbar.

Während der Auseinandersetzung um den Frieden von Brest-Litowsk errang Lenin sicher einen seiner wichtigsten Siege nach der bolschewistischen Machtübernahme. Hätten damals die Gegner des Friedens die Oberhand gewonnen, so wären die Tage des bolschewistischen Regimes wohl gezählt gewesen. Trotzki schrieb später, Lenin habe mit genau der gleichen revolutionären Energie die Bolschewiki zur Kapitulation gegenüber den Deutschen zu bewegen versucht, mit der er kurz vor der Oktoberrevolution seine Partei zu mehr Kampfentschlossenheit aufgefordert hatte.

Zu den schärfsten Kritikern des Friedens von Brest-Litowsk innerhalb der bolschewistischen Partei gehörte Nikolaj Bucharin. Auf dem 7. Parteikongress vom März 1918, der über die Friedensbedingungen debattierte, argumentierte Bucharin: „Um den Krieg fortzuführen, wird Deutschland sich ... der Ausplünderung Russlands in der unverhülltesten Form widmen müssen ... Aber zur Ausplünderung, zur wirtschaftlichen Ausbeutung bedarf man eines bourgeoisen Russland ... Das sind die Gründe, die Deutschland dazu zwingen, beständig eine auf den Sturz der Sowjetmacht und nicht auf friedliches Zusammenleben mit ihr gerichtete Politik zu betreiben."

Auch Lenin wusste, dass die deutschen Generäle durchaus im Stande waren, die Bolschewiki jederzeit zu verjagen. Er wusste aber zugleich, dass ihr Verschwinden nicht im Interesse der Deutschen lag. Denn bei ihnen handelte es sich um die einzige politische Partei Russlands, die bereit war, solch einen demütigenden Frieden zu unterzeichnen, wie ihn die Deutschen forderten. Andere politische Gruppierungen, auch die sozial radikalsten, waren zugleich patriotisch gesinnt. Daher kam für sie der Verzicht auf praktisch alle Territorialgewinne, die Russland in den letzten drei Jahrhunderten erzielt hatte, nicht in Frage. Im Weltbild Lenins indes spielten patriotische Überlegungen nur eine zweitrangige Rolle. So führte er zum Beispiel im Mai 1918 aus: „Wir verteidigen nicht die Großmachtstellung – vom Russischen Reich ist nichts übrig geblieben, als das eigentliche Russland – ... Wir behaupten, dass die Interessen des ... Weltsozialismus höher stehen als die nationalen Interessen, höher als die Interessen des Staates."

Aus all diesen Gründen fiel es Lenin leichter als seinen Kritikern das russische Imperium zumindest partiell zu zerstückeln. Lenin erkannte auch – im Gegensatz zu Bucharin – wie erbittert der Konflikt zwischen den beiden Kriegskoalitionen war, wie viel mehr sie an der gegenseitigen Vernichtung als am Sturz der Bolschewiki interessiert waren. Dieser unversöhnliche Konflikt gab ihm auch die Hoffnung, dass seine Partei eine Überlebenschance habe, wenn sie mit der damals stärksten Militärmacht des Kontinents Frieden schlösse.

4. Lenins Lavieren zwischen den Mittelmächten und der Entente

Die Ausnutzung der Konflikte zwischen den „imperialistischen" Staaten machte Lenin zu einem seiner wichtigsten außenpolitischen Leitgedanken. Während der Verhandlungen in Brest-Litowsk führten Lenin und Trotzki Gespräche mit Vertretern der Entente-Mächte über eine mögliche Zusammenarbeit gegen die Deutschen. Der britische Diplomat Lockhart schrieb später, dass er sofort nach seiner Ankunft in Russland im Januar 1918 erkannte, dass die bolschewistische Partei mehr oder weniger offen die Ausnutzung der Feindschaft zwischen den beiden Koalitionen anstrebe. Am 15. Februar 1918 fand ein Gespräch zwischen Lockhart und Trotzki statt. Mit größter Sorge und Spannung erwarteten damals die Bolschewiki die deutsche Reaktion auf den demonstrativen Abbruch der Verhandlungen in Brest-Litowsk durch Trotzki. Dies waren also die Rahmenbedingungen des Gesprächs, in dem Trotzki Folgendes sagte: Er sei ein unversöhnlicher Gegner Englands, aber jetzt sei die deutsche Gefahr ungleich größer, deswegen seien die Bolschewiki bereit, mit den Entente-Mächten zusammenzuarbeiten. Ende Februar 1918 hatte Lockhart auch eine Unterredung mit Lenin. Der britische Diplomat fasste die Worte Lenins zusammen: „Der englisch-amerikanische Kapitalismus sei fast ebenso hassenswert wie der deutsche Militarismus, aber die unmittelbare Gefahr drohe [von dem letzteren]. Infolgedessen sei es ihm lieb, dass ich in Russland geblieben sei. Er wolle meine Arbeit in jeder Weise erleichtern … Aber er habe seine großen Zweifel über die Zusammenarbeit mit den Verbündeten. ‚Unser Weg ist nicht Euer Weg. Wir können aber vorübergehend mit dem Kapitalismus zusammenarbeiten. Wir sind sogar dazu gezwungen, denn das Kapital wäre heute stark genug, uns zu vernichten, wenn es einig wäre. Zum Glück widerspricht es der Natur des Weltkapitalismus, einig zu sein. Solange die deutsche Gefahr dauert, will ich das Risiko einer Zusammenarbeit mit den Verbündeten auf mich nehmen, von der beide Teile zunächst Nutzen haben können. Sollten uns die Deutschen angreifen, so würde ich sogar militärische Hilfe annehmen. Ich bin aber überzeugt, dass Ihre Regierung darüber anders denken wird als wir. Ihre Regierung ist reaktionär und wird sich auf die Seite der russischen Reaktionäre stellen'."

Die Haltung der Entente-Regierungen gegenüber den Bolschewiki war keineswegs einheitlich. Die antibolschewistischen Ressentiments waren am stärksten in Frankreich, das damals die größte Last des Krieges trug und ums Überleben kämpfte. Ausgerechnet in dieser Situation wurde es von seinem russischen Verbündeten im Stich gelassen. Nicht zuletzt deshalb wollten weder Georges Clemenceau noch der Oberkommandierende der französischen Streitkräfte, Marschall Foch, auf irgendwelche Kompromisse mit den Bolschewiki eingehen. Die britische und die amerikanische Haltung war insoweit etwas weicher. Am 10. März 1918 schickte der amerikanische Präsident Woodrow Wilson an die sowjetische Regierung ein Beileidstelegramm anlässlich der Unterzeichnung des Brest-Litowsker Friedens.

Trotzki verhandelte damals mit amerikanischen und französischen Offizieren über eine Entsendung westlicher Militärinstruktoren nach Russland, um die soeben entstandene Rote Armee auszubilden. Unter der Mitwirkung des französischen Generals Berthelot wurde ein Beratergremium westlicher Offiziere geschaffen, das beim Aufbau der Roten Armee behilflich sein sollte. Die französische Regierung lehnte aber dieses Projekt rundweg ab. Damit war auch die militärische Zusammenarbeit zwischen den Bolschewiki und der Entente beendet. Als der deutsche Botschafter Graf Wilhelm Mirbach einige Wochen nach der Unterzeichnung des Brest-Litowsker Friedens nach Moskau kam (am 10./11.3. 1918 übersiedelte die sowjetische Regierung von Petrograd nach Moskau), versuchten die Bolschewiki nicht nur die Entente gegen die Deutschen, sondern auch die Deutschen gegen die Entente auszuspielen. Lockhart beschreibt diese bolschewistische Taktik: „Für uns war die Anwesenheit [der Deutschen] in Moskau eine ständige Verlegenheit. Den Bolschewisten scheint es Heidenspaß gemacht zu haben, uns gegenseitig auszuspielen. Und wie sie sich darauf verstanden! Sie ließen uns im selben Vorzimmer des Auslandskommissariats warten. Wenn sie mich ärgern wollten, empfingen sie Mirbach vor mir. Wenn sie Mirbach ärgern wollten, kam ich zuerst an die Reihe."

Der Friede von Brest-Litowsk beendete keineswegs die deutsch-sowjetischen Spannungen. Die Übersiedlung der sowjetischen Regierung von Petrograd nach Moskau im März 1918 fand nicht zuletzt deshalb statt, weil die deutschen Truppen, die das Baltikum beherrschten, jederzeit auch die russische Hauptstadt hätten einnehmen können.

Da die Bolschewiki zunächst noch nicht im Stande waren, die Peripherie des Imperiums, vor allem seine südliche Flanke, ausreichend zu kontrollieren, entstand dort ein Machtvakuum, das auf die deutschen Generäle eine beinahe unwiderstehliche Anziehungskraft ausübte. Deutsche Truppen, die bereits die Ukraine kontrollierten, stießen immer tiefer ins Innere des russischen Reiches vor – bis in den Kaukasus. Die sowjetische Regierung appellierte wiederholt an Berlin, die in

Brest-Litowsk festgelegte Demarkationslinie zwischen der Ukraine und Sowjetrussland zu respektieren. Der Volkskommissar für Auswärtige Angelegenheit, Georgij Tschitscherin, schrieb an das Berliner Außenministerium: „Wir wiederholen unsere Bitte an die deutsche Regierung, sich genauer darüber zu äußern, wo sich ihrer Ansicht nach die Grenze der Ukrainischen Republik befindet."

Die sowjetischen Proteste verhallten aber ohne Resonanz. Der Bonner Historiker Klaus Hildebrand schreibt 1994 in diesem Zusammenhang: „Von einem wahrhaft napoleonischen Eroberungsrausch befallen, ... [begründete] ... General Ludendorff auf dem Territorium des besiegten Sowjetrussland ein kontinentales Großreich, dessen verführerische Spur weit über sich hinaus in eine düstere Zukunft deutete."

In der deutschen Machtelite war damals die Ansicht verbreitet, beim sowjetischen Regime handele es sich bloß um ein Provisorium. Deshalb versuchte die Führung des Reiches, im Osten eine Reihe von vollendeten Tatsachen zu schaffen, um gegen unvorhergesehene Entwicklungen dort ausreichend gewappnet zu sein. Graf Mirbach stellte Ende Juni 1918 dem Bolschewismus keine günstige Diagnose: „Wir befinden uns zweifellos am Bett eines Schwerkranken; und obwohl seine zeitweilige Besserung möglich scheint, ist er letztendlich doch verloren."

Einige Tage nach diesem Schreiben, am 6. Juli 1918, fiel Graf Mirbach einem Attentat zum Opfer. Bei den Attentätern handelte es sich um Linke Sozialrevolutionäre, die dadurch ihrem Protest gegen den Brest-Litowsker Frieden Ausdruck verleihen wollten, und zugleich danach strebten, einen Bruch im deutsch-sowjetischen Verhältnis herbeizuführen. Diese Beziehungen waren nach der Ermordung Mirbachs in der Tat dem Zerreißen nah. Zwei Stunden nach dem Attentat erschien Lenin in der deutschen Botschaft in Moskau und äußerte seine Empörung über die Tat. An den sowjetischen Botschafter in Berlin, Joffe, schickte er ein Telegramm: „Suchen Sie den deutschen Außenminister auf, und bringen sie gegenüber der deutschen Regierung unsere Entrüstung zum Ausdruck ... Die Mörder werden einem Außerordentlichen Revolutionstribunal übergeben."

Als aber die Deutschen von der sowjetischen Führung verlangten, sie solle die Stationierung eines deutschen Bataillons in Moskau zum Schutze der deutschen Botschaft erlauben, wandte sich Lenin entschieden gegen diese Forderung, ungeachtet seiner panischen Angst vor den deutschen Generälen. Was veranlasste ihn zu einer solchen Entschlossenheit, die angesichts seiner Kapitulationsbereitschaft den Deutschen gegenüber, die er seit Brest-Litowsk wiederholt an den Tag gelegt hatte, derart überraschend wirkt? Sicher die damalige Lage an der Westfront. Seit dem Beginn der deutschen Frühjahrsoffensive in Frankreich am 21. März 1918 konzentrierten die beiden Kriegskoalitionen ihre Aufmerksamkeit beinahe ausschließlich auf den gegenseitigem Vernichtungskampf und waren außerstande, sich intensiv mit der Lösung der russischen Frage zu befassen. Dies steigerte die Zuversicht Lenins, ja seine Überzeugung, dass die Atempause, die die Bolschewiki durch den Brest-Litowsker Frieden erhalten hatten, doch etwas länger andauern werde als ursprünglich angenommen. Auf dem 5. Kongress der Sowjets (5. 7. 1918) sagte er: „Während der letzten ... Monate des wahnwitzigen imperialistischen Krieges haben sich die imperialistischen Staaten jenem Abgrund genähert, in den sie das Volk stoßen ... Sie und nicht wir [werden] zugrunde gehen, ... weil die Geschwindigkeit, mit der ihre Widerstandskraft nachlässt, sie schnell dem Abgrund entgegenführt." Seit Mitte 1918 spitzte sich der Bürgerkrieg in Russland zu (s. S. 94 ff.).

Die Entente-Mächte begannen in einem immer stärkeren Ausmaß die Gegner der Bolschewiki zu unterstützen. Dies machte jede Zusammenarbeit der Bolschewiki mit den Westmächten gegen den deutschen Expansionismus unmöglich. Daher versuchte Lenin, deutsche Unterstützung gegen die Entente zu erhalten. Er schlug den Deutschen die Unterzeichnung eines für sie günstigen Wirtschaftsabkommens vor. Im Juni 1918 kam der sowjetische Wirtschaftsexperte Krassin nach Deutschland, um über die Bedingungen eines solchen Abkommens zu verhandeln. Am 27. August wurde ein Zusatzabkommen zum Brest-Litowsker Frieden unterzeichnet, in dem Russland sich zu umfangreichen Öllieferungen wie auch zu Entschädigungszahlungen in Höhe von 6 Milliarden Goldmark an Deutschland verpflichtete. Deutschland verpflichtete sich seinerseits, die „weißen" Gegner der Bolschewiki nicht zu unterstützen.

Am 1. August 1918 hatte Tschitscherin dem deutschen Botschafter in Russland, Helfferich, vorgeschlagen, deutsche Truppen in Russland einmarschieren zu lassen. Die Deutschen sollten gemeinsam mit der Roten Armee gegen die Intervention der Entente in Nordrussland und gegen die prowestliche „weiße" Armee von General Alexejew in Südrussland kämpfen. Helfferich und Ludendorff sprachen sich aber gegen diesen Plan aus. Erst nach dem Misserfolg der deutschen Offensive im Westen war Ludendorff bereit, das bolschewistische Angebot anzunehmen. Der geheime Teil des zusätzlichen Friedensvertrages zwischen Moskau und Berlin vom 27. August 1918 enthielt das Versprechen der Deutschen, die Bolschewiki in ihrem Kampf gegen die Entente zu unterstützen.

Noch am 20. August hatte Lenin seine Bereitschaft erklärt, sich im Bündnis mit den Deutschen der Aggression der Entente zu widersetzen. Es war ihm damals noch nicht klar, dass Deutschland kurz vor seinem militärischen Zusammenbruch stand. Einen Monat später war er sich jedoch dessen bewusst. Eine der beiden Koalitionen, deren gegenseitiger Kampf das Überleben des bolschewistischen Regimes ermöglichte, stand kurz vor ihrem Untergang. Der taktische Spielraum der Bolschewiki wurde gewaltig eingeengt. Lenin geriet in Panik. Er war nun davon überzeugt, dass die Entente, die die mächtige deutsche Militärmaschinerie zerschlagen hatte, all ihre Kräfte gegen die Bolschewiki richten werde. Die Lage der sowjetischen Republik sei nie so gefährlich gewesen wie jetzt, erklärte er kurz vor dem deutschen Zusammenbruch: „Wenn es uns ... gelungen ist, nach der Oktoberrevolution ein ganzes Jahr lang fortzubestehen, so haben wir das dem Umstand zu verdanken, dass der internationale Imperialismus in zwei Räubergruppen gespalten war ..., die sich ineinander verkrallt hatten und sich um uns nicht kümmern konnten ... Jetzt aber ist die eine Gruppierung von der englisch-französisch-amerikanischen Gruppe hinweggefegt worden. Diese sieht ihre Hauptaufgabe darin, den Weltbolschewismus zu erwürgen."

Erneut verknüpfte Lenin all seine Hoffnungen, ähnlich wie unmittelbar nach der bolschewistischen Machtübernahme, mit der proletarischen Weltrevolution. Dieser Glaube der Bolschewiki an die erlösende Kraft der Weltrevolution erinnert beinahe an die Heilserwartungen der ersten Christen, die an die baldige Errichtung des Reiches Gottes glaubten. In beiden Fällen verhalf diese nahezu zur Gewissheit gewordene Zuversicht dazu, fast ausweglose Krisen zu überstehen. So verkündete Lenin auf dem VII. Parteitag der Bolschewiki (6. 3. 1918): „Welche Schwierigkeiten uns auch noch bevorstehen, welche Niederlagen wir auch noch erleben werden, die internationale Revolution kommt ... Unsere Rettung aus all diesen Schwierigkeiten, ich wiederhole, das ist die gesamteuropäische Revolution."

Einige Tage später, auf dem IV. Rätekongress tröstete Lenin eine Bolschewikin aus der Stadt Jekaterinoslaw, die laut Friedensvertrag von Brest-Litowsk unter deutsche Kontrolle geraten sollte: „In Deutschland kommt die Revolution unausweichlich ... Diese Revolution wird den Friedensvertrag von Brest vernichten". Diese Sätze waren nicht für die Öffentlichkeit bestimmt. Erst vor kurzem sind sie publiziert worden.

Nach den ersten Niederlagen der deutschen Armee im Westen machte sich die bolschewistische Propaganda immer stärker bemerkbar. Die im April 1918 errichtete sowjetische Botschaft in Berlin verwandelte sich in ein Zentrum der revolutionären Agitation. Sowjetische Diplomaten nahmen Kontakte mit Vertretern des linken Flügels der deutschen Sozialdemokratie auf (Spartakisten, USPD). Der bolschewistische Einfluss wuchs vor allem bei den im Osten stationierten deutschen Truppen, was Lenin zu der ironischen Bemerkung veranlasste: „Wovon die deutschen Diplomaten in halb scherzhaftem Ton gesprochen haben, von der ‚Russifizierung' der deutschen Soldaten, das ist heute für sie schon kein Scherz mehr, sondern bitterer Ernst."

Diese Auflösungserscheinungen infolge der bolschewistischen Propaganda stellten allerdings in den deutschen Streitkräften nur ein Randproblem dar, ähnlich übrigens wie in den anderen Armeen der Krieg führenden Staaten. Der Versuch der Bolschewiki, die defätistische Propaganda, die in Russland so erfolgreich gewesen war, auf andere Armeen zu übertragen, blieb während des Krieges relativ erfolglos. Der Krieg wurde nicht durch den Aufstand der Soldaten gegen ihre jeweiligen Regierungen, sondern durch die überlegenen Armeen der Entente beendet. Das durch den Bürgerkrieg geschwächte bolschewistische Regime befand sich nun sowohl innen- als auch außenpolitisch in einer äußerst prekären Situation: „Das ganze Weltkapital wird jetzt gegen uns marschieren", sagte damals Lenin zu Tschitscherin.

5. „Lerne beim Deutschen!" – Der „Kriegskommunismus"

Ähnlich wie Marx und Engels war Lenin voller Bewunderung für die Effizienz des kapitalistischen Systems. Einige von diesem System geschaffene Strukturen (Lenin nannte sie Apparate) hielt der Gründer der bolschewistischen Partei für eine Art neutrale Größe, die durchaus im Stande wäre, auch in den Rahmenbedingungen eines „sozialistischen Staates" zu funktionieren. Unmittelbar vor der bolschewistischen Machtergreifung (September 1917) schrieb Lenin: „Man muss [diese Apparate] ... den Kapitalisten entreißen und ... den proletarischen Sowjets *unterordnen.* ... Die Großbanken *sind* jener ‚Staatsapparat', den wir für die Verwirklichung des Sozialismus *brauchen* und den wir vom Kapitalismus fertig übernehmen, wobei unsere Aufgabe hier lediglich darin besteht, das zu *entfernen,* was diesen ausgezeichneten Apparat *kapitalistisch verunstaltet.*" Mit dem Dekret über die Nationalisierung der Banken und die Errichtung einer Nationalbank vom 14. Dezember 1917 – einige Wochen nach der Machtübernahme – begannen die Bolschewiki diese Vision Lenins zu verwirklichen.

Aber die Banken stellten für die Bolschewiki nur die Spitze des „kapitalistischen Eisbergs“ dar, sie träumten davon, die Kontrolle über viele andere Teile des „kapitalistischen Apparats“ zu übernehmen. Für diesen Zweck wurde am 2. Dezember 1917 beim Rat der Volkskommissare der Oberste Volkswirtschaftsrat errichtet, dessen Aufgabe die Lenkung und Koordinierung der gesamten russischen Industrie war. Zur gleichen Zeit unterstützte die bolschewistische Führung die „rotgardistische Offensive“ („Rote Garde“ – freiwillige revolutionäre Kampfverbände) gegen die russischen Unternehmen, die sich die Enteignung bzw. Nationalisierung der Industriebetriebe zum Ziel setzte. Die bolschewistische Führung versuchte, die ohnehin tiefen sozialen Gegensätze im Lande zusätzlich zu verschärfen und schürte den sozialen Hass: „Noch keine einzige Frage des Klassenkampfes ist in der Geschichte anders als durch Gewalt entschieden worden“, „predigte“ Lenin auf dem III. Allrussischen Sowjetkongress vom 11. Januar 1918. „Wenn die Gewalt von den werktätigen ausgebeuteten Massen ausgeht, gegen die Ausbeuter, ja, dann sind wir für diese Gewalt ... Jawohl, wir haben den Krieg begonnen, wir führen diesen Krieg. Je offener wir das aussprechen, desto eher wird dieser Krieg zu Ende gehen.“

Die so genannte Arbeiterkontrolle in den Betrieben verwandelte sich immer häufiger in Enteignung bzw. Verstaatlichung. Vom November 1917 bis März 1918 wurden etwa 830 Industriebetriebe mehr oder weniger spontan enteignet. Lenin, der seit seiner programmatischen Schrift „Was tun?“ sich wiederholt skeptisch über die spontanen Regungen der Massen, auch der proletarischen Massen, geäußert hatte, war unmittelbar nach der bolschewistischen Revolution voll des Lobes über den revolutionären Druck von unten: „Als wir die Arbeiterkontrolle einführten, ... wollten wir zeigen, dass wir nur einen Weg anerkennen – den Weg der Umgestaltung von unten, den Weg, auf dem die Arbeiter selbst von unten her die neuen Grundlagen der wirtschaftlichen Verhältnisse schaffen.“

Dabei mokierte sich der Führer der „Partei neuen Typs“ über diejenigen, die meinten, dass die Werktätigen nicht qualifiziert genug seien, um die Kontrolle über den gesamten Staat zu übernehmen: „Wir sind überzeugt, dass mit jedem Schritt der Sowjetmacht immer mehr Menschen hervortreten werden, die sich völlig frei von dem alten bürgerlichen Vorurteil [gemacht haben], dass der einfache Arbeiter und Bauer nicht im Stande sei, den Staat zu regieren.“

So war Lenin damals davon überzeugt, man könne im Grunde über Nacht, eine neue Welt erschaffen, in das „goldene“ sozialistische Zeitalter eintreten, und dies in einem Land, dessen gesellschaftliche, wirtschaftliche und politische Strukturen nach dreieinhalb Jahren Krieg und Revolution beinahe völlig zerrüttet waren.

Trotzki schreibt in seinen Erinnerungen: Er entsinne sich sehr gut, wie Lenin in der ersten Periode nach der bolschewistischen Machtübernahme in den Sitzungen des Rats der Volkskommissare immer wiederholte: „Nach einem halben Jahr werden wir den Sozialismus haben und der mächtigste Staat der Erde sein."

Diese chiliastischen Visionen gingen sicher auf die Leichtigkeit zurück, mit der es den Bolschewiki seit dem Oktober 1917 gelungen war, alle ihre innenpolitischen Kontrahenten zu bezwingen. Die Partei befand sich in einem Siegesrausch, und erst die deutschen Generäle zogen sie auf den Boden der Realität zurück. Dies gab Lenin selbstkritisch zu, als er von einer harten aber notwendigen Lehre sprach, die den Bolschewiki in Brest-Litowsk erteilt worden sei. Die „kapitalistische" Welt erwies sich als wesentlich widerstandsfähiger, als die Bolschewiki dies ursprünglich angenommen hatten. Sie ließ sich nicht in einem „weltrevolutionären" Sturm erobern. Diese Lehre wollte Lenin auch innenpolitisch nutzen.

Die deutsche Kriegswirtschaft wurde von ihm zu einem Vorbild erklärt, das die Bolschewiki nun beim Aufbau des sowjetischen Wirtschaftssystems inspirieren solle. Kurz vor dem IV. Allrussischen Kongress der Sowjets vom März 1918, der über die demütigenden Friedensbedingungen von Brest-Litowsk beraten sollte, verkündete Lenin: „Lerne beim Deutschen! ... Es ist so gekommen, dass jetzt gerade der Deutsche nicht nur den bestialischen Imperialismus, sondern auch das Prinzip der Disziplin, der Organisation, des harmonischen Zusammenwirkens auf dem Boden der modernsten maschinellen Industrie, der strengsten Rechnungsführung und Kontrolle verkörpert ... Es ist gerade das, was wir lernen müssen, ... was unserer großen Revolution fehlt."

„Arbeit, Disziplin und Ordnung werden die sozialistische Sowjetrepublik retten", fügte Trotzki etwa zur gleichen Zeit hinzu.

Die Partizipation der Fabrikkomitees, der Betriebsräte und anderer Selbstverwaltungsorgane an der Leitung der Betriebe galt nun der Führung – wenn man von den Linken Bolschewiki absieht – als ineffizient. Um die Produktion im Gang zu halten, setzte sie jetzt in erster Linie auf Spezialisten und nicht auf revolutionäre Eiferer. Das kollegiale Führungsprinzip sollte durch das hierarchisch-zentralistische abgelöst werden.

Trotz dieser Akzentverschiebung wurde das Ziel der Erschaffung einer neuen Welt und eines neuen Menschen nicht aufgegeben. Nur die Mittel zur Errichtung dieses Paradieses auf Erden wurden geändert. Sie hießen nicht mehr „revolutionärer Druck von unten", „Klasseninstinkt der Massen", „Spontaneität", sondern „Kontrolle", „Organisation", „Befehl".

Unwillkürlich erinnert diese Evolution an das Schicksal einer anderen Utopie, die der Romanheld Fjodor Dostojewskis Schigaljow („Die Dämonen") entworfen hatte. Auch Schigaljow ging in seinem Entwurf zunächst von einer uneingeschränkten Freiheit aus, um dann bei einer uneingeschränkten Despotie anzukommen.

Wurden die Bolschewiki zum Opfer ihres eigenen Utopismus? Diese Meinung vertritt der russische Philosoph Semjon Frank, der den Utopismus als klassische Häresie bezeichnet, als Versuch, die Welt allein mit Hilfe des menschlichen Willens zu erlösen. Da der Utopist gegen die Struktur der Schöpfung und gegen die Natur des Menschen verstoße, sei sein Vorhaben von vornherein zum Scheitern verurteilt. So erkläre er sowohl der Schöpfung als auch der menschlichen Natur den Krieg und verwandele sich aus einem vermeintlichen Erlöser in einen erbitterten Feind des Menschengeschlechts.

Das Erfolgsgeheimnis der Bolschewiki lag sicher darin, dass sie trotz ihres Utopismus durchaus im Stande waren, ein Stück von ihrer Doktrin aufzuopfern und sich der Realität anzupassen, wenn die Umstände dies von ihnen unbedingt verlangten. Dieser Fähigkeit zum flexiblen Handeln, zu radikalen Kursänderungen verdankten sie sicher ihr Überleben. Aber auch dann, wenn die Bolschewiki pragmatisch und flexibel zu handeln schienen, verzichteten sie keineswegs auf die Verwirklichung ihrer ideologischen Endziele. Die Phasen, in denen die pragmatischen Gesichtspunkte in ihrem Vorgehen überwogen, wurden von ihnen lediglich als Atempausen aufgefasst, als Perioden des Kräftesammelns vor einem erneuten Versuch, die Wirklichkeit gemäß ihrer Doktrin umzugestalten. Dieses Spannungsverhältnis zwischen dem doktrinären und dem pragmatischen Pol zeichnete, wie bereits angedeutet, die bolschewistische Politik praktisch bis zur Auflösung der Sowjetunion im Jahre 1991 aus.

Eine Art Mischung zwischen diesen beiden Komponenten stellte auch das „Kriegskommunistische System" dar, das die Bolschewiki etwa Mitte 1918 zu errichten begannen. Ursprünglich schien dieses System einem durchaus pragmatischen Ziel zu dienen – der Abwendung von einer Versorgungskatastrophe, die, nicht zuletzt wegen einer weitgehenden Entfremdung zwischen Stadt und Land drohte.

Das Dekret über Grund und Boden vom 26. Oktober 1917 machte die Bauernschaft praktisch zum größten Nutznießer der Oktoberrevolution. Die Enteignung der Gutsbesitzer, die in vielen Regionen bereits vor der bolschewistischen Machtergreifung illegal vollzogen worden war, wurde nun legalisiert. Dabei wurden nicht nur die Gutsbesitzer, sondern auch viele reiche Bauern enteignet – d. h. Besitzer von landwirtschaftlichen Betrieben, die nicht nur für den eigenen Bedarf, sondern auch für den Markt produzierten. Die Umwälzungen führten zu einer weitgehenden Nivellierung des Dorfes. Die ärmeren Bauern wurden etwas wohlhabender, die reicheren etwas ärmer. So reduzierte sich die Zahl der größeren Bauernhöfe (über 4 ha) infolge der Neuverteilung des Bodens um die Jahreswende 1917/18 von etwa 31% auf 21% und die Zahl der Höfe der so genannten „Mittelbauern", die weniger als 4 ha besaßen, erhöhte sich von etwa 57% auf 72%.

Die überwältigende Mehrheit der russischen Bauern produzierte nun für ihren eigenen Bedarf und war kaum daran interessiert, sich in das gesamtwirtschaftliche Gefüge des Staates zu integrieren. Dies um so weniger, als die zerrüttete russische Industrie immer weniger Waren produzierte und nicht im Stande war, den Bauern für ihre Produkte ein entsprechendes Äquivalent anzubieten. So wurde die Ernährungslage der Städte immer katastrophaler. Nicht zuletzt deshalb erneuerten die Bolschewiki am 13. Mai 1918 das bereits von der Provisorischen Regierung am 25. März 1917 verabschiedete Gesetz über ein staatliches Getreidemonopol. Es sah vor, dass die Bauern alle ihre Überschüsse und Vorräte an den Staat zu einem Festpreis verkaufen mussten. Die vom Staat beauftragten Versorgungsorgane übernahmen dann die Verteilung der Nahrungsmittel. Indes erstreckte sich der Autoritätsverlust der Provisorischen Regierung auch auf ihre Versorgungseinrichtungen, die kaum im Stande waren, ihrer Aufgabe gerecht zu werden. Die Bereitschaft der Landbevölkerung, die erforderlichen Mengen von Getreide abzuliefern, sank im Verlaufe des Jahres 1917 ununterbrochen. Diese Taktik des passiven Widerstandes versuchten die Bauern auch nach der bolschewistischen Machtübernahme fortzusetzen. Da der Staat ihren sehnlichsten Wunsch – die „Schwarze Umverteilung" – bereits erfüllt hatte, wollten sie ihm nun den Rücken kehren, sich seinem Einfluss entziehen. Damit knüpften sie an eine alte Tradition an, die der russische Kulturhistoriker Wladimir Weidlé folgendermaßen charakterisiert: Im Westen habe die Gesellschaft versucht, sich des Staates zu bemächtigen, in Russland hingegen, vor ihm zu fliehen. Jeden solchen Fluchtversuch habe der russische Staat dadurch bestraft, dass er noch repressiver geworden sei.

Diese Beobachtung, die sich ursprünglich auf die vorrevolutionäre russische Autokratie bezog, war auch in Bezug auf das bolschewistische Regime durchaus zutreffend. Innerhalb kürzester Zeit knüpften die Bolschewiki an alte autokratische Herrschaftsmodelle Russlands an. Zugleich passten sie aber diese Modelle den Erfordernissen der Zeit an, modifizierten sie und machten sie dadurch noch effizienter, als dies bei ihren zarischen Vorgängern der Fall gewesen war.

Je weniger das bäuerliche Russland vom bolschewistischen Staat wissen wollte, desto bedrohlicher verwirklichte er dort seine Präsenz. Am 29. April 1918 bezichtigte Lenin die „Kleineigentümer", d. h. die überwältigende Mehrheit der Bauern des „zügellosen Egoismus" und bezeichnete sie als entschlossene Feinde des Proletariats: „Ihre Waffe ist die Untergrabung alles dessen, was das Proletariat dekretiert und beim Aufbau einer organisierten sozialistischen Wirtschaft zu verwirklichen sucht."

Das Regime bereitete nun eine umfassende Offensive gegen das flache Land vor, um den Bauern die „Überschüsse" zu entreißen. Der für die Versorgung zuständige Volkskommissar Zjurupa sagte am 9. Mai 1918 offen: „Ich muss mit voller Verantwortung erklären, dass es sich hier um einen Krieg handelt. Nur mit der Waffe in der Hand können wir das Brot bekommen."

Mit dem Dekret vom 27. Mai wurden die regionalen Versorgungsorgane der Kontrolle der örtlichen Sowjets entzogen und direkt dem Volkskommissariat für Versorgung unterstellt. Zur gleichen Zeit begann die Parteiführung an „klassenbewusste" Proletarier zu appellieren, den „Versorgungsabteilungen" beizutreten, die aufs Land ausströmen sollten, um den Bauern mit Gewalt Nahrungsmittel zu entreißen. Die bäuerlichen „Kleineigentümer", die Getreide horteten und die Stadt angeblich aushungern ließen, wurden nun von der Propaganda im Sinne der bereits oben zitierten Aussage Lenins vom 29. April zu neuen Klassenfeinden des Proletariats stilisiert, die in der sich nun anbahnenden neuen Phase des Bürgerkrieges auf der anderen Seite der Barrikaden standen.

Aber nicht nur in der Stadt, bei den Industrieproletariern, sondern auch auf dem Land versuchten die Bolschewiki nun die Idee eines neu gearteten Bürgerkrieges zu popularisieren. Am 20. Mai 1918 verkündete der Vorsitzende des Zentralen Exekutivkomitees der Sowjets, Jakow

Swerdlow: „Nur wenn es uns gelingt, das Dorf in zwei unversöhnliche ... Lager zu spalten, wenn wir in der Lage sind, dort denselben Bürgerkrieg zu entfachen, zu dem es vor nicht allzu langer Zeit in den Städten gekommen ist, ... erst dann werden wir sagen können, dass wir mit dem Dorf dasselbe machen werden, was uns mit der Stadt geglückt ist." Zur Spaltung des Dorfes sollten die durch das Dekret vom 11. Juni 1918 gegründeten „Komitees der Dorfarmut" beitragen. Die Mitglieder der Komitees sollten auf die „reicheren" Bauern Druck ausüben, damit diese ihre „Überschüsse" an den Staat ablieferten, mit anderen Worten, sie sollten ihre Nachbarn denunzieren. Als Lohn für die Denunziation erhielten die Komitees einen Teil des konfiszierten Getreides.

Durch eine solche Schürung von sozialem Neid und Hass griffen die Bolschewiki auf ein altbewährtes Mittel zurück, das ihnen bereits in der Vergangenheit geholfen hatte, sich der traditionellen Oberschicht zu entledigen. Als sie kurz nach dem Sturz des Zaren die Bauern und die Arbeiter dazu aufgerufen hatten, das „Geraubte zu rauben", d. h. das Eigentum der Guts- und Fabrikbesitzer eigenmächtig zu expropriieren, erzielten sie damit eine beträchtliche Resonanz. Sie profitierten von der generationenalten tiefen sozialen Kluft zwischen Oben und Unten in Russland, die durch die kulturelle Kluft zwischen der europäisierten Oberschicht und den traditionalistisch denkenden Unterschichten zusätzlich verschärft worden war. Der russische Philosoph Nikolaj Berdjajew meinte, „die Welt der herrschenden privilegierten Schicht, insbesondere die des Adels, ihre Kultur, ihre Gebräuche ..., sogar ihre Sprache waren für die unteren Schichten völlig fremd. Das Volk empfand die Welt der Oberschicht als die Welt einer fremden Rasse."

Keine vergleichbare Kluft bestand zwischen den russischen Industriearbeitern und der Bauernschaft, bzw. zwischen den „reicheren" Bauern und der so genannten „Dorfarmut". Nicht zuletzt deshalb vermochten die Bolschewiki mit ihren Aufrufen zum Klassenkampf gegen die angebliche „Dorfbourgeoisie" keine so großen Erfolge zu erzielen, wie sie dies ursprünglich erwartet hatten. Nur wenige Industriearbeiter waren bereit, sich den „Versorgungsabteilungen" anzuschließen. Deshalb war das Regime gezwungen, nicht selten auf andere Elemente zurückzugreifen, die im marxistischen Vokabular als „Lumpenproletarier" bezeichnet werden. Das Verhalten dieser bunt gemischten „Versorgungsarmee", die Ende 1918 etwa 41 000 Mann zählte, befriedigte die bolschewistische Führung keineswegs. Die Moskauer Zentrale wurde unentwegt mit Klagen aus den Regionen bombardiert, die das Verhalten der „Versorgungsabteilungen" mit äußerster Schärfe kritisierten. Sie wurden bezichtigt, bei ihren Feldzügen gegen die Landbevölkerung in erster Linie an die eigene Versorgung und nicht an diejenige des Staates zu denken. Mitte 1918 sah sich Lenin gezwungen, die Arbeiter, die bereit waren den Versorgungsabteilungen beizutreten, zu ermahnen: Sie sollten „die Abteilungen mit ausgesuchten Individuen besetzen ... und keinen Plünderern, [mit zuverlässigen Männern], die ... der gemeinsamen Aufgabe dienen, alle Hungernden und nicht nur sich selbst vor dem Hunger zu retten".

Auch der Ruf der „Komitees der Dorfarmut" war nicht besser. Da die Bauernschaft sich relativ geschlossen gegen den bolschewistischen Terrorfeldzug wehrte, traten den Komitees in der Regel Personen aus sozialen Randgruppen bei, die in den jeweiligen Dorfgemeinden über kein allzu hohes Ansehen verfügten. Statt das Regime auf dem Lande zu verankern, diskreditierten sie es bloß. Über das Verhalten der Komitees schrieb ein prominenter russischer Agrarpolitiker, A. Ustinow: „Die Komitees setzen sich aus deklassierten Elementen der Landbevölkerung zusammen ..., die nichts besitzen, außer einer uneingeschränkten Macht. Sie führen einen Feldzug gegen die arbeitsamen, strebsamen Teile der Bauernschaft, gegen alle, die irgendetwas besitzen. [Die arbeitsamen Bauern] werden beraubt, ihr Inventar zerstört. Es vollzieht sich keine Erschaffung von Werten, sondern deren Zerstörung."

Die Behörden mussten selbstkritisch zugeben, dass die Komitees der Dorfarmut der bolschewistischen Sache keinen allzu guten Dienst erwiesen hätten. Dazu eine Stellungnahme des Volkskommissariats für Versorgung über die Tätigkeit der Komitees im Gouvernement Pensa: „Die Komitees der Dorfarmut hinterließen überall nur düstere Erinnerungen an Taten, die man nicht anders als kriminell bewerten kann."

Ende 1918 wurden die Komitees der Dorfarmut aufgelöst.

Statt an die Eigeninitiative der „klassenbewussten" Arbeiter und Bauern zu appellieren, begannen nun die Bolschewiki den Bürgerkrieg in einem immer stärkeren Ausmaß zu „verstaatlichen". Für den Krieg gegen die eigene Landbevölkerung setzten sie jetzt in erster Linie die staatlichen Terrororgane wie auch reguläre Einheiten der im Februar 1918 geschaffenen Roten Armee ein.

Seit der Oktoberrevolution reagierten die Bolschewiki auf tiefe innenpolitische Krisen in der Regel durch Verhärtung ihres ohnehin harten politischen Kurses, durch eine zusätzliche Zentralisierung ihrer ohnehin zentralistisch strukturierten Herrschaftsstrukturen und durch zunehmende Verstaatlichung der wichtigsten wirtschaftlichen und gesellschaftlichen Bereiche. Nicht anders reagierten sie auf die Verschärfung der Versorgungskrise im Verlaufe des Jahres 1918. Sechs Wochen nach der Verstaatlichung des Getreidehandels übernahm die Regierung auch die Kontrolle über den größten Teil der industriellen Produktion.

Am 28. Juni 1918 wurden alle Großbetriebe verstaatlicht. Die Verteilung der Nahrungsmittel und die Produktion von industriellen Gütern in einem riesigen Land konzentrierten sich nun, zumindest theoretisch, in den Händen von zwei Superbehörden, die immer mehr Sondervollmachten erhielten und deren Mitarbeiterzahl ununterbrochen stieg – im Volkskommissariat für Versorgung und im Obersten Volkswirtschaftsrat.

Die Vollmachten des Volkskommissariats für Versorgung erweiterten sich zusätzlich, als die Regierung am 21. November den gesamten Binnenhandel bis auf wenige Ausnahmen verstaatlichte. Die vom Staat kontrollierte Verteilung der Güter sollte nun den Markt ersetzen, der den orthodoxen Marxisten schon immer ein Dorn im Auge war. Der linksbolschewistische Wirtschaftsexperte N. Ossinski schrieb im Herbst 1918 Folgendes über den Markt: „Der Markt ist der Infektionsherd, aus dem beständig Krankheitserreger des Kapitalismus austreten. Die Kontrolle über den Apparat des gesellschaftlichen Tauschs wird die Spekulation, die Anhäufung von frischem Kapital, die Entstehung neuer Privateigentümer unmöglich machen."

Im Entwurf ihres Parteiprogramms vom März 1919 verkündeten die Bolschewiki als ihr Ziel: „... den Handel durch die planmäßige, im gesamtstaatlichen Maßstab organisierte Verteilung der Produkte zu ersetzen".

So stellte die seit Mitte 1918 immer stärker ausgebaute Versorgungsdiktatur nicht nur einen Notbehelf dar. Die Partei reagierte nicht bloß auf den Zusammenbruch der Versorgungsmechanismen, sie agierte auch. Die Auflösung der alten Versorgungsstrukturen fasste sie als Chance auf, gemäß ihren ideologischen Vorstellungen neue Strukturen aufzubauen.

Neben dem Markt gehörte auch das Geld zu den Phänomenen, die die orthodoxen Marxisten außerordentlich irritierten. Der Traum von der Abschaffung des Geldes war mit der Vision von der Beseitigung des Marktes eng verknüpft. In der Tat verlor das Geld in einem System, in dem der Staat die Verteilung der Güter unter seine Kontrolle nahm, weitgehend seine ursprüngliche Bedeutung. Der Realwert des im Umlauf befindlichen russischen Geldes verringerte sich zu Beginn des Jahres 1921 im Vergleich zum November 1917 von 1919 Milliarden Rubel auf 70 Milliarden. Mitte 1921 hatte eine sowjetische 50 000-Rubel-Note die Kaufkraft einer Kopeke (1 Rubel = 100 Kopeken) der Vorkriegszeit. Die weitgehende Entwertung des Geldes bekümmerte aber die sowjetische Führung zunächst kaum, denn sie träumte von einer „proletarischen Naturalwirtschaft", in der das Geld so gut wie keine Rolle mehr spielen sollte. Immer mehr Leistungen wurden vom Staat kostenlos angeboten. Dies betraf beispielsweise seit Ende 1920 die Gas-, Wasser- und Stromversorgung und andere kommunale Dienstleistungen. Auch die Mieten in den verstaatlichten bzw. kommunalen Wohnungen wurden abgeschafft, ebenso die Postgebühren.

Neben dem Markt und dem Geld versuchten die Bolschewiki die dritte Säule der alten „bürgerlichen" Ordnung zu erschüttern – das Privateigentum. Der Staat sollte nicht nur die Güter verteilen, sondern sie auch produzieren. Die Kontrolle über die verstaatlichten Industriebetriebe übernahm der bereits erwähnte Oberste Volkswirtschaftsrat. Zunächst waren es die seit dem 28. Juni 1918 verstaatlichten Großbetriebe, seit November 1920 alle Industriebetriebe mit mehr als 5 bis 10 Arbeitern. Eine einzige Behörde musste also die Produktion in Dutzenden von Industriezweigen, in Tausenden von Betrieben (im Herbst 1920 waren es mehr als 37 000) verwalten und koordinieren. Dies führte zu einer außerordentlichen Aufblähung ihres Personals. Zehn Monate nach seiner Entstehung (im September 1918) beschäftigte der Oberste Volkswirtschaftsrat 6000 Funktionäre, Anfang 1920 waren es bereits 25 000 (im Zentrum und in den Regionen).

Neben der Abschaffung des Marktes, des Privateigentums und der weitgehenden Entwertung des Geldes stellte die allgemeine Arbeitspflicht die vierte Säule des von den Bolschewiki seit Mitte 1918 errichteten und im Verlaufe der nächsten Jahre ausgebauten Systems dar, dem sie später die Bezeichnung „Kriegskommunismus" verleihen sollten.

Von einer allgemeinen Arbeitspflicht träumte Lenin bereits vor der kommunistischen Machtergreifung. In seiner Schrift „Werden die Bolschewiki die Staatsmacht behaupten?" vom Oktober 1917 schrieb er: „‚Wer nicht arbeitet, der soll auch nicht essen!' – das ist die grundlegende, allererste und wichtigste Regel, die die Sowjets der Arbeiterdeputierten verwirklichen ... werden, sobald sie zur Staatsmacht geworden sind." Lenin wusste, mit welchen Mitteln alle Schichten der Bevölkerung – auch die Wohlhabenden – gezwungen werden konnten, für den „proletarischen" Staat zu arbeiten. Diese Mittel hießen: „Getreidemonopol und Brotkarte".

Diese Postulate begannen die Bolschewiki bald nach der Machtergreifung zu verwirklichen. Die Verfassung der Russischen Sozialistischen Föderativen Sowjetrepublik (RSFSR) vom Juli 1918 enthielt folgende Passage: „Zwecks Vernichtung der parasitären Gesellschaftsschichten und Organisierung der Wirtschaft wird die allgemeine Arbeitspflicht eingeführt.“ Im „Arbeitsgesetz“ vom 10. Dezember 1918 wurden alle Bürgerinnen und Bürger zwischen 16 und 50 Jahren zum „Arbeitsdienst“ verpflichtet.

Der Kriegskommunismus bedeutete die Ausweitung der Staatskontrolle auf das gesamte wirtschaftliche, soziale und politische Geschehen im Lande. Die Gesellschaft, die sich infolge der Revolution von 1905 partiell und 1917 gänzlich von der staatlichen Bevormundung befreit hatte, wurde nun erneut entmündigt, und zwar in einer Weise, wie sie nicht einmal vor der Abschaffung der Leibeigenschaft im Jahre 1861 bestanden hatte.

Viele Beobachter sehen im Kriegskommunismus gewisse Ähnlichkeiten zur deutschen Kriegswirtschaft während des Ersten Weltkrieges. Die Bolschewiki selbst behaupteten wiederholt, sie hätten sich bei der Errichtung des kriegskommunistischen Systems von den Deutschen inspirieren lassen. In Wirklichkeit bestanden aber gewaltige qualitative Unterschiede zwischen den beiden Phänomenen: Bei der deutschen Kriegswirtschaft handelte es sich um einen Ausnahmezustand im Rahmen des bestehenden „kapitalistischen“ Systems. Der Kriegskommunismus hingegen sprengte dieses System und schuf eine Alternative zu ihm. Bei der deutschen Kriegswirtschaft ging es um die Kontrolle des Marktes und des Privateigentums, beim Kriegskommunismus hingegen um deren Zerschlagung. Die wichtigsten Antriebskräfte des wirtschaftlichen Geschehens sollten also beseitigt werden. Als orthodoxe Marxisten sprachen die Bolschewiki zwar unentwegt vom Primat der Ökonomie, in Wirklichkeit aber war die Ökonomie im kriegskommunistischen System vollkommen vom Staat, d. h. von der Politik abhängig, sie stellte bloß ein Anhängsel der Politik dar. Mit diesem Prioritätenwechsel leiteten die Bolschewiki eine der tiefsten Umwälzungen der neueren Geschichte ein.

6. Staatsterror und soziale Isolierung des Regimes

Die weitgehende Entmündigung und Verstaatlichung der russischen Gesellschaft, die in der Periode des Kriegskommunismus erfolgte, rief bei der Bevölkerung hartnäckigen Widerstand hervor. Der Freiheitsrausch des Jahres 1917 wirkte noch sehr lange nach und bereitete den Bolschewiki noch jahrelang große Probleme. Anders als in Deutschland nach der nationalsozialistischen Machtübernahme wurde das totalitäre Regime in Russland nicht infolge einer beinahe geräuschlosen Gleichschaltung, sondern nach einem dreijährigen Bürgerkrieg etabliert. Die Tatsache, dass die bolschewistische Machtergreifung am 25. Oktober 1917 so glimpflich verlaufen war, sagte noch nicht allzu viel über die wahre innere Verfassung der russischen Gesellschaft. Ihr Rückgrat war damals bei weitem noch nicht gebrochen, das Widerstandspotential durchaus vorhanden. Nicht zuletzt deshalb konnte in einem kriegsmüden Land unmittelbar nach dem Ausscheiden Russlands aus dem Ersten Weltkrieg ein grausamer Bürgerkrieg beginnen, der dem Land wesentlich mehr Opfer abverlangte. Die überwältigende Mehrheit der Bevölkerung wandte sich während des Bürgerkrieges gegen die Bolschewiki, bekämpfte sie oder verharrte im passiven Widerstand. Angesichts dieses Sachverhalts wirkt das Überleben des Regimes wie ein Wunder. Dies um so mehr, als sich von den Bolschewiki unter anderem auch diejenigen Schichten abwandten, in deren Namen sie regierten. Ausgerechnet die Wiege der Oktoberrevolution – Petrograd – drohte sich einige Monate nach der bolschewistischen Machtübernahme ins Zentrum des proletarischen Widerstandes gegen die bolschewistische Diktatur zu verwandeln und ihr die eigentliche Legitimationsbasis zu entziehen. Rege Aktivität entwickelte damals der unabhängige „Rat der Bevollmächtigten" der Petrograder Fabriken und Betriebe, der sich im Februar/März 1918 organisierte und über eine beträchtliche Popularität in der Hauptstadt verfügte.

Die „Bevollmächtigten" kritisierten den Kurs der Bolschewiki – die Zerschlagung der Verfassunggebenden Versammlung, die Bevormundung der Sowjets, die außenpolitische Kapitulation in Brest-Litowsk. Zugleich protestierten sie auch gegen die katastrophale Versorgungslage. Die Umsiedlung des Rats der Volkskommissare von Petrograd nach Moskau am 10. März 1918 war nicht zuletzt durch die rebellische Haltung der Petrograder Industriearbeiterschaft bedingt.

Auch die Verstaatlichung des Getreidehandels, die die Bolschewiki am 13. Mai 1918 verkündet hatten, rief Arbeiterproteste, in erster Linie im Großunternehmen „Putilow", hervor. Am 1. 6. 1918 versuchte der Rat der Bevollmächtigten einen Generalstreik in Petrograd zu organisieren und wandte sich an die Arbeiter mit folgenden Worten: „Der Rat der Bevollmächtigten ruft die Arbeiter Petrograds dazu auf, die Arbeitermassen umfassend auf einen politischen Streik gegen das gegenwärtige Regime vorzubereiten, das im Namen der Arbeiterklasse Arbeiter hinrichtet ..., die Freiheit der Rede, der Presse, ... des Streiks missachtet ..." Aber nicht nur in Petrograd, sondern auch in vielen anderen Industriezentren, den früheren Hochburgen der Bolschewiki, distanzierte sich die Arbeiterschaft zunehmend vom Regime. Dies spiegelte sich im Frühjahr 1918 bei den Wahlen zu den Stadtsowjets in vielen Regionen Russlands wider. Sie endeten in der Regel mit Niederlagen der Bolschewiki, die von ihren sozialistischen Kontrahenten – Sozialrevolutionären und Menschewiki – überflügelt wurden.

Die ehemaligen Verbündeten der Bolschewiki, die Linken Sozialrevolutionäre, wurden zu einer immer größeren Herausforderung für das Regime. Vom April bis zum Sommer 1918 vermochte diese Partei die Zahl ihrer Mitglieder von 62 000 auf 100 000 zu erhöhen. Die Mitgliederzahl der bolschewistischen Partei hingegen stagnierte und betrug damals etwa 300 000.

Anfang Juli 1918 sollte der V. Allrussische Kongress der Sowjets – der formell höchsten Instanz im Staate – stattfinden, und hier drohte den Bolschewiki ein ähnliches Debakel wie bei den Wahlen zur Verfassunggebenden Versammlung. Um von ihren politischen Rivalen nicht majorisiert zu werden, verordnete das von den Bolschewiki dominierte Zentrale Exekutivkomitee der Sowjets am 14. Juni 1918 den Ausschluss der Sozialrevolutionäre und der Menschewiki aus den Sowjets. Begründet wurde dieser Beschluss durch die angebliche Beteiligung der beiden Parteien „an der Organisation bewaffneter Aufstände gegen Arbeiter und Bauern im Bunde mit offenkundigen Konterrevolutionären".

Erneut bewiesen die Bolschewiki, ähnlich wie bei der gewaltsamen Auflösung der Verfassunggebenden Versammlung, dass sie nicht bereit waren, Mehrheitsentscheidungen zu akzeptieren. Sie fühlten sich nicht den „wankelmütigen" Mehrheiten, sondern der Geschichte und der „alleingültigen" marxistischen Interpretation der geschichtlichen Vorgänge verpflichtet. Den Kräften, die diesen Auftrag zu gefährden drohten, sogar wenn es die werktätigen Massen waren, in deren Namen sie regierten, sagten sie unversöhnlichen Kampf an. Den „revolutionären Terror" hielten sie für ein völlig legitimes Mittel zur Erschaffung einer neuen, „gerechten" Welt „ohne Ausbeuter und Unterdrücker".

In seiner Schrift „Das Programm der Kommunisten" vom Jahre 1918 verkündete Nikolaj Bucharin, die Bolschewiki seien keine Pazifisten und ihr Ziel sei keineswegs eine allgemeine Abrüstung. Sie strebten vielmehr die Entwaffnung der Bourgeoisie und die Bewaffnung des Proletariats an. Wiederholt bezogen sich die Bolschewiki auf die Marxsche These, dass eine klassenlose kommunistische Gesellschaft nicht sofort nach dem Sturz des kapitalistischen Systems errichtet werden könne. Die Verwandlung einer gesellschaftlichen Formation in eine andere stelle einen langwierigen Prozess dar, die provisorische Staatsform, die diesen Übergang kontrollieren sollte, bezeichnete Marx als die „revolutionäre Diktatur des Proletariats". Und gerade eine solche Staatsform meinten die Bolschewiki unmittelbar nach der Oktoberrevolution errichtet zu haben.

Die Diktatur des Proletariats entziehe dem bürgerlichen Klassengegner die bürgerlichen Freiheiten, da die Bourgeoisie diese Freiheiten nur für gegenrevolutionäre Zwecke missbrauche, so Bucharin.

Das offene Bekenntnis der Bolschewiki zum Terror, ihre Missachtung der elementarsten parlamentarischen Spielregeln wurde zum Stein des Anstoßes für die demokratisch gesinnten sozialistischen Kräfte sowohl in Russland als auch in der gesamten Welt. Die Spaltung der internationalen Arbeiterbewegung, die sich nach der Bewilligung der Kriegskredite durch führende Parteien der II. Internationale im Sommer 1914 angebahnt hatte, wurde nach der Errichtung der bolschewistischen Terrorherrschaft endgültig vollzogen. Besonders scharf kritisierte Karl Kautsky – einer der führenden Theoretiker der Zweiten Internationale – das bolschewistische System. So schrieb er in seiner Schrift „Terrorismus und Kommunismus": „Dass der Bolschewismus sich als Minderheit im Volke fühlt, nur das allein macht es begreiflich, dass er die Demokratie so hartnäckig ablehnt ... Die Bolschewiki sind bereit, um sich zu halten, alle möglichen Konzessionen der *Bürokratie,* dem *Militarismus,* dem *Kapitalismus* zu machen. Aber eine Konzession an die *Demokratie* erscheint ihnen als Selbstmord."

Dem Vorwurf Kautskys, der Bolschewismus nehme in einem immer stärkeren Ausmaß militaristische Züge an, widersprachen die Bolschewiki gar nicht. Ja, die Arbeiter müssten lernen, mit den Waffen umzugehen, wenn sie die Macht behaupten wollten, so Trotzki. Auch Lenin setzte sich mit der Kritik Kautskys scharf auseinander und rechtfertigte das Vorgehen der Bolschewiki. Er verklärte die Diktatur des Proletariats als das wirksamste Mittel, um die „Menschheit vom Joch des Kapitals und von Kriegen [zu] erlösen", um zum „Absterben des Staates" zu kommen.

Die offizielle sowjetische Historiographie, die Lenin quasi heilig gesprochen hatte, neigte dazu, Lenins Bekenntnis zum erbarmungslosen Terror zu relativieren. Der Lenin-Kult wurde, vor allem nach dem Tode des sowjetischen Staatsgründers (Januar 1924), zum Bestandteil der sowjetischen Staatsdoktrin. Dementsprechend galt Lenin als die Verkörperung aller denkbaren Tugenden, als Quelle der Inspiration. Sogar viele kritisch denkende sowjetische Intellektuelle gerieten bei der Erwähnung seines Namens ins Schwärmen. Dass die Brutalisierung der sowjetischen Politik, die Erhebung des systematischen Terrors zu einer der wichtigsten Säulen des Regimes untrennbar mit dem Namen Lenins verbunden war, ließ sich mit diesem verklärten Lenin-Bild schwer vereinbaren. Die Quellen, insbesondere die vor kurzem zugänglich gewordenen Dokumente, sprechen aber eine eindeutige Sprache.

Als der II. Allrussische Kongress der Sowjets am 26. Oktober 1917 die von der Provisorischen Regierung wiedereingeführte Todesstrafe abschaffte, war Lenin darüber empört. Trotzki gibt in seinen Erinnerungen Lenins Worte wieder: „Das ist Unsinn. Wie kann man eine Revolution ohne Erschießungen durchführen? ... Welche Repressivmaßnahmen bleiben denn noch übrig. Gefängnis? Wer achtet darauf während des Bürgerkrieges, wenn jeder zu siegen hofft."

Die Bolschewiki seien bisher viel zu gutmütig gewesen, fügte Lenin am 1. 11. 1917 hinzu. Hätte die Bourgeoisie den Sieg davongetragen, so hätte sie sich so verhalten wie 1848 [Niederschlagung des Aufstandes der Pariser Arbeiter vom Juni 1848 – L. L.] oder wie 1871 [Zerschlagung der Pariser Kommune – L. L.].

Am 22. November 1917 wurden in Russland Revolutionstribunale errichtet, die über konterrevolutionäre „Verbrechen" richten durften. Seit dem 16. Juni 1918 durften diese Tribunale auch Todesstrafen verhängen. Lenins hartnäckiges Pochen auf deren Wiedereinführung verfehlte also seine Wirkung nicht. Auf der anderen Seite wäre für die Diktatur des Proletariats, wie sie Lenin verstand, ein Gesetz über die Todesstrafe gar nicht notwendig gewesen, um „Gegenrevolutionäre" zu erschießen. Denn bei der „Diktatur des revolutionären Volkes" handelt es sich – nach Lenin – um eine Macht, „die durch keinerlei Gesetze beschränkt ist".

D. Wolkogonow schrieb 1993: „Lenin war nicht nur der geistige Urheber des bolschewistischen Terrors, sondern er hob ihn als Politiker zudem in den Rang einer Staatsdoktrin."

Wiederholt kritisierte Lenin das Vorgehen der Bolschewiki gegen ihre Gegner als zu unentschlossen und weich. Als der Volkskommissar für Pressewesen, Wolodarski, am 20. Juni 1918 in Petrograd einem Attentat zum Opfer gefallen war, warf Lenin den Mitgliedern des Petrograder Parteikomitees eine allzu zaghafte Reaktion auf diesen Mord vor: „Genosse Sinowjew [Sinowjew war Vorsitzender des Petrograder Parteikomitees]! Erst heute haben wir im ZK davon gehört, dass die Arbeiter in Petrograd die Ermordung Wolodarskis mit Massenterror beantworten wollen und dass ... die Petrograder Genossen zögern. Ich protestiere entschieden! Wir kompromittieren uns ... Das darf nicht sein! ... Man muss mit der vollen Härte des Terrors gegen die Konterrevolution vorgehen."

Ununterbrochen spornte Lenin die Bolschewiki auch zu einem härteren Vorgehen gegen die reicheren Bauern an – die sog. Kulaken (vom russischen Wort „kulak"- Faust). So schlug er im August 1918 dem Volkskommissar für Versorgung, Zjurupa, vor: „In jedem Getreidebezirk 25–30 Reiche als Geiseln zu nehmen, die mit ihrem Leben für das Sammeln und Speichern aller Überschüsse bürgen sollen." Ähnliches empfahl er auch am 20. August 1918 einer regionalen Sowjetbehörde [Kreis Liwny]: „Man muss ... das ganze Getreide und den gesamten Besitz der aufständischen Kulaken konfiszieren und die Aufwiegler unter den Großbauern aufhängen ... Darüber hinaus sind Reiche als Geiseln zu nehmen."

Auch die Ermordung der Zarenfamilie in der Stadt Jekaterinburg im Ural, in der sie seit April 1918 in der Verbannung lebte, ging auf die Initiative der Moskauer Zentrale, nicht zuletzt Lenins zurück. Der Leiter der Jekaterinburger Sicherheitsorgane, Jakow Jurowski, hatte unmittelbar nach der Erschießung der Zarenfamilie ein Protokoll angefertigt, dessen Inhalt vor kurzem an die Öffentlichkeit gelangte. Jurowski schreibt, er habe am 16. Juli 1918 ein Telegramm vom Vorsitzenden des Uraler Gebietssowjets, Goloschtschjokin, erhalten, mit dem Befehl die Zarenfamilie zu liquidieren. Daraufhin habe Jurowski ein zwölfköpfiges Erschießungskommando zusammengestellt, das er persönlich leitete. Alle Mitglieder des Kommandos, die in der Nacht vom 16. auf den 17. Juli den Zaren, die Zarin, ihre fünf Kinder und vier Personen ihrer Begleitung erschossen, sind namentlich bekannt. Die Entscheidung über die Liquidierung der Zarenfamilie war in Moskau gefallen. Auskunft darüber gibt zum Beispiel das Tagebuch Trotzkis, in dem es unter dem Datum 9. April 1935 heißt: In der antibolschewistischen

Presse werde zur Zeit die Frage der Ermordung der Zarenfamilie diskutiert. Es werde die These vertreten, der Sowjet des Uralgebiets habe diese Entscheidung selbständig getroffen. In Wirklichkeit hätten sich die Dinge ganz anders verhalten. Lenin sei der Meinung gewesen, die „Weißen" [die radikalen Gegner der Bolschewiki im Bürgerkrieg] dürften nicht einen so wichtigen Trumpf wie Nikolaus II. in die Hand bekommen. Und weiter schreibt Trotzki: „Die Hinrichtung des Zaren und seiner Familie war notwendig, nicht nur um dem Feinde Angst einzuflößen, ... sondern auch um die Menschen in den eigenen Reihen aufzurütteln und ihnen zu zeigen, dass es keinen Rückzug geben konnte."

Diese Argumentation ist keineswegs überzeugend. Im Jahre 1918 spielte der Zar als Symbolfigur keine Rolle mehr, die Gefahr einer Restauration des Zarenregimes war gering. Wegen der allgemeinen Ablehnung des Zarentums fanden sogar die „weißen" Gegner der Bolschewiki selten den Mut, sich offen zu monarchistischen Ideen zu bekennen. Dieser Sachverhalt wird von den heutigen russischen Monarchisten völlig verkannt. Sie schwärmen von einer im russischen Volk angeblich tief verwurzelten Zarentreue und fallen so ihrer eigenen Legende zum Opfer.

Einen systematischen Charakter nahm der bolschewistische Terror nach dem missglückten Attentat auf Lenin an, das die Sozialrevolutionärin Fanny Kaplan am 30. August 1918 verübte. Lenin wurde von zwei Kugeln getroffen. Als die Attentäterin beim Verhör nach ihren Motiven gefragt wurde, antwortete sie: „Ich halte [Lenin] für einen Verräter. Je länger er lebt, desto mehr wird die Idee des Sozialismus entstellt. Und das auf Dutzende von Jahren."

Am gleichen Tag wurde in Petrograd der Leiter der dortigen Sicherheitsorgane, Mojsej Uritzki, erschossen. Der Attentäter war ebenso wie Fanny Kaplan ein Sozialrevolutionär.

Die beiden Attentate wurden von der bolschewistischen Führung zum Anlass genommen, um am 5. September 1918 das Dekret „Über den roten Terror" zu verabschieden, das in der Geschichte des Sowjetsystems eine traurige Berühmtheit erlangen sollte. Da Lenin sich von seinen Verletzungen außerordentlich schnell erholte, nehmen einige Autoren an, dass dieses Dekret nicht ohne Beteiligung des Vorsitzenden des Rats der Volkskommissare zustande kam. Es enthielt folgende Passagen: „In der gegebenen Situation ist es unbedingt erforderlich, das Hinterland durch den Terror zu sichern ... Zum Schutz der Sowjetrepublik vor Klassenfeinden werden diese in Konzentrationslagern isoliert.

Personen, die an weißgardistischen Organisationen, Verschwörungen und Rebellionen beteiligt sind, werden erschossen."

Insbesondere nach diesem Dekret entwickelte sich die für den revolutionären Terror „zuständige" Allrussische Außerordentliche Kommission (Tscheka) zu einer Mammutbehörde, die die Verteidigung des Regimes vor „inneren Feinden" weitgehend monopolisierte. Lenins Definition der Diktatur des „revolutionären Volkes" als „einer Macht, die durch keinerlei Gesetze beschränkt ist", erhielt im Falle der Tscheka eine besondere Relevanz. Über deren Machtfülle schrieb einer ihrer führenden Funktionäre, Peters: „In ihrer Tätigkeit ist die Tscheka völlig unabhängig; sie führt Ermittlungen durch, nimmt Verhaftungen und Hinrichtungen vor und erstattet darüber anschließend dem Sovnarkom [Rat der Volkskommissare] und dem Zentralen Exekutivkomitee [der Sowjets] Bericht".

Versuche, die Tscheka der Kontrolle der sowjetischen Justizbehörden zu unterstellen, wurden vom Vorsitzenden der Terrororgane, Dzierżyński, schroff zurückgewiesen: „Wenn die Tscheka unter die Aufsicht des Volkskommissariats für Justiz gestellt wird, bedeutet das für uns nicht nur einen enormen Prestigeverlust, sondern vermindert auch unsere Autorität im Kampf gegen das Verbrechen und bestätigt zudem das ganze weißgardistische Geschwätz über unsere ‚Willkür'."

Lenin nahm wiederholt die Tscheka vor der immer schärfer werdenden Kritik in Schutz. Auf einer Veranstaltung ihrer Mitarbeiter anlässlich des 1. Jahrestages der Oktoberrevolution führte er aus: „Die spießerhafte Intelligenz greift [die Fehler der Tscheka] auf, ohne tiefer in das Wesen der Sache eindringen zu wollen. Was mich an dem Geschrei über die Fehler der Tscheka wundert, ist die Unfähigkeit, die Frage im großen Zusammenhang zu sehen. ... Es ist durchaus begreiflich, dass sich in die Tscheka fremde Elemente einschleichen. Durch Selbstkritik werden wir sie abschütteln. Wichtig für uns ist, dass die Tscheka unmittelbar die Diktatur des Proletariats verwirklicht, und in dieser Hinsicht kann ihre Rolle nicht hoch genug eingeschätzt werden. Einen anderen Weg zur Befreiung der Massen als die gewaltsame Niederschlagung der Ausbeuter gibt es nicht."

Aber nicht nur die „spießerhafte Intelligenz", sondern auch viele alte Bolschewiki beschwerten sich wiederholt über das skandalöse Verhalten der Sicherheitsorgane. D. Gopner (Mitglied der Sozialdemokratischen Arbeiterpartei Russlands seit 1900) beklagte sich am 22. März 1919 in einem Brief an Lenin über eine „verzweifelt kriminelle Atmosphäre", die in der Tscheka der Ukraine herrsche. Gopner sprach von einer „Diktatur dieser offiziell untergeordneten Institution", von der „vollkommenen Missachtung aller Gesetze und Verordnungen der Regierung" durch die Tschekisten.

Lenin nahm zwar diese Klagen zur Kenntnis, forderte auch gelegentlich die Bestrafung besonders kompromittierter Tschekisten. Dennoch wurde seine grundsätzlich positive Einstellung gegenüber den Tschekisten dadurch in keiner Weise erschüttert. Er erklärte sogar: „Ein guter Kommunist ist zugleich auch ein guter Tschekist."

Alle Schichten der russischen Bevölkerung wurden vom „roten Terror" erfasst. Mit besonderer Brutalität richtete er sich aber gegen die Vertreter der ehemaligen russischen Oberschicht. Nach ihrer politischen Entmachtung und Expropriation folgte nun ihre physische Dezimierung. Die sowjetische Verfassung vom Juli 1918 entzog den Mitgliedern der sog. „ausbeuterischen Klassen" sowohl das aktive als auch das passive Wahlrecht. Sie wurden während des Bürgerkrieges auch am schlechtesten versorgt und erhielten in der Regel die Lebensmittelkarten der niedrigsten Kategorie. Wiederholt wurden von den Behörden den Angehörigen der „Bourgeoisie" Sondersteuern – die sog. „Kontributionen" auferlegt (so mussten sie zum Beispiel im Oktober 1918 10 Milliarden Rubel an den Staat zahlen). Im Rahmen der Arbeitspflicht wurden sie oft zu den schwersten und niedrigsten Arbeiten herangezogen.

Zu einem wichtigen Bestandteil des „roten Terrors" gehörten die „Geiselnahmen" – willkürliche Verhaftungen unzähliger Bürger, die von den Terrororganen als eine Art menschliches Pfand betrachtet wurden. Widerstandsakte gegen das Regime wurden dann nicht selten durch massenhafte Erschießungen von Geiseln beantwortet. Zu der Kategorie von Geiseln, die zuerst hingerichtet wurden, gehörten die Angehörigen der ehemals besitzenden Klassen.

Das Schicksal der entmachteten Oberschicht erinnert auf den ersten Blick an das Schicksal der Juden im Dritten Reich. Auch hier lässt sich eine fortwährende Radikalisierung der Verfolgungsmaßnahmen feststellen – Entrechtung, Entwürdigung, Ausgrenzung und schließlich physische Vernichtung. Dennoch bestand ein grundlegender Unterschied zwischen den beiden Arten von Verfolgungen. Das Endziel der Nationalsozialisten, vor allem nach dem Ausbruch des deutsch-sowjetischen Krieges, war ein totaler Genozid, gänzliche physische Vernichtung der Juden, ungeachtet ihres Alters, Geschlechts, ihrer Religionszugehörigkeit oder beruflichen Stellung (Wannsee-Konferenz – S. 369). Der bolschewistische Feldzug gegen die bürgerlich-adeligen Schichten Russlands war indes anders geartet. Die Bolschewiki versuchten ihre „Klassengegner" zu spalten. Ein Teil von ihnen wurde vernichtet, der andere hingegen für die Zwecke des Regimes eingespannt. Hunderttausende von „bürgerlichen" Spezialisten arbeiteten in den sowjetischen Behörden und Betrieben. Die Rote Armee wäre ohne die ehemaligen Offiziere der zarischen Armee nicht handlungsfähig gewesen. Ihre Zahl in der Roten Armee betrug 1919 35 000, 1920 bereits 48 000. Darüber hinaus wurden in die Rote Armee mehr als 10 000 Militärbeamte und etwa 14 000 Militärärzte aus der ehemaligen zarischen Armee einberufen. Das Offizierskorps der Roten Armee bestand 1918 zu 75% aus ehemaligen zarischen Offizieren, 1921 waren es immer noch 34%. Sogar bei den beiden ersten Oberbefehlshabern der Roten Armee – Joachim Wazetis (1918–19) und Sergej Kamenew (1919–24) – handelte es sich um ehemalige hohe Offiziere der Zarenzeit. Man darf auch nicht vergessen, dass viele bolschewistische Führer bürgerlicher oder adeliger Herkunft waren – nicht zuletzt Lenin selbst. So war die Politik der Bolschewiki gegenüber den so genannten „Klassenfeinden" differenzierter als die Politik der Nationalsozialisten gegenüber den Juden. Dies wird von vielen Autoren, die zur Gleichsetzung des Bolschewismus und des Nationalsozialismus neigen, außer Acht gelassen.

Zu den Bevölkerungsgruppen, die die Bolschewiki mit einer besonderen Brutalität bekämpften, gehörten neben den bürgerlich-adeligen Schichten auch die Kosaken des Don- und des Kuban-Gebietes. Die Kosaken, die in der Zarenzeit zahlreiche Privilegien besessen und aus denen sich die Elite-Einheiten rekrutiert hatten, reagierten recht skeptisch auf die Errichtung des bolschewistischen Regimes. Die Bolschewiki versuchten ihrerseits die Kosaken zu spalten und appellierten an das „werktätige" Kosakentum, die Sowjetmacht anzuerkennen und zugleich gegen die gegenrevolutionären Kräfte innerhalb des Kosakentums vorzugehen. Im Frühjahr 1918 wurden in den Kosaken-Gebieten von Don und Kuban Sowjetrepubliken errichtet. Im Mai 1918 begann die Mobilisierung der Kosaken in die Rote Armee. Große Erfolge haben die Bolschewiki dabei aber nicht erzielt. Der damalige Volkskommissar für Nationalitätenfragen, J. Stalin, der sich Mitte 1918 in Südrussland befand, schrieb am 22. Juni 1918 nach Moskau: „Die Mobilisierung der Kosaken hat sich als böser Scherz erwiesen. Einige Tausend Kosaken, die von uns Geschütze und sonstige Ausrüstung erhalten hatten, wandten sich von uns ab und jetzt beschießen sie uns mit unserer eigenen Munition."

Im September 1918 löste die Sowjetführung die Sowjetische Don-Republik auf. Die Kosaken wurden in einem immer stärkeren Ausmaß pauschal als Feinde der Sowjetmacht bezeichnet. Dieser undifferenzierte, unversöhnliche Kurs, den in erster Linie Stalin vertrat, wurde von einigen bolschewistischen Führern heftig kritisiert, zum Beispiel von dem Militärführer Antonow-Owsejenko, der am 17. Oktober 1918 Lenin dazu aufrief, um die werktätigen Elemente im Kosakentum weiterhin zu werben.

Da aber die Kosaken in dem sich nun verschärfenden Bürgerkrieg massenhaft die Gegner der Bolschewiki unterstützten, setzte sich der unversöhnliche Kurs durch. Am 24. Januar 1919 wurde im bolschewistischen ZK ein Beschluss über die Anwendung von „Massenterror gegen die reichen Kosaken" gefasst. „Die reichen Kosaken sind gänzlich zu liquidieren", heißt es weiter. Aber auch alle anderen Kosaken, die direkt oder indirekt [!] am Kampfe gegen die Sowjetmacht teilgenommen hatten, sollten vom „unbarmherzigen Massenterror" erfasst werden.

Insbesondere nach dem Beginn des großen antibolschewistischen Kosakenaufstandes vom März 1919 begannen die sowjetischen Terrororgane den Beschluss vom Januar mit einer außerordentlichen Konsequenz zu realisieren. Unterbrochen wurde dieser Vernichtungsfeldzug nur durch die Offensive der „weißen" Armee von General Denikin, die vorübergehend beinahe alle Kosakengebiete in Südrussland unter ihre Kontrolle brachte. Nach der Niederlage Denikins im Oktober 1919 wurde der Massenmord an den Kosaken fortgesetzt. Der französische Sowjetologe Nicolas Werth geht davon aus, dass in den Jahren 1919–20 etwa 300 000 bis 500 000 Kosaken des Don- und Kuban-Gebiets umgebracht oder deportiert worden seien, wobei die Gesamtzahl dieser Bevölkerungsgruppe etwa 3 Millionen betrug.

Zu einer besonders gefährlichen Herausforderung für die Bolschewiki zur Zeit des Bürgerkrieges wurde die Haltung der größten Bevölkerungsgruppe im Lande – der Bauernschaft. Die bolschewistische Politik der „Einkreisung des Dorfes" nahm, nach einer relativ chaotischen Phase, die Mitte 1918 mit der Verkündung der Versorgungsdiktatur und der Errichtung der Komitees der Dorfarmut begonnen hatte, Anfang 1919 einen systematischen Charakter an. Am 11. Januar wurde ein Dekret über die bäuerliche Getreideablieferungspflicht (russisch: *prodraswerstka*), in dem der Staat seine Bedürfnisse genau definierte, erlassen. Jede Region musste nun die vom Staat genannte Menge von Getreide und anderen Nahrungsmitteln abliefern. Für die Nichteinhaltung wurden die Bauern brutal bestraft. Die Auflehnung der Landbevölkerung gegen diese Politik war vorprogrammiert. Im März 1919 begann im Wolga-Gebiet um Samara und Simbirsk ein großer Bauernaufstand, der nach den sowjetischen Angaben etwa 100000 bis 150000 Bauern erfasste. Ein anderes großes Zentrum der Bauernrevolten war die Ukraine. Zu einer besonderen Gefahr für die Bolschewiki erwuchs hier die Bauernarmee des Anarchisten Nestor Machno. Aber auch in anderen Regionen Russlands brachen unzählige kleinere Bauernrevolten aus. Militärisch hatten die schlecht organisierten und unzureichend bewaffneten Bauern (wenn man von den Truppen Machnos absieht) bei der Auseinandersetzung mit den Terrororganen und den regulären Einheiten der Roten Armee natürlich keine Chance. Die Auflehnung der Bauern gegen das Regime stellte für die Bolschewiki in erster Linie einen moralischen Rückschlag dar, denn sie hatten innerhalb kürzester Zeit die Unterstützung ausgerechnet derjenigen Bevölkerungsgruppe verloren, die von der Oktoberrevolution (siehe das Dekret über Grund und Boden) am stärksten profitiert hatte.

Aber noch stärker wurde die Glaubwürdigkeit der Bolschewiki durch Revolten derjenigen Schicht untergraben, in deren Namen sie regierten – der Industriearbeiterschaft. Proteste der Arbeiter gegen die diktatorischen Herrschaftsmethoden der Bolschewiki und gegen die Versorgungsmängel, die in der ersten Hälfte des Jahres 1918 aufgetreten waren und von denen bereits die Rede war, ließen nach der offiziellen Verkündung des „roten Terrors" (5. 9. 1918) keineswegs nach. Insbesondere im Frühjahr 1919 wurde eine Reihe von Industriezentren von Streiks erfasst (u. a. Petrograd, Tula, Astrachan). Diese Proteste wurden von den Bolschewiki mit äußerster Brutalität niedergeschlagen. In Petrograd wurden etwa 900 Streikende verhaftet und 200 von ihnen hingerichtet, in Tula wurden 26 Streikführer erschossen. Besonders grausam unterdrückten die Bolschewiki die Auflehnung der Arbeiter von Astrachan (an der Wolga-Mündung). Die Region von Astrachan hatte für die Bolschewiki eine äußerst wichtige strategische Bedeutung, weil sie die beiden weißen Armeen, die das bolschewistische Regime einerseits vom Süden (Denikin) andererseits vom Osten (Koltschak) bedrängten, voneinander trennte. Nicht zuletzt deshalb reagierten die Terrororgane derart grausam auf die Astrachaner Revolte. Die Zahl der Hingerichteten wird auf 3000 bis 5000 geschätzt.

So wurde das bolschewistische Regime zur Zeit des „roten Terrors" im Grunde von allen Bevölkerungsschichten Russlands abgelehnt, es befand sich in einer weitgehenden sozialen Isolation. Was ermöglichte dann den Bolschewiki, diese Isolation zu überstehen und den Bürgerkrieg letztendlich als überlegene Sieger zu beenden? Der Massenterror allein wäre dafür keineswegs ausreichend gewesen. Der Erfolg der Bolschewiki wurde wohl auch durch andere nicht weniger wichtige Faktoren mitbedingt. So zum Beispiel durch ihre bereits geschilderte Fähigkeit, den doktrinären Rigorismus mit einem erstaunlichen Realitätssinn zu vereinbaren. Charakteristisch war in diesem Zusammenhang etwa ihre Einstellung zum Privathandel, und zwar nach seiner Verstaatlichung, die durch das Dekret vom 21. November 1918 erfolgte. Eine buchstabengetreue Verwirklichung dieses Dekrets durch das Regime hätte für die überwältigende Mehrheit der Stadtbewohner den sicheren Hungertod bedeutet. So deckte der freie Handel in den Monaten Juli bis September 1918 91% des Brotbedarfs der Bewohner Moskaus. Nach verschiedenen Schätzungen betrug der Anteil des freien, im Grunde illegalen Marktes an der Versorgung der Stadtbevölkerung während des gesamten Bürgerkrieges mehr als 50%. Das Überleben der Städte wurde also in erster Linie durch die halbherzige Duldung des Marktes durch die Bolschewiki garantiert. Dadurch entschärften sie – zumindest partiell – soziale Spannungen in der Stadt, was ihnen die Machtbehauptung durchaus erleichterte. Hier kam ihnen nicht ihre Konsequenz, sondern ihre Inkonsequenz zugute.

Ähnliches gilt auch für ihre Bauernpolitik. Die Abschaffung des Privateigentums stellte eine der wichtigsten Säulen des Kriegskommunismus dar. Nur in einem Bereich bremsten die Bolschewiki ihren Drang nach einer totalen Verstaatlichung der Produktionsmittel – im Bereich des bäuerlichen Bodenbesitzes. Der gesamte Boden wurde zwar durch das Dekret über Grund und Boden (26. 10. 1917) zum Gemeineigentum des Volkes erklärt und den Bauern nur „zur Nutzung übergeben". Dies war aber zunächst nur eine theoretische Spitzfindigkeit, die die tatsächlichen Besitzverhältnisse auf dem Lande kaum tangierte. So befanden sich im Jahre 1919, als das kriegskommunistische System sich bereits voll etablierte, etwa 97% der landwirtschaftlich nutzbaren Fläche in bäuerlicher Hand. Dieser Zustand war für viele bolschewistische Puristen unhaltbar. Die Vergesellschaftung des Bodens betrachteten sie als unverzichtbaren Bestandteil des neuen wirtschaftlichen Systems. Diesen Standpunkt vertraten damals die Linken Kommunisten, geführt von N. Bucharin und N. Ossinski (Mitte der 20er Jahre sollte Bucharin seinen Standpunkt grundlegend ändern. Er verwandelte sich in den wichtigsten Wortführer einer bauernfreundlichen Politik in der bolschewistischen Partei).

Die maßgeblichen Kräfte innerhalb der sowjetischen Führung, nicht zuletzt Lenin, lehnten aber während des Bürgerkrieges die Forderungen der Linken ab. Sie wollten zwar den Bauern die Überschüsse, aber nicht den Boden entreißen. Damit zeigten sie, dass die bäuerliche Psyche ihnen viel besser vertraut war, als ihren linken Kritikern. Denn sie wussten, dass jeder Versuch, die Ergebnisse der Bodenreform vom Oktober 1917 in Frage zu stellen – und dies beabsichtigten die Linken Bolschewiki – den ohnehin verzweifelten Widerstand der Bauern gegen die bolschewistische Politik um ein Vielfaches verstärken würde. Deshalb wollte Lenin nicht an diesen so sensiblen Punkt der Agrarpolitik rühren.

7. „Rot" gegen „Weiß"

Als die Bolschewiki im Januar 1918 die Verfassunggebende Versammlung mit ihrer nichtbolschewistischen Mehrheit auseinanderjagten, gaben sie ihren Gegnern damit zu verstehen, dass man ihnen die Macht nur mit Gewalt entreißen könne. Der Bürgerkrieg war dadurch vorprogrammiert. Da die Bolschewiki im Grunde alle politischen Gruppierungen im Lande herausforderten – zuletzt auch ihre vorübergehenden Verbündeten (die Linken Sozialrevolutionäre) – marschierten die Gegner der bolschewistischen Diktatur unter höchst unterschiedlichen Flaggen. So versuchte die stärkste Fraktion in der von den Bolschewiki aufgelösten Konstituante – die Partei der Sozialrevolutionäre – die Verfassunggebende Versammlung auf die politische Bühne zurückzuführen. Dieses Ziel verfolgte das „Komitee der Mitglieder der Verfassunggebenden Versammlung" (russ. Abkürzung – „Komutsch"), das am 8. Juni 1918 in der Stadt Samara im Wolga-Gebiet errichtet worden war. Dass hier eine antibolschewistische Regierung gebildet werden konnte, war mit einem der bizarrsten Kapitel des russischen Bürgerkrieges verknüpft – mit dem antibolschewistischen Aufstand der tschechoslowakischen Legion. Diese Legion unterstand dem tschechoslowakischen Nationalrat, der sich um die Loslösung von Böhmen, Mähren und der Slowakei vom Habsburger Reich bemühte. Die Legion sollte an der Seite Russlands gegen die Mittelmächte kämpfen. In den Jahren 1914–17 wurde sie durch tschechische und slowakische Kriegsgefangene, die an der Ostfront in die Hände Russlands geraten waren, erheblich verstärkt und zählte nach verschiedenen Schätzungen von 30 000 bis 45 000 Mann.

Als Russland aus dem Krieg ausschied, sollte die Legion nach Frankreich, an die Westfront, verlegt werden. Um dorthin zu gelangen, musste sie zunächst ganz Sibirien in Richtung Wladiwostok überqueren. Es kam dabei wiederholt zu Konflikten mit sowjetischen Behörden, die

Ende Mai 1918 zum Ausbruch des Aufstandes beitrugen. Innerhalb kürzester Zeit gelang es der Legion, die lediglich über 8000 Soldaten im Wolga-Gebiet, über etwa 9000 im Ural und 19 000 in Sibirien und im Fernen Osten verfügte, ein gewaltiges Territorium von Pensa und Kasan in der Wolga-Region bis Wladiwostok unter ihre Kontrolle zu bringen. Hier entstanden auch, zunächst unter dem Schutz der tschechoslowakischen Bajonette, mehrere antibolschewistische Regierungen, in denen in der Anfangsphase demokratisch gesinnte Kräfte, in erster Linie die Sozialrevolutionäre dominierten. Abgesehen von dem bereits erwähnten Komutsch in Samara handelte es sich um die Provisorische Sibirische Regierung in Tomsk und um die Provisorische Ural-Regierung in Jekaterinburg. Diese Regierungen versuchten an die demokratische Entwicklungsphase der russischen Revolution, bevor diese von den Bolschewiki gewaltsam abgewürgt worden war, wieder anzuknüpfen. Die Restauration des alten, vorrevolutionären Regimes war also keineswegs ihr Ziel. Sie annullierten zwar viele Maßnahmen des bolschewistischen Regimes – die Verstaatlichung der Industrie, der Banken und des Privathandels –, das Dekret über Grund und Boden wurde aber von ihnen in der Regel respektiert. Die „Staatsfahne" des Komutsch war sogar rot; dadurch wollte das Komitee zusätzlich betonen, dass es sich zu den Idealen der Revolution bekenne.

Dennoch standen die Verfechter der demokratischen Ideale, des gemäßigten „dritten Weges", im damaligen Russland auf verlorenem Posten. Denn dem immer radikaleren Vorgehen der Bolschewiki entsprach auch eine Radikalisierung in den Reihen ihrer Kontrahenten. Die radikalen Gegner der Bolschewiki, die nur mit Verachtung auf die „weichen" und „unentschlossenen" Demokraten herabblickten, begannen seit Herbst 1918 im antibolschewistischen Lager immer stärker zu dominieren. Den „roten" Ideen stellten sie den „weißen" Gedanken gegenüber. Das zentrale Ziel der „Weißen" war die Wiederherstellung der vergangenen Größe Russlands, seiner Würde als Großmacht und seiner territorialen Integrität. Ihre Devise hieß „das einige und unteilbare Russland". Dem bolschewistischen Internationalismus setzten sie den nationalen, patriotischen Gedanken entgegen, dem von den Bolschewiki propagierten Klassenhass das Ideal der solidarischen Zusammenarbeit aller sozialen Schichten des Landes für die gemeinsamen nationalen Ziele. Den demokratischen Experimenten, die das Land ihrer Ansicht nach ruinierten, standen die weißen Gruppierungen äußerst skeptisch gegenüber. Nur ein starker Staat, nur eine Militärdiktatur sei der bolschewistischen Herausforderung gewachsen, meinten sie.

Von den weißen Ideen fühlten sich insbesondere Offiziere der ehemaligen zarischen Armee angezogen, aber auch viele Intellektuelle und Politiker, und zwar nicht nur aus dem rechten Lager, sondern auch aus der Partei der Konstitutionellen Demokraten. Aus ihren Reihen rekrutierten sich viele führende Köpfe der weißen Bewegung.

Die demokratischen Gruppierungen, die bereits in der Auseinandersetzung mit den Bolschewiki versagt hatten, waren der „weißen" Herausforderung genauso wenig gewachsen. Der Rechtsruck im Lager der Gegner der Bolschewiki ließ sich bereits während der Allrussischen Staatskonferenz in der sibirischen Stadt Ufa (September 1918) beobachten, an der Vertreter aller bereits erwähnten Regierungen wie auch andere antibolschewistische Gruppierungen teilnahmen. Die Konferenz wählte eine Provisorische Allrussische Regierung – ein fünfköpfiges Direktorium, das in immer stärkerem Ausmaß von den Truppen des einflussreichsten Militärführers innerhalb der weißen Bewegung, Admiral Koltschak, abhängig wurde. Am 18. November 1918 entmachtete Koltschak nach einem Staatsstreich das Direktorium und ließ sich zum „Obersten Herrscher Russlands" ernennen.

Inzwischen nahm der Bürgerkrieg ganz neue Ausmaße an. Die Zeiten, in denen die kleine tschechoslowakische Legion im Stande war, die bolschewistischen Streitkräfte mit spielender Leichtigkeit zu bezwingen, waren im Herbst 1918 bereits vorbei. Die am 23. Februar 1918 entstandene Rote Arbeiter- und Bauernarmee (so hieß die Rote Armee offiziell) verwandelte sich nach einer etwa sechsmonatigen Aufbauphase in ein schlagkräftiges Instrument in den Händen der Bolschewiki.

Ursprünglich schwärmten die Bolschewiki vom Aufbau einer ganz neuen Art von Streitkräften. Sie sollten einen basisdemokratischen Charakter tragen – mit gewählten Kommandeuren, mit der Teilnahme der Mannschaften an den Entscheidungen der Militärführung und ähnliches mehr. Diese idealistischen Vorstellungen wurden aber von den Bolschewiki bereits im Frühjahr 1918, ähnlich wie in anderen Bereichen (Politik, Wirtschaft) fallengelassen. Auch beim Aufbau der Streitkräfte setzte nun das Regime in erster Linie auf Spezialisten und nicht auf revolutionäre Eiferer. Basisdemokratische Strukturen wurden durch zentralistisch-hierarchische abgelöst. Im März 1918 wurde die Wahl der Kommandeure in der Roten Armee abgeschafft. Die Regierung begann, ehemalige zarische Offiziere in die Kommandostrukturen der Streitkräfte einzubeziehen. Zum glühenden Verfechter des neuen militärischen Kurses wurde Leo Trotzki, der im März 1918 zum Vorsitzenden des Obersten Militärrates und im April zum Volkskommissar für militärische Angelegenheiten ernannt wurde. Sein Kurs wurde von der „Militäropposition“ innerhalb der Roten Armee heftig kritisiert.

Diese Opposition, die einen mächtigen Gönner innerhalb der Parteiführung hatte, nämlich Josif Stalin, vertrat die Meinung, Trotzki unterschätze die antibolschewistischen Neigungen der zarischen Offiziere, deren Loyalität gegenüber der Sowjetmacht höchst fragwürdig sei. In seinem Schreiben vom 21. Juni 1918 an Trotzki und Lenin bezeichnete Stalin die „Militärspezialisten“ (so wurden die ehemaligen zarischen Offiziere genannt) als Relikt der längst abgestorbenen Vergangenheit. Zur Führung eines Bürgerkrieges seien sie absolut ungeeignet. In einem Brief an Lenin vom 3. Oktober 1918 nannte er die von Trotzki so stark favorisierten Militärspezialisten „Gegenrevolutionäre und Verräter“, die die bolschewistischen Streitkräfte zugrunde richteten. Die Vorliebe Trotzkis für die ehemaligen zarischen Offiziere führte Stalin indirekt darauf zurück, dass dieser kein alter Bolschewik sei und dass er die bolschewistischen Grundsätze über den Klassenkampf des Proletariats nicht ausreichend verinnerlicht habe.

Mit seinem Appell an den Klasseninstinkt der Bolschewiki vermochte sich aber Stalin damals nicht durchzusetzen. Trotzki konnte zunächst triumphieren, und dies nicht zuletzt deshalb, weil seine Rechnung im Großen und Ganzen aufging. Die mobilisierten „Militärspezialisten“ dienten in der Regel treu den neuen Machthabern. Überläufer waren eher eine Randerscheinung. Aber das Vertrauen in die Loyalität der zarischen Offiziere allein genügte den Bolschewiki nicht. Sie wollten sich zusätzlich absichern, und nicht zuletzt für diesen Zweck war am 8. April 1918 das Institut der Militärkommissare errichtet worden. Die Kommissare wurden als „das politische Organ der Sowjetmacht in der Armee“ bezeichnet, die Ausübung der politischen Kontrolle über die „Militärspezialisten“ gehörte zu ihren wichtigsten Aufgaben.

Im Frühjahr 1918 – zur Zeit des Aufstandes der tschechoslowakischen Legion – zählte die Rote Armee lediglich circa 300 000 Soldaten, davon waren nur etwa 200 000 bewaffnet. Am 29. Mai wurde die Wehrpflicht eingeführt. Anfang September wurde der „Revolutionäre Kriegsrat der Republik“ unter dem Vorsitz von Trotzki errichtet, der sich zu einer ebenso gigantischen Behörde entwickelte wie das Volkskommissariat für Versorgung, der Oberste Volkswirtschaftsrat oder die Tscheka. Alle Fragen, die die Kriegsführung betrafen, wurden in die Kompetenz des Kriegsrates gestellt. Im Dezember 1918 zählte die Rote Armee 800 000 Soldaten, zu Beginn des Jahres 1919 doppelt so viele (1 630 000) und in der Endphase des Bürgerkrieges bereits 5,5 Millionen, obwohl Hunderttausende von Wehrpflichtigen sich dem Militärdienst zu entziehen vermochten. So betrug die Zahl der Deserteure im Jahre 1919 etwa 870 000 – dies waren 25% der Wehrpflichtigen.

Im Herbst 1918 begann der bolschewistische Staat, der bis dahin nur im Kampfe gegen die eigene Bevölkerung Siege erzielt hatte, auch an den äußeren Fronten Erfolge zu verzeichnen. Im September/Oktober wurde das von der tschechoslowakischen Legion besetzte Wolga-Gebiet von der Roten Armee zurückerobert. Am 13. November – zwei Tage nach dem Waffenstillstand von Compiègne – annullierte die bolschewistische Regierung den Vertrag von Brest-Litowsk und begann die bis dahin von den Deutschen kontrollierten Gebiete an der westlichen Peripherie des ehemaligen russischen Reiches zu besetzen. Im Sommer 1918 hatte das bolschewistische Regime lediglich ein Viertel des Territoriums des ehemaligen russischen Imperiums kontrolliert. Im Herbst 1918 begann aber der Prozess, der von einigen Autoren als eine „erneute Sammlung der russischen Erde", diesmal unter den Fittichen der Bolschewiki, bezeichnet wird. Ursprünglich bezog sich dieser Begriff auf die Moskauer Großfürsten, die im 14. Jahrhundert begonnen hatten, ihre Herrschaft auf die zersplitterten russischen Territorien (die sog. Teilfürstentümer) auszudehnen. Dieser Prozess wurde zu Beginn des 16. Jahrhunderts abgeschlossen.

Erst Anfang März 1919 wurde der Expansionsdrang der Bolschewiki durch die in Sibirien begonnene Offensive der weißen Armee von Admiral Koltschak aufgehalten. Nach wenigen Wochen konnte Koltschak bereits das Wolga-Gebiet erreichen. Im Mai 1919 begann die Offensive der Armee von General Denikin aus dem Süden Russlands in Richtung Moskau. Zur gleichen Zeit rückten die Truppen einer anderen „weißen" Armee – von General Judenitsch – in Richtung Petrograd vor. Am 24. Mai ernannte Admiral Koltschak, der innerhalb der weißen Bewegung als oberste Autorität galt, General Judenitsch zum Befehlshaber der neu errichteten Nordwest-Front. Am 12. Juni ordnete sich General Denikin dem „Obersten Herrscher Russlands" – Admiral Koltschak – unter.

Die Lage der Bolschewiki war erneut außerordentlich prekär. Von der Abwendung der überwältigenden Mehrheit der Bevölkerung Russlands vom Regime war bereits die Rede. Aber auch die außenpolitische Lage der Bolschewiki war damals nicht wesentlich besser. Die Entente-Mächte, die soeben die mächtige deutsche Militärmaschinerie bezwungen hatten, wollten auf keine Kompromisse mit dem bolschewistischen System eingehen, das die gesamte „kapitalistische" Ordnung derart radikal herausforderte. Auch die Tatsache, dass die Bolschewiki durch den Separatfrieden mit den Mittelmächten ihre westlichen Verbündeten im Stich gelassen hatten, spielte bei der Unversöhnlichkeit der Siegermächte Moskau gegenüber eine Rolle. Da die Entente damals die gesamte Welt außer Russland zu kontrollieren schien, flößte ihr Machtpotential den Bolschewiki einen noch größeren Respekt ein als seinerzeit die Macht der deutschen Generäle.

Außen- und innenpolitisch bedrängt, schienen sich die Bolschewiki Mitte 1919 in einer ebenso ausweglosen Situation zu befinden wie ein Jahr zuvor, als der Aufstand der tschechoslowakischen Legion die militärische Ohnmacht des sowjetischen Regimes offenbart hatte. Einige Monate später aber – im Oktober 1919 – gelang es den Bolschewiki, die Armee Denikins bei Orjol, etwa 350 Kilometer südlich von Moskau, und die Armee Judenitschs vor den Toren Petrograds vernichtend zu schlagen. Bereits im Mai 1919 hatte die Gegenoffensive der Roten Armee an der Ostfront begonnen, die Anfang 1920 zur gänzlichen Auflösung der Armee von Admiral Koltschak führte. Die Bolschewiki hatten nun den Bürgerkrieg praktisch gewonnen.

Nur auf der Halbinsel Krim verharrte noch die letzte große Armee der Weißen unter General Wrangel. Aber Ende 1920 wurde auch diese letzte Bastion von den Bolschewiki eingenommen. Die Reste der Wrangel-Armee mussten die Krim panikartig verlassen und wurden in die Türkei evakuiert. Diejenigen Gegner der Bolschewiki, die nicht fliehen konnten, wurden zum Opfer einer Racheorgie. Die Tragödie der Krim stellt eines der blutigsten Kapitel des „roten Terrors“ dar. Der Exilhistoriker S. Melgunow, der in den 20er Jahren ein klassisches Werk über den „roten Terror“ verfasste, schätzt die Zahl der Ende 1920 Hingerichteten auf 50 000, fügt aber hinzu, dass andere Schätzungen eine noch höhere Zahl angeben. Ein hoher bolschewistischer Funktionär, Sultan Galijew, der im Frühjahr 1921 die Krim aufsuchte, schrieb in seinem an Stalin gerichteten Bericht Folgendes: „Nach den Angaben der Funktionäre aus der Krim beträgt die Zahl der erschossenen Wrangel-Offiziere auf der Krim 20 000 bis 25 000. In Simferopol allein wurden etwa 12 000 erschossen. Von der Bevölkerung wird aber für die ganze Krim die Zahl von 70 000 [Hingerichteten] genannt. Ob dies der Wirklichkeit entspricht, konnte ich nicht nachprüfen“.

Sowohl bei den Bolschewiki als auch bei den „Weißen“ handelte es sich um militante Antidemokraten, um Verfechter einer Diktatur – entweder im Namen der Revolution oder im Namen Russlands. Beide Gruppierungen schalteten in ihrem jeweiligen Machtbereich die politischen Gegner mit Gewalt aus und bestraften jede Art von politischem Widerstand hart. Vom „roten Terror" war hier schon ausführlich die Rede. Es gab aber auch einen „weißen Terror", der sich in erster Linie gegen die Bolschewiki und ihre Sympathisanten richtete. Auch Judenpogrome fanden in den von den Weißen besetzten Gebieten statt, denen Tausende von Menschen zum Opfer fielen. Man muss aber zum einen hinzufügen, dass diese Pogrome eher der „Eigeninitiative" marodierender weißer Verbände als der Initiative der Führung entsprangen und dass zum anderen der „weiße" Terror bei weitem nicht die Ausmaße des „roten" aufwies. Es fehlte ihm der systematische Charakter der bolschewistischen Terrormaßnahmen. Bei den „weißen" Regimen handelte es sich in der Regel um Militärdiktaturen im überkommenen Sinne, um den Ausnahmezustand im Rahmen eines traditionellen Staates. Den Verfechtern des „weißen" Terrors ging es nicht um die Erschaffung eines neuen Menschen und einer neuen Welt mit Hilfe von Gewalt, sondern um die Rückkehr zur alten Ordnung, um die Wiederherstellung des früher schon vorhandenen, vorübergehend aber zusammengebrochenen Reiches. Der bolschewistische Terror hingegen sprengte den Rahmen der traditionellen Diktatur, er war nicht autoritär, sondern totalitär. Sein Ziel war nicht die Überwindung der Anarchie, die Wiederherstellung von Ruhe und Ordnung, sondern die Erschaffung einer neuen, nie da gewesenen Wirklichkeit. Bei beiden Bewegungen handelte es sich um kleine, „politisch bewusste" Gruppierungen. So zählte die bolschewistische Partei zur Zeit ihres 8. Kongresses (März 1919) 314 000 Mitglieder, ein Jahr später waren es 612 000. Diese Zahlen entsprachen in etwa der Zahl der Kämpfer in den weißen Armeen. Im Frühjahr 1919 befehligte Koltschak ein Heer von 400 000 Soldaten, die Armee Denikins zählte etwa 100 000 Mann und diejenige Judenitschs 18 000 (gelegentlich werden auch andere Zahlen bezüglich der Stärke der weißen Armeen genannt).

Sowohl bei den Bolschewiki als auch bei den Weißen also handelte es sich jeweils nur um einen Tropfen im Meer von etwa 150 Millionen Einwohnern. Aus diesem Grund hing der Ausgang der Auseinandersetzung zwischen „Rot" und „Weiß" nicht in erster Linie von der Effektivität der jeweiligen Terrormaßnahmen, sondern vom Verhalten der Bevölkerungsmehrheit ab, d.h. vom Verhalten der Bauernschaft.

Man muss in diesem Zusammenhang darauf hinweisen, dass zunächst Teile der Bauernschaft, die sich von den Bolschewiki enttäuscht abgewandt hatten, durchaus bereit waren, die „Weißen" zu unterstützen. Die Erfolge der im März 1919 begonnenen Offensive Koltschaks waren nicht zuletzt mit Auflösungserscheinungen in der Roten Armee verbunden, die zum größten Teil aus Bauern bestand. Zugleich ist es Koltschak gelungen, viele von ihnen in seine Armee einzureihen.

Auch die Erfolge Denikins im Frühjahr und Sommer 1919 waren sowohl mit der niedrigen Kampfmoral der Soldaten der Roten Armee als auch mit der antibolschewistischen Haltung der Bauern verknüpft. Dass die Dinge sich in der Tat so verhielten, wurde von manchen Bolschewiki durchaus eingeräumt. Der Chefredakteur der Regierungszeitung „Iswestija", Steklow, sagte Mitte 1919 auf einer Plenarsitzung des bolschewistischen ZK, in den bäuerlichen Gebieten fehle der Sowjetmacht jegliche soziale Basis. Die Bolschewiki hätten die Bauernmassen abgeschreckt: „Zwar versuchen wir sie zu überzeugen, dass wir sie politisch und ökonomisch befreit haben, dies wirkt aber nicht ... Wir haben den Bauern praktisch nichts gegeben ... Überall herrscht der Terror – dies ist das einzige, was uns an der Macht hält." Den Thesen Steklows wurde zwar heftig widersprochen, dennoch zeigt diese Kontroverse, dass die bolschewistische Partei in der Zeit Lenins, sogar auf dem Höhepunkt des Bürgerkrieges, noch relativ frei diskutieren konnte.

Überall dort, wo die „Weißen" die Bolschewiki vertrieben und ihr eigenes Regiment errichtet hatten, gerieten sie sofort in eine harte Konfrontation mit der Landbevölkerung, und zwar in erster Linie deshalb, weil sie die bolschewistische Bodenreform nicht anerkannten. Sie versuchten oft, die früheren Besitzverhältnisse auf dem Lande wiederherzustellen und forderten dadurch die Bauern in einer beispiellosen Weise heraus. Sie standen von nun an auf verlorenem Posten. Denn die Abwendung der Bauern von den Bolschewiki bedeutete keineswegs, dass sie sich von den Idealen der Revolution, vom revolutionären Mythos abgewendet hätten. Der Hass gegen das alte Regime und alle seine Erscheinungsformen stellte auch weiterhin die allesbeherrschende Emotion bei den russischen Unterschichten dar. Alle politischen Gruppierungen, die im Verdacht standen, die Zustände vor Februar 1917, ja sogar diejenigen vor Oktober 1917 restaurieren zu wollen, hatten keine Chance, den Bürgerkrieg zu gewinnen.

Einer der Führer der menschewistischen Partei, Fjodor Dan, sagte im Jahre 1920: Trotz ihrer Unzufriedenheit mit der Sowjetmacht hätten die Bauern um jeden Preis die Wiederherstellung des alten Regimes, das die Weißen verkörperten, verhindern wollen. Dies sei für den Sieg der Bolschewiki ausschlaggebend gewesen. Und auch Lenin äußerte sich etwa zur gleichen Zeit in ähnlichem Sinne: Das Blatt habe sich nur deshalb zu Gunsten der Bolschewiki gewendet, weil die Bauern Angst vor dem

Sieg der Weißen bekommen hätten, Angst davor, dass sie ihres eben errungenen Bodens wieder beraubt würden.

Auch die menschlichen Ressourcen, auf die sich die Bolschewiki stützen konnten, überstiegen diejenigen der weißen Generäle um das Vielfache. Der britische Historiker Evan Mawdsley weist darauf hin, dass auf dem Territorium, das die Bolschewiki kontrollierten, etwa 60 Millionen Menschen lebten. Die Kerngebiete, die sich unter der Kontrolle Denikins bzw. Koltschaks befanden, bewohnten dagegen jeweils 8 bis 9 Millionen Menschen.

Schließlich muss man noch darauf hinweisen, dass der Erfolg der Bolschewiki im Bürgerkrieg nicht zuletzt darauf zurückzuführen war, dass das industriell hochentwickelte Zentrum Russlands sich andauernd unter ihrer Kontrolle befand. Sie waren also den weißen Gegnern auf dem Gebiet der Rüstungsproduktion, ungeachtet der erheblichen materiellen Unterstützung, die die weißen Armeen von den Entente-Mächten erhielten, entschieden überlegen.

Abgesehen davon hatten die Bolschewiki den strategischen Vorteil der „inneren Linie". Da sie das Zentrum des Landes kontrollierten, konnten sie die Armeen Koltschaks, Denikins und Judenitschs, die Tausende Kilometer voneinander entfernt operierten, getrennt schlagen.

8. Die Bolschewiki und die Entente – Ein neuer „Kapitulationsfriede" à la Brest-Litowsk?

Trotzki schreibt in seiner Autobiographie, Lenin habe oft dazu geneigt, die Kräfte seiner Gegner zu überschätzen. In der Tat. So sagte Lenin einige Wochen vor dem Sturz des Zaren, seine Generation werde die entscheidenden Kämpfe der Revolution nicht mehr erleben. In einer ähnlichen Weise wurden auch die Kräfte der russischen Provisorischen Regierung von Lenin überschätzt. Nach dem Scheitern des bolschewistischen Putschversuchs vom 3. Juli 1917 meinte er, die Bolschewiki seien nun verloren. Eine noch größere Ehrfurcht flößte Lenin die Macht des Wilhelminischen Reiches ein. Es erschien ihm bis Sommer 1918 unbesiegbar. Sogar noch im Oktober 1918, als die deutsche Niederlage im Westen sich schon deutlich abzeichnete, vermied Lenin es, gegen den Frieden von Brest-Litowsk auch nur im mindesten zu verstoßen, um den Deutschen keinen Vorwand für antibolschewistische Vergeltungsmaßnahmen zu geben. Am 3. Oktober schrieb er: „Selbstverständlich denkt die Sowjetmacht schon gar nicht daran, den deutschen Imperialisten dadurch zu helfen, dass sie etwa versucht, den Brester Frieden zu brechen.“ Erst zwei Tage nach der deutschen Kapitulation im Westen erklärte Lenin den Frieden von Brest-Litowsk für unwirksam.

Es war nicht verwunderlich, dass die Entente-Mächte, die die gewaltige deutsche Militärmaschinerie besiegen konnten, Lenin als mächtige Kolosse erschienen. Diese Angst vor der Übermacht der Entente zwang ihn zu einer beinahe grenzenlosen Kompromissbereitschaft. Er war im Grunde bereit, mit den Westmächten einen ähnlichen Kapitulationsfrieden wie den von Brest-Litowsk zu unterzeichnen. Im März 1919 sagte er: „In Bezug auf die Ententeländer [müssen wir] vieles von dem, was wir in der Zeit des Brester Friedens getan haben, jetzt wiederholen oder werden es in Zukunft tun müssen. Nach der Brester Erfahrung wird es uns leichter fallen, das zu tun.“

Wie gedachte nun die Entente, die nach der Bezwingung der Mittelmächte im Grunde die gesamte Welt außer Russland kontrollierte, die russische Frage zu lösen?

Am 1. November 1918 sagte der britische Diplomat und profunde Kenner Russlands, Bruce Lockhart, die Entente müsse entweder eine ernsthafte Militäraktion gegen die Bolschewiki unternehmen oder mit ihnen sofort Frieden schließen. Es gebe hier keinen Mittelweg. Nur eine große Armee könne die Bolschewiki verjagen. Wenn die Westmächte nicht die Absicht hätten, eine solche Armee nach Russland zu schicken, sollten sie sofort die Hilfe für die weißen Armeen einstellen und zu einer Vereinbarung mit den Bolschewiki kommen. Der Oberbefehlshaber der alliierten Armeen in Frankreich, Marschall Foch, und der britische Rüstungsminister, Winston Churchill, gehörten zu den radikalsten Befürwortern einer massiven antibolschewistischen Intervention. Churchill sagte am 23. Dezember 1918, man könne mit kleinen Armeen in Russland nichts ausrichten. Die Entente müsse Russland entweder seinem Schicksal überlassen, oder eine große Armee dorthin schicken, um die Bolschewiki zu entmachten. Churchill fügte hinzu, solange das russische Problem nicht gelöst sei, könne die Entente von einem Sieg im Weltkrieg nicht sprechen. Am 12. Januar 1919 schlug Marschall Foch vor, eine große Interventionsarmee zu bilden, um sie gegen die Bolschewiki einzusetzen. Aber der amerikanische Präsident Woodrow Wilson und der britische Regierungschef Lloyd George widersetzten sich dieser Absicht entschieden.

Die Armeen der Entente lösten sich damals mit rasanter Geschwindigkeit auf. Nach viereinhalb Jahren Krieg waren nicht nur die Besiegten, sondern auch die Sieger kriegsmüde. So war es nicht allzu leicht, den Völkern des Westens weitere Opfer abzuverlangen, nur um die Bildung einer populären und demokratischen Regierung in Russland zu ermöglichen. Statt großer Armeen, wie sie Churchill verlangte, schickten die Entente-Mächte nach Russland nur kleine Expeditionskorps, die für die Rote Armee, die sich im Verlaufe des Bürgerkrieges zu einem Massenheer entwickelte, keine wirkliche Bedrohung darstellen konnten. Sie vermochten nur einige Regionen an der Peripherie des russischen Reiches unter ihre Kontrolle zu bringen (Murmansk, Krim und Südukraine, Transkaukasien, Fernost). Die Kampfmoral der „Interventionstruppen" war nicht allzu hoch. Es fanden dort gelegentlich Meutereien statt, so vor allem im April 1919 in der französischen Flotte, die im Hafen von Odessa stationiert war.

All das führte dazu, dass die Siegermächte immer weniger dazu neigten, eigene Soldaten nach Russland zu schicken, sie überließen den weißen Armeen das Kampffeld. Nur im russischen Fernen Osten verhielten sich die Dinge etwas anders. Dort stellten die Interventionstruppen, vor allem die japanischen, einen ernst zu nehmenden militärischen Faktor dar. Sowjetische Historiker sprechen von etwa 120 000 japanischen Soldaten, die sich Ende 1919 dort befanden. Insgesamt wird die Zahl der Entente-Truppen an der fernöstlichen Peripherie des Reiches auf etwa 150 000 geschätzt. Westliche Schätzungen sind etwas niedriger. Allerdings mussten nach der endgültigen Niederlage der Weißen Armee von Admiral Koltschak Anfang 1920 auch die Entente-Truppen den größten Teil der von ihnen kontrollierten Gebiete räumen. Lediglich die Region um Wladiwostok und der nördliche Teil der Insel Sachalin blieben bis 1922 bzw. bis 1925 unter japanischer Kontrolle.

Die Entente-Mächte versuchten indes, die russische Frage nicht nur durch Intervention, sondern auch durch Verhandlungen zu lösen. Im Dezember 1918 nahmen britische und amerikanische Diplomaten mit dem Stellvertreter Tschitscherins, Litwinow, Kontakte auf. Lloyd George wollte sogar die Bolschewiki zusammen mit den Vertretern der antibolschewistischen Kräfte Russlands nach Paris zur Friedenskonferenz einladen, aber Frankreich lehnte dies ab.

Am 21. Januar 1919 gab Wilson einen neuen Plan bekannt: Er schlug vor, die Bolschewiki und die Vertreter aller antibolschewistischen Kräfte zu einer Friedenskonferenz nach Prinkipo, einer Insel in der Nähe von Konstantinopel, einzuladen. Lenin seinerseits wollte unbedingt zu einem Kompromiss mit den Westmächten gelangen. Für einen Frieden mit den „westlichen Imperialisten" war er bereit, fast unbeschränkte Zugeständnisse zu machen. Zunächst versuchte er den amerikanischen

Präsidenten zu gewinnen. Die Haltung der Vereinigten Staaten den Bolschewiki gegenüber war am wenigsten aggressiv. Deswegen appellierte Lenin zuerst an Wilson. Am 4. Februar 1919 erklärte Tschitscherin, die Bolschewiki seien bereit, sehr viel für einen Frieden zu zahlen. Sie wollten alle finanziellen Verpflichtungen der Zarenregierung den Westmächten gegenüber begleichen. Sie wären auch bereit, den westlichen Staaten große wirtschaftliche Konzessionen in Russland zuzugestehen.

Aber die Konferenz auf Prinkipo fand nicht statt. Die antibolschewistischen Kräfte Russlands und Frankreich wollten auf keinen Fall offizielle Verhandlungen mit den Bolschewiki führen. Sie fürchteten, dies könne als endgültige Anerkennung der bolschewistischen Regierung, als eine Art Kapitulation vor ihr, angesehen werden. Der Status quo war für die weißen Regierungen unannehmbar. Zu Beginn des Jahres 1919 waren erhebliche Teile des europäischen und asiatischen Russland in den Händen der Bolschewiki. Die antibolschewistischen Kräfte beherrschten nur Randgebiete des Reiches. Deswegen bedeutete für sie die Anerkennung des Status-quo-Prinzips und die Einstellung des Kampfes gegen die Bolschewiki einen Verzicht auf noch mögliche Chancen, die bolschewistische Regierung zu beseitigen.

Der Prinkipo-Plan scheiterte. Aber Wilson und Lloyd George gaben die Versuche nicht auf, das russische Problem friedlich zu lösen. Anfang März 1919 wurde ein amerikanischer Diplomat – Bullitt – nach Moskau geschickt, um mit der bolschewistischen Führung über die Möglichkeit einer Friedensregelung zu sprechen. Lenin schien erneut für Kompromisse offen zu sein. Er erklärte sich bereit, den Westmächten alle Schulden Russlands, die die bolschewistische Regierung vorher annulliert hatte, zurückzuzahlen. Alle Regierungen, die sich auf dem ehemaligen Territorium des russischen Reiches gebildet hatten, sollten die Gebiete, die sie kontrollierten, vorläufig behalten. Er war auch bereit, territoriale Konzessionen in gleichem Umfang wie in Brest-Litowsk zu machen. Auf dem VIII. Parteikongress der Bolschewiki im März 1919 bereitete Lenin seine Partei auf einen neuen Kapitulationsfrieden vor, diesmal mit der Entente. Er rechtfertigte seine Kapitulationsbereitschaft: „Als die Frage des Brester Friedens zu entscheiden war, befand sich der Sowjetaufbau noch in seinem ersten Stadium. [...] Die Ereignisse haben jedoch gezeigt, dass dieser erzwungene Rückzug vor dem deutschen Imperialismus ... vom Standpunkt der Beziehungen der jungen sozialistischen Republik zum Weltimperialismus ... das einzig Richtige war."

Im März 1919 begann in Sibirien die erfolgreiche Offensive von Admiral Koltschak gegen die Bolschewiki. Die Regierungen der Entente hegten von neuem die Hoffnung, dass die antibolschewistischen Kräfte Russlands allein, ohne direkte Einmischung der Westmächte, die Bolschewiki besiegen würden. Sogar Lloyd George, der die weißen Generäle in der Regel sehr skeptisch bewertete, begann zu glauben, dass die russische Opposition selbst im Stande sein würde, die Bolschewiki zu beseitigen. Alle Hoffnungen der Entente-Regierungen ruhten jetzt auf den Weißen Armeen. Sie ließen ab von den Versuchen, mit den Bolschewiki einen Kompromiss zu finden.

Am 5. Oktober 1919, zu einem für die Bolschewiki höchst kritischen Zeitpunkt, als Denikin Moskau und Judenitsch Petrograd bedrohten, bekundete Lenin erneut seine Friedensbereitschaft mit den Entente-Mächten: „Unsere Politik des Friedens ist die gleiche wie bisher, d. h. wir haben das Friedensangebot des Herrn Bullitt angenommen. Wir haben ... unsere Friedensbedingungen, die gemeinsam mit Herrn Bullitt ausgearbeitet wurden, niemals geändert." Die Entente-Mächte reagierten aber nicht.

Einen Monat später existierte die Armee von Judenitsch nicht mehr, und die Armee von Denikin war vernichtend geschlagen. Der Bürgerkrieg war nun von den Bolschewiki praktisch gewonnen. Lenins Selbstsicherheit wuchs ins Unermessliche. Am 7. November 1919 erklärte er: „Der Imperialismus, den man für einen unbezwingbaren Koloss gehalten hatte, erwies sich vor aller Augen als Koloss auf tönernen Füßen. Und die zwei Jahre, die wir kämpfend durchlebten, zeugen immer deutlicher von dem Sieg nicht nur des russischen, sondern auch des internationalen Proletariats."

Die Zeiten, in denen die Bolschewiki zu einem Kapitulationsfrieden mit beinahe unbeschränkten Konzessionen bereit gewesen waren, waren nun endgültig vorbei. Niemand konnte sie mehr zu einem neuen Brest-Litowsk zwingen.

9. Das Selbstbestimmungsrecht der Völker – Bolschewistische „Pragmatiker" und „weiße Doktrinäre"

Bei der Suche nach den Gründen für den Sieg der Bolschewiki im Bürgerkrieg muss der Haltung der nichtrussischen Völker, die mehr als die Hälfte der Bevölkerung des ehemaligen zarischen Reiches ausmachten, eine außerordentliche Bedeutung beigemessen werden. In der Einstellung der Nichtrussen zum bolschewistischen Regime lässt sich eine ähnliche Evolution beobachten wie bei den russischen Unterschichten.

Die Euphorie über die neugewonnene Freiheit machte allmählich der Enttäuschung Platz, als sich herausstellte, dass die Bolschewiki ihr Freiheitsversprechen ganz anders als die Angesprochenen interpretierten. Zunächst betrachteten die nationalen Minderheiten die bolschewistische „Deklaration der Rechte der Völker Russlands" vom 2. November 1917 als einen Freibrief für den Austritt aus dem russischen Staatsverband. Es entstanden auf dem Territorium des ehemaligen russischen Reiches etwa 40 national-territoriale Einheiten. Das Imperium, das die russischen Zaren jahrhundertelang aufgebaut hatten, schien nun an seinem Ende angelangt. Alsbald stellte sich aber heraus, dass die Bolschewiki das Selbstbestimmungsrecht der Völker nicht im „bürgerlichen", sondern im „proletarischen" Sinne interpretierten. Sie schlugen nämlich den Werktätigen der nun formal freigewordenen Völker ein revolutionäres Bündnis vor, um gemeinsam gegen die Ausbeuterklassen in ihren jeweiligen Ländern vorzugehen. So erkannte zum Beispiel die sowjetische Regierung am 18. Dezember 1917 die Unabhängigkeit Finnlands an. Aber schon einige Tage später, am 22. Dezember, äußerte der Volkskommissar für Nationalitätenfragen, Stalin, sein Bedauern darüber, „dass der Rat der Volkskommissare ... nicht den Vertretern des Proletariats Finnlands ..., sondern der finnischen Bourgeoisie [die Freiheit gegeben hat]." Und am 15. Januar 1918 fügte er hinzu: Man müsse das Recht der Völker auf Selbstbestimmung nicht als das Recht der Bourgeoisie, sondern als das Recht des Proletariats interpretieren lernen.

Zur gleichen Zeit appellierte Lenin an die Ukrainer: „Als Ukrainer könnt ihr euer Leben einrichten wie ihr wollt. Aber wir reichen den ukrainischen Arbeitern die Bruderhand und sagen ihnen: mit euch zusammen werden wir gegen eure und unsere Bourgeoisie kämpfen. Nur ein sozialistisches Bündnis der Werktätigen aller Länder, wird jeden Boden für ... nationalen Hader beseitigen." Als Lenin dieses Angebot an die ukrainischen Werktätigen richtete, waren die bolschewistischen Truppen gerade dabei, die Sowjetmacht in der Ukraine mit Gewalt zu etablieren. Zwar mussten sie infolge des Brest-Litowsker Friedens das ukrainische Territorium räumen, aber sofort nach dem Zusammenbruch Deutschlands „boten sie erneut den ukrainischen Werktätigen die brüderliche Hand" und eroberten innerhalb kürzester Zeit das Nachbarland.

Die national gesinnten Kräfte der nichtrussischen Völker betrachteten nun die Bolschewiki als Erben der russischen Zaren und verteidigten erbittert ihre neugewonnene Freiheit gegen den von den Bolschewiki unternommenen erneuten Versuch „die russische Erde zu sammeln".

Diese immer tiefer werdende Kluft zwischen dem bolschewistischen Regime und den nichtrussischen Nationalitäten hätte eine Chance für die weißen Gegner der Bolschewiki werden können. Dies umso mehr, als die weißen Armeen vor allem an der Peripherie des russischen Reiches agierten, also gerade in den Territorien, die vorwiegend von nationalen Minderheiten bewohnt waren. Dennoch nutzten die Weißen ihre Chance nicht. Im Gegenteil, als Verfechter des „einigen und unteilbaren Russland" waren sie auf dem Gebiet der Nationalitätenpolitik viel dogmatischer als die Bolschewiki. Nicht einmal die partielle, halbherzige Anerkennung des Selbstbestimmungsrechts, zu der sich die Bolschewiki bekannten, kam für sie in Frage. Am 5. Juni 1919 gab Admiral Koltschak eine ablehnende Antwort auf die Forderung der Entente nach der Anerkennung der Unabhängigkeit Finnlands, der baltischen und der transkaukasischen Völker. Nur als Ausnahme erkannten die Weißen die beschränkte Selbständigkeit Polens an, aber auch das nur zögernd. Dieses offene Bekenntnis der Weißen zum imperialen Gedanken schreckte die im Wesentlichen antibolschewistisch gesinnten Völker an der Peripherie des Reiches derart ab, dass sie die Bolschewiki letztendlich als das „kleinere Übel" ansahen. Eine Analogie zur Haltung der russischen Bauernschaft während des Bürgerkrieges ist unverkennbar. Auch sie betrachtete die Bolschewiki als das „kleinere Übel", weil diese im Gegensatz zu den Weißen die vorrevolutionären Zustände, diesmal im Agrarsektor, nicht restaurieren wollten.

Anders als ihre weißen Gegner plädierten die Bolschewiki nicht für einen unitaristischen, sondern für einen föderativen Staat. Hier widersprachen sie zwar ihrem eigenen Programm, in dem von der Verschmelzung der Nationen, von der Errichtung einer einheitlichen sowjetischen Weltrepublik die Rede war. Dieses Endziel war aber nach Ansicht Lenins nur in Etappen zu erreichen. Vorübergehend müssten sich die Bolschewiki mit dem föderativen Aufbau ihres Staates abfinden. Bolschewistische Puristen wie Bucharin, die Lenin von links kritisierten, hielten ein derartiges Zugeständnis an die nationalen Bestrebungen der kleinen Völker für Verrat am Marxismus. Die national gesinnten weißen Gruppierungen wiederum empfanden die Verwandlung des unitaristischen Reiches in eine Föderation als Degradierung Russlands. Beide erkannten, im Gegensatz zu Lenin, die Zeichen der Zeit nicht. Denn das Selbstbestimmungsrecht der Völker, das während des Ersten Weltkrieges zunächst eher propagandistisch eine große Rolle gespielt hatte, wurde nach dem Zusammenbruch solch multinationaler Imperien wie des zarischen, der Donau-Monarchie und des Osmanischen Reiches infolge des Ersten Weltkrieges zu einem der wichtigsten Faktoren, die die neue europäische Ordnung prägten – nicht zuletzt unter dem Einfluss des amerikanischen Präsidenten Woodrow Wilson, der sich leidenschaftlich für das Prinzip der nationalen Selbstbestimmung engagierte. Winston Churchill, der diese Begeisterung Wilsons für kleine Völker nicht teilte, meinte, das Selbstbestimmungsrecht der Völker habe für die nach dem Ersten Weltkrieg entstandene Versailler Ordnung eine ähnlich zentrale Rolle gespielt, wie das Legitimitätsprinzip hundert Jahre zuvor für die Wiener Ordnung, die die Bezwinger Napoleons 1815 errichtet hätten.

Der Drang der Völker nach mehr Selbständigkeit erfasste natürlich auch das Russische Reich. Nach seinem Zerfall in den Jahren 1917/18 ließ es sich in seiner vorrevolutionären Form nicht mehr restaurieren. Die Zentralgewalt musste, um zu überleben, den neuen emanzipatorischen Tendenzen Rechnung tragen. Zugeständnisse an die nationalen Belange der kleineren Völker Russlands, in welcher Form auch immer, ließen sich nicht mehr vermeiden. Und es gehörte sicher zu den Paradoxien der Geschichte, dass die Bolschewiki – diese straff disziplinierte und zentralisierte Partei „neuen Typs" – dem föderativen Prinzip im Grunde zum ersten Mal in der neueren russischen Geschichte in gewissem Grade zum Durchbruch verhalfen. Das Entgegenkommen der Bolschewiki an die kleineren Völker des Reiches war nicht zuletzt mit ihrem internationalistischen Credo verbunden. Die Verherrlichung Russlands und des russischen Proletariats war den Bolschewiki in ihrem frühen Entwicklungsstadium relativ fremd. Es gebe nichts Außergewöhnliches und Messianisches am russischen Proletariat, sagte Trotzki im Mai 1919. Bei einem eventuellen Sieg der sozialistischen Revolution in irgendeinem hoch entwickelten Industrieland des Westens werde die Führung der Weltrevolution selbstverständlich von der Arbeiterklasse dieses Landes übernommen werden. Die Idee der nationalen Größe Russlands und der territorialen Integrität des russischen Reiches vertraten während des russischen Bürgerkrieges die weißen Gegner der Bolschewiki, und dies wurde ihnen auch zum Verhängnis. Denn ihre zum Dogma gewordene Parole vom einigen und unteilbaren Russland verhinderte die Entstehung einer breiten Allianz der Völker des ehemaligen russischen Reiches gegen den Bolschewismus.

Vor allem an der westlichen Peripherie des ehemaligen Zarenreiches hätte eine solche Allianz für die Bolschewiki verhängnisvolle Folgen haben können. Denn dort entwickelten sich die Armeen der baltischen Staaten, vor allem aber die finnischen und die polnischen Streitkräfte zu einem wichtigen militärischen Faktor. Eine enge Zusammenarbeit dieser Staaten mit den weißen Armeen hätte den Ausgang des russischen Bürgerkrieges durchaus beeinflussen können. Lenin gestand dies später offen ein: „Wenn alle diese kleinen Staaten gegen uns marschiert wären, … so hätten wir zweifelsohne eine Niederlage erlitten. Das ist jedem vollkommen klar."

Als im Herbst 1919 General Denikin sich nach blitzschnellen Erfolgen Moskau näherte, hätte das 400 000 Mann zählende polnische Heer die Niederlage der Bolschewiki besiegeln können. Der russische Militärexperte General Kakurin und der bolschewistische Militärführer Tuchatschewski vertreten übereinstimmend die Meinung, dass Denikin mit der Unterstützung der Polen Moskau sicherlich erobert hätte. Denikin bat den polnischen Staatsgründer Piłsudski ausdrücklich um Hilfe. Dennoch war er auf keinen Fall bereit, dessen Großmachtpläne zu akzeptieren. Polens Anspruch auf Litauen hielt Denikin für psychopathologischen Größenwahn, er wollte auch keinen Fußbreit ukrainischen Bodens an Polen abtreten. So kam für Piłsudski die Unterstützung der Weißen, die für ihn in einem noch stärkeren Ausmaß als die Bolschewiki das ihm verhasste Zarenreich verkörperten, nicht in Frage. Er wartete den Ausgang des russischen Bürgerkrieges einfach ab. Auch die Finnen und die Balten verhielten sich eher abwartend. Ihre massive Einmischung in den russischen Bürgerkrieg, vor allem im Herbst 1919, als die weißen Truppen Judenitschs in Richtung Petrograd vorrückten, hätte das Kräfteverhältnis im Norden Russlands entscheidend beeinflussen können. Lenin sagte später dazu: „Wir wissen, dass der Zeitpunkt, als die Truppen Judenitschs wenige Werst vor Petrograd standen, von entscheidender Bedeutung war … Es besteht kein Zweifel, dass die geringste Unterstützung durch Finnland oder eine – etwas größere – Hilfe Estlands genügt hätte, das Schicksal Petrograds zu besiegeln."

So kam die politische Unbeweglichkeit der „Weißen" den Bolschewiki zugute. Denn im Gegensatz zu ihren Kontrahenten waren sie bereit, zumindest vorübergehend, sich mit der Unabhängigkeit derjenigen Provinzen des ehemaligen Zarenreiches abzufinden, für deren Eroberung sie noch zu schwach waren. Am 31. August 1919 schlugen die Bolschewiki Estland Friedensverhandlungen vor. Am 11. September schickten sie entsprechende Vorschläge an Finnland, Lettland und Litauen. Seit dem 9. Oktober führten sie Gespräche mit Polen. Am

2. Februar 1920 unterzeichnete die bolschewistische Regierung einen Friedensvertrag mit Estland – den ersten nach dem Bürgerkrieg.

Ganz anders „lösten" die Bolschewiki die Nationalitätenfrage in den Regionen, die sich nicht im Zentrum der Aufmerksamkeit der Weltöffentlichkeit befanden – so zum Beispiel in Transkaukasien. Hier verzichtete das sowjetische Regime weitgehend auf die Wahrung des völkerrechtlichen Scheins und missachtete mit beinahe zynischer Offenheit das Selbstbestimmungsrecht der Völker. Zum ersten Opfer dieser Politik wurde Aserbaidschan, das aufgrund seiner reichen Erdölvorkommen für den bolschewistischen Staat außerordentliche Bedeutung besaß. Die aserbaidschanische Republik, die seit ihrer Gründung am 26. Mai 1918 von der nationalgerichteten Partei „Mussavat" (Gleichheit) regiert worden war, geriet seit Frühjahr 1920 unter immer stärkeren Druck seitens der Bolschewiki. Nach der Bezwingung der Armee Denikins im Süden Russlands setzten die sowjetischen Truppen ihren Vormarsch in Richtung Kaukasus fort. Der für den Kaukasus zuständige Vertreter der Sowjetführung, Ordshonikidse, hielt in einem Brief an den Volkskommissar für auswärtige Angelegenheiten, Tschitscherin (23. 4. 1920), eine unblutige Sowjetisierung Aserbaidschans für durchaus möglich. Am 26. April 1920 überschritten die sowjetischen Truppen (11. Armee) die aserbaidschanische Grenze, am 28. April richteten die aserbaidschanischen Kommunisten, die in der Hauptstadt Baku die Macht übernommen hatten, an Moskau einen Hilferuf. Da die sowjetischen Streitkräfte sich bereits im Lande befanden, ließ sich diese Bitte unverzüglich erfüllen. In einer ähnlichen Weise wollte nun Ordshonikidse auch gegen Georgien und Armenien vorgehen, die sich ebenso wie Aserbaidschan im Mai 1918 für unabhängig erklärt hatten. Georgien wurde von den Sozialdemokraten (Menschewiki), Armenien von der national gesinnten Partei „Daschnakzutjun" (Bund) dominiert. Am 3. 5. 1920 schrieb Ordshonikidse an Lenin: „Die Ereignisse entwickeln sich derart, dass wir hoffen, nicht später als am 15. Mai Tiflis [Hauptstadt Georgiens] … [einnehmen zu können]." Auch die Sowjetisierung bzw. „Sprengung" Armeniens hielt Ordschonikidse für eine durchaus lösbare Aufgabe.

Inzwischen musste aber die Kremlführung ihre Politik aufgrund des Ende April 1920 begonnenen polnisch-sowjetischen Krieges, von dem noch die Rede sein wird, ändern. Die internationalen Verwicklungen zwangen sie zu einer stärkeren Respektierung der öffentlichen Meinung im Westen. Nicht zuletzt deshalb unterschrieb Moskau am 7. Mai 1920 einen Friedensvertrag mit Georgien, in dem es die georgische Unabhängigkeit offiziell anerkannte. Die im Kaukasus agierenden Bolschewiki wollten sich mit diesem neuen Kurs nicht abfinden, denn die Aussicht auf die Ausdehnung der Sowjetmacht auf den ganzen Kaukasus war bereits zum Greifen nah. Sie unterstützten probolschewistische, regierungsfeindliche Aktivitäten in Georgien und in Armenien und wurden deshalb von Tschitscherin scharf kritisiert. Am 22. Juni schrieb er an das Politbüro: „Die Undiszipliniertheit der [kaukasischen] Genossen, die haarsträubende Kluft zwischen ihren Aktivitäten und der Linie des Zentralkomitees macht es erforderlich, Maßnahmen zu ihrer Zähmung zu ergreifen ... Während das Zentralkomitee beschloss, gegenüber den bürgerlichen Regierungen Georgiens und Armeniens eine Politik des Kompromisses zu führen, ... untergraben die [kaukasischen] Genossen diese Politik."

Einige Monate später – die Kriegshandlungen in Polen waren bereits zu Ende – erneuerte Moskau die Politik der „Sammlung der kaukasischen Erde". Im November 1920 fand in Armenien und im Februar 1921 in Georgien die sowjetische Machtübernahme statt, und zwar nach dem gleichen Szenario, wie es einige Monate zuvor in Aserbaidschan ausprobiert worden war. So gelang es also den Bolschewiki, innerhalb von drei Jahren die abtrünnig gewordenen kaukasischen Provinzen erneut unter die Kontrolle des imperialen Zentrums zu stellen. Ähnliches geschah auch in Zentralasien. Im April 1918 wurde dort eine Turkestanische Sowjetrepublik gebildet, die den größten Teil der zentralasiatischen Territorien des ehemaligen russischen Reiches umfasste. Im Februar 1920 eroberten die Bolschewiki das Chanat Chiva und im September 1920 das Emirat Buchara – ehemalige Vasallenstaaten des Zarenreiches. Schließlich errichtete die Sowjetführung im April 1920 im Fernen Osten einen von Moskau völlig abhängigen Pufferstaat, die „Fernost-Republik", die am 15. November 1922 in die Russische Sozialistische Föderative Sowjetrepublik eingegliedert wurde. So vermochten die Bolschewiki beinahe alle Gebiete des alten russischen Reiches unter ihre Kontrolle zu bringen. Lediglich die baltischen Staaten, Finnland, Polen, Bessarabien und Nordsachalin (bis 1925) konnten sich der neuen „Sammlung der russischen Erde" durch die sowjetische Führung entziehen.

Die Bolschewiki hatten im Oktober 1917 die Macht in Russland – dem „schwächsten Glied der Kette des Weltkapitals" – mit dem Ziel erobert, die ganze Kette durch die Weltrevolution zu beseitigen. Ihren Kampf um die Macht in Russland fassten sie zunächst ausschließlich als Dienst an der Weltrevolution auf, nicht als Selbstzweck. Sie waren im

Übrigen davon überzeugt, dass ohne die Hilfe der Revolution in den Industrieländern, das bolschewistische Regime in Russland den Zweikampf mit dem „Weltkapital" nicht werde bestehen können. Die tatsächliche Entwicklung der Jahre 1918–20 hat die Prognosen und die Erwartungen der Bolschewiki widerlegt. Sie haben ihre Macht in Russland ohne direkte Unterstützung einer Revolution im Westen behaupten können. Ihre Macht blieb allerdings auf das Land, das sie zunächst nur als Sprungbrett für die Weltrevolution angesehen hatten, beschränkt. So mussten sie sich in einem immer stärkeren Ausmaß an die außenpolitischen und geopolitischen Sachzwänge des von ihnen regierten Reiches anpassen. Dadurch wurde die sowjetische Außenpolitik ausgesprochen ambivalent. Moskau war einerseits die Hauptstadt einer Großmacht und andererseits zugleich das Zentrum der kommunistischen Weltbewegung, das Zentrum der siegreichen proletarischen Revolution.

Natürlich haben sich die Akzente in der sowjetischen Außenpolitik im Laufe der Zeit verschoben. Das Land begann allmählich zur traditionellen Großmachtpolitik zurückzukehren und die Politik der kommunistischen Weltbewegung den Interessen des sowjetischen Staates anzupassen. Dennoch ist die weltrevolutionäre Komponente aus der sowjetischen Außenpolitik niemals ganz verschwunden. Das Spannungsverhältnis zwischen den beiden Polen, die Doppelgleisigkeit der Außenpolitik, blieben praktisch bis zur Auflösung der Sowjetunion bestehen. Gerade diese Bipolarität der sowjetischen Politik erschwerte den Außenstehenden oft ihre zutreffende Einschätzung. Dies betraf nicht zuletzt manche national gesinnten Kreise im antibolschewistischen Lager, die bereit waren, nach der Niederlage der Weißen im Bürgerkrieg vor den Bolschewiki zu kapitulieren, und zwar aus „Dankbarkeit" für die weitgehende Wiederherstellung des territorialen Bestandes des russischen Reiches durch die sowjetische Führung. Dadurch hätten die „weißen Ideen" zumindest auf Umwegen gesiegt, meinten die Vertreter dieser Kreise. Die Bolschewiki hätten ihre politische Laufbahn als militante Feinde des russischen Reiches, als Verfechter seiner totalen Desintegration begonnen. Letztendlich hätten sie sich aber als seine Wiederhersteller und Retter erwiesen. Zwar sei der bolschewistische Staat in seiner Form immer noch „rot", internationalistisch und revolutionär, sein Inhalt sei aber „weiß": patriotisch und national. Mit besonderer Vehemenz vertrat diese Thesen die sog. „Smena-wech" (Umstellung der Wegmarken)-Bewegung, die sich zu Beginn der 20er Jahre im russischen Exil zu entwickeln begann. Nikolaj Ustrjalow, der bedeutendste Vertreter dieser Bewegung, der man später auch die Bezeichnung „Nationalbolschewismus" verlieh, schrieb im Februar 1920: Wie paradox es auch klingen möge, aber die Vereinigung Russlands vollziehe sich nun unter dem bolschewistischen Vorzeichen. Die Revolution verwandele sich aus einem Faktor, der den Zerfall des Imperiums verursacht hatte, in eine schöpferische, nationale Kraft, die Russland erneuere.

Es fand in der Tat eine paradoxe Umkehrung der Rollen der Bolschewiki und ihrer „weißen" Gegner statt. Die „Weißen", die in den Kampf gegen die Bolschewiki gezogen waren, um das große, mächtige Russland in seinen alten Grenzen wiederherzustellen, waren dabei auf die Hilfe ausländischer Mächte angewiesen. Die Bolschewiki hingegen, die im Brest-Litowsker Frieden eine beispiellose Demütigung Russlands hingenommen hatten, stützten sich in ihrem Kampf gegen die „Weißen" und gegen ausländische Interventionsarmeen beinahe ausschließlich auf die Kraftreserven Russlands. So schienen sie nun nicht nur Verteidiger der „Errungenschaften der Revolution", sondern auch Verteidiger der Interessen der russischen Nation zu sein. Eine national gesinnte Emigrantengruppierung – die 1921 entstandene „Eurasierbewegung" – vertrat 1926 sogar die Meinung, das russische Volk habe sich des Bolschewismus bedient, um den territorialen Bestand Russlands zu retten und um die staatspolitische Macht Russlands wiederherzustellen.

All diese Aussagen zeugen von einer weitgehenden Verkennung der Janusköpfigkeit und der Bipolarität des Bolschewismus. Er war nämlich zugleich national und international, partikular und universal. Mit keinem von diesen beiden Polen identifizierte er sich gänzlich. Er neigte dazu, sowohl national gesinnte als auch revolutionär gesinnte Strömungen lediglich zu instrumentalisieren. Deshalb musste er auch beinahe zwangsläufig seine Verbündeten enttäuschen, die ihm wiederholt Verrat an den hehren nationalen bzw. weltrevolutionären Zielen vorwarfen. Zu einem besonders anschaulichen Beispiel der Bipolarität der bolschewistischen Politik sollte das Verhalten der Moskauer Führung während des polnisch-sowjetischen Krieges werden.

10. Der polnisch-sowjetische Krieg – nationalistisch oder revolutionär?

Was veranlasste den relativ kleinen, 27 Millionen Einwohner zählenden polnischen Staat dazu, im April 1920 den russischen Koloss anzugreifen? In erster Linie seine äußerst prekäre geopolitische Lage. Für seine beiden mächtigen Nachbarn – Deutschland und Russland – verkörperte Polen die von ihnen vehement abgelehnte Versailler Ordnung. Seine größten territorialen Verluste hatte Deutschland nach dem Ersten Weltkrieg im Osten hinzunehmen, also ausgerechnet dort, wo es den Krieg gewonnen hatte. Und zum größten Nutznießer dieser Entwicklung wurde der neu entstandene polnische Staat, an den das Deutsche Reich etwa 46000 Quadratkilometer seiner früheren Territorien abtreten musste. Das Streben nach der Revision der deutschen Ostgrenze stellte ein außenpolitisches Axiom der Weimarer Republik dar. Dieses Streben habe beinahe mystische Züge angenommen, sagt in diesem Zusammenhang der amerikanische Historiker Harald von Riekhoff. Die Aussage des Oberkommandierenden der Reichswehr, Hans von Seeckt, vom Jahre 1922 veranschaulicht deutlich, welche Intensität damals die antipolnischen Ressentiments in der preußischen Oberschicht erreichten. Er schrieb nämlich in einem Brief an den damaligen Reichskanzler Wirth folgende Sätze: „Polens Existenz ist unerträglich, unvereinbar mit den Lebensbedingungen Deutschlands. Es muss verschwinden und wird verschwinden durch eigene, innere Schwäche und durch Russland – mit unserer Hilfe. ... Polen kann niemals Deutschland irgendwelchen Vorteil bieten, nicht wirtschaftlich, denn es ist entwicklungsunfähig, nicht politisch, denn es ist Vasall Frankreichs."

Für das bolschewistische Russland war die Existenz Polens ebenso lästig wie für Deutschland, denn es behinderte die direkte Verbindung zwischen beiden. Deutschland hatte in den weltrevolutionären Plänen der Bolschewiki zunächst die absolute Priorität. Abgesehen davon betrachtete die bolschewistische Führung das Deutsche Reich aufgrund seiner scheinbar unversöhnlichen Gegnerschaft zu den Siegermächten als einen wertvollen Verbündeten im Kampfe gegen die bestehende europäische Ordnung. Für alle ihre Pläne brauchten die Bolschewiki eine gemeinsame Grenze mit Deutschland. Polen stand ihnen also im Wege. Die Situation Polens erschwerte sich zusätzlich durch die Tatsache, dass es nur wenige Verbündete hatte, die ihm in seinem Überlebenskampf hätten wirksam helfen können. Die einzige Siegermacht, die Polen beinahe vorbehaltlos unterstützte, war Frankreich, aber geographisch war es viel zu weit entfernt und seine Machtreserven waren begrenzt. Von einer sofort wirksamen Hilfe konnte angesichts dieses Sachverhalts kaum die Rede sein. Im Kampfe um die Sicherung seiner Existenz war also Polen im Großen und Ganzen auf sich selbst gestellt. Davon ging Piłsudski auch aus. Deshalb konzentrierte er seine Bemühungen unmittelbar nach der Wiederherstellung des polnischen Staates in erster Linie auf den Ausbau der eigenen Streitkräfte.

Das Verhalten Piłsudskis während des russischen Bürgerkrieges, als er sich geweigert hatte, den „weißen" Generälen zu helfen, zeigt, dass er nicht den Bolschewismus, sondern die russischen imperialen Bestrebungen als solche am stärksten fürchtete. Die Bolschewiki wurden für ihn erst dann zum Hauptkontrahenten im Osten, als sie den Bürgerkrieg zu ihren Gunsten entschieden und das Russische Reich in seinem territorialen Bestand im Wesentlichen wiederhergestellt hatten. Piłsudski wollte den Bolschewiki keine Zeit lassen, sich innenpolitisch zu konsolidieren und die außenpolitische Isolierung zu durchbrechen. Unmittelbar nach dem Bürgerkrieg war Sowjetrussland noch relativ schwach und von der Außenwelt isoliert. Piłsudski war sich aber darüber im Klaren, dass jedes Jahr Frieden die Bolschewiki innerlich stärken und sie einem Modus vivendi mit dem Westen näher bringen werde. Die ersten Zeichen für die Anerkennung der Bolschewiki durch die Siegermächte waren schon vorhanden. Am 16. Januar 1920 wurde die Blockade gegen Sowjetrussland von den Siegermächten aufgehoben. Am 27. Februar erklärten die Ententemächte, sie würden Kriege der Nachbarstaaten Russlands gegen die Bolschewiki nicht mehr unterstützen. Die politischen und wirtschaftlichen Beziehungen des sowjetischen Staates mit der Außenwelt begannen sich zu entwickeln. Die Stabilisierung der bolschewistischen Macht, die für Polen so gefährlich war, ging schnell voran. Piłsudski wusste, dass er entweder jetzt oder nie angreifen musste. Sein Ziel war die Schaffung einer starken Föderation derjenigen Völker, die ein Gegengewicht zu der deutschen und russischen Hegemonie in Osteuropa hätten bilden können. Unter der Führerschaft Polens sollten Ukrainer, Weißrussen, Litauer und vielleicht auch andere Nationen des ehemaligen russischen Reiches in diesen Staatenbund eintreten. Aber Piłsudskis Plan hatte eine Schwäche, die das ganze Unternehmen zum Scheitern verurteilen sollte: Die Völker, die er von den Bolschewiki zu befreien und in eine Föderation mit Polen zusammenzuschließen gedachte, lehnten die polnische Hegemonie ebenso vehement ab wie die russische.

Am 26. April 1920 begann Piłsudski seine Offensive, am 7. Mai 1920 nahmen die Polen Kiew ein. Aber diese Erfolge waren kurzfristig. Piłsudski gelang es nicht, in der Ukraine einen antibolschewistischen Aufstand zu entfesseln.

Der polnische Angriff verursachte in ganz Russland eine allgemeine nationalistische Empörung. Sogar die monarchistischen Kreise unterstützten jetzt die Bolschewiki, weil sie für das unteilbare Russland gegen einen traditionellen Nationalfeind kämpften. Diese Gefühle nutzten die Bolschewiki geschickt aus. Die ehemaligen Zarengeneräle Brussilow und Poliwanow riefen alle russischen Offiziere auf, in die Rote Armee einzutreten. Polens Annexionspläne im Osten waren sogar für die unversöhnlichsten Gegner der Bolschewiki unannehmbar. Der Kampf für das unteilbare Russland war für sie Pflicht, sogar unter der Führung der Bolschewiki. Der Krieg entfesselte extreme nationalistische Leidenschaften auf beiden Seiten.

Am 13. Juni 1920 räumten die Polen Kiew, und so begann die sowjetische Gegenoffensive, die ununterbrochen bis Mitte August dauerte und erst bei Warschau aufgehalten wurde. Die Lage Polens schien ab Juli beinahe aussichtslos. Eine bolschewistische Armee unter dem populären sowjetischen Militärführer Tuchatschewski näherte sich Warschau, die zweite unter Jegorow und Budennyj, die politisch von Stalin betreut wurde, belagerte Lemberg. Der Westen kümmerte sich, abgesehen von Frankreich, kaum um Polens Schicksal. Dessen Lage wurde zudem durch probolschewistische Sympathien der westeuropäischen Arbeiter erschwert. Wegen dieser Sympathien waren den Ententeregierungen die Hände gebunden, selbst wenn sie sich für einen Krieg zur Rettung Polens entschlossen hätten. Polen musste also die bolschewistische Offensive ganz allein abwehren.

Die Rote Armee, die in Richtung Warschau vorrückte, wurde nun von den Bolschewiki als Befreiungsarmee dargestellt. Sie sollte den polnischen Arbeitern und Bauern helfen, ihre nationalistisch gesinnte Herrenschicht zu stürzen. Die Bolschewiki appellierten an die Klasseninstinkte der polnischen Werktätigen. Die Antwort war indes eindeutig. Statt die Bolschewiki als Befreier zu begrüßen, solidarisierten sie sich mit den eigenen Streitkräften. Diese Identifizierung der Volksschichten mit dem neuen Nationalstaat stellte im Grunde die wichtigste Voraussetzung für sein Überleben dar. Am 24. Juli 1920 entstand in Warschau die „Regierung der nationalen Verteidigung" unter dem Bauernführer Wincenty Witos. Alle wichtigen politischen Parteien Polens, abgesehen von den Kommunisten, waren an ihr beteiligt. Sie mobilisierte zusätzlich mehr als 200 000 Mann, darunter auch freiwillige Bauernbataillone.

Diese nationale Erhebung rettete Polen vor dem Schicksal der Ukraine oder der transkaukasischen Völker, die ihre Souveränität verloren und zum Bestandteil des Sowjetreichs wurden. Piłsudski schreibt in seinen Erinnerungen, dass er während der gesamten bolschewistischen Offensive niemals Angst um das polnische Hinterland gehabt hätte. Überall, wo dies möglich gewesen sei, hätten die polnischen Bauern die Bolschewiki entwaffnet. Und dann fügt Piłsudski hinzu: Die Polen wären die letzten gewesen, die sich für das russische Experiment entschieden hätten. Sie seien Russland viel zu nah, um sich eine solche Nachahmung zu erlauben.

Man warnte Lenin von allen Seiten. Vor allem die polnischen Kommunisten, aus ihrer Kenntnis der tiefen Abneigung gegen die Russen in allen Schichten der polnischen Bevölkerung, warnten ihn vor einem zu weiten Vordringen in ethnisch polnische Gebiete. Der bolschewistische Deutschlandexperte Karl Radek, der aus Galizien stammte und die polnischen Verhältnisse sehr gut kannte, erklärte Lenin, die Polen würden die Russen nie als Befreier ansehen. Auch Trotzki war gegen eine Offensive in rein polnische Gebiete. Aber Lenin war nicht zu überzeugen. Er sah hier die einmalige Möglichkeit, mit einem Schlag, die ganze bürgerliche Ordnung in Europa zu zerstören. Er hoffte, nach der Eroberung Polens direkten Kontakt mit Deutschland aufnehmen zu können, um dort eine Revolution zu entfesseln. In allen seinen revolutionären Plänen war Deutschland das Hauptziel.

Auch Stalin, der sich zur Zeit des Vormarsches der Roten Armee in Richtung Warschau im Stab der sowjetischen Süd-West-Front in Charkow (Ostukraine) befand, beurteilte die militärische Lage der Bolschewiki äußerst optimistisch. Am 13. Juli 1920 telegraphierte er an Lenin: „Die polnischen Armeen zerfallen gänzlich. Ihre Kommunikationskanäle funktionieren nicht mehr, sie sind führerlos ... Ich denke, der Imperialismus war noch nie so schwach wie jetzt, im Augenblick der polnischen Niederlage, und wir noch nie so stark."

Diese Unterschätzung des Gegners, und zwar sowohl seiner politischen als auch seiner militärischen Stärke, sollte sich alsbald rächen. Zwischen der sowjetischen Nordarmee, die in Richtung Warschau vorstieß, und der Südarmee, die Lemberg belagerte, klaffte eine immer größere Lücke. Piłsudski warf all seine Reserven in diesen Zwischenraum und machte dadurch die Vereinigung der beiden sowjetischen Armeen unmöglich. Sie blieben voneinander isoliert, und die polnischen Streitkräfte konnten sie aufreiben bzw. zum Rückzug zwingen.

Der Leiter der diplomatischen Mission der Westmächte in Warschau – der britische Staatsmann Lord D'Abernon – bezeichnete den polnischen Sieg vom August 1920, das „Wunder an der Weichsel", als eine der entscheidendsten Schlachten der Weltgeschichte. Und in der Tat hat Polen durch diesen Sieg nicht nur seine formelle Unabhängigkeit bestätigt. Es hat auch den Plan der Bolschewiki, „die Weltrevolution auf den Spitzen der Bajonette der Roten Armee in das Herz Europas zu tragen", zum Scheitern gebracht.

Lenin gestand ein, dass er die Intensität der antirussischen Gefühle bei den Polen falsch eingeschätzt hätte. Die deutsche Kommunistin Clara Zetkin erinnert sich an folgende Sätze Lenins: „Es ist in Polen gekommen, ... wie es vielleicht kommen musste. Sie kennen doch alle die Umstände, die bewirkt haben, dass unsere tollkühne, siegessichere Vorhut keinen Nachschub von ... Munition und nicht einmal ... [trockenes] Brot erhalten konnte. Sie musste Brot und anderes Unentbehrliche bei den polnischen Bauern und Kleinbürgern requirieren. Und diese erblickten in den Rotarmisten Feinde, nicht Brüder und Befreier. Sie fühlten, dachten und handelten keineswegs sozial, revolutionär, sondern national, imperialistisch ... Die Bauern und Arbeiter, von den Piłsudski-Leuten ... beschwindelt, verteidigten ihre Klassenfeinde, sie ließen unsere tapferen Rotarmisten verhungern, lockten sie in Hinterhalte und schlugen sie tot."

Auf der dritten Sitzung der 9. Konferenz der bolschewistischen Partei am 23. September 1920 wurden viele bolschewistische Führer, insbesondere Stalin, für eine allzu optimistische Bewertung der Siegesaussichten der Roten Armee in Polen kritisiert. Besonders scharf wurde Stalin von Trotzki angegriffen. Für diese Offenheit, die in der bolschewistischen Führung zu Beginn der 20er Jahre noch als selbstverständlich galt, sollten später viele Kritiker Stalins teuer bezahlen.

Im Oktober 1920 unterzeichneten Sowjetrussland und Polen in Riga einen Waffenstillstand und im März 1921 einen Frieden, der die polnisch-sowjetische Grenze endgültig fixierte. Polen behielt nun den größten Teil der Gebiete, die es bereits vor dem Ausbruch des polnisch-sowjetischen Krieges kontrolliert hatte.

11. Entstehung der Kommunistischen Internationale und der Traum von der Weltrevolution

Seit der Niederlage der Mittelmächte im Herbst 1918 stellte das bolschewistische Russland praktisch das einzige von den Ententemächten nicht kontrollierte Territorium der Welt dar. Das durch den Bürgerkrieg erschütterte Land war aber von der Außenwelt völlig isoliert und hatte im Grunde keine Verbündeten bis auf die sog. Weltrevolution, deren baldigen Sieg die Bolschewiki in den ersten Jahren nach der Oktoberrevolution für selbstverständlich hielten. Besonders sehnsüchtig warteten sie auf einen Sieg der proletarischen Revolution in Deutschland.

Die Haltung der ansonsten recht unsentimentalen Bolschewiki gegenüber Deutschland wurde von außerordentlich starken Emotionen beherrscht, die sie keinem anderen Land gegenüber hegten. Deutschland war das Geburtsland des Schöpfers des Marxismus, die klassischen Werke des Marxismus waren auf deutsch geschrieben worden, Deutschland hatte die stärkste und am besten organisierte Arbeiterbewegung der Welt, schließlich war es auch die größte Industriemacht Europas. Wenn die Bolschewiki von der Elektrifizierung, Industrialisierung und Zivilisierung Russlands sprachen, hatten sie in erster Linie das Beispiel Deutschlands vor Augen. Nicht zuletzt deshalb verfolgte man in Moskau mit großer Aufregung die ersten Soldatenunruhen, die in Deutschland im Oktober 1918 ausbrachen. Das Zentrale Exekutivkomitee der Sowjets beschloss Anfang Oktober, einer eventuellen deutschen Revolution alle Ressourcen Russlands zur Verfügung zu stellen. Enthusiastisch reagierte die bolschewistische Regierung auf die Nachricht von der Flucht des deutschen Kaisers und von der Entstehung des Rats der Volksbeauftragten in Berlin. Dieser Rat, der am 10. November 1918 die Macht in Deutschland übernahm, bestand aus drei Sozialdemokraten und aus drei Vertretern der linken USPD, die sich 1917 von der SPD abgespalten hatte. Er regierte mit beinahe diktatorischen Vollmachten. Unmittelbar nach der Entstehung dieser neuen deutschen Regierung gelang es Karl Radek, sich telegraphisch mit einem der Mitglieder des Rates – Hugo Haase – in Verbindung zu setzten. Haase gehörte der USPD, also dem linken Flügel des neuen Gremiums, an. Radek teilte ihm die Bereitschaft der sowjetischen Regierung mit, Nahrungsmittel nach Deutschland zu schicken. Haase reagierte darauf sehr kühl und meinte, es wäre besser, wenn die Bolschewiki diese Nahrungsmittel den hungernden russischen Arbeitern zur Verfügung stellen würden.

Es lag also der neuen sozialistischen Regierung Deutschlands nicht viel an Kontakten mit der sowjetischen Republik. Fast alle Mitglieder des Rates der Volksbeauftragten – abgesehen von dem Vertreter des linken Flügels der USPD, Emil Barth – waren für die Beibehaltung des parlamentarischen Systems und gegen das Rätesystem. Aber das war nicht nur ihre private Meinung oder die der Führung beider Parteien. Dies zeigte sich deutlich bei den Wahlen zum Rätekongress, der Mitte Dezember 1918 in Berlin stattfinden sollte. So erhielten die Parteien und Gruppierungen, die eine Revolution nach bolschewistischem Muster ablehnten, etwa 80% der Stimmen. Von 500 Delegierten des Kongresses bekannten sich 300 zur SPD, 100 zur USPD und 26 sogar zur bürgerlich-liberalen Deutschen Demokratischen Partei. Die Mehrheit der deutschen Arbeiter sprach sich also eher für die Reform als für grundlegende revolutionäre Änderungen der bestehenden Verhältnisse aus. Der Antrag des linken Kongressdelegierten Ernst Däumig, den Räten die höchste gesetzgeberische und vollziehende Gewalt zuzugestehen, wurde mit 344 gegen 98 Stimmen abgelehnt. Der sozialdemokratische Historiker Konrad Heiden sagte später in diesem Zusammenhang: Das Scheitern der deutschen Revolution sei keineswegs die Folge des Versagens ihrer Führer gewesen, sondern vielmehr die Folge des Wunsches der Mehrheit der deutschen Arbeiter nach Ruhe und Stabilität. Was die Revolution nach russischem Vorbild in Deutschland zusätzlich behinderte, war der hohe Grad der Industrialisierung des Landes. Der Politologe Richard Löwenthal sprach von einem „Antichaos-Reflex" industrieller Gesellschaften. Einer der Führer der USPD, Heinrich Ströbel, schrieb 1920 in diesem Zusammenhang: „Die Rätediktatur und die sofortige Vollsozialisierung waren in Deutschland völlig ausgeschlossen, und es war eine verhängnisvolle Verkennung der ökonomischen und politischen Möglichkeiten, dass die äußerste proletarische Linke sich einbildete, das russische Vorbild ohne weiteres in Deutschland nachahmen zu können. Das Agrarland Russland, in dem nur $^{1}/_{10}$ des Volkes von der Industrie lebt, vermochte auch eine zeitweilige Lähmung und Zerrüttung seiner industriellen Produktion zu ertragen, ohne das es zur Katastrophe kam [!]. Die beschäftigungslosen Arbeiter fanden auf dem platten Lande oder aber in der Roten Armee Unterschlupf. In Deutschland aber lebten zwei Drittel des Volkes von der Industrie und dem Handel – und wovon hätten sie existieren, wo hätten diese mehr als 40 Millionen bleiben sollen, wenn eine übereilte, planlose Sozialisierung der Produktion die ganze Maschinerie ins Stocken gebracht hätte?"

Noch vehementer als die deutsche Industriearbeiterschaft lehnten sowohl die Bauernschaft als auch der Mittelstand die Revolution nach russischem Vorbild ab, also die Schichten, die sich in Russland entweder zur Revolution bekannten (Bauernschaft) oder kaum vorhanden waren (Mittelstand). Zwar wurden erhebliche Teile des deutschen Mittelstandes infolge der Nachkriegskrise ruiniert, mit den Proletariern und ihren Wertvorstellungen wollten sie sich aber auf keinen Fall solidarisieren. Der israelische Historiker Jakov Talmon schreibt über die ideologischen Präferenzen der ruinierten mittelständischen Schichten Deutschlands, deren sozialer Status sich nur unwesentlich von dem des Proletariats unterschied: Sie hätten lieber zur auserwählten Nation als zur benachteiligten Klasse gehört. Den Sieg einer Revolution nach russischem Muster erschwerte in Deutschland auch die Tatsache, dass ihre Anhänger, anders als in Russland, von der Friedenssehnsucht der Bevölkerung nicht profitieren konnten – denn zwei Tage nach dem Ausbruch der Novemberrevolution wurde der Waffenstillstand in Compiègne unterzeichnet.

So waren die Erfolgsaussichten einer proletarischen Revolution in Deutschland unmittelbar nach Kriegsende minimal. Trotzdem war die Angst vor einer solchen Revolution im Lande, auch bei der SPD, außergewöhnlich stark verbreitet. Der Weltkrieg, der allmählich zu einem Massenvernichtungsunternehmen geworden war, rief bei den führenden deutschen Parteien keineswegs solche Unsicherheiten und panische Reaktionen hervor wie die Aktivitäten kleiner linker Gruppierungen, die Ende 1918 und Anfang 1919 die bestehende Ordnung stürzen wollten – den ersten Höhepunkt dieser chaotischen linksradikalen Auflehnungsversuche stellte der am 5. Januar 1919 begonnene Aufstand in Berlin dar. Gustav Noske, der den Auftrag erhalten hatte, diesen Aufstand zu unterdrücken, verwendete dabei nicht nur reguläre Truppen, die um Berlin stationiert waren, sondern auch die rechtsradikalen Freikorps, die sich damals gerade formierten. Dieser Einsatz der extremen Gegner der Demokratie zur Verteidigung der Republik sei ein unverzeihlicher Fehler der Regierung gewesen, so der Chronist der Weimarer Republik Arthur Rosenberg Mitte der 30er Jahre. Er hielt die panische Angst der SPD vor unkoordinierten Aktivitäten linksradikaler Grüppchen für maßlos übertrieben. Nicht anders bewerten die damalige Situation auch einige Autoren von heute. Der Berliner Historiker Heinrich August Winkler schreibt (1990): „Richtig ist, dass [den Sozialdemokraten] ... die Vermeidung von wirtschaftlichem und politischem Chaos über alles ging, dass sie die Gefahren von links überschätzten und diejenigen von rechts unterschätzten".

Der Berliner Aufstand wurde in der Tat bereits nach einigen Tagen, am 12. Januar 1919, unterdrückt. Aber die sozialdemokratische Regierung verlor nun die Kontrolle über die Soldateska, die jetzt auf eigene Faust Rachejustiz zu üben begann. Zu den Opfern gehörten auch die Führer der am 31. Dezember 1918 gegründeten KPD, Karl Liebknecht und Rosa Luxemburg, die am 16. 1. 1919 ermordet wurden.

Die heftige Reaktion der Sozialdemokraten auf die Aktivität des ehemaligen linken Flügels ihrer eigenen Partei wurde nicht nur durch die übertriebene Angst vor der Anarchie verursacht, sondern auch dadurch, dass die sozialdemokratische Führung ihre patriotische Gesinnung unter Beweis stellen und zeigen wollte, dass sie für innere und äußere Integrität des Deutschen Reiches eintrete. Die deutschen Sozialdemokraten, die seit Jahren von den Rechten als „vaterlandslose Gesellen" verunglimpft worden waren, wollten nun, nachdem sie die Staatsgewalt in Deutschland übernommen hatten, beweisen, dass die Geschicke des Vaterlandes ihnen keineswegs gleichgültig seien.

Die Ermordung von Rosa Luxemburg und Karl Liebknecht sollte für die weitere Entwicklung des linken Flügels der internationalen Arbeiterbewegung verhängnisvolle Folgen haben, denn dadurch verloren die westlichen Kommunisten die einzigen Parteiführer, die genug Prestige und Autorität gehabt hätten, um sich der übermäßigen Abhängigkeit der kommunistischen Weltbewegung von der bolschewistischen Führung zu widersetzen. Rosa Luxemburg gehörte seit der Gründung der bolschewistischen Partei zu ihren schärfsten Kritikern. Auch nach der bolschewistischen Machtübernahme prangerte sie das diktatorische Vorgehen Lenins und seiner Gefährten, so zum Beispiel die Zerschlagung der Verfassunggebenden Versammlung im Januar 1918, äußerst scharf an. Am 16. Januar 1919 verstummte aber diese Stimme, und dies erleichterte den Bolschewiki die Gestaltung der Politik der kommunistischen Weltbewegung nach ihren eigenen Vorstellungen, so vor allem in der von ihnen dominierten Dritten Internationale. Von der Gründung einer solchen Organisation träumte Lenin bereits seit dem Ausbruch des Ersten Weltkrieges. Da die Mehrheit der Parteien der Zweiten Internationale die Kriegskredite ihrer jeweiligen Regierungen bewilligt hatten, erklärte Lenin die Zweite Internationale für tot. Er setzte sich nun vehement für die Errichtung einer Dritten Internationale ein, die an das ursprüngliche Vermächtnis der Klassiker des Marxismus anknüpfen sollte. Aber erst nach der bolschewistischen Machtübernahme in Russland ließ sich dieses Postulat realisieren.

Damals begannen die Bolschewiki die Einberufung einer internationalen linkssozialistischen Konferenz zu planen, um eine neue Internationale zu gründen. Da sie aber mit dem baldigen Sieg der Revolution im Westen rechneten, wollten sie diese Konferenz nicht in Petrograd oder Moskau, sondern in einer der westlichen Hauptstädte abhalten. Seit Dezember 1918 begann jedoch die sowjetische Führung unabhängig davon, ob die Revolution im Westen siegen würde oder nicht, auf die Gründung der neuen Internationale zu drängen. Diese Ungeduld der Bolschewiki lässt sich dadurch erklären, dass sie mit der Gründung der Kommunistischen Internationale einer Wiedererrichtung der Zweiten Internationale zuvorkommen wollten. Seit Mitte Dezember 1918 wurden nämlich Versuche unternommen, die Sozialistische Internationale wiederzubeleben. Rosa Luxemburg widersetzte sich der sofortigen Gründung der Kommunistischen Internationale. Sie wollte das spontane Anwachsen der revolutionären Bewegung abwarten. Als die Dritte Internationale, die „Komintern", Anfang März 1919 gegründet wurde, war Rosa Luxemburg allerdings schon nicht mehr am Leben.

Der Gründungskongress der Kommunistischen Internationale war alles andere als repräsentativ. Nur wenige kommunistische Delegierte aus dem Ausland konnten in das durch den Bürgerkrieg von der Außenwelt isolierte Russland gelangen. Die Mehrheit der 50 Teilnehmer am ersten Kongress waren Kommunisten, die sich zum damaligen Zeitpunkt aus irgendwelchen Gründen schon seit längerem in Russland aufhielten. Sie hatten keinen Kontakt mit ihren jeweiligen Parteien und dementsprechend auch kein Mandat. Einer der wenigen Delegierten, die im Auftrag ihrer eigenen Partei in Moskau auftraten, war der deutsche Kommunist Hugo Eberlein. Gerade er widersetzte sich zunächst, und zwar im Namen der ermordeten Rosa Luxemburg, der Gründung der Komintern. Er wurde aber überstimmt.

Am 21. März 1919 – zwei Wochen nach der Gründung der Komintern – wurde in Ungarn die Räterepublik proklamiert, die die Komintern sofort quasi adoptierte. Einen Tag zuvor hatte der Führer der ungarischen Kommunisten, Béla Kun, der die Proklamation über die Errichtung der Räterepublik verfasste, noch im Budapester Gefängnis gesessen. Die Räterepublik wurde in Ungarn ohne vorherige revolutionäre Kämpfe, praktisch über Nacht errichtet. Am 20. 3. 1919 stellte die Entente dem Vorgänger Béla Kuns, dem bürgerlich-liberalen Ministerpräsidenten Graf Károlyi ein Ultimatum, in dem die Anerkennung neuer Grenzen Ungarns gefordert wurde. Ungarn sollte auf zwei Drittel seiner früheren Territorien verzichten. Die Regierung Károlyi trat zurück, und die wichtigste politische Kraft, die in Ungarn verblieb, waren nun die Sozialdemokraten. Da sie das Ultimatum der Entente nicht akzeptieren wollten, beschlossen sie, ein Bündnis mit den Kommunisten und dadurch auch mit Sowjetrussland – dem größten Kontrahenten des Siegermächte – einzugehen. So kam es zur Verschmelzung der ungarischen Sozialdemokratie – einer Massenpartei – mit der kleinen kommunistischen Partei und zur Proklamierung der Räterepublik in Ungarn.

In Moskau war die Stimmung nach diesem kommunistischen Sieg euphorisch. Lenin bezeichnete ihn als einen gewaltigen moralischen Sieg der Sowjetmacht. Die These der Gegner der Bolschewiki, das Sowjetsystem könne sich nur unter spezifisch russischen Verhältnissen entwickeln und sei auf andere Länder nicht übertragbar, sei durch das ungarische Beispiel widerlegt. Die Bourgeoisie eines höher entwickelten Landes als Russland habe nun eingesehen, dass nur die Sowjetmacht das Land aus seiner tiefen Krise herausführen könne.

Die Ausrufung der Räterepublik in Bayern am 7. April 1919 geschah unter dem Einfluss der ungarischen Ereignisse. Die KPD und ihr offizieller Vertreter in Bayern, Eugen Leviné, widersetzten sich zunächst dieser Entwicklung. Am 13. April 1919 übernahmen allerdings die Kommunisten die Führung in dieser Republik, um sie energischer gegen die Regierungskräfte zu verteidigen. Dieser Schritt der Kommunisten wurde von dem KPD-Führer Paul Levi allerdings missbilligt. Er hielt dieses bayerische Unternehmen für völlig aussichtslos und war davon überzeugt, die Regierungstruppen würden die Räterepublik mühelos unterdrücken. Die Bolschewiki, die damals von der Außenwelt völlig isoliert waren, bezeichneten die bayerische Räterepublik ebenso wie die ungarische als großartigen Erfolg der Räte-Idee. Lenin sagte dazu: „Berücksichtigt man, dass es im Herzen Europas Räterepubliken gibt und dass sich das Sowjetsystem unaufhaltsam ausbreitet, so kann man ohne Übertreibung … sagen, dass unser Sieg im internationalen Maßstab völlig gesichert ist."

Noch euphorischer klangen die Worte des Vorsitzenden der Kommunistischen Internationale, Grigorij Sinowjew, der am 1. Mai 1919 schrieb: „Während diese Zeilen geschrieben werden, hat die Dritte Internationale schon drei sowjetische Republiken als Hauptbasis: in Russland, Ungarn und Bayern. Aber keiner wird überrascht sein, wenn zu der Zeit, in der diese Zeilen gedruckt erscheinen, wir nicht drei, sondern sechs oder mehr sowjetische Republiken haben … Jetzt ist ganz klar, dass die Bewegung weit schneller vorangeht als selbst der größte Optimist auf dem Moskauer Kongress der Dritten Internationale dies erwartete."

Eine Zeit lang dachte Lenin daran, eine militärische Verbindung mit Ungarn über Rumänien oder Polen herzustellen. Am 1. April 1919 bekam die Rote Armee den Befehl, auf Budapest zu marschieren. Am 22. April schrieb Lenin an den Oberbefehlshaber der Roten Armee Wazetis: „Ein Vormarsch in einen Teil Galiziens und der Bukowina ist für die Verbindung mit Sowjetungarn unbedingt notwendig. Diese Aufgabe muss möglichst schnell und gründlich gelöst werden." Der Kommissar der ukrainischen Armee, Antonow-Owsejenko, schrieb später: „Es wurden beträchtliche Kräfte frei, und wir bereiteten uns vor, sie dem roten Ungarn zu Hilfe zu schicken."

Die Schwierigkeiten des Bürgerkrieges zwangen Lenin aber, den Plan der militärischen Hilfe für die ungarische Räterepublik aufzugeben. Für Lenin hatte der Sieg im Bürgerkrieg unbedingten Vorrang vor der Unterstützung der ungarischen Kommunisten. Im Juli 1919 schrieb er an Kun: „Lieber Genosse Béla Kun! Ich bitte Sie, sich nicht mehr als notwendig zu beunruhigen und sich nicht der Verzweiflung hinzugeben. ... Wir kennen die schwierige und gefährliche Lage Ungarns und tun alles, was wir können. Aber schnelle Hilfe ist manchmal einfach physisch unmöglich. Versuchen Sie, solange wie möglich auszuhalten. Jede Woche ist wertvoll. Legen Sie Vorräte in Budapest an, befestigen Sie die Stadt. Ich hoffe, dass Sie die Maßnahmen ergreifen, die ich den Bayern empfohlen habe. Beste Grüße und ein fester Händedruck. Halten Sie mit allen Kräften aus, der Sieg wird unser sein." Aber schon Anfang August 1919 erlag die isolierte ungarische Räterepublik der Übermacht der Ententemächte. Französische, rumänische und antikommunistische ungarische Truppen unter Admiral Horthy besetzten das Land.

Bereits am 1. Mai 1919 wurde die bayerische Räterepublik von den Regierungstruppen unterdrückt, und am 16. Juni 1919 wurde in Wien ein durch den ungarischen Emissär Bettelheim inspirierter kommunistischer Aufstand niedergeschlagen.

Der Optimismus, den die bolschewistische Führung noch im Frühjahr 1919 ausgestrahlt hatte, war nun weitgehend verschwunden. In seinem Brief an das Zentralkomitee der bolschewistischen Partei vom 5. August 1919 forderte Trotzki wegen der Niederlage der ungarischen Räterepublik eine Umorientierung in der weltrevolutionären Taktik der Bolschewiki. Mit dem baldigen Sieg der Revolution im Westen sei nicht mehr zu rechnen. Die Westmächte stellten dort militärisch und politisch eine kaum zu bezwingende Bastion dar. In Asien hingegen sei deren Position wesentlich schwächer. Geographisch habe Russland im Gegensatz zu den Westmächten einen unmittelbaren Zugang zu den asiatischen Ländern. Der Weg nach Indien könne für die Rote Armee wesentlich kürzer als der Weg nach Ungarn sein.

Trotzki knüpfte hier an Lenins Vision von der Revolutionierung Asiens an, die dieser bereits um die Jahrhundertwende entwickelt hatte. Lenin hatte zu den ersten Marxisten gehört, die die außerordentliche Bedeutung des asiatischen Befreiungskampfes für die Destabilisierung der bestehenden Weltordnung erkannten. Schon während der Unterdrückung des „Boxeraufstandes" im Jahre 1900 hatte Lenin mit äußerster Schärfe das Vorgehen der Europäer in China verurteilt. Dies sei kein Krieg zwischen dem chinesischen Volk und dem europäischen Proletariat. Die Chinesen hassten nicht die Völker Europas, sondern deren Regierungen. Die Herrscher Europas und vor allem das Zarenregime unterdrückten ihre eigenen Untertanen genauso wie sie dies mit den Völkern Asiens täten. Der Feind Asiens und der europäischen Arbeiterklasse sei derselbe – es sei das Weltkapital.

Lenin hatte auch den japanischen Sieg im Krieg gegen Russland im Jahre 1905 begrüßt; erstens, weil die Niederlage des Zarenregimes den revolutionären Prozess in Russland beschleunige, zweitens, weil die russische Niederlage eine Niederlage der bestehenden Weltordnung sei. Russland gehöre zu den europäischen Großmächten, die die Welt unter sich aufgeteilt hätten. Nun habe das erwachende Asien diesem Herrschaftsmonopol der europäischen Bourgeoisie einen Schlag versetzt. Diese Erschütterung der europäischen Ordnung war Lenin höchst willkommen. Das bedeutete aber nicht, dass er an einen eigenen asiatischen Weg glaubte, der sich von demjenigen Europas unterscheide. Kurz vor dem Ausbruch des Ersten Weltkrieges schrieb er über den asiatischen Befreiungskampf, der sich nach dem russisch-japanischen Krieg intensivierte: „Heißt das vielleicht, dass der materialistische Westen verfault ist und das Licht nur aus dem mystischen, religiösen Osten leuchtet? Nein, gerade umgekehrt. Das heißt, dass der Osten endgültig den Weg des Westens betreten hat, dass neue hunderte und aberhunderte Millionen Menschen jetzt am Kampfe für die Ideale teilnehmen, zu denen sich der Westen durchgekämpft hat. Verfault ist die Bourgeoisie des Westens, vor der schon ihr Totengräber steht – das Proletariat."

Und wie sah Lenin die Rolle Russlands, insbesondere nach dem Sieg der Bolschewiki in der Oktoberrevolution in dieser Auseinandersetzung zwischen Europa und Asien? Im Artikel „Unsere Revolution", den er Anfang 1923 verfasste, schrieb er, Russland befinde sich an der Grenze zwischen der „zivilisierten" Welt und den Ländern des Ostens, die erst jetzt von der „Zivilisation" erfasst worden seien. Deshalb habe Russland ein neues Revolutionsmodell entwickelt, das sich von den früheren westlichen Revolutionstypen unterscheide, das aber für die Länder des Ostens einen beispielhaften Charakter haben könnte. Indes waren die Bolschewiki bei ihrem Versuch, ihr Revolutionsmodell nach Osten zu exportieren zunächst genauso erfolglos wie im Westen.

Die Krise des Jahres 1919 gehörte sicher zu den tiefsten revolutionären Krisen im Nachkriegseuropa. Sie entwickelte sich spontan und ohne direkte Beteiligung Russlands, da gerade im Jahre 1919 der Bürgerkrieg in Russland seinen Höhepunkt erreichte. So konnten die Bolschewiki den westlichen Kommunisten keinen nennenswerten Beistand leisten. Ende 1919, als die Bolschewiki den Bürgerkrieg praktisch zu ihren Gunsten entschieden, war indes die revolutionäre Krise im Westen in ihrer akuten Form bereits überwunden. Dieser Umstand sollte für die innere Entwicklung der kommunistischen Weltbewegung und für das Kräfteverhältnis innerhalb der Kommunistischen Internationale von ausschlaggebender Bedeutung sein.

Als eine der wichtigsten Ursachen für die Niederlagen der westlichen Kommunisten betrachtete die Mehrheit der bolschewistischen Führer übereinstimmend das Fehlen einer disziplinierten und zentralisierten kommunistischen Partei im Westen, d. h. das Fehlen einer Partei nach bolschewistischem Vorbild. Bereits im April 1919 sagte Trotzki bei einer Analyse der deutschen Revolution, jahrzehntelang habe das deutsche Proletariat an der Entwicklung eines gewaltigen organisatorischen Apparates gearbeitet. Aber gerade im Augenblick des Überganges zum revolutionären Machtkampf habe sich die organisatorische Wehrlosigkeit der deutschen Arbeiterklasse offenbart. Das russische Proletariat habe bereits vor dem Ausbruch der Revolution eine zentralisierte revolutionäre Partei entwickelt. In Deutschland sei vor 1918 nichts dergleichen vorhanden gewesen. Dort müsse man eine solche Partei erst schaffen. Daher habe die deutsche Revolution bisher einen derart unorganisierten und ziellosen Charakter gehabt.

Die bolschewistischen Führer waren immer stärker davon überzeugt, dass die Entwicklungen in Russland für die westlichen Kommunisten Modellcharakter hätten. Sie dachten immer häufiger in Analogien. In dem bereits erwähnten Artikel Trotzkis vom April 1919 wird die deutsche Novemberrevolution vom Jahre 1918 mit der russischen Februarrevolution vom Jahre 1917 verglichen. Die Niederlage der linken Kräfte in Berlin im Januar 1919 vergleicht Trotzki mit der Niederlage der Bolschewiki im Juli 1917. Aber die ganze Entwicklung in Deutschland sollte natürlich – deshalb wurden diese Analogien gezogen – auf ein Ziel hinführen: auf den deutschen Oktober. Im April 1920 sagte Lenin in diesem Zusammenhang: „Im gegebenen historischen Zeitpunkt liegen die Dinge nun einmal so, dass das russische Vorbild *allen* Ländern etwas, und zwar etwas überaus Wesentliches, aus ihrer unausweichlichen und nicht fernen Zukunft zeigt ... Daher die internationale ‚Bedeutung' ... der Sowjetmacht und ebenso der Grundlagen der bolschewistischen Theorie und Taktik."

Obwohl in diesen Aussagen eine Portion Nationalstolz enthalten war, waren die Bolschewiki damals noch von der Selbstverherrlichung, wie sie später, zur Zeit Stalins, auftreten sollte, weit entfernt. Ihren Sieg führten sie nicht nur auf die Richtigkeit ihrer Taktik, sondern auch auf die Schwäche der russischen Bourgeoisie zurück. Der Sieg der russischen Revolution habe gezeigt, schrieb Trotzki im Mai 1919, dass die geschichtliche Entwicklung häufig den Weg des geringsten Widerstandes gehe. Die proletarische Revolution habe die am schlechtesten verbarrikadierte Tür aufgebrochen. So enthielten die Aussagen der bolschewistischen Führer einen eindeutigen Widerspruch. Einerseits sprachen sie von dem vorbildlichen Charakter der russischen Entwicklung und der bolschewistischen Taktik für die westlichen Länder, andererseits wiesen sie aber auf die Eigenart der russischen Verhältnisse hin und betonten, dass gerade diese Eigenart ihnen die Machteroberung erleichtert hätte.

Wie dem auch sei, die Schaffung von zentralisierten und disziplinierten Parteien nach bolschewistischem Muster sollte nun auch im Westen erfolgen. Im Jahre 1919, zur Zeit der akuten revolutionären Krise im Westen und zur Zeit der schwierigsten Kämpfe im russischen Bürgerkrieg, konnte dieses Vorhaben nicht verwirklicht werden. Im Jahre 1920 kamen die Bolschewiki diesem Ziel näher. Der II. Kongress der Kommunistischen Internationale vom Juli/August sollte eine wichtige Etappe auf diesem Weg bilden. In seiner äußeren Form unterschied sich der zweite Kongress eindeutig von dem ersten, der noch in äußerst bescheidenem Rahmen stattgefunden hatte. Der zweite hatte einen ganz anderen Charakter. Mehr als 200 Delegierte aus 35 Ländern erschienen in Moskau. Die Tatsache, dass die Bolschewiki trotz anscheinend aussichtsloser Ausgangslage den Bürgerkrieg zu ihren Gunsten hatten entscheiden können, erhöhte das Prestige der Partei und der Komintern innerhalb der westlichen Arbeiterbewegung wesentlich. Zur Popularität der Komintern trug auch die Tatsache bei, dass die wirtschaftliche und soziale Krise im Westen sich unentwegt vertiefte. Immer mehr Organisationen und Parteien bemühten sich um den Eintritt in die Komintern. Alle Parteien, die aufgenommen werden wollten, mussten ihre Strukturen ändern und sie an die Struktur der russischen Partei anpassen. Insgesamt wurden von der Kominternführung 21 Bedingungen für die Aufnahme aufgestellt. Dazu gehörten unter anderem die Forderung nach vollständigem Bruch einzelner Parteien der Komintern mit den sozialdemokratischen bzw. so genannten „reformistischen" Kräften. Die Parteien wurden aufgefordert, neben den legalen Organisationen auch illegale Apparate aufzubauen, da man der „bürgerlichen Rechtsordnung" nicht trauen könne. Die Kommunisten sollten innerhalb der Gewerkschaften und Parlamente arbeiten und dort eine konsequente kommunistische Linie verfolgen. Damit wandte sich die Kominternführung gegen linkskommunistische Kräfte, die jede Arbeit innerhalb der Gewerkschaften und der Parlamente ablehnten. Das Statut der Komintern war fast eine Kopie der Satzung der bolschewistischen Partei. Die oberste Instanz der Komintern war der Kongress, der jedes Jahr einzuberufen war. Der Kongress wählte aus seinen Reihen das Exekutivkomitee der Komintern – abgekürzt EKKI. Das EKKI – ein Äquivalent zum ZK der bolschewistischen Partei – besaß in der Zeit zwischen den Kongressen alle Vollmachten. Moskau wurde zum offiziellen Sitz der Komintern erklärt. Alle Parteien, die aufgenommen wurden, mussten den Namen „kommunistisch" tragen. Um zu unterstreichen, dass es sich bei der Komintern um eine einheitliche Organisation und nicht um einen losen Verband autonomer Parteien handele, wurden alle kommunistischen Parteien im offiziellen Sprachgebrauch als „Sektionen" der Komintern bezeichnet.

Es sollte sich indes als äußerst schwierig erweisen, die bolschewistischen Strukturen auf nichtrussische Parteien, die sich in völlig anderen Verhältnissen entwickelt hatten, zu übertragen. Um die Aufnahme in die Komintern bemühten sich Gruppierungen unterschiedlichster Richtungen. Darunter waren einige sozialdemokratische Parteien, die etwas links von der offiziellen Sozialdemokratie standen, aber auch linksextreme oder anarchistische Gruppierungen, die jegliche Arbeit innerhalb der legalen Institutionen, innerhalb der Parlamente oder der Gewerkschaften, ablehnten. Dazu gehörten die linksradikale Kommunistische Arbeiterpartei Deutschlands (KAPD), die sich 1919 von der KPD abgespaltet hatte, oder die italienischen Linkssozialisten unter Amadeo Bordiga. Es war nicht leicht, alle diese Gruppierungen und Parteien in einer einheitlichen Organisation zusammenzufassen, sie an die bolschewistische Disziplin zu gewöhnen. Diese Aufgabe ließ sich ohne zahlreiche Spaltungen und Ausschlüsse aus der Komintern nicht bewältigen. Dabei führten die Bolschewiki einen Zweifrontenkrieg – gegen die linksradikalen, anarchistischen Kräfte auf der einen und gegen die gemäßigten Gruppierungen auf der anderen Seite. Zur Zeit des zweiten Kongresses der Komintern im Juli 1920 hielt Lenin die linksradikalen Tendenzen innerhalb der Kommunistischen Internationale nicht für allzu gefährlich. Deshalb erhielten sie von Lenin, der als Polemiker keineswegs zur Schonung seiner Gegner neigte, die relativ harmlose Bezeichnung „Kinderkrankheit". In den neuentstandenen Parteien bzw. Bewegungen, so Lenin, gebe es immer Kräfte, die ihr Endziel ohne Umwege und Kompromisse erreichen wollten. Diese Außerachtlassung der Realität, die eben viele Kompromisse erfordere, könne aber nur vorübergehend sein. Der reale politische Kampf werde diese abstrakt denkenden Maximalisten allmählich dazu bewegen, sich mit elementaren Sachzwängen der Realität abzufinden.

Ganz anders bewertete er die „Reformisten". Für diese Kräfte gab es keinen Platz innerhalb der Dritten Internationale. Die „Reformisten" wurden von der Kominternführung als unnötiger Ballast auf dem Wege zur Revolution angesehen. Eine proletarische Partei, die sich nicht eindeutig von gemäßigten, unentschlossenen Elementen abgegrenzt habe, könne keine erfolgreiche Revolution durchführen, beteuerte Lenin im November 1920. Gerade am Vorabend der Revolution könne das Verbleiben von schwankenden Kräften innerhalb der Partei, vor allem innerhalb ihrer Führung, für die Partei tödlich sein. Wenn die Bolschewiki im Laufe ihrer Geschichte unzählige, manchmal beinahe ausweglose Krisen überstehen konnten, dann nur deshalb, weil sie sich zuvor von allen wankelmütigen und unsicheren Elementen getrennt hätten.

12. Das Scheitern des kriegskommunistischen Experiments

Das äußerst brutale System des Kriegskommunismus hat den Bolschewiki wahrscheinlich den Sieg im Bürgerkrieg ermöglicht. Aber gerade nach diesem Sieg ergaben sich neue, für den Machterhalt nicht weniger gefährliche Probleme. Denn die Fortsetzung des bisherigen, äußerst repressiven Kurses entbehrte nun in den Augen der Bevölkerungsmehrheit jeglicher Berechtigung. Die Partei versuchte zunächst, die sich nun anbahnende neue Krise durch die Verschärfung der alten, d. h. kriegskommunistischen Methoden zu lösen. Dazu gehörte die vor allem von Trotzki entwickelte Konzeption der Militarisierung der Arbeit. Armeen des Bürgerkrieges sollten nun, nach der Bezwingung der innenpolitischen Gegner, in Arbeitsarmeen verwandelt werden, um auf diese Weise den Zusammenbruch des Transportwesens, der Wirtschafts- und Versorgungsmechanismen aufzuhalten. Im Januar 1920 wurde im Uralgebiet die „Erste revolutionäre Arbeiterarmee" aus Militäreinheiten der Roten Armee gebildet. Im Frühjahr 1921 war bereits ein Viertel der Soldaten der Roten Armee mit dem Wiederaufbau des zerrütteten Wirtschafts- und Transportwesens beschäftigt. Auf der Sitzung des Zentralen Exekutivkomitees der Sowjets im Februar 1920 bezeichnete Trotzki „das Gerede über die freie Arbeit" als Relikt des bürgerlichen Zeitalters und gab offen zu, dass der sowjetische Staat auf Zwang, unter anderem auch auf Arbeitszwang, basiere.

Aber die Verwandlung der Soldaten in Arbeiter stellte nur eine Seite des verschärften kriegskommunistischen Kurses dar, denn zugleich sollten auch die Arbeiter einer beinahe militärischen Disziplin unterworfen und wie Soldaten behandelt werden. Kritiker dieser neuen Tendenzen, die erklärten, Zwangsarbeit sei unproduktiv, wurden von Trotzki im April 1920 auf dem 3. Gewerkschaftskongress belehrt: „Es heißt, Zwangsarbeit sei unproduktiv. Das bedeutet, dass die gesamte sozialistische Wirtschaft dazu verdammt ist, über Bord geworfen zu werden, da es keinen anderen Weg gibt, den Sozialismus zu verwirklichen, als durch den kommandierten Einsatz der gesamten Arbeitskräfte durch das wirtschaftliche Zentrum, den Einsatz dieser Kräfte in Übereinstimmung mit den Erfordernissen eines nationalen Wirtschaftsplans."

Diese Verklärung des Zwangs als Allheilmittel stellte keine Privatmeinung Trotzkis, sondern die Meinung maßgeblicher Kräfte in der Partei, nicht zuletzt auch Lenins, dar, die sich auch nach dem Sieg im Bürgerkrieg nicht vom kriegskommunistischen System verabschieden wollten. Wenn sie von Reformen sprachen, dann nur innerhalb dieses Systems. Projekte, die darüber hinausgingen, die sich etwa für die Lockerung der Versorgungsdiktatur und für eine wenn auch partielle Wiederherstellung des Marktes aussprachen, wurden von der Mehrheit der bolschewistischen Führer, auch von Lenin, leidenschaftlich bekämpft. Paradoxerweise stammte eines dieser Projekte, die für eine Lockerung des kriegskommunistischen Regimes plädierten, von Trotzki, dies ungeachtet seiner oben angeführten Apotheose des Zwangs. Im März 1920 richtete er an das Zentralkomitee eine Denkschrift, in der er die Wiederherstellung der Marktmechanismen, zumindest in den getreideproduzierenden Regionen, empfahl. Dieses Dokument spiegelt die Komplexität und Widersprüchlichkeit der Persönlichkeit und der politischen Programmatik Trotzkis wider. Lenin und die Mehrheit des Zentralkomitees lehnten seine Vorschläge kategorisch ab, da sie unannehmbare „freihändlerische" Ansätze enthielten.

Inzwischen intensivierten sich aber die Proteste der Bevölkerung gegen das kriegskommunistische System. Die Bauernaufstände, vor allem in Sibirien, in Zentralrussland und in der Ukraine erreichten die Dimensionen eines neuen Bürgerkrieges. Die Zahl der Aufständischen in Sibirien überstieg bei weitem die Zahl der Rotarmisten, die zu ihrer Unterdrückung eingesetzt wurden. Der Sekretär des sibirischen Büros des bolschewistischen Zentralkomitees, Danischewski, erinnert sich: Die sibirischen Delegierten zum X. Parteitag der Bolschewiki, der im März 1921 in Moskau stattfinden sollte, fuhren bis an die Zähne bewaffnet durch das Land, um gegen mögliche Angriffe der rebellierenden Bauern gewappnet zu sein. Zu einer besonderen Herausforderung für das Regime wurde aber der Bauernaufstand im Gouvernement Tambow unter der Führung von Alexander Antonow (seit 1906 Mitglied der Partei der Sozialrevolutionäre). Zu Beginn des Jahres 1921 zählte die Bauernarmee Antonows bereits etwa 40 000 Kämpfer. Der Oberbefehlshaber der sowjetischen Streitkräfte, Sergej Kamenew, schrieb am 17. Februar 1921: Die Bauernaufstände (im offiziellen Sprachgebrauch wurden sie als „Banditenaufstände" bezeichnet) hätten im Januar bereits eine Dimension erreicht, die die Existenz des Sowjetstaates gefährdeten. Es sei erforderlich, reguläre Armeeeinheiten in konzentrierter Form für die Unterdrückung der Aufstände einzusetzen. Örtliche Streitkräfte seien dieser Aufgabe nicht gewachsen.

Die störrische Realität begann immer stärker das doktrinäre Gebäude der Bolschewiki zu erschüttern. Anfang Februar 1921 war die Parteiführung nun bereit, die Zwangsablieferung von Getreide durch eine Naturalsteuer, d.h. durch eine partielle Wiedereinführung der marktwirtschaftlichen Mechanismen, zu ersetzen, allerdings nur in der von den Aufständen am meisten betroffenen Region Tambow. Diese halbherzige Revision des bisherigen Kurses war aber nicht ausreichend, um eine der tiefsten Krisen in der Geschichte des bolschewistischen Regimes zu bewältigen. Die letzte Warnung kam am 1. März 1921 aus der Seefestung Kronstadt (in der Nähe von Petrograd), die von den Bolschewiki seit 1917 wiederholt als die treueste Bastion der Revolution bezeichnet worden war. Nun aber, nach dem Sieg der Bolschewiki im Bürgerkrieg, erhob sich diese „treueste Bastion der Revolution" im Namen der Sowjetdemokratie gegen die bolschewistische Diktatur. Im Aufruf der Aufständischen an die Bevölkerung konnte man folgende Sätze lesen: „Mit vereinten Kräften haben Matrosen, Soldaten, Arbeiter und Bauern im Oktober 1917 die Bourgeoisie hinweggefegt. Es schien, als hätten die arbeitenden Massen endlich zu sich selbst gefunden. Nun aber ergriff die eigensüchtige bolschewistische Partei die Macht. Diese Partei beschloss, das Land nach dem Muster der Gutsherren im alten Russland durch ihre Kommissare zu regieren. Die Zeit ist gekommen, die Autokratie der Kommissare hinwegzufegen. Der wachsame Posten der sozialistischen Revolution – Kronstadt – ist der erste, der im Namen der dritten Revolution der arbeitenden Menschen die Fahne der Revolte erhebt."

Noch während des Aufstandes – auf dem 10. Kongress der bolschewistischen Partei – erklärte Lenin, die diktatorischen Maßnahmen in der Wirtschaft seien nur während des Bürgerkrieges gerechtfertigt gewesen. Nun aber sei der Bürgerkrieg zu Ende und daher die Fortsetzung dieser Politik nicht mehr vertretbar. Sie werde von der Mehrheit der russischen Bevölkerung, vor allem von den Bauern, abgelehnt. In der Rede wurden zugleich die Grundsätze der Neuen Ökonomischen Politik (NEP) angekündigt, deren Kern die Befreiung der Bauern vom staatlichen Zwangssystem darstellte. Lenin führte aus: „Wir müssen jene ökonomischen Formen der Empörung des kleinbäuerlichen Elements gegen das Proletariat begreifen, die zutage getreten sind und sich bei der gegenwärtigen Krise verschärfen. ... Solange wir die Bauernschaft nicht umgemodelt haben..., muss ihr die Möglichkeit gesichert werden, frei zu wirtschaften."

III. Die Neue Ökonomische Politik und der Kampf um die Nachfolge Lenins (1921–1929)

1. Der Terror wird fortgesetzt

a) Ausschaltung der politischen Konkurrenz auf der Linken

Die radikale Kursänderung der Bolschewiki im Frühjahr 1921 bedeutete keineswegs, dass sie bereit gewesen wären, den Kritikern ihrer Politik im linken bzw. revolutionären Lager entgegenzukommen. Im Gegenteil. Lenin ging davon aus, dass allein die bolschewistische Partei das Recht habe, die von ihr begangenen Fehler zu korrigieren. Der Aufstand der Kronstädter Matrosen, die die bolschewistische Diktatur im Namen der revolutionären Ideale bekämpften, wurde mit äußerster Brutalität unterdrückt. Die Erstürmung der Festung, die etwa 18 000 Verteidiger zählte, wurde von Michail Tuchatschewski geleitet, der einige Monate zuvor vergeblich versucht hatte, Warschau zu erobern. In Kronstadt hatte er mehr Erfolg. Am 18. März 1921 wurde es nach auf beiden Seiten verlustreichen Kämpfen (die Truppen Tuchatschewskis verloren mehr als 3000 Soldaten) eingenommen. Tausenden von Aufständischen gelang die Flucht ins benachbarte Finnland. Diejenigen aber, die in die Hände der Sieger gefallen waren, wurden zu Opfern einer Rachejustiz. Allein die Petrograder Tscheka verurteilte 2103 Kronstädter zum Tode und 6459 zu unterschiedlichen Haftstrafen.

Mit ähnlicher Härte wurde auch der Antonow-Aufstand im Tambow-Gebiet unterdrückt und zwar ebenfalls von Tuchatschewski. Ganze Dörfer wurden niedergebrannt, Hunderte von Geiseln erschossen, in den Wäldern, in denen die Aufständischen vermutet wurden, wurde Giftgas eingesetzt. Die Zahl der bei den Bestrafungsaktionen gefangen genommenen Bauern betrug etwa 50 000. Antonow selbst wurde am 24. Juli 1921 erschossen.

Aber die Bolschewiki bekämpften nicht nur diejenigen Opponenten auf der Linken, die sie mit der Waffe in der Hand zur Änderung ihrer Politik zwingen wollten, und zwar der Politik, die sie selbst seit März 1921 als fehlerhaft ansahen. Auch verbale Kritik, wenn sie nicht aus den eigenen Reihen kam, wurde mit Repression bestraft. Dies betraf in erster Linie die Partei der Menschewiki, die, im Gegensatz zu vielen anderen nichtbolschewistischen Parteien Russlands, den bewaffneten Kampf gegen das bolschewistische Regime ablehnte. Ihre loyale Opposition wurde von den Bolschewiki am 30. November 1918 belohnt. Sie durften nun in den Sowjets, aus denen sie am 14. Juni 1918 ausgeschlossen worden waren, erneut mitarbeiten. Sie kritisierten dort offen das kriegskommunistische System; dies wurde ihnen zum Verhängnis, und zwar in erster Linie deshalb, weil die Menschewiki die Politik des Regimes mit marxistischen Argumenten kritisierten. Dadurch konnten sie die Glaubwürdigkeit der Bolschewiki in den Augen der revolutionär gesinnten Massen zusätzlich untergraben. Bereits Ende Februar 1921, also kurz vor der Verkündung der Neuen Ökonomischen Politik, wurden F. Dan und N. Roshkow, die zu den einflussreichsten menschewistischen Führern zählten, verhaftet. Am 8. Dezember 1921 fasste das bolschewistische Politbüro folgende Beschlüsse: „Die politische Tätigkeit [der Menschewiki] muss unterbunden werden ..., die aktivsten Mitglieder der menschewistischen Partei sind in nichtproletarische Regionen zu verbannen ..., man muss ihnen jede Möglichkeit nehmen, Kontakte mit breiten Bevölkerungsschichten aufzunehmen." Seit etwa 1923 konnten die Menschewiki praktisch nur noch im Untergrund agieren.

Noch härter wurde eine andere linke Partei verfolgt, die eine Alternative zum Bolschewismus hätte werden können: die Partei der Sozialrevolutionäre. Dies nicht zuletzt deshalb, weil die Sozialrevolutionäre den Bolschewismus wesentlich aktiver bekämpften, als dies die Menschewiki taten. Im Gegensatz zu diesen waren die Sozialrevolutionäre durchaus bereit, im Kampfe gegen die bolschewistische Diktatur auch Gewalt anzuwenden. Den spektakulären Höhepunkt des Feldzugs gegen die Sozialrevolutionäre bildete der Prozess gegen 47 führende Mitglieder dieser Partei im Juni-August 1922. 14 Angeklagte wurden zum Tode verurteilt; das Urteil wurde aber vorerst nicht vollstreckt, vor allem aus Rücksicht auf die öffentliche Meinung des Westens.

b) Ausschaltung der weltanschaulichen Konkurrenz – Der bolschewistische Kirchenkampf

Auch die bolschewistische Kirchenpolitik verschärfte sich ausgerechnet nach der Verkündung der Neuen Ökonomischen Politik zusätzlich. Bereits im Februar 1918 hatten die Bolschewiki ein Dekret „Über die Trennung von Staat und Kirche" erlassen, das die Kirche aus dem öffentlichen Leben weitgehend verbannte. Zugleich versuchte das Regime die Kirche durch die Schaffung von regimetreuen Marionettenorganisationen wie die „lebendige Kirche" oder die „Erneuerungsbewegung" zu spalten. Von den Klassikern des Marxismus übernahmen die Bolschewiki die feindliche Einstellung zur Religion als solcher. Ihre materialistische und atheistische Weltanschauung, ihren Glauben an die „Wunder" der Industrie und Technik hielten sie für das letzte Wort der europäischen Kultur. Die Popularisierung der „Wunder" der Wissenschaft und Technik sollte den Glauben an die religiösen Wunder ersetzen. Im Westen, aber auch in der intellektuellen Elite Russlands galt der von den Bolschewiki propagierte naive Wissenschaftsglaube bereits um die Jahrhundertwende als überholt. So merkten die Bolschewiki nicht, wie „unmodern" ihre Bewunderung für die Moderne und ihr Fortschrittsoptimismus waren.

1922 erreichte der bolschewistische Kirchenkampf einen neuen Höhepunkt. Im Februar verabschiedete das Zentrale Exekutivkomitee der Sowjets auf Anweisung des Politbüros, d. h. Lenins, ein Dekret über die Beschlagnahme der Kirchenschätze. Für welchen Zweck? Lenin erklärte dies in einem Brief, den er am 19. März 1922 an ZK-Sekretär Molotow richtete: „Auf diese Weise können wir uns einen Fonds von einigen hundert Millionen Goldrubeln sichern (denken sie nur an die gewaltigen Reichtümer einiger Klöster ...). Ohne diesen Fonds können wir weder unseren Staat noch unsere Wirtschaft aufbauen ... Wir müssen diesen Fonds von einigen hundert Millionen (vielleicht sind es sogar einige Milliarden) in unseren Besitz bringen, koste es, was es wolle."

Offiziell begründeten die Bolschewiki diese Aktion mit der Sorge um die Opfer der damaligen Hungerkatastrophe, die viele Regionen Russlands erfasste und von der noch die Rede sein wird. Die konfiszierten Kirchenschätze sollten angeblich den Hungernden zugute kommen. Die eigentlichen Beweggründe des Regimes wurden aber von Lenin selbst in dem obenerwähnten Schreiben vom März genannt: „Gerade jetzt bietet sich uns die einmalige Gelegenheit, den Feind [die Kirche] endgültig aufs Haupt zu schlagen und unsere Position auf Jahrzehnte hinaus zu festigen."

Die Kirche mit ihrem universalen Anspruch stellte ein permanentes Ärgernis für die Bolschewiki dar. Da dem bolschewistischen Regime eine demokratische Legitimierung fehlte, versuchte es seine Herrschaft ideologisch zu legitimieren. Dies setzte aber das Wahrheitsmonopol der Partei voraus. Die von ihr vertretenen weltanschaulichen Werte mussten für die gesamte Gesellschaft verpflichtenden Charakter haben. Dieser Absolutheitsanspruch ließ sich mit dem universalen Anspruch der Russisch-orthodoxen Kirche nicht vereinbaren. Daher der Versuch der Bolschewiki, die Kirche und die Religion aus dem gesellschaftlichen Leben und Bewusstsein auszuschließen. Das Oberhaupt der Russisch-orthodoxen Kirche, Patriarch Tichon, reagierte auf den verschärften Feldzug gegen die Kirche mit heftigen Protesten. Die Konfiszierung geweihter kirchlicher Gegenstände bezeichnete er am 28. Februar 1922 als Gotteslästerung. Am 9. Mai 1922 wurde der Patriarch verhaftet und erst im Juni 1923, nicht zuletzt unter dem Druck der westlichen Öffentlichkeit, freigelassen. Kurz davor musste der Patriarch allerdings ein Schuldbekenntnis unterzeichnen. Dmitrij Wolkogonow meint, dass dieser Text dem Patriarchen von den Sicherheitsorganen diktiert wurde. Das Schuldbekenntnis des Kirchenoberhauptes schloss mit den Sätzen: „Ich bereue meine Aktionen gegen die Sowjetmacht und bitte das Oberste Gericht, die Zwangsmaßnahmen gegen mich aufzuheben, d. h., mich aus der Haft zu entlassen. Ich erkläre gegenüber dem Obersten Gericht, dass ich ab heute kein Feind der Sowjetmacht mehr bin. Ich sage mich endgültig und entschieden von der ausländischen sowie der inneren, monarchistischen Konterrevolution los."

Trotz dieses erzwungenen Schuldeingeständnisses versuchte der Patriarch die Reste der Autonomie der Kirche zu verteidigen. Er setzte seine Auseinandersetzung mit dem „trojanischen Pferd" des Regimes innerhalb der russischen Orthodoxie – den „Erneuerern" – fort. Im April 1924 erklärte er alle von den „Erneuerern" vollzogenen kirchlichen Handlungen (mit Ausnahme der Taufe) für ungültig.

Das Regime erhöhte den Druck auf die Kirche ständig. Da die Mehrheit der Gläubigen gegenüber den „Erneuerern" nur Widerwillen empfand, ließen die Bolschewiki allmählich die Erneuerungsbewegung fallen und versuchten, die Kirche als solche, in eine Marionette des Regimes zu verwandeln. Dieses Ziel wurde weitgehend erreicht, als der Nachfolger des 1925 verstorbenen Patriarchen Tichon, Metropolit Sergij, im Juli 1927 gezwungen wurde, eine Loyalitätserklärung abzugeben, in der es hieß: „Die Einführung des Sowjetregimes erschien vielen als ein rein zufälliges und daher keinen Bestand habendes Missverständnis. Die Menschen vergaßen, dass es für den Christen keine Zufälligkeiten gibt, dass in dem bei uns Geschehenen die Hand Gottes gewirkt hat, die ein jedes Volk ohne Umwege zu dem ihm vorbestimmten Ziel führt."

Ungeachtet dieser Kapitulation der Kirchenführung setzte das Regime seinen Vernichtungsfeldzug fort. Die überwältigenden Erfolge der Bolschewiki bei ihrem Kampf gegen die Russisch-orthodoxe Kirche werden gelegentlich mit der traditionellen Staatsnähe und Staatstreue des orthodoxen Klerus erklärt. Das cäsaropapistische System, das Russland von Byzanz übernommen hatte, führte in der Tat zur Unterordnung der Kirche unter die weltliche Macht, zu ihrer Verwandlung in einen Teil der staatlichen Verwaltung. Reagierte die Russisch-orthodoxe Kirche deshalb so hilflos auf den von oben angeordneten Kirchenkampf, weil ihr, im Gegensatz zu den westlichen Kirchen, die Erfahrung einer permanenten Auseinandersetzung mit der weltlichen Macht fehlte? Wenn sich die Dinge in der Tat so verhielten, warum gelang es dann den Kommunisten nach 1945, ihren Kirchenkampf auf ganz Osteuropa auszudehnen, und zwar, wenn man von Polen absieht, mit einem recht ähnlichen Erfolg wie seinerzeit in Russland? Warum reagierten beinahe alle Konfessionsgemeinschaften im kommunistischen Machtbereich auf die totalitäre Herausforderung ähnlich hilflos wie die Russisch-orthodoxe Kirche? Diese Fragen bedürfen einer weiteren Klärung.

2. Fraktionsverbot auf dem X. Kongress der Bolschewiki (März 1921) – Vergeblicher Versuch, die Partei zu disziplinieren

Seit ihrer Gründung handelte es sich bei den Bolschewiki um eine diskutierende Partei. Damit folgte die „Partei neuen Typs" der Tradition der radikalen russischen Intelligenzija, die sich etwa in den 30er Jahren des 19. Jahrhunderts als gesellschaftliche Formation entwickelt hatte. Bei der Intelligenzija – der Begriff lässt sich in westliche Sprachen nicht übersetzen, deshalb wird er als Terminus technicus übernommen – handelte es sich um Vertreter der russischen Bildungsschicht adeliger oder bürgerlicher Herkunft. Die einzige Klammer, die diese Menschen verband, war die kompromisslose Ablehnung der Zarenherrschaft, die als Verkörperung des Bösen galt, sowie das leidenschaftliche soziale Engagement. Als Teile der Ober- bzw. Mittelschicht fühlten sich die Vertreter der radikalen Intelligenzija für die soziale und wirtschaftliche Benachteiligung der Unterschichten mitverantwortlich. Diese ihre Schuld wollten sie dadurch abbüßen, dass sie sich mit großer Opferbereitschaft für soziale Gerechtigkeit und Gleichheit einsetzten. Die radikale Intelligenzija verkörperte geradezu den politischen Ungehorsam und den sozialen und weltanschaulichen Nonkonformismus. Unterwürfige Haltung gegenüber der Obrigkeit, unkritische Ehrfurcht gegenüber den Autoritäten – auch in ihren eigenen Reihen – waren ihr weitgehend fremd. An dieser Tradition partizipierten auch die Bolschewiki, die sich, ungeachtet ihrer Verklärung der Parteidisziplin, zugleich auch als radikale, obrigkeitskritische Nonkonformisten empfanden. Auch hier, ähnlich wie in vielen anderen Bereichen, handelte es sich beim Bolschewismus um ein janusköpfiges Phänomen.

Seit der Gründung der bolschewistischen Partei, vor allem aber seit der Errichtung des sowjetischen Regimes, versuchte die Führung die Partei zu zähmen. Zunächst vergeblich. Von den leidenschaftlichen innerparteilichen Kontroversen, die die Friedensverhandlungen von Brest-Litowsk Ende 1917/Anfang 1918 begleiteten, war bereits die Rede. Auch 1919, auf dem Höhepunkt des Bürgerkrieges, hörten die Bolschewiki nicht auf, zu diskutieren. Die immer stärkere Zentralisierung und Bürokratisierung der Partei, die darauf zurückzuführen war, dass die alleinherrschende und allgegenwärtige Partei den Staat mit all seinen Apparaten quasi ersetzte, rief heftige Proteste der Parteibasis hervor, mit denen sich auch ein Teil der Parteiführer solidarisierte. So entstand die innerparteiliche oppositionelle Gruppierung der „Demokratischen Zentralisten", deren wichtigste Exponenten der Wirtschaftsexperte Ossinski und der Vorsitzende des Moskauer Sowjets, Sapronow, waren. Die Opposition kritisierte heftig die Unterdrückung der Eigeninitiative der Partei durch die Parteiobrigkeit und die Aushöhlung der Sowjets durch den Staatsapparat. Die „Demokratischen Zentralisten" meldeten sich sowohl im Zentralorgan der Partei „Prawda" als auch auf den Parteikonferenzen zu Wort – so auf dem VIII. und auf dem IX. Parteitag (März 1919 und März 1920). Auf letzterem sprach Sapronow von der Diktatur der Parteibürokratie, die die Diktatur des Proletariats und die Diktatur der Partei ersetzt habe. Lenin versuchte in seinem polemischen Eifer solche und ähnliche Äußerungen als Ausdruck einer Art Kinderkrankheit abzutun. In seiner Schrift „Der linke Radikalismus, die Kinderkrankheit im Kommunismus" vom Juni 1920 wandte er sich sowohl gegen russische als auch gegen westliche Kommunisten, die von der „Diktatur der Parteiführer" und der Parteioligarchie sprachen. Derartige Vorwürfe zeugten Lenins Ansicht nach „von einer ganz unglaublichen und uferlosen Begriffsverwirrung". Dann fügte er hinzu: „Dass die Klassen gewöhnlich … von politischen Parteien geführt werden, dass die politischen Parteien in der Regel von … den einflussreichsten, erfahrensten … Personen geleitet werden, die man Führer nennt, das alles sind Binsenwahrheiten. Das alles ist einfach und klar."

Dennoch konnte Lenin durch diese „einfachen" und „klaren" Argumente die Parteioppositionellen, die er als „Fraktion der Schreihälse" bezeichnete, nicht überzeugen. Ende 1920 – wegen des endgültig gewonnenen Bürgerkrieges – wuchs der Unmut nicht nur in der Bevölkerung, sondern auch in der Partei. Neben den Demokratischen Zentralisten entwickelten sich neue oppositionelle Gruppierungen, in erster Linie die „Arbeiteropposition" unter dem Altbolschewiken Schljapnikow, die den Gewerkschaften in einem Staat, der sich als Staat der Werktätigen bezeichnete, zu mehr Rechten verhelfen wollte.

Da das Regime im Frühjahr 1921 den ihm seit Jahren bekannten „kriegskommunistischen Hafen" verlassen hatte und sich in die unsicheren Gewässer der Neuen Ökonomischen Politik begab, betrachtete Lenin die Gärung innerhalb der Partei – der wichtigsten Säule des Systems – als beispiellose Gefahr für die Sowjetmacht. Angesichts der Tatsache, dass die Bolschewiki ein Tropfen im Meer der vorwiegend bäuerlichen Bevölkerung Russlands blieben, der die marxistischen Ideale fremd waren, hielt Lenin die Einheit der Partei für die wichtigste Garantie der bolschewistischen Herrschaft. Aus diesem Grund setzte er auf dem gleichen X. Kongress der Partei, auf dem er die Neue Ökonomische Politik verkündet hatte, eine Resolution durch, die die Bildung von Fraktionen innerhalb der Partei verbot, d. h. einen organisatorischen Zusammenschluss von Kritikern der Generallinie der Partei. Die Resolution über die Einheit der Partei erklärte „ausnahmslos alle Gruppen, die sich auf der Grundlage einer oder anderen ... [programmatischen Erklärung] gebildet haben, für aufgelöst". Die Bolschewiki durften nun die Generallinie der Partei nur noch als Individuen und nicht mehr als Gruppen kritisieren. Nur mit einer disziplinierten Partei lasse sich die Zeit des ideologischen Rückzugs überdauern, meinte Lenin. Mit dieser disziplinierten Partei hoffte er, zum gegebenen Zeitpunkt erneut zum revolutionären Angriff übergehen zu können. In den 20er Jahren sollte es allerdings weder Lenin noch seinen Nachfolgern gelingen, die Partei zu disziplinieren und die Bildung von Fraktionen zu unterbinden. Das Fraktionsverbot stellte lediglich ein Postulat dar, das in der vorstalinistischen Phase der Geschichte der Bolschewiki – etwa bis Ende der 20er Jahre – nur partiell verwirklicht werden konnte. Auch nach 1921 wurde die Partei jahrelang, und zwar in einem viel stärkeren Ausmaß als vor der Verkündung des Fraktionsverbots, durch innere Auseinandersetzungen erschüttert.

3. Die Hungerkatastrophe von 1921/22 – Spätfolge des Kriegskommunismus

Die Abkehr des bolschewistischen Regimes vom kriegskommunistischen System kam eindeutig zu spät. Die Menge des bei den Bauern requirierten Getreides erhöhte sich von Jahr zu Jahr und erreichte 1920/21 ihren Höhepunkt. Mussten die Bauern 1918/19 Nahrungsmittel im Wert von 121 Millionen Goldrubel abliefern, erhöhte sich diese Zahl 1920/21 auf 480 Millionen. Damit lag die durchschnittliche Belastung der Bauernhaushalte etwa doppelt so hoch wie vor der bolschewistischen Machtübernahme. Der jährliche Pro-Kopf-Verbrauch an Getreide, der auf dem Lande vor 1914 etwa 18 Pud (Pud = 16,4 kg) betragen hatte, sank 1920 auf 6 bis 8 Pud (M. Wehner). Konfisziert wurden also nicht nur die „Überschüsse", sondern auch Nahrungsmittel, die die Landbevölkerung für ihren eigenen Verbrauch benötigte, sogar das Saatgut.

Die rücksichtslose Ausbeutung der Bauern führte letztendlich zu einer Hungerkatastrophe – der bis dahin wohl größten in der Geschichte des Landes –, der etwa 5 Millionen Menschen zum Opfer fielen. Dass diese Zahl nicht noch höher war, war in erster Linie westlichen Organisationen zu verdanken, die den Hungernden in Russland zu Hilfe kamen.

Es kostete das Regime einige Überwindung, den „kapitalistischen Klassengegner" um Unterstützung zu bitten. Es hatte aber keine andere Wahl. Aus eigener Kraft war die sowjetische Führung nicht in der Lage, etwa 30 Millionen Hungernde (nach einigen Schätzungen sogar 37 Millionen) zu ernähren. Sogar Vertreter der unabhängigen russischen Öffentlichkeit erhielten nun vom Regime die Möglichkeit, aktiv ins Geschehen einzugreifen, um die Not zu lindern. Am 21. Juni 1921 genehmigte die Regierung die Gründung des „Allrussischen Komitees für die Hungerhilfe", in dem führende Vertreter der von den Bolschewiki verbotenen Partei der Konstitutionellen Demokraten – E. Kuskowa, S. Prokopowitsch und N. Kischkin – eine zentrale Rolle spielten. Das Komitee wurde ausgerechnet dann gegründet, als die Bolschewiki dabei waren, die Reste der noch bestehenden nichtbolschewistischen Organisationen gänzlich zu zerschlagen. So stellte das Komitee einen Fremdkörper in der damaligen politischen Landschaft Russlands dar. Und als solcher wurde es vom Regime auch behandelt. Nur aus Rücksicht auf die westliche Öffentlichkeit, in der es aufgrund seiner Zusammensetzung hohes Ansehen genoss, wurde es eine Zeit lang geduldet.

Der Volkskommissar für Auswärtige Angelegenheiten, Tschitscherin, schrieb am 27. August 1921 an Molotow, dass seine westlichen Gesprächspartner ihre Hilfe davon abhängig machten, ob Mitglieder des „unabhängigen Komitees" sich an den gemeinsamen Hilfsmaßnahmen beteiligen würden oder nicht: „Die Lage sieht folgendermaßen aus: Entweder Verzicht auf Kredite und Hilfe, oder Erwähnung des Komitees (in irgendeiner Form)."

Ende August 1921 unterschrieb Moskau einige Abkommen mit westlichen humanitären Einrichtungen, so vor allem mit der „American Relief Administration" (ARA) und mit dem Hochkommissar des Völkerbundes für Flüchtlingsfragen, F. Nansen, über Hilfsprogramme für Russland. Dies war eine Art Todesurteil für das „unabhängige Komitee". Das Regime hat es nicht mehr gebraucht. Bereits am 27. August 1921 wurde es aufgelöst und seine führenden Mitglieder wurden verhaftet. Die Bereitschaft der „Kapitalisten", den Hungernden in Russland zu helfen, wurde aber dadurch kaum beeinträchtigt. So wurden im Sommer 1922 mehr als 10 Millionen Menschen von westlichen Hilfsorganisationen, in erster Linie von der ARA, versorgt und dadurch wahrscheinlich vor dem Hungertod gerettet.

4. Die „Diktatur des Proletariats“ in einem Bauernland

Die Skepsis gegenüber der Bauernschaft war für die bolschewistische Partei geradezu konstitutiv – dies ungeachtet der Tatsache, dass die Bolschewiki sowohl ihre Machtergreifung als auch den Sieg im Bürgerkrieg in erster Linie der Haltung der Bauern verdankten. Das Misstrauen gegenüber den „bäuerlichen Kleineigentümern" begleitete die Politik der bolschewistischen Regierung auch zur Zeit der Neuen Ökonomischen Politik, als sie ihre bis dahin rigiden Kontrollmechanismen auf dem Lande vorübergehend lockerten. Sowohl in der Parteibasis als auch in den führenden Gremien der Bolschewiki hatte der neue Kurs erbitterte Gegner, die die Zugeständnisse des Regimes an die Landbevölkerung mit dem demütigenden Brest-Litowsker Frieden verglichen, den die Mittelmächte den Bolschewiki im März 1918 aufgezwungen hatten. „Die Neue Ökonomische Politik – das ist unsere Niederlage", erklärte der bolschewistische Wirtschaftsexperte Larin, und man solle diesen Sachverhalt in keiner Weise beschönigen.

Warum widersetzten sich viele Bolschewiki derart heftig der Ablösung der während des „Kriegskommunismus" praktizierten Zwangsablieferung durch die Naturalsteuer? Denn auch die Naturalsteuer war äußerst hoch und stellte für die Bauernschaft eine außerordentliche Belastung dar. Und es gab wenig Möglichkeiten, sich ihr zu entziehen, denn Steuerschuldner wurden drakonisch bestraft. Dessen ungeachtet stellte die Wende vom Jahre 1921 eine beispiellose Zäsur in der Geschichte des Regimes dar. Sie rehabilitierte nämlich, zunächst partiell, den freien Markt und die privaten Eigentumsverhältnisse – die vielleicht zentralen Hassobjekte der orthodoxen Marxisten. Die Bauern durften nun ihre Überschüsse frei verkaufen. Die Lockerung der staatlichen Kontrollmechanismen führte zu einem recht schnellen Wiederaufbau der Landwirtschaft. Während Russland im Jahre 1920 weniger als die Hälfte der Getreideproduktion der Vorkriegszeit erzielt hatte, so erreichte es im Jahre 1925 bereits das Vorkriegsniveau.

Auch in anderen Bereichen wurden Schranken für privatwirtschafliche Initiativen partiell aufgehoben. Im Juni 1921 wurde die Eröffnung von privaten Industriebetrieben mit bis zu zwanzig Beschäftigten erlaubt. Auch der Handel wurde zum Teil reprivatisiert. 1923 betrug der Anteil des privaten Sektors in der Bruttoproduktion der Kleinindustrie 87%, 83% des Einzelhandels befanden sich in privater Hand. Allerdings kontrollierte der Staat 77% des Großhandels und die überwältigende Mehrheit der Großbetriebe. Ganz anders verhielten sich die Dinge in der Landwirtschaft. Sie wurde beinahe gänzlich von den „kleinen Eigentümern" (Lenin) dominiert. 1923 betrug ihr Anteil an der gesamten Agrarproduktion 98,6%.

Der „proletarische" Staat und die „proletarische" Partei wurden also im Wesentlichen vom „nichtproletarischen" Sektor ausgehalten und finanziert. Dies gab Josif Stalin, der seit April 1922 das Amt des Generalsekretärs der Partei bekleidete, im Frühjahr 1924 unumwunden zu: „Es gab in der Welt noch keinen Staat, in dem die herrschende Klasse sich selbst und den Staat auf eigene Kosten unterhalten hat. Umso weniger kann die Arbeiterklasse, die bei uns in der Minderheit und die arm ist, dies anstreben. Auf wessen Kosten lebt also unser Staat vor allem? Vor allem auf Kosten der Bauernschaft, ... Das ist vielleicht traurig, aber eine Tatsache. Unser Staat kann sich nur unter der Bedingung halten, dass er [den Unterhalt für seine Existenz] zu $^{9}/_{10}$ von den Bauern nimmt."

Um diese wirtschaftliche Abhängigkeit des Regimes von den bäuerlichen „Kleinkapitalisten" nicht in eine politische umwandeln zu lassen, versuchten die Bolschewiki den proletarischen Charakter ihrer Partei – des einzigen politischen Subjektes im Lande – zu wahren und den Bauern den Eintritt in die Partei zu erschweren: „Unsere Partei ist eine Arbeiterpartei und keine Arbeiter- und Bauernpartei", erklärte Stalin im Frühjahr 1924: „Wir haben zwar einen Arbeiter- und Bauernstaat, aber zwischen dem Staat und der Partei gibt es einen Unterschied. Darin besteht ja unter anderem die Führung des Staates durch die Arbeiterklasse, dass die Partei eine Arbeiterpartei bleibt." 1927 waren etwa 27% der Parteimitglieder bäuerlicher und 55% proletarischer Herkunft. Zur gleichen Zeit setzte sich die sowjetische Bevölkerung zu 12% aus Arbeitern und zu etwa 80% aus Bauern zusammen.

Eine eigenständige politische Vertretung der Bauernschaft hielt die Parteiführung für unannehmbar. So schlug im Mai 1921 der stellvertretende Leiter des Volkskommissariats für Landwirtschaft, Ossinski, die Gründung eines „sowjetischen Bauernverbandes" vor. Der Verband sollte eine doppelte Funktion erfüllen: einerseits der Landbevölkerung helfen, ihre Interessen zu artikulieren, andererseits den bäuerlichen Protest kanalisieren, als eine Art Blitzableiter fungieren. Lenin war aber gegen dieses Konzept. „Dazu ist es noch zu früh", kommentierte er die Vorschläge Ossinskis.

Besonders vehement wurde jedoch die Idee eines „sowjetischen Bauernverbandes" von Vertretern der Arbeiteropposition innerhalb der bolschewistischen Partei abgelehnt, die sich auf der anderen Seite unentwegt darüber beklagten, dass die Parteibürokratie keine unabhängigen Arbeiterorganisationen zulasse. Einer der Führer der Opposition, Schljapnikow, bezeichnete den Vorschlag Ossinskis als schädlich, als Ausdruck kleinbürgerlicher Strömungen in der Partei. Eine solche Organisation werde die Lage der städtischen Arbeiter, die ohnehin „vom Dorf ausgezogen und ausgeplündert werden", zusätzlich verschlechtern.

Für den Gesinnungsgenossen Schljapnikows, Lutowinow, versinnbildlichte die Neue Ökonomische Politik die Restauration des von den Bolschewiki so gehassten kapitalistischen Systems. Es habe keinen Sinn, so Lutowinow, diese Entwicklung zu verharmlosen und das neue System als eine Art Staatskapitalismus zu bezeichnen: „Von wegen Staatskapitalismus! Das, was bei uns entsteht, ist [ganz gewöhnlicher] unternehmerischer Kapitalismus, den wir nun eigenhändig geschaffen haben."

Trotz dieser heftigen Proteste der „Arbeiteropposition" gegen die Ausbeutung des sowjetischen Proletariats durch das einheimische „Kapital" war die wirtschaftliche Lage der Industriearbeiterschaft keineswegs so düster, wie die Kritiker der Neuen Ökonomischen Politik dies schilderten. Dies ungeachtet einer relativ hohen Arbeitslosigkeit, von der 1928 12% der Arbeiter betroffen waren. So betrug das durchschnittliche Pro-Kopf-Einkommen eines Bauern 1923/24 50 Rubel, das eines Arbeiters hingegen 127 Rubel. Und sogar die reichsten Bauern – die so genannten Kulaken – verfügten nach Abzug der Steuern durchschnittlich nur über 120 Rubel Einkommen. Abgesehen davon wurde die Stadt wesentlich besser versorgt als das Dorf. So standen zum Beispiel der Stadt Mitte der 20er Jahre im Vergleich zur Vorkriegszeit 79% der Textilwaren zur Verfügung, dem Dorf lediglich 41%.

Besonders demütigend für die Landbevölkerung war das „Zwei-Klassen-Wahlrecht", das Bestandteil sowohl der ersten Verfassung der RSFSR (Russische Sozialistische Föderative Sowjetrepublik) vom Jahre 1918 als auch der Allunionsverfassung vom Jahre 1924 (die Verfassung der 1922 entstandenen Sowjetunion) war. Für die Wahl eines Deputierten zum Rätekongress genügten in den städtischen Siedlungen 25 000 Wählerstimmen, auf dem Land indes musste diese Zahl fünfmal höher sein.

Es gab in der bolschewistischen Partei durchaus Kräfte, die die politische, vor allem aber die wirtschaftliche Benachteiligung der Bauernschaft zu bekämpfen suchten. Zu ihnen gehörte auch Alexej Rykow, der nach dem Tode Lenins im Januar 1924 das Amt des sowjetischen Regierungschefs übernahm. Anfang 1924 sagte er, eine politische Diktatur der 5 Millionen Arbeiter in einem Land mit 100 Millionen Bauern dürfe keine ökonomische Diktatur der Fabrik bedeuten.

Der Streit zwischen Kritikern und Verteidigern der Bauernschaft innerhalb der Partei wurde von dem Sowjetologen Isaac Deutscher folgendermaßen kommentiert: Weder sowjetische Bauern noch Arbeiter hätten über Instrumente verfügt, um ihre Forderungen direkt zum Ausdruck zu bringen, eine legale Austragung von Interessenkonflikten sei im sowjetischen Staat nicht möglich gewesen. Diese Konflikte hätten sich daher nur in indirekter Form äußern können – als Richtungskämpfe innerhalb der alleinregierenden Partei.

So wirkte das Verbot aller anderen politischen Parteien auf das bolschewistische Regime nicht nur stabilisierend, sondern auch destabilisierend. Denn dieses musste einerseits, um zu überleben, Geschlossenheit wahren, andererseits wurde es unentwegt von den gesellschaftlichen Spannungen beeinflusst, die sich in Form von immer härteren Flügelkämpfen innerhalb der diktatorisch regierenden Partei äußerten. Dabei befanden sich die Verteidiger der bäuerlichen Interessen unter einem permanenten Rechtfertigungszwang – dies ungeachtet der Tatsache, dass sie im Wesentlichen den offiziellen Kurs des Regimes in den Jahren 1921–28 vertraten, denn die Verklärung der Bauernschaft, die in der politischen Klasse Russlands, und zwar sowohl im konservativen als auch im revolutionären Lager, äußerst verbreitet gewesen war, war den russischen Marxisten völlig fremd; ihnen galten die Bauern nicht als Bewahrer von alten Tugenden und Gerechtigkeitsidealen, sondern als eine unzivilisierte, dunkle Masse, die aufgeklärt und „proletarisiert" werden müsse.

Der Bauernstand als solcher sollte also nicht konserviert, sondern überwunden werden, und damit auch seine „rückständige", „kleinbürgerliche" Mentalität. Aus diesen Gründen wurden diejenigen Bolschewiki, die sich mit den Interessen der Bauern allzu sehr identifizierten, sofort der „kleinbürgerlichen", „volkstümlerischen" oder „sozialrevolutionären" Abweichung bezichtigt. Sie konnten sich zwar bei der Verteidigung ihres Standpunktes auf Lenin berufen. Allerdings gab auch er zu verstehen, dass die Politik der Zugeständnisse an die Bauern nur einen vorübergehenden Charakter habe. Im März 1922 schrieb er: „Es ist ein großer Fehler zu meinen, dass die Neue Ökonomische Politik das Ende des Terrors bedeutet. Wir werden noch zum Terror, auch zum wirtschaftlichen Terror, zurückkehren."

Trotz solcher Drohungen wurde Lenin, der bis dahin versucht hatte, die geschichtlichen Abläufe voluntaristisch zu beschleunigen, zum Verfechter der Langsamkeit. Der Versuch der Bolschewiki, die russische Wirklichkeit über Nacht an die sozialistische Vision anzupassen, scheiterte im ersten Anlauf. Die Fortsetzung der bisherigen Angriffstaktik sei für die Partei selbstmörderisch, meinte Lenin. Sie müsse nun einen Teil des bereits eroberten Terrains aufgeben, um die restlichen von ihr noch kontrollierten Positionen nicht zu gefährden. Die Angriffstaktik sei nun durch die Belagerungstaktik zu ersetzen. Dazu zählte für Lenin eine massive Aufklärungsarbeit, die Propagierung der kommunistischen Ideen unter den breiten Schichten der Bevölkerung, vor allem der Landbevölkerung, um ihr „politisches Bewusstsein" zu stärken. In gewisser Weise knüpfte Lenin an den Revolutionsbegriff von Rosa Luxemburg an, die unter Revolution keinen einzelnen Akt, sondern einen langen und langwierigen Prozess verstand, mit vielen Rückschlägen und Niederlagen. Diese Konzeption erinnert auch an den später vom Führer der Kommunistischen Partei Italiens, Antonio Gramsci, entwickelten Hegemonie-Begriff. Allerdings sollte sich bei Gramsci die umfassende Aufklärungsarbeit nicht nur auf die Arbeiter und Bauern, sondern auch auf die Intellektuellen erstrecken. Die kulturelle Elite des entsprechenden Landes sollte sich allmählich die kommunistischen Begriffe und Ideen zu Eigen machen, um dadurch die Voraussetzungen für einen

Umbruch zu schaffen. Das Hegemoniekonzept Gramscis ähnelte vor allem deshalb der politischen Konzeption Lenins vom Jahre 1921, weil es sich hier wie dort um langfristig angesetzte Programme handelte, die mit einer gründlichen Basisarbeit verbunden waren.

5. Das Scheitern der „weltrevolutionären" Offensive im Westen – Von der „Märzaktion" in Deutschland bis zur Verkündung der Einheitsfrontpolitik auf dem III. Kongress der Komintern (Juni 1921)

Ungeachtet der Tatsache, dass die westlichen Kommunisten nicht im Stande waren, den Bolschewiki zur Zeit des russischen Bürgerkrieges zu Hilfe zu kommen, hörte der Glaube an die Weltrevolution nicht auf, die Bolschewiki zu inspirieren. Dabei konnte die Kommunistische Internationale durchaus einige Erfolge verzeichnen. Im Oktober 1920 kam es auf dem Kongress der USPD in Halle zu einer Spaltung, wobei sich die Mehrheit der Delegierten für die Vereinigung mit der KPD und für den Eintritt in die Kommunistische Internationale entschied. Im Dezember 1920 fand der Zusammenschluss der KPD und des linken Flügels der USPD statt. So entstand die erste kommunistische Massenpartei im Westen. Die Zahl der KPD-Mitglieder erhöhte sich von 50 000 auf 350 000. Im Dezember 1920 konnte die Komintern auch in Frankreich einen großen Erfolg verbuchen. Auf dem Kongress der Sozialistischen Partei in der Stadt Tours sprach sich die absolute Mehrheit der Delegierten für einen Eintritt in die Komintern aus. Diese Mehrheit konstituierte sich dann als die Kommunistische Partei Frankreichs. So entstanden im Westen große Parteien, die zumindest äußerlich die Struktur und das Programm der Bolschewiki übernahmen. Die Voraussetzungen für einen erneuten revolutionären Angriff schienen jetzt gegeben zu sein.

Anfang 1921 begannen Sinowjew, Bucharin, Radek und andere bolschewistische Führer, die westlichen kommunistischen Parteien für ihre allzu große Passivität zu kritisieren. Man forderte von ihnen, vor allem von der KPD, den Übergang zu revolutionären Aktionen. Der Führer der KPD, Paul Levi, der für eine vorsichtige Politik plädierte und die Aufstandsstrategie entschieden ablehnte, kritisierte die Forderungen der Komintern. Das Exekutivkomitee der Kommunistischen Internationale warf ihm deshalb eine opportunistische Haltung vor. Ende Februar 1921 wurde Levi seiner Führungsfunktionen enthoben. Die

Führung der KPD wurde nun von Heinrich Brandler und August Thalheimer übernommen, die bereitwilliger als Levi die Anordnungen aus Moskau akzeptierten.

Warum drängte damals die Moskauer Führung so sehr auf einen sofortigen kommunistischen Aufstand in Deutschland?

Dies war wohl auf die damalige prekäre innenpolitische Situation der Bolschewiki zurückzuführen (Bauernrevolten im Tambow-Gebiet, in Sibirien und in der Ukraine, der Aufstand der Kronstädter Matrosen). So sah also die Lage der Bolschewiki aus, als sie die westlichen Kommunisten zu einem revolutionären Angriff aufforderten. Diese Aktionen sollten im Grunde eine Art Entlastungsoffensive darstellen. Und diese begann am 16. März 1921 in Mitteldeutschland. Die Aktion wurde von den Komintern-Emissären in Deutschland Béla Kun und Guralski organisiert. Es gab damals absolut keine Anzeichen für irgendeine Revolutionsbereitschaft innerhalb der deutschen Arbeiterschaft. Auf die Aufrufe der KPD zum Generalstreik und zum Kampf gegen die Regierungstruppen reagierten die Arbeiter kaum. Es kam im Grunde nur im Mansfelder Kohlerevier in Sachsen und in den Leuna-Chemiewerken bei Halle zu erbitterten und verlustreichen Kämpfen. Die ganze Aktion endete nach zwei Wochen mit einem Debakel für die KPD. Sie verlor mehr als die Hälfte ihrer Mitglieder. Nach der Märzaktion verblieben in der Partei statt 350 000 nur etwa 150 000 Mitglieder. Die Märzaktion machte klar, wie wenig die Kommunisten – und sogar die stärkste nichtrussische kommunistische Partei – im Alleingang gegen den „kapitalistischen Staatsapparat" auszurichten vermochten. Die Führung der Komintern betrachtete nun den Ausbruch der Kommunisten aus ihrer Isolation innerhalb der Arbeiterbewegung als wichtigstes Anliegen, dem sie die gleiche Bedeutung zumaß wie dem Versuch, die Isolierung der bolschewistischen Partei innerhalb Russlands zu durchbrechen.

Die neue politische Taktik der Komintern fand auf deren III. Kongress im Juni 1921 offizielle Bestätigung: „Wir müssen die Mehrheit des Proletariats für uns gewinnen", verkündete Lenin. „Unsere Hauptaufgabe ist jetzt die Eroberung großer proletarischer Massen", fügte Karl Radek hinzu. Ähnlich wie in Russland, wo die Bolschewiki um Popularität bei den bäuerlichen Massen warben, warben sie im Westen um Popularität bei den proletarischen Massen. Die Aufgabe war allerdings in Russland leichter zu erfüllen, weil die Bolschewiki dort die Tätigkeit ihrer politischen Gegner für illegal erklären konnten. Im Westen dagegen war die Sozialdemokratie ein mächtiger Konkurrent der Kommunisten, der mit ihnen sehr erfolgreich um den Einfluss auf die Arbeiterklasse stritt. Der

Konkurrenzkampf mit diesem Gegner musste mit ganz anderen Methoden ausgefochten werden als der innenpolitische Kampf in Russland. In ihrem Konkurrenzkampf mit der europäischen Sozialdemokratie schwankte die Komintern seit ihrer Entstehung zwischen einer totalen Konfrontation und einer Taktik der Einheitsfront. Ihre Einstellung zur Sozialdemokratie war in der Zwischenkriegszeit der wichtigste Indikator dafür, ob sie in Europa zum gegebenen Zeitpunkt eine gemäßigte oder eine utopisch extremistische Politik führte.

Zum Erstaunen der Kommunisten konnte die sozialdemokratische II. Internationale sowohl den Weltkrieg wie auch die revolutionäre Nachkriegskrise überstehen. Die Mehrheit der europäischen Arbeiterklasse blieb trotz der angeblich „verräterischen" Politik der II. Internationalen den „reformistischen Illusionen" treu. Wenn die Kommunisten die Isolierung innerhalb der Arbeiterbewegung überwinden wollten, mussten sie mit der Sozialdemokratie in irgendeiner Weise zusammenarbeiten. Diesem Sachverhalt trug die Führung der Komintern durch ihre auf dem III. Kongress verkündete Einheitsfrontpolitik Rechnung.

Die Führung der Komintern verband jedoch die Liberalisierung nach außen mit einer stärkeren Disziplinierung der eigenen Reihen. Hier verfuhr Lenin ähnlich wie mit der eigenen Partei, die er eben wegen der Einführung der Neuen Ökonomischen Politik straffer diszipliniert hatte. Den markantesten Fall einer solchen Maßnahme bildete der Ausschluss des ehemaligen KPD-Führers Paul Levi aus der KPD wegen seiner Kritik an der linksradikalen und abenteuerlichen Taktik der Komintern-Führung. Lenin forderte einen vorübergehenden Ausschluss Levis aus der KPD nicht etwa deshalb, weil er mit dessen Kritik an der bisherigen Taktik der Komintern – in erster Linie bei der Märzaktion – nicht einverstanden gewesen wäre. Er erklärte vielmehr wiederholt, dass Levis Kritik in der Sache richtig gewesen sei, dieser habe allerdings durch die Schärfe seiner Kritik das Gebot der revolutionären Disziplin verletzt.

Nicht weniger rigoros als gegen Levi ging die Führung der Komintern gegen diejenigen Mitglieder vor, die ihre Politik von links kritisiert hatten. Es handelte sich hier vor allem um die holländischen Kommunisten, deren Wortführer Gorter war, um linke deutsche Kommunisten und um die Führung der Kommunistischen Partei Italiens unter Amadeo Bordiga. In seiner bereits im Oktober 1920 verfassten Schrift sagte Gorter, die Kominternführung verkenne die Verhältnisse im Westen, wenn sie von westlichen Kommunisten Arbeit innerhalb der Gewerkschaften und innerhalb des Parlaments fordere. Die Arbeit in und mit diesen Institutionen sei nur sinnvoll zur evolutionären Durchsetzung von Reformen, nicht aber zur Herbeiführung der Revolution.

Diesen Thesen Gorters, die für die Vorstellung der linkskommunistischen Gruppierungen des Westens repräsentativ waren, wurde von Seiten der bolschewistischen Führer scharf widersprochen. Die Bolschewiki legten dar, die linken Kommunisten verurteilten sich durch ihre radikale Politik zu völliger Isolierung und zur Bedeutungslosigkeit innerhalb der europäischen Arbeiterbewegung. Die Komintern könne sich eine solche Politik der Isolierung von den Massen nicht leisten.

Die Vorwürfe Gorters und anderer westlicher Kommunisten, die Bolschewiki verstünden die westeuropäischen Verhältnisse nicht und versuchten alles durch die „russische Brille" zu sehen, beantworten bolschewistische Führer mit einem nicht weniger gewichtigen Gegenvorwurf: Die bolschewistische Partei sei die einzige Sektion der Komintern, die aus der Erfahrung einer siegreichen Revolution und eines siegreichen Bürgerkrieges schöpfen könne. Die westlichen Kommunisten hingegen, die die Bolschewiki kritisierten, täten dies unter weltfremden und abstrakten Gesichtspunkten.

In dieser Auseinandersetzung hatten die Bolschewiki mehr Trümpfe in der Hand als ihre westlichen Kritiker. Erstens war die Komintern nach dem Scheitern der Revolution im Westen politisch viel stärker auf die Bolschewiki angewiesen als diese auf die Komintern. Zweitens übte der Mythos der bolschewistischen Revolution eine so gewaltige Anziehungskraft auf die Masse der westlichen Kommunisten aus, dass jeder Zweifel an der Autorität der bolschewistischen Partei dadurch außerordentlich erschwert wurde. Schließlich und drittens waren die Kommunisten stolz darauf, dass die III. Internationale eine zentralisierte und disziplinierte Weltpartei und nicht einen losen Verband autonomer nationaler Parteien – wie die II. Internationale – darstellte. Das Gebot der revolutionären Disziplin hatte demnach innerhalb der Komintern einen so hohen Stellenwert, dass die Opponenten der Bolschewiki, falls sie nicht ihren Ausschluss aus der Komintern riskieren wollten, in ihrer Kritik gewisse Grenzen wahren mussten. Die auf dem II. Kongress der Komintern formulierten 21 Bedingungen für eine Aufnahme von Arbeiterparteien in die Komintern, die die Dritte Internationale in eine straff disziplinierte Organisation verwandeln sollten, wurden auf dem III. Kongress bestätigt.

Hier muss man allerdings anmerken, dass diese Bedingungen zur Aufnahme in die Komintern, ähnlich wie die Resolution über das Fraktionsverbot innerhalb der bolschewistischen Partei vom März 1921, lediglich ein Postulat darstellten, das in der leninistischen Phase der Geschichte der Komintern nicht voll zum Tragen kam. Trotz gelegentlicher Ausschlüsse und einiger Disziplinarverfahren konnte die Meinungsvielfalt zunächst nicht beseitigt werden. Ähnlich wie in der bolschewistischen Partei gelang eine totale Disziplinierung der Komintern erst nach Jahren erbitterter Machtkämpfe.

6. Die konfliktreiche Koexistenz – Die schrittweise Normalisierung der Beziehungen mit der „kapitalistischen" Welt

Das Jahr 1921 stellte nicht nur in der Politik der Komintern und in der sowjetischen Innenpolitik, sondern auch in der Außenpolitik Moskaus eine Zäsur dar. Die Bolschewiki sahen nun ein, dass das „Weltkapital" wesentlich stabiler war, als sie dies ursprünglich angenommen hatten. Es hatte eine seiner tiefsten Erschütterungen – den Weltkrieg und die Nachkriegskrise – überstanden, wenn auch in angeschlagenem Zustand. Sein unmittelbarer Zusammenbruch war nicht in Sicht. Sowjetrussland blieb das einzige Land der „Diktatur des Proletariats" inmitten einer „kapitalistischen" Welt. Einer der Führer der Bolschewiki, Lew Kamenew, erklärte auf dem X. Kongress der bolschewistischen Partei im März 1921: Wenn das Proletariat wenigstens in einem einzigen großen kapitalistischen Land die Macht ergriffen hätte, würden die Bolschewiki nicht von einer „kapitalistischen Einkreisung" und von Konzessionen an die „Kapitalisten" sprechen. Sowjetrussland sei jedoch isoliert geblieben, daher müsse man die militärische Konfrontation mit der „kapitalistischen" Welt beenden und mit dieser Verträge schließen.

Die Westmächte hatten ihrerseits Ende 1920 die Hoffnung auf den baldigen Zusammenbruch des bolschewistischen Regimes aufgegeben. Die Bolschewiki waren überlegene Sieger im Bürgerkrieg geblieben. Ihre Ablösung durch eine andere politische Kraft in Russland war in unmittelbarer Zukunft kaum denkbar. Der Wunsch, Russland in das Gesamtgefüge der Weltwirtschaft und der Weltpolitik einzugliedern, trat seit dem Ende des russischen Bürgerkrieges bei den westlichen Regierungen immer deutlicher hervor.

Die Bolschewiki glaubten nicht an einen dauerhaften Frieden zwischen dem „proletarischen" Staat und den „kapitalistischen" Mächten, sie wünschten ihn auch nicht. Die Weltrevolution blieb weiterhin vorrangiges Ziel ihrer Politik. Sie wollten allerdings einen Waffenstillstand zwischen den beiden Lagern und meinten, dass ein solcher den Interessen beider Kontrahenten diene. Sowjetrussland brauche unbedingt die Hilfe der Industrieländer, um seine durch den Bürgerkrieg zerstörte Wirtschaft wieder aufbauen zu können, erklärten viele bolschewistische Führer. Zugleich appellierten sie an die rational kalkulierenden „Kapitalisten" des Westens mit dem Argument, eine Wiederherstellung der Weltwirtschaft nach dem Weltkrieg sei ohne eine Einbeziehung Russlands undenkbar. Lenin war davon überzeugt, die Profitgier sei bei den „Kapitalisten" stärker als ihre Abneigung gegen die Bolschewiki. Er wollte nun die kapitalistischen „Klassengegner" mit der Aussicht auf beispiellose Profite ködern. Zum Bestandteil der Neuen Ökonomischen Politik gehörte die Verpachtung von Staatsbetrieben an Privatpersonen, auch an ausländische Unternehmer. Besonders große Erwartungen knüpfte Lenin an Wirtschaftsverträge mit den Vereinigten Staaten. Er bewunderte das ökonomische Potential der USA und ging davon aus, dass die amerikanischen Kapitalisten keine ideologischen Hemmungen hätten, sobald es um Profit gehe. Gemäß seiner bewährten Taktik versuchte er, die Konflikte zwischen den kapitalistischen „Klassengegnern", diesmal auf wirtschaftlichem Gebiet, auszunutzen, um ihre gemeinsame wirtschaftliche Front gegen Sowjetrussland aufzuweichen. So gab er seinen amerikanischen Gesprächspartnern zu verstehen, durch den Abschluss von Verträgen mit Russland könnten sie im Wettkampf mit den Briten einen Vorsprung gewinnen.

Lenins Angebote an ausländische Kapitalisten riefen heftige Kontroversen in der Partei hervor. Der Parteitheoretiker Rjasanow verglich sie auf dem X. Kongress der Bolschewiki im März 1921 mit den damaligen Zugeständnissen Lenins an die Bauern und sagte, nach dem „bäuerlichen Brest-Litowsk" (der Kapitulation an der „bäuerlichen Front") schlage die Parteiführung den Bolschewiki nun die Unterzeichnung eines Kapitulationsfriedens mit den Kapitalisten – ein „kapitalistisches Brest-Litowsk" vor. Trotz dieser kritischen Worte hielt Rjasanow die Zugeständnisse an das ausländische Kapital für eine bittere Notwendigkeit. Viel kritischer bewerteten den neuen Kurs führende Vertreter des linken Flügels der Partei wie G. Pjatakow. Am 8. April 1921 schrieb er an Lenin, die Errichtung von kapitalistischen Inseln auf sowjetischem Gebiet werde zersetzend auf die sowjetische Arbeiterschaft wirken. Die von den Amerikanern geführten Betriebe würden natürlich besser funktionieren als die sowjetischen, sie würden auch über eine bessere technische Ausrüstung verfügen, ihre Belegschaft werde besser versorgt und entlohnt werden als die Belegschaft der sowjetischen Betriebe, und zwar vornehmlich aus politischen Gründen. All das werde eine Massenflucht der Arbeiter aus dem sozialistischen in den kapitalistischen Sektor verursachen. Eine derartige Konkurrenz werde die angeschlagene sowjetische Industrie auf die Dauer nicht aushalten. Lew Kamenew versuchte auf dem X. Parteitag der Bolschewiki im März 1921 die aufgebrachten Kritiker zu beruhigen. Er führte aus: „Wir sind überzeugt, dass die ausländischen Kapitalisten, die gezwungen sein werden, zu den von uns angebotenen Bedingungen zu arbeiten, ihr eigenes Grab schaufeln werden, … Fremdes Kapital wird die Rolle spielen, die Marx vorausgesagt hat … Mit jeder Schaufel Kohle, jeder zusätzlichen Ladung Öl, die wir in Russland dank der ausländischen Technik fördern, wird das Kapital sein eigenes Grab schaufeln."

Dennoch handelte es sich bei der innerbolschewistischen Kontroverse um die Konzessionen an das ausländische „Kapital" eher um einen Sturm im Wasserglas. Denn die Bereitschaft der westlichen Unternehmer, auf das Angebot Moskaus einzugehen, war keineswegs so groß wie ursprünglich erwartet. Dies nicht zuletzt aufgrund des Charakters des bolschewistischen Regimes, das die Rechtsstaatlichkeit als solche verhöhnte und dadurch die Unternehmer verunsicherte. Darüber war sich einer der bedeutendsten bolschewistischen Wirtschaftsexperten, Leonid Krassin, im Klaren. In einem Schreiben an Lenin vom 8. November 1921 warnte er: „Sie können hundertmal schwören, dass sie auf den Kommunismus verzichten und das Privateigentum restaurieren … Solange die Sicherheitsorgane wegen angeblicher ‚technischer Sabotage' oder ‚wirtschaftlicher Spionage' Techniker und Ingenieure willkürlich verhaften, werden wir keine seriösen ausländischen Unternehmer dazu bewegen, in Russland zu investieren." Die Sicherheit vor der Willkür der Tscheka stellte für Krassin die unabdingbare Voraussetzung für das Gelingen der Konzessionspläne der sowjetischen Regierung dar: „Die zweite Voraussetzung hierfür ist die Garantie der Unantastbarkeit des Privateigentums."

Da das sowjetische Regime solche Rechtsgarantien nicht gewähren konnte, mussten die groß angelegten Pläne Lenins, ausländisches Kapital nach Russland zu locken, zwangsläufig scheitern. Die Konzessionsunternehmen blieben nur eine Randerscheinung in der sowjetischen Industrielandschaft, ihr Anteil am industriellen Grundkapital im Lande betrug 1926/27 weniger als 1%.

Trotz des Scheiterns der Leninschen Konzessionspläne begannen sich die wirtschaftlichen Beziehungen, vor allem die Handelsbeziehungen zwischen Sowjetrussland und dem Westen, seit 1921 schnell zu normalisieren. Am 16. März 1921 schloss Russland einen Handelsvertrag mit

Großbritannien. Diesen Vertrag fassten die bolschewistischen Führer als einen außerordentlichen Erfolg sowjetischer Politik auf. Dadurch wurde das Regime zwar noch nicht de jure, wohl aber de facto durch eine der führenden Siegermächte anerkannt. Der Vertrag mit Großbritannien stellte eine Art Signal für andere „kapitalistische" Staaten dar. In der Tat ließen weitere Handelsverträge mit „kapitalistischen" Ländern nicht auf sich warten. Es begann eine schrittweise Normalisierung der Beziehungen zwischen den beiden Lagern, die nunmehr einsahen, dass ihr jeweiliges Endziel – die totale Vernichtung des Gegners – unerreichbar sei. Die ideologischen Gegner mussten insoweit auf eine Politik reiner Prinzipien verzichten und sich mit dem zwar unbequemen und ungewohnten, aber kaum vermeidbaren Nebeneinander abfinden.

7. Moskau und der Aufstieg des italienischen Faschismus

Gerade zu der Zeit, als Bolschewiki und westliche Demokratien auf die Politik der totalen Konfrontation verzichteten und sich zu einer Art Koexistenz entschieden, betrat eine völlig neue Kraft die politische Bühne, eine Kraft, die nicht bereit war, den „Waffenstillstand" zwischen dem „kommunistischen" und dem „kapitalistischen" Lager zu respektieren und die nach einer totalen Vernichtung des politischen Gegners strebte – nämlich antimarxistische, rechtsextreme Massenbewegungen. Zunächst in Italien und dann in Deutschland entwickelten sie sich zu einer beispiellosen Herausforderung für die Kommunisten, deren Gefährlichkeit diejenige aller früheren Gegner der Bolschewiki und der von ihnen gelenkten Kommunistischen Internationale um ein Vielfaches überstieg.

Als die Bolschewiki im März 1919 in Moskau die Kommunistische Internationale gründeten, waren sie davon überzeugt, dass sie eine Keimzelle für einen künftigen kommunistischen Weltstaat errichtet hätten. In Wirklichkeit aber bestand zunächst die Geschichte der kommunistischen Bewegungen in Europa aus einer Reihe katastrophaler Niederlagen. Nicht die Kommunisten, sondern ihre radikalen Gegner – die Faschisten und die Nationalsozialisten – sollten der Epoche zwischen den beiden Weltkriegen ihren Stempel aufdrücken.

Der Sieg der italienischen Faschisten zwang die Bolschewiki zur Revision vieler ihrer bisherigen Grundsätze und Vorstellungen. Dies um so mehr, als unmittelbar vor dem Aufstieg des Faschismus Italien als dasjenige westliche Land gegolten hatte, das der „proletarischen" Revolution am nächsten stehe. Bei den Parlamentswahlen vom November 1919 erhielt die Sozialistische Partei Italiens (SPI) 32% der Stimmen und wurde zur stärksten Kraft des Landes. Sie gehörte zu den ersten marxistischen Massenparteien des Westens, die in die Komintern aufgenommen wurden. Die SPI war eine der radikalsten Parteien der II. Internationale und hatte während des Ersten Weltkrieges im Gegensatz zu anderen sozialdemokratischen Parteien Europas keinen Burgfrieden mit den herrschenden Schichten geschlossen. Auch nach dem Krieg änderte die SPI ihre kompromisslose Haltung gegenüber dem bürgerlichen Staat nicht. Eine Bündnispolitik, wie sie die SPD nach 1918 führte, kam für die SPI nicht in Frage. Die konservativen bzw. bürgerlichen Parteien und Gruppierungen Italiens standen für die absolute Mehrheit der italienischen Sozialisten auf der anderen Seite der Barrikaden. Aus diesem Grund hatten die Bolschewiki zunächst wenig Bedenken bei der Aufnahme der SPI in die III. Internationale.

Die Vertreter der italienischen Oberschicht sahen sich nun in einer prekären Lage. Der Staat, der bisher immer in der Lage gewesen war, das bestehende Kräfteverhältnis zu wahren, konnte ihnen immer seltener zu Hilfe kommen. Das Selbstvertrauen des liberalen Staates wurde erheblich erschüttert. Er wurde sowohl von links wie auch von rechts angegriffen. Denn auch die extremen italienischen Nationalisten gerieten in Opposition zum bestehenden Staat, und zwar deshalb, weil sie mit den Ergebnissen des Krieges unzufrieden waren. Italien erhielt nur einen Teil der Gebiete, die ihm Großbritannien und Frankreich bei seinem Kriegseintritt im Frühjahr 1915 versprochen hatten. Deshalb bezeichneten die italienischen Nationalisten den Sieg Italiens im Ersten Weltkrieg als einen „verstümmelten Sieg". Die Regierung wurde der Schwäche bezichtigt, weil sie die Interessen Italiens nicht entschlossen genug zu verteidigen vermochte. Die Nationalisten hatten allerdings in der ersten Phase der Nachkriegskrise keinen allzu großen Einfluss auf die breiten Bevölkerungsschichten. Die Partei, die damals bei der Bevölkerung zweifellos die größte Popularität genoss, war die SPI. Die bolschewistische Revolution übte damals auf die Mehrheit der italienischen Sozialisten eine gewaltige Anziehungskraft aus. Auch hier unterschied sich also die SPI von der SPD, die die bolschewistische Revolution radikal ablehnte.

Die revolutionäre Krise erreichte in Italien im September 1920 ihren Höhepunkt. Es kam damals zu den so genannten Fabrikbesetzungen. Einen Monat lang wurden hunderte von Fabriken von Arbeitern besetzt.

Die Regierungstruppen schritten nicht ein. Nach einem Monat brachen die Arbeiter ihre Aktion ab, ohne greifbare Erfolge erzielt zu haben. Es stellte sich nun heraus, dass die italienischen Sozialisten über keinen revolutionären Plan zur Eroberung des Staates verfügten. Hier unterschieden sie sich erheblich von den Bolschewiki. Arthur Rosenberg sagte in seiner Schrift „Faschismus als Massenbewegung" Folgendes hierzu: Die italienischen Sozialisten erschienen revolutionär, ohne es zu sein. Sie seien radikal genug gewesen, um Panik bei den Herrschenden hervorzurufen, jedoch nicht radikal genug, um um die Macht zu kämpfen.

Die SPI stellte in den Jahren 1919/20 ein Konglomerat aus verschiedenen ideologischen Strömungen dar. Es waren hier sowohl gemäßigte Sozialisten wie Filippo Turati und Modigliani vertreten, die den bolschewistischen Begriff der Diktatur des Proletariats scharf ablehnten, wie auch so radikale Gruppen wie die Amadeo Bordigas, die den Bolschewismus von links kritisierten. Der Führer der SPI, Serrati, weigerte sich hartnäckig, die Forderung der Kominternführung zu erfüllen und die Partei von allen „nichtrevolutionären Elementen" zu säubern. Deshalb kam es auch im Januar 1921 auf dem Kongress von Livorno zur Spaltung der SPI. Die Minderheit unter Amadeo Bordiga konstituierte sich als kommunistische Partei.

Die Sozialisten, die sich zur Zeit ihrer großen Erfolge in den Jahren 1919/20 an ihrer eigenen Macht berauschten, unterschätzten die Macht ihrer Gegner erheblich. So war die italienische Regierung in den Jahren 1919/20 bei weitem nicht so schutzlos, wie dies die Provisorische Regierung in Russland im Jahre 1917 gewesen war. Hier wurde bereits die Aussage Trotzkis zitiert, dass ein diszipliniertes und der Provisorischen Regierung treugebliebenes Regiment ausreichend gewesen wäre, um den bolschewistischen Staatsstreich vom 7. November 1917 zu vereiteln. Die italienische Monarchie hingegen verfügte über eine 300 000 Mann zählende disziplinierte und königstreue Armee. Und so lange diese Armee regierungstreu blieb, stellte sie für jeden Umsturzversuch, von welcher Seite auch immer, ein schwer überwindbares Hindernis dar. Nach den Fabrikbesetzungen vom September 1920, die ergebnislos ausklangen, verlor die Arbeiterbewegung ihren bisherigen Schwung. Die Lage in Italien begann sich allmählich zu normalisieren, die revolutionäre Krise war praktisch vorbei. Und gerade in dieser Situation kam es zu einem rasanten Aufstieg des Faschismus. Bis dahin war die faschistische Bewegung eine Randerscheinung im politischen Leben Italiens gewesen. Die Bewegung wurde im März 1919 von Benito Mussolini –

einem ehemaligen Führer der SPI – gegründet. Im November 1914 trat Mussolini – damals Chefredakteur des Zentralorgans der Partei, „Avanti" – aus der SPI aus, weil er ihre pazifistische Einstellung zum Krieg ablehnte.

Die faschistische Bewegung, die sich aus zum extremen Nationalismus bekehrten ehemaligen Sozialisten und Syndikalisten wie auch aus anderen chauvinistischen Elementen zusammensetzte, hatte zunächst ein recht verworrenes und widersprüchliches Programm. Einerseits verherrlichte sie den Krieg und wollte ein mächtiges Groß-Italien auf dem Wege der Expansion schaffen. Andererseits stellte sie aber radikale soziale und politische Forderungen auf. Die Faschisten waren zunächst für die Abschaffung der Monarchie, unterstützten verschiedene Arbeiterproteste und traten für grundlegende soziale Reformen ein. Ihr wichtigstes Ziel war jedoch die Gewinnung der Arbeiter für die Idee der nationalen Größe Italiens, ihre Befreiung von den so genannten „marxistischen Irrtümern". Mit diesem Programm vermochten aber die Faschisten zunächst keine allzu großen Erfolge zu erzielen. Die überwältigende Mehrheit der italienischen Arbeiter betrachtete die SPI auch nach dem Scheitern der Fabrikbesetzungen als den einzigen Vertreter ihrer Interessen. Diese Tatsache bereitete den Vertretern der italienischen Oberschicht schlaflose Nächte.

Solange die Sozialisten ihre organisatorische Infrastruktur und ihre Popularität bei den Massen beibehielten, war die Erneuerung der revolutionären Angriffe immer möglich, deshalb stellten diese Ängste der italienischen Oberschicht auch eine Chance für die Faschisten dar. Mit politischen Mitteln allein ließ sich die organisatorische Infrastruktur der italienischen Arbeiterbewegung nicht zerstören. So änderte der Faschismus seinen Charakter und begann mit Hilfe der so genannten direkten Gewalt, d. h. mit Hilfe des Terrors, gegen seinen politischen Gegner vorzugehen. Der erste spektakuläre Terrorakt fand am 21. November 1920 in Bologna statt. Dort jagten die Faschisten gewaltsam die Sitzung des Gemeinderates, der in seiner Mehrheit sozialistisch war, auseinander und töteten dabei einige Sozialisten. Dies hatte eine Art Signalcharakter. Ähnliche Gewaltakte begannen nun Faschisten in anderen Städten zu verüben. Sehr schnell nahm dieser Terror einen systematischen Charakter an und artete in so genannte Strafexpeditionen aus. Die faschistische Partei veränderte ihre bisherige Struktur. Neben der politischen Organisation bildete sie nun auch paramilitärische Kampfverbände, so genannte Squadristi, die einen regelrechten Krieg gegen die Sozialisten führten. Die Mehrheit der Squadristi waren kriegserfahrene Veteranen. Ihre Terrorexpeditionen waren generalstabsmäßig organisiert und geplant. Die in Jahrzehnten von den Sozialisten aufgebaute organisatorische Infrastruktur im Lande wurde innerhalb kürzester Zeit zerstört. Die Sozialisten wurden von der Skrupellosigkeit und Brutalität dieses neuen Gegners völlig überrascht und vermochten keine wirksamen Gegenmaßnahmen zu entwickeln. Sie wehrten sich zwar verzweifelt, dennoch waren sie den militärisch erfahrenen Squadristi bei direkten Konfrontationen in der Regel unterlegen.

Die überlegene Kampftaktik der Faschisten stellte allerdings bei weitem nicht die wichtigste Ursache für ihren Erfolg dar. Ausschlaggebend war sicher die Haltung der italienischen Oberschicht, also derjenigen Kräfte, die über Schlüsselpositionen im italienischen Staat und in der italienischen Wirtschaft verfügten. Die Faschisten wurden sofort von Großgrundbesitzern, den so genannten Agrariern adoptiert und großzügig finanziert. Auch manche Unternehmer unterstützten finanziell die faschistische Bewegung. Die Armee und die Polizei verhielten sich bei den faschistischen Terrorexpeditionen in der Regel wohlwollend neutral und griffen nur selten in die Auseinandersetzungen ein. Alle diese Faktoren führten dazu, dass die Sozialisten überall zurückweichen mussten und schnell an Boden verloren.

Die Lage der italienischen Arbeiterbewegung war durch ihre 1921 erfolgte Spaltung zusätzlich erschwert. Einige Monate nach dem Kongress von Livorno, der zur Spaltung der SPI geführt hatte, begann man in Moskau zu realisieren, vor welchem Abgrund die italienische Arbeiterbewegung stand. Deshalb versuchte die Kominternführung die Kommunistische Partei Italiens zu gemeinsamen Aktionen mit den Sozialisten zu bewegen. Dies lehnte aber die KPI entschieden ab. Ihre unversöhnliche und isolationistische Taktik wurde von Karl Radek mit außerordentlicher Schärfe kritisiert: „Wenn … die [italienischen] Kommunisten eine reine und kleine Partei sein wollen, so kann ich ihnen sagen,dass eine reine und kleine Partei sehr leicht den Platz im Gefängnis findet. Sie kann dort ihren Geist in Reinkultur pflegen."

Angesichts der bürgerkriegsähnlichen Zustände in Italien forderten einige liberale Politiker vom König die Verhängung eines Ausnahmezustandes, um dann energischer gegen die Faschisten vorgehen zu können. Der König lehnte dies ab. Stattdessen ernannte er am 28. Oktober 1922 Mussolini zum Ministerpräsidenten. Durch die Machtübergabe an die Faschisten habe der liberale italienische Staat den faschistischen Terror legalisiert und dadurch Selbstmord begangen, so kommentiert der ehemalige Kommunist Angelo Tasca in seinem Standardwerk zum Aufstieg des italienischen Faschismus diesen Entschluss des italienischen Königs.

Unmittelbar nach dieser Entscheidung des Monarchen inszenierten die Faschisten den so genannten Marsch auf Rom, der in Wirklichkeit keine Bedeutung hatte. Denn die Faschisten gelangten nicht infolge einer Eroberung des Staates an die Macht, sondern infolge eines Kompromisses mit den herrschenden Schichten. Einige Tage danach fand in Moskau der IV. Kongress der Kommunistischen Internationale statt. Die Analyse der italienischen Ereignisse nahm auf dem Kongress einen breiten Raum ein. Karl Radek bezeichnete in seinem Referat den faschistischen Triumph als die größte Niederlage, die die internationale Arbeiterbewegung seit Beginn der Periode der Weltrevolution erlitten habe. Er vermisste bei den italienischen Arbeiterparteien eine ähnliche Entschlossenheit und Tatkraft, wie sie die Faschisten an den Tag legten. Die Passivität der Arbeiterparteien, vor allem der Sozialisten, habe dazu geführt, dass viele ihrer Anhänger sich von ihnen enttäuscht abwandten. Die Faschisten hätten ihnen durch ihre Tatkraft imponiert. Die Faschisten, so Radek weiter, „legten einen ungestümen Willen zur Macht an den Tag", sie behaupteten, der Sozialismus sei bankrott, weil er nicht im Stande gewesen sei, etwas Neues ins politische Leben Italiens zu bringen. Wenn jetzt der Faschismus ohne den geringsten Widerstand der Arbeiter gesiegt habe, fuhr Radek fort, so bedeute dies, dass die italienische Arbeiterbewegung am tiefsten Punkt ihrer Entwicklung angelangt sei.

Radek erlag allerdings, ähnlich wie viele andere Beobachter, einer Täuschung. Der „ungestüme Wille zur Macht" spielte bei den Erfolgen der Faschisten, vor allem bei ihrer Machtübernahme, eher eine zweitrangige Rolle. Die Mehrheit der heutigen Faschismusforscher ist sich darüber einig, dass nicht die „Tatkraft" der Faschisten, sondern vor allem die Unterstützung der italienischen Konservativen die Zäsur vom 28. Oktober 1922 möglich gemacht hatte.

Was die Kominternführung nun am stärksten beunruhigte, waren die möglichen internationalen Auswirkungen des faschistischen Erfolges in Italien. Es wurde ihnen bereits auf dem IV. Kongress der Kommunistischen Internationale klar, welche Anziehungskraft solch ein Ereignis auf alle antimarxistischen Kräfte in Europa haben werde. Der Vorsitzende der Komintern, Sinowjew, sagte, es bestehe für ihn kein Zweifel daran, dass das Beispiel des italienischen Faschismus ähnliche Erscheinungen in Deutschland und vielleicht in ganz Mitteleuropa hervorrufen werde. Mitte November 1922 schrieb der deutsche Kommunist Jacobsen im theoretischen Organ der KPD „Die Internationale": Obwohl der Faschismus viele spezifisch italienische Züge aufweise, sei sein Wesen international. Äußerst besorgt war Jacobsen über die wachsende Popularität des Nationalsozialismus in Deutschland. Es sei ein warnendes Fanal, so Jacobsen, dass der Nationalsozialist Hitler tausende Arbeiter und Kleinbürger unter seine Fahne sammeln könne: „Beachte die KPD diese Anzeichen einer ideologischen Umstellung innerhalb weiter Kleinbürger- und Arbeiterschichten, sonst wird sie sich unvorbereitet einer Bewegung gegenüberstehen, deren Gefährlichkeit man heute noch nicht abschätzen kann."

8. Das Bündnis der Verlierer des Ersten Weltkrieges – Der Weg nach Rapallo

Zu den größten Schwächen der nach dem Ersten Weltkrieg errichteten Versailler Ordnung gehörte die Tatsache, dass Russland und Deutschland – die potentiell stärksten Mächte des Kontinents – sich nicht an der Gestaltung dieser Ordnung beteiligen durften und deren unversöhnliche Gegner wurden. Sowjetrussland wurde nach Versailles nicht einmal eingeladen. Die deutsche Delegation luden die Siegermächte nach Versailles nur dazu ein, um ihr die bereits beschlossenen Friedensbedingungen mitzuteilen.

Hätte Deutschland den Ersten Weltkrieg gewonnen, so hätte sein Siegfriede sicher einen ähnlichen Charakter gehabt wie der Versailler Vertrag. Der Friede von Brest-Litowsk war ein Beispiel für einen solchen Siegfrieden. Ähnliche Annexionspläne hatten führende deutsche Politiker und Generäle auch in Bezug auf den Westen gehabt, was sich in zahlreichen Denkschriften widerspiegelt, die während des Ersten Weltkrieges verfasst worden sind. Fast alle hielten die Annexion Belgiens und einiger Teile Nordfrankreichs für unbedingt erforderlich, um Deutschlands Sicherheit zu garantieren. Da aber Deutschland den Krieg verloren hatte, wurden diese Pläne gegenstandslos. Die Abschüttelung der Restriktionen des Versailler Vertrages erhielt nun für die deutsche Außenpolitik absolute Priorität. Alle Mittel heiligten diesen Zweck, auch ein Bündnis mit dem sowjetischen Regime, das die bisherige Weltordnung in einer beispiellosen Weise herausforderte.

Mit besonderer Vehemenz setzte sich für diese Allianz der Chef der Heeresleitung, General Hans von Seeckt, ein. Frankreich betrieb seiner Ansicht nach in Bezug auf Deutschland pure „Vernichtungspolitik".

„Versöhnungs- und Verständigungspolitik gegenüber Frankreich ist aussichtslos", schrieb er im Herbst 1922 an den Reichskanzler Wirth. Die einzige Möglichkeit, die dem durch die Restriktionen von Versailles gefesselten Deutschland verblieb, aktive Politik zu betreiben, bestand für Seeckt in einer engen Anlehnung an den sowjetischen Staat: „Wir wollen zweierlei: Erstens eine Stärkung Russlands auf wirtschaftlichem und politischem Gebiet und damit indirekt die eigene Stärkung, indem wir einen zukünftigen möglichen Bundesgenossen stärken; wir wollen zunächst ferner zuerst vorsichtig und versuchend die unmittelbare eigene Stärkung, indem wir eine uns im Bedarfsfall dienstbare Rüstungsindustrie in Russland heranzubilden helfen."

Die Gedankengänge Seeckts erinnern an diejenigen Erich Ludendorffs, der mit ähnlichen Argumenten die Unterstützung der Bolschewiki durch das Deutsche Reich während des Ersten Weltkrieges gerechtfertigt hatte: „Militärisch war die … [Entsendung Lenins nach Russland] gerechtfertigt", so Ludendorff in seinen Kriegserinnerungen: „Russland musste fallen."

Auch für Ludendorff, ähnlich wie für Seeckt, heiligte der Zweck – damals war es „der militärische Sieg im Weltkrieg" – alle Mittel.

Den Bolschewiki kam die Zwangslage, in der sich Deutschland infolge des Versailler Vertrages befand, nicht ganz ungelegen. Auf diese Weise blieb der beinahe unüberbrückbare Gegensatz innerhalb des „kapitalistischen Lagers", der dem sowjetischen Regime bereits während des Ersten Weltkrieges das Überleben ermöglicht hatte, weiterhin bestehen. Moskau hielt den Gegensatz zwischen Deutschland und den Siegermächten für eine konstante Größe der europäischen Politik, und diese Prämisse bestimmte in einem erheblichen Ausmaß seine Außenpolitik in den ersten Nachkriegsjahren. Es fiel den Bolschewiki nicht leicht, das Nachkriegsdeutschland politisch einzuordnen. Es war einerseits „kapitalistisch" und daher befand es sich im feindlichen Lager. Zur gleichen Zeit handelte es sich hier aber um einen „von den Siegermächten unterjochten Staat" und daher um einen potentiellen Verbündeten. Die paradoxe Lage Deutschlands wurde von Lenin im Dezember 1920 folgendermaßen beschrieben: Deutschland sei nach den Vereinigten Staaten die zweitstärkste wirtschaftliche Macht der Welt, und ausgerechnet diesem Staat hätten die Siegermächte einen Friedensvertrag aufgezwungen, der seine Existenzgrundlagen zerstöre. Obwohl Deutschland selbst eine „imperialistische Macht" sei, so Lenin weiter, müsse es einen Verbündeten suchen, um sich dem Druck der imperialistischen Siegermächte zu entziehen. Dieser Umstand zwinge Deutschland zu einem Bündnis mit Sowjetrussland. Zwar seien die deutschen Nationalisten unversöhnliche Feinde des Kommunismus, ihre Interessen drängten sie jedoch zu einem Bündnis mit den von ihnen so ungeliebten Bolschewiki. Lenin gehörte ähnlich wie General von Seeckt zu den Verfechtern der deutsch-sowjetischen Allianz.

Gegner der prorussischen Orientierung in der politischen Klasse Deutschlands, wie der Außenminister Walter Rathenau, die den Westen nicht allzu stark provozieren wollten, hatten zu Beginn der 20er Jahre schlechte Karten, und zwar wegen der unversöhnlichen Haltung der Siegermächte Deutschland gegenüber. Alexander Helphand-Parvus, der während des Weltkrieges als Vermittler zwischen dem Deutschen Reich und den Bolschewiki fungiert hatte, warnte die Westmächte eindringlich vor einer fortwährenden Demütigung Deutschlands. Nach dem Sieg der Bolschewiki verwandelte sich Parvus in einen leidenschaftlichen Kritiker des Bolschewismus, er wandte sich also gegen die Geister, die er gerufen hatte. 1921 schrieb er: „Es fehlt nun nur noch ein Schritt und Deutschland ist in Stücke gerissen. Wenn die Industriegebiete Oberschlesiens Polen zugeteilt werden, wenn das Ruhrgebiet wegfällt, existiert das Deutsche Reich nicht mehr ... Das russische Volk von 150 Millionen, das sich seit Jahrhunderten in einem bewussten Gegensatz zu Westeuropa befindet, ... wird, ungehindert durch das entwaffnete Mitteleuropa, ... eine große Armee und eine große Industrie entwickeln und endlich sein Reich bis an die atlantische Küste und bis an das Mittelmeer ausdehnen, um auf den Trümmern Europas zu herrschen. ... Wenn ihr das Reich vernichtet, weckt ihr im deutschen Volk ein Revanchegefühl von einer Intensität, wie es die Welt nie gesehen hat. Und ihr treibt damit das deutsche Volk in die Arme Russlands."

Die Warnungen Parvus' und anderer verhallten aber ohne Resonanz. Im Mai 1921 stellten die Siegermächte nach einer Konferenz in London an Deutschland ein Ultimatum, in dem die sofortige Erfüllung der Friedensbedingungen von Versailles verlangt wurde. Die Gesamtsumme der Reparationen wurde auf 132 Milliarden Goldmark festgelegt.

Insbesondere in Frankreich, das unter den Folgen des Weltkrieges außerordentlich stark gelitten hatte, war die Vorstellung verbreitet, Deutschland werde für alle Kriegsschäden bezahlen. Wie illusionär dies war, erkannte bereits 1921 der französische Historiker Bainville: Die Annahme, dass Deutschland seine Abrüstung respektieren werde, sei lächerlich. Fünfzig Jahre lang sollten 60 Millionen Deutsche an 40 Millionen Franzosen Reparationen zahlen. Es sei undenkbar, dass die Deutschen sich damit auf die Dauer abfinden würden.

Als Bainville diese Worte schrieb, waren geheime Verhandlungen zwischen der Reichswehr und der Roten Armee bereits im Gange. Da Russland den Einschränkungen des Versailler Vertrages nicht unterlag, wollte die deutsche Militärführung dort schwere Waffen produzieren und die deutschen Soldaten an ihnen ausbilden. Auch die wirtschaftlichen Beziehungen zwischen Deutschland und Russland wurden nach der Unterzeichnung eines Handelsabkommens im Mai 1921 immer intensiver. Zu Beginn des Jahres 1922 wurde aber dieser Prozess der deutsch-sowjetischen Annäherung für eine gewisse Zeit unterbrochen. Die Ursache dafür waren die Beschlüsse der Konferenz der Entente-mächte in Cannes vom Januar 1922. Sie schienen in der Tat eine Wende in der Einstellung der Siegermächte sowohl zu Deutschland als auch zu Russland eingeleitet zu haben. Der britische Ministerpräsident, Lloyd George, und der französische, Aristide Briand, beschlossen hier, eine gesamteuropäische Konferenz nach Genua einzuberufen, an der Deutschland und Russland als gleichberechtigte Partner teilnehmen sollten. Dies war die erste Konferenz dieser Art nach dem Krieg. Die Einladung nach Genua stärkte natürlich die Verfechter der prowestlichen Orientierung in der Berliner Führung. Sie lehnten eine allzu enge Anlehnung an Sowjetrussland ab, um die Genua-Konferenz nicht zu gefährden. Aber auch die Bolschewiki verknüpften mit Genua einige Erwartungen. Sie hofften auf die Zustimmung der Westmächte zur Annullierung der russischen Auslandsschulden, die die Bolschewiki unmittelbar nach der Oktoberrevolution verkündet hatten. Sie rechneten auch mit westlichen Krediten für die Wiederherstellung der russischen Wirtschaft. Es wurde allerdings bereits vor dem Beginn der Genua-Konferenz offenbar, dass sowohl Moskau als auch Berlin die Kompromissbereitschaft der Westmächte zu hoch bewertet hatten. In Frankreich wurde unmittelbar nach der Konferenz von Cannes die Regierung Briand gerade wegen ihres versöhnlichen Kurses Deutschland gegenüber gestürzt und Briands Nachfolger wurde der unnachgiebige Poincaré.

Dies dämpfte die Stimmung in Berlin außerordentlich. Aber auch die sowjetische Führung sah recht schnell ein, dass ihre Hoffnungen auf einen Durchbruch in Genua nicht begründet waren. So war in den damaligen Verlautbarungen, die in den westlichen Hauptstädten zu hören waren, keine Rede davon, dass der Westen sich mit der Annullierung der Schulden des vorrevolutionären Russlands abfinden wolle. Angesichts dieser Sachlage drängte Lenin immer stärker auf ein sofortiges formelles Bündnis mit den Deutschen. Er wollte schon vor der Genua-Konferenz zu einer Einigung mit ihnen kommen, um die Verhandlungsposition der Bolschewiki dort zu verbessern. Kurz vor der Genua-Konferenz schrieb er: „Sollten wir nicht *sofort* in Berlin und Moskau rein persönliche Gespräche (also ganz ohne Schriftliches) mit den Deutschen über einen Kontakt zwischen uns und ihnen in Genua eröffnen?"

Um auf die Deutschen Druck auszuüben, verbreitete die bolschewistische Delegation in Genua Gerüchte, Russland sei unter gewissen Umständen dazu bereit, den Versailler Vertrag, vor allem seinen Artikel 116, anzuerkennen. Dieser Artikel räumte Russland das Recht ein, von Deutschland Reparationen zu fordern. Hätten die Bolschewiki den Versailler Vertrag anerkannt, hätte dies eine vollständige außenpolitische Isolierung Deutschlands zur Folge gehabt. Daher empfand die deutsche Delegation am 15. April 1922 den nächtlichen Telefonanruf des sowjetischen Diplomaten Joffe als Erlösung. Dieser schlug dem führenden Mitglied der deutschen Delegation von Maltzan den sofortigen Abschluss eines Vertrages vor. Nur Rathenau hatte Bedenken. Er fürchtete, die Westmächte würden dieses deutsch-sowjetische Einverständnis zum Anlass für weitere Sanktionen nehmen, aber er wurde von der Mehrheit der deutschen Delegation überstimmt. Am 16. April 1922 wurde der deutsch-sowjetische Vertrag in Rapallo geschlossen.

In diesem Vertrag knüpften beide Seiten erneut diplomatische Beziehungen an. Die Deutschen verzichteten auf die Rückzahlung der Schulden des Zarenreiches und die Bolschewiki auf die Reparationen, die sie dem Versailler Vertrag gemäß hätten fordern können. Darüber hinaus versprachen die Deutschen den Bolschewiki wirtschaftliche Unterstützung. Sowohl Lenin als auch Seeckt waren über den Vertrag von Rapallo äußerst befriedigt. Seeckt schrieb am 17. Mai 1922: „Ich sehe ... [den Rapallo-Vertrag] nicht in seinem materiellen Inhalt, sondern in seiner moralischen Wirkung. Er ist die erste, aber sehr wesentliche Stärkung des deutschen Ansehens in der Welt."

Lenin kommentierte das Bündnis von Rapallo mit folgenden Worten: „In Anbetracht der Bedeutung des deutsch-russischen Vertrages ... sind wir zu dem Schluss gekommen, dass es für uns das Richtigste wäre, nunmehr unsere gesamte Außenpolitik darauf aufzurichten, dass wir für eine gewisse Zeitspanne ... alles auf der Grundlage des deutsch-russischen Vertrages aufbauen, ihn zum ausschließlichen Vorbild erklären."

Allerdings war die deutsch-sowjetische Zusammenarbeit, trotz vieler gemeinsamer Interessen, keineswegs stabil. Das gegenseitige Misstrauen war groß. In Deutschland war es die Folge der Angst vor den revolutionären Plänen der Bolschewiki, die Bolschewiki ihrerseits fürchteten, dass die prowestliche Orientierung in Deutschland letzten Endes doch die Oberhand gewinnen würde.

9. Der „Ruhrkampf" und der „deutsche Oktober" (1923) oder: Die Ambivalenz der sowjetischen Deutschlandpolitik

Der Vertrag von Rapallo wirkte auf die Siegermächte wie ein Schock. Die Entrüstung in den westlichen Hauptstädten war so groß, dass manche Anhänger der prowestlichen Orientierung im politischen Establishment der Weimarer Republik in Panik gerieten. Im Januar 1923 besetzten französische und belgische Truppen das Ruhrgebiet, weil Deutschland seinen von der Reparationskommission festgelegten Zahlungen nicht nachgekommen war. Diese Aktion wurde von einigen deutschen Politikern, zum Beispiel von Gustav Stresemann, als eine Art Strafe für Rapallo aufgefasst. Die Ruhrbesetzung beunruhigte die sowjetische Führung nicht weniger als die faschistische Machtübernahme in Italien. Die Lage in Europa wurde dadurch noch stärker als durch den Marsch auf Rom destabilisiert. Abgesehen davon konnten die Ereignisse in Deutschland, im Gegensatz zu den Vorgängen in Italien, eine direkte Gefahr für den sowjetischen Staat nach sich ziehen. Das Zentralorgan der Partei „Prawda" bezeichnete damals Deutschland als die einzige Bastion, die Russland vor einer französischen Invasion schütze.

Die Ruhrkrise gab den rechtsextremen Kräften in Deutschland einen zusätzlichen Impuls. Diese vermochten nunmehr, so wie die italienischen Faschisten kurz zuvor, die Massen gegen den „schwachen" parlamentarischen Staat und gegen die „Marxisten" zu mobilisieren. Auch in Deutschland entstand also für die Arbeiterparteien eine gefährliche Konkurrenz von rechts.

Unmittelbar nach der Ruhrbesetzung wurde in einem Leitartikel des Organs der KPD „Die Internationale" ein Versuch unternommen, die Strukturen und die Ideologie des deutschen Rechtsextremismus im Vergleich zum italienischen Faschismus zu analysieren. Zwar wurde der deutsche Faschismus als Zwillingsbruder des italienischen Faschismus bezeichnet, der Autor warnte jedoch davor, im deutschen Faschismus nur einen mechanischen Abklatsch des italienischen zu sehen. Das Kleinbürgertum sei der Hauptträger des deutschen Faschismus. Es träume von der Harmonie der Klassen, in der es die Mittlerrolle zwischen „Kapital" und Proletariat spielen werde. Das Verhältnis des Kleinbürgertums zum Proletariat sei patriarchalisch, es wolle den „guten" Arbeiter vor dem „schlechten", marxistischen Arbeiter schützen. Der Kleinbürger wolle den Internationalismus beseitigen, um dadurch die Nation zu stärken. Als Mittler zwischen den Klassen empfinde er sich als klassenlos und daher als der wahre Vertreter der Nation.

Mit dieser Charakterisierung des kleinbürgerlichen Egoismus, der sich als Selbstlosigkeit ausgab, nahm der Autor des Artikels Thesen vieler späterer Faschismusforscher vorweg. Er wies in seiner Analyse auch auf einen Charakterzug des deutschen Rechtsextremismus hin, der beim italienischen Faschismus, zumindest in seiner ersten Entwicklungsphase, nicht vorhanden war, nämlich auf seinen Antisemitismus. Der Antisemitismus war nach Ansicht des Autors der „Internationale" nicht zuletzt eine Begleiterscheinung der zwiespältigen Beziehung des deutschen Kleinbürgers zum Kapital. Einerseits fühle sich dieser vom Großkapital bedroht, andererseits wolle er die bürgerliche Ordnung aufrechterhalten. Um sich aus diesem Dilemma zu befreien, teilten die kleinbürgerlichen Anhänger des Faschismus die Kapitalisten in „gute" christliche und in „schlechte" jüdische Kapitalisten ein. Die „guten" Unternehmer müssten vor den „schlechten" geschützt werden, dadurch werde die Ausbeutung beseitigt und die Klassenharmonie gerettet. In dieser so früh entstandenen Analyse des deutschen Nationalsozialismus entdeckte somit der Verfasser eine der wichtigsten Komponenten, die dem deutschen Rechtsextremismus eine unvergleichlich größere Dynamik als dem italienischen Faschismus verlieh. Der italienische Faschismus kannte im Grunde nur einen Feind, der die Klassenharmonie störe und die Nation von innen „zersetze" – den Marxismus. Dadurch, dass der Nationalsozialismus neben der „marxistischen Gefahr" auch eine „jüdische Gefahr" an die Wand malte, konnte er seine Angriffsfront sowohl gegen innere wie auch gegen äußere Feinde erheblich verbreitern. Zugleich appellierte er durch die Einbeziehung des Antisemitismus in seine Ideologie an Ängste, die viel älter waren und in viel tieferen Schichten des Unterbewusstseins lagen, als die Angst vor dem Marxismus. Die Verführungskraft der nationalsozialistischen Ideologie wurde dadurch um so gewaltiger.

Man sollte an dieser Stelle vielleicht anmerken, dass die Eigendynamik des Antisemitismus, wie sie vor allem für den Nationalsozialismus charakteristisch war, vom Autor der „Internationale" unterschätzt wurde. Und dies hatte eine lange Tradition innerhalb der Arbeiterbewegung. Der Judenhass wurde von vielen Sozialisten und Kommunisten in erster Linie auf wirtschaftliche Ursachen zurückgeführt, man hielt ihn für eine rückständige, unaufgeklärte Form des Antikapitalismus. Dass der Antisemitismus seine Wurzeln auch in außerwirtschaftlichen Bereichen hatte und eine ideologische Eigendynamik besaß, ließ die Mehrheit der marxistischen Theoretiker in der Regel außer Acht.

In einer anderen Analyse des Nationalsozialismus, die am 1. Februar 1923 ebenfalls in der „Internationale" erschien, beschäftigt sich der Autor unter anderem mit der Frage, warum der nationale Gedanke eine derart große Anziehungskraft auf die kleinbürgerliche Anhängerschaft des Nationalsozialismus ausübe. Er meint, dass die kleinbürgerlichen Schichten im Gegensatz zur Arbeiterklasse keine traditionellen Organisationen hätten, die ihre Interessen verteidigten. Der nationale Gedanke sei die einzige Idee, die diese schwer organisierbaren Gruppen sowohl gegen die Siegermächte, wie auch gegen die revolutionäre Gefahr einigen könne. Der Autor hielt es allerdings für eine Illusion, dass eine nationale Mobilisierung Deutschland vom Versailler Vertrag befreien könne. Nur durch die Niederringung der eigenen „Bourgeoisie" und durch einen revolutionären Krieg im Bündnis mit der Sowjetunion sei dieses Ziel zu erreichen.

Dieser Standpunkt war auch der offizielle Standpunkt der KPD in den ersten Wochen nach der Ruhrbesetzung. Ungeachtet der äußeren Bedrohung des Deutschen Reiches sprach sie sich zunächst gegen Kompromisse mit der eigenen Bourgeoisie aus. Sie wollte sowohl gegen die eigene wie auch gegen die französische „Bourgeoisie" kämpfen. Sie protestierte gegen die von der Regierung Cuno konzipierte Politik des passiven Widerstandes. Am 23. Januar 1923 verkündete das Zentralorgan der KPD, die „Rote Fahne", eine später viel zitierte Parole „Schlagt Cuno an der Spree und an der Ruhr Poincaré!".

Diese ersten spontanen Reaktionen der KPD befanden sich aber keineswegs im Einklang mit den taktischen Überlegungen, die damals in Moskau allmählich entwickelt wurden. Diese standen im direkten Zusammenhang mit den bitteren Erfahrungen, die die Komintern kurz zuvor in Italien hatte machen müssen. Die Kominternführer wollten nun aus den Fehlern der italienischen Kommunisten lernen, um in Deutschland einen ähnlichen Rückschlag wie in Italien zu vermeiden. Mehrere Komintern-Theoretiker vertraten die Meinung, die italienischen Kommunisten seien aufgrund ihrer radikalen und isolationistischen Taktik auch selbst nicht schuldlos daran gewesen, dass die Faschisten die revolutionäre Krise in Italien zu ihren Gunsten ausnutzen konnten. Die KPD solle nun eine grundlegend andere Taktik als die KPI in den Jahren 1921/22 anwenden. Worin sollte diese andere Taktik bestehen? Nicht zuletzt im Versuch, die kleinbürgerlichen deutschen Schichten, die die rechtsextremen Gruppierungen unterstützten, zu sich herüberzuziehen. Nur auf diese Weise, so dachte man in Moskau, lasse sich die innenpolitische Isolation der KPD bzw. des deutschen Proletariats beenden.

Die kleinbürgerlichen Anhänger der rechtsextremen Parteien hielt man innerhalb der Führung der Komintern für potentielle Verbündete, die nur aufgrund mangelnder Aufklärungsarbeit der Kommunisten falsche Parteien unterstützten. Die Auflehnung dieser Schichten gegen die bestehende Ordnung war nach Ansicht der Kominternführung eine durchaus positiv zu bewertende Erscheinung. Die Kommunisten müssten nun versuchen, dieses revolutionäre Potential in kommunistische Bahnen zu lenken. Sie sollten das Kleinbürgertum überzeugen, dass die Kommunisten nicht nur für die Freiheit des Proletariats, sondern auch für die Freiheit der ganzen Nation kämpften. Sie mussten sich in ihrem Programm nicht nur mit den Fragen des Klassenkampfes, sondern auch mit nationalen Fragen befassen.

Gerade in Deutschland war die Unterstützung des nationalen Kampfes nach Ansicht einiger Führer der Komintern vom revolutionären Standpunkt aus durchaus legitim. Deutschland war für sie ein vom Ententekapital unterdrücktes Land, eine Art Kolonie. Dies ungeachtet seiner hochentwickelten wirtschaftlichen Struktur. In diesem Zusammenhang stützen sich einige kommunistische Theoretiker auf die These Lenins, dass der nationale Kampf in den abhängigen Ländern einen fortschrittlichen, ja einen revolutionären Charakter habe. Da Deutschland ein unterdrücktes Land sei, erklärte damals Nikolaj Bucharin, sollten die deutschen Kommunisten den Mut aufbringen, sich für die Verteidigung der deutschen Nation auszusprechen. Zu den wichtigsten Exponenten dieses neuen Kurses Moskaus gehörte Karl Radek. Auf dem III. Plenum des Exekutivkomitees der Komintern im Juni 1923 erklärte er, die nationalistischen Ideale und Zielsetzungen dürften in der kommunistischen Propaganda nicht vernachlässigt werden. Die KPD müsse sich in eine allumfassende nationale Organisation verwandeln.

Den Höhepunkt dieses neuen Kurses der Komintern und zugleich sein kuriosestes Kapitel stellte die so genannte Schlageter-Rede dar, die Radek ebenfalls auf dem III. Plenum des EKKI hielt. Dies war eine Art Huldigungsrede für den von einem französischen Militärgericht zum Tode verurteilten Rechtsextremisten Leo Schlageter, der von Radek als „Märtyrer des deutschen Nationalismus" bezeichnet wurde. Die Rede enthielt ein direktes Bündnisangebot an die deutschen Rechtsextremisten. Die Parteifreunde Schlageters würden ihr Ziel – die Befreiung Deutschlands vom Versailler Vertrag – niemals erreichen, solange sie das deutsche Proletariat nicht als ihren Verbündeten, sondern als ihren Feind betrachteten.

Die neue Taktik der Komintern stieß auf heftigen Widerstand innerhalb der KPD. Im Gegensatz zu einigen bolschewistischen Führern, die diese Taktik entworfen hatten, verstanden viele deutsche Kommunisten, wie tief der ideologische Graben zwischen ihnen und extremen nationalistischen Gruppierungen war. Sie erkannten, dass dieser angeblich realistische Kurs, der die KPD aus ihrer Isolierung herausführen sollte, völlig wirklichkeitsfremd war und zwangsläufig scheitern musste. Dennoch konnten sich die Kritiker zunächst nicht durchsetzen. Viele deutsche Kommunisten nahmen auf Anweisung Moskaus an verschiedenen nationalsozialistischen Veranstaltungen teil. Sie versuchten unter einem Hagel von Beschimpfungen und Beleidigungen die Nationalsozialisten zu überzeugen, dass der Kampf gegen das „jüdische Kapital" keineswegs ausreiche, um das deutsche Volk von der Ausbeutung zu befreien. Man müsse gegen das ganze „Kapital" kämpfen.

Die Reaktion der deutschen Rechtsextremisten auf das Bündnisangebot der Kommunisten war, wie nicht anders zu erwarten, ablehnend. Eine Zusammenarbeit mit der KPD, deren physische Vernichtung sie anstrebten, kam für sie nicht in Frage. Die einzige Ausnahme bildeten insoweit die so genannten nationalbolschewistischen Gruppierungen. Deren Vertreter, unter anderem Moeller van den Bruck und Graf Reventlow, waren bereit, einen Dialog mit den Kommunisten aufzunehmen. Dennoch waren diese Gruppierungen nur dann bereit, mit der KPD zu kooperieren, wenn diese auf ihr internationalistisches und klassenkämpferisches Programm, d.h. auf ihre Identität, völlig verzichten würde. Solange die KPD an der Idee des Klassenkampfes festhielt, hatte sie für Moeller van den Bruck und für viele andere Vertreter des Nationalbolschewismus keine Existenzberechtigung. Sie war dann nur ein innerer Feind, der niedergeschlagen werden musste.

Die Voraussagen der deutschen Kommunisten, die den so genannten Schlageter-Kurs scharf verurteilt hatten, sollten sich voll bewahrheiten. Der angeblich realistische Kurs der Komintern scheiterte bald nach seiner Verkündung, weil er die deutsche Realität und den kompromisslosen Antimarxismus der Rechtsextremisten verkannte. Indes stellte der Schlageter-Kurs bloß eine kurze Episode in der Geschichte der Auseinandersetzung der Komintern mit dem Rechtsextremismus dar.

Bereits Mitte August 1923 sollte die Kominternführung ihre Deutschlandpolitik radikal ändern. Bis dahin hatte Moskau versucht, die KPD in die nationale deutsche Front einzureihen, um dem Druck der Westmächte auf Deutschland wirksamer entgegenzutreten. Die Forderungen der KPD-Linken, die Ruhrkrise für einen revolutionären Kampf gegen das bestehende System auszunutzen, lehnte man damals in Moskau ab. Am 12. August trat die Regierung Cuno, die eine Politik des passiven Widerstandes gegenüber den Ententemächten geführt hatte, zurück. Der Nachfolger Wilhelm Cunos, Gustav Stresemann, sah ein, dass diese Politik Deutschland an den Rand des Zusammenbruchs bringen werde. Er versuchte sich nun mit dem Westen zu arrangieren. Am 26. September brach der neue Reichskanzler die Politik des passiven Widerstandes ab. Die sowjetische Führung fasste diesen Schritt als völlige Kapitulation Deutschlands vor dem Westen auf. Radek sagte damals: „Deutschland verlor den zweiten Krieg. Der Versailler Friede existiert nicht mehr. Es gibt nun einen Frieden, der schlechter ist als der von Versailles, es gibt einen Frieden, der das Ruhrgebiet, die Hauptbasis der deutschen Industrie, Frankreich in die Hände gibt.“

Man sah nun in Moskau keinen Anlass mehr, Deutschland gegen den Westen zu unterstützen. Dies und die immer tiefere soziale und wirtschaftliche Krise in Deutschland veranlassten die bolschewistische Führung dazu, einen neuen Revolutionsversuch zu wagen. Die Inflation erreichte damals in Deutschland bereits solche Ausmaße, dass der wirtschaftliche Zusammenbruch des Landes in greifbare Nähe zu rücken schien. Die Popularität der KPD nahm eindeutig zu. Der deutsche Historiker und Politiker Arthur Rosenberg (1920–27 Mitglied der KPD) vertrat später die Meinung, die KPD habe damals zum ersten Mal in ihrer Geschichte die SPD, was den Einfluss innerhalb der deutschen Arbeiterschaft anbetrifft, überflügelt. Ein ähnlicher Radikalisierungsprozess fand damals auch innerhalb des Mittelstandes statt. Die kleinen Sparer, die ihr ganzes Vermögen verloren hatten, begannen nun in immer stärkerem Ausmaß der bürgerlichen Mitte den Rücken zu kehren und sich dem Rechtsextremismus zuzuwenden. Die immer stärker werdenden Kräfte von links und von rechts schienen die Weimarer Republik zu erdrücken.

In den ersten Septemberwochen 1923 entstand in Moskau eine gespannte Atmosphäre, erfüllt von Revolutionserwartungen und dem Bewusstsein, unmittelbar vor einer geschichtlichen Wende zu stehen. Der Zusammenbruch des „Kapitals“ schien in unmittelbare Nähe gerückt. Zur Zeit, als diese fieberhafte Atmosphäre der Revolutionserwartungen in Moskau herrschte, erschienen dort Heinrich Brandler und andere führende KPD-Funktionäre. Die bolschewistische Führung stellte an Brandler die Forderung, sofort mit den Vorbereitungen für einen Umsturz in Deutschland zu beginnen. Die KPD-Führung glaubte damals zwar nicht an die Möglichkeit eines kommunistischen Sieges in Deutschland, aber sie stand unter einem doppelten Druck, der sowohl vom bolschewistischen Politbüro wie auch von der linken Opposition innerhalb der KPD ausging. Brandlers Vorbehalte wurden beiseite geschoben. Nach Meinung vieler Beobachter war er für die Aufgabe eines Revolutionsführers denkbar ungeeignet. Vertreter des linken Flügels der KPD, so Arthur Rosenberg und Ruth Fischer, sprachen ihm jegliches revolutionäres Temperament ab. Die bolschewistische Führung ließ sich jedoch dadurch nicht stören. Die eigentliche Leitung der Revolution sollte ohnehin die bolschewistische Führung in Moskau haben. Die deutsche Revolution war für die Bolschewiki eine „viel zu ernste Angelegenheit", um sie der Verantwortung der revolutionär unerfahrenen KPD allein zu überlassen.

Das Moskauer Politbüro schuf ein spezielles Komitee, dem die Leitung der deutschen Revolution anvertraut wurde. Ihm gehörten solche erfahrenen bolschewistischen Führer an wie Pjatakow, Radek und der sowjetische Botschafter in Berlin, Krestinski. Die militärischen Vorbereitungen wurden von einem hohen Offizier der Roten Armee, Skoblewski, geleitet. Die Länder Sachsen und Thüringen sollten gemäß dem in Moskau entwickelten Plan die Machtbasis der deutschen Revolution bilden. Anfang Oktober 1923 führten die Koalitionsverhandlungen zwischen den linkssozialistischen Regierungen dieser Länder und den Kommunisten zum positiven Ergebnis. Kommunisten sollten nun in die sächsische Regierung Zeigners und in das thüringische Kabinett Fröhlichs eintreten. Dieser Schritt hatte den revolutionären Umsturz in ganz Deutschland einzuleiten.

Am 26. September 1923 veröffentlichte Trotzki in der Kominternzeitschrift „Inprekor" einen Artikel unter dem Titel „Kann man eine Konterrevolution oder eine Revolution auf einen bestimmten Zeitpunkt ansetzen?" In diesem Artikel entwickelt Trotzki seine Konzeption von der Technik eines erfolgreichen Staatsstreiches: Revolutionäre und proletarische Staatsstreiche verlangten eine noch genauere Planung als Staatsstreiche der Gegenrevolution. Die Arbeiterklasse, die weder über den Staatsapparat noch über Kapital verfüge, müsse diese Mängel durch entschlossenes Handeln und präzise Planung wettmachen. Die Kommunisten dürften nicht die sozialdemokratische These vom spontanen

Reifen des revolutionären Prozesses übernehmen. Eine solche abwartende Haltung sei unrevolutionär. Das bewusste Eingreifen in den revolutionären Prozess sei Pflicht der Kommunisten. Es beinhalte auch die Festsetzung eines genauen Datums für den Umsturz. Für die Auslösung des Aufstandes brauche die kommunistische Partei keineswegs eine Garantie, dass die Mehrheit der Bevölkerung oder auch nur der Arbeiter bereits hinter ihr stehe. Durch entschlossenes Handeln hätten die Kommunisten eine Chance, eine Mehrheit des Proletariats entweder im ganzen Lande oder zumindest in den wichtigsten Zentren des Landes zu gewinnen.

Es fällt auf, dass diese Worte Trotzkis eine verblüffende Ähnlichkeit zu einigen Thesen Lenins aufweisen, die dieser kurz vor der Oktoberrevolution 1917 in zahlreichen Briefen und Artikeln vertreten hatte. Lenin polemisierte damals gegen die Gegner des sofortigen Aufstandes innerhalb der bolschewistischen Partei. Der Sieg in der Revolution gehöre nicht denjenigen Parteien, die über eine parlamentarische Mehrheit verfügten, sondern denjenigen, die eine größere Entschlossenheit als andere an den Tag legten. In einer Situation, in der die revolutionäre Aktivität der Massen einen Höhepunkt erreiche und die Verteidiger der bestehenden Ordnung demoralisiert und unschlüssig seien, bedeute der Verzicht auf den Aufstand einen Verrat am Marxismus.

Trotzki wiederholte demnach viele Thesen Lenins aus dem Jahre 1917 über die Kunst des Aufstandes. Während aber die Thesen Lenins in einer engen Beziehung zur damaligen Situation Russlands gestanden und einen durchaus realen Kontext gehabt hatten, wurden diejenigen Trotzkis im luftleeren Raum entwickelt. Sie hatten zur Situation Deutschlands im Jahre 1923 wenig Bezug. Die deutsche Armee und der deutsche Staatsapparat blieben trotz der tiefen wirtschaftlichen und sozialen Krise handlungsfähig und mehr oder weniger intakt. Man konnte sie auf keinen Fall als demoralisiert und unentschlossen bezeichnen. Sogar wenn die bereits zitierte These Arthur Rosenbergs zutreffend sein sollte, dass die Hälfte des deutschen Proletariats im Jahre 1923 mit der KPD sympathisierte, wäre dies für einen Erfolg der proletarischen Revolution in Deutschland keineswegs ausreichend gewesen. Die Konfrontation dieser beinahe unbewaffneten Arbeitermassen mit einem relativ stabilen deutschen Staatsapparat hätte niemals Erfolg haben können. Ein weiteres Hindernis bestand sicher auch darin, dass der Führungsstab, der die letzten Entscheidungen über diesen Aufstand zu treffen hatte, tausende von Kilometern vom eigentlichen Schauplatz der Ereignisse entfernt war. Dadurch, dass die Kominternführung aus Moskau die Revolution in Deutschland leitete, hatte sie, im Gegensatz zu den Bolschewiki des Jahres 1917, keinen unmittelbaren Kontakt mit den Massen, die sie führen wollte. Sie hinkte entweder den Ereignissen in Deutschland hinterher oder gab völlig unrealistische Befehle, die undurchführbar waren.

Reichsregierung und Reichswehr reagierten auf die Entstehung der kommunistisch-sozialistischen Koalition in Sachsen bereits am 13. Oktober 1923 mit dem Verbot der so genannten proletarischen Hundertschaften und drei Tage später mit der Forderung, die sächsische Polizei direkt der Reichswehr zu unterstellen. Als die sächsische Regierung dies ablehnte, drohte der für Mitteldeutschland zuständige Reichswehrgeneral Müller am 20. Oktober mit der Okkupierung Sachsens. Einen Tag später fand in Chemnitz eine gemeinsame kommunistisch-sozialdemokratische Konferenz von Betriebsräten statt, die über Gegenmaßnahmen beraten sollte. Von dem Ergebnis dieser Konferenz hing die Entscheidung der KPD ab, mit dem allgemeinen Aufstand in ganz Deutschland zu beginnen oder nicht. Als der Vorschlag Brandlers, das Ultimatum Müllers mit einem Generalstreik zu beantworten, von den Sozialdemokraten abgelehnt worden war, wurde es sowohl ihm als auch Radek, der an der Konferenz teilnahm, klar, dass ein allgemeiner Aufstand in Deutschland zum gegebenen Zeitpunkt kaum möglich sei. Deshalb widerriefen beide auch den Befehl der Komintern zum sofortigen Losschlagen. Am 27. Oktober besetzte die Reichswehr Sachsen und am 15. November Thüringen, ohne auf nennenswerten Widerstand zu stoßen.

In einer der ersten Reaktionen auf diese Entwicklungen schrieb der Vorsitzende der Komintern, Sinowjew, in erster Linie sei die linke Sozialdemokratie an dieser Niederlage schuld. Sie habe nun endgültig ihren „verräterischen" Charakter offenbart. Bei dieser Schuldzuweisung übersah Sinowjew, mit welchem Unwillen auch die deutschen Kommunisten der Idee eines Aufstandes gegenüberstanden. Arthur Rosenberg schrieb später, Brandler habe die Einleitung des Aufstandes von der Haltung der SPD abhängig gemacht, obwohl es von Anfang an klar gewesen sei, dass diese einen bewaffneten Kampf ablehnen würde.

Die Einstellung Brandlers wie auch anderer KPD-Führer macht deutlich, wie wenig die KPD-Führung selbst an den Erfolg der „deutschen Revolution" geglaubt hatte. Sie war sich der tatsächlichen Kräfteverhältnisse in Deutschland viel besser bewusst als die Moskauer Führung. Trotzdem ließ sie sich weitgehend den unrealistischen Plan Moskaus aufzwingen, nur vor dessen letzter Konsequenz schreckte sie dann doch zurück. Die Führung der Komintern sah allerdings nicht in ihren undurchführbaren Befehlen, sondern zunächst in der „Unzuverlässigkeit" der sozialdemokratischen Verbündeten der KPD die Hauptursache für die Oktoberniederlage.

Einige Wochen, nachdem die Kommunisten sich von der „Unzuverlässigkeit" ihrer sozialdemokratischen Koalitionspartner überzeugt hatten, musste sich Hitler seinerseits von der „Unzuverlässigkeit" seiner konservativen Bundesgenossen überzeugen. Der am 9. November 1923 in München begonnene Staatsstreich, der den „Marsch" der deutschen Rechtsextremsten „auf Berlin" einleiten sollte, scheiterte genauso kläglich wie die „deutsche Oktoberrevolution". Bei dieser Gelegenheit konnte Hitler feststellen, dass seine konservativen Partner keine direkte und bewaffnete Konfrontation mit der Staatsgewalt wünschten. Sie schreckten vor diesem Kampf genauso zurück, wie kurz zuvor die linkssozialistischen Verbündeten der Kommunisten dies getan hatten. Die Erfahrungen, die die Kommunisten und die Nationalsozialisten in Bezug auf den Charakter ihrer jeweiligen Verbündeten im Herbst 1923 gemacht hatten, waren demnach recht ähnlich. Die Schlussfolgerungen, die beide Gruppierungen für die nächste große Krise daraus ziehen sollten, unterschieden sich allerdings grundlegend. Im Gegensatz zu den Kommunisten, die die Richtigkeit ihrer Taktik nicht bezweifelten, sah Hitler ein, dass es fruchtlos war, von politischen Kräften, die die Anwendung revolutionärer Gewalt ablehnen, zu erwarten, sie würden ihre Einstellung ändern. Er beschloss deshalb, nicht den Charakter seiner Bundesgenossen, sondern die eigene Taktik zu ändern. Seine Revolution sollte nun nicht gegen den herrschenden Apparat, sondern mit dessen Hilfe durchgeführt werden. Statt die Inhaber der Staatsgewalt herauszufordern, begann er um sie zu werben, sich bei ihnen anzubiedern. So wurde die Konzeption der so genannten „legalen" Machtübernahme geboren, die für den demokratischen Staat noch gefährlicher war, als die Frontalangriffe gegen ihn. Denn mit Hilfe der so genannten „legalen Taktik" wurde die Demokratie mit ihren eigenen Waffen bekämpft, so vor allem mit Hilfe des Wahlrechts.

10. Zentralismus versus Föderalismus – Die Entstehung der Sowjetunion

Nach der weitgehenden Wiederherstellung des territorialen Bestandes des zarischen Reiches in den Jahren 1918–20 durch die Bolschewiki begann in der Partei eine heftige Diskussion über die Neustrukturierung dieses Territoriums. Der von den Bolschewiki nun kontrollierte Machtbereich setzte sich aus mehreren quasi unabhängigen Sowjetrepubliken zusammen, von denen die wichtigste die Russische Sozialistische Föderative Sowjetrepublik (RSFSR) war, die 92% des von den Bolschewiki beherrschten Territoriums umfasste und in der 70% der Bevölkerung aller Sowjetrepubliken lebten. Die Beziehungen zwischen der RSFSR und den anderen Sowjetrepubliken wurden mit Hilfe von bilateralen Verträgen geregelt, die die kleineren Partner vieler souveräner Rechte beraubten – etwa im militärischen, wirtschaftlichen, finanziellen und außenpolitischen Bereich. Dieses Vertragswerk stellte indes ein Provisorium dar, die Bolschewiki wollten ihm so schnell wie möglich ein Ende bereiten. Dabei wurde über zwei verschiedene Lösungen kontrovers debattiert. Stalin, der bis 1924 das Amt des Volkskommissars für die Nationalitäten innehatte, favorisierte den sog. „Autonomisierungsplan". Alle Sowjetrepubliken sollten in die RSFSR eingegliedert werden und lediglich über territoriale Autonomie verfügen. Gegen diesen Plan protestierten viele nichtrussische Kommunisten heftig, die für ihren Kampf einen mächtigen Verbündeten gewinnen konnten, nämlich Lenin selbst. Für Lenin stellte der „Autonomisierungsplan" eine Äußerung des „großrussischen Chauvinismus" dar, der von einer Gleichberechtigung kleinerer Nationen nichts hören wolle. Dabei fiel ihm auf, dass russifizierte Nichtrussen, so die Georgier Stalin und Ordshonikidse oder der Pole Dzierżyński, der chauvinistischen Versuchung noch leichter erliegen, als viele Russen. Obwohl Lenin seinen Kampf gegen den großrussischen Chauvinismus vom Krankenbett aus führte – im Dezember 1922 hatte er einen zweiten Gehirnschlag erlitten, der ihn partiell gelähmt hatte –, konnte er sich im Wesentlichen gegen Stalin durchsetzten. Die im Dezember 1922 gegründete Sowjetunion erhielt den von Lenin favorisierten föderalistischen Aufbau. In ihrer inneren Struktur lehnte sich die Sowjetföderation im Großen und Ganzen an die RSFSR an. Die Rolle des Allrussischen Rätekongresses als der obersten Instanz im Staate spielte nun der Unionsrätekongress, der ein Zentrales Exekutivkomitee und ein Präsidium des Exekutivkomitees wählte. Das Exekutivkomitee setzte sich aus einem Unions- und einem Nationalitätenrat zusammen – dies war eine Neuerung im Vergleich zur Struktur der RSFSR. Im Juli 1923 wählte das Zentrale Exekutivkomitee der UdSSR die erste Unionsregierung – den Rat der Volkskommissare der UdSSR.

Einzelne Sowjetrepubliken behielten, zumindest auf dem Papier, souveräne Rechte, zum Beispiel das des „freien Austritts aus der Sowjetföderation". Dieses Austrittsrecht stellte allerdings bloß eine Formalität dar, denn die Kommunistische Partei der Sowjetunion – die einzige Institution, die über die Eigenschaft eines politischen Subjekts verfügte – war, anders als der sowjetische Staat, nicht föderalistisch, sondern zentralistisch aufgebaut, und solange die bolschewistische Partei die wichtigste einigende Klammer der Sowjetföderation bildete, waren alle Versuche der Verfechter der Eigenständigkeit der einzelnen Sowjetrepubliken, die formellen Souveränitätsrechte in reale umzuwandeln, zum Scheitern verurteilt. Dennoch war die Verwandlung des ursprünglich unitaristischen russischen Reiches in eine, wenn auch nur formelle Föderation, nicht völlig bedeutungslos. Dies offenbarte sich mit voller Deutlichkeit allerdings erst sieben Jahrzehnte nach der Unterzeichnung des Unionsvertrages – während der Gorbatschowschen Perestrojka. Damals fand die Auflösung der wichtigsten einigenden Klammer der Sowjetunion – der alleinherrschenden Partei – statt. Dies leitete die Auflösung der Sowjetföderation ein, und zwar entlang der Grenzen der bis dahin nur pseudosouveränen Sowjetrepubliken. Die Verfassungstheorie begann nun Verfassungswirklichkeit zu werden.

11. Der Kampf um die Nachfolge Lenins – Erster Akt: Die Entmachtung Trotzkis

Der Kampf um die Nachfolge Lenins begann noch zu seinen Lebzeiten. Im Dezember 1922 hatte Lenin den zweiten Gehirnschlag erlitten, der ihn zu einem weitgehenden Rückzug aus den Regierungsgeschäften zwang, vom dritten Gehirnschlag im März 1923 konnte sich Lenin bis zu seinem Tod im Januar 1924 nicht mehr erholen. Die ersten Anzeichen für den Kampf um Lenins Nachfolge ließen sich bereits Ende 1922 beobachten. Worin sollte aber diese Nachfolge bestehen? Lenin bekleidete kein bestimmtes Parteiamt, das ein Nachfolger hätte erben können. Im Politbüro, das zunächst aus fünf und dann aus sieben Mitgliedern bestand, war er nur der Primus inter Pares. Zwar bekleidete Lenin zugleich das Amt des Vorsitzenden des Rates der Volkskommissare, jedoch gab ihm dies keine Sonderrechte innerhalb der Parteiführung. Der sowjetische Staatsapparat war weitgehend von der Partei abhängig, und die wichtigsten politischen Entscheidungen wurden in deren Führungsgremien und nicht innerhalb der Regierung gefällt. Bezeichnend ist in diesem Zusammenhang zum Beispiel die Tatsache, dass Stalin, der seit etwa 1930 die Sowjetunion diktatorisch regiert hatte, in den 30er Jahren kein Regierungsamt innehatte. Erst im Mai 1941 ließ er sich zum Vorsitzenden des Rates der Volkskommissare ernennen.

Mit anderen Worten, es gab weder innerhalb der bolschewistischen Partei noch innerhalb des Staatsapparates irgendein Amt, das seinem Inhaber die Führung in der Partei gesichert hätte. Lenins Autorität war nicht institutionalisiert. Seine Sonderstellung innerhalb der Partei, die von niemandem, nicht einmal von seinen radikalsten innenpolitischen Opponenten, in Frage gestellt wurde, war also nicht mit seinen Funktionen, sondern mit seiner Person verbunden. Sein Nachfolger als sowjetischer Partei- und Staatsführer musste über eine Lenin vergleichbare Popularität innerhalb der bolschewistischen Partei wie auch innerhalb der kommunistischen Weltbewegung verfügen. Man wartete sowohl in der Partei wie auch in der Kommunistischen Internationale im Grunde auf eine neue charismatische Persönlichkeit, und für die Mehrheit der einfachen Parteimitglieder wie auch für die der nichtrussischen Kommunisten unterlag es keinem Zweifel, dass Lenins Nachfolger nur Trotzki sein könne.

Trotzki war neben Lenin die populärste Gestalt der Revolution und des Bürgerkrieges. Er vereinigte in sich die Eigenschaften eines Volkstribunen, eines brillanten Publizisten und eines Organisators. Nach der übereinstimmenden Meinung vieler Beobachter trug er entscheidend zum Erfolg der Bolschewiki beim Staatsstreich vom November 1917 bzw. zum Sieg der Roten Armee im Bürgerkrieg bei. Alle diese Faktoren führten dazu, dass bei den Überlegungen, wer die persönliche Nachfolge Lenins antreten könne, wenn solche überhaupt gewagt wurden, kein anderer Name als der Trotzkis von der Mehrheit der russischen wie auch nichtrussischen Kommunisten genannt wurde. Diese allgemeine Überzeugung wurde auch ganz unerwartet durch eine Aussage Stalins bestätigt, der bereits seit Jahren zu den schärfsten Rivalen Trotzkis zählte. Als im April 1923, kurz vor dem XII. Parteitag der Bolschewiki, die Frage behandelt wurde, wer anstelle des erkrankten Lenin das Hauptreferat auf dem Kongress halten solle, sagte Stalin, das müsse Trotzki sein. Das Referat müsse das nach Lenin einflussreichste und populärste Mitglied des Zentralkomitees halten. Die Partei erwarte nichts anderes. Trotzki wies diesen Vorschlag zurück. Er genoss zwar seine gewaltige Popularität, unternahm jedoch keinen Schritt, um sie in politische Macht innerhalb der Partei umzumünzen. Dies würde, so meinte er, die Befürchtungen mancher bolschewistischer Führer, dass er die Alleinherrschaft innerhalb der Partei anstrebe, nur bestätigen. Deshalb versuchte Trotzki nicht, seinen eigenen Apparat innerhalb der Partei aufzubauen, so wie dies Stalin und einige andere bolschewistische Führer getan hatten.

Nach vier Jahren Revolution und Bürgerkrieg habe Trotzki viel Popularität und wenig Macht besessen, schreibt der amerikanische Historiker Robert C. Tucker. Als der Kampf um die Nachfolge Lenins begonnen habe, fügt Isaac Deutscher hinzu, sei Trotzki praktisch mit leeren Händen in diesen Kampf gegangen.

Man muss aber zugleich hinzufügen, dass Trotzki zwar eine große Popularität bei den einfachen Kommunisten genoss, nicht aber bei der Mehrheit der bolschewistischen Führer. Diese hielten im Gegensatz zu den Parteimassen eine eventuelle Vorherrschaft Trotzkis in der Partei für eine Gefahr, die um jeden Preis verhindert werden müsse. Trotzki galt in der Parteiführung, im Gegensatz zu Lenin, als autoritär, ja beinahe despotisch. Man fürchtete, er werde versuchen innerhalb der Partei ein diktatorisches Regiment bonapartistischen Charakters zu errichten. Abgesehen davon kam für die alte bolschewistische Garde die Übertragung der Nachfolge Lenins auf Trotzki deshalb nicht in Frage, weil Trotzki hier als Außenseiter, als eine Art Emporkömmling galt. Trotzki war kein alter Bolschewik, jahrelang hatte er Lenin bekämpft und ihn als Verfälscher des Marxismus, als jakobinischen Diktator usw. bezeichnet. Im März 1913 schrieb er in einem Brief über die „elenden Intrigen, die Meister Lenin, dieser professionelle Ausbeuter jeglicher Rückständigkeit in der russischen Arbeiterbewegung, systematisch bei all seinen Aktivitäten schmiedet ... Das gesamte Gebäude des Leninismus ist zum gegenwärtigen Zeitpunkt auf Lügen und Fälschungen aufgebaut und birgt bereits den giftigen Keim der Verwesung in sich".

Mit ähnlicher Schärfe war Trotzki auch von Lenin kritisiert worden. Erst im Sommer 1917, also nur wenige Monate vor der Oktoberrevolution, trat Trotzki der bolschewistischen Partei bei (s. S. 44 f.).

Die alte bolschewistische Garde beobachtete die steile Karriere Trotzkis in der Partei mit Neid und Misstrauen. Nach dem Ausscheiden Lenins offenbarte sich allmählich, dass die Position Trotzkis innerhalb der Partei in erster Linie auf dessen Unterstützung gegründet gewesen war. Im Politbüro war Trotzki völlig isoliert, die Verhinderung seiner eventuellen Diktatur sollte den Inhalt des ersten Aktes des Kampfes um die Nachfolge Lenins bilden. Lenin hatte diesen Kampf vorausgesehen. In seinem politischen Testament vom Dezember 1922 warnte er die Führung der Partei vor einer Spaltung. Er sah im Konflikt zwischen Trotzki und Stalin, die er als die zwei bedeutendsten Gestalten innerhalb der Partei bezeichnete, die größte Gefahr für die Zukunft der Bolschewiki. Man muss Lenin insoweit ein feines psychologisches und politisches Gespür bezeugen. Ende 1922, als Lenin sein Testament schrieb, wäre es keinem Vertreter der bolschewistischen Elite eingefallen, Stalin auf die gleiche Stufe wie Trotzki zu stellen. Trotzkis Machtstreben wurde damals im allgemeinen überschätzt und dasjenige Stalins unterschätzt. Der britische Historiker E. H. Carr sagt, die ständigen Parallelen, die die Bolschewiki zur Französischen Revolution gezogen hätten, seien ihnen zum Verhängnis geworden. Von allen bolschewistischen Führern habe Trotzki am meisten und Stalin am wenigsten an einen potentiellen „bonapartistischen" Diktator erinnert. Deshalb hätten sich die Bemühungen der bolschewistischen Führer auch zunächst und in erster Linie auf die Verhinderung der Alleinherrschaft Trotzkis konzentriert.

Lenins politisches Testament, das seine Witwe, Nadjeshda Krupskaja, unmittelbar nach seinem Tod an die Parteiführung weiterleitete, stellte bei der Auseinandersetzung um die Nachfolge Lenins keine allzu große Hilfe dar. Bei der Charakterisierung seiner engsten Parteigefährten erinnerte Lenin an ihre Schwächen und gelegentliches politisches Fehlverhalten. Bei Trotzki hob er „ein Übermaß von Selbstbewusstsein und eine übermäßige Vorliebe für rein administrative Maßnahmen" hervor. Das Verhalten Sinowjews und Kamenews, die im Oktober 1917 den bolschewistischen Staatsstreich abgelehnt hatten, war Lenins Ansicht nach „kein Zufall". Nikolaj Bucharin, der als der nach Lenin bedeutendste Parteitheoretiker galt, hat nach Ansicht Lenins „die Dialektik nie studiert und ... nie vollständig begriffen ... Seine theoretischen Ansichten können nur mit sehr großen Bedenken zu den völlig marxistischen gerechnet werden". Besonders scharf wandte sich aber der sowjetische Staatsgründer gegen den Generalsekretär der Partei, Stalin: „Stalin ist zu grob, und dieser Mangel ... kann in der Funktion des Generalsekretärs nicht geduldet werden. Deshalb schlage ich den Genossen vor, sich zu überlegen, wie man Stalin ablösen könnte."

Lenin war der Meinung, dass eine Spaltung der Partei nur dann zu verhindern sei, wenn man zusätzliche Kontrollinstanzen in die Parteiführung einbauen würde. So schlug er in seinen letzten Schriften die Schaffung einer Zentralen Kontrollkommission vor, deren Mitglieder an den

Tagungen des Zentralkomitees der Partei teilnehmen sollten. Dieses Gremium sollte gegen Bürokratisierung und Verkrustung des Parteiapparates kämpfen. Die Zentrale Kontrollkommission, die dann in der Tat geschaffen worden war, wurde aber in Wirklichkeit nur zu einer zusätzlichen bürokratischen Einrichtung, die weder die Spaltung der Partei noch das Anwachsen der Bürokratie zu verhindern vermochte. Der Kampf gegen die Bürokratie mit bürokratischen Mitteln, wie er Lenin vorgeschwebt hatte, musste zwangsläufig scheitern.

Trotzki wurde nach dem Ausscheiden Lenins aus dem politischen Leben zum wichtigsten Wortführer des Kampfes gegen den Parteibürokratismus innerhalb der bolschewistischen Führung. Und diese seine Kritik sollte allmählich eine erbitterte innerparteiliche Kontroverse auslösen. Trotzki gehörte jahrelang zu den Befürwortern der eisernen Parteidisziplin, dennoch begann er seit 1923 immer stärker mit denjenigen Kräften in der Partei zu sympathisieren, die für die Bewahrung der inneren Parteidemokratie plädierten und den autoritären Dirigismus ablehnten. Dieser Sinneswandel Trotzkis war sicher mit seiner Isolation innerhalb des Politbüros verbunden, die nach dem Ausscheiden Lenins plötzlich offensichtlich wurde. Er versuchte nun, durch eine Verbindung mit der Parteibasis seine Ausgangssituation im innerparteilichen Konkurrenzkampf zu verbessern. Dennoch hatte die Kampagne Trotzkis gegen die Bürokratie und für die stärkere Entfaltung der Parteidemokratie auch andere, nicht nur machtpolitische Gründe. Und diese waren mit den Entwicklungen im Westen, nicht zuletzt in Deutschland, verknüpft. Das Scheitern des „deutschen Oktober" 1923 zerstörte die Aussicht auf eine unmittelbare kommunistische Machtübernahme im Westen und führte innerhalb der bolschewistischen Partei zur Verstärkung isolationistischer Tendenzen. Deren Vertreter maßen den weltrevolutionären Zielsetzungen nicht mehr eine derart vorrangige Bedeutung bei, wie dies bisher üblich gewesen war. Sie wollten sich eher auf innerrussische Aufgaben konzentrieren. Für Trotzki bedeutete eine solche Einstellung einen Verrat an den ursprünglichen Idealen des Bolschewismus. Er warnte die Partei vor dem Versinken in den Alltag und in die Routine. Wenn sie die weltrevolutionären Zielsetzungen nicht in den Vordergrund stellen werde, werde sie sich in eine reformistische Partei, in eine Art SPD verwandeln, schrieb er im Mai 1923: „Die Umwandlung der revolutionären Parteien findet unmerklich statt, tritt aber katastrophal zutage. Die deutsche Sozialdemokratie trat unter der Führung Wilhelm Liebknechts und August Bebels durchaus nicht mit jenen Gefühlen und Gedanken ins Leben, mit denen sie fünfzig Jahre später unter der Leitung Scheidemanns und Eberts in den Weltkrieg eintrat."

Dieselbe Gefahr der Umwandlung drohe, so Trotzki weiter, den Bolschewiki, falls sie ihre weltrevolutionären Aufgaben vernachlässigen würden. In der ersten Oktoberhälfte schickte er eine Reihe von Briefen an das Zentralkomitee der Partei, in denen er gegen das bürokratische Regime protestierte, das die Aktivität der Partei ersticke. Am 15. Oktober 1923 richteten 46 Gesinnungsgenossen Trotzkis an das Politbüro ein Schreiben, in dem sie die Zustände in der Partei mit ähnlichen Argumenten kritisierten: „Das Regime, das sich innerhalb der Partei gebildet hat, ist völlig unerträglich; es tötet die Eigeninitiative der Partei und ersetzt die Partei durch einen ausgewählten Beamtenapparat." Noch eindringlicher waren die Warnungen Trotzkis nach dem Scheitern des „deutschen Oktober". Besonders deutlich traten sie in seinem offenen Brief vom 8. Dezember 1923 zutage, der im Parteiorgan „Prawda" abgedruckt wurde. Darin warnte er die alte Garde der Partei vor Verknöcherung und bürokratischer Entartung, falls sie der Entfaltung der Parteidemokratie weiterhin Hindernisse in den Weg legen sollte.

Im Grunde ähnelten die Argumente Trotzkis denen, die Lenin in seinen letzten Regierungsjahren verwendet hatte. Auch dieser hatte ja die Parteibürokratie scharf angeprangert. Dennoch reagierte die Parteiführung auf die Kritik Trotzkis ganz anders als sie dies seinerzeit bei Lenin getan hatte. Als Lenin von gravierenden Mängeln in der Partei sprach, fiel es keinem bolschewistischen Führer ein, dies etwa als Verstoß gegen die Parteidisziplin aufzufassen. Trotzki hingegen konnte keineswegs mit einem vergleichbaren Respekt rechnen. Seine Angriffe beantwortete die Parteiführung mit einer massiven Kampagne gegen den „Trotzkismus", die Mitte Dezember 1923 in der ganzen kommunistischen Presse begann. Am aktivsten beteiligten sich daran drei Politbüromitglieder, das so genannte Triumvirat Sinowjew, Kamenew und Stalin, dem seit dem Ausscheiden Lenins praktisch die Macht in der Partei gehörte. Diese Trojka wurde aber auch von allen anderen Politbüromitgliedern unterstützt, nämlich vom Vorsitzenden des Rates der Volkskommissare Rykow (er übernahm dieses Amt von Lenin), vom Vorsitzenden der sowjetischen Gewerkschaften Tomski und von Nikolaj Bucharin, der nach dem Tode Lenins im Januar 1924 dessen vakanten Platz im Politbüro eingenommen hatte. Obwohl einzelne Mitglieder des Politbüros unterschiedliche, manchmal sogar konträre politische Ansichten vertraten, die Angst vor einer eventuellen Diktatur Trotzkis einigte sie alle. Trotzki berichtet über ein Gespräch mit Nikolaj Bucharin im Jahre

1925, als dieser ihm sagte, die Partei habe in erster Linie deshalb keine Demokratie, weil die Mehrheit der Parteiführer Angst vor ihm (Trotzki) habe.

Trotzki wurde nun vorgeworfen, er wolle durch seine Forderung nach Parteidemokratie die Bildung von Fraktionen innerhalb der Partei ermöglichen. Dies verstoße gegen die Resolution des X. Kongresses vom März 1921. Eine Freiheit für Gruppierungen innerhalb der alleinherrschenden Partei würde den Untergang der bolschewistischen Herrschaft herbeiführen, beteuerten die Opponenten Trotzkis. Besonders empört reagierten die Kritiker Trotzkis auf dessen These von der Entartung der alten bolschewistischen Garde und von der Notwendigkeit einer Regenerierung der Parteiführung durch neue Kräfte aus den Reihen der Parteijugend. Sie fassten dies als Aufruf an die jungen Parteimitglieder auf, gegen die bisherige Parteiführung zu rebellieren.

Trotzkis Fehler wurden von seinen Gegnern in erster Linie mit seiner nichtbolschewistischen Vergangenheit erklärt. Er habe sich die bolschewistischen Grundsätze nie völlig zu eigen machen können, weil er nicht die bolschewistische Schule hinter sich habe. Grigorij Sinowjew meinte: „Trotzki ist ein ausgesprochener Individualist ... [Seine] Unfähigkeit zur kollektiven Arbeit verhinderte die Herausbildung jener freundschaftlichen Beziehungen zwischen Trotzki und den alten Bolschewiki, die wünschenswert gewesen wären. Als Weiteres kommt hinzu unsere ganze Vergangenheit, die eine Periode von zwanzig Jahren umfasst, eine Zeitspanne, in der wir alte Bolschewiki durch dick und dünn gingen ... Trotzki muss sich etwas tiefer in das Wesen unserer bolschewistischen Partei versenken."

Wie reagierten die ausländischen Kommunisten auf die Kampagne gegen den Trotzkismus? Da Trotzki zu den populärsten Persönlichkeiten innerhalb der kommunistischen Weltbewegung zählte, machte sich die Führung der Bolschewiki zunächst darüber Sorgen, wie die anderen Sektionen der Komintern auf die antitrotzkistische Kampagne reagieren würden. Die Unsicherheit des bolschewistischen Politbüros wurde noch durch eine Erklärung verstärkt, die Karl Radek, der zu den engsten Mitarbeitern Trotzkis zählte, am 13. Dezember 1923 abgegeben hatte. Radek griff damals nach seiner Rückkehr aus Deutschland in die innerparteiliche Debatte ein. Er erklärte, wenn sich die Mehrheit der bolschewistischen Führung gegen Trotzki wenden würde, so würde nicht nur er, sondern auch die Führung der deutschen und der französischen KP – also der wichtigsten Parteien des Westens – gegen diesen Kurs opponieren. Eine Einmischung der nichtrussischen Sektionen der Komintern in die innerparteilichen Angelegenheiten der Bolschewiki hielt Radek für durchaus legitim. Bereits am 16. Oktober 1923 hatte er an das Politbüro geschrieben: „Das russische ZK sagt sich von seiner führenden Rolle in der Komintern los, wenn es jetzt nicht im Stande ist, mit eigener innerparteilicher Disziplin und der Politik des notwendigen Nachgebens den fatalen Konflikt zu verhindern. Falls das so ist, haben die westeuropäischen Bruderparteien das Recht und die Pflicht, sich einzumischen, ebenso wie sich die russische Partei in ihre Angelegenheit eingemischt hat. Ich bin überzeugt, dass keines der Mitglieder des ZK [ihnen] das Recht, dies zu tun, absprechen wird, weil es eine Negierung der Internationale bedeuten würde."

Radeks Plädoyer für die Einmischung der westlichen Kommunisten in die innerrussischen Angelegenheiten, um „diesen Wahnsinn" (den Konflikt innerhalb des bolschewistischen Politbüros) zu beenden, wirkte in der damaligen Konstellation wie eine ausgesprochene Donquichotterie. Welche Mittel hatten die von der Moskauer Führung weitgehend abhängigen westlichen Kommunisten, um den Gang der Ereignisse in Russland zu beeinflussen? Radek selbst – als Deutschlandbeauftragter des Exekutivkomitees der Komintern – hatte sehr viel dazu beigetragen, die bedeutendste nichtrussische Sektion der Kommunistischen Internationale, die KPD, zu einem Anhängsel Moskaus zu machen. Als er zur Zeit des „deutschen Oktobers" versuchte, diesen bereits weitgehend vollzogenen Prozess rückgängig zu machen, wurde sein Vorgehen von der regierenden Moskauer Trojka als Aufruf zur Meuterei aufgefasst.

Die westlichen Kommunisten wollten sich in der Regel in den innerbolschewistischen Streit nicht einmischen. Sie seien über die Tatsachen, die diesem Streit zugrunde gelegen hätten, zu wenig informiert gewesen, so einer der Führer der KPD, August Thalheimer. Die Verurteilung Trotzkis durch die bolschewistische Führung, die offiziell auf der XIII. Konferenz der Partei im Januar 1924 und auf dem XIII. Kongress der Partei im Mai 1924 erfolgt war, rief keine Welle der Entrüstung in der Kommunistischen Internationale hervor. Nur wenige kommunistische Führer des Westens solidarisierten sich mit Trotzki. Da er durch die offiziellen Gremien der bolschewistischen Partei mit überwältigender Mehrheit verurteilt worden war, wurde diese Entscheidung von der absoluten Mehrheit der nichtrussischen Kommunisten, wenn man von einigen kleinen ultralinken Gruppierungen absieht, respektiert. Trotzkis Sturz war ebenso schnell und spektakulär wie sein Aufstieg. Er selbst besiegelte seine Niederlage mit seiner pathetischen Rede auf dem

XIII. Parteitag der Bolschewiki, in der er von der Unfehlbarkeit der Partei sprach: Die Partei habe letzten Endes immer Recht, denn die Partei stelle das einzige Instrument dar, das die Geschichte dem Proletariat zur Lösung seiner wichtigsten Aufgaben gegeben habe. Man könne nicht im Recht gegen die Partei sein. Dann führte Trotzki aus: Die Engländer sagten: Right or wrong, my country. Die Bolschewiki könnten mit noch größerer Berechtigung sagen: Right or wrong, my party. Durch dieses Axiom von der Unfehlbarkeit der Partei entwaffnete Trotzki im Grunde sich selbst und seine Gesinnungsgenossen, die die Linie der Parteimehrheit für verderblich hielten. An welche Instanz sollten sie appellieren, um auf die herrschende Gruppierung der Partei Druck auszuüben? Die Gesellschaft wurde von den Bolschewiki entmündigt, die Kommunistische Internationale in eine immer größere Abhängigkeit von Moskau gebracht. So entschied über den Kurs des sowjetischen Staates diejenige Gruppierung, die in der Partei über die stärksten Bataillone verfügte.

12. Der Kampf um die Nachfolge Lenins – Zweiter Akt: Die Niederlage der „Linken"

Während des Kampfes gegen den so genannten Trotzkismus verlagerte sich das Machtzentrum in der Partei aus dem Politbüro in die so genannte Siebenergruppe, der außer Trotzki alle Politbüromitglieder (Sinowjew, Kamenew, Stalin, Bucharin, Rykow, Tomski) und der Vorsitzende der Zentralen Kontrollkommission Kujbyschew angehörten. Die Sitzungen des Politbüros verloren für eine gewisse Zeit ihre bis dahin so eminente politische Bedeutung und verwandelten sich beinahe in eine Farce. Dort wurden die bereits vorher vereinbarten Beschlüsse der Siebenergruppe bloß bestätigt. Unmittelbar nach der Beseitigung der Gefahr einer „bonapartistischen Diktatur" Trotzkis, die in Wirklichkeit niemals bestanden hatte, begannen sich indes Risse innerhalb der Siebenergruppe zu offenbaren. Sie teilte das Schicksal beinahe aller siegreichen Koalitionen, die nach der Beseitigung des gemeinsamen Gegners in der Regel dazu neigen, zu zerfallen.

So erkannten zum Beispiel die führenden Mitglieder der siegreichen Gruppierung – der Vorsitzende der Komintern und des Petrograder bzw. Leningrader Parteikomitees Sinowjew und der Vorsitzende des Moskauer Parteikomitees Kamenew –, dass sie in programmatischen Fragen mehr Gemeinsamkeiten mit Trotzki als mit ihren bisherigen Verbündeten hatten. Sie vertraten, ähnlich wie er, den internationalistischen Flügel der bolschewistischen Partei, der mehr in Deutschland als in Russland beheimatet war, und der die russische Revolution nicht als autonomen Vorgang, sondern in erster Linie als Einleitung zur Revolution im Westen begriff. Deshalb wandten sie sich gegen den in erster Linie von Stalin vertretenen Hang zum Russozentrismus, vor allem gegen seine 1924 aufgestellte These, Russland könne seine Rückständigkeit selbständig, ohne die Unterstützung des westlichen Proletariats, überwinden. Diese These vom „Aufbau des Sozialismus in einem Lande" hielten die Vertreter des internationalistischen Flügels der Bolschewiki für utopistisch. Noch schärfer wandten sie sich aber gegen die Agrarpolitik der Partei, die aus der Sicht der Linken allzu bauernfreundlich war. In der Tat lockerte das Regime 1924/25 weiterhin seine Haltung gegenüber den Bauern. Da das westliche Proletariat nicht im Stande war, den sowjetischen Staat aus der „kapitalistischen Einkreisung" zu befreien (siehe das Scheitern des „deutschen Oktober" 1923) wollten einige bolschewistische Führer nun stärker als zuvor um die Unterstützung der sowjetischen Bauern für das Regime werben. Im März 1925 bezeichnete das oberste Organ des sowjetischen Parlaments – das Zentrale Exekutivkomitee – die Entwicklung der Bauernwirtschaften als die „grundlegende Bedingung für weitere Erfolge des ganzen sozialistischen Aufbaus".

Zum wichtigsten Exponenten dieses bauernfreundlichen Kurses innerhalb der „Siebenergruppe" wurde Nikolaj Bucharin, der sich im Frühjahr 1925 mit den Worten „Bereichert Euch!" an die Bauern wandte. Der Wohlstand der russischen Bauern war Bucharins Ansicht nach die wichtigste Voraussetzung für die Stabilität des sowjetischen Staates und für den Aufbau einer Industrie in Russland, die unter russischen Bedingungen nur auf der Basis einer blühenden Landwirtschaft aufgebaut werden könne. Diese äußerst bauernfreundliche politische Linie, gelegentlich auch „Neo-NEP" genannt, rief eine heftige Kontroverse innerhalb der bolschewistischen Führung hervor. Vor 1925 wurde die NEP vor allem von der Fraktion Trotzkis kritisiert. Trotzki forderte eine forcierte Industrialisierung des Landes auf Kosten der Bauernschaft. Noch radikaler waren die Forderungen eines der führenden Mitglieder der trotzkistischen Opposition, Preobrashenski, der im Jahre 1924 erklärte, dass nur durch die Senkung des Lebensstandards der gesamten russischen Bauernschaft die Industrialisierung in Russland finanziert werden könne. Die Bauern seien eine Art innere Kolonie der sowjetischen Regierung.

Die trotzkistische Opposition war im Jahre 1924 von der Parteimehrheit unter anderem wegen dieser Kritik an der Neuen Ökonomischen Politik und wegen ihrer antibäuerlichen Tendenzen angegriffen worden. Als Bucharin im Jahre 1925 den Bauern neue Zugeständnisse versprach, wurde er wider Erwarten nicht nur von den Trotzkisten, sondern auch von den führenden Mitgliedern der antitrotzkistischen Koalition – Sinowjew und Kamenew – kritisiert. In seinem Buch „Philosophie der Epoche" vom September 1925 prangerte Sinowjew die wachsende Abhängigkeit der sowjetischen Städte vom Land an. Die Bucharinsche „Neo-NEP"-Politik lief für Sinowjew auf eine Restaurierung des Kapitalismus in der Sowjetunion hinaus. Dem schlossen sich Kamenew und das Leningrader Parteikomitee, dessen Vorsitzender Sinowjew war, an.

Sinowjew und Kamenew verurteilten nicht nur das Bauernprogramm Bucharins, sondern auch die These Stalins vom Aufbau des Sozialismus in einem Lande. In ihrer Argumentation wiederholten sie im Grunde die Thesen Trotzkis, die sie ein Jahr zuvor noch als „unbolschewistisch" angeprangert hatten.

Der zweite Akt der Kämpfe um die Nachfolge Lenins, der sich bereits im Frühjahr 1925 anbahnte, erfüllte viele bolschewistische Führer mit größter Sorge: „Niemals war unsere Partei in einer derart gefährlichen Situation wie heute", so ZK-Mitglied Ordshonikidse am 12. März 1925. „Es besteht kein Zweifel daran, dass beide Seiten sich zur gegenseitigen Vernichtung rüsten. Man muss dies um jeden Preis verhindern. Aber wie?" Auch der Leiter der sowjetischen Terrororgane, Dzierżyński, warnte die Parteiführung vor einem selbstzerstörerischen Machtkampf. Dies werde den „Thermidor", den Sieg der Gegner der „Diktatur des Proletariats" unvermeidlich machen. Trotz dieser apokalyptischen Vorahnungen wurden Sinowjew und Kamenew, die von der Witwe Lenins, Nadjeshda Krupskaja, unterstützt wurden, ebenso schnell wie Trotzki entmachtet. Dies ungeachtet der Tatsache, dass beide seit Jahrzehnten zu den engsten Gefährten Lenins zählten – man konnte sie also, im Gegensatz zu Trotzki, nicht einer antibolschewistischen Vergangenheit bezichtigen.

Auf dem XIV. Parteitag der Bolschewiki (Dez. 1925) sprachen sich von mehr als 600 Delegierten nur 65 für den Kurs der Opposition aus. Dies war in erster Linie die Leningrader Delegation, die von Sinowjew angeführt wurde. Diese Mehrheitsverhältnisse kamen nicht zuletzt durch den geschickten Einsatz des Parteiapparates zustande, der damals von Stalin bereits weitgehend kontrolliert wurde. Das Amt des Generalsekretärs, das Stalin seit April 1922 bekleidet hatte, wurde inzwischen zum wichtigsten Amt innerhalb der Partei. Die Ernennung von Parteifunktionären auf allen Ebenen, die Aufnahme neuer Parteimitglieder usw. – all das waren Aufgaben, die andere Parteiführer für uninteressant und unschöpferisch hielten. Stalin war diesbezüglich anderer Meinung. Dadurch zeigte er, dass er sich in die Sachzwänge eines totalitären Staates besser einfühlen konnte als andere alte Bolschewiki. Als revolutionärer Führer, als Theoretiker konnte er sich mit vielen Gefährten Lenins nicht messen, als „Machttechniker" aber war er ihnen eindeutig überlegen. Nicht zuletzt dieser Machttechnik Stalins fielen Sinowjew und Kamenew zum Opfer. Sie wurden ebenso schnell wie Trotzki entmachtet.

Lässt sich diese Niederlage in erster Linie auf machiavellistische Manipulationen Stalins zurückführen? Sicherlich nicht. Die Verurteilung der Opposition gab wahrscheinlich den Willen der Mehrheit der Partei wieder. Stalin appellierte an den russischen Nationalstolz, als er die These aufstellte, Russland könne den Sozialismus mit eigenen Kräften aufbauen. Die Vertreter des internationalistischen Flügels der bolschewistischen Partei hingegen, die dauernd von der Rückständigkeit Russlands sprachen, verletzten dadurch den Nationalstolz der Bolschewiki. Keine Nation, keine Klasse oder Partei könne allzu lange mit dem Gefühl der eigenen Minderwertigkeit leben, sagt Isaac Deutscher in diesem Zusammenhang.

Trotzki hielt sich zur Zeit der Auseinandersetzung der Parteimehrheit gegen die Opposition Sinowjew – Kamenew vollkommen zurück. Er konnte den beiden ihre früheren Angriffe nicht verzeihen. Diese Zurückhaltung wird von vielen Historikern als ein großer taktischer Fehler angesehen. Das Programm Sinowjews und Kamenews unterschied sich kaum von demjenigen Trotzkis, dennoch standen zunächst einem Zusammenschluss aller bolschewistischen Linken persönliche Animositäten im Wege. Zu diesem Zusammenschluss kam es erst im Frühjahr 1926, als die Gruppe um Sinowjew und Kamenew bereits entmachtet war. Dennoch entfaltete diese Koalition von geschlagenen, aller Partei- und Staatsämter enthobenen Politikern beinahe zwei Jahre lang eine äußerst rege Aktivität. Diesem Bündnis gehörte die Mehrheit der alten bolschewistischen Garde an, viele Helden der Revolution und des Bürgerkrieges waren hier vertreten. Auch innerhalb der Komintern erhielt der Kampf dieser Vereinigten Linken Opposition, wie sie genannt wurde, eine ganz andere Resonanz, als dies seinerzeit mit der trotzkistischen Opposition der Fall gewesen war. Nicht zuletzt aus Angst vor einem gemeinsamen Vorgehen der russischen und der nichtrussischen

Linken verzichtete die herrschende Gruppe innerhalb der bolschewistischen Partei auf die alljährlichen Kongresse der Kommunistischen Internationale. Nach dem V. Kongress der Komintern, der im Juni 1924 getagt hatte, wurde vier Jahre lang kein neuer Kongress einberufen. Dies waren Jahre erbitterter Kämpfe der Parteimehrheit gegen die linke Opposition.

Ganz anders als zur Zeit der Auseinandersetzung der Parteiführung mit dem so genannten Trotzkismus in den Jahren 1923/24 begnügten sich viele Kominternmitglieder während des Kampfes gegen die Vereinigte Linke Opposition nicht mit der Erklärung, dies sei eine innerrussische Angelegenheit. Auf dem VI. Plenum des Exekutivkomitees der Komintern im Februar 1926 verlangte der Führer der italienischen Linken Amadeo Bordiga von der bolschewistischen Führung genaue Rechenschaft darüber, was in der Partei vor sich gehe. Die russische Partei sei die letzte Instanz und die Stütze der kommunistischen Weltbewegung, so Bordiga. Diese Stütze lasse sich aber nicht als stabil bezeichnen, wenn angesehene bolschewistische Führer bei der Auslegung des Leninismus konträre Positionen verträten. Im Oktober 1926 warnte ein anderer Führer der KPI, Antonio Gramsci, in einem Brief an das ZK der bolschewistischen Partei vor den verheerenden Folgen ihres innerparteilichen Kampfes: „Wir sehen heute, wie sich in der zentralen leninistischen Gruppe eine Spaltung vollzieht und vertieft, in der Gruppe also, die immer der Führungskern der Partei und der Internationale gewesen ist. Eine solche Spaltung könnte ... die schwersten Auswirkungen haben, ... heute zerstört Ihr Euer Werk. Ihr lauft Gefahr, die führende Position der WKP (b) zu degradieren und zu annullieren.“

Die bolschewistische Opposition hatte in mehreren wichtigen Sektionen der Kommunistischen Internationale zahlreiche Verbündete, die sich die Argumente der russischen Linken zu Eigen machten. Sie kritisierten ebenso wie Trotzki, Sinowjew und Kamenew den Russozentrismus der bolschewistischen Führung, die These vom Aufbau des Sozialismus in einem Lande, aber auch die bauernfreundliche Politik, die vor allem von der Bucharinschen Fraktion befürwortet worden war. Die Entmachtung der Linken innerhalb der bolschewistischen Partei hatte ihre Entsprechung auch innerhalb der KPD und innerhalb der KPI. In der KPD wurde Ende 1925 die linke Führung um Ruth Fischer und Arkadij Maslow durch die linientreue Gruppe um Ernst Thälmann, Hermann Remmele und Heinz Neumann abgelöst. In der KPI wurde im Januar 1926 auf dem Kongress in Lyon die linke Führung unter Bordiga gestürzt und durch die gemäßigten Gramsci, Togliatti, Tasca abgelöst.

Der Widerstand der Vereinigten Linken Opposition innerhalb der bolschewistischen Partei sollte viel länger dauern. Die Tatsache, dass die linken Bolschewiki auf ihrem verlorenen Posten so lange ausharren konnten, war nicht zuletzt darauf zurückzuführen, dass sie in Trotzki einen Führer von außerordentlichem Format hatten. Wie gelähmt hatte er im Jahre 1924 seiner Entmachtung durch die alte bolschewistische Garde zugesehen. Seine nichtbolschewistische Vergangenheit, die ihm von seinen Gegner vorgeworfen wurde, betrachtete er selbst als eine Art Makel und gab den Kampf um die Nachfolge Lenins, bald nachdem er ausgebrochen war, praktisch verloren. In den Jahren 1926/27 hingegen befand sich Trotzki mit der Mehrheit der alten Bolschewiki im gleichen oppositionellen Lager. Aus einem Außenseiter verwandelte er sich in einen Wortführer der alten Parteigefährten Lenins. Diese neue Konstellation erklärt sicher den außerordentlichen Kampfgeist, den er in den Jahren 1926/27 mehrmals unter Beweis stellte.

Obwohl sich Trotzki im Jahre 1924 beinahe ohne Widerstand hatte zurückdrängen lassen, war die Faszination, die diese Gestalt auf die gesamte Partei ausübte, noch nicht zu Ende. Mit dieser Faszination war auch eine Überschätzung der Kampfentschlossenheit und des Machthungers Trotzkis verbunden. Man hielt die Gefahr eines trotzkistischen Staatsstreiches für durchaus akut. Ruth Fischer berichtet, dass Stalin panische Angst davor gehabt habe. Erst vor kurzem sind Stalins Briefe an einen seiner engsten Gefährten, Molotow, zugänglich geworden. In einem dieser Briefe (23. 9. 1926) schreibt Stalin: Trotzki sei in Rage und spiele va banque, und dann wörtlich: „Die Frage stellt sich folgendermaßen: Entweder unterwirft sich … [die Opposition] der Partei oder … [die Opposition] unterwirft die Partei. Es ist klar, dass im letzten Fall die Partei aufhören wird, als solche zu existieren."

Nicht nur Trotzkis Gegner, sondern auch seine Verbündeten hielten ihn für durchaus in der Lage, die bestehende Parteiführung gewaltsam zu beseitigen. Ruth Fischer berichtet über ein Gespräch mit Sinowjew, bei dem dieser das Bündnis seiner Fraktion mit Trotzki folgendermaßen begründete: Die Opposition brauche Trotzki nicht nur wegen seiner intellektuellen Fähigkeiten, sondern auch deshalb, weil die Partei eine starke Hand benötige, um auf den Weg des Sozialismus zurückzukehren. Stalin kämpfe nicht mit Worten, sondern mit Gewalt, man müsse nun gegen ihn eine stärkere Gewalt einsetzen.

1927 verschlechterte sich die außenpolitische Situation der Sowjetunion, wovon noch die Rede sein wird. Die Parteiführung sprach nun von einer „Kriegsgefahr" und appellierte an die Opposition, deshalb ihren Kampf gegen die Parteimehrheit einzustellen. Diesen Appell beantwortete Trotzki am 11. Juli 1927 mit einem Brief an das führende Mitglied der Stalinschen Fraktion Ordshonikidse, der in die Geschichte als der so genannte „Clemenceau-Brief" einging. Trotzki meinte darin, dass gerade wegen der Bedrohung des sowjetischen Staates durch eine „kapitalistische" Intervention die Opposition verpflichtet sei, ihre Bemühungen um die Absetzung der jetzigen unfähigen Regierung fortzusetzen. Falls der Krieg tatsächlich ausbrechen sollte, würden deren Schwächen für alle sichtbar werden. Die Absetzung dieser Regierung wäre dann Voraussetzung für eine bessere Organisierung der Landesverteidigung. Die Opposition müsse dann ähnlich handeln, wie der französische Staatsmann Georges Clemenceau im Herbst 1917 gehandelt habe, als er die damalige französische Regierung stürzte: „Die französische Bourgeoisie hatte zu Beginn des imperialistischen Krieges an ihrer Spitze eine Regierung, der Ruder und Steuer fehlten. Die Gruppe um Clemenceau befand sich in Opposition zu dieser Regierung ... Trotz des Krieges, ... selbst trotz der Tatsache, dass die Deutschen damals 80 Kilometer vor Paris standen, ... führte er einen ungestümen Kampf gegen die kleinbürgerliche Gebrechlichkeit und Unentschlossenheit ... Clemenceau hat an seiner Klasse, an der Bourgeoisie, keinen Verrat geübt ... Der weitere Gang der Ereignisse bewies das. Die Gruppe Clemenceau kam ans Ruder und sicherte durch eine konsequentere ... imperialistische Politik der französischen Bourgeoisie den Sieg."

Diese Thesen Trotzkis fasste Bucharin in seiner Rede vom August 1927 als Einleitung zu einem Staatsstreich gegen die bestehende sowjetische Führung auf. Ein Marsch der bolschewistischen Linken auf Moskau nach dem Vorbild des Marsches Mussolinis auf Rom stand für viele Beobachter nun unmittelbar bevor. Sie ließen aber außer Acht, dass Mussolini ein parlamentarisches Regime beseitigt hatte, das einer Opposition, die einen Umsturz organisieren wollte, wesentlich mehr Möglichkeiten bot, als die bolschewistische Diktatur. Die Vertreter der linken Opposition hatten früher selbst nicht wenig dazu beigetragen, die Kampfbedingungen der Regierungsgegner im sowjetischen Staat äußerst zu erschweren. Nun mussten sie selbst die Konsequenzen ihrer früheren Politik tragen. Im Laufe des Jahres 1926 verloren sie beinahe alle verantwortlichen Posten sowohl innerhalb der Partei wie auch in der Regierung und kämpften praktisch mit leeren Händen gegen ihre Gegner.

Abgesehen davon distanzierte sich die linke Opposition, ungeachtet ihrer martialischen Reden, im Wesentlichen von jedem gewaltsamen Vorgehen gegen die herrschende Parteigruppierung. So war sich Trotzki in den Jahren 1926/27 darüber unsicher, ob er im Kampfe gegen die Parteimehrheit gewaltsam vorgehen dürfe. Die Opposition betonte wiederholt, dass sie keine neue Partei, sondern immer noch Teil der bolschewistischen Partei sei. Deshalb hatten gewisse Spielregeln nach wie vor für sie Geltung, und aus diesem Grunde lehnte die Mehrheit den Vorschlag eines der radikalsten Oppositionsführer, Mratschkowski, Stalin zu verhaften, ab. Der aus der Sowjetunion emigrierte Historiker A. Awtorchanow kritisierte diese Einstellung der Gegner Stalins – vor allem Trotzkis –, die in den 20er Jahren den Kampf gegen Stalin unter Beachtung der Regeln des bolschewistischen „Ehrenkodexes" zu führen versuchten. Als Revolutionsführer sei Trotzki ein Gigant, als Machttechniker hingegen bloß ein Zwerg gewesen, so Awtorchanow. Mit Stalin hätten sich die Dinge genau umgekehrt verhalten.

Statt einen Staatsstreich zu planen, organisierte Trotzki zum 10. Jahrestag der Oktoberrevolution eine Gegendemonstration zur offiziellen Demonstration der Parteiführung. Im Grunde wusste Trotzki wohl, dass Stalin nicht zögern würde, die Gegendemonstration der Opposition mit Hilfe der Miliz auseinanderzujagen. Deshalb muss Trotzkis Vorgehen am 7. November 1927 eher als romantische Geste denn als durchdachte Kampfmaßnahme angesehen werden. Die Miliz hatte in der Tat keine Mühe, die oppositionelle Demonstration gewaltsam zu beenden. Drei Tage danach wurden Trotzki und Sinowjew aufgrund ihres Verstoßes gegen die Parteidisziplin aus der Partei ausgeschlossen. Im Jahre 1927 blieb Trotzki im Grunde derselbe revolutionäre Romantiker, der er auch im Jahre 1917 gewesen war. Die bolschewistische Partei hingegen hatte sich inzwischen in ihrer Struktur grundlegend gewandelt. Für die Mehrheit der Parteimitglieder, die erst nach dem Bürgerkrieg in die Partei eintraten, mutete das Programm Trotzkis schon anachronistisch an. Die These Stalins vom Aufbau des Sozialismus in einem Lande sprach sie wesentlich stärker an als Trotzkis Idee von der permanenten Revolution bzw. von der vorrangigen Bedeutung der Weltrevolution und von der Abhängigkeit Sowjetrusslands von den Entwicklungen der revolutionären Vorgänge im Westen. Nicht zuletzt dieser Umstand führte zur Niederlage Trotzkis und der bolschewistischen Linken, die auf dem XV. Parteitag der Bolschewiki im Dezember 1927 endgültig besiegelt wurde. Die überwältigende Mehrheit der Delegierten verurteilte die Opposition, die meisten Oppositionsmitglieder wurden aus der Partei ausgeschlossen.

Die Reaktionen einzelner Teile der linken Opposition auf die Beschlüsse des Parteitages waren unterschiedlich. Sinowjew, Kamenew und ihre Anhänger kapitulierten vor der Parteimehrheit. Sie erklärten sich mit der Kritik des Kongresses an ihrem Programm einverstanden und baten um Wiederaufnahme in die Partei. Die Trotzkisten hingegen blieben unbeugsam. Sie setzten ihre Angriffe gegen die Generallinie der Partei fort. Nicht zuletzt deshalb wurden sie härteren Verfolgungsmaßnahmen als ihre Verbündeten ausgesetzt. Einige von ihnen wurden verurteilt und viele verbannt. Sie lebten nun in Sibirien bzw. in Zentralasien, tausende Kilometer voneinander entfernt und stellten im Grunde keine Bedrohung für die Parteimehrheit mehr dar. Sie versuchten allerdings die Kommunistische Internationale, die immer noch als die höchste Instanz der kommunistischen Weltbewegung galt, mit ihren Protestschreiben zu beeinflussen. Sie wollten, dass der VI. Kongress der Komintern, der im Juli 1928 in Moskau stattfand, das Vorgehen der bolschewistischen Führung gegen die Opposition verurteile. Vor allem verlangten sie die Verurteilung der Parteimehrheit wegen der Anwendung von Polizeigewalt gegen die führenden Vertreter der trotzkistischen Opposition. In ihrem Schreiben an den VI. Kongress der Komintern erklärten die Trotzkisten, sie seien als Bolschewiki keineswegs Gegner des Terrors. Sie hätten sich selbst des revolutionären Terrors gegen die Bourgeoisie bzw. gegen die nichtbolschewistischen Parteien bedient. Dennoch habe Terror nur dann einen Sinn, wenn er einer richtigen Politik diene. Die Verurteilung bzw. Verbannung der alten Parteigefährten Lenins weise darauf hin, dass nun in der bolschewistischen Partei eine opportunistische Strömung die Oberhand gewonnen habe.

Bei diesen ihren Klagen ließen Trotzki und seine Anhänger außer Acht, wie eng der Zusammenhang zwischen der Verfolgung der innerbolschewistischen Opposition durch die Parteimehrheit und den Verfolgungen der nichtbolschewistischen Parteien durch die Bolschewiki selbst war. Auf diesen Zusammenhang weist zum Beispiel Isaac Deutscher hin, der ansonsten keineswegs zu den Kritikern Trotzkis zählt: Das Verbot der Opposition innerhalb der bolschewistischen Partei sei die Folge des Verbots aller anderen Parteien durch die Bolschewiki gewesen.

13. Der Kampf um die Nachfolge Lenins – Dritter Akt: Die Entmachtung der „rechten Opposition"

Nach der endgültigen Niederlage der linken Opposition, die auf dem XV. Parteitag der Bolschewiki im Dezember 1927 besiegelt wurde, schien die Partei ihre Einheit wieder gefunden zu haben. Die Spaltung, die sich innerhalb ihrer engsten Führung Ende 1923 offenbart hatte, ließ sich, ungeachtet aller Appelle an die Parteidisziplin und des von Lenin im März 1921 verkündeten Fraktionsverbots vier Jahre lang nicht überwinden. In dieser Zeit erlebte das Regime eine Zerreißprobe nach der anderen, schien am Abgrund zu stehen. Auf der anderen Seite verschafften diese innerparteilichen Kontroversen der Gesellschaft eine gewisse Atempause. Solange die Partei ihre innere Einheit nicht wieder gefunden hatte, war sie nicht im Stande, ihre 1921 aufgegebene „revolutionäre Angriffsstrategie" gegenüber der Gesellschaft wieder aufzunehmen. Sie diskutierte nur über den richtigen Weg zum sozialistischen Paradies und konnte ihn nicht betreten. Da die Partei jede politische Tätigkeit außerhalb ihrer Reihen verbot, stellte dieser innerparteiliche Diskurs eine Art Ersatzpluralismus dar und schützte die Beherrschten in gewisser Hinsicht vor der Willkür der Herrschenden, denn andere Kontrollmechanismen wurden vom Regime nicht mehr geduldet. So hing das Schicksal aller Schichten der Bevölkerung beinahe ausschließlich vom Kräfteverhältnis innerhalb der alleinherrschenden Partei ab. Nur solange dieses nicht endgültig geklärt war, hatten sie noch eine Chance, dass ihre Interessen vom Regime in irgendeiner Form wahrgenommen würden.

Unmittelbar nach der Bezwingung der linken Opposition stellte sich heraus, dass die Partei keineswegs aufhörte, mit mehreren Stimmen zu sprechen. Auch nach dem zweiten Akt des Kampfes um die Nachfolge Lenins – nach der Bezwingung der Linken – stellte die Partei, ähnlich wie nach der Entmachtung Trotzkis kein „monolithisches" Gebilde, sondern bloß eine Allianz aus verschiedenen Fraktionen dar, die nach der Bezwingung des gemeinsamen Gegners sofort zerfiel. Die Linken wurden von einer der widersprüchlichsten und unnatürlichsten Koalitionen bezwungen, die die Geschichte der bolschewistischen Fraktionskämpfe kennt – nämlich vom Duumvirat Stalin–Bucharin.

Bucharin, der während des Bürgerkrieges zu den ungeduldigsten kommunistischen Utopisten gehört hatte, erlebte, nicht zuletzt unter dem Eindruck des Bauernaufstandes von Tambow – er hielt sich Anfang 1921 in diesem von der Bauernrevolte erfassten Gebiet auf, – eine Art

Katharsis und wurde, ähnlich wie Lenin seit 1921, zum Verfechter der Langsamkeit. Er sprach sich zwar für den Aufbau des Sozialismus in Russland aus, meinte allerdings, dass der überwiegend bäuerliche Charakter des Landes die Bolschewiki dazu zwinge, sich diesem Ziel nur langsam zu nähern: „Wir [werden] uns zwar nur im Schneckentempo vorwärtsbewegen, doch nichtsdestoweniger die sozialistische Gesellschaft errichten", so Bucharin auf dem XIV. Parteitag der Bolschewiki im Dezember 1925.

Während des Bürgerkrieges hatte Bucharin zu den leidenschaftlichsten Verfechtern des „roten Terrors" gehört. In den 20er Jahren verwandelte er sich aber in einen scharfen Kritiker der so genannten „außerordentlichen Maßnahmen", d. h. der kriegskommunistischen Terrormethoden. Ende 1924 schrieb er an den Leiter der sowjetischen Terrororgane, Dzierżyński: „Wir müssen möglichst bald zu einem liberalen Führungsstil der Sowjetmacht übergehen; das bedeutet: weniger Repressionen, größere Rechtssicherheit, verstärkter Diskurs, mehr Selbstverwaltung (unter der Aufsicht der Partei, versteht sich)."

Etwa zur gleichen Zeit vertrat Stalin eine im Grunde entgegengesetzte Linie. Auf der Sitzung des Politbüros am 3. Januar 1925 sagte er nämlich: „Eine vollständige Liquidierung des Bürgerkrieges [d. h. Abkehr von den Bürgerkriegsmethoden] haben wir noch nicht erreicht und wir werden sie wahrscheinlich nicht bald erreichen."

Auf dem gleichen XIV. Parteitag der Bolschewiki, auf dem Bucharin für einen Aufbau des Sozialismus „im Schneckentempo" plädierte, führte Stalin aus: „Es gibt zwei Generallinien: Die eine geht davon aus, dass unser Land noch lange ein Agrarland bleiben müsse, ... das ist nicht unsere Linie. Es gibt eine andere Generallinie, die davon ausgeht, dass wir alle Kräfte aufbieten müssen, um unser Land zu einem wirtschaftlich selbständigen, unabhängigen, auf dem inneren Markt basierenden Land zu machen, zu einem Land, das zum Anziehungsfeld für alle anderen Länder wird, die nach und nach vom Kapitalismus abfallen und in die Bahnen der sozialistischen Wirtschaft einlenken werden. Diese Linie erfordert maximale Entfaltung unserer Industrie, jedoch nach Maßgabe und im Einklang mit den Hilfsquellen, die uns zur Verfügung stehen."

Bei ihrer Auseinandersetzung mit der Parteimehrheit betrachtete die linke Opposition nicht Stalin, sondern Bucharin als ihren ideologischen Hauptgegner. Bucharin und nicht Stalin symbolisierte die von ihnen leidenschaftlich bekämpfte Politik der Zugeständnisse an die „bäuerlichen Kleineigentümer". Stalin galt den Linken als ein purer Technokrat ohne die Fähigkeit, eigene ideologische Konzeptionen zu erarbeiten. Die Tatsache, dass er ungeachtet seiner These vom Aufbau des Sozialismus in einem Lande das angeblich prokapitalistische Programm Bucharins unterstützte, erklärten manche Vertreter der Linken mit dem theoretischen Unvermögen Stalins. Dieser war ihrer Meinung nach nicht in der Lage, seine eigenen Gedanken konsequent und logisch zu Ende zu denken. Auf dem XIV. Kongress der Bolschewiki im Dezember 1925 sagte Kamenew, einer der Führer der Linken: „Stalin ist eigentlich mit jener Linie, die in der Schule Bucharins … herausgebildet wird, nicht einverstanden … Ich habe dem Genossen Stalin in einer Reihe von Konferenzen den Vorwurf gemacht und wiederhole ihn hier vor dem Parteitag: Du bist schwerlich mit dieser Linie einverstanden, aber du deckst sie, und darin besteht dein Fehler als Parteiführer."

Zwar entwickelte Stalin im Laufe der Zeit einen mächtigen bürokratischen Apparat, der in den innerparteilichen Auseinandersetzungen eine immer stärkere Rolle spielen sollte, doch hielten die Linken diesen für eine Art seelenlose Maschine, hinter der zwangsläufig ein Lenker mit einem konkreten theoretischen Programm stehe und als solcher galt ihnen Nikolaj Bucharin. Die Möglichkeit, dass Stalin sich dieses gewaltigen Machtapparates, der ihm zur Verfügung stand, bedienen könnte, um sein eigenes Programm zu verwirklichen, ließ die linke Opposition zunächst außer Acht. In Wirklichkeit war aber Stalin keineswegs dazu bereit, seine eigenen Konzeptionen für immer ad acta zu legen. So bahnte sich unmittelbar nach der Zerschlagung der linken Opposition die nächste Etappe bei der Auseinandersetzung um das Leninsche Erbe an: der Kampf zwischen der Stalinschen und der Bucharinschen Fraktion. Dabei erwies sich Bucharin als Machttechniker Stalin noch weit weniger gewachsen, als dies bei Trotzki der Fall gewesen war. Und dies obwohl von neun Politbüromitgliedern, die das ZK-Plenum vom Dezember 1927 – unmittelbar nach dem XV. Parteitag der Bolschewiki – wählte, vier den Stalinschen Kurs der Wiederaufnahme der so genannten „sozialistischen Offensive" auf dem Lande ablehnten bzw. nur halbherzig unterstützten. Neben Bucharin waren dies der Vorsitzende des Rates der Volkskommissare Rykow und der Vorsitzende der sowjetischen Gewerkschaften Tomski (die führenden Mitglieder der so genannten „rechten" Fraktion). Mit ihnen sympathisierte auch der Vorsitzende des Zentralen Exekutivkomitees der Sowjets Kalinin – formell der erste Mann im Staate. Auch der Leiter des Moskauer Parteikomitees, Uglanow, unterstützte die Bucharinsche Fraktion. Abgesehen davon hatte Bucharin nach der Entmachtung Sinowjews im Jahre 1926 praktisch die Führung der Kommunistischen Internationale übernommen. Er war Chefredakteur der „Prawda“ und genoss den Ruf des bedeutendsten Parteitheoretikers nach dem Tode Lenins. Die intellektuelle Kaderschmiede des Zentralkomitees der Partei – das Moskauer „Institut der Roten Professur“ – befand sich weitgehend unter seinem Einfluss.

All diese Machtpositionen wurden indes von Bucharin kaum in Anspruch genommen, um dem immer aggressiveren Vorgehen der Stalinschen Fraktion wirksam zu begegnen. Bereits im Juni 1925 distanzierte sich Stalin von der bauernfreundlichen Losung Bucharins „Bereichert Euch!“, die dieser kurz zuvor verkündet hatte: „Dies ist nicht unsere Losung“, schrieb Stalin in einem Brief an die Zeitung „Komsomolskaja Prawda“, „sie ist falsch und gibt Anlass zu einer ganzen Reihe von Zweifeln und Missverständnissen.“

Immer schärfer waren die Angriffe der Parteipresse auf die wohlhabenden Bauern, die Kulaken, die buchstäblich dämonisiert wurden. (Dabei fiel es den Parteiorganen gar nicht so leicht, den Begriff „Kulak“ zu definieren. Eine vom bolschewistischen Wirtschaftsexperten Larin geleitete Kommission erarbeitete im Mai 1927 in diesem Zusammenhang folgende Kriterien: als Kulak galt zum Beispiel der Besitzer von drei Zugtieren oder eines Handelsbetriebes oder einer teuren Landwirtschaftsmaschine. Auch ein Bauer, der zwei Lohnarbeiter beschäftigte, wurde in die Kategorie der Kulaken eingeordnet. 3,9% der sowjetischen Bauernwirtschaften entsprachen nach Ansicht der Kommission diesen Kriterien.) Den Kulaken wurde das Wahlrecht entzogen, sie wurden höher als die anderen Bauern besteuert, erhielten keine Kredite und durften nicht in die Bauerngenossenschaften eintreten. Diese Diskriminierung der bäuerlichen Elite bezeichnete ein führender Mitarbeiter des Volkskommissariats für Landwirtschaft, Sawtschenko, Mitte 1927 als „die gemeinste und schamloseste Hetzjagd auf die fähigsten Kräfte der Landwirtschaft“. Ein anderer Kritiker dieses Kurses, der alte Bolschewik Parfjonow, fügte im September 1927 hinzu: „Zehntausenden der kultiviertesten, strebsamsten und sogar gegenüber der Sowjetmacht loyalsten Bauern ... wurde eine Lehre erteilt, die sie so schnell nicht vergessen.“

Diese Verschärfung des so genannten „Klassenkampfes“ auf dem Lande wurde von der Bucharinschen Fraktion zunächst beinahe widerstandslos hingenommen. Dies nicht zuletzt deshalb, weil Bucharin und seine Anhänger panische Angst davor hatten, als „Verteidiger der Kulaken“ stigmatisiert zu werden. Der Widerstand begann erst 1928, als die Stalinsche Fraktion einen Generalangriff nicht nur gegen die bäuerliche Oberschicht, sondern gegen das sowjetische Dorf als solches zu planen anfing. Einen Vorgeschmack darauf, was die Bauern zu erwarten hatten, stellte die so genannte Getreidebeschaffungskampagne dar, die Anfang 1928 begann. Die Partei reagierte damit auf die abnehmende Bereitschaft der Bauern, dem Staat Getreide zu verkaufen. Verursacht wurde diese Entwicklung durch mehrere Faktoren, nicht zuletzt durch die von der Parteiführung 1927 geschürte Kriegshysterie. Aus Angst horteten die Bauern Nahrungsmittel. Allein das Gerede über den Krieg kostete den Staat nach Einschätzung eines ukrainischen Parteifunktionärs „einen Ausfall von 15 Millionen Pud Getreide". Aber auch die vom Staat verordneten äußerst niedrigen Preise für landwirtschaftliche Erzeugnisse hielten viele Bauern davon ab, Getreide an den Staat zu verkaufen. 1927 verzeichneten die sowjetischen Statistiken einen Rückgang bei der Getreidebeschaffung im Vergleich zum Vorjahr um 28%. Statt mit wirtschaftlichen Mitteln auf die Krise zu reagieren, begann die Partei einen neuen genaralstabsmäßig geplanten Feldzug gegen das Dorf, um den Bauern ihre Überschüsse mit Gewalt zu entreißen. Die Behörden stützen sich dabei auf den Paragraphen 107 des Strafgesetzbuches der RSFSR, nach dem Sowjetbürger für „die böswillige Erhöhung der Warenpreise durch Aufkauf, Verstecken oder Nichtliefern auf den Markt" zu Haftstrafen bis zu drei Jahren bei gleichzeitiger Konfiszierung des gesamten Besitzes bestraft werden konnten. Gegen Tausende von Bauern wurde dieser Paragraph angewendet.

Die Stalinsche Fraktion begann eine Bürgerkriegsatmosphäre im Lande zu schüren und die Partei vor den „rechten Abweichlern" zu warnen, die die „Kulakengefahr" unterschätzten. Immer intensiver begann die Regierung, die Idee der Kollektivierung der Landwirtschaft zu propagieren. Die Kollektivwirtschaften – Kolchosen –, die 1927 nur 0,8% der landwirtschaftlichen Produktion des Landes lieferten und im Agrarsektor eine unbedeutende Randerscheinung darstellten, galten nun der Parteiführung als eine Art Allheilmittel für die Überwindung der „russischen Rückständigkeit". Sie sollten dem Staat die Ressourcen liefern, die er zum Aufbau des Sozialismus (d. h. der Industrie) benötigte. Als die größte Schwäche der russischen Landwirtschaft bezeichnete Stalin die Tatsache, dass die Kleinbauernwirtschaft die herrschende Form der Bewirtschaftung des Landes darstelle. Darauf wies er im Mai 1928 in einer Rede im Moskauer „Institut der Roten Professur" hin. Er sagte, die Oktoberrevolution habe den Großgrundbesitz, der nicht nur für den eigenen Bedarf, sondern auch für den Markt produzierte, beseitigt. Die Zahl der kleinen Bauernwirtschaften sei im Jahre 1927 im Vergleich zum Jahre 1917 von 16 Millionen auf 25 Millionen gewachsen. Diese kleinen Bauern seien nicht in der Lage, Maschinen anzuwenden und sich wissenschaftliche und technologische Errungenschaften zu Nutze zu machen, um die Produktivität zu steigern. Den einzigen Ausweg sah Stalin im Übergang von den kleinen, rückständigen, zersplitterten Bauernwirtschaften zu großen Kollektivwirtschaften.

Im Juli 1928 griff Stalin die Idee des Trotzkisten Preobrashenski auf, der die Bauern als eine Art innere Kolonie Russlands bezeichnet hatte. Man könne die Industrialisierung Russlands, so Stalin, nur dadurch finanzieren, dass man den russischen Bauern eine Art Tribut auferlege und ihren Lebensstandard senke. Dies werde sicher Widerstand, vor allem der reichen Bauern, hervorrufen. Absterbende Klassen ergäben sich nie ohne Kampf. Die Entwicklung des Sozialismus in Russland sei daher ohne eine Verschärfung des Klassenkampfes undurchführbar.

Diese Thesen wurden von Bucharin mit Entrüstung zurückgewiesen. Er beschuldigte Stalin, er wolle Russland in einen neuen Bürgerkrieg stürzen. Am 11. August 1928 teilte Bucharin Lew Kamenew mit, die Kluft zwischen ihm und Stalin sei viel tiefer, als sie je zwischen ihm und der linken Opposition gewesen wäre. Stalins Linie, die auf eine beispiellose Ausbeutung der russischen Bauern hinauslaufe, werde für die Revolution tödlich sein. Für die Mehrheit der Linken kam indes eine Zusammenarbeit mit der Bucharinschen Fraktion nicht in Frage. Die Tatsache, dass Stalin scheinbar bereit war, viele Postulate der linken Opposition in die Tat umzusetzen, wurde von deren überwältigender Mehrheit mit Befriedigung konstatiert. Sie hielten diese neue politische Entwicklung im Grunde für ihren eigenen Sieg und meinten, Stalin habe letzten Endes dem Druck der Opposition nachgegeben. Insofern sei also der mehrjährige Kampf der Linken gegen die Parteimehrheit nicht vergeblich gewesen.

Trotzki gehörte zu den wenigen Ausnahmen im linken Lager, die das Angebot Bucharins nicht ausschlagen wollten. Er vertrat die Meinung, trotz aller progammatischer Unterschiede hätten die Linken und die Gruppe Bucharins doch ein gemeinsames politisches Ziel: den Kampf gegen die Allmacht des bürokratischen Apparates und das Ringen um die Bewahrung der innerparteilichen Demokratie. Jedoch war Trotzki mit seinen Überlegungen völlig isoliert. Für die Mehrheit der Trotzkisten war die Tatsache, dass Stalin zumindest einen Teil ihres Programms verwirklichen wollte, viel wichtiger als die Tatsache, dass Stalin eine Gefahr für die Parteidemokratie darstellte. Sie wollten sich an der neuen sozialen und wirtschaftlichen Umwälzung, die sich in Russland anbahnte, unbedingt beteiligen. Deshalb begannen viele der führenden

Trotzkisten im Laufe des Jahres 1928 vor Stalin zu kapitulieren. Denn die Kapitulation, d.h. das reumütige Bekennen der eigenen Fehler und die öffentliche Verdammung Trotzkis wurden von Stalin als Bedingung für die Rückkehr der ehemaligen Mitstreiter Trotzkis aus der Verbannung und für deren Wiederaufnahme in die Partei festgelegt. Stalin brauchte sowohl für seine Industrialisierungspläne wie auch für den Kampf gegen Bucharin die Unterstützung der Linken, in deren Reihen sich eine beträchtliche Zahl von höchst begabten und energischen Parteiführern befand. Pjatakow, Serebrjakow, Preobrashenski, Radek und viele andere kapitulierten vor Stalin. Die Leere um Trotzki wurde immer größer.

Aber auch die Position der Bucharinschen Fraktion innerhalb der Partei wurde im Laufe des Jahres 1928 immer schwächer. Seit Anfang 1928 konnte man sowohl in der bolschewistischen Presse als auch in der Presse der Kommunistischen Internationale lesen, nach der Beseitigung der linken Gefahr komme die größte Gefahr, die nun der kommunistischen Bewegung drohe, von rechts. Welche Fehler wurden den „Rechten" vorgeworfen? Dazu eine Aussage Stalins vom 19. Oktober 1928: „Die rechte Abweichung im Kommunismus *unter den Verhältnissen der Entwicklung der Sowjetunion,* in der der Kapitalismus bereits gestürzt ist, in der aber seine Wurzeln noch nicht ausgerottet wurden, besteht in der Tendenz, ... von der Grundlinie unserer Partei nach der Seite der bürgerlichen Ideologie abzugehen. Wenn gewisse Kreise unserer Kommunisten ... die Notwendigkeit des Angriffs auf die kulakischen Elemente des Dorfes leugnen oder eine Einschränkung unserer industriellen Entwicklung fordern, da sie das gegenwärtige Tempo für verhängnisvoll ... halten ..., so bedeutet dies, dass es in den Reihen unserer Partei Leute gibt, die bemüht sind ..., die Sache unseres sozialistischen Aufbaus dem Geschmack der ‚Sowjet'-Bourgeoisie anzupassen. Der Sieg der rechten Abweichung in unserer Partei würde eine ungeheure Festigung der kapitalistischen Elemente in unserem Lande herbeiführen."

Obwohl die Auseinandersetzung zwischen der Stalinschen und der Bucharinschen Fraktion an Schärfe immer mehr zunahm, verlief sie in einer ganz anderen Form als die früheren Kämpfe um die Nachfolge Lenins. Die trotzkistische und später auch die „Vereinigte Linke Opposition" hatten sich bei ihrer Polemik gegen die Parteimehrheit an die Öffentlichkeit, vor allem an die Parteiöffentlichkeit gewandt. Sie wollten die Parteibasis aufrütteln und ließen sich durch Disziplinarverfahren und Rügen seitens der Parteimehrheit nicht einschüchtern. Einen solchen offenen Kampf wagte Bucharin nicht. Der Streit zwischen ihm und Stalin fand im Grunde nur hinter den Kulissen, nur innerhalb der höchsten Parteigremien statt. Zwar erfuhr die Parteiöffentlichkeit von einer anonymen rechten Gefahr, die den Bolschewismus und die kommunistische Bewegung als solche bedrohe, dennoch beteuerten die Vertreter beider rivalisierender Fraktionen zugleich, dass die Führung der Partei die Lage einheitlich beurteile. Gerüchte über eine Spaltung innerhalb der Parteiführung wiesen sowohl Stalin als auch Bucharin zurück. Diese Art von Auseinandersetzung begünstigte eindeutig Stalin, denn seine beherrschende Position in der Partei war ohne die Aktivierung der Gesellschaft nicht mehr zu erschüttern.

Da Bucharin auf den Appell an die Bevölkerung verzichtete, gab er den Kampf praktisch von Anfang an verloren. In den entscheidenden Monaten verhielt sich Bucharin äußerst passiv. Der amerikanische Sowjetologe Stephen Cohen weist darauf hin, dass im Oktober 1928, als der innerparteiliche Kampf seinen Höhepunkt erreichte, Bucharin für mehrere Wochen ins Sanatorium fuhr und Stalin in den fraktionellen Auseinandersetzungen völlig die Initiative überließ. Das Verhalten Bucharins weist hier eine erstaunliche Ähnlichkeit zu dem Trotzkis auf: Auch Trotzki hatte auf dem Höhepunkt der fraktionellen Auseinandersetzung im Januar 1924 Moskau verlassen und war für mehrere Monate in den Kaukasus gefahren, um sich dort zu erholen. Der innerparteiliche Kampf verwandelte sich dadurch in einen Monolog der Gegner Trotzkis. Seine Entmachtung beobachtete Trotzki aus der Ferne, und er unternahm in der entscheidenden Phase des Kampfes kaum etwas gegen das Vorgehen des Triumvirats Stalin–Sinowjew–Kamenew.

Die passive Hinnahme der eigenen Entmachtung durch diese beiden bolschewistischen Führer erinnert in gewisser Weise auch an einen ähnlichen Vorgang aus der Zeit der französischen Revolution, nämlich an die Art, wie die Entmachtung Dantons durch Robespierre vor sich ging. Auch Danton zog sich in den entscheidenden Monaten des Kampfes ins Privatleben zurück und überließ Robespierre die Initiative. Viele Beobachter berichten von einer seltsamen Willenslähmung, die Danton damals befiel, und die er erst zur Zeit der Gerichtsverhandlung überwand. Diese Parallele im Verhalten der drei revolutionären Führer lässt sich vielleicht dadurch erklären, dass sie alle, vor allem aber Danton und Trotzki, in erster Linie Volkstribunen, nicht aber Techniker der Macht waren. Als Revolutionsführer konnten sie zwar ihren jeweiligen politischen Gruppierungen zur Herrschaft im Lande verhelfen. Sie waren allerdings nicht im Stande, innerhalb des bereits gefestigten revolutionären Regimes den Kampf um die Alleinherrschaft erfolgreich zu führen. Dieser erforderte ganz andere machttechnische, politische und psychologische Eigenschaften. Auf diesem neuen Kampfgebiet waren sie Robespierre bzw. Stalin eindeutig unterlegen.

Zu den wenigen öffentlichen Stellungnahmen Bucharins zum innerparteilichen Konflikt gehörten einige Artikel in der „Prawda", in denen er Stalin sehr behutsam, nur zwischen den Zeilen, kritisierte. So warnte er am 30. September 1928 die Trotzkisten vor der Ausbeutung des Dorfes durch die Stadt. (Diese Warnung galt natürlich nicht den bereits besiegten Trotzkisten, sondern Stalin.) Am 21. Januar 1929, zum fünften Todestag Lenins, veröffentlichte Bucharin einen Artikel, der den Titel „Lenins politisches Testament" trug. Hierin verteidigte er die Fortsetzung der Neuen Ökonomischen Politik und des Bündnisses mit der Bauernschaft. Dabei berief er sich auf die Worte Lenins, der vor jeder Gefährdung dieses Bündnisses gewarnt hatte: Dies könne verheerende Folgen für die Sowjetmacht haben. Mit solchen Argumenten konnte Bucharin allerdings Stalins Programm der forcierten Industrialisierung Russlands und des Aufbaus des Sozialismus in der Sowjetunion nicht erschüttern. Stalin berief sich nämlich ebenfalls auf Lenin. Ähnliches tat übrigens auch Trotzki mit seinem Programm der Ausweitung der proletarischen Revolution auf die ganze Welt, der „permanenten Revolution". Alle drei waren in gewisser Hinsicht im Recht. Im Grunde waren in Lenins Programm all die Gedanken schon enthalten, aus denen Trotzki, Stalin und Bucharin später ihre eigenen Programme formulierten, die in den Jahren 1923–29 in der Partei um ihre Durchsetzung rangen. Nach dem Ausscheiden Lenins wurden verschiedene Teile seines Programms durch verschiedene Fraktionen verkörpert, die sich ausnahmslos als Vollstrecker seines politischen Testamentes verstanden. Aus diesem Grund spielten die Bemühungen verschiedener bolschewistischer Gruppierungen, den Nachweis zu führen, sie setzten die Ideen Lenins fort, im Kampfe um die Nachfolge Lenins nur eine zweitrangige Rolle. Ausschlaggebend war hier in erster Linie die Machtbasis der jeweiligen Fraktion innerhalb der Partei.

Die Frage, warum Bucharin keinen offenen Kampf gegen Stalin wagte und im Gegensatz zu Trotzki auf jegliche Appelle an die Öffentlichkeit verzichtete, lässt sich nicht eindeutig beantworten. Es wird vermutet, dass Bucharin fürchtete, eine öffentliche polemische Diskussion des Themas der Kollektivierung könnte Bauernunruhen verursachen. Demnach hätte er sich der Parteidisziplin unterworfen, um das Regime als solches nicht zu gefährden. Dennoch ist dies als Erklärung recht unbefriedigend. Bucharin sagte nämlich voraus, dass eine eventuelle Kollektivierung der Landwirtschaft einen neuen Bürgerkrieg in Russland auslösen werde, und er wusste, dass ein solcher Bürgerkrieg gegen die absolute Mehrheit der Bevölkerung für das Regime katastrophale Folgen haben könne. Trotz aller dieser Voraussagen, die sich zum Teil als sehr zutreffend erweisen sollten, kapitulierte Bucharin vor Stalin, ohne vorher alle Kampfmittel, die ihm zur Verfügung standen, ausprobiert zu haben. Die Öffentlichkeit erfuhr von der Auseinandersetzung zwischen der Stalinschen und der „rechten Fraktion" offiziell erst im Frühjahr 1929. Auf der XVI. Konferenz der bolschewistischen Partei, die im April 1929 stattfand, wurde nun die Bucharinsche Fraktion von einer überwältigenden Mehrheit der Delegierten offiziell für ihre „rechten Fehler" verurteilt.

Zwar behielten die „Rechten" zunächst ihre Ämter wie auch ihre Mitgliedschaft im Politbüro bei, sie führten aber in den herrschenden Gremien nur ein Dasein von Aussätzigen und mussten eine Demütigung nach der anderen hinnehmen. Dennoch vertraten sie, wie seinerzeit Trotzki, die selbstmörderische These: „Die Partei hat immer Recht." So sagte Bucharin im Juli 1929: „Die Entscheidungen der Partei und ihres Zentralkomitees sind für alle obligatorisch. Von einem Fraktionskampf kann keine Rede sein. Ich werde überall die Entscheidungen der Partei verteidigen ... Was die Methoden des Kampfes gegen mich anbetrifft, so muss man sagen, dass die Politik eine grausame Angelegenheit ist, und man muss sich damit abfinden."

Dies war also die Haltung des prominentesten Verteidigers der Belange von 80% der sowjetischen Bevölkerung – der russischen Bauernschaft – innerhalb der alleinherrschenden Partei: Resignation und Fatalismus. Der britische Sowjetologe E. H. Carr, der nicht selten zu kategorischen Urteilen neigt, bezeichnete das Schicksal Bucharins als eine Tragödie, allerdings nicht als die Tragödie eines großen, sondern als die eines schwachen Politikers und Menschen. Bedenkt man die katastrophalen Folgen, die die Kapitulation Bucharins für das Land haben sollte, Folgen, die Bucharin selbst im Wesentlichen vorausgesehen hatte, kann man dem Urteil Carrs durchaus beipflichten. Die vor kurzem zugänglich gewordene Erklärung Bucharins, Rykows und Tomskis an die Parteiführung vom 9. Februar 1929 bestätigt zusätzlich die These des britischen Sowjetologen. In dieser Erklärung setzten sich die Führer der „Rechten" schonungslos mit dem Kurs der Stalin-Fraktion auseinander und stellten zugleich einige ihrer wichtigsten Ämter zur Verfügung, weil die „Arbeitsatmosphäre unerträglich" geworden sei.

Dies war also eine Art Kapitulation, und zwar auf dem Höhepunkt des Kampfes.

Der relativ leichte Sieg der Stalinschen Fraktion über ihre rechten Opponenten war unter anderem dadurch bedingt, dass Stalin im Gegensatz zu Bucharin an die in der bolschewistischen Partei populäre Tradition des Leninschen Aktivismus anknüpfte. Die Bolschewiki bezeichneten sich stolz als Träger der größten Revolution in der Geschichte der Menschheit. Ihnen schwebte eine umfassende Veränderung der Welt und nicht eine Anpassung an die politische Realität vor. Diese voluntaristisch-utopistischen Energien des Bolschewismus waren selbstverständlich während der NEP-Periode nicht erloschen. An diese Energien appellierte Stalin. Das Programm Bucharins war bei der Mehrheit der Partei unpopulär. Es verurteilte die Partei zu Untätigkeit und Anpassung an die elementaren Kräfte der russischen Gesellschaft. Dies widersprach der von Lenin entwickelten Konzeption von der bolschewistischen Partei als einer revolutionären Avantgarde, die ihren Willen den Massen vermitteln und sogar aufzwingen sollte. Die Tatsache, dass Bucharins Programm ein positives Echo bei der überwiegenden Mehrheit der russischen Bevölkerung hätte finden können, erwies sich im Grunde nicht als seine Stärke, sondern als seine Schwäche.

Obwohl der Versuch der Bolschewiki, ihre gesellschaftliche Utopie zu verwirklichen, im ersten Anlauf – zur Zeit des Kriegskommunismus – gescheitert war, hörte diese utopische Vision keineswegs auf, die Partei zu inspirieren. Nach dem gewonnenen Bürgerkrieg hatten die Bolschewiki nur den politischen Teil ihres Programms realisiert – die Partei besaß nun das uneingeschränkte Machtmonopol. Dennoch hatte die allmächtige Partei im Grunde keine gesellschaftliche Schicht, auf die sie sich hätte stützen können. Die Bolschewiki träumten indes von der Stärkung der Klasse, in deren Namen sie regierten. Das schwache Proletariat wurde vorübergehend durch die Partei ersetzt, die die Rolle einer herrschenden Klasse en miniature spielte. Diesen Zustand wollten die Bolschewiki aber ändern. Dies insbesondere nach dem Scheitern ihrer weltrevolutionären Pläne. Die Partei brauchte dringend neue umfassende Aufgaben. Dies war die Stunde Stalins. Der unerreichbaren Utopie der Weltrevolution setzte Stalin das angeblich realistische Konzept der unverzüglichen Verwirklichung des „Sozialismus in einem Lande" entgegen.

Nach der Niederlage der Bucharinschen Fraktion änderte die Partei grundlegend ihren Charakter. Sie hörte auf, ein Konglomerat von verschiedenen Strömungen und Fraktionen zu bilden. Offene Diskussionen und offene Kritik der Generallinie der Partei bzw. der Kommunistischen Internationale, die zuvor trotz aller Verbote und Disziplinarverfahren aus der kommunistischen Bewegung nicht zu verbannen gewesen waren, waren nun, nach dem Sieg der Stalinschen Fraktion, nicht mehr möglich. Stalin wusste, dass sein gewaltiges Vorhaben – mehr als 100 Millionen sowjetische Bauern zu enteignen – sich nur mit einer völlig disziplinierten und gehorsamen und nicht mit einer diskutierenden Partei verwirklichen ließ. Um die Freiheitsräume in der russischen Gesellschaft, die die Neue Ökonomische Politik 1921 geschaffen hatte, zu beseitigen, musste die Stalinsche Fraktion zunächst die Freiräume innerhalb der bolschewistischen Partei aufheben. Nach der Bezwingung der „Rechten" präsentierte sich nun die Partei als ein geschlossener Monolith, täuschte Einstimmigkeit und Einhelligkeit vor, sogar dann, wenn heftige Meinungsverschiedenheiten die Führungsgremien erschütterten.

Im Dezember 1929, zur Feier seines fünfzigsten Geburtstages, wurde Stalin mit Huldigungen überhäuft, wie sie bis dahin kein bolschewistischer Führer empfangen hatte. Dies bedeutete keineswegs, dass es sich bei den engsten Gefährten Stalins bzw. bei den Mitgliedern seiner Fraktion nur um seine Kreaturen handelte. Solche bolschewistischen Führer wie Kirow, Ordshonikidse oder Kujbyschew gehörten der alten Garde der Bolschewiki an und verdankten ihren Aufstieg keineswegs Stalin. Sie waren aber der Meinung, dass die neue Phase der Klassenkämpfe neuer Führungsmethoden und neuer Führer bedürfe. Sie benötige keine Volkstribune und brillante Theoretiker, sondern Männer der Tat. Und Stalin galt in ihren Augen als ein solcher. Deshalb unterstützten sie in der Regel vorbehaltlos sein voluntaristisches Industrialisierungs- und Kollektivierungsprogramm. Die Anwendung des Terrors gegen die sich verzweifelt wehrenden Bauern hielten sie für durchaus legitim, denn diese klammerten sich ihrer Ansicht nach an die bereits überlebte „kleinbürgerliche" Wirtschaftsordnung.

14. Moskau und der Westen in der Zeit der europäischen Stabilisierung (1924–1929) – Zwischen Rapallo und Locarno

Solange die europäische Nachkriegsordnung von den potentiell stärksten europäischen Mächten – von Deutschland und von Sowjetrussland – radikal abgelehnt wurde, war die Wiederherstellung der politischen Stabilität in Europa undenkbar. Zu Beginn der 20er Jahre versuchten die Westmächte immer noch, diese zwei Staaten mit Pressionen zur Anerkennung der Versailler Ordnung zu zwingen. Zwar wurden im Jahre 1921 wirtschaftliche Beziehungen zwischen den Westmächten und Moskau angeknüpft, zugleich verweigerte man aber der sowjetischen Regierung die diplomatische Anerkennung. Unter einem noch stärkeren Druck der Westmächte befand sich Deutschland, das für die Nichterfüllung mancher Bestimmungen des Versailler Vertrages oder späterer Beschlüsse der Siegermächte hart bestraft wurde. Den Höhepunkt dieser unversöhnlichen Politik des Westens dem bezwungenen Deutschland gegenüber stellte die Ruhrbesetzung dar. Aber gerade sie zeigte, wie kontraproduktiv die Politik der direkten Pressionen war. Sie stürzte Deutschland in den finanziellen Ruin und in eine revolutionäre Situation, die Westmächte erzielten jedoch dadurch kaum Vorteile. In Frankreich wurden nun die Kräfte, die Deutschland gegenüber eine versöhnlichere Politik führen wollten, immer stärker. Diese neue Stimmung äußerte sich bei den französischen Parlamentswahlen, die im Mai 1924 stattfanden. Den Sieg trug das so genannte linke Kartell, die Gegner der bisherigen extrem nationalistischen Politik, davon. Poincaré musste zurücktreten. Sein Nachfolger war der liberale und versöhnliche Herriot. Auch in Deutschland wuchs die Kompromissbereitschaft gegenüber den Westmächten. Diese Entwicklung war nicht zuletzt mit der erfahrenen Ohnmacht zur Zeit der Ruhrbesetzung eng verknüpft. Der englische Historiker A. J. P. Taylor ist der Ansicht, man habe in Deutschland im Grunde erst während der Ruhrbesetzung begriffen, dass das Land den Krieg verloren hatte. Dies war in der Tat offensichtlich. Das wichtigste Industriegebiet des Reiches wurde von den westlichen Truppen okkupiert, und die Reichsregierung war nicht im Stande, wirksame Schritte dagegen zu unternehmen.

Die wichtigste Voraussetzung für die Entspannung in Europa war indes die Sanierung der europäischen, vor allem der deutschen Wirtschaft. Und diese Voraussetzung wurde im Jahre 1924 in der Tat geschaffen. Arthur Rosenberg sagt, im Dezember 1923 hätte ein kritischer Beobachter keine fünf Mark für das weitere Bestehen der Weimarer Republik gegeben. Als der Frühling gekommen sei, sei der militärische Ausnahmezustand klanglos aufgehoben worden, die Währung sei stabil geblieben, und ohne viel Aufsehen und Kämpfe sei plötzlich die Demokratie wieder akzeptiert worden. Dieses Wunder sei durch die New Yorker Börse erreicht worden.

In der Tat wandten sich die USA im Jahre 1924 wieder Europa zu. Das wirtschaftliche und politische Chaos in den europäischen Staaten, die

Die Erstürmung des Winterpalastes – des Sitzes der Provisorischen Regierung – durch die Bolschewiki. Die erste demokratische Regierung Russlands ergab sich beinahe kampflos, weil ihr so gut wie keine Truppen zur Verfügung standen. Die Szene wurde für einen Film nachgestellt.

Wladimir Lenin – Gründer der bolschewistischen Partei und des sowjetischen Staates.

Mitglieder der sowjetischen Delegation bei den Friedensverhandlungen von Brest-Litowsk (2. von links Leo Trotzki).

Parade der im Februar 1918 gegründeten Roten Armee in Moskau.

In der ersten Phase des Bürgerkrieges erlitt die Rote Armee eine Reihe verheerender Niederlagen. Auf dem Bild Soldaten der „weißen Armee" von Admiral Koltschak mit gefangenen Rotarmisten.

Allmählich verwandelte sich die Rote Armee in ein schlagkräftiges Instrument in den Händen der Bolschewiki. Auf dem Bild Soldaten eines Panzerzuges der Roten Armee.

Hungernde Menschen in der Ukraine (etwa 1920/21). Insgesamt fielen zu Beginn der 20er Jahre im sowjetischen Machtbereich etwa fünf Millionen Menschen der Hungerkatastrophe – der Spätfolge des „Kriegskommunismus" – zum Opfer.

Leo Trotzki – gehörte neben Lenin zu den populärsten Führern der Bolschewiki und galt eine Zeit lang als sein potentieller Nachfolger (oben links).

Josif Stalin – Sieger im Kampf um die Nachfolge Lenins (oben rechts).

Nikolaj Bucharin, einer der bedeutendsten bolschewistischen Theoretiker – verband sich mit Stalin gegen die „linke Opposition" um die bauernfreundliche Neue Ökonomische Politik vor den Angriffen der „Linken" zu schützen.

Kollektivierung der Landwirtschaft – die erste Etappe der Stalinschen Revolution von oben. Der „freiwillige" Beitritt in die Kolchose, wie die Propaganda die Kollektivierung darstellen wollte.

Alexej Stachanow – „Held der sozialistischen Arbeit", Vorbild der sog. „Stoßarbeiter".

Andrej Wyschinski – Generalstaatsanwalt der UdSSR, eine der Symbolfiguren des Großen Terrors von 1936–38.

Lawrentij Berija – seit Ende 1938 Leiter der sowjetischen Terrororgane und des Lagerimperiums

23. 8. 1939: Hitler–Stalin Pakt. Vordere Reihe von links: Joachim von Ribbentrop, Josif Stalin, Gustav Hilger, Wjatscheslaw Molotow. Der Beginn der brüchigen Allianz der beiden totalitären Regime.

1941: Ein erobertes russisches Dorf. Am 22. Juni 1941 war für Hitler die Allianz mit seinem ideologischen Gegner beendet. Es begann ein weltanschaulicher Vernichtungskrieg gegen die UdSSR.

31. 1. 1943: Stalingrad – deutsche und rumänische Soldaten geraten in die sowjetische Gefangenschaft. Nach der Schlacht von Moskau (Dezember 1941) der zweite Wendepunkt des deutsch-sowjetischen Krieges.

Mai 1945: Der sowjetische Soldat Meliton Kantarija hisst die rote Fahne auf dem Berliner Reichstagsgebäude – ebenfalls ein „gestelltes" Bild mit einer eigenen Geschichte.

Winston Churchill, Franklin D. Roosevelt und Josif Stalin während der Konferenz von Jalta. Moskau entscheidet gemeinsam mit den westlichen Demokratien über die Nachkriegsordnung der Welt.

1956: XX. Parteitag der KPdSU: am Rednerpult Nikita Chruschtschow – der postume Tyrannensturz.

Der Ungarn-Aufstand von 1956 – die Folge der Entstalinisierungskrise. Der Aufstand wird von sowjetischen Truppen blutig niedergeschlagen.

August 1968: Die Truppen des Warschauer Paktes unterdrücken gewaltsam den „Prager Frühling" – ein tschechischer Bürger stellt sich einem sowjetischen Panzer in den Weg.

Leonid Breshnew – Generalsekretär der KPdSU (1964–1982). Mit seinem Namen ist die Periode der „Stagnation" oder der bürokratischen Restauration verbunden.

Alexander Solshenizyn – regimekritischer Schriftsteller, Literaturnobelpreisträger, der wichtigste Repräsentant der „neoslawophilen" Strömung im heutigen Russland.

Atomphysiker und Friedensnobelpreisträger Andrej Sacharow – Symbolfigur der sowjetischen Bürgerrechtsbewegung.

Jurij Andropow – Generalsekretär der KPdSU (1982–84). Versuchte das System zu modernisieren, lehnte aber seine Liberalisierung ab.

Konstantin Tschernenko – Generalsekretär der KPdSU (1984–85). Verkörperte die Rückkehr des Regimes zur Breshnewschen „Stagnation".

Michail Gorbatschow in der Bundesrepublik (Juni 1989) – der letzte Generalsekretär der KPdSU. Sein Versuch, den Sozialismus zu reformieren führte letztendlich zum Systemwechsel, zum Zusammenbruch der sowjetischen Hegemonie in Osteuropa und zur Auflösung der Sowjetunion.

Boris Jelzin während des Putsches vom August 1991 vor dem Parlamentsgebäude in Moskau. An seinem Widerstand scheiterte der Versuch der kommunistischen Dogmatiker, das Rad der Geschichte zurückzudrehen.

zu ihren wichtigsten Handelspartnern gehörten, konnte die Vereinigten Staaten – die damals bereits wichtigste Industrie- und Wirtschaftsmacht der Welt – trotz ihrer isolationistischen Neigungen nicht gleichgültig lassen. Auch war in diesem Zusammenhang wichtig, dass Frankreich und Großbritannien ihre beträchtlichen Kriegsanleihen an die Vereinigten Staaten nicht zurückzahlen konnten, da sie auf die Reparationen aus Deutschland warteten. All diese Faktoren führten zu einer amerikanischen Intervention, die eine großzügige Kreditpolitik (Dawes-Plan) zum Inhalt hatte. Sie trug innerhalb kürzester Zeit zur wirtschaftlichen Stabilisierung Deutschlands und des europäischen Kontinents bei.

Die Überwindung der Nachkriegskrise durch die „kapitalistische" Welt wurde allmählich auch in Moskau registriert. Im März 1925 sagte Stalin in diesem Zusammenhang: „Es [steht außer Zweifel], dass es dem Kapital gelungen ist, sich aus der Erschütterung der Nachkriegskrise herauszuwinden … Es [steht gleichfalls außer Zweifel], dass im Zentrum Europas, in Deutschland, die Periode des revolutionären Aufschwungs bereits beendet ist … Aus der Periode des Sturms ist die Arbeiterbewegung in Deutschland in die Periode der Ansammlung der Kräfte eingetreten."

Die unerwartete wirtschaftliche Stabilisierung konnte allerdings ohne die Beseitigung der politischen Spannungen auf dem europäischen Kontinent nicht gesichert werden. Der allgemeine Wunsch nach der Beseitigung der Folgen des Krieges setzte sich in Europa nun immer stärker durch, vor allem in Großbritannien, in Frankreich und in Deutschland. Zu den Vätern der damaligen deutsch-westlichen Entspannung gehörten die Außenminister dieser drei Länder: Sir Joseph Austin Chamberlain, Aristide Briand und Gustav Stresemann. Im Juni 1925 wurde das Ruhrgebiet geräumt, im Oktober 1925 der Locarno-Vertrag unterzeichnet, in dem die Frage der deutschen Westgrenze endgültig geregelt wurde. Im September 1926 trat Deutschland dem Völkerbund bei. Wie reagierte die Sowjetunion auf diese Entwicklung?

Die Aussöhnung zwischen dem Westen und der Weimarer Republik beunruhigte Moskau. Gleichzeitig begann aber damals die Sowjetunion selbst ihre Beziehungen zum Westen zu normalisieren. Beide Staaten waren also nicht mehr so sehr aufeinander angewiesen, wie noch kurz zuvor. Der erste Staat aus dem Lager der Siegermächte, der sich bereit erklärte, die Sowjetunion diplomatisch anzuerkennen, war zur allgemeinen Überraschung der Weltöffentlichkeit das faschistische Italien. Am 30. November 1923 erklärte Benito Mussolini im italienischen Parlament, er sei bereit, die Sowjetunion anzuerkennen, falls er dafür bestimmte wirtschaftliche Konzessionen erhalten würde. Bisher war die Sowjetunion von keiner Siegermacht diplomatisch anerkannt worden, das Zerbröckeln der Einheit der Ententemächte in dieser Frage war also der sowjetischen Führung durchaus willkommen. Die Tatsache, dass gerade Mussolini – der „Inspirator der internationalen Gegenrevolution" – als erster die Einheitsfront der Entente durchbrochen hatte, störte die sowjetische Führung kaum. Es sei der faschistischen Diktatur leichter gefallen als den demokratisch regierten Ententemächten, die antisowjetischen Vorurteile zu überwinden, sagte Karl Radek im Februar 1924. Die Faschisten, die offen auf dem Boden der Gewalt stünden, wollten auch nicht verschleiern, dass die „kapitalistische" Politik sich von Interessen und nicht von Sentiments leiten lasse. Deshalb sei es für die Faschisten unproblematisch gewesen, jegliche Bedenken gegen die Anerkennung der Sowjetunion beiseite zu schieben.

Die Erklärung Mussolinis beschleunigte den Prozess der Anerkennung der Sowjetunion durch die Ententemächte. Als Anfang Dezember 1923 die Labour Party, die die Anerkennung der Sowjetunion befürwortet hatte, die Wahlen in Großbritannien gewonnen hatte, kam es zu einem echten Konkurrenzkampf zwischen London und Rom, wer als erster die Sowjetunion anerkennen werde. Diesen Wettkampf gewann Großbritannien, das einige Tage vor Italien – am 4. Februar 1924 – die sowjetische Regierung de jure anerkannte. Am 7. Februar 1924 erfolgte die diplomatische Anerkennung der Sowjetunion durch das faschistische Italien, im Oktober 1924 wurde die Sowjetunion durch die liberale französische Regierung Herriot anerkannt.

Trotz dieser Entwicklung reagierte man in Moskau mit recht großem Unbehagen auf den Geist von Locarno, der den Geist von Rapallo abzulösen begann. So kritisierte Moskau die Absicht Deutschlands, dem Völkerbund beizutreten. Der Völkerbund sei der Klub der Sieger, sagte der Volkskommissar für äußere Angelegenheiten, Tschitscherin, im Gespräch mit dem deutschen Botschafter in Moskau, Graf Brockdorff-Rantzau. Trotz solcher Befürchtungen Moskaus neigte aber Gustav Stresemann keineswegs dazu, den „russischen Faktor" in der deutschen Außenpolitik zu vernachlässigen. Um die sowjetischen Ängste zu beschwichtigen, schloss er im April 1926 mit der Sowjetunion in Berlin einen Vertrag, der eine Art Gegengewicht zum Locarno-Vertrag bilden sollte. Er bestätigte alle Punkte des Rapallo-Vertrages.

In gewisser Hinsicht erinnert die außenpolitische Konzeption Stresemanns an diejenige der Bundesregierung Brandt-Scheel von 1969, allerdings unter umgekehrten Vorzeichen. In beiden Fällen ging man davon aus, dass Deutschland sich sowohl mit dem Osten als auch mit dem Westen aussöhnen müsse. Die sozial-liberale Koalition des Jahres 1969 strebte nach einer Aussöhnung in Richtung Osten, nachdem die Westintegration der Bundesrepublik abgeschlossen war. Stresemann hingegen strebte die Entspannung im deutsch-westlichen Verhältnis an, nachdem die Beziehungen mit Sowjetrussland sich dank des Rapallo-Vertrages normalisiert hatten. Es bestand allerdings zwischen den beiden Konzepten ein wesentlicher Unterschied. Stresemann dachte bei der Normalisierung der Beziehungen mit dem Osten – im Gegensatz zur Regierung Brandt-Scheel – nur an die Sowjetunion, nicht an Polen. Auf die Revision der deutsch-polnischen Grenze wollte er auf keinen Fall verzichten. Er hoffte sogar, dass die Westmächte im Laufe der Zeit der Revision der deutschen Ostgrenze zustimmen würden. Nicht zuletzt aus diesem Grund wird die Stresemannsche Politik von vielen polnischen Autoren mit äußerster Schärfe kritisiert. Auch im Moskau der 20er Jahre wurde die deutsch-westliche Aussöhnung immer kritischer bewertet. Trotz des Berliner Vertrages gelang es Stresemann nicht, die Ängste der sowjetischen Führung vor einer weitergehenden außenpolitischen Isolierung zu beschwichtigen. Im Januar 1927 äußerte sich in diesem Zusammenhang Nikolaj Bucharin: „Wenn Deutschland in der vorausgegangenen Entwicklungsphase in Bezug auf die westeuropäischen Staaten als isolierte Größe dastand und kraft der gesamten Lage der Dinge zu uns hin neigte, so hat sich die gegenwärtige Lage radikal geändert. Deutschland hatte eine ziemlich entschiedene Wendung nach dem Westen vollzogen ... Deutschland tritt jetzt ein in das Konzert der ‚voll- und gleichberechtigten' imperialistischen Staaten, es ‚wendet sich ab' vom Osten und schlägt den Kurs nach Westen ein."

Die Ängste der sowjetischen Führung wurden damals noch zusätzlich durch zwei gravierende Niederlagen verstärkt, die die kommunistische Weltbewegung Ende 1926 und im Frühjahr 1927 erlitten hatte. Im Dezember 1926 ging der englische Bergarbeiterstreik, den Moskau aktiv unterstützt und von dem es eine Beschleunigung des revolutionären Prozesses in Großbritannien erwartet hatte, zu Ende. Die englisch-sowjetischen Beziehungen erreichten aufgrund der Einmischung Moskaus in innerbritische Angelegenheiten einen Tiefpunkt. Im Mai 1927 brach London die diplomatischen Beziehungen zur Sowjetunion ab. Erst im Oktober 1929 wurden sie wieder aufgenommen.

Einen nicht weniger empfindlichen Rückschlag erlitt die Kommunistische Internationale zur gleichen Zeit in China. Dort scheiterte im Frühjahr 1927 die Einheitsfrontpolitik der Kommunisten mit der bürgerlich-nationalen Bewegung Kuomintang, die die Komintern seit 1925 verfolgt hatte. Im März 1927 wandte sich die Kuomintang-Führung unter Chiang Kai-shek gegen die Kommunisten und rechnete mit ihnen blutig ab.

Alle diese außenpolitischen Niederlagen Moskaus trugen dazu bei, dass sich in der sowjetischen Führung die Furcht vor einer äußeren Bedrohung verstärkte. Die herrschende Gruppierung in der Partei begann die These von einer „Kriegsgefahr" zu lancieren, mit deren Hilfe sie die linke Opposition unter Trotzki zur Aufgabe ihres Kampfes gegen die Parteimehrheit zu bewegen suchte. Allerdings stellte diese These nicht nur eine Stalinsche Konstruktion dar, um die Opposition leichter disziplinieren zu können, wie dies einige Sowjetologen, zum Beispiel Louis Fischer, behaupten. Auch Vertreter der linken Opposition, zum Beispiel Trotzki, wiesen in den Jahren 1927–29 immer wieder auf die Gefahr eines Krieges gegen die Sowjetunion hin.

Ganz anders verhielt es sich indes mit einer anderen These Stalins, die er etwa zur gleichen Zeit, nämlich auf dem XV. Parteikongress im Dezember 1927, formulierte. Sie stellte in der Tat eine eigenwillige Konstruktion des Generalsekretärs dar, die zunächst sowohl die Mehrheit der russischen als auch der ausländischen Kommunisten vor den Kopf stieß. Stalin erklärte nämlich, die Periode der Stabilisierung des europäischen „Kapitalismus", die von 1924 bis 1927 angedauert habe, gehe nun zu Ende. Das europäische Proletariat radikalisiere sich und erneuere seinen revolutionären Ansturm auf das „kapitalistische" System. Damit knüpfe es an die Periode der revolutionären Offensive aus den Jahren 1918 bis 1923 an. Die Stabilisierung des „Kapitals" werde durch diese Angriffe in einem immer stärkeren Ausmaß untergraben.

Diese These Stalins war durch nichts begründet. Als er sie verkündete, waren keine Anzeichen einer revolutionären Krise oder einer Destabilisierung des kapitalistischen Wirtschaftssystems im Westen in Sicht. Warum machte Stalin diese Aussage, die den wirklichen Sachverhalten so offensichtlich widersprach? Vermutlich wollte er damit die Taktik der gesamten kommunistischen Weltbewegung an die damalige Taktik der bolschewistischen Partei anpassen. Stalin neigte häufig dazu, komplizierte und vielfältige Sachverhalte zu simplifizieren und zu vereinheitlichen. Wahrscheinlich tat er dies auch in diesem Fall. Die gesamte Komintern und nicht nur die bolschewistische Partei musste sich deshalb auf den Kampf gegen die so genannten Rechten einrichten. Die Kompromissbereitschaft bestimmter westlicher Kommunisten gegenüber der Sozialdemokratie und diejenige der so genannten rechten Bolschewiki gegenüber den reichen russischen Bauern wurden nun von den Stalinisten in einem Atemzug genannt. In diesem Zusammenhang entwickelte die stalinistische Führung eine Theorie, die sich einige Jahre später, vor allem in Deutschland, verhängnisvoll auswirken sollte. Es handelte sich um die „Sozialfaschismus"-These. Diese sollte nicht zuletzt der Diskreditierung der so genannten rechten Kommunisten dienen, die eine Kooperation mit den Sozialdemokraten nicht ablehnten. Die Sozialdemokraten wurden nun von den Stalinisten als eine Kraft dargestellt, die ebenso wie der Faschismus dem Kapitalismus helfe, seine Krisen zu überwinden. Die Sozialdemokratie spreche ebenso wie der Faschismus von der Zusammenarbeit der Klassen und lehne den Klassenkampf ab (die ersten Ansätze für die „Sozialfaschismus"-Theorie waren in der Komintern bereits Ende 1923 – nach der damaligen Niederlage der KPD – entwickelt worden. Schon damals wurde die „Sozialdemokratie" als der „linke Flügel des Faschismus" diffamiert. Mitte der 20er Jahre wurde aber diese These vorübergehend fallengelassen).

Solange Bucharin noch eine maßgebliche Rolle innerhalb der Kommunistischen Internationale spielte, konnte sich die „Sozialfaschismus"-Theorie innerhalb der Komintern nicht endgültig durchsetzen. Auf dem VI. Kongress der Kommunistischen Internationale im Juli/ August 1928, auf dem Bucharin das Hauptreferat hielt, wandte er sich gegen die „Sozialfaschismus"-These in ihrer überspitzten Form. Er sagte, man könne vielleicht Keime des Faschismus in der Sozialdemokratie entdecken, dies sei jedoch absolut kein Grund dafür, die Sozialdemokratie mit dem Faschismus zu identifizieren. Kommunisten könnten sich unter Umständen an sozialdemokratische Organisationen wenden, um gemeinsame Aktionen mit ihnen durchzuführen. Eine solche Zusammenarbeit mit faschistischen Organisationen sei indessen für die Kommunisten völlig ausgeschlossen.

Obwohl die Position Bucharins zur Zeit des VI. Kongresses der Komintern bereits recht angeschlagen war, gelang es ihm doch, die Resolution des VI. Kongresses der Komintern über die Sozialdemokratie in seinem Sinne zu gestalten. Die Sozialdemokratie wurde in dieser Resolution zwar scharf kritisiert, dennoch wurde die These Bucharins, es gebe keine Identität zwischen Sozialdemokratie und Faschismus, offiziell bestätigt. Dies war im Grunde der letzte Sieg Bucharins. Nach der endgültigen Niederlage der Bucharinschen Fraktion war die Infragestellung der Sozialfaschismus-Theorie innerhalb der Komintern nicht mehr möglich. Sie sollte nun für mehrere Jahre die Politik der Kommunistischen Internationale bestimmen.

Als die sozialdemokratische Regierung Preußens die kommunistische Demonstration in Berlin am 1. Mai 1929 mit Gewalt sprengen ließ, wobei mehrere Demonstranten getötet wurden, sahen sich die Stalinisten in ihrer These vom „faschistischen" Charakter der Sozialdemokratie bestätigt. Die Sozialdemokratie wurde nun als der gefährlichste Feind des „revolutionären Proletariats" definiert. Die rechten Kommunisten wurden wiederholt dafür kritisiert, dass sie die Verwandlung der Sozialdemokratie in den „Sozialfaschismus" nicht wahrhaben wollten. Auf dem X. Plenum des EKKI im Juli 1929 nannte einer der Führer der Komintern, Manuilski, diejenigen, die die Tatsache der Faschisierung der Sozialdemokratie in Frage stellten, blinde Versöhnler. Die Ablehnung der „Sozialfaschismus"-Theorie sei unmarxistisch. Ein anderer Stalinist, Martynow, verurteilte die Resolutionen des VI. Kongresses der Komintern, die die Identität von Faschismus und Sozialdemokratie infrage gestellt hatten. In den hochentwickelten Industrieländern mit einer starken Arbeiterbewegung spiele der „Sozialfaschismus" die Rolle des „klassischen Faschismus". In solchen Ländern wie Deutschland könne der revolutionäre Kampf des Proletariats nicht unter Anwendung direkter Gewalt wie in Italien unterdrückt werden. Man brauche dafür flexiblere Mittel. Diese Mittel stellten die sozialdemokratischen Parteien dem Kapitalismus zur Verfügung.

Während die Komintern sich auf den Kampf gegen den so genannten „Sozialfaschismus" konzentrierte, kam es Ende 1929 zu einem für sie gänzlich unerwarteten Wiederaufstieg der NSDAP. Das ehemalige KPD-Mitglied Heinz Schürer schrieb später, die Komintern habe das Anwachsen der faschistischen Welle nicht gemerkt, weil sie zu sehr damit beschäftigt gewesen sei, faschistische Merkmale dort zu suchen, wo sie nicht vorhanden waren – bei der SPD.

15. „Russland jenseits der Grenzen" – Zu den ideologischen Kontroversen in der russischen Emigration

Bis zum Beginn der Gorbatschowschen Perestrojka Mitte der 80er Jahre gehörte die Geschichte der antibolschewistischen russischen Emigration zu den am stärksten tabuisierten Themen der sowjetischen Historiographie. Arbeiten, die zu diesem Thema erschienen, zeichneten sich durch eine derartige ideologische Voreingenommenheit aus, dass sie für den wissenschaftlichen Gebrauch in der Regel ungeeignet waren. Aber auch in der westlichen Russlandforschung waren bis vor kurzem klischeehafte Vorstellungen über das russische Exil durchaus verbreitet. Sogar der deutsche Historiker Hans von Rimscha, aus dessen Feder einige der differenziertesten Analysen des Gegenstandes stammen („Der russische Bürgerkrieg und die russische Emigration 1917–21", Jena 1924 und „Russland jenseits der Grenzen 1921–26. Ein Beitrag zur russischen Nachkriegsgeschichte", Jena 1927), spricht zum Beispiel von der geistigen Sterilität des Exils. Es sei ihm nicht gelungen, auf dem Gebiet der Philosophie, der Geschichtswissenschaft oder anderer Geisteswissenschaften etwas Erwähnenswertes zu schaffen. Dem Historiker fehlte die zeitliche Distanz, um zu erkennen, wie unbegründet sein Vorwurf war. Dieser mildernde Umstand gilt jedoch nicht in Bezug auf spätere Autoren, die sogar noch in den 80er Jahren zu ähnlich pauschalen Urteilen neigten (vgl. unter anderem S. Fitzpatrick, Russian Revolution 1917–32, Oxford 1985, S. 11 und 35).

Die ideengeschichtliche Entwicklung des russischen Exils war durch ein Spannungsverhältnis zwischen Bruch und Kontinuität geprägt. Einerseits bildete die Emigration aus politischer, sozialer und kultureller Sicht eine Art Klammer zur vorrevolutionären Vergangenheit. In der Emigration wurde das vorrevolutionäre russische Kulturgut aufbewahrt und weiterentwickelt. Die bedeutendsten nichtbolschewistischen Parteien Russlands, die nach dem Sieg der Bolschewiki in Russland nicht mehr legal agieren durften, setzten im Exil ihre Tätigkeit fort (Monarchisten, Konstitutionelle Demokraten, Sozialrevolutionäre, Menschewiki u. a.). Andererseits erlebte die russische Emigration aufgrund der Erfahrung von 1917–1920 einen grundlegenden weltanschaulichen Wandel. Dabei handelte es sich nicht um den ersten Vorgang dieser Art. Bereits zu Beginn dieses Jahrhunderts hatte sich innerhalb der russischen Bildungsschicht eine ideologische Zäsur vollzogen, die sich in der Abkehr von manchen traditionellen Vorstellungen der radikalen russischen Intelligenzija äußerte. Besonders deutlich spiegelte sich diese Zäsur in dem 1909 veröffentlichten Sammelband „Wechi" (Wegmarken) wider, der mit äußerster Schärfe den bei der russischen Intelligenzija verbreiteten Glauben an die erlösende Kraft der Revolution kritisierte. Nach den umwälzenden Entwicklungen von 1917–1920 verschärften sich innerhalb der russischen Bildungsschicht die Angriffe gegen die radikale Intelligenzija, die für viele Autoren nun als der Hauptverantwortliche für das revolutionäre Debakel galt. Die allgemeine Schwenkung nach rechts zerstöre den russischen Liberalismus, schrieb

Rimscha 1927. Ein großer Teil der russischen Intelligenzija habe sich nun mit den Monarchisten ausgesöhnt, wodurch eine generationenalte Kluft zugeschüttet worden sei.

Antiliberale, antidemokratische Einstellungen waren besonders für die junge Emigrantengeneration charakteristisch. Der Konflikt zwischen Vätern und Söhnen, der die gesamte Entwicklung der russischen Intelligenzija seit ihrer Entstehung begleitet hatte, war auch für die ideengeschichtliche Entwicklung des russischen Exils von ausschlaggebender Bedeutung. Im Exil entstand eine Reihe politischer Organisationen, die keine vorrevolutionären Wurzeln besaßen und sich vor allem aus der Emigrantenjugend rekrutierten (Eurasier, Jungrussen oder Nationaler Arbeitsbund der jungen Generation). Es handelte sich hier um eine Generation, die vor 1914 keine nennenswerten Erfahrungen zu sammeln vermocht hatte und die vor allem durch den Ersten Weltkrieg, die Revolution von 1917 und den russischen Bürgerkrieg geprägt war. Deshalb unterschied sie sich in ihrer Diktion und ihrem Verhalten grundlegend von der Generation der Väter. Sie bediente sich eines radikalen, manchmal schrillen Vokabulars und stellte alte Denkgewohnheiten infrage. Ähnliche Vorgänge waren damals bekanntlich auch im Westen zu verzeichnen. Auch dort fand ein Aufstand der Kriegsgeneration gegen die Väter statt, der sich in manchmal unerwarteten und bizarren Formen vollzog. In der deutschen „Konservativen Revolution" spiegelte sich diese Entwicklung besonders deutlich wider. Die dort vorgenommene Synthese von ideologischen Komponenten, die vor 1914 als Gegensätze gegolten hatten, war auch für nachrevolutionäre russische Exilgruppierungen charakteristisch. Ähnlich wie die „Konservative Revolution" verkörperten diese Gruppierungen Bruch und Kontinuität zugleich.

Die außergewöhnliche Verbreitung antidemokratischer bzw. antiparlamentarischer Ideen innerhalb des russischen Exils wirkt um so erstaunlicher, als die Emigranten mit ihrer Kritik am Parlamentarismus sich keineswegs auf russische Erfahrungen stützen konnten. Die Krise des Parlamentarismus mit all ihren Begleiterscheinungen konnte Russland nur am Rande erfassen, weil hier die parlamentarischen Strukturen niemals zur vollen Entfaltung gelangt waren. So spiegelten sich innerhalb des Exils manche Tendenzen wider, die eher für den Westen als für Russland charakteristisch waren.

Die nachrevolutionären russischen Exilgruppierungen waren in der Regel antiwestlich gesinnt. Besonders deutlich zeigte sich dies in den programmatischen Äußerungen der zu Beginn der 20er Jahre entstandenen Eurasierbewegung. Die Eurasier waren der Auffassung, dass Russland sich im Grunde nur versehentlich der europäischen Staatengemeinschaft angeschlossen habe. In Wirklichkeit habe es in Europa nichts zu suchen. Es müsse sich dem Osten zuwenden und das Fenster nach Europa, das Peter der Große zu Beginn des 18. Jahrhunderts geöffnet hatte, schließen. Die Kampfansage der Eurasier an den Westen rief in der russischen Emigration höchst unterschiedliche Reaktionen hervor. Von vielen Vertretern der alten russischen Intelligenzija, die den in den 30er Jahren des 19. Jahrhunderts begonnenen Streit zwischen Bewunderern und Kritikern des Abendlandes – zwischen Westlern und Slawophilen – für längst überholt hielten, wurden die Eurasier mit äußerster Schärfe kritisiert. Man dürfe nicht Europa und Asien als zwei Zimmer ansehen, in denen Russland abwechselnd leben könne, schrieb 1924 Fjodor Stepun. Das Europäische und das Asiatische seien zwei Bestandteile des Wesens Russlands. Auf keine dieser Komponenten könne Russland verzichten, vor keiner könne es fliehen. Es sei wenig wahrscheinlich, fügte ein anderer russischer Philosoph, Nikolaj Berdjajew, hinzu, dass irgendeine Kultur, zum Beispiel die westliche, ausschließlicher Träger des Bösen sein könne, wie die Eurasier dies behaupteten. Das Christentum lasse eine solche geographische Einteilung des Guten und des Bösen nicht zu.

Dennoch rief der radikale Antiokzidentalismus der Eurasier nicht nur negative Reaktionen hervor. Ihre Kampfansage an die westliche Kultur verkündeten die Eurasier unmittelbar nach der Niederlage der Gegner der Bolschewiki im Bürgerkrieg. Diese Niederlage führten viele Emigranten auf die mangelnde Unterstützung und die inkonsequente Haltung der Westmächte zurück. Dazu kamen auch die drückende Not des Emigrantendaseins und die Anpassungsschwierigkeiten an die fremde, nicht immer wohlgesonnene Umgebung. Zwar handelte es sich bei den Emigranten in der Regel um Vertreter der europäisierten russischen Elite, für die der Westen keine Terra incognita darstellte. Dennoch befanden sie sich jetzt in einer spezifischen Situation der Entrechteten, was ihre Wahrnehmungen nicht unwesentlich beeinflusste. So blieben die Eurasier mit ihrer radikalen Kritik an der westlichen Kultur im Emigrantenlager keineswegs isoliert. Auch andere national gesinnte Gruppierungen – Smena-Wech-Bewegung, Jungrussen, Nationalmaximalisten und andere – dachten ähnlich. Sie sprachen ebenfalls von dem unüberbrückbaren Ost-West-Gegensatz und von der russischen Sendung, die Welt, darunter auch den Westen selbst, von den „verderblichen“ westlichen Prinzipien zu befreien.

Diese heftige Auflehnung gegen den Westen hatte jedoch nicht nur russische Wurzeln. Sie stand zugleich unter dem Einfluss der kulturpessimistischen Strömungen, die damals im Westen sehr stark verbreitet waren. Dabei muss man auf folgendes Paradoxon hinweisen: Der Kulturpessimismus mancher nachrevolutionärer russischer Emigrantengruppierungen mit seinen antiwestlichen Akzenten spiegelte keineswegs Entwicklungen wider, die für die damalige Sowjetunion charakteristisch waren. Anders als die Mehrheit der Emigranten war die sowjetische Intelligenzija im Wesentlichen fortschritts- und wissenschaftsgläubig, die bolschewistische Vision vom Einholen des Westens übte auf sie eine außerordentliche Faszination aus. So sogen die Emigranten durch den bei ihnen verbreiteten Kulturpessimismus, ähnlich wie im Falle ihres Antiparlamentarismus, manche Tendenzen auf, die in das von der Außenwelt abgeriegelte Russland nicht mehr durchdrangen. Dies war also eine nicht gewollte Identifizierung mit dem so heftig abgelehnten Westen.

Neben der Debatte um die Stellung Russlands in Europa stand auch die Frage nach den Ursprüngen und nach dem Charakter der russischen Revolution im Mittelpunkt der ideologischen Kontroversen der Emigration. Die Emigration sei nicht im Stande, die Entwicklungsprozesse in Sowjetrussland sachlich zu analysieren, meinte 1927 Hans von Rimscha. Alles, was die Emigranten über Russland schreiben, sei äußerst subjektiv und deshalb unzuverlässig. Auch später erschienenen sowjetologischen Werken, praktisch bis Ende der 80er Jahre, konnte man ähnliche klischeehafte Äußerungen entnehmen. Verbreitet war zum Beispiel die These von der angeblichen Verklärung des vorrevolutionären Russland durch die Emigration als solche. In Wirklichkeit waren vielen maßgeblichen Exilgruppierungen nostalgische Tendenzen relativ fremd, sie setzten sich schonungslos mit der eigenen Vergangenheit auseinander. Vor allem die nachrevolutionären russischen Exilgruppierungen trugen viel zur Neubewertung der russischen Revolution und der Prozesse, die zu ihr führten, bei. Viele Denkstereotype wurden von ihnen infrage gestellt, wogegen sich ihre Kontrahenten heftig wehrten. Sie wandten sich gegen die in den konservativen Emigrantenkreisen verbreitete Auffassung von der Revolution als einem Ergebnis der Verschwörung ausländischer Mächte und „fremder Elemente" in Russland selbst. Weder die Bildungsschicht noch das Volk dürften die direkte Verantwortung für die revolutionäre Krise von sich weisen, schrieb Nikolaj Ustrjalow, einer der Gründer der Smena-Wech-Bewegung: „Die Revolution ist ausgesprochen russisch, ganz in unserer Psychologie und

Geschichte verwurzelt. Sogar wenn man mit mathematischer Genauigkeit beweisen würde, wie dies manche zur Zeit ohne Erfolg zu tun versuchen, dass 90% der Revolutionäre Nichtrussen sind, würde dies den ausgesprochen russischen Charakter der Revolution nicht widerlegen."

Nach Ansicht der Eurasierbewegung stellte die Revolution in erster Linie eine Auflehnung des Volkes gegen das Werk Peters des Großen dar, also eine Auflehnung gegen die Europäisierung Russlands. Einer der eurasischen Autoren, Pjotr Suwtschinski, sagte, die russischen Bauern hätten die bolschewistischen Klassenkampfparolen nicht nur deshalb bereitwillig aufgenommen, weil sie die Grundherren enteignen wollten. Eine andere Ursache dafür sei auch der Wille dieser Bauern gewesen, sich von der für sie fremden und unbegreiflichen europäisierten kulturellen Oberschicht zu befreien. Paradoxerweise habe sich dieser Volksaufstand mit einer Bewegung verbunden, so die Eurasier, deren Ziel keineswegs die Abkehr Russlands von Europa, sondern im Gegenteil die Intensivierung seiner Europäisierung gewesen sei. Die Bolschewiki, die von diesem Volksaufstand letzten Endes profitierten, hätten ähnlich wie Peter der Große Russland als ein barbarisches, rückständiges Land angesehen, das zivilisiert, d.h. europäisiert werden müsse.

Mit diesen Thesen der Eurasier waren auch manche ihrer Kritiker einverstanden. Die Kluft zwischen der Oberschicht und dem einfachen Volk sei in Russland so tief wie in keiner anderen Nation gewesen, schrieb 1924 Nikolaj Berdjajew. Seit Peter dem Großen hätten die russischen Unterschichten aufgehört, ihren eigenen Staat, seine politischen Ziele und seine Ideen zu verstehen, fügte 1929 Georgij Fedotow hinzu. Trotz dieser partiellen Übereinstimmung mit den Thesen der Eurasier waren Berdjajew, Fedotow und ihre Gesinnungsgenossen der Meinung, die Öffnung des Landes nach Westen habe die russische Kultur vor der völligen Stagnation bewahrt. Ohne die Anregungen aus dem Westen wären die großartigen kulturellen Leistungen Russlands im 19. Jahrhundert undenkbar gewesen.

IV. Stalins „Siege" und Niederlagen (1930–1938)

1. Bezwingung der „bäuerlichen Kleineigentümer" und „Liquidierung des Kulakentums als Klasse"

Die Leichtigkeit, mit der die Stalinsche Fraktion ihren letzten gewichtigen Kontrahenten in der Partei – die Bucharin-Gruppe – zu bezwingen vermochte, steigerte das Selbstbewusstsein und die Aggressivität der Sieger. Auf dem ZK-Plenum vom April 1929 befasste sich Stalin ausführlich mit den so genannten Fehlern der rechten Opposition. Sie sei unfähig zu verstehen, dass der Klassenkampf in der Sowjetunion nun eine neue Dimension erreicht habe, er werde immer schärfer. So gehe die Bucharin-Gruppe davon aus, dass kapitalistische Schichten, die in der Sowjetunion immer noch existierten, friedlich in den Sozialismus hineinwachsen würden. Damit verkenne sie gänzlich die Sachlage: „Noch niemals war es in der Geschichte der Fall, dass sterbende Klassen freiwillig vom Schauplatz abgetreten wären. Noch niemals war es in der Geschichte der Fall, dass die sterbende Bourgeoisie nicht alle ihr noch verbliebene Kraft erprobt hätte, um ihre Existenz zu behaupten ... Das ist die Grundlage der Verschärfung des Klassenkampfes in unserem Lande."

Stalin knüpfte an die Thesen an, die er bereits auf dem ZK-Plenum vom Juli 1928 geäußert hatte. Damals hatte er sich aber noch mitten im Kampf gegen die Bucharin-Fraktion befunden und konnte seine Postulate nicht sofort in die Wirklichkeit umsetzen. Nun formulierte er die gleichen Thesen als Sieger. Deshalb hatten sie den Charakter einer Anleitung zum Handeln. Neun Jahre nach dem gewonnenen Bürgerkrieg, mitten in einer Zeit des Friedens, begann nun die sowjetische Führung, eine Kriegsstimmung zu schüren und den Eindruck zu vermitteln, sie stehe am Vorabend eines Endkampfes, von dem das Schicksal des Regimes abhänge. Der gefährlichste Feind, der in diesem sich anbahnenden Krieg zu bezwingen sei, wurde eindeutig definiert – es war die bäuerliche Elite, die „Kulaken", die nach den offiziellen Berechnungen etwa 4% der bäuerlichen Haushalte ausmachten. Es handelte sich dabei um etwa eine Million Bauernfamilien (5–6 Millionen Menschen).

Diesem wirtschaftlich effizientesten Teil der sowjetischen Bauernschaft wurde nun unversöhnlicher Kampf angesagt. Er sollte als wirtschaftlicher Faktor aus der sowjetischen Realität endgültig verschwinden. Dieses Vorhaben der Partei werde zwar einen hartnäckigen Widerstand der Kulaken hervorrufen, meinte Stalin. Der Generalsekretär war aber davon überzeugt, dass die Machtmittel des sowjetischen Staates ausreichen würden, um diesen Widerstand zu brechen. Warum schilderte er dann den sich nun anbahnenden Kampf als eine Art Apokalypse, als einen nie dagewesenen Endkampf? Dies hatte nicht zuletzt damit zu tun, dass die Partei nun das Ziel verfolgte, nicht nur die bäuerliche Oberschicht, sondern auch die individuelle Bauernwirtschaft als solche zu beseitigen. Dabei berief sich Stalin auf eine Aussage Lenins, der die Einzelbauern als die letzte „kapitalistische Klasse“ bezeichnet hatte. „Ist diese These richtig?“ – fragte Stalin im April 1929, um fortzufahren: „Ja, sie ist unbedingt richtig. Warum wird die individuelle Bauernschaft als die letzte kapitalistische Klasse qualifiziert? Weil von den zwei Grundklassen, aus denen unsere Gesellschaft besteht, die Bauernschaft diejenige Klasse ist, deren Wirtschaft auf dem Privateigentum und der kleinen Warenproduktion beruht.“

Eine solche kapitalistische Warenproduktion ließ sich nach Ansicht Stalins langfristig nicht mit dem sozialistischen Charakter des sowjetischen Staates vereinbaren. Außerdem sei sie nicht effizient: „Ein kennzeichnender Zug der zersplitterten kleinen Wirtschaften besteht … darin, dass sie nicht im Stande sind, in dem nötigen Maße die Technik, Maschinen, Traktoren … auszunutzen, und dass sie Wirtschaften mit einer geringen Warenproduktion sind.“ Den einzigen Ausweg sah Stalin im Übergang zu Kollektivwirtschaften. Auch diese These äußerte er nicht zum ersten Mal. Bereits 1928, zur Zeit des Kampfes gegen Bucharin, hatte er sie vertreten. Damals hatte sie aber den Charakter einer Wunschvorstellung, im Frühjahr 1929 bereits denjenigen einer Direktive.

Bei seiner Berufung auf Lenins abschätzige Äußerungen über die „bäuerlichen Kleineigentümer“ versäumte Stalin zu erwähnen, wie behutsam sich dieser gegenüber dem bäuerlichen Landbesitz verhalten hatte. Zwar hatte die bolschewistische Führung zur Zeit des Kriegskommunismus einen beträchtlichen Teil der bäuerlichen Erträge konfisziert, die bäuerliche Parzelle ließ sie aber im Wesentlichen unangetastet. Und dieser Umstand trug, wie bereits gesagt, wesentlich zum Sieg der Bolschewiki im Bürgerkrieg bei. Nun beabsichtigte die sowjetische Führung aber an dem aus der Sicht der Bauernschaft wohl wichtigsten Ergebnis der Oktoberrevolution – der Bodenreform – zu rütteln.

Damit forderte sie nicht nur die wohlhabende bäuerliche Oberschicht, sondern die Bauernschaft als solche heraus.

Stalin, der während der Revolution von 1917 kaum aufgefallen war – vom Chronisten der russischen Revolution, N. Suchanow, wurde er als nichtssagender „grauer Fleck“ bezeichnet –, plante nun eine Umwälzung, in der er eine zentrale Rolle spielen sollte. Seine Pläne wurden immer umfassender und radikaler. Noch im April 1929 sprach er von einer „allmählichen Überleitung der individuellen Bauernschaften auf die Bahnen kollektiver Großwirtschaften ... Die individuelle Wirtschaft der armen und mittleren Bauern spielt bei der Versorgung der Industrie mit Lebensmitteln und Rohstoffen die vorherrschende Rolle und wird sie in nächster Zukunft noch weiter spielen“.

Die 16. Parteikonferenz vom April 1929, die den ersten Fünfjahresplan zur Entwicklung der sowjetischen Volkswirtschaft für die Jahre 1928/29–1932/33 bewilligte, ging davon aus, dass am Ende des Jahrfünfts 23% der Bauernwirtschaften (von 25 Millionen) kollektiviert sein würden: „Der kleine Hof ist noch lange nicht am Ende seiner Möglichkeiten angelangt“, lautete eine der Schlussfolgerungen der Konferenz. Ein halbes Jahr später, in seinem Artikel zum 12. Jahrestag der Oktoberrevolution mit dem bezeichnenden Titel: „Das Jahr des großen Umschwungs“, klang Stalin viel weniger versöhnlich. Er behauptete, den „Propagandisten der Kollektivwirtschaftsbewegung“ sei es nun gelungen, die Bauern von den Vorzügen der Kollektivwirtschaften (Kolchosen) zu überzeugen: „Worin besteht das *Neue* in der jetzigen Kollektivwirtschaftsbewegung? Das Neue und Entscheidende in der jetzigen [Bewegung] besteht darin, dass die Bauern nicht wie früher in einzelnen Gruppen, sondern dass ganze Dörfer ..., ja sogar Bezirke in die Kollektivwirtschaften eintreten ... Das bedeutet, dass *der Mittelbauer in die Kollektivwirtschaften gegangen ist.* ... Das ‚heilige Prinzip des Privateigentums‘, diese letzte Hoffnung der Kapitalisten aller Länder, die von der Wiederherstellung des Kapitalismus in der Sowjetunion träumen, stürzt zusammen ... Die Bauern ... verlassen in Massen das viel gepriesene Banner des ‚Privateigentums‘ und gehen auf die Bahnen des Kollektivismus, auf die Bahnen des Sozialismus über.“

Stalins Worte vermittelten den Eindruck, als ob die überwältigende Mehrheit der russischen Bauern bereits auf ihr individuelles Eigentum verzichtet habe. In Wirklichkeit schlossen sich damals den Kolchosen, ungeachtet eines erheblichen administrativen und propagandistischen Drucks lediglich 7,6% der bäuerlichen Haushalte an. Dabei muss noch hervorgehoben werden, dass diese 7,6% der kollektivierten Bauernhaushalte lediglich über 3,6% des bebauten Bodens verfügten – ein eindeutiger Beweis dafür, dass den Kollektivwirtschaften in erster Linie die ärmsten Bauern beitraten, die ohnehin nicht allzu viel zu verlieren hatten.

Stalin konstruierte also in seinem Artikel eine Pseudowirklichkeit, die mit den wahren Sachverhalten wenig Gemeinsamkeiten hatte. Dies war eines der ersten Beispiele für den Stalinschen Fiktionalismus, der zu den zentralen Wesenszügen des neuen Systems gehören sollte.

Die im April 1929 gebilligten Ziele des ersten Fünfjahresplanes galten Ende 1929 bereits als viel zu bescheiden. Es gehe jetzt nicht mehr um eine partielle, sondern um die vollständige Kollektivierung, und zwar nicht innerhalb von Jahren, sondern von Monaten, verkündeten nun einige sowjetische Führer. Molotow sagte: „Für die entscheidenden landwirtschaftlichen … Regionen mit all ihren verschiedenen Stufen der Kollektivierung dürfen wir jetzt nicht mehr in den Begriffen eines Fünfjahresplanes denken, sondern in Begriffen des nächsten Jahres.“ Am 5. Januar 1930 beschloss das Zentralkomitee, die vollständige Kollektivierung der wichtigeren Regionen bis zum Herbst 1930, allerspätestens jedoch bis zum Herbst 1931 durchzuführen. Ohne den Einsatz des ganzen, dem System zur Verfügung stehenden Zwangsapparates ließ sich diese Aufgabe nicht verwirklichen. Beinahe der gesamten Landbevölkerung – etwa 130 Millionen Menschen – wurde nun der Krieg erklärt. Georgij Fedotow schrieb damals: In Russland finde zur Zeit nicht eine Fortsetzung der Oktoberrevolution, sondern eine neue Revolution statt, die das wichtigste Ergebnis des „Oktobers“ – die Bauernbefreiung – aufheben wolle. Nun entscheide sich das Schicksal Russlands für die nächsten Jahrhunderte. Sollte das Volk diese Schlacht verlieren, werde es aufhören, Subjekt der Geschichte zu sein.

Auch andere Autoren bezeichnen die Stalinsche Revolution von oben als eine noch tiefere Umwälzung denn diejenige vom Oktober 1917. Erst Stalin habe eine Situation in Russland geschaffen, aus der eine Rückkehr zu den vorrevolutionären Verhältnissen unmöglich geworden sei, so der Sowjetologe Isaac Deutscher.

Als Stalin Mitte der 20er Jahre eine Wende in der bolschewistischen Politik vollzog und der von Trotzki favorisierten Idee von der „permanenten Revolution“ (Weltrevolution) die Idee vom Aufbau des „Sozialismus in einem Lande“ (UdSSR) entgegensetzte, atmeten viele westliche Beobachter auf. Stalin galt nun in ihren Augen, im Gegensatz zum revolutionären Romantiker Trotzki, als ausgesprochener Pragmatiker. Trotzki bezeichnete seinerseits Stalin als „Thermidorianer“ (in Anlehnung an die Revolte vom 9. Thermidor 1794, die der Schreckensherrschaft Robespierres ein Ende setzte) und als „Totengräber der Revolution". In Wirklichkeit verkannte er, ähnlich wie manche westliche Bewunderer des Stalinschen Pragmatismus, das Wesen des stalinistischen Systems. Denn anders als beim „Thermidor" handelte es sich beim Stalinismus keineswegs um eine Abkehr vom revolutionären Utopismus, sondern im Gegenteil, gerade Stalin führte diese Entwicklungslinie der russischen Revolution auf ihren Höhepunkt. Vor 1930 galt die Phase des Kriegskommunismus (1918–20) als ein solcher Höhepunkt. Infolge des Stalinschen „großen Sprungs" wurde die russische Wirklichkeit in einem noch stärkeren Ausmaß an die bolschewistische Doktrin angepasst, als dies während der kriegskommunistischen Periode der Fall gewesen war.

Ähnlich wie seinerzeit die Politik des Kriegskommunismus rief auch die Stalinsche Revolution von oben einen heftigen Widerstand breiter Bevölkerungsschichten hervor, worauf die Machthaber ebenso wie zur Zeit des „ersten russischen Bürgerkrieges" mit brutalem Terror reagierten. Die Geschwindigkeit, mit der das Regime die Bauernwirtschaften Ende 1929 und zu Beginn des Jahres 1930 kollektivierte, d. h. enteignete, war atemberaubend. Bereits am 1. Januar 1930 erhöhte sich die Zahl der kollektivierten Bauernhaushalte im Vergleich zum November 1929 von 7,6 auf 18,1%, am 1. Februar 1930 waren bereits 31,7% der Bauernwirtschaften kollektiviert und einen Monat später sogar 57,2%.

Die Bauern wehrten sich verzweifelt. Von Januar bis Mitte März 1930 registrierten die Terrororgane (OGPU) etwa 2200 Unruhen und Revolten unterschiedlichster Art. Besonders verbreitet war aber der passive Widerstand. Statt ihr Eigentum den Kollektivwirtschaften zu übergeben, zerstörten die Bauern ihr Inventar und schlachteten ihr Vieh. So verringerte sich der Rinderbestand im Land von 70 Millionen im Jahre 1928 auf 40 Millionen im Jahre 1932, die Zahl der Pferde von 33,5 Millionen auf 19,5 Millionen. Insgesamt wurden bis 1934 etwa 150 Millionen Stück Vieh geschlachtet. Das Regime beantwortete den Widerstand mit einem terroristischen Feldzug, der sich trotz mancher Ähnlichkeiten mit dem „roten Terror" aus der Zeit des Bürgerkrieges von letzterem wesentlich unterschied. Nikolaj Bucharin bemerkte später: Während des Bürgerkrieges hätten die Bolschewiki um ihr Überleben gekämpft und der Gegner sei nicht weniger rücksichtslos gewesen. Demgegenüber habe Stalin seinen eigenen Bürgerkrieg in einer Zeit begonnen, in der das Machtmonopol der Bolschewiki nicht im Mindesten gefährdet war, und der Gegner über keine Verteidigungsmittel verfügte.

Besonders brutal ging das Regime gegen die „Kulaken“ vor. Am 27. Dezember 1929 verkündete Stalin die Parole von der „Liquidierung des Kulakentums als Klasse“ und eröffnete damit eine neue Phase bei der Verfolgung der bäuerlichen Elite. Die Kulaken sollten enteignet werden, durften aber den Kollektivwirtschaften nicht beitreten, weil sie „geschworene Feinde der kollektivwirtschaftlichen Bewegung“ seien (Stalin). Was sollte also mit ihnen nach ihrer Enteignung geschehen? Sie wurden von den Behörden in drei Kategorien eingeteilt – die angeblich hartnäckigsten Gegner der Sowjetmacht (etwa 60 000 Familien) – sollten verhaftet und ein Teil von ihnen hingerichtet werden. „Weniger aktive Gegner der Sowjetmacht“ gehörten der zweiten Kategorie an. Sie sollten nach ihrer weitgehenden Enteignung in entlegene, unwirtliche Regionen des Landes deportiert werden. Etwas milder wurde schließlich die dritte Kategorie behandelt. Sie wurde „nur teilweise“ enteignet und durfte ihr neues Domizil in der nächsten Umgebung ihres Dorfes oder im Dorf selbst suchen. Russische Agrarhistoriker gehen davon aus, dass etwa 1 Million Familien (etwa 5 Millionen Menschen) der so genannten Entkulakisierung zum Opfer fielen. Etwa 2 Millionen Kulaken wurden in den unwirtlichen Norden, nach Sibirien oder nach Kasachstan deportiert. Etwa 300 000 von ihnen kamen während der Deportation ums Leben und Zehntausende wurden, vor allem in der Anfangsphase der Kollektivierung, ermordet.

Der Widerstand der Bauern gegen die „neue Leibeigenschaft“, wie die Kollektivierung der Landwirtschaft oft bezeichnet wurde, zwang die Regierung, das Tempo vorübergehend zu drosseln. Am 2. März 1930 erschien in der „Prawda“ ein von Stalin verfasster Artikel, der den Titel trug „Vor Erfolgen von Schwindel befallen. Zu den Fragen der Kolchosbewegung“. Darin wurde ein grundlegender Kurswechsel in der sowjetischen Bauernpolitik signalisiert. Stalin kritisierte übereifrige Verfechter der Kollektivierung, die bei der Errichtung von Kolchosen Zwang ausgeübt hätten. Ein solches Vorgehen sei dumm und reaktionär, so der Generalsekretär. Die Errichtung von Kolchosen sei nur auf einer freiwilligen Basis möglich.

Die Stalin-Riege schien nun, nach ihrem utopistischen Versuch, die seit langem gewachsenen landwirtschaftlichen Strukturen über Nacht grundlegend zu ändern, die Vergeblichkeit ihres Vorhabens erkannt zu haben. Eine Verordnung des Zentralkomitees vom 14. März 1930 bestätigte Stalins Thesen vom 2. März. Sie enthielt folgende Passagen: „Die dem ZK der Partei zugegangenen Informationen über den Gang der Kolchosbewegung zeigen, dass neben wirklichen … Erfolgen der

Kollektivierung auch Fälle von Abweichungen von der Parteilinie ... zu beobachten waren. Vor allem wird das Prinzip der *Freiwilligkeit* beim Aufbau der Kolchosen verletzt. In einer Reihe von [Regionen] wird die Freiwilligkeit durch die *Nötigung* zum Eintritt in die Kolchose, mit der Drohung der Entkulakisierung [ersetzt] ... Es werden Fälle von außerordentlich grober, abscheulicher, verbrecherischer Behandlung der Bevölkerung von Seiten einiger untergeordneter Mitarbeiter beobachtet."

Stalin zeigte nun, dass er ein gelehriger Schüler Lenins war. Ebenso wie dieser war er zu überraschenden taktischen Wendungen fähig, zu einer Revision des von ihm verfolgten politischen Kurses. Aber im Vorgehen Stalins ließen sich bereits 1930 nicht nur Ähnlichkeiten, sondern auch Unterschiede zum politischen Stil Lenins feststellen. Denn im Gegensatz zu Lenin war Stalin zu Selbstkritik praktisch unfähig. Für die begangenen Fehler machte er nicht die Parteiführung als solche verantwortlich, sondern nur seine Untergebenen, „einige untergeordnete Mitarbeiter" – die „willigen Vollstrecker", die die Anordnungen der Führung buchstabengetreu erfüllten. Der bereits erwähnte Historiker A. Awtorchanow schreibt: Stalin habe seine Fehler nie zugegeben, er habe allerdings seine Fehlentscheidungen auch nicht mit Verbissenheit verteidigt. Er habe sie einfach in der Praxis korrigiert. Auch der Stalin-Biograph Wolkogonow hält es für einen der wesentlichsten Charakterzüge Stalins, dass er „niemals seine eigenen Fehler eingestand".

Diese von der Stalinschen Führung nun beanspruchte Unfehlbarkeit war mit dem Verbot verknüpft, die Generallinie der Partei von unten zu kritisieren. Kritik war von nun an nur von oben nach unten möglich. Bei den öffentlichen „Diskussionen", die seit dem Beginn der 30er Jahre in der Partei stattfanden, handelte es sich im Wesentlichen nur um von der Parteiführung initiierte und kontrollierte Rollenspiele. Der öffentliche Diskurs, der in der Partei in den 20er Jahren immer noch möglich gewesen war, wurde in den 30er Jahren tabuisiert. Die öffentliche Austragung von innerparteilichen Konflikten, die auch in den 30er Jahren durchaus vorkamen, galt als kriminelles Delikt. Nach außen täuschte die Partei Geschlossenheit vor und trat wie ein Monolith auf. Dadurch beraubte sie sich selbst jeglicher Möglichkeit, auf die immer unberechenbarer werdende Führung Einfluss zu nehmen.

Die Kritik Stalins an den „übereifrigen Parteifunktionären", die die Kolchosen mit Gewalt zu errichten suchten, wurde von der sowjetischen Landbevölkerung mit Erleichterung aufgenommen. Millionen von Bauern traten nun aus den Kolchosen aus. Die Zahl der kollektivierten Bauernhaushalte verringerte sich im Juli 1930 im Vergleich zum März von 57,2% auf etwa 22%.

In Wirklichkeit handelte es sich aber bei der vorübergehenden Drosselung der Geschwindigkeit der Kollektivierung lediglich um eine Art „Kriegslist" der sowjetischen Führung. Auf dem XVI. Parteitag im Juni 1930 gab Stalin dies im Grunde offen zu. Er kritisierte diejenigen Kommunisten, die die Verlangsamung der „sozialistischen Offensive auf dem Lande" als Niederlage der Kolchosbewegung auffassten: „Das ist selbstverständlich falsch. Erstens verläuft keine Offensive, und sei es auch die erfolgreichste, ohne dass man hie und da zu weit vorprellt ... Zweitens gab es nie eine *erfolgreiche* Offensive ... ohne Umgruppierung der Kräfte während der Offensive selbst, ohne Befestigung der eroberten Stellungen ... Bloßes Vorrücken ist der Tod der Offensive. Davon zeugen die reichen Erfahrungen unseres Bürgerkrieges."

Genau nach der hier beschriebenen Methode setzte das Regime nach einem vorübergehenden Rückzug seine Offensive fort. Ende 1930 wurde der frontale Angriff gegen die Bauern wieder aufgenommen. Im Juli 1931 betrug die Zahl der kollektivierten Bauernhaushalte bereits 55% – also beinahe genau so viel wie vor dem Abbruch der „Offensive" im März 1930. 1932 erhöhte sich diese Zahl auf 65%, 1934 auf 75%. Ende der 30er Jahre war die Kollektivierung der Landwirtschaft weitgehend vollzogen. Statt 25 Millionen bäuerlicher Einzelbetriebe entstanden 240 000 Kolchosen. Dieser Vorgang stellte die wohl tiefste Zäsur in der neueren Geschichte Russlands dar.

Die ungelöste Agrarfrage bildete seit Generationen den gefährlichsten sozialen Sprengstoff im Lande. Das Zarenregime war nicht zuletzt deshalb zusammengebrochen, weil die russische Landbevölkerung sich von ihm abgewandt hatte. Etwa um die Jahrhundertwende hatte nämlich die Bauernschaft ihren Glauben an einen gerechten „Bauernzaren", der die Gutsbesitzer enteignen und die „schwarze Umverteilung" durchführen werde, verloren. Und die Bolschewiki waren nicht zuletzt deshalb an die Macht gelangt, weil sie die Bauern dazu aufgerufen hatten, das „Geraubte zu rauben" – das Land der Gutsbesitzer eigenmächtig zu besetzen. Und dieses neuerworbene Stück Land wurde von den Bauern wie das kostbarste Gut gehütet. Nur der Stalinschen Führung ist es gelungen, das Bauerntum zu zähmen, sein Rückgrat zu brechen, und zwar dadurch, dass sie den Bauernstand als solchen infolge seiner beinahe gänzlichen Enteignung beseitigten.

Es fand nun ein Prozess statt, der in Russland gelegentlich als „Entbäuerlichung" der Bauern bezeichnet wird. Als Bauern im ursprünglichen Sinne – mit einer emotionalen Einstellung zum Land – verhielt sich die russische Landbevölkerung im Grunde nur auf den kleinen Privatparzellen von etwa 0,5 Hektar, die die stalinistische Führung ihr als eine Art Kompensation für das enteignete Land überließ. Diese Privatparzellen umfassten etwa 5% der landwirtschaftlichen Nutzfläche der UdSSR. Hier wurden aber bis in die 50er Jahre 70% der Kartoffeln geerntet und 70% der Milcherzeugnisse produziert. Die Produktivität der Kollektivwirtschaften hingegen blieb weit hinter den Erwartungen der Urheber der Kollektivierung zurück. Die Getreideproduktion sank zum Beispiel in den Jahren 1931–32 im Vergleich zum Jahr 1928 von 73 auf etwa 69 Millionen Tonnen. Trotzdem gelang es dem Staat, die Menge des aufgekauften bzw. beschlagnahmten Getreides zu verdoppeln. Diese brutale Ausbeutung der Bauernschaft verursachte im Winter 1932/33 eine beispiellose Hungersnot, die in ihren Ausmaßen die der Jahre 1921/22 sogar übertraf.

Erneut war das Massensterben nicht die Folge von Naturkatastrophen oder Missernten, sondern der menschenverachtenden, utopistischen Politik des Regimes. Etwa 6 Millionen Menschen starben. Seitens des Regimes wurde kaum etwas unternommen, um diese Katastrophe zu bekämpfen. Im Gegenteil: Die Bauern, die aus den von der Hungersnot besonders stark betroffenen Gebieten zu fliehen suchten, vor allem in die besser versorgten Städte, wurden von den Terrororganen mit Gewalt daran gehindert. Im Rundschreiben der Staats- und Parteiführung vom Januar 1933 hieß es: „Das Zentralkomitee und die Regierung haben Beweise dafür, dass die Massenflucht der Bauern von den Gegnern der Sowjetmacht ... organisiert worden ist.“ Den Sicherheitsorganen wurden dann folgende Anweisungen erteilt: „Die konterrevolutionären Elemente sind zu verhaften und die übrigen Flüchtlinge in ihre Wohnorte zurückzubringen.“

Im Dezember 1932 wurde in der Sowjetunion ein neues Passsystem eingeführt, mit dem ausdrücklichen Ziel, die Städte von den „sich dort verbergenden Kulaken, Verbrechern und sonstigen asozialen Elementen zu reinigen“. Nur die Inhaber der neuen Pässe hatten das Recht, in Städten zu wohnen. Da die Kolchosbauern in der Regel solche Ausweise nicht erhielten, wurden sie zu Bürgern zweiter Klasse degradiert, quasi zu Leibeigenen des Staates.

Aber nicht nur die Abriegelung der Städte und die Eindämmung der Landflucht, sondern auch andere Fakten weisen darauf hin, dass die stalinistische Führung keineswegs daran interessiert war, die Hungersnot auf dem Lande zu lindern. So exportierte die Sowjetunion trotz der dramatischen Verschlechterung der Versorgungslage weiter Getreide, und zwar zu Dumpingpreisen. 1930 und 1931 waren es jeweils etwa 5 Millionen Tonnen jährlich und 1932, auf dem Höhepunkt der Hungersnot, immerhin noch 1,7 Millionen Tonnen.

Schließlich muss man hervorheben, dass die Hungersnot der Jahre 1932/33, ganz anders als diejenige von 1921/22, als eine Art Staatsgeheimnis behandelt wurde. Die offiziellen Presseorgane – und in der Sowjetunion existierten nur solche – durften nicht über die Tragödie auf dem Lande berichten. Ganz anders hatte sich die bolschewistische Führung zehn Jahre zuvor verhalten. Sie hatte an die gesamte Weltöffentlichkeit appelliert und um Unterstützung gebeten. Derartige Appelle kamen indes für die stalinistische Führung nicht infrage. Die Tatsache, dass in der Sowjetunion eine beispiellose Katastrophe ausgebrochen war, wurde von der Regierung einfach geleugnet. Als der Sekretär der ukrainischen KP, Terechow, in Moskau über die Hungersnot in der Ostukraine berichtete, unterbrach ihn Stalin schroff und sagte: „Sie haben sich ein Märchen von einer Hungersnot ausgedacht und wollten uns damit erschrecken, aber da wird nichts draus!“

In diesen Worten spiegelt sich erneut einer der wichtigsten Wesenszüge des stalinistischen Systems wider – der Fiktionalismus, also die Erschaffung einer Pseudorealität, in der die wirklichen Sachverhalte buchstäblich auf den Kopf gestellt werden.

Die Hungerkatastrophe lähmte den Widerstand der Landbevölkerung noch wirksamer als direkte Terrormaßnahmen des Regimes. Wurde der Hunger von der Stalin-Clique in der Tat als Waffe benutzt, um das aufsässige Bauerntum zu bestrafen? Solche Vermutungen werden in Ost und West wiederholt geäußert. Wie dem auch sei, eine direkte Verbindung zwischen der Kollektivierung der Landwirtschaft, der außerordentlich hohen Ablieferungspflicht für landwirtschaftliche Erzeugnisse und der damaligen Hungerkatastrophe steht für die Mehrheit der Kenner der Thematik außer Zweifel. Der sowjetische Agrarhistoriker Viktor Danilow schrieb zur Zeit der Gorbatschowschen Perestrojka (1988): „Der Hunger von 1932–33 stellte das schrecklichste Verbrechen Stalins dar. Dies war eine Katastrophe, die die gesamte künftige Entwicklung des sowjetischen Dorfes entscheidend prägte.“

Während die sowjetische Bauernschaft die Kollektivierung der Landwirtschaft vehement ablehnte, verhielten sich die Dinge innerhalb der bolschewistischen Partei anders. Hier dominierten Befürworter der „revolutionären Offensive“ auf dem Lande, die der unpopulären Neuen Ökonomischen Politik ein für allemal ein Ende setzen sollte. Eine Art

Aufbruchstimmung erfasste damals breite Parteikreise, die die Kollektivierung und das mit ihr eng verbundene ehrgeizige Industrialisierungsprogamm als Wiederanknüpfung an die Zeit der revolutionären Experimente und der sozialen Utopien – an den Kriegskommunismus – auffassten. Das Privateigentum und der freie Markt – die wichtigsten Hassobjekte der orthodoxen Marxisten – wurden in der Sowjetunion nun infolge der Stalinschen Revolution von oben weitgehend abgeschafft. Nun konnte das Regime das gesamte Wirtschaftspotential des Landes, alle seine materiellen und menschlichen Ressourcen direkt kontrollieren und lenken. Dies war das wichtigste Ergebnis der Kollektivierung und nicht, wie zunächst erhofft, eine Steigerung der Erträge. Erst jetzt konnten die Verfechter der zentralen Planwirtschaft in Moskau zum Zuge kommen. Der äußerst komplizierten Koexistenz des staatlichen und des privaten Wirtschaftssektors, die außerordentlich viele Spannungen und Konflikte verursacht hatte, wurde nun ein Ende gesetzt. Das freie Spiel der wirtschaftlichen Kräfte, das in den Augen der orthodoxen Marxisten als die Verkörperung des Chaos galt, wurde nun durch den staatlichen Dirigismus abgelöst. Ein neues wirtschaftliches Zeitalter schien angebrochen, und diese Zeitenwende übte nicht nur auf Stalinisten eine außerordentliche Faszination aus.

Man darf nicht vergessen, dass etwa zur gleichen Zeit die Weltwirtschaftskrise ausbrach, die das Vertrauen vieler in die Selbstregulierungsfähigkeit des liberalen Wirtschaftssystems erheblich erschütterte. Die Zahl der Anhänger dirigistischer Wirtschaftsmethoden nahm auch im Westen stark zu.

Auch manche russische Emigranten waren von den gewaltigen Dimensionen der Stalinschen Revolution fasziniert. Zwar kritisierten sie die brutale Form dieses Prozesses, doch hielten sie die Industrialisierung Russlands für unerlässlich. Einer der Vertreter der bereits erwähnten Eurasierbewegung, Peil, sprach 1933 von der Epoche der zentralen Planwirtschaft, die nun entstehe und die die Periode des Chaos innerhalb der Wirtschaft ablöse. Für einen anderen Eurasier, Pjotr Sawitzki, bedeutete dies das Ende der Nachahmung des Westens. In Russland sei nun ein grandioses Modell entstanden, das seinerseits in immer stärkerem Ausmaß vom Westen imitiert werde.

Diese partielle Identifizierung mit dem Stalinismus ließ sich in einem noch stärkeren Ausmaß im Lager der marxistischen Kritiker Stalins beobachten. Die Tatsache, dass beinahe alle Produktionsmittel der UdSSR sich nun in der Hand des Staates befanden, wurde von ihnen uneingeschränkt begrüßt. Typisch in diesem Zusammenhang war die

Aussage Trotzkis, der zu den schärfsten Kritikern des stalinistischen Systems zählte. 1936 schrieb er: „Ein Zusammenbruch des Sowjetregimes würde unweigerlich einen Zusammenbruch der Planwirtschaft und damit die Abschaffung des staatlichen Eigentums nach sich ziehen ... Der Sturz der heutigen bürokratischen Diktatur [der Diktatur Stalins], wenn keine neue sozialistische Macht sie ersetzt, wäre also gleichbedeutend mit einer Rückkehr zu kapitalistischen Verhältnissen bei katastrophalem Rückgang von Wirtschaft und Kultur."

Die Verstaatlichung der Produktionsmittel und die Kollektivierung der Landwirtschaft wurden auch von anderen marxistischen Kritikern Stalins begrüßt. Arthur Rosenbergs Bewertung dieser Vorgänge war ausgesprochen apologetisch. In seiner „Geschichte des Bolschewismus" (1933) führte er aus: „Als die GPU gegen die Kulaken vorging, glaubten viele Mittelbauern, dass nun eine allgemeine Verfolgung der russischen Landbevölkerung einsetzten würde. Stalin und die Sowjetregierung hatten niemals auch nur im Entferntesten die Absicht, einen Krieg gegen die Masse der russischen Bauern zu führen." Oder: „Die Versorgung mit Lebensmitteln ist ungünstiger geworden. Aber eine direkte Hungersnot besteht nicht."

Lassen sich solche Äußerungen darauf zurückführen, dass Rosenberg keinen Zugang zu Informationen über die damalige Lage in der Sowjetunion besaß? Wohl kaum. So berichteten zum Beispiel westliche und russische Sozialdemokraten zu Beginn der 30er Jahre an verschiedenen Stellen ausführlich über die Schrecken der Kollektivierung. Man kann davon ausgehen, dass ein Teil dieser Berichte dem Autor, der zu den profundesten Kennern der Arbeiterbewegung zählte, bekannt war. Dass er diese Daten nur selektiv wahrnahm, zeugt von der ideologischen Borniertheit, die seiner Analyse der sowjetischen Wirklichkeit zugrunde lag.

Die Unmenschlichkeit der Kollektivierungspraxis konnte nicht auf die Bauern beschränkt bleiben, sie musste sich beinahe zwangsläufig auch auf andere Bevölkerungsgruppen im Lande ausdehnen. Ihr nächstes Opfer waren diejenigen, die an der Durchführung der Kollektivierung maßgeblich beteiligt waren.

Die partielle Identifizierung der Trotzkisten und anderer kommunistischer Oppositioneller mit dem Stalinismus erinnert an ein anderes tragisches Missverständnis von damals, nämlich an die partielle Identifizierung der deutschen Konservativen mit den Zielsetzungen Hitlers bei gleichzeitiger Skepsis gegenüber den Methoden, mit denen Hitler diese Ziele zu erreichen suchte. Die Beseitigung der Weimarer Demokratie und die Befreiung von den Einschränkungen des Versailler Vertrages wurden von den deutschen Konservativen in der Regel als großartige Leistungen Hitlers begrüßt. Dafür nahm man auch die Inhaftierung Andersdenkender in Konzentrationslager, politische Morde (auch an Vertretern der konservativen Elite – so beispielsweise an den Generälen von Schleicher und von Bredow) und auch die Degradierung der Juden zu Menschen zweiter Klasse in Kauf. Dass totalitäre Regime aber zu einer fortwährenden Radikalisierung neigen und dass sie sich letztendlich auch gegen ihre Verbündeten, ja sogar gegen ihre Urheber richten, wurde zunächst sowohl in Deutschland als auch in der Sowjetunion unterschätzt.

2. Industrialisierung nach einem Plan, der nicht erfüllt wurde

Im November 1929 entwickelte Stalin folgende Vision: „Wir gehen mit Volldampf den Weg der Industrialisierung – zum Sozialismus, unsere uralte, ‚reußische‘ Rückständigkeit hinter uns lassend. Wir werden zu einem Lande des Metalls, einem Lande der Automobilisierung, einem Lande der Traktorisierung. Und wenn wir die UdSSR aufs Automobil und den Bauern auf den Traktor gesetzt haben – mögen dann die ehrenwerten Kapitalisten, die sich mit ihrer ‚Zivilisation‘ brüsten, uns einzuholen versuchen. Wir werden noch sehen, welche Länder man dann unter die rückständigen und welche unter die fortgeschrittenen wird ‚einreihen‘ können."

Stalin gehörte, wie schon erwähnt, bereits seit Mitte der 20er Jahre zu den glühendsten Verfechtern einer forcierten Industrialisierung der UdSSR und zu den Kritikern der von Bucharin favorisierten Entwicklung „im Schneckentempo" in Richtung „Sozialismus".

Mit der Entmachtung Bucharins beseitigte Stalin die letzte innerparteiliche Hürde, die der Umsetzung seines ehrgeizigen Modernisierungsprojektes im Wege stand. Russland begab sich nun auf den Weg, der ihm bereits seit den Reformen Peters des Großen zu Beginn des 18. Jahrhunderts vertraut war – es versuchte den schnell davoneilenden Westen einzuholen und seine „Rückständigkeit" zu überwinden. Kein Wunder, dass einige Beobachter der damaligen Ereignisse versuchten, Parallelen zwischen Stalin und Peter dem Großen zu ziehen. Zu ihnen zählte auch der deutsche Schriftsteller Emil Ludwig, der im Dezember 1931 in einem Interview mit Stalin folgende Frage stellte: „Halten Sie sich für einen Fortführer des Werks Peters des Großen?" Stalin antwortete:

„Nein, keineswegs. Geschichtliche Parallelen sind stets gewagt. Diese Parallele ist unsinnig." Emil Ludwig blieb aber hartnäckig: „Peter der Große hat aber doch sehr viel für die Entwicklung seines Landes getan und sich bemüht, die westliche Kultur nach Russland zu verpflanzen." Stalin erwiderte: „Ja, gewiss, Peter der Große hat viel für den Aufstieg der Klasse der Gutsbesitzer und für die Entwicklung der aufkommenden Klasse der Kaufleute getan ... Was mich betrifft, so bin ich nur ein Schüler Lenins, und das Ziel meines Lebens ist es, ein würdiger Schüler Lenins zu sein. Die Aufgabe, der ich mein Leben widme, besteht darin, den Aufstieg einer anderen Klasse zu fördern, nämlich der Arbeiterklasse ... Sie sehen, dass ihre Parallele nicht angebracht ist."

Stalin heuchelte. Denn in Wirklichkeit hielt er die Parallele zwischen seinem Modernisierungsprogramm und den Reformen Peters des Großen für durchaus berechtigt. Darüber berichtet der populäre russische Schriftsteller und Höfling Stalins, Alexej Nikolajewitsch Tolstoj, der während seiner Arbeit am Roman über Peter den Großen andauernd Direktiven vom Generalsekretär erhielt. Tolstoj zweifelte nicht daran, dass Stalin Peter den Großen für seinen Vorläufer hielt.

Im Februar 1931 erklärte Stalin, Russlands Rückstand gegenüber den hochentwickelten Ländern des Westens betrage 50 bis 100 Jahre. Es müsse aber diese Rückständigkeit innerhalb von 10 Jahren überwinden. Mehr Zeit werde es von seinen kapitalistischen Nachbarn, die nach seiner Zerstörung trachteten, nicht erhalten.

Nicht zuletzt deshalb spornte Stalin seine Untertanen an, den 1927 beschlossenen und 1929 bewilligten ersten Fünfjahresplan innerhalb von vier und in einigen Bereichen sogar innerhalb von noch kürzerer Zeit zu erfüllen. Die Zielvorgaben wurden immer ehrgeiziger. Zunächst ging die Parteiführung davon aus, dass die industrielle Bruttoproduktion während des ersten Fünfjahresplanes um 135% steigen würde. Dann wurde die geplante Steigerungsrate auf 180% erhöht. Die Stalin-Riege war sich darüber im Klaren, dass die Ressourcen für die von ihr geplante industrielle Revolution nur aus dem Lande selbst kommen konnten. Mit westlichen Krediten, mit deren Hilfe Finanzminister Sergej Witte um die Jahrhundertwende die Industrialisierung des Zarenreiches finanziert hatte, konnte die stalinistische Diktatur nicht rechnen. Deshalb sprach Stalin seit 1928 in Anlehnung an den Trotzkisten Preobrashenski unentwegt vom „Tribut", den die russische Bauernschaft für die Modernisierung des Landes entrichten müsste. Im November 1929 war er noch davon überzeugt, dass die Sowjetunion infolge der Kollektivierung, „in, sagen wir, drei Jahren zu einem der getreidereichsten Länder, wenn nicht zum getreidereichsten Land der Welt werden wird". Der Erlös aus dem Getreideexport sollte zu einer der wichtigsten Finanzierungsquellen für die Industrialisierung des Landes werden. Der Getreideexport stieg im Jahre 1930 in der Tat beträchtlich und betrug 4,8 Millionen Tonnen (1929 nur 1,3 Millionen Tonnen).

Stalin hoffte, die UdSSR werde nun, ähnlich wie das zarische Russland, eine wichtige Rolle auf den Getreidemärkten der Welt spielen. Als der Volkskommissar für Handel, A. Mikojan, berichtet hatte, die UdSSR exportiere nun eine Million Pud (16 000 Tonnen) Getreide täglich, schrieb Stalin am 24. August 1930 äußerst unzufrieden an Molotow: „Wir müssen die Norm der täglichen Ausfuhr auf 3–4 Millionen Pud täglich erhöhen. Dies ist das *Minimum* ... Einige Schlauköpfe wollen mit der Ausfuhr warten, bis die Getreidepreise auf dem Weltmarkt ihren ‚Höhepunkt' erreicht habe ... Diese Schlauköpfe führen uns in eine Falle. Um warten zu können, muss man Devisenreserven haben. Und wir haben sie nicht. Um warten zu können, muss man gesicherte Positionen auf dem internationalen Getreidemarkt haben und diese haben wir seit langem nicht mehr – wir erobern sie erst nur." Und der vom Generalsekretär geäußerte Wunsch wurde zum Befehl. Am 30. August 1930 verpflichtete das Politbüro das Handelsministerium, den Getreideexport auf 3–4 Millionen Pud täglich zu erhöhen.

Die Hoffnungen, die die Parteiführung auf den Agrarsektor setzte, erwiesen sich jedoch als trügerisch. Infolge der Kollektivierung entwickelte sich Russland keineswegs zum „getreidereichsten Land der Welt", wie Stalin dies noch im November 1929 erhofft hatte. Auch die Ziele der sowjetischen Planer im industriellen Bereich wurden, trotz anders lautender Behauptungen Stalins, nicht erreicht. So stieg die Industrieproduktion im Jahre 1930 nicht um 32%, wie geplant, sondern „nur" um 22%. Ein Jahr später erzielte die Industrie statt der geplanten 45% nur 20% Wachstum. Am Ende des ersten Fünfjahresplanes wurden statt der geplanten 10 Millionen (und nach einer Korrektur sogar 17 Millionen) Tonnen Roheisen lediglich 6,16 Millionen produziert und statt der geplanten 22 Millionen Kilowattstunden elektrische Energie wurden nur 13,5 Millionen erzeugt usw. Trotz dieser Nichterfüllung der weitgehend unrealistischen Planziele kann es keinem Zweifel unterliegen, dass es Stalin gelungen war, das um die Jahrhundertwende von Sergej Witte begonnene Projekt der Industrialisierung Russlands erheblich voranzutreiben. Ende der 30er Jahre gehörte die UdSSR zu den stärksten Industriestaaten der Welt (dies betraf freilich nur die Schwer- und die Rüstungsindustrie. Im Bereich der Konsumgüterindustrie hinkte die

Sowjetunion hinter den hochentwickelten Ländern des Westens hoffnungslos her).

Welche Faktoren bedingten diesen wohl beispiellosen „Großen Sprung"? Wie wurde er finanziert? Nicht zuletzt, und darüber ist sich die Mehrheit der Fachleute einig, durch eine beispiellose Senkung des Lebensstandards der sowjetischen Bevölkerung. So standen zum Beispiel 1933 der sowjetischen Agrarbevölkerung im Vergleich zum Jahre 1928 nur 25% der Fleisch- und 23% der Milcherzeugnisse zur Verfügung. Und sogar der Brotkonsum ging um mehr als 25% zurück. Auch die Reallöhne der Industriearbeiter sanken im gleichen Zeitraum beträchtlich, nach einigen Berechnungen etwa um die Hälfte.

Neben der Senkung des Lebensstandardes finanzierte die sowjetische Führung die schnelle Industrialisierung durch die relativ billige Zwangsarbeit. Die Zahl der Häftlinge in den Arbeitslagern (im Archipel GULag – der Ausdruck, der von Alexander Solshenizyn geprägt wurde) und die der Deportierten (in erster Linie Kulaken) wuchs im Jahre 1931 im Vergleich zum Jahre 1928 von 30000 auf etwa 2 Millionen. Die Sicherheitskräfte (OGPU, seit 1934 NKWD – Volkskommissariat für Innere Angelegenheiten) entwickelten sich zu einem Staat im Staate, zu einem gigantischen Wirtschaftsunternehmen mit Millionen von Arbeitern, die den Staat kaum etwas kosteten, die massenweise an Unterernährung und Überarbeitung starben. 1931 entstand in Moskau die so genannte Entkulakisierungskommission unter der Leitung des stellvertretenden Vorsitzenden des Rates der Volkskommissare, A. Andrejew. Diese Kommission stellte den Sicherheitsorganen und den unter ihrer Leitung stehenden Industriebetrieben die deportierten Kulaken als Zwangsarbeiter zur Verfügung. So beschloss die Kommission zum Beispiel am 30. Juli 1931, dem Industriekomplex Wostok-Stal (Ost-Stahl) 14000 Kulakenfamilien zuzuteilen, dem Industriekomplex Wostok-Ugol (Ost-Kohle) 7000 Familien usw.

Gewalt und erzwungener Konsumverzicht allein hätten indes keineswegs dazu ausgereicht, um eine derart schnelle Industrialisierung des Landes durchzuführen. Eine zusätzliche Bedingung für das Gelingen der Stalinschen Revolution von oben war auch die Opferbereitschaft und der Enthusiasmus unzähliger Industriearbeiter, vor allem aus der jüngeren Generation. Viele dieser Arbeiter, die nicht selten aus dem ländlichen Milieu in die Städte strömten, waren stolz darauf, sich an einem derart ehrgeizigen Unternehmen wie der Überwindung der „russischen Rückständigkeit" zu beteiligen. Dies betraf in erster Linie die Erbauer solch prestigeträchtiger Großprojekte wie der neuen Industriestadt

Magnitogorsk im Ural, des Dnjepr-Staudamms (Dnjeproges), des Traktorenwerks in Stalingrad oder der Moskauer Metro.

Die sowjetische Propaganda bediente sich einer martialischen Sprache, um das Engagement der Industriearbeiter als kriegerischen Einsatz darzustellen und feierte die „Helden der Arbeit“ wie Kriegshelden. Diese Indoktrination verfehlte ihre Wirkung nicht. Manche stalinistischen Denkklischees wurden von unzähligen Sowjetbürgern verinnerlicht. Dies lässt sich sicher als einer der größten Erfolge des Regimes bezeichnen, das in erster Linie auf Unterjochung und Ausbeutung der eigenen Bevölkerung basierte.

Die „Helden der Arbeit“ wurden vom Regime mit vielen Privilegien überhäuft, insbesondere nach der Entstehung der so genannten „Stachanow-Bewegung“ (am 31.8. 1935 übertraf der Bergmann Alexej Stachanow beim Abbau von Kohle die Norm um 1300%). Die Stachanow-Bewegung wurde indes zu einer neuen Arbeiteraristokratie, die sich von der Masse der Arbeiter immer stärker abkoppelte.

Das Stalinsche Modernisierungsprojekt übte nicht nur auf indoktrinierte und von der Außenwelt abgeschottete Sowjetbürger Faszination aus. Auch viele russische Emigranten, vor allem aus der jungen Generation, fühlten sich von ihm angezogen und wollten sich an der Errichtung des neuen, modernen Russland beteiligen. Georgij Fedotow warnte die potentiellen Rückkehrer vor den fatalen Folgen ihrer Entscheidung: „Sie sollen daran denken, dass sie sich nicht in ein freies Land, sondern in ein Gefängnis begeben. Keine Loyalitätsbekundungen, keine Obrigkeitstreue werden sie vor Verfolgung, Verbannung und Zwangsarbeit schützen ... Die Rückkehrer müssen auch etwas anderes bedenken. Es erwarten sie nicht nur Opfer und Leid, sondern auch unzählige Demütigungen. Sie werden auf ihre eigenen Überzeugungen verzichten müssen, Erklärungen unterschreiben, für die sie sich schämen werden.“ Der freiwillige Verzicht auf Freiheit sei durch nichts zu rechtfertigen, fährt Fedotow fort: „Kein Vaterland verdient ein solches Opfer.“ Ob Fedotows leidenschaftliches Plädoyer für Freiheit seine Wirkung zeitigte, lässt sich schwer beantworten. Eines steht aber fest, die Emigranten verfügten noch über die freie Wahl, sie konnten sich selbst entscheiden, ob sie sich ins Reich der totalitären Propaganda begeben sollten oder nicht. Die Sowjetbürger hingegen hatten diese Entscheidungsfreiheit nicht. Sie waren schutzlos der totalitären Indoktrination ausgeliefert.

Indes stieß der propagandistische Apparat des stalinistischen Staates immer wieder an seine Grenzen. Der Arbeitsenthusiasmus, die Opferbereitschaft der Vorkämpfer gegen die „russische Rückständigkeit“

ließen sich nicht allzu lange aufrechterhalten. Fehlentscheidungen und die dilettantische Vorgehensweise des sowjetischen Industriemanagements, Unerfahrenheit und mangelnde Fachkenntnisse der neuen Generation der sowjetischen Industriearbeiter führten immer wieder zum Stillstand der Produktion, zu unzähligen Pannen. All das wirkte sich äußerst negativ auf die Arbeitsmoral aus. Dazu kamen die katastrophalen Wohnverhältnisse und permanente Versorgungsschwierigkeiten, die nicht zuletzt aus der Zerschlagung des Privatsektors im Handel und in der Konsumgüterindustrie Ende der 20er/Anfang der 30er Jahre resultierten. Auch diese Faktoren lähmten den ursprünglichen Elan der Erbauer des neuen Russland und führten wiederholt zu Protesten und Unmutsäußerungen unterschiedlichster Art.

Da die stalinistische Führung jede Kritik von unten als Sakrileg empfand, benötigte sie immer einen „Vorrat an Feinden" (Eduard Goldstücker), um sie für die Fehler des Regimes verantwortlich zu machen. Dies waren die so genannten „Saboteure", „Schädlinge", „Agenten des Imperialismus" und schließlich „Volksfeinde", ohne die das stalinistische System praktisch nicht existieren konnte. Zur Zeit der Errichtung des stalinistischen „Kommandosystems" (so wurde das stalinistische Regime zur Zeit der Gorbatschowschen Perestrojka genannt) Ende der 20er/Anfang der 30er Jahre spielten die Rolle der Sündenböcke neben den Kulaken die so genannten „bürgerlichen Spezialisten". Es handelte sich dabei um Ingenieure, Wissenschaftler, Offiziere, die aus der vorrevolutionären Bildungsschicht stammten und die von Stalin schon seit der Zeit des russischen Bürgerkrieges mit großer Skepsis betrachtet wurden – dies trotz der Tatsache, dass der Einsatz der „bürgerlichen Spezialisten", vor allem in der Roten Armee, den Sieg der Bolschewiki im Bürgerkrieg wesentlich erleichtert hatte, und sich deren überwältigende Mehrheit gegenüber dem sowjetischen Regime völlig loyal verhielt.

Stalins Misstrauen gegenüber den Vertretern der „alten" Bildungsschicht erstreckte sich auch auf manche „alte" Bolschewiki, die in der Regel aus dieser Schicht stammten. Bereits Mitte der 20er Jahre hatte Stalin für die Ablösung der bolschewistischen Führer alten Typs durch eine neue Generation plädiert. 1925 schrieb er an einen der Führer der KPD, Arkadij Maslow: „Bei uns in Russland fand der Prozess des Absterbens einer ganzen Reihe ‚alter Führer' aus der Reihe der Literaten immer statt ... Das ist ein notwendiger Prozess der Erneuerung der leitenden Kader einer lebendigen ... Partei."

Stalins Versuche, sich schon Mitte der 20er Jahre als Theoretiker zu profilieren, stießen nicht selten auf spöttische Reaktionen mancher

„alten Bolschewiki aus der Reihe der Literaten". Einige Zeitzeugen vermuten, dass Stalin unter ihrem Spott unsäglich litt. Sein Misstrauen gegenüber den Intellektuellen wurde dadurch zusätzlich verstärkt. Ein anschauliches Beispiel dafür stellt seine Rede auf dem VI. Plenum des Exekutivkomitees der Komintern im Frühjahr 1926 dar, in der er zur Ausschaltung einiger prominenter Intellektueller aus der Führung der KPD (Ruth Fischer, Arthur Rosenberg, Karl Korsch u. a.) Stellung nahm: „Bei einigen Intellektuellen werden Stimmen laut ..., dass der Mangel an Intellektuellen im ZK dessen Arbeit beeinträchtige ... Ich halte dergleichen Ausfälle für eine Kampfesweise der Intellektuellen, die unwürdig sind, sich Kommunisten zu nennen ... Man sagt, das heutige ZK sei arm an Theoretikern. Das ist noch kein großes Unglück, sofern nur eine richtige Politik vorhanden ist ... Es gibt Genossen, die da glauben, dass es genüge, wenn ein Intellektueller ein paar Bücher mehr gelesen ... hat, damit er Anspruch auf die Führung der Partei erheben könne. Das ist falsch, Genossen ... Wenn Intellektuelle wirklich den Arbeitermassen dienen wollen, so stellt sie in den Dienst der Partei, wollen sie dagegen um jeden Preis herrschen und befehlen, so jagt sie zum Teufel!"

Der von Stalin Ende der 20er Jahre initiierte Feldzug gegen die „bürgerlichen Spezialisten" war also nicht nur mit der Suche nach Sündenböcken, sondern zweifellos auch mit antiintellektuellen Ressentiments des Generalsekretärs eng verknüpft. Eingeleitet wurde dieser Feldzug durch einen Prozess gegen Ingenieure und Techniker – auch ausländische – aus der ostukrainischen Industriestadt Schachty (Mai/Juni 1928), die der Sabotage bezichtigt wurden. Der Prozess endete mit fünf Todesurteilen.

Im Sommer 1930, als die Kollektivierung der Landwirtschaft das Land an den Rand einer Katastrophe gebracht hatte, verhafteten die Terrororgane eine Reihe führender russischer Agrarexperten, darunter Nikolaj Kondratjew und Alexander Tschajanow. Sie wurden beschuldigt, eine Untergrundorganisation „Partei der werktätigen Bauern" mit etwa 100 000–200 000 Anhängern (!) gegründet zu haben. Das angebliche Ziel dieser mythischen Organisation sollte der Sturz der Sowjetmacht sein. Die Organisation habe auch angeblich für eine antisowjetische Intervention der „kapitalistischen" Mächte plädiert. Stalin befand sich während der gerichtlichen Untersuchung in ständigem Kontakt mit dem Leiter der Terrororgane, Menshinski, und gab ihm Anweisungen. Im Herbst 1930 schrieb er: „Kondratjew und ... Tschajanow, die schlau ihre ‚interventionistischen' Pläne leugnen, sind zweifellos Befürworter einer [antisowjetischen] Intervention [der kapitalistischen Mächte]. Sie sollen einem strengen Verhör unterzogen werden." Und in einem Brief an Molotow vom 2. September 1930 fügte der Generalsekretär hinzu: „Nota bene: haben vielleicht die Herren Angeklagten [Kondratjew unter anderem] es vor, ihre *Fehler* einzugestehen, sich selbst politisch in gehörigem Ausmaß zu bespucken ... und die Richtigkeit der Methoden der Kollektivierung anzuerkennen? Dies wäre nicht schlecht."

Letztendlich wurden allerdings die angeblichen Führer der so genannten „Partei der werktätigen Bauern" unter Ausschluss der Öffentlichkeit verurteilt. Öffentlich verliefen dagegen die Prozesse gegen die so genannte „Industriepartei" (November–Dezember 1930) und das so genannte „Unionsbüro der Menschewiki" (März 1931). Dies waren Schauprozesse, bei denen die Angeklagten (in der Regel führende sowjetische Wissenschaftler, Ingenieure und Techniker) ihre angebliche Schuld – ihre „Schädlings-, Sabotage- und Spionagetätigkeit" – gestanden. Wie diese Geständnisse zustande kamen, berichtete viel später (1967) einer der Angeklagten im Prozess gegen das so genannte Unionsbüro der Menschewiki, M. Jakubowitsch: „Es kam ... zum Erpressen von ‚Geständnissen'. Einige ... ließen sich mit dem Versprechen künftiger Wohltaten ködern, andere, die sich zu widersetzen suchten, brachte man mit physischer Gewalt ‚zur Vernunft'. Man prügelte sie, ... man warf sie zu Boden und trat sie, würgte sie usw. Man hielt sie ohne Schlaf, ... sperrte sie in den ‚Karzer' (barfuß und nur halb bekleidet in kalte oder aber unerträglich heiße luftlose, fensterlose Zellen) usw."

Trotz ihrer gespenstischen Absurdität stellten die Schauprozesse der Jahre 1928–1931 sicher nichts qualitativ Neues in der Geschichte des sowjetischen Staates dar. Auch in der Zeit Lenins waren die Bolschewiki gegen „sozial-fremde" oder „politisch-fremde" Schichten und Gruppierungen mit vergleichbarer Brutalität vorgegangen. Und der Schauprozess gegen die Sozialrevolutionäre, den die Bolschewiki unter Lenin (1922) veranstaltet hatten, lässt sich durchaus als eine Art Vorläufer der stalinistischen Schauprozesse bezeichnen. So hatte die pseudobescheidene Feststellung Stalins, er sei nur ein Schüler Lenins, durchaus ihre Berechtigung. Diejenigen Autoren, die eine unüberbrückbare Kluft zwischen dem Leninismus und dem Stalinismus sehen, neigen eher zur Verklärung des sowjetischen Staatsgründers. Ins andere Extrem fallen aber diejenigen Analytiker, die zur Gleichsetzung des leninistischen und des stalinistischen Systems neigen. Denn in Wirklichkeit verkörperte der Stalinismus in seiner Einstellung zum Leninismus beides – sowohl den Bruch als auch die Kontinuität.

Hätte es eine Alternative zum Stalinschen Programm der Industrialisierung gegeben? Diese Frage wird in der Forschung unterschiedlich beantwortet. So verurteilt zwar Isaac Deutscher die brutalen Methoden der stalinistischen Zwangskollektivierung, meint jedoch, ohne die Beseitigung der bäuerlichen Privatwirtschaft und ohne die drakonischen Arbeitsgesetze wäre eine nachhaltige Modernisierung Russlands kaum zu erreichen gewesen. Andere Autoren, wie zum Beispiel Stephen Cohen, James R. Millar, Holland Hunter und Richard Lorenz sehen hingegen im Programm Bucharins, das auf die Fortsetzung der bauernfreundlichen Neuen Ökonomischen Politik hinzielte, eine realistische Alternative zum Stalinismus. Dieses Programm hätte zwar zu einer wesentlich langsameren Industrialisierung Russlands geführt als das Stalins, dennoch hätte es dem gesellschaftlichen Gesamtinteresse am ehesten entsprochen.

Nach Ansicht der Münchner Wirtschaftswissenschaftlerin Anne-Jutta Pietsch wären jedoch die Chancen zur Realisierung dieser letzteren Möglichkeit nur gering gewesen. Dazu hätte die Sowjetunion einer langjährigen Friedensperiode bedurft; eine solche hätte ihr aber das „kapitalistische" Ausland auf keinen Fall gewährt. Das kapitalistische System unterliege aus seinen eigenen Entwicklungsgesetzen heraus einem Zwang zur Expansion. Jeder Versuch, sich diesem Expansionsdrang zu entziehen, rufe von Seiten dieses Systems erhöhten Druck hervor. Um die Konfrontation mit dem kapitalistischen System zu bestehen, sei die Sowjetunion damals gezwungen gewesen, in kürzester Zeit ihre ökonomische und militärische Potenz so weit wie möglich dem Niveau der hochentwickelten Industrieländer anzugleichen; dazu sei aber nur das Konzept Stalins geeignet gewesen, nicht dasjenige Bucharins.

Diese Ansicht ist allerdings nicht überzeugend. Gegen sie lassen sich Argumente anführen, die Bucharin selbst (1928–29) in seiner Kritik des Stalinschen Kollektivierungsplanes vorbrachte: Der sowjetische Staat brauche für seine Sicherheit vor dem äußeren Feind das Vertrauen der Bauern noch mehr als den Aufbau der Schwerindustrie. Im Falle eines Krieges, so Bucharin, könne Passivität oder gar Feindseligkeit der Volksmassen gegenüber der bolschewistischen Regierung äußerst gefährliche Folgen haben. Im Sommer 1941, in den ersten Monaten des deutsch-sowjetischen Krieges, sollte sich zeigen, wie berechtigt die Warnungen Bucharins gewesen waren.

3. Moskau und der Wiederaufstieg des Nationalsozialismus – Primat der Innenpolitik

Die Deutschlandpolitik Moskaus nach dem Beginn der Weltwirtschaftskrise im Herbst 1929 war derart selbstzerstörerisch, dass sie der Forschung bis heute, ungeachtet der partiellen Öffnung der Archive, Rätsel aufgibt.

Stalin hatte bereits im Dezember 1927 seine These vom Ende der „kapitalistischen" Stabilität und von der Radikalisierung der Massen im Westen verkündet. Damals hatte diese Behauptung mit der Wirklichkeit nichts gemein. Nun kam es in der Tat infolge der Weltwirtschaftskrise zu einer beispiellosen Erschütterung der politischen und wirtschaftlichen Grundlagen der westlichen Industriestaaten. Die stalinistische Führung der Komintern aber war auf diese neue Situation völlig unvorbereitet.

Vorerst schien allerdings die radikale Taktik der Komintern im Westen, vor allem in Deutschland, Früchte zu tragen. Die 1929/30 ausgebrochene Krise habe den Hass gegen den Kapitalismus in Deutschland volkstümlich gemacht, schreibt Arthur Rosenberg. Die Massen hätten die etablierten Parteien und den bestehenden Staat für ihr Elend verantwortlich gemacht und einen revolutionären Ausweg gesucht. Von dieser Stimmung in der deutschen Bevölkerung profitierte die KPD nicht unwesentlich, noch stärker sollte davon aber die NSDAP profitieren, die seit Herbst 1929 von Erfolg zu Erfolg eilte.

Der Wiederaufstieg der NSDAP zwang die Kominternführung zu einer partiellen Revision ihrer „Sozialfaschismus"-Theorie. Seit 1928 vertraten die Vertreter der Stalinschen Fraktion die These, die Funktion des „reinen" Faschismus, der vorwiegend in rückständigen kapitalistischen Ländern auftrete, erfülle in hochentwickelten kapitalistischen Staaten die Sozialdemokratie. Nun, nach dem Wiederaufstieg der „rein" faschistischen Bewegung im hochentwickelten Deutschland, war diese These in ihrer bisherigen Form nicht mehr aufrechtzuerhalten. Diesem Sachverhalt musste die Führung der Komintern in ihren theoretischen und taktischen Überlegungen in irgendeiner Weise Rechnung tragen. So warnte ihr Exekutivkomitee seit Februar 1930 vor Übertreibungen im Kampfe gegen den „Sozialfaschismus". Diese Warnungen bezogen sich in erster Linie auf radikale Gruppierungen innerhalb der KPD, deren Hauptexponent der Gewerkschaftsfunktionär Paul Merker war. Merker wollte den im Frühjahr 1929 von Moskau selbst angeordneten „Vernichtungsfeldzug" gegen die SPD auch nach dem Wiederaufstieg der

NSDAP fortsetzten. Im Mai 1930 schrieb er im theoretischen Organ der KPD „Die Internationale“: „Die sozialfaschistische Bewegung ist ein Werkzeug zur Vorbereitung und Durchführung der faschistischen Diktatur der Finanzoligarchie, ebenso wie die nationalfaschistische Bewegung [NSDAP]. Sie ist der größere, stärkere Bruder der nationalfaschistischen Bewegung, ... deren Rolle in der Verteidigung der Herrschaft des Finanzkapitals ... bedeutungsvoller ist als die der nationalfaschistischen Bewegung. ... Die sozialfaschistische Bewegung ist also keineswegs eine bessere oder eine friedlichere Bewegung als die nationalfaschistische.“

Selbst für die stalinistische Führung der Kommunistischen Internationale, die die „Sozialfaschismus“-Theorie konzipiert hatte, gingen solche Thesen zu weit. Im Juli 1930 kritisierte Molotow die „linken Sektierer“ in der Komintern, die keinen Unterschied zwischen den sozialdemokratischen Führern und den von ihnen „verführten“ sozialdemokratischen Massen sehen wollten. Allerdings kritisierte Molotow in der gleichen Rede auch diejenigen Kommunisten, die die Verwandlung der Sozialdemokratie in den „Sozialfaschismus“ nicht wahrhaben wollten.

Der Zwiespalt, der in den Äußerungen Molotows enthalten war, war für die politische Linie Moskaus seit dem Wiederaufstieg der NSDAP im Grunde typisch. Da die Sozialfaschismus-Theorie als unantastbar galt, konnten alle Warnungen vor der Übertreibung im Kampfe gegen die Sozialdemokratie keine praktischen Folgen haben. Alle Versuche, die Taktik der Komintern an die Realität anzupassen, mussten zwangsläufig scheitern, solange diese wirklichkeitsfremde Theorie offiziell nicht kritisiert werden durfte.

Der beispiellose Erfolg der NSDAP bei den Reichstagswahlen vom 14. September 1930 überraschte die Kommunisten. Das Wiedererstarken der Nationalsozialisten war von ihnen zwar durchaus registriert worden, über die tatsächliche Stärke der NSDAP waren sie sich jedoch nicht klar geworden. Karl Radek, der inzwischen die trotzkistische Opposition verlassen und vor Stalin kapituliert hatte, schrieb am 26. September 1930 im Organ der Komintern „Inprekorr“: Die Geschichte der politischen Kämpfe kenne nichts dergleichen, insbesondere in einem solchen Land wie Deutschland, wo jede neue Partei große Schwierigkeiten habe, einen gleichberechtigten Platz neben den alten Parteien zu erobern. Der Aufstieg der NSDAP lasse sich mit dem Entstehen einer Insel im Meer vergleichen, die sich infolge des Wirkens vulkanischer Kräfte erhoben habe.

Dass die Kommunisten nicht die einzigen waren, die vom Ausgang der Reichstagswahlen überrascht wurden, beweist die Aussage eines der führenden deutschen Sozialdemokraten, Rudolf Hilferding. Unmittelbar nach den Wahlen schrieb Hilferding im theoretischen Organ der SPD „Die Gesellschaft": Ein solches Anwachsen einer kleinen Gruppe innerhalb von zwei Jahren zu einer so starken Partei sei in der Geschichte der Parlamente wohl ohne Beispiel. Dass dieses Wachstum völlig überraschend gekommen sei, weise auf mangelnde Vertrautheit der Politiker mit der Stimmung in den Volksmassen hin.

Die Reaktion Hilferdings auf den nationalsozialistischen Erfolg ist also der Radeks zum Verwechseln ähnlich. Dennoch war die Taktik, mit der einerseits die Kommunisten und andererseits die Sozialdemokraten dieser neuen Gefahr begegnen wollten, im Grunde entgegengesetzter Natur. Beide Vorgehensweisen sollten sich als völlig fruchtlos erweisen, was für die marxistisch orientierte deutsche Arbeiterbewegung als Ganzes verheerende Folgen haben sollte.

Die SPD betrachtete diejenigen Parteien als ihre Hauptgegner, die die parlamentarische Ordnung am radikalsten ablehnten, diese waren die NSDAP und die KPD. Der Antiparlamentarismus war also der gemeinsame Nenner, der nach Ansicht vieler Sozialdemokraten die NSDAP mit der KPD verband. Die Sozialdemokraten hatten insofern eine Art Äquivalent zur Sozialfaschismus-Theorie entwickelt. Die Kommunisten wurden von sozialdemokratischen Theoretikern beschuldigt, durch ihren Kampf gegen die deutsche Demokratie den Nationalsozialismus indirekt zu stärken. So schrieb im Juni 1931 der deutsch-russische Sozialdemokrat Alexander Schifrin, das Gewicht des deutschen Faschismus werde dadurch ungeheuer verstärkt, dass auf der extremen Linken eine der Demokratie feindliche Massenpartei wirke. Unmittelbar vor der nationalsozialistischen Machtergreifung sagte Hilferding: Die autoritäre Präsidialregierung (seit Frühjahr 1930) sei in Deutschland nur deshalb möglich, weil das Parlament durch die Diktaturparteien (NSDAP, Deutschnationale Volkspartei und KPD) außer Funktion gesetzt worden sei. Die revolutionäre Politik der KPD komme nur der NSDAP zugute.

Angesichts des Anwachsens der radikalen Parteien von rechts und von links hielt die SPD die Unterstützung der konservativen Präsidialregierungen für die einzig realistische Option, die ihr verblieb. Sie entschloss sich zu dieser unpopulären Politik des „kleineren Übels", weil sie glaubte, die Staatsräson verlange dies von ihr. Nur so könne die nationalsozialistische Machtergreifung verhindert werden. Die Fehleinschätzung der sozialdemokratischen Führung bestand allerdings darin, dass sie bei den deutschen Konservativen die gleiche Auffassung der Staatsräson voraussetzte, wie sie sie selbst vertrat.

Im Gegensatz zu den Sozialdemokraten sahen die Kommunisten in der Erschütterung der parlamentarischen Staatsordnung in Deutschland keineswegs einen Grund zur Besorgnis. Im Gegenteil. In der Tatsache, dass sich durch die Lahmlegung des Reichstages das Schwergewicht der politischen Auseinandersetzungen in Deutschland auf außerparlamentarische Aktivitäten verlagert hatte, sahen die Kommunisten eine Chance für sich. Sie hielten die KPD für eine Partei, die für einen außerparlamentarischen Kampf besonders gut gerüstet sei. Die Mehrheit der Kominternführer war davon überzeugt, dass die KPD der NSDAP auf diesem Gebiet eindeutig überlegen sei. Die italienischen Erfahrungen der Jahre 1920–22, als die Faschisten die italienischen Arbeiterparteien gerade auf dem Boden des außerparlamentarischen Kampfes vernichtend geschlagen hatten, wurden von den Kominternführern zu Beginn der 30er Jahre in Deutschland kaum beachtet.

Der Wahlerfolg der KPD, die ihre Stimmenzahl im Vergleich zu den letzten Reichstagswahlen vom Mai 1928 um anderthalb Millionen auf 4,6 Millionen steigerte, wurde von der Mehrheit der kommunistischen Autoren höher bewertet als der Wahlsieg der NSDAP. Trotz des Wahlerfolges der NSDAP sprach die offizielle Presse der Komintern fast übereinstimmend von der KPD als von dem einzigen Sieger der Wahlen.

Der KPD-Führer Ernst Thälmann bezeichnete in seiner Wahlanalyse die NSDAP als ein heterogenes und widersprüchliches Gebilde, das bereits Keime der Zersetzung in sich trage. Auch andere KPD- und Kominternführer meinten, die NSDAP sei zu unstabil und zu unerfahren, um nicht bei der ersten ernsthaften Krise auseinanderzufallen. Ein Vertreter der nonkonformen deutschen Linken, Franz Borkenau, kommentierte diese Aussagen später folgendermaßen: In der Komintern sei man der Ansicht gewesen, jede Stimme für die KPD wiege so schwer wie mehrere Stimmen für die NSDAP. In Wirklichkeit hätten sich aber die Dinge genau umgekehrt verhalten.

Die Frage, warum die Kominternführung zu Beginn der 30er Jahre von der KPD eine Politik verlangte, die den Interessen der KPD widersprach, lässt sich nur beantworten, wenn man die Interdependenz zwischen der damaligen sowjetischen Innenpolitik und der bolschewistischen Kominternpolitik nicht außer Acht lässt. Wie schon erwähnt, stand die Sowjetunion im Zentrum der Interessen der Stalinschen Fraktion. Die Tendenz zu einer Projizierung innersowjetischer Vorgänge auf weltweite Entwicklungen verstärkte sich zu Beginn der 30er Jahre. In dieser

Periode war die bolschewistische Partei wegen der Kollektivierung der Landwirtschaft zu einer maximalen Anspannung ihrer Kräfte gezwungen. Um den verzweifelten Widerstand der Bauern zu brechen, musste die Parteiführung von den Parteimitgliedern besondere Härte und Disziplin verlangen. Diese besondere Härte und Disziplin verlangte Moskau aber auch von allen anderen Sektionen der Kommunistischen Internationale, obwohl die Lage der kommunistischen Parteien in anderen Ländern sich von der der Bolschewiki in Russland grundlegend unterschied. Darin ließ sich wiederum die besondere Handschrift Stalins erkennen mit seiner Neigung zu Simplifizierung und Vereinheitlichung komplizierter Tatbestände. Die Atmosphäre des Bürgerkrieges, die in Russland infolge der Kollektivierung entstand, sei auf die ganze Komintern ausgedehnt worden, so Franz Borkenau.

Die Stalinsche Fraktion säuberte die Partei von allen anderen Fraktionen, grenzte sich von allen anderen politischen Gruppierungen in Russland ab und begann nach der Schaffung dieser Voraussetzungen den „revolutionären Angriff" mit dem Ziel des „Aufbaus" des Sozialismus in Russland. Ähnliche Voraussetzungen mussten alle anderen kommunistischen Parteien der Welt, vor allem die KPD, auch im eigenen Rahmen schaffen. Nichtstalinistische Gruppierungen wurden aus den jeweiligen Parteien ausgeschlossen, allen nichtkommunistischen Parteien sagte man unversöhnlichen Kampf an. Nach den Säuberungen in den eigenen Reihen und nach dem Abschluss des Selbstisolierungsprozesses erhoben die nichtrussischen Kommunisten ähnlich wie die Bolschewiki in Russland den Anspruch, allein die Interessen ihrer jeweiligen Nation zu vertreten. Diese von der Komintern angeordnete, isolationistische Taktik konnte sich selbstverständlich nur bei Parteien, die über ein Machtmonopol in ihrem eigenen Staat verfügten, als politisch wirksam erweisen (was nur in der Sowjetunion der Fall war). Nur eine Partei, der alle Druckmittel des Staatsapparates zur Verfügung standen, war im Stande, trotz einer politischen Isolierung im Lande ihre radikalen Dekrete durchzuführen. Die nicht regierenden kommunistischen Parteien, die in den Jahren 1930–33 die von der Komintern befohlene Taktik verfolgten, schlossen sich in ein politisches Ghetto ein, in dem sie den Kontakt zu der Realität ihres jeweiligen Landes verloren.

Die KPD versuche die bolschewistische Partei nachzuahmen und führe sich wie eine alleinregierende Partei auf, kommentierte Trotzki das damalige Verhalten der KPD-Führung. Sie habe allerdings – im Gegensatz zu der bolschewistischen Führung – nicht die Möglichkeit, ihre Gegner und Kritiker zu verhaften. Der Radikalismus der KPD sei nur verbal und nur dazu bestimmt, ihre eigene Ohnmacht zu verbergen.

Um die Trennungslinie zwischen Kommunisten und nichtkommunistischen Kräften deutlich zu markieren, dehnte man die Bezeichnung „faschistisch" beinahe auf alle Nichtkommunisten aus. Zu einer besonders großen Verwirrung sollte die Tatsache beitragen, dass die kommunistische Führung, das 1930 in Deutschland entstandene Präsidialregime als „faschistische" Diktatur bezeichnete. Diese These musste zwangsläufig zu einer Verharmlosung einer eventuellen nationalsozialistischen Diktatur führen. Nie sei mit einem Ausdruck so leichtfertig umgegangen worden wie mit dem Begriff „Faschismus", kommentierte dies der bereits erwähnte Heinz Schürer.

Viele deutsche Kommunisten waren sich darüber im Klaren, dass angesichts der stetig anwachsenden nationalsozialistischen Gefahr eine solche Taktik der Selbstisolierung für die KPD lebensgefährlich war. Diesen ihren Überzeugungen verliehen sie durch zahlreiche spontane Aktionen Ausdruck, bei denen sie gemeinsam mit Sozialdemokraten gegen die Nationalsozialisten vorgingen. Solch ein „undiszipliniertes Verhalten" stieß unverzüglich auf Ablehnung und Verbote seitens der Führung der Komintern. Im Dezember 1931 erwähnte Ernst Thälmann ein Kooperationsangebot der kommunistischen Gewerkschaften im Ruhrgebiet an sozialdemokratische Gewerkschaftsfunktionäre. Dass ein solch fehlerhaftes Verhalten von Kommunisten überhaupt möglich gewesen sei, beweise, dass die KPD ihren prinzipiellen Kampf gegen die Sozialdemokratie noch nicht entschieden genug führe. Thälmann beschuldigte viele Kommunisten „vor den nationalsozialistischen Bäumen den sozialdemokratischen Wald nicht sehen zu wollen".

Innerhalb der von den Stalinisten gleichgeschalteten Komintern war eine offene Kritik solcher wirklichkeitsfremden Thesen kaum mehr möglich. Seit dem Jahre 1929 war sie vorwiegend den so genannten „Abweichlern" überlassen, wobei es sich dabei um Kommunisten oder ehemalige Kommunisten handelte, die mit der offiziellen Linie der Komintern nicht übereinstimmten und darum aus den kominterntreuen kommunistischen Parteien hatten ausscheiden müssen. Alle diese Theoretiker lebten in den 30er Jahren, in denen die nationalsozialistische Gefahr ständig zunahm, außerhalb der Sowjetunion. Sie brauchten also in ihren Aussagen keine Rücksicht auf die Parteidisziplin oder auf die Interessen des sowjetischen Staates zu nehmen. Sie repräsentierten nur sich selbst oder höchstens kleine Gruppen ihrer Anhänger. Der aus der Sowjetunion 1929 ausgewiesene Trotzki und der aus der KPD ausgeschlossene August Thalheimer gehörten zu den wichtigsten Theoretikern dieser Art.

Im Gegensatz zu den Kominternführern, die in der deutschen Krise der Jahre 1930–33 optimistisch ein Vorspiel zur sozialistischen Revolution vermuteten, sah Thalheimer in diesen Entwicklungen lediglich Anzeichen einer künftigen katastrophalen Niederlage der deutschen Arbeiterbewegung. Der Zerfall des deutschen Parlamentarismus und der deutschen Wirtschaft komme lediglich der NSDAP und nicht der SPD oder der KPD zugute. Auf den ersten Blick sei es zwar unwahrscheinlich, dass der Faschismus in Deutschland siegen könne, schrieb Thalheimer im Mai 1930. Es bestünden in Deutschland starke Arbeiterorganisationen und starke bürgerliche Parteien. Dies heiße aber nur, dass der Faschismus in Deutschland noch eine gewaltige Arbeit verrichten müsse, um gegnerische Kräfte zu zersetzen und zu zertrümmern. Diese Arbeit habe bereits begonnen. Das Präsidialkabinett sei hierzu der erste Schritt. Das Parlament werde nun ausgeschaltet, was die parlamentarischen Parteien schwächen und die antiparlamentarische NSDAP stärken werde. Der Faschismus, so Thalheimer, entstehe aus der Ohnmacht der „bürgerlichen" Demokratie. Die Kommunisten müssten diese Ohnmacht und nicht die Demokratie als solche kritisieren.

Thalheimer gehörte auch zu den wenigen marxistischen wie nichtmarxistischen Beobachtern, die durch den nationalsozialistischen Wahlerfolg vom September 1930 nicht überrascht wurden. Er verurteilte die KPD, die verkündete, sie sei als Sieger aus den Wahlen hervorgegangen. Der Wahlerfolg der KPD sei im Vergleich zu dem der NSDAP bedeutungslos. Wenn die KPD ihren linken Kurs fortsetze, werde sie von der NSDAP zertrümmert werden. Die Auswirkungen der Weltwirtschaftskrise und der Massenarbeitslosigkeit seien nicht der KPD, sondern der NSDAP bei den Wahlen zugute gekommen. Die KPD tröste sich damit, dass die Wähler der NSDAP über kein klares Klassenbewusstsein verfügten; dies sei jedoch unwichtig. Der Sieg des Faschismus setze nicht die Bewusstheit, sondern die Unbewusstheit großer Massen voraus.

Auch Trotzki wandte sich in den Jahren 1930–33 wiederholt gegen die Verharmlosung des Nationalsozialismus durch die stalinistische Kominternführung. Er wies mehrfach darauf hin, dass durch die sinnlose Ausdehnung der Definition „Faschismus" auf beinahe alle nichtkommunistischen Kräfte in Deutschland die Komintern automatisch zu einer Unterschätzung des Nationalsozialismus kommen müsse. Die gewaltigen Unterschiede zwischen „bürgerlicher" Demokratie und „faschistischer" Diktatur, die für die Arbeiterbewegung von existentieller

Bedeutung seien, würden von der Komintern als belanglos angesehen. Unzählige Arbeiterorganisationen, die in den demokratischen Ländern legal existierten, würden nach der faschistischen Machtübernahme verboten und vernichtet werden. Dies sei jedoch für die Stalinisten kein ausreichender Beweis für die Kluft, die zwischen einer parlamentarischen Demokratie und einem faschistischen Regime bestehe. Eine faschistische Massenbewegung, so Trotzki, könne nur dann ihr wahres Wesen enthüllen, wenn sie die Kontrolle über den Staatsapparat erlangt habe. Diese Entwicklung müsse um jeden Preis verhindert werden. Allerdings seien die Stalinisten, die sowohl den konservativen Staatsapparat wie auch die „faschistischen Massenbewegungen“ in die gleiche Kategorie – „Faschismus“ – einordnen, kaum in der Lage, wirksame Maßnahmen dagegen zu ergreifen.

Besonders scharf wandte sich Trotzki gegen die stalinistische Sozialfaschismus-Theorie. Die Gleichsetzung der Sozialdemokratie mit dem Faschismus sei typisch für den stalinistischen „Vulgärradikalismus“. Die Sozialdemokratie könne ohne proletarische Organisationen nicht existieren, für den Faschismus sei hingegen die Vernichtung dieser Organisationen eines seiner Hauptziele. Das einzige Mittel, um die nationalsozialistische Machtergreifung zu verhindern, war für Trotzki eine gemeinsame Front von KPD und SPD. Die stalinistische Führung erkenne aber nur eine Art der Einheitsfront an – eine solche, in der alle anderen Parteien den Befehlen der Kominternführung bedingungslos gehorchten.

Nicht nur die Taktik der Komintern, sondern auch die der SPD unterzog Trotzki einer schonungslosen Kritik. Er warf den deutschen Sozialdemokraten eine übertriebene Staatsfrömmigkeit vor. Die SPD glaube nicht, dass die Faschisten sich entschließen könnten, von Worten zu Taten überzugehen, schrieb er im Januar 1932. Sie schließe von ihrem eigenen Verhalten auf das Verhalten der Faschisten. Sie habe bisher immer selbst Angst vor entschlossenen Taten gehabt und meine, dass auch den Faschisten eine solche Unentschlossenheit eigen sei.

Trotzki verurteilte also die Unfähigkeit der deutschen Sozialdemokraten, in Krisenzeiten den skrupellosen Gegner ohne Rücksicht auf parlamentarische Gepflogenheiten zu bekämpfen. Alle diese Eigenschaften, die Trotzki bei den deutschen Sozialdemokraten so scharf anprangerte, waren auch für die russischen Sozialdemokraten und Sozialrevolutionäre charakteristisch gewesen. Dies hatte den Bolschewiki im Jahre 1917 die Machtübernahme erleichtert. Unmittelbar nach dem bolschewistischen Staatsstreich hatte Trotzki die sozialdemokratischen Gegner der Bolschewiki in einer Rede voller Hohn und Verachtung auf den Kehrichthaufen der Geschichte verwiesen. Dreizehn Jahre später sah er im Bündnis mit einer Bewegung, die er so überheblich von der politischen Bühne Russlands gejagt hatte, den einzigen Weg für die Kommunisten, einen nationalsozialistischen Sieg zu verhindern. Diesmal kam die Hilflosigkeit der Sozialdemokraten bei der Konfrontation mit einem rücksichtslosen Gegner nicht den Kommunisten, sondern den Nationalsozialisten zugute. Nach der Machtergreifung wiederholte Hitler fast wortwörtlich die Worte Trotzkis über die endgültig ausgespielte Rolle der Sozialdemokratie. Er schloss allerdings in seine Feststellung auch die Kommunisten ein.

Erst durch die gewaltigen Stimmengewinne der NSDAP bei den Präsidentschaftswahlen im März 1932 und bei den preußischen Landtagswahlen im April 1932 rückte die nationalsozialistische Gefahr etwas stärker ins Blickfeld der Stalinisten. Nun richtete die KPD an die SPD einige Angebote, gemeinsam gegen die nationalsozialistische Gefahr vorzugehen. Dies bedeutete allerdings nicht, dass die Komintern ihre Polemik gegen die SPD einstellte und die Sozialfaschismus-Theorie aufgab. Die Reaktion der Mehrheit der sozialdemokratischen Führer auf diese Annäherungsversuche der Kommunisten war jedoch eher ablehnend. Besonders deutlich sollte sie sich unmittelbar nach der staatsstreichähnlichen Absetzung der sozialdemokratischen Regierung Preußens durch den Reichskanzler Franz von Papen am 20. Juli 1932 zeigen. Thälmann schlug der SPD am gleichen Tag vor, auf den Staatsstreich Papens mit einem Generalstreik zu antworten. Dies lehnte die SPD-Führung ab. Sie wollte auf dem Boden der Weimarer Verfassung bleiben und war für außerparlamentarische Aktivitäten jeder Art nicht zu gewinnen.

Einige Wochen nach dem Staatsstreich in Preußen, im September 1932, fand in Moskau das XII. Plenum des Exekutivkomitees der Komintern statt. Diejenigen Kommunisten, die erwartet hatten, die Kominternführung werde auf die jüngsten Ereignisse in Deutschland mit einer Revision der bisherigen Taktik reagieren, sahen sich schwer enttäuscht. Der isolationistische und extremistische Kurs sollte durch das XII. Plenum im Wesentlichen bestätigt werden, und zwar ungeachtet der Tatsache, dass die Kominternführer zugeben mussten, dass die KPD in ihrem politischen Kampf viele Schwächen an den Tag gelegt hatte, nicht zuletzt in der Auseinandersetzung mit der NSDAP. Indessen war die „antifaschistische Taktik", die auf dem XII. Plenum ausgearbeitet wurde, kaum dazu geeignet, die Mehrheit der deutschen Arbeiterklasse für die KPD zu gewinnen. Ihren Kampf gegen den „Faschismus“ verstand die Kominternführung nämlich weiterhin in erster Linie als Kampf gegen die SPD. Obwohl die SPD ihre bedeutendste Machtstellung in Deutschland – den preußischen Regierungsapparat – verloren hatte, wurde sie von der Kominternführung nach wie vor als die „Wegbereiterin des Faschismus“ und die „wichtigste soziale Stütze der Bourgeoisie“ bezeichnet. Ein wirksamer Kampf gegen den Faschismus sei ohne die vorherige Zerschlagung der SPD unmöglich, erklärten übereinstimmend mehrere Führer der Komintern.

Die Kominternführung, die allen Versuchen der deutschen Kommunisten, die Isolierung der KPD zu durchbrechen, Einhalt geboten hatte, zeigte dadurch, dass sie kein allzugroßes Interesse an der Mitgestaltung der innerdeutschen Politik durch die KPD hatte. Dieser Sachverhalt lässt sich wohl nicht zuletzt dadurch erklären, dass die bolschewistischen Führer in der damaligen deutschen Entwicklung keine direkte Bedrohung für sich selbst erblickten, zumindest keine für den sowjetischen Staat, dessen Interessen für sie im Vordergrund standen. Seit 1919 sahen die Bolschewiki im deutschen Nationalismus keine Kraft mehr, die für Sowjetrussland eine Gefahr hätte darstellen können. Es galt nämlich damals in Moskau als Axiom, dass der deutsche Nationalismus sich ausschließlich gegen die Versailler Ordnung richte. Da die Bolschewiki sich selbst ebenfalls als deren Gegner betrachteten, hatten sie keine Einwände gegen die seit 1929/30 verschärfte Auseinandersetzung der Deutschen mit dem Versailler System. Man beschuldigte nur gelegentlich die deutschen Nationalisten, sie träten nicht radikal genug gegen dieses System auf. So warf einer der Kominternführer, Otto Kuusinen, den „Faschisten“ auf dem XII. Plenum des Exekutivkomitees vor, sie hätten nicht den Mut, von den Siegermächten den Anschluss Österreichs an das Deutsche Reich und die Wiederangliederung der deutschen Gebiete, die nach 1918 Polen zugefallen seien, zu fordern. Die aggressive Sprache der deutschen Nationalisten betrachteten die bolschewistischen Führer nur als Fassade, die die militärische und politische Ohnmacht Deutschlands verschleiern sollte. Es stand nämlich bei den sowjetischen Führern seit 1919 zum einen fest, dass der deutsche Nationalismus ausschließlich eine antiwestliche Spitze habe, zum anderen, dass die militärische Macht Deutschlands für Generationen gebrochen sei. Diese Überzeugung der sowjetischen Führung blieb bis zur nationalsozialistischen Machtergreifung unerschüttert. Obwohl die bolschewistischen Führer die Stärke der deutschen Industrie bewunderten, ließen sie außer Acht, dass gerade aufgrund dieses Industriepotentials

Deutschland alle Voraussetzungen besaß, um seine Militärmaschinerie schnell wiederherzustellen. Die sowjetischen Führer übersahen, dass die ganze Infrastruktur, die in Russland erst durch die Industrialisierung geschaffen werden musste, um Russland wieder zu einer Militärmacht ersten Ranges zu entwickeln, in Deutschland längst vorhanden war.

An die Machtübernahme Hitlers glaubte man in Moskau auch am Vorabend der nationalsozialistischen Machtergreifung nicht. So meinte einer der Kominternführer, Manuilski, auf dem XII. Plenum des EKKI im September 1932, dass eine Regierung Hitler den deutschen Kapitalismus nicht aus der Sackgasse führen könne. Die kluge deutsche Bourgeoisie lasse Hitler nicht an die Macht kommen, um ihre letzten Reserven nicht zu kompromittieren. Die Kominternführung war deshalb davon überzeugt, dass sich die NSDAP in der Opposition bald verbrauchen werde. Das Ergebnis der Reichstagswahlen vom 6. November 1932 fasste man in Moskau als Bestätigung für diese These auf. Die Tatsache, dass die NSDAP im Vergleich zu den Reichstagswahlen vom 31. Juli 1932 einen Rückschlag erlitt (ihr Stimmenanteil verringerte sich von 37,3 auf 33,1%), wurde von der Komintern als der Anfang vom Ende des Nationalsozialismus aufgefasst. Die KPD, die fast 17% der Stimmen erhielt (im Juli 1932 noch 14,3%), wurde von der Komintern als der einzige Sieger der Wahl bezeichnet. In Wirklichkeit beschleunigte aber der von der Komintern so gefeierte Erfolg der deutschen Kommunisten bloß den Untergang der KPD wie auch der gesamten marxistisch orientierten deutschen Arbeiterbewegung.

Innerhalb der konservativen Elite der Weimarer Republik, die damals die Schlüsselpositionen im Staate kontrollierte, wuchs nun, angesichts der Stimmengewinne der KPD, die Tendenz, eine Allianz mit der NSDAP einzugehen. Da der deutsche Staatsapparat zu Beginn der 30er Jahre, anders als der russische im Jahre 1917, noch relativ intakt war, waren die Nationalsozialisten nicht im Stande, den Staat nach bolschewistischem Vorbild im Alleingang zu erobern. An die Macht konnten sie nur mit Hilfe von Nichtnationalsozialisten gelangen. Darüber ist sich die Mehrheit der Faschismusforscher einig. So stellte der Kompromiss mit den herrschenden Gruppierungen die unabdingbare Voraussetzung für die so genannte nationalsozialistische „Machtergreifung" dar. Um das Zustandekommen dieses Kompromisses zu beschleunigen, wies die nationalsozialistische Führung unablässig auf die angeblich allgegenwärtige „kommunistische Gefahr" hin. In seiner Rede vor dem Industrieklub in Düsseldorf am 27. Januar 1932 verkündete Hitler unter starkem Beifall, Deutschland verdanke nur der NSDAP seine Rettung vor dem Bolschewismus: „Wenn wir nicht wären, gäbe es schon heute in Deutschland kein Bürgertum mehr, die Frage: Bolschewismus oder nicht Bolschewismus wäre schon lange entschieden!“

Ähnlich wie die Bolschewiki im Jahre 1917 die übertriebenen Ängste der russischen demokratischen Parteien vor dem so genannten „rechten“, „gegenrevolutionären“ Staatsstreich geschickt ausgenutzt hatten, machten sich also die Nationalsozialisten die übertriebenen Ängste der konservativen Schichten vor einer kommunistischen Revolution zunutze. Auf die Frage, ob die Gefahr einer kommunistischen Revolution in Deutschland zu Beginn der 30er Jahre wirklich bestanden habe, gab der konservative Politiker Hermann Rauschning, der kurz nach der nationalsozialistischen Machtübernahme mit Hitler gebrochen hatte, folgende Antwort: „Kein Schicksal ist dem Deutschen Reich 1932/33 ferner gewesen als eine bolschewistische Revolution, ja auch nur eine politische Revolte von links! Gerade die Kreise, die heute die Legende von dem unmittelbar bevorstehenden bolschewistischen Umsturz verbreiten, wissen es am besten, und haben es durch ihre eigene Taktik bewiesen, dass in Deutschland ein Putsch nur mit der legalen Macht als Rückhalt im Hintergrunde möglich war.“ So entschieden über die damalige Machtfrage in Deutschland letztendlich konservative Gruppierungen, die nur ein verschwindendes Segment der Gesellschaft repräsentierten. Heinrich August Winkler schreibt 1993 in diesem Zusammenhang: „In keiner anderen hochindustrialisierten Gesellschaft hatte sich eine vorindustrielle Elite so viel politische Macht bewahren können wie die Junker im Deutschland der Weimarer Republik.“

Die Ernennung Hitlers zum Reichskanzler wurde von der sowjetischen Führung nicht sofort als Zäsur aufgefasst. Die Tatsache, dass die Hitlersche Regierung eine Koalition zwischen der NSDAP, der DNVP und parteilosen Konservativen darstellte, wirkte auf Moskau beruhigend. Es gab in dieser Regierung mehrere Politiker, die man in der Sowjetunion seit Jahren kannte und die als Garanten der Fortsetzung der Rapallo-Politik angesehen wurden, so der Außenminister Konstantin Frhr. von Neurath oder der Reichswehrminister Werner von Blomberg. Von diesen preußischen Konservativen, die in der Regierung eine Mehrheit darstellten, erwartete man in Moskau einen mäßigenden Einfluss auf Hitler. Aber auch die deutschen Konservativen selbst hatten das Gefühl, sie seien der NSDAP in der Koalitionsregierung eindeutig überlegen. Franz von Papen, der am Zustandekommen der neuen Regierung maßgeblich beteiligt gewesen war, sagte damals: „In zwei Monaten haben wir Hitler in die Ecke gedrückt …“

Sogar Trotzki, der ansonsten die Lage in Deutschland so scharfsichtig beurteilte, schrieb in einer seiner ersten Stellungnahmen zur nationalsozialistischen Machtübernahme, Hitler befinde sich in der Hand Hugenbergs (des Führers der Deutschnationalen Volkspartei). Nicht der Emporkömmling Hitler, sondern die Vertreter des deutschen Kapitals und des deutschen Staatsapparates, so Trotzki, hätten das letzte Wort in der deutschen Politik. Diese Sätze verfasste Trotzki im Februar 1933 – noch vor dem Reichstagsbrand, in dessen Folge die Lage in Deutschland sich grundlegend verändern sollte.

Zu den wenigen Ausnahmen im Lager der Linken, die die damalige Situation in Deutschland adäquat beurteilten, gehörte August Thalheimer. Er bezeichnete unmittelbar nach dem 30. Januar 1933 die konservativen Gruppierungen als den schwächeren Partner der Allianz. Hitler verfüge gleichzeitig über eine Massenorganisation und über die Exekutivgewalt, so Thalheimer, die Exekutivgewalt werde er gegen alle seine Gegner außerhalb der Regierung einsetzen, er werde deren Organisationen auflösen und vernichten. Andererseits würden seine Massenorganisationen und seine Volkstümlichkeit dazu verwendet werden, auf seine konservativen Koalitionspartner Druck auszuüben. Es sehe so aus, lautet die Voraussage Thalheimers, als ob der Nationalsozialismus nur Monate zur Eroberung der Alleinherrschaft brauchen werde, wofür Mussolini in Italien Jahre gebraucht habe.

In der Tatsache, dass die Nationalsozialisten an die Macht gekommen waren, ohne zuvor die deutschen Arbeiterparteien in einem Bürgerkrieg geschlagen zu haben, sah die Kominternführung einen zusätzlichen Grund für Optimismus. In Italien hatten sich die Dinge zur Zeit des so genannten faschistischen Marsches auf Rom ganz anders verhalten. Mussolini kam nach einem zweijährigen Bürgerkrieg an die Macht, in dem es den Faschisten gelungen war, die Infrastruktur der italienischen Arbeiterbewegung weitgehend zu zerstören. Die organisatorische Infrastruktur der deutschen Arbeiterbewegung hingegen blieb zur Zeit der nationalsozialistischen Machtübernahme beinahe intakt. 13 Millionen Wähler stimmten bei den letzten Wahlen vor der Zäsur vom 30. Januar 1933 für beide deutsche Arbeiterparteien, 6 Millionen davon für die KPD. Die Zerstörung dieser gewaltigen Massenorganisationen einfach durch Anordnung von oben hielt man in Moskau für ausgeschlossen. Als die KPD unmittelbar nach dem Reichstagsbrand von der Regierung verboten worden war, waren viele Kominternführer davon überzeugt, dass die KPD sich auch in der Illegalität erfolgreich gegen das Regime wehren würde. Einer der Kominternführer, Knorin, schrieb im März

1933: Sogar der zehnjährige Terror Mussolinis habe es nicht vermocht, die Italienische Kommunistische Partei zu vernichten: „Umso weniger können Unterdrückungsmaßnahmen die ... Deutsche Kommunistische Partei vernichten, ... den Willen von 6 Millionen Werktätigen Deutschland brechen, die bereit sind, für die Vernichtung des kapitalistischen Systems zu kämpfen."

Auch Trotzki dachte zunächst ähnlich. Zwar wurde er von der Machtübernahme Hitlers, im Gegensatz zu den Stalinisten, nicht überrascht. Er hatte sie schon seit Jahren als möglich vorausgesehen. Sogar die Form dieser Machtübernahme – die freiwillige Übergabe der Regierungsverantwortung an Hitler durch die herrschenden Gruppierungen – war von Trotzki als politische Eventualität vorausgesagt worden. Dennoch war er davon überzeugt, dass ein solcher Aufstieg des Nationalsozialismus zur Macht in Deutschland unausweichlich einen Bürgerkrieg auslösen werde. In seinen ersten Reaktionen auf die Ernennung Hitlers zum Reichskanzler war noch keine Niedergeschlagenheit zu verspüren. Bis zum Reichstagsbrand hielt er die revolutionäre Kraft des deutschen Proletariats für ungebrochen und meinte, die entscheidende Auseinandersetzung stehe in Deutschland erst noch bevor. Die kampflose Kapitulation der deutschen Arbeiterparteien vor dem nationalsozialistischen Terror, der nach dem Reichstagsbrand eine organisierte Form angenommen hatte, überraschte Trotzki vollkommen. Diese katastrophale Niederlage bezeichnete er im Juni 1933 als die größte in der Geschichte der Arbeiterbewegung. Trotzki verurteilte nun die Stalinisten für ihre Unfähigkeit, das Ausmaß ihrer eigenen Niederlage in Deutschland richtig einzuschätzen. Eine von Illusionen verdeckte Niederlage bedeute den Untergang, schrieb er. Das Versprechen der KPD, sie werde den revolutionären Kampf gegen den Faschismus auch in der Illegalität fortsetzten, kommentierte Trotzki: Die stalinistische KPD, die in der Legalität völlig versagt hätte, werde in der Illegalität genauso versagen.

Dennoch begannen allmählich auch die Stalinisten zu begreifen, wie sehr sie die Gefährlichkeit des Nationalsozialismus unterschätzt hatten. Im August 1933 konnte man im Presseorgan der Komintern „Rundschau" folgende Worte lesen: „Den Weg, den der italienische Faschismus unter den kompliziertesten Manövern in fünf Jahren durchlaufen hatte, durchlief der deutsche Faschismus in fünf Monaten."

Trotz dieser Erkenntnis war die stalinistische Führung der Komintern nicht bereit, auch nur die geringsten Fehler in der Taktik der KPD oder der Komintern in den Jahren 1930–33 zuzugeben. Nach Ansicht Moskaus war sie vielmehr in allen ihren Einzelheiten richtig gewesen. Die KPD habe die Entwicklung in allen Details vorausgesagt und alles unternommen, was im Bereich des Möglichen gestanden habe, um die nationalsozialistische Machtübernahme zu verhindern. Die Partei, die an der Machtergreifung Hitlers vorwiegend Schuld trage und die durch diese Machtergreifung die größte Niederlage erlitten habe, sei die SPD. Die SPD, die bereits verboten war und deren Führer sich bereits in den Konzentrationslagern bzw. im Exil befanden, wurde von den Stalinisten weiterhin als die Hauptstütze der deutschen Bourgeoisie bezeichnet. Eine Zusammenarbeit mit den Sozialdemokraten kam für die Kominternführung auch ein Jahr nach der nationalsozialistischen Machtübernahme nicht in Frage. An der Sozialfaschismus-Theorie durfte bis Anfang 1934 nicht gerüttelt werden.

4. Der Parteitag der „Sieger“ (1934) und der Mord an Kirow – „Provokation des Jahrhunderts“?

Ungeachtet der Tatsache, dass die Komintern in Deutschland ein Debakel erlitten hatte, war die Stimmung in den damaligen Moskauer Regierungskreisen keineswegs depressiv. Im Gegenteil. Der Verlust der KPD ließ sich relativ leicht verschmerzen, denn die bolschewistische Partei konnte zur gleichen Zeit die endgültige Bezwingung der russischen bzw. sowjetischen Bauernschaft als „beispiellosen Erfolg des Sozialismus" feiern. Der „zweite russische Bürgerkrieg" war vom Regime gewonnen worden. Und da die Bolschewiki oft in Parallelen dachten, erwartete man damals in der Partei, wie auch im Lande insgesamt, eine innenpolitische Entspannung, eine Art „Neo-NEP". Der XVII. Parteitag der Bolschewiki vom Januar 1934 schien diese Erwartungen zu bestätigen, dies in erster Linie in Bezug auf das innerparteiliche Klima. Zahlreiche Vertreter der geschlagenen „linken" und „rechten" Opposition durften auf diesem Kongress auftreten – Sinowjew, Kamenew, Bucharin, Rykow, Tomski, Preobrashenski, Radek. Einige von ihnen wurden am Vorabend des Kongresses wieder in die Partei aufgenommen. Der von Stalin so oft kritisierte Bucharin wurde am 20. Februar 1934 sogar zum verantwortlichen Redakteur des Zentralorgans der Regierung „Iswestija" ernannt.

Zwar bestanden die Reden der ehemaligen Oppositionsführer im Wesentlichen aus Reue- und Schuldbekenntnissen, trotzdem wurde ihr Auftritt auf dem Kongress – der höchsten Instanz der alleinherrschenden Partei – im Allgemeinen als Zeichen der Versöhnung der siegreichen Stalinisten mit den bezwungenen innerparteilichen Kontrahenten aufgefasst. Und da die Partei das einzige politische Subjekt in der Sowjetunion darstellte, musste sich die hier vorherrschende Atmosphäre zwangsläufig auch über das gesamte Land verbreiten. Der Kongress habe die Hoffnung genährt, dass die Versöhnung innerhalb der Partei den ersten Schritt auf dem Wege zur Versöhnung des Regimes mit der Gesellschaft darstellen werde, schreibt der Moskauer Historiker Oleg Chlewnjuk.

„Die größten Schwierigkeiten liegen bereits hinter uns“, verkündete auf dem Kongress der Leningrader Parteichef Sergej Kirow, der damals als der zweitwichtigste Mann in der Partei galt.

Von der offiziösen Propaganda wurde der XVII. Parteitag als „Parteitag der Sieger“ [Sieger über das sowjetische Bauerntum] bezeichnet. Und Sieger neigen, wie die Erfahrung zeigt, nicht selten zu großmütigen Gesten.

Aber nicht nur Siegesmeldungen und versöhnliche Gesten gegenüber den Besiegten waren für den XVII. Parteitag charakteristisch. Zum Wesen des Kongresses gehörten auch überschwängliche Lobpreisungen Stalins. Der Stalin-Kult erreichte hier eine neue Dimension, wobei sich an seiner Verbreitung nicht nur die Vertreter der Stalin-Fraktion, sondern auch ehemalige Kritiker Stalins aus den Reihen der geschlagenen Opposition eifrig beteiligten. Bucharin, der noch 1929 Stalin als den Totengräber der russischen Revolution bezeichnet hatte, erklärte auf dem XVII. Parteitag: „Stalin war vollkommen im Recht, als er die vor allem von mir formulierten Thesen der rechten Abweichler zertrümmerte. Dabei hat er glänzend die Prinzipien der marxistisch-leninistischen Dialektik angewandt ... Alle Parteimitglieder haben die Pflicht, sich um den Genossen Stalin zu scharen, der in seiner Person die Vernunft und den Willen der Partei verkörpert.“ Lew Kamenew fügte hinzu: „Die Epoche, in der wir leben ..., wird in die Geschichte, und das steht außer Frage, als die Epoche Stalins eingehen. Jeder von uns ist dazu verpflichtet, mit allen ihm zur Verfügung stehenden Kräften die Unantastbarkeit dieser Autorität [Stalins] zu verteidigen ... Es lebe unser Führer und Befehlshaber, Genosse Stalin.“ Diese unterwürfigen Sätze stammten von dem gleichen Politiker, der noch im Dezember 1925 – auf dem XIV. Parteitag der Bolschewiki – Folgendes gesagt hatte: „Wir sind dagegen, einen Führer-Kult zu schaffen ... Ich für meine Person glaube, dass unser Generalsekretär [Stalin] nicht für die Rolle des Zentrums, um das sich der alte bolschewistische Stab sammelt, geeignet ist.“

Die Mitglieder der Stalinschen Fraktion versuchten, die liebedienerischen Erklärungen der ehemaligen Gegner des Generalsekretärs noch zu übertreffen. Kirow bezeichnete Stalin als den größten Strategen im Befreiungskampf der Werktätigen der UdSSR und der ganzen Welt. Andere Redner, etwa Chruschtschow und Shdanow nannten Stalin einen „genialen Führer".

Dem bolschewistischen Chor schlossen sich die nichtrussischen Kommunisten an, die für die Aufrichtung des Führer-Kultes innerhalb der kommunistischen Weltbewegung eine ebensogroße Verantwortung trugen wie ihre russischen Gesinnungsgenossen. Der Führer der italienischen KP, Togliatti, der den Führer (Duce)-Kult in seinem Heimatland schonungslos verurteilte, richtete im Juli 1935 im Namen der Delegierten des VII. Kongresses der Komintern folgende Begrüßung an Stalin: „Im Namen ... der Werktätigen aller Länder wenden wir uns an dich, Genosse Stalin, unseren Führer, den treuen Fortsetzer des Werkes von Marx, Engels und Lenin ... Dir, Genosse Stalin, fiel die gigantische Aufgabe zu, [Lenin] am Steuerruder des Kampfes um die Befreiung der gesamten schaffenden Menschheit zu ersetzen."

Ursprünglich handelte es sich beim Bolschewismus um eine ideokratische Bewegung. Die marxistische bzw. marxistisch-leninistische Doktrin stellte für ihn die höchste Instanz dar. Insofern unterschied sich der Bolschewismus grundlegend von den rechtsextremen totalitären Bewegungen, die von Anfang an auf die Person des jeweiligen Führers fixiert waren. Unter Stalin begann sich aber der Bolschewismus in eine Führerpartei zu verwandeln.

Nicht alles glänzte jedoch hinter der prächtigen byzantinischen Fassade des „Frühstalinismus" (etwa bis Mitte der 30er Jahre). Seit dem Beginn der Stalinschen Revolution von oben brodelte es in der Partei, die nach außen Geschlossenheit demonstrierte. Viele Parteifunktionäre waren von der Unmenschlichkeit, mit der das Regime gegen die wehrlose Bauernschaft vorging, erschüttert. Viele fühlten sich durch den apodiktischen Führungsstil Stalins herausgefordert und strebten nach der Wiederherstellung der innerparteilichen Demokratie, die ihrer Ansicht nach in den 20er Jahren noch in der Partei geherrscht hatte.

So wurde im Oktober 1930 eine Gruppe hoher Parteifunktionäre – infolge einer Denunziation – aufgedeckt, die sowohl den politischen Kurs als auch den Führungsstil Stalins kritisch bewertet hatte. Dazu gehörten unter anderem der Regierungschef der RSFSR und Politbürokandidat, Syrzow, das ZK-Mitglied Lominadse und das Mitglied der Zentralen Kontrollkommission Schatzkin. Syrzow kritisierte vor allem die Aushöhlung der Kompetenzen der offiziellen Parteiinstanzen, sogar des Politbüros, durch die Stalin-Gruppe. Alle wichtigen Entscheidungen würden von informellen Grüppchen getroffen, und das Politbüro werde vor vollendete Tatsachen gestellt. Sowohl Syrzow als auch Lominadse und Schatzkin wurden von den Denunzianten beschuldigt, sie hätten die Entmachtung Stalins angestrebt.

Jede Kritik an seiner Person hielt Stalin, und zwar noch vor der quasi offiziellen Etablierung des Kultes um seine Person, für eine Art Blasphemie: „Was für eine Abscheulichkeit!“, schrieb er am 23. Oktober 1930 an Molotow über die soeben entdeckte Gruppe Syrzow-Lominadse: „Sie spielten Staatsstreich ... und gerieten dadurch in vollkommenen Verfall.“

Eine vergleichbare Empörung riefen bei Stalin zwei Jahre später die Aktivitäten einer anderen kritisch gesinnten Gruppe hoher Parteifunktionäre (A. Smirnow, N. Ejsmont, W. Tolmatschow) hervor, die intern von einer Ablösung Stalins vom Posten des Generalsekretärs sprachen: „Nur Feinde der Partei können sagen, man kann Stalin ablösen, ohne dass etwas passiert“, so Stalin auf einer ZK-Sitzung im Januar 1933.

Besonders konsequent kämpfte gegen die Stalindiktatur in der Partei die Gruppe um den Moskauer Altbolschewiken Martemjan Rjutin, die zu Beginn der 30er Jahre eine Reihe von Schriften verfasste, die sich mit dem neuen politischen Kurs mit äußerster Schärfe auseinandersetzten. Rjutin forderte die Entmachtung der Stalin-Clique und die Wiederherstellung der innerparteilichen Demokratie. In einem Aufruf an die Parteimitglieder (1932) schrieb er: „Im Laufe der letzten fünf Jahre entmachtete Stalin die besten, echt bolschewistischen Parteikader und errichtete in der Partei wie auch im ganzen Land seine persönliche Diktatur. Er brach mit dem Leninismus und beschritt den Weg des ungezügelten Abenteuertums und der persönlichen Willkür. Nun steht die UdSSR am Rande des Abgrunds.“ In einer anderen Schrift bezeichnete Rjutin den Generalsekretär als bösen Geist der russischen Revolution und als Verräter am Leninismus.

Als die Gruppe um Rjutin – der so genannte „Bund der Marxisten-Leninisten“ – von den Sicherheitsorganen im September 1932 aufgedeckt wurde, war die Empörung Stalins grenzenlos. Es kursierte damals das Gerücht, dass er von den anderen Politbüromitgliedern die sofortige Hinrichtung Rjutins verlangte. Diese These wird im „Brief eines alten Bolschewiken“ vertreten, den die russische Exilzeitschrift „Der sozialistische Bote“ 1936 veröffentlichte. Geschrieben wurde dieser Brief zwar von dem russischen Sozialdemokraten Boris Nikolajewski, sein Inhalt basierte aber im Wesentlichen auf den Gesprächen, die Nikolajewski 1936 mit Nikolaj Bucharin geführt hatte. Im Brief ist auch davon die Rede, dass die Mehrheit der Politbüromitglieder, in erster Linie Kirow, die Verletzung des ungeschriebenen „bolschewistischen Ehrenkodexes“ – keine Todesstrafe für die oppositionelle Tätigkeit eines Kommunisten – ablehnte. Stalin habe sich nicht durchsetzen können. Ähnlich wird die „Rjutin-Affäre“ von vielen anderen Autoren beschrieben (R. Medwedew, R. Conquest, vor kurzem D. Wolkogonow und R. C. Tucker). In seinem 1996 erschienenen Buch über das Politbüro konnte indes der Moskauer Historiker Oleg Chlewnjuk keine dokumentarischen Belege für die Forderung Stalins nach einer sofortigen Hinrichtung Rjutins finden. Rjutin wurde am 11. Oktober 1932 von einem Sondergericht der OGPU zu 10 Jahren Haft verurteilt, und Stalin scheint keine Einwände gegen dieses Urteil gehabt zu haben.

Wie dem auch sei, die Partei stellte zu Beginn der 30er Jahre immer noch kein willenloses Werkzeug in den Händen der Führung dar. Und dies offenbarte sich sogar während des Parteitages der „Sieger“, der äußerlich einen beispiellosen Triumph Stalins darstellte. Bei den geheimen Wahlen zum Zentralkomitee erhielt Stalin jedoch unerwarteterweise viel weniger Stimmen als andere populäre Parteiführer. Mikojan, der 1934 zur engsten Parteiführung zählte, erinnert sich, dass von 1225 stimmberechtigten Kongressteilnehmern beinahe 300 gegen Stalin und nur 3 gegen Kirow votierten. Diese Aussage wird vom stellvertretenden Vorsitzenden des Wahlausschusses des XVII. Parteitages Werchowych bestätigt. Werchowych meinte allerdings, dass nur etwa 125 Kongressteilnehmer gegen Stalin stimmten.

Als der Vorsitzende des Wahlausschusses, Satonski, in Panik Stalin von diesem Ergebnis berichtet hatte, soll Stalin die Vernichtung aller Stimmzettel, in denen sein Name gestrichen worden war, angeordnet haben – bis auf drei. Er sollte also genauso viele Nein-Stimmen erhalten wie Kirow. Die Tatsache, dass im Parteiarchiv, in dem die Materialien des XVII. Parteitages aufbewahrt werden, 166 Stimmzettel fehlen, bestätigt die Aussagen Mikojans und Werchowychs. Dabei darf man nicht vergessen, dass die große Mehrheit der Kongressdelegierten aus Mitgliedern der Stalinschen Fraktion bestand. Den ehemaligen Anhängern der geschlagenen rechten bzw. linken Opposition wurde die Teilnahme am Parteitag nur begrenzt gestattet. Allerdings blieben auch die Stalin-Anhänger bestimmten in der Lenin-Zeit entwickelten Parteigrundsätzen treu. Sie seien bereit gewesen, Stalin als Parteiführer, nicht aber als Diktator zu akzeptieren, so A. Awtorchanow. Ihr Denken sei aus der

Sicht Stalins antiquiert, dem neuen Zeitgeist nicht gemäß gewesen, meint dieser.

Dieses Festhalten der Mehrheit der Kongressdelegierten an den frühbolschewistischen Denk- und Verhaltensmustern ist nicht verwunderlich, wenn man die Zusammensetzung des Parteitages näher in Betracht zieht. 80% der Delegierten traten der Partei vor der Revolution bzw. zur Zeit des russischen Bürgerkrieges (vor 1920) bei. In der Partei insgesamt bildeten indes diese Veteranen lediglich 10% der Mitglieder. Und solange die Altbolschewiki – sogar wenn es sich bei ihnen um Anhänger Stalins handelte – die Schlüsselpositionen in der Partei kontrollierten, war es nur schwer möglich, die Partei gänzlich zu zähmen, sie jeder Spur der Eigenständigkeit zu berauben. Darüber war sich Stalin im Klaren. Nach der Bezwingung der russischen Bauernschaft, nach der „Lösung“ der jahrhundertealten russischen Agrarfrage, stand die Stalin-Clique nun vor einer neuen, nicht weniger komplizierten Aufgabe – der Bezwingung der herrschenden Partei. Eingeleitet wurde die neue Phase der Stalinschen Revolution von oben am 1. Dezember 1934 durch den Mord an Parteisekretär Kirow, dessen Ursachen und Umstände bis heute Rätsel aufgeben.

Handelte es sich bei Kirow um einen Rivalen Stalins, um den Verfechter eines gemäßigten politischen Kurses, der dem 1930 vom Regime erneuerten Terrorfeldzug gegen die eigene Bevölkerung ein Ende setzen wollte? Diese These wird in dem bereits erwähnten „Brief eines alten Bolschewiken“ wie auch von vielen Historikern vertreten. Dokumentarisch lässt sie sich allerdings kaum belegen. Sowohl im Handeln als auch bei den öffentlichen Auftritten Kirows lassen sich keine wesentlichen Abweichungen von der Stalinschen Linie feststellen. Er gehörte auch zu den eifrigsten Propagandisten des Stalin-Kultes. Zwar versuchte er als Leningrader Parteichef die Interessen seiner Region etwas stärker zu verteidigen, als dies Stalin genehm war. Ähnliches Verhalten legten allerdings auch andere sowjetische Regionalfürsten oder Chefs einzelner Ressorts an den Tag. Der Regional- bzw. der Ressortegoismus stellte eine permanente Begleiterscheinung der sowjetischen Politik dar und rief wiederholt Spannungen hervor, die keineswegs ideologisch bedingt waren.

Auf der anderen Seite lässt sich kaum bezweifeln, dass Kirow aufgrund seines rednerischen Talents und seiner organisatorischen Fähigkeiten über eine außerordentliche Popularität in der Partei verfügte. Bei seinem Auftritt auf dem XVII. Parteitag erhielt er tosenden Applaus, der beinahe demjenigen glich, der auch Stalin zuteil wurde. Mehrere Zeitzeugen berichten auch von einem merkwürdigen Vorgang, der während des Kongresses stattfand. Eine Reihe der ZK-Mitglieder (I. Warejkis, B. Scheboldajew, M. Oracheschwili, S. Kossior, G. Petrowski und R. Eiche) soll Kirow in einem vertraulichen Gespräch vorgeschlagen haben, für den Posten des Generalsekretärs der Partei zu kandidieren. Einige Jahre nach dem Tode Stalins, als die Moskauer Führung eine Entstalinisierungskampagne in die Wege leitete, wurden diese Vorgänge indirekt bestätigt. In der 1962 erschienenen „offiziellen" „Geschichte der Kommunistischen Partei der Sowjetunion (KPdSU)" kann man Folgendes in diesem Zusammenhang lesen: „Die in der Partei sich entwickelnde anormale Situation versetzte einige Kommunisten in Unruhe, besonders die alten Kader Lenins. Viele Delegierte zum Parteitag, insbesondere jene, die Lenins Testament kannten, fanden, es sei Zeit, Stalin vom Posten des Generalsekretärs auf einen anderen Posten zu versetzen."

Wie reagierte Kirow auf diesen Vorschlag? Dazu schreibt Anastas Mikojan in seinen Erinnerungen: „Als eine Gruppe der Kongressdelegierten Kirow vorgeschlagen hatte, für den Posten des Generalsekretärs zu kandidieren, lehnte er dies ab. Hier hat sich die Loyalität und Prinzipientreue dieses aufrichtigen Menschen offenbart. Er erzählte alles Stalin. Stalins Reaktion bestand nur aus Feindseligkeit und Rachsucht, und zwar sowohl gegenüber dem ganzen Parteitag als auch gegenüber Kirow persönlich."

Etwa zur gleichen Zeit (30. 6. 1934) fand in Deutschland der so genannte „Röhm-Putsch" statt. Die brutale Art, wie sich Hitler seines engsten Gefährten entledigt hatte, soll Stalin imponiert haben. Darüber berichtet ein Offizier der sowjetischen Sicherheitsorgane, Walter Kriwitzki, der Ende der 30er Jahre mit dem Regime brach.

Am 1. Dezember 1934 wurde Kirow ermordet. Beim Attentäter, Leonid Nikolajew, handelte es sich um einen labilen jungen Mann, der aus „unerfindlichen Gründen" in die streng bewachten Büroräume Kirows eindringen konnte, um dann den Leningrader Parteichef aus nächster Nähe zu erschießen. Dass die Umstände des Kirow-Mordes äußerst mysteriös waren, wurde auf dem XX. Parteitag der KPdSU (Februar 1956) vom damaligen Parteichef Nikita Chruschtschow in seiner fulminanten, gegen Stalin gerichteten Rede angesprochen: „Der Verdacht scheint begründet, dass der Mörder Kirows, Nikolajew, von jemandem unterstützt wurde, dessen Pflicht es gewesen wäre, Kirows Person zu schützen. Anderthalb Monate vor dem Mord war Nikolajew wegen verdächtigen Verhaltens verhaftet, dann aber ohne Vornahme einer Leibesvisitation wieder freigelassen worden ... Nach Kirows Ermordung erhielten Spitzenfunktionäre des Leningrader NKWD ganz minimale Strafen, aber 1937 wurden sie erschossen. Es ist anzunehmen, dass man mit ihrer Erschießung die Spuren der Organisatoren des Mordes an Kirow auslöschen wollte."

Dmitrij Wolkogonow, der den Zugang zu manchen besonders streng gehüteten Parteiarchiven hatte, hat keine eindeutige Antwort auf die Frage nach den Urhebern des Mordes an Kirow. Er hält es aber für sehr wahrscheinlich, dass dies „Stalins Werk" war: „Indirekt spricht für diese Version die Beseitigung von zwei-drei ‚Schichten' potentieller Zeugen. Dies ist eindeutig Stalins ‚Handschrift'."

Unmittelbar nach dem Attentat initiierte Stalin eine breit angelegte Jagd auf die „Hintermänner" des Mordes an Kirow. Diese Jagd sollte wohl nicht zuletzt die Aufmerksamkeit der Partei und der Gesellschaft von den eigentlichen Urhebern des Mordes ablenken.

Bereits am 1. Dezember 1934, also am Tag des Attentats (!), wurde vom Zentralen Exekutivkomitee der UdSSR eine Gesetzesänderung „Zur Strafverfolgung terroristischer Anschläge gegen Sowjetfunktionäre" vorgenommen. Sie enthielt folgende Punkte: „1. Das Untersuchungsverfahren ist in diesen Sachen innerhalb eines Zeitraum von nicht mehr als 10 Tagen abzuschließen ... 3. Die Verhandlung ist ohne Beteiligung der Parteien zu führen. 4. Kassationseinsprüche gegen das Urteil sowie die Einreichung von Gnadengesuchen sind nicht zuzulassen. 5. Die Verurteilung zum höchsten Strafmaß ist sofort nach der Fällung des Urteils zu vollstrecken." Dieser Erlass, so der englische Sowjetologe Robert Conquest, „sollte in den folgenden Jahren zu einer Charta des Terrors werden".

Am 29. Dezember 1934 wurden in Leningrad der Attentäter Nikolajew und seine angeblichen Komplizen (insgesamt 14 Personen) zum Tode verurteilt und hingerichtet. Allein im Dezember 1934 wurden etwa 6500 Personen aufgrund des Erlasses verurteilt. Die Hetzjagd gegen die angeblichen Hintermänner des Mordes an Kirow richtete sich in erster Linie gegen die Mitglieder der ehemaligen innerparteilichen Oppositionsgruppierungen, die, bis auf wenige Ausnahmen, schon längst vor den siegreichen Stalinisten kapituliert hatten und absolut keine Gefahr für die herrschende Parteigruppierung mehr darstellten. Die scheinbare Versöhnung mit ihnen, die auf dem XVII. Parteitag stattgefunden hatte, stellte also für die Stalin-Clique nur ein kurzes Intermezzo dar. Die ehemaligen Gefährten Lenins mussten nun eine neue Art von Demütigung über sich ergehen lassen. Sie galten von nun an nicht mehr als politische Gegner, sondern als gewöhnliche Kriminelle.

Im Januar 1935 fanden Prozesse gegen Dutzende von ehemaligen Oppositionellen, unter anderem gegen Sinowjew und Kamenew, statt. Sie wurden als Urheber des Attentates bezeichnet und zu mehrjährigen Haftstrafen verurteilt. Unmittelbar nach dem Prozess gegen Sinowjew und Kamenew verfasste das Zentralkomitee der WKP(b) ein Rundschreiben über „Die Lehren aus den Ereignissen im Zusammenhang mit dem heimtückischen Mord am Genossen Kirow". Hier wurden ehemalige Parteioppositionelle mit den Gegnern der Bolschewiki aus der Zeit des Bürgerkrieges – den „Weißgardisten" – gleichgesetzt: „Sie verdienen es, dass man sie wie Weißgardisten behandelt."

Die ehemaligen innerparteilichen Rivalen wurden nun in die Kategorie der Klassenfeinde eingeordnet. Dies bedeutete, dass die Zeit lediglich verbaler Auseinandersetzungen mit der Opposition vorbei war. Als Klassenfeinde durften sie auch mit anderen Mitteln bekämpft werden. Im Gespräch mit dem französischen Schriftsteller Romain Rolland (Juni 1935), der mit den Bolschewiki sympathisierte, sagte Stalin, die sowjetische Öffentlichkeit fordere von der Regierung mehr Strenge gegenüber den Verbrechern: „Sie fordert zum Beispiel die Hinrichtung Sinowjews und Kamenews, der Inspiratoren des Mordes an Kirow. [An dieser Forderung] darf man nicht einfach vorbeigehen."

Mitte 1935 wurde die „Gesellschaft der alten Bolschewiki" wie auch die „Gesellschaft ehemaliger politischer Gefangener und Verbannter" auf „eigenen Wunsch" aufgelöst. „Aus irgendeinem Grund kann Stalin die Veteranen [Altbolschewiki] nicht leiden, er hat es auf sie abgesehen", sagte in diesem Zusammenhang der Leiter der ukrainischen Sektion der „Gesellschaft der alten Bolschewiki", G. Petrowski.

Am 7. April 1935 wurde vom Zentralen Exekutivkomitee der UdSSR und vom Rat der Volkskommissare ein Gesetz über die „Bekämpfung der Kriminalität unter den Minderjährigen" erlassen, das die Anwendung sämtlicher Strafen, auch der Todesstrafe (ab dem 12. Lebensjahr) erlaubte. Weltweit große Empörung war die Folge. Der bereits erwähnte Romain Rolland beklagte sich bei Stalin, dass dieses Gesetz die Lage der Freunde der Sowjetunion außerordentlich erschwere. Stalin versuchte den Schriftsteller zu beruhigen und antwortete, es diene nur der Abschreckung: „Die schärferen Artikel des Gesetzes wurden noch kein einzige Mal angewendet ... und wir hoffen, dass dies auch in Zukunft nicht der Fall sein wird."

Der ehemalige hohe Offizier des NKWD, A. Orlow, der 1938 beschloss, im Westen zu bleiben, ist davon überzeugt, dass dieses Gesetz nicht in erster Linie der Bekämpfung der Kinderkriminalität dienen sollte. Zur Zeit der Kollektivierung hätten die Sicherheitsorgane Tausende von verwahrlosten Kindern *(besprisornyje)* erschossen, ohne irgendwelche Gesetze zu beachten. 1935 habe das Problem der Kinderkriminalität nicht mehr eine vorrangige Rolle im Lande gespielt. Stalin habe das Gesetz in erster Linie deshalb gebraucht, um auf seine verhafteten innerparteilichen Gegner Druck auszuüben, um sie zu Schuldbekenntnissen zu zwingen. Die Vermutung Orlows ist nicht unbegründet. Obwohl Stalin im Dezember 1935 heuchlerisch verkündete: „Der Sohn ist für den Vater nicht verantwortlich“, mussten unzählige Söhne und Töchter für die so genannten Vergehen ihrer Väter – der „Volksfeinde“ – büßen.

Trotz der verschärften Verfolgung ehemaliger Partei-Oppositioneller und anderer Bevölkerungsgruppen (im März 1935 wurden zum Beispiel mehr als 1000 Vertreter der vorrevolutionären Oberschicht aus Leningrad nach Sibirien deportiert), blieben die Jahre 1934 und 1935 für viele Sowjetbürger als Jahre relativer Entspannung in Erinnerung. Am 1. Januar 1935 wurden die 1931 eingeführten Lebensmittelkarten für Brot und Mehl abgeschafft. Die Versorgungslage hatte sich etwas verbessert. Am 5. Februar 1935 wurden Änderungen in der Verfassung der UdSSR angekündigt, die eine Demokratisierung des Wahlrechts versprachen. Das bis dahin geltende ungleiche „Klassenwahlrecht“, das die Stadtbevölkerung favorisierte, sollte abgeschafft werden.

Ein Zeitzeuge erinnert sich voll Wehmut an die Jahre 1934–35: „Das war ein Frühling! Ein Frühling ... der Abschaffung der Lebensmittelkarten ..., der Senkung des Industrialisierungstempos ..., der Frühling der in der Arbeit befindlichen neuen Verfassung.“

Diese euphorische Beschreibung des damaligen Unterdrückungsregimes lässt freilich vieles außer Acht: die Arbeitslager, die beispiellose wirtschaftliche Ausbeutung der Bevölkerung und die schnellen Strafverfahren, die oft mit Hinrichtungen endeten. Dennoch schienen nachträglich, angesichts des 1936 beginnenden Großen Terrors, die Jahre 1934 und 1935 in der Tat eine Art Atempause zwischen zwei erschreckenden Terrorphasen gebildet zu haben. Die Tatsache, dass die innerparteilichen Auseinandersetzungen 1934/35 an Schärfe zunahmen, schien den Rest der Gesellschaft nur am Rande zu tangieren. Es sollte sich allerdings bald herausstellen, dass das Schicksal breiter Bevölkerungsschichten in einer Einparteiendiktatur beinahe vollständig von den Zuständen abhing, die in der alleinregierenden Partei vorherrschten.

5. Die Enthauptung der „Sieger" – Der „Große Terror" (1936–1938)

Der Vernichtungsfeldzug, den die Stalin-Clique 1936 gegen ihre wichtigste politische Stütze – die sowjetische Machtelite – begann, gehört zu den erstaunlichsten Phänomenen der neueren Geschichte. Sowohl die Motive der Täter als auch das Verhalten der Opfer geben der Forschung viele Rätsel auf, dies umso mehr, als die Grenzen zwischen Opfern und Tätern zur Zeit des „Großen Terrors" oft fließend waren.

Einen relativ harmlosen Prolog zum „Großen Terror" stellten die Ende 1932 begonnenen Parteisäuberungen dar. Gegen welche Kräfte richtete sich diese Aktion? Darüber gab Stalin auf dem ZK-Plenum vom Januar 1933 Auskunft: In erster Linie gegen diejenigen Kommunisten, die meinten, angesichts der erfolgreich abgeschlossenen „sozialistischen Offensive" auf dem Lande befinde sich die Sowjetunion auf dem Wege zu einer klassenlosen Gesellschaft. Der „Klassenkampf" könne abgemildert werden. Verfechter solcher Thesen hätten in der bolschewistischen Partei nichts zu suchen, so Stalin: „Das sind Entartete oder Doppelzüngler, die man aus der Partei verjagen muss. Die Aufhebung der Klassen wird nicht durch das Erlöschen des Klassenkampfes, sondern durch seine Verstärkung erreicht. Das Absterben des Staates wird nicht durch die Schwächung der Staatsmacht erfolgen, sondern durch ihre maximale Verstärkung, die notwendig ist, um die Überreste der absterbenden Klassen zu vernichten."

Ein Jahr später, auf dem XVII. Parteitag, beklagte sich Stalin über das „falsche Bewusstsein" mancher Kommunisten, über die Überreste des oppositionellen „antileninistischen" Denkens. Als Beispiel für „Wirrwarr" in den Köpfen mancher Kommunisten nannte Stalin die These vom spontanen Hineinwachsen der Sowjetunion in eine klassenlose Gesellschaft: „[Sie geraten] in höchste Verzückung in Erwartung dessen, dass es bald keine Klassen mehr geben werde – also auch keinen Klassenkampf, also auch keine Sorgen und Aufregungen, dass man also die Waffen beiseite legen und sich getrost schlafen legen könne in Erwartung der klassenlosen Gesellschaft."

Zunächst war es nicht ganz klar, mit welchen Mitteln Stalin das „falsche Bewusstsein" vieler Kommunisten bekämpfen wollte. Erst 1936 klärte sich diese Frage allmählich auf – die Überwindung des „falschen Bewusstseins" wurde im Wesentlichen durch die Beseitigung seiner Träger erzielt.

Infolge der Säuberungen von 1932–33 wurden aus der Partei, die im Januar 1933 noch etwa dreieinhalb Millionen Mitglieder und Kandidaten gezählt hatte, 450 000 Menschen ausgeschlossen. Nach dem Mord an Kirow fand die nächste Säuberungswelle statt, die sich in erster Linie gegen diejenigen Kommunisten richtete, die der Sympathien zu ehemaligen Parteioppositionellen bezichtigt wurden. Die Zahl der von Mai bis Dezember 1935 Ausgeschlossenen wird auf 190 000 geschätzt.

Im Januar 1936 erfand die Parteiführung eine neue Disziplinarmaßnahme, um die Partei von „unerwünschten Elementen zu reinigen“ – einen Umtausch der Parteibücher, der für viele Kommunisten mit dem Ausschluss aus der Partei endete. Trotz vieler Unannehmlichkeiten für die Betroffenen stellten die 1932 begonnenen Parteisäuberungen nichts Neues in der Geschichte der bolschewistischen Partei dar. So hatte zum Beispiel Lenin 1921, nach dem gewonnenen Bürgerkrieg, den Ausschluss von „Opportunisten“ und „Karrieristen“ aus der Partei verlangt. In der Folge hatte sich die Zahl der Parteimitglieder von 730 000 im Jahre 1921 auf 410 000 (plus 118 000 Kandidaten) im Jahre 1922 verringert.

Den endgültigen Bruch mit der Leninschen Entwicklungsphase der Partei symbolisierte erst der Schauprozess gegen das so genannte „terroristische trotzkistisch-sinowjewistische Zentrum“ (19. bis 24. August 1936) – gegen 16 Angeklagte, darunter einige der engsten Gefährten Lenins: Sinowjew, Kamenew, I. Smirnow, Mratschkowski. Alle 16 wurden zum Tode verurteilt und hingerichtet. Dieser Prozess verlieh dem Stalinismus nun endgültig sein eigenes Gesicht. Die von Lenin errichtete Terrormaschinerie, die von den Bolschewiki bis dahin, bis auf wenige Ausnahmen, nur gegen so genannte „Klassenfeinde“ und politische Gegner angewendet worden war, wurde nun nach innen gerichtet – zur Austragung von innerparteilichen Konflikten. Der ungeschriebene bolschewistische Ehrenkodex wurde nun aus den Angeln gehoben. Diese Zäsur wurde von Stalin schrittweise vorbereitet. Er wurde nicht selten als Meister der „Dosierung“, des allmählichen Vorgehens, bezeichnet. Bereits im Januar 1935, in dem schon erwähnten Rundschreiben des Zentralkomitees, wurden Sinowjew, Kamenew und ihre Gesinnungsgenossen, wie bereits gesagt, mit den „weißgardistischen Klassenfeinden“ gleichgesetzt – dies bedeutete, dass man sie auch als Klassenfeinde behandeln, d. h. physisch vernichten durfte.

Eine besonders wichtige Rolle bei der Vorbereitung der Zäsur vom August 1936 spielte ein enger Vertrauter Stalins, Nikolaj Jeshow. Dieser unscheinbare Parteifunktionär erlebte seit Anfang der 30er Jahre eine steile Karriere im Parteiapparat. Auf dem XVII. Parteitag wurde er ins Zentralkomitee gewählt und zum stellvertretenden Vorsitzenden der damals errichteten Kommission für Parteikontrolle ernannt. Einen zusätzlichen Machtzuwachs erfuhr Jeshow unmittelbar nach der Ermordung Kirows. Er wurde von Stalin beauftragt, nach den Hintermännern des Attentats zu suchen: „Sucht die Mörder unter den Anhängern Sinowjews", habe Stalins Auftrag gelautet, berichtete Jeshow später und fügte hinzu, dass viele Funktionäre des Sicherheitsdienstes diesen Verdacht Stalins als unbegründet betrachtet hätten.

Der von Stalin völlig abhängige Apparat Jeshows begann mit den von Genrich Jagoda (Volkskommissar des Inneren 1934–36) geleiteten Sicherheitsorganen zu konkurrieren bzw. diese zu kontrollieren. Im Februar 1935 wurde Jeshow zum Vorsitzenden der Kommission für Parteikontrolle und zum Sekretär des Zentralkomitees ernannt. Seit Frühjahr 1935 befasste er sich im Auftrage Stalins mit der Erarbeitung eines „theoretischen Werks" zum Thema „Vom Fraktionskampf zur Gegenrevolution". Die Schrift sollte „beweisen", dass die ehemaligen Parteioppositionellen nicht mehr im bolschewistischen Lager stünden. Sie seien keine „verirrten Brüder" mehr, sondern Klassenfeinde, die die Partei erbarmungslos vernichten müsse. Dieses Konzept lag auch dem im August 1936 begonnenen Schauprozess wie auch den nachfolgenden Prozessen zugrunde. Die Angeklagten wurden beschuldigt, gemeinsam mit dem im Exil agierenden Trotzki Terrorgruppen gebildet zu haben, deren Ziel die Ermordung der „bedeutendsten" Parteiführer gewesen sei. Es seien Attentate auf Stalin, Woroschilow, Kaganowitsch, Jeshow, Shdanow und andere geplant gewesen. Nur im Falle Kirows hätten die angeblichen „Terroristen" Erfolg gehabt. Die Empörung des obersten Staatsanwaltes der UdSSR und Chefanklägers Wyschinski kannte keine Grenzen: „Diese toll gewordenen Kettenhunde des Kapitalismus haben versucht, die Besten der Besten unseres Sowjetlandes zu zerfleischen ... Sie haben unseren Kirow ermordet, sie trafen beinahe unser Herz."

Aber nicht nur diese gespenstischen Anschuldigungen stellten die eigentliche Sensation des Prozesses dar, sondern auch die Tatsache, dass die Angeklagten die gegen sie gerichteten Vorwürfe im Wesentlichen akzeptierten. Ähnlich wie der Chefankläger waren auch sie der Meinung, dass ihre Verbrechen derart verwerflich seien, dass sie jede erdenkliche Strafe verdient hätten. Ihr Schicksal sollte eine Warnung für andere Kommunisten sein. Sie hätten wissen müssen, dass jeder Zweifel an der Generallinie der Partei, an der Weisheit Stalins unweigerlich in den Abgrund führe. In diesem Sinne äußerte sich Kamenew in seinem Schlussplädoyer: „Ganz gleich, wie mein Urteil ausfallen wird, ich betrachte es im Voraus als gerecht. Blickt nicht zurück, schreitet voran!

Gemeinsam mit dem Sowjetvolk folgt Stalin!“ Und Sinowjew fügte hinzu: „Mein mangelhafter Bolschewismus verwandelte sich in Antibolschewismus und über den Trotzkismus gelangte ich zum Faschismus. Trotzkismus ist eine Abart des Faschismus, und Sinowjewismus eine Abart des Trotzkismus.“

Das Gericht hatte so gut wie keine „Beweise“ für die Schuld der Angeklagten. Die vorgelegten Dokumente und Zeugenaussagen erwiesen sich in der Regel als Fälschungen. Dies konnte Trotzki gegenüber einer unabhängigen Expertenkommission, die von dem amerikanischen Philosophen John Dewey geleitet wurde, unmissverständlich beweisen. Das Urteil, dass diese Kommission am 21. September 1937 fällte, lautete: „Nicht schuldig.“

So stellten die „Geständnisse“ der Angeklagten im Grunde den einzigen „Beweis“ für ihre Schuld dar. Der Chefankläger Wyschinski entwickelte allerdings eine „Theorie der gerichtlichen Beweise im sowjetischen Recht“, die das Geständnis der Angeklagten „als Grundlage für eine Verurteilung“ betrachtete.

Einige westliche Beobachter ließen sich durch diese Art von Beweisführung beeindrucken und hielten das von der Stalinschen Führung inszenierte propagandistische Schauspiel für einen „fairen Prozess“. Der prominente britische Rechtsanwalt D. N. Pritt war von der Rechtsstaatlichkeit des Verfahrens und der Schuld der Angeklagten überzeugt. Ähnlich war auch die Meinung eines bekannten französischen Rechtsanwalts, Raymond Rosenmark, für den „das Urteil von Moskau der Ausdruck der Gerechtigkeit selbst“ war.

Zwar waren diese Stellungnahmen für die westliche Öffentlichkeit nicht repräsentativ, sie spiegelten allerdings die Verwirrung wider, in die die außenstehenden Beobachter angesichts der Moskauer Inszenierungen gerieten. Um so verwirrter waren die von der Außenwelt abgeschotteten, der permanenten Indoktrination ausgelieferten Sowjetbürger. Die vor kurzem veröffentlichten Tagebuchaufzeichnungen aus der damaligen Zeit deuten darauf hin, dass ihre Autoren an die Schuld der Angeklagten, an die Aufrichtigkeit ihrer Bekenntnisse glaubten. In diesem Sinne äußerte sich zum Beispiel der bekannte Historiker Drushinin oder die Ehefrau des als „Volksfeind“ verhafteten und hingerichteten Altbolschewiken Pjatnitzki.

Warum bezichtigten sich die Gründer des sowjetischen Staates beispielloser Verbrechen gegen ihr eigenes Geschöpf? Diese Frage lässt sich bis heute nicht eindeutig beantworten. Aus den inzwischen zugänglich gewordenen Dokumenten weiß man, dass diese Geständnisse in der

Regel die Folge von entsetzlichen Folterungen und Drohungen gegenüber den Familienangehörigen der Angeklagten waren. Dass die Anwendung von Folter gegenüber den verhafteten Kommunisten von Stalin ausdrücklich genehmigt worden war, stellte Nikita Chruschtschow in seinem Enthüllungsreferat auf dem XX. Parteitag der KPdSU fest. Er zitierte ein Rundschreiben vom 20. Januar 1939 an regionale Parteikomitees und Leiter der Sicherheitsorgane, das folgende Passagen enthielt: „Das ZK der KPdSU(B) stellt klar, dass die Anwendung physischen Drucks seit 1937 aufgrund einer Genehmigung des ZK der KPdSU(B) zulässig ist ... Es ist bekannt, dass alle bourgeoisen Geheimdienste Methoden der physischen Beeinflussung gegenüber Vertretern des sozialistischen Proletariats anwenden, und zwar solche der schlimmsten Art. Es erhebt sich daher die Frage, warum der sozialistische Geheimdienst gegenüber den tollwütigen Agenten der Bourgeoisie, den Todfeinden der Arbeiterklasse und der Kolchosbauern, humaner sein soll. Das ZK der KPdSU(B) ist der Ansicht, dass physischer Druck in jenen Ausnahmefällen, bei denen es sich um bekannte und unbelehrbare Volksfeinde handelt, obligatorisch als durchaus gerechtfertigte und angemessene Methode anzuwenden ist."

Nur wenige Kommunisten, die sich in den Fängen der Stalinschen Terrormaschinerie befanden, vermochten dem Druck der Folterer zu widerstehen und ließen sich nicht brechen. Sie wurden dann in der Regel stillschweigend liquidiert.

Das würdelose Verhalten der Opfer der Schauprozesse, die einem permanenten physischen und psychischen Druck seitens der Terrororgane ausgesetzt waren, scheint noch einigermaßen verständlich zu sein. Wie lässt sich aber das Verhalten ihrer ehemaligen Gesinnungsgenossen erklären, die sich noch in Freiheit befanden und die sich trotzdem mit der Stalinschen Argumentation völlig solidarisierten? Während des Prozesses vom August 1936 verlangten nämlich viele ehemalige Parteioppositionelle, so Radek, Rakowski, Antonow-Owsejenko, Pjatakow, Rykow und andere, eine schonungslose Abrechnung mit den Angeklagten. Pjatakow schrieb am 21. August 1936 in der „Prawda": „Man findet keine Worte, um den Unwillen und den Abscheu völlig auszudrücken. Diese Leute haben die letzte Ähnlichkeit mit Menschen verloren. Sie müssen beseitigt werden wie Aas, das die reine erfrischende Luft des Landes der Sowjets verpestet."

Aus Angst um ihr Leben verrieten viele alte Bolschewiki ihre langjährigen Kameraden, manchmal ihre engsten Freunde und sogar Familienangehörige. Dies waren die gleichen Menschen, die noch einige

Jahre zuvor ihr Leben aufs Spiel gesetzt hatten, um eine völlig neue, aus ihrer Sicht gerechtere Welt ohne Ausbeutung, ohne „bürgerliche“ Lüge und Heuchelei zu erschaffen. Nun verabschiedeten sie sich nicht nur von der so genannten bürgerlichen Moral, sondern von den elementarsten Anstandsregeln, gerieten in ein ethisches Vakuum, in dem die universalen, in der zivilisierten Welt allgemein akzeptierten Verhaltensnormen nichts mehr galten.

Georgij Fedotow kommentierte die entwürdigenden Auftritte der ehemaligen Helden der bolschewistischen Revolution während des Schauprozesses: „Ihre Erniedrigung erfüllt mich nicht mit Schadenfreude. Ich bin erniedrigt ebenso wie sie. Denn ihre Schande ist letztendlich auch die Schande Russlands. Denn seinerzeit bezwangen diese Menschen Russland, sie waren stärker als alle anderen Führer des Landes. Sie hatten sich mit ihrem unbezwingbaren ‚bolschewistischen‘ Willen gebrüstet, und nun platzte ihr angeblicher Wille wie eine Seifenblase.“

Die Tatsache, dass die Angeklagten sich während des Prozesses so würdelos verhielten, führt Fedotow auf Lenin zurück: „Lenin hat eine Generation von Politikern erzogen, die durch ihren prinzipiellen Amoralismus, durch ihre Ablehnung von persönlicher Ehre und Würde die Entstehung aller edlen Regungen im Bolschewismus im Keime erstickte. Er erzog Henker und keine Helden. Und dieser Menschentyp schuf ein neues Russland, das dazu prädestiniert war, von Stalin versklavt zu werden.“

Etwas milder bewertete Trotzki das Verhalten der Angeklagten – seiner ehemaligen Gefährten. In seiner im Februar 1937 in New York gehaltenen Rede über die Moskauer Schauprozesse sagte er: *„Die Prozesse der GPU sind durch und durch von inquisitorischem Charakter,* darin liegt das simple Geheimnis der Geständnisse! … Vielleicht gibt es in der Welt viele Helden, die jegliche Folter … an sich selbst, ihren Frauen und Kindern ertragen können … Ich weiß es nicht … Meine persönlichen Beobachtungen sagen mir, dass das Widerstandsvermögen der menschlichen Nerven begrenzt ist … Die Moskauer Prozesse entehren die alte Generation der Bolschewiki nicht: sie zeigen nur, dass auch Bolschewiki aus Fleisch und Blut sind und dass sie es nicht endlos ertragen können, wenn über ihren Köpfen jahrelang das Todespendel schwebt. Die Moskauer Prozesse entehren das politische Regime, das sie erzeugt hat.“

Trotzkis Erklärungen gelten allerdings nur für diejenigen alten Bolschewiki, die sich erst nach Anwendung von unerträglichem physischen Druck mit der Rolle der Marionetten im Stalinschen Marionettentheater abfanden. Das Verhalten der noch nicht verhafteten Kommunisten, die im „vorauseilenden Gehorsam“ dieselbe Sprache wie die Stalinschen Henker sprachen, muss mit ganz anderen Maßstäben bewertet werden.

Einige dieser Kommunisten reagierten mit Empörung auf die so genannten Verleumdungen der Angeklagten, die viele von ihnen der Komplizenschaft bezichtigten, so Bucharin, Rykow, Radek und andere. Die Tatsache, dass diese Namen von den Angeklagten erwähnt wurden, entsprang nicht deren Eigeninitiative. Wie man inzwischen weiß, handelte es sich bei den Schauprozessen um gigantische Inszenierungen mit Drehbüchern, die von Stalin persönlich redigiert wurden. Die Angeklagten mussten ihre Rollen auswendig lernen. Die Tatsache, dass sie bestimmte Personen als ihre Komplizen bezeichneten, erfolgte nach Regieanweisungen von oben. Das ehemalige Politbüromitglied, der Gewerkschaftsführer Tomski beging unmittelbar, nachdem er von einigen Angeklagten der Mittäterschaft bezichtigt worden war, Selbstmord. Nikolaj Bucharin reagierte auf die „monströs-infamen Beschuldigungen Kamenews“ mit einem Brief an einige Politbüromitglieder, unter anderem an den Volkskommissar für Verteidigung, Woroschilow, in dem er jede Schuld von sich wies. Dieser Brief, den er einige Tage nach der Hinrichtung seiner ehemaligen Gefährten schrieb, enthielt auch folgende Sätze: „Ich bin außerordentlich froh, dass man diese Hunde erschossen hat. Durch diesen Prozess ist Trotzki politisch vollkommen erledigt.“

Loyalitätsbekundungen gegenüber Stalin und Verrat an ehemaligen Kameraden vermochten allerdings den Tyrannen nicht zu besänftigen. Am 23. Januar 1937 begann der zweite Moskauer Schauprozess. Diesmal gegen 17 Angeklagte des so genannten „sowjetfeindlichen trotzkistischen Parallelzentrums“. Ähnlich wie im August 1936 saßen auch diesmal mehrere prominente Vertreter der bereits Ende der 20er Jahre zerschlagenen linken Opposition auf der Anklagebank – Pjatakow, Radek, Muralow, Sokolnikow. Im Mittelpunkt der Anklage standen neben der Planung von angeblichen Terrorakten gegen führende Persönlichkeiten des Sowjetstaates auch angebliche Sabotageakte, Versuche, die Industrie und Lebensmittelversorgung lahmzulegen. Erneut – ähnlich wie zu Beginn der 30er Jahre – brauchte die sowjetische Führung Sündenböcke, auf die die Schuld für die wirtschaftliche Ineffizienz des Systems abgewälzt werden sollte. Damals waren es die so genannten „bürgerlichen Spezialisten“, diesmal die ehemaligen Oppositionellen, die im Auftrage Trotzkis die „Heimat der Werktätigen aller Länder“ zu zerstören trachteten. Der für die sowjetischen Terrororgane unerreichbare Trotzki wurde von der offiziellen Propaganda zur Verkörperung des Bösen stilisiert. Bei allen Schauprozessen saß er unsichtbar auf der Anklagebank, wurde als Drahtzieher aller gegen die Sowjetmacht gerichteten Verschwörungen bezeichnet. Aber hinter Trotzki standen laut dem Drehbuch, das den Schauprozessen zugrunde lag, andere Drahtzieher – nämlich die „deutschen Faschisten“. So wurde von Stalin eine Art „Zwei-Feinde-Theorie“ konzipiert: Der angeblich gefährlichste innenpolitische Feind – der Trotzkismus – und der gefährlichste außenpolitische Feind – der „Faschismus“ – wurden auf einen Nenner gebracht.

Durch die Gleichsetzung des Trotzkismus mit dem Faschismus legte der Stalinsche Fiktionalismus seine Wandlungsfähigkeit an den Tag. Als die Stalin-Riege unmittelbar nach der Ermordung Kirows die innerparteiliche Opposition auf die gleiche Stufe mit den „Weißgardisten“ stellte, befand sie sich nicht auf der Höhe der Zeit. Mitte der 30er Jahre ging von den ehemaligen „weißen“ Gegnern der Bolschewiki keine Gefahr für das sowjetische Regime mehr aus. Seit dem Aufstieg des italienischen Faschismus zu Beginn der 20er Jahre galt den Kommunisten nicht mehr die „weiße Garde“, sondern der Faschismus als die radikalste Ausprägung der „Gegenrevolution“. Nicht zuletzt deshalb wurden seit Anfang der 20er Jahre unzählige Gegner Moskaus mit dem Etikett „faschistisch“ versehen. Dadurch sollte ihre Verwerflichkeit besonders stark hervorgehoben werden. Die Sozialfaschismus-Theorie war das anschaulichste Beispiel für diesen für die kommunistische Weltbewegung so verhängnisvollen inflationären Gebrauch des Faschismusbegriffs. Auf die innerparteilichen Gegner Stalins wurde dieser Begriff zunächst nicht ausgedehnt. Durch die Gleichsetzung des Trotzkismus mit Faschismus zeigte aber die Stalin-Clique, dass sie nun die letzten Hemmungen bei ihrer Auseinandersetzung mit der innerparteilichen Opposition beseitigt hatte. Diese nahm nun endgültig einen „eliminatorischen“ Charakter an. Bereits im ersten Moskauer Schauprozess bezeichnete Sinowjew, wie bereits erwähnt, den Trotzkismus als eine „Abart des Faschismus“. Im Drehbuch zum zweiten Schauprozess wurde dieses Motiv durch zusätzliche Details angereichert. Man beschuldigte die Trotzkisten, gemeinsam mit den „faschistischen Angreiferstaaten“ (Deutschland und Japan) die Zerstückelung der UdSSR zu planen. Wyschinskis Fazit lautete: „Genosse Stalins Vorhersage ist vollständig eingetroffen. Der Trotzkismus ist tatsächlich zum zentralen Sammelpunkt aller dem Sozialismus feindlichen Kräfte geworden; die

Bande der … Spione und Mörder, die sich ausländischen Geheimdiensten völlig zu Verfügung stellten, wurde schließlich und unwiderruflich zu einer Horde von Lakeien des Kapitalismus, zu Wiederherstellern des Kapitalismus in unserem Land."

Erneut, ähnlich wie beim ersten Schauprozess, bespuckten sich die ehemaligen Helden der bolschewistischen Revolution und des Bürgerkrieges selbst und gaben ihre angebliche Schuld zu. Pjatakow führte in seinem Schlusswort aus: „In wenigen Stunden werden sie ihr Urteil fällen. Und hier stehe ich vor ihnen in Schmutz, von meinen eigenen Verbrechen niedergeschmettert, aller Dinge durch meine eigene Schuld beraubt, ein Mann, der seine Partei verloren hat, der keine Freunde besitzt, der seine Familie, der sein eigenes Ich verloren hat."

Pjatakow und zwölf seiner Mitangeklagten wurden zum Tode verurteilt und hingerichtet. In beiden Schauprozessen bezeichneten mehrere Angeklagte, ungeachtet der Tatsache, dass sie in den 20er Jahren die Generallinie der Partei von links kritisiert hatten, die Führer der ehemaligen rechten Opposition – Bucharin, Rykow und Tomski – als ihre Komplizen. Es gehörte nämlich zu den Lieblingsideen Stalins, dass zwischen der „linken" und der „rechten" Kritik an der Generallinie der Partei keine prinzipiellen Unterschiede bestünden. Bereits auf dem XVII. Parteitag sagte er: „Wir haben stets erklärt, dass die ‚Linken' dasselbe sind wie die Rechten, nur dass sie ihre rechte Politik mit linken Phrasen maskieren."

Ende 1936, am Vorabend des zweiten Moskauer Schauprozesses, hielt Stalin, aus welchen Gründen auch immer, die Zeit noch nicht für reif, um die „Rechten" zu verhaften. Auf dem damals einberufenen ZK-Plenum zitierte Stalin zwar die Aussagen einiger verhafteter Kommunisten, die behaupteten, Bucharin habe sich für den Terror und für die Beseitigung Stalins ausgesprochen. Diese Beschuldigungen ließen sich aber nicht eindeutig beweisen, so Stalin beschwichtigend. Stalin vermittelte nun den Eindruck, als ob ihn „Beweise" interessierten: „Wir wollen nichts als die Wahrheit", beteuerte er. Auf die verzweifelten Unschuldsbeteuerungen Bucharins reagierte er kühl: die Erfahrung habe gezeigt, man könne den ehemaligen Oppositionellen nicht aufs Wort glauben. So entschied über das Schicksal Bucharins und der „Rechten" nicht die Beweislage, sondern die Zeitplanung Stalins. Erst auf dem ZK-Plenum vom Februar/März 1937 hielt er die Zeit für gekommen, um auch die „Rechten" zu vernichten. Obwohl Bucharin sich auf diesem Plenum verzweifelt verteidigte und sich vom „Ober-Banditen Trotzki und seinen Komplizen" zu distanzieren suchte, wurde er von Mikojan mit Trotzki, Kamenew und Sinowjew gleichgesetzt und folgendermaßen charakterisiert: „Trotzki, Sinowjew, Kamenew und Bucharin verkörpern einen neuen Typ von Menschen, die eigentlich keine Menschen mehr, sondern Monster und Bestien sind, die verbal die Linie der Partei verteidigen, in Wirklichkeit aber ... eine subversive Arbeit gegen die Partei führen."

Diese Passage in der Rede seines ehemaligen Gefährten erschütterte Bucharin zutiefst: „Wenn ich kein Mensch bin, dann habe ich ihr Mitgefühl natürlich nicht verdient", rief er nach Mikojans Rede aus: „Ich bin aber der Meinung, dass ich doch ein menschliches Wesen bin und dass ich ein Recht auf die Einfühlung [der Genossen] in meine schwierige Lage habe."

Die Dehumanisierung des Gegners gehörte zu den bewährten Methoden der bolschewistischen Propaganda, wie auch der totalitären Propaganda als solcher. Dadurch sollten die psychologischen Hemmungen im Kampfe gegen die politischen, sozialen, im Falle der Nationalsozialisten gegen die nationalen oder ideologischen Gegner beseitigt werden. Ihre Vernichtung wurde als Befreiung des ansonsten gesunden Volkskörpers von Parasiten, als eine Art hygienischer Maßnahme dargestellt. Die von den Stalinisten bekämpften Parteioppositionellen hatten früher nicht selten die These vertreten, die Kulaken oder die Vertreter der vorrevolutionären Oberschichten seien Blutsauger und keine Menschen. Nun erfuhren sie am eigenen Leibe, welch schmerzliche Folgen eine derartige Diktion haben konnte.

Im März 1938 fand der dritte und letzte Moskauer Schauprozess statt, der die Demontage der alten bolschewistischen Garde endgültig besiegelte. Auf der Anklagebank saßen solche engsten Gefährten Lenins wie Bucharin, Rykow, Rakowski und Krestinski. Die beiden letzten gehörten zu den prominentesten sowjetischen Diplomaten und hatten seinerzeit mit der linken Opposition sympathisiert. Auch diese Mitbegründer des sowjetischen Staates wurden vom Chefankläger Wyschinski, ähnlich wie ihre Leidensgenossen vom ersten und vom zweiten Schauprozess, als „verabscheuungswürdige Verbrecher", bezeichnet, „die es verstanden, durch Betrug, Heuchelei und Doppelzünglertum die Stunde ihrer Entlarvung bis zur letzten Zeit hinauszuschieben. Aber diese Stunde hat geschlagen, und die Verbrecher sind ... vollständig und bis zu Ende entlarvt ... Unser Volk fordert das eine: Zertretet das verfluchte Otterngezücht!"

Erneut, ähnlich wie bei den früheren Prozessen, waren die Angeklagten im Wesentlichen mit der Argumentation des Chefanklägers einverstanden. So bezichtigte Bucharin sich selbst „des Verrats an der Sozialistischen Heimat, des schwersten Verbrechens, das überhaupt möglich ist“. Zwischen den Zeilen deutete Bucharin allerdings an, dass es sich bei diesem Prozess um eine reine Farce handele, als er die „Geständnis-Theorie“ Wyschinskis in Frage stellte: „Die Geständnisse der Angeklagten [als der wichtigste Beweis für ihre Schuld] sind ein mittelalterliches juristisches Prinzip.“

Damit wich Bucharin vom Drehbuch des Schauprozesses eindeutig ab. Auch eine andere Panne drohte den glatten Ablauf der Inszenierung zu stören. Dies war die hartnäckige Weigerung Krestinskis – des ehemaligen sowjetischen Botschafters in Berlin und stellvertretenden Volkskommissars für Auswärtige Angelegenheiten – seine Schuld zu bekennen. Am darauf folgenden Tag, wohl nach einer entsprechenden Behandlung, kapitulierte auch er. Sein unbotmäßiges Verhalten erklärte er folgendermaßen: „Ich hatte nicht die Kraft, im Angesicht der öffentlichen Meinung der Welt die Wahrheit zu sagen.“

Achtzehn der einundzwanzig Angeklagten, darunter Bucharin, Rykow und Krestinski, wurden zum Tode verurteilt und hingerichtet.

G. Fedotow vertrat unmittelbar nach dem dritten Schauprozess die Meinung, dass die Vernichtung der alten bolschewistischen Garde stellvertretend die Partei Lenins beseitigen sollte. Dies sei eine Art postumer Hinrichtung Lenins gewesen: „Wäre Lenin noch am Leben, so hätte Stalin ihn zweifellos auch gezwungen, zu gestehen, er sei ein deutscher Agent.“ Und dieses Geständnis wäre der Wahrheit etwas näher gewesen als die Geständnisse der Opfer der Schauprozesse, fügt Fedotow hinzu.

Aber der „Große Terror“ erschöpfte sich keineswegs in der Vernichtung der alten Leninschen Garde, der ehemaligen Kritiker Stalins von „links“ und von „rechts“. Im Gegenteil, diese Auseinandersetzung stellte nur einen Nebenaspekt der damaligen Ereignisse dar. Denn die Stalin-Clique plante damals eine Operation ganz anderer, im Grunde beispielloser Dimension, die sie Kopf und Kragen kosten konnte. Das Wesen der „zweiten“ 1936/37 begonnenen Stalinschen Revolution von oben stellte nicht die Beseitigung der Parteioppositionellen, die bereits seit Ende der 20er Jahre machtpolitisch keine Rolle mehr spielten, sondern die Enthauptung der aktuell herrschenden Machtelite dar. Dafür benötigte Stalin ein entsprechendes Schwert und dies sollten die erneuerten, d.h. gewaltsam gesäuberten Sicherheitsorgane sein. Eingeleitet wurde diese Säuberung durch ein Telegramm, das Stalin gemeinsam mit dem Leningrader Parteichef, Shdanow, am 25. September 1936 aus seinem Urlaubsort Sotschi an das Politbüro schickte: „Wir halten es für unbedingt notwendig und dringlich, dass Genosse Jeshow zum Volkskommissar für innere Angelegenheiten ernannt wird. Jagoda [Leiter des NKWD in den Jahren 1934–36] hat sich endgültig als unfähig erwiesen, den Block der Trotzkisten und Sinowjewisten zu entlarven. Die GPU ist in dieser Angelegenheit um vier Jahre im Verzug. Das wird von allen Parteifunktionären und den meisten NKWD-Mitarbeitern bemerkt.“ Diese Instruktion, die das Politbüromitglied Kaganowitsch als „bewundernswert und weise“ bezeichnete, wurde am nächsten Tag sofort in die Wirklichkeit umgesetzt.

Nun begann in der Sowjetunion eine zweijährige Schreckensperiode, die mit dem Namen Jeshows verknüpft ist und die als die so genannte „Jeshowschtschina“ in die Geschichte einging. In Wirklichkeit handelte es sich aber bei Jeshow lediglich um eine Marionette Stalins – die vor kurzem zugänglich gewordenen Dokumente bestätigen dies eindeutig. Deshalb verschleiert die Bezeichnung „Jeshowschtschina“ nur die wahren Sachverhalte.

In ihren Reden auf dem ZK-Plenum vom Februar/März 1937 beschränkten sich führende Vertreter der Stalin-Riege nicht nur auf die Auseinandersetzung mit den bereits hingerichteten, verhafteten oder kurz vor der Verhaftung stehenden Parteioppositionellen, sondern dehnten ihre Kritik auch auf deren „Gönner und Komplizen“ in den höchsten Partei- und Regierungsgremien wie auch in der Armeeführung aus. In diesem Sinne äußerten sich zum Beispiel Regierungschef Molotow und der Volkskommissar für Verteidigung Woroschilow. Die Parteibasis, aber auch die so genannten „parteilosen Bolschewiki“ – die einfachen Sowjetmenschen – wurden dazu aufgerufen, arrogante Parteifunktionäre zu kritisieren und zu denunzieren. Solche „unerschrockenen kleinen Leute“ – Denunzianten – wurden nun wie Helden verehrt. Es dürfe keine unantastbaren Autoritäten mehr geben, verkündete Stalin auf dem Plenum: „Wir, die Führer, sollten nicht dünkelhaft sein und sollten verstehen, dass es, wenn wir Mitglieder des Zentralkomitees oder Volkskommissare sind, noch nicht bedeutet, dass wir alle Kenntnisse besitzen, die erforderlich sind, um die richtige Führung auszuüben. Der Rang an sich gibt weder Kenntnisse noch Erfahrung.“

Diese pseudodemokratische Devise stellte in Wirklichkeit einen Schlachtruf dar. Sie sollte eine blutige Abrechnung Stalins nicht mit seinen Gegnern, sondern mit seinen engsten Gefährten, den überzeugten Stalinisten, einleiten, die die Schlüsselpositionen im Partei-, Staats-, Wirtschafts- und Militärapparat innehatten.

Zwar erinnert diese Tragödie äußerlich an die Vorgänge in Frankreich zur Zeit des jakobinischen Terrors, dennoch lehnten sich die Vertreter der bedrohten jakobinischen Machtelite bereits nach zwei Jahren gegen den Tyrannen auf und bereiteten am 9. Thermidor 1794 der Schreckensherrschaft Robespierres ein Ende. In der Sowjetunion hingegen fand eine Art Thermidor – die Abrechnung mit dem Tyrannen – erst postum statt, nämlich auf dem XX. Parteitag der KPdSU im Februar 1956, drei Jahre nach dem Tode Stalins.

Es gehörte zum Wesen des stalinistischen Systems, dass sein Schöpfer nicht nur den Kontrollierten – der unterworfenen Gesellschaft –, sondern auch den Kontrolleuren – dem allmächtigen Parteiapparat – misstraute. Daher wohl auch sein Vernichtungsfeldzug gegen die kommunistische Elite – die eigentliche Basis seines Systems. Stalin hielt anscheinend sein Regime nur dann für stabil und sicher, wenn sich niemand in seinem Machtbereich, seine engsten Gefährten eingeschlossen, sicher fühlte.

In seiner Geheimrede auf dem XX. Parteitag der KPdSU berichtet Nikita Chruschtschow über das Schicksal der Delegierten des XVII. Parteitages vom Januar 1934: „Es wurde festgestellt, dass von den auf dem XVII. Parteitag gewählten 139 Mitgliedern und Kandidaten des Zentralkomitees der Partei 98 Personen, das sind 70%, in den Jahren 1937–38 verhaftet und liquidiert wurden ... Das gleiche Schicksal ereilte ... die Mehrzahl der Delegierten des XVII. Parteitages. Von 1966 ... Delegierten wurden 1108 Personen, also über die Hälfte aller Delegierten unter der Beschuldigung gegenrevolutionärer Verbrechen verhaftet."

Diesem XVII. Kongress der Bolschewiki wurde von der sowjetischen Propaganda, wie bereits gesagt, die Bezeichnung „Parteitag der Sieger" verliehen. Angesichts des weiteren Schicksals der Delegierten des Kongresses wurde er von dem Moskauer Historiker Michail Gefter in „Parteitag der Selbstmörder" umbenannt.

Aber nicht nur der Partei-, sondern auch der Sicherheitsapparat – die zweite Säule des sowjetischen Systems – wurde in den Jahren 1936–38 außerordentlich stark dezimiert. Nach der Entmachtung Jagodas im September 1936 wurde auch seine gesamte Mannschaft abgesetzt und dann beseitigt, zwei Jahre später geschah das gleiche mit seinem Nachfolger Jeshow. Wahrscheinlich war Stalin der Meinung, dass die Terrororgane – das Schwert der Partei – nach einigen Jahren stumpf würden; dass man für Massenmorde immer wieder neue Vollstrecker brauchte, die mit frischem Elan an dieses brutale Werk herangingen. Er wollte auch, dass seine „willigen Vollstrecker", die im ganzen Land Angst und

Schrecken verbreiteten, selbst in Angst und Schrecken lebten. So waren sie leichter zu disziplinieren. Dmitrij Wolkogonow spricht von mehr als 23 000 Mitarbeitern von Sicherheitsorganen, die dem Großen Terror zum Opfer fielen.

Schließlich muss man in diesem Zusammenhang auch auf die Enthauptung der Roten Armee hinweisen, die ausgerechnet am Vorabend des deutsch-sowjetischen Krieges stattfand.

Bereits in den beiden ersten Moskauer Schauprozessen fielen die Namen einiger prominenter Militärführer, die von den Angeklagten als ihre Komplizen bezeichnet wurden. Erwähnt wurden zum Beispiel Marschall Tuchatschewski und einige Kommandeure (W. Putna und W. Primakow). Da der Hauptregisseur der Moskauer Inszenierungen nichts dem Zufall überlies, war es klar, dass diese Namen den Angeklagten von den Untersuchungsrichtern in den Mund gelegt wurden. Wie viele andere Operationen wurde also der Mitte 1937 begonnene Vernichtungsfeldzug gegen die Führung der Roten Armee von Stalin sorgfältig und allmählich geplant.

Welche Rolle spielte bei der Enthauptung der Roten Armee das gefälschte Dossier, das im Frühjahr 1937 vom deutschen Sicherheitsdienst angefertigt worden war, in dem von geheimen Kontakten Tuchatschewskis mit dem deutschen Generalstab die Rede war? Bis vor kurzem haben viele Autoren dieser Fälschung eine gewichtige Bedeutung beigemessen. Sie überschätzten aber dabei die Rolle der „Beweise" zur Zeit des Großen Terrors. Um unbequem gewordene Funktionäre, Kommandeure oder gar ganze soziale Formationen zu beseitigen, benötigte die Stalin-Clique keine Beweise für deren „staatsfeindliche" Tätigkeit. Ihr Handeln wurde durch ganz andere Faktoren bedingt. Die Beweise ließen sich, wenn nötig, anfertigen. Das gefälschte Dossier des deutschen Sicherheitsdienstes wurde übrigens nach einer Anregung eines sowjetischen Agenten angefertigt – dies war der im Pariser Exil lebende „weiße" General Skoblin.

Seit Frühjahr 1937 begannen die Sicherheitsorgane an der „Inszenierung einer umfassenden Verschwörung innerhalb der Roten Armee" zu arbeiten. In diesem Sinne äußerte sich damals der Stellvertreter Jeshows, Frinowski, der von Wolkogonow zitiert wird. Im Mai verschickte Stalin an alle ZK-Mitglieder ein Schreiben, in dem von einer Agententätigkeit Tuchatschewskis zugunsten Deutschlands die Rede war. Stalin schlug vor, ihn aus der Partei auszuschließen und seinen Fall den Sicherheitsorganen zu übergeben. Alle ZK-Mitglieder sprachen sich dafür aus. Übrigens war auch die Resolution über die Verhaftung Bucharins und Rykows, die das ZK-Plenum vom Februar/März 1937 verabschiedet hatte, einstimmig angenommen worden. Einige ZK-Mitglieder waren sogar „stalinistischer" als Stalin und forderten die Erschießung Bucharins und Rykows. Stalin selbst sprach sich auf dem Plenum „nur" für den Ausschluss der beiden aus dem ZK und der Partei aus und für die weitere Untersuchung dieses Falls durch den NKWD. 70% der Befürworter harter Repressalien gegen ihre ehemaligen Kameraden (ZK-Mitglieder) sollten kurz danach selbst, wie schon erwähnt, in die Fänge der Stalinschen Terrormaschinerie geraten.

Stalin ordnete nun einen schnellen Prozess gegen führende Militärs an, der unter Ausschluss der Öffentlichkeit stattfinden sollte und befahl: „Alle zu erschießen". Dies ist auch am 11. Juni 1937 geschehen. Neben Tuchatschewski wurden auch acht andere prominente Militärführer erschossen (I. Jakir, I. Uborewitsch, W. Primakow, W. Putna u. a.). Einige Tage zuvor beging der Chef der politischen Hauptverwaltung der Armee, J. Gamarnik, Selbstmord.

Zu einem besonders makabren Kapitel der Gerichtsverhandlung vom 11. Juni gehörte die Tatsache, dass zu den Richtern auch mehrere Militärs, also Kameraden der Angeklagten, zählten (Blücher, Alksnis, Below, Woroschilow, Budennyj und andere). Nur zwei sollten den Stalinschen Vernichtungsfeldzug überleben.

Auch in der Militärelite waren also die Bande der Solidarität, ähnlich wie in der Parteielite, kaum vorhanden. Die künftigen Opfer des Terrors beteiligten sich an der Hetzjagd gegen die angegriffenen Kameraden beinahe genauso eifrig wie die Haupttäter. Etwa 40 000 sowjetische Offiziere gerieten ins Räderwerk der Stalinschen Terrormaschinerie.

Hat sich die sowjetische Machtelite gegen diesen Vernichtungsfeldzug in irgendeiner Form gewehrt? Insbesondere nach der partiellen Öffnung der sowjetischen Archive begaben sich die Historiker auf die Suche nach Spuren des innerparteilichen Widerstandes gegen die Urheber des Großen Terrors. Spektakuläre Funde erzielten sie dabei aber nicht. Die Versuche der sowjetischen Oligarchie, den gegen sie gerichteten Vernichtungsfeldzug aufzuhalten, hatten einen zaghaften und völlig unbeholfenen Charakter. So protestierten zum Beispiel einige ZK-Mitglieder auf dem ZK-Plenum vom Juni 1937 gegen die Forderung Jeshows nach einer Verschärfung des Kampfes gegen die „Volksfeinde". Der Gesundheitsminister Kaminski soll gesagt haben: „Auf diese Weise werden wir die gesamte Partei erschießen!" Unterstützt wurde Kaminski von einem hohen Funktionär der Kommunistischen Internationale, Pjatnitzki.

Dieser Protest zeitigte aber keinerlei Folgen. Kaminski und Pjatnitzki wurden bald nach dem Plenum verhaftet, zum Tode verurteilt und hingerichtet. Der Terror ging unaufhaltsam weiter und erreichte gerade nach dem Plenum vom Juni 1937 seinen Höhepunkt.

Zu einer verbreiteten Form des Protestes gegen die Willkür des Regimes wurden Selbstmorde einer Reihe prominenter Parteiführer – Tomski, Ordshonikidse, Gamarnik. Stalin ließ sich durch solche Verzweiflungsakte seiner engsten Gefährten keineswegs erweichen. So bezeichnete er zum Beispiel auf dem ZK-Plenum vom Dezember 1936 die Selbstmörder als besonders raffinierte Parteifeinde, die die Partei durch ihren Freitod bespucken und in eine heikle Lage bringen wollten.

Während die russische Bauernschaft sich gegen ihre Enteignung verzweifelt gewehrt hatte, nahm die bolschewistische Machtelite ihre weitgehende physische Liquidierung beinahe widerstandslos hin. Diese unterschiedlichen Haltungen lassen sich nicht zuletzt dadurch erklären, dass die bolschewistischen Oligarchen sich mit dem Staat, der gegen sie einen erbarmungslosen Terrorfeldzug führte, viel stärker identifizierten als dies bei den russischen Bauern der Fall gewesen war.

In seiner Rede über die Moskauer Prozesse vom Februar 1937 sagte Trotzki: „Sämtliche Erschossenen starben mit Flüchen gegen dieses [stalinistische] Regime auf den Lippen.“ Die Richtigkeit dieser Aussage lässt sich dokumentarisch nicht belegen. Es wird dagegen berichtet, dass die letzten Worte General Jakirs kurz vor der Hinrichtung lauteten: „Es lebe die Partei! Es lebe Stalin!“ Von einem systematischen Widerstand der sowjetischen Machtelite gegen den Tyrannen kann also keine Rede sein. Sogar innerhalb der Roten Armee entdeckten die Forscher keine Anzeichen für einen organisierten Widerstand. Mehr noch: Viele Militärführer hatten, wie bereits gesagt, am Stalinschen Vernichtungsfeldzug gegen ihre langjährigen Gefährten und Freunde sogar mitgewirkt. Ihr Verhalten wird von den russischen Militärhistorikern W. Rappoport und J. Alexejew folgendermaßen kommentiert: „Es standen ihnen mehrere Optionen zur Wahl: passiver Widerstand, offener Protest und sogar die Beseitigung Stalins … Sie haben sich aber für den sklavischen Gehorsam entschieden. Kurze Zeit danach blieben nur wenige von ihnen am Leben.“

Die bolschewistischen Opfer Stalins fühlten sich in der Regel dem in der Lenin-Zeit entstandenen „bolschewistischen Ehrenkodex“ verpflichtet, der es ihnen verbot, mit Gewalt gegen innerparteiliche Gegner vorzugehen. Dieser Tradition blieb die Mehrheit der Bolschewiki auch zur Zeit des „Großen Terrors“ treu, und dies obwohl Stalin bei der

Bekämpfung seiner Parteigefährten absolut keine Tabus respektierte. Die Trotzkistin Safonowa, die den Terror der 30er Jahre wie durch ein Wunder überlebte, sagte später: „Wir lehnten prinzipiell den Terror ab und verübten [im Kampfe gegen Stalin] keinen einzigen Gewaltakt."

Dabei darf man nicht vergessen, dass es sich bei den alten Bolschewiki keineswegs um Gewalt verabscheuende Pazifisten handelte. Sie hatten absolut keine Bedenken, gegen die so genannten „Klassengegner" Terrormaßnahmen brutalster Art anzuwenden. Stalin in die Kategorie der „Klassengegner" einzuordnen, waren sie jedoch außer Stande. Das Revolutionsschema, in dem sie verfangen waren, ließ eine derartige Betrachtung nicht zu. Der Stalin-Biograph A. Antonow-Owsejenko schrieb: „Hatte es wirklich keinen einzigen Attentatsversuch auf Stalin gegeben? ... Nein, in der Tat ... Es gab bei uns keine Verschwörer, weil man mit dem Namen Stalins bereits zu Beginn der 30er Jahre alle Siege des sozialistischen Aufbaus verknüpfte. Die physische Beseitigung Stalins stand für die Opposition nicht zur Debatte."

Dieses Verhalten erinnert in verblüffender Weise an die Haltung der alten deutschen Eliten gegenüber Hitler. Die Mehrheit der deutschen Konservativen lehnte ein gewaltsames Vorgehen gegen die Hitlersche Tyrannei kategorisch ab und berief sich dabei, ebenso wie die alten Bolschewiki auf einen „Ehrenkodex" – in ihrem Fall war dies der Eid, den sie auf den „Führer des Deutschen Reiches und Volkes" geleistet hatten. Nur wenige hielten den persönlichen Eid auf einen Tyrannen, der sich apokalyptischer Verbrechen schuldig gemacht hatte, für gegenstandslos und plädierten für einen aktiven Widerstand, auch unter Anwendung von Gewalt. Innerhalb ihrer Schicht blieben sie aber weitgehend isoliert, was sich während der Ereignisse vom 20. Juli 1944 besonders deutlich offenbaren sollte. Aber nicht nur der Eid auf den „Führer" hielt viele Vertreter der konservativen Elite von einem aktiven Widerstand ab. Sie wandten sich auch aus Angst vor Anarchie und vor Kommunismus gegen eine gewaltsame Abschaffung des bestehenden Systems. Die bolschewistischen Kritiker Stalins wiederum lehnten die Anwendung der Gewalt gegen das bestehende System nicht zuletzt deshalb ab, weil sie Angst vor einer Restauration des Kapitalismus hatten. Sogar Trotzki sprach sich für ein behutsames Vorgehen gegen das Stalinsche Regime aus, denn ungeachtet seines despotischen Charakters sei es „fortschrittlicher" als die kapitalistischen Staaten, weil es das Privateigentum abgeschafft habe. Diese angeblichen Errungenschaften Stalins wollte Trotzki auf keinen Fall gefährden. Stalin und Hitler wussten von den weltanschaulichen und moralischen Tabus ihrer jeweiligen Opponenten. Der

Hitler-Biograph Konrad Heiden sagte 1936 über Hitler, dieser habe seine Gegner besser gekannt als diese sich selbst, weil er sie aufmerksam beobachtet habe und weil die Ausnutzung fremder Blößen sein Lebenselement gewesen sei. Diese Worte Heidens lassen sich auch auf Stalin anwenden.

Der Kampf gegen Stalin und Hitler wurde zusätzlich durch den Führermythos erschwert, der um die beiden Despoten allmählich entstand. Mitentwickelt wurde dieser in Deutschland wie in der Sowjetunion nicht zuletzt von manchen künftigen Opfern der beiden Tyrannen. So beteiligten sich an der Errichtung des Stalin-Kultes neben den überzeugten Stalinisten auch viele alte Bolschewiki, die seinerzeit zu den schärfsten Kritikern Stalins gezählt hatten (Nikolaj Bucharin, Karl Radek und andere). Und in Deutschland hatten sich an der Errichtung des Führerkultes nicht nur Führergläubige, sondern ebenso Vertreter der alten Eliten beteiligt, die sich ganz anderen Traditionen verpflichtet fühlten. Was sie jedoch mit der NSDAP verband, war die Ablehnung der Demokratie. Die Weimarer Republik verkörperte für sie Zerrissenheit, Dekadenz, vor allem aber einen „faulen“ Kompromiss mit dem politischen Gegner – der Sozialdemokratie. Sie verklärten die alte patriarchalische Ordnung, wussten aber zugleich, dass ihr restauratives Programm in einer modernen und politisierten Gesellschaft keine Chance einer Verwirklichung hatte. Das Führerprinzip schien hier einen idealen Ausweg zu bieten. Es band einerseits die politisierten Massen und bedeutete zugleich das Ende der Kompromisse mit dem so genannten „Klassenfeind“, d.h. mit der sozialdemokratisch orientierten Arbeiterbewegung. Dieses machiavellistische Kalkül hatte die Zäsur vom Januar 1933 eindeutig mitbedingt. Dass dieses Kalkül äußerst kurzsichtig war, sollte sich erst später herausstellen. Ähnlich sollten sich aber auch die alten Bolschewiki verrechnen, auf deren Schultern das neue Führerprinzip aufgebaut worden war. Zunächst schien es die Partei, die in den 20er Jahren durch unaufhörliche Fraktionskämpfe eine Zerreißprobe nach der anderen erlebt hatte, zu stabilisieren. Übersehen wurde aber sowohl in der Sowjetunion als auch in Deutschland, dass das Führersystem per definitionem eine uneingeschränkte Willkür verkörperte, die sich zwangsläufig auch gegen seine Mitgestalter wenden musste. Denn jede Kritik am „unfehlbaren“ Führer galt als Sakrileg. Durch diesen Umstand wurde der Widerstand gegen die beiden Despoten weitgehend gelähmt.

Erst Ende 1938 – nach der Ablösung des NKWD-Chefs Jeshow durch den nicht weniger berüchtigten Berija – ließ der Terror in der Sowjetunion etwas nach. Dies hatte aber wenig mit einem Widerstand der Opfer zu tun. Die herrschende Clique hielt einfach die Fortsetzung des uferlosen Terrors, der alle Säulen des Partei- und Staatsapparates zu destabilisieren drohte, nicht mehr für opportun.

Das Schicksal Jeshows war ebenso unerfreulich, wie dasjenige seiner Opfer. Am 23. November 1938 richtete er an Stalin ein Rücktrittsgesuch, in dem er einräumte, er habe als Leiter der Sicherheitsorgane versagt. Am 10. April 1939 wurde er verhaftet und der Spionage für Polen, Deutschland, Japan und England bezichtigt. Am 3. Februar 1940 wurde er zum Tode verurteilt und einen Tag später hingerichtet. Während des Prozesses hielt er es für sein größtes Versäumnis, dass er die Sicherheitsorgane nicht ausreichend gesäubert habe. Nur 14 000 Tschekisten seien den Säuberungen zum Opfer gefallen. Dies sei entschieden zu wenig gewesen. „Sagen sie Stalin, dass ich mit seinem Namen auf den Lippen sterben werde" – so lauteten die letzten Worte Jeshows. Stalin ließ sich durch diese Anbiederung, ähnlich wie in vielen anderen Fällen, nicht erweichen. Der bekannte sowjetische Flugzeug-Ingenieur A. Jakowlew zitiert folgende Worte Stalins über die Symbolfigur des Großen Terrors: „Jeshow war ein Schuft. 1938 hat er viele unschuldige Menschen vernichtet. Wir haben ihn deshalb erschossen."

Mitte der 30er Jahre – nach der Bezwingung der sowjetischen Bauernschaft – gebärdete sich die bolschewistische Partei wie ein allmächtiger Demiurg, der im Stande sei, über Nacht eine neue Welt, einen neuen Menschen zu kreieren. In einer gleichgeschalteten Gesellschaft stellte aber eine derart selbstbewusste Partei einen Fremdkörper dar. Einige Jahre später wurde dieser Fremdkörper – infolge des „Großen Terrors" – in den gesamtgesellschaftlichen Organismus integriert. Der angebliche Demiurg wurde zu einem willfährigen Werkzeug in den Händen der Führung degradiert. Auf den Vernichtungsfeldzug der Stalin-Riege reagierte die seinerzeit so allmächtige Partei genauso hilflos wie der Rest der Bevölkerung.

Trotz ihres tragischen Schicksals dürfen aber die bolschewistischen Opfer des „Großen Terrors" aus ihrer Verantwortung für die stalinistische Despotie nicht entlassen werden. Sie wollten mit Hilfe uferloser Gewalt ein sozialistisches Paradies auf Erden errichten. Statt eines Paradieses schufen sie aber ein System, das der russische Philosoph Butenko zur Zeit der Gorbatschowschen Perestrojka als eine „Hölle auf Erden" bezeichnete. Diese Entwicklung war nicht ganz unvorhersehbar. Terror gebar Terror, und so „fraß die Revolution ihre Kinder".

Der Terrorfeldzug des Regimes von 1936–38 blieb nicht auf die Machtelite beschränkt. Breite Bevölkerungsschichten wurden von ihm in einem noch stärkeren Ausmaß betroffen, was die Weltöffentlichkeit, die wie gebannt auf die Moskauer Schauprozesse blickte, nur unzureichend registrierte. Anfang der 60er Jahre untersuchte eine spezielle Kommission im Auftrage der Führung der KPdSU das Ausmaß der Stalinschen Verbrechen in den Jahren 1934–38. Ihr Bericht von 1963 wurde erst einige Jahre nach der Auflösung der Sowjetunion (1995) veröffentlicht. Demnach wurden in den Jahren 1937 und 1938 1 372 392 Menschen verhaftet, davon 682 692 hingerichtet. Die Zahl der Parteimitglieder bzw. der Parteikandidaten, die den „Repressalien“ zum Opfer fielen, betrug 116 885. Bei der überwältigenden Mehrheit der Terroropfer handelte es sich also nicht um Parteimitglieder. Es waren in erster Linie die ehemaligen Kulaken, die bereits zu Beginn der 30er Jahre enteignet, deportiert und außerordentlich stark dezimiert worden waren.

Am 2. Juli 1937 hatte das Politbüro an örtliche Behörden folgende Anordnung verschickt: „Alle Kulaken und Verbrecher [sind] sofort zu verhaften … und die feindseligsten von ihnen zu erschießen.“ Die Fälle der betroffenen Personen sollten durch dreiköpfige Kommissionen (Trojkas) untersucht werden, die aus dem ersten Sekretär der entsprechenden Parteiorganisation, einem Staatsanwalt und dem Chef der regionalen NKWD-Organe bestand. In Anlehnung an diese Anordnung entwarf Jeshow am 30. Juli 1937 den Operationsbefehl Nr. 00447. Hier wurden bereits konkrete Zahlen genannt. Geplant war die Erschießung von 72 950 Personen, 259 450 Personen sollten deportiert werden. Bereits am 31. Juli 1937 wurde dieser Befehl vom Politbüro gebilligt. Einige Autoren gehen davon aus, dass die Zahl der Opfer die ursprüngliche Planung weitgehend überschritt, und zwar um etwa 200 000 Personen.

Die nächste große Gruppe der Opfer des Großen Terrors waren die Angehörigen der so genannten „feindlichen Nationalitäten“, die selbst oder deren Vorfahren aus Staaten stammten, die eine sowjetfeindliche Politik führten: Deutsche, Polen, Finnen, Balten, Rumänen, Japaner, Koreaner (damals war Korea Bestandteil des japanischen Reiches). Unzählige Vertreter dieser Völker wurden der Spionage und der Sabotage bezichtigt. Hunderttausende wurden deportiert – vor allem aus den Grenzregionen, beispielsweise wurden im Jahre 1937 170 000 Koreaner aus dem Fernen Osten nach Zentralasien verbannt.

Auch die Zahl der Insassen im sowjetischen Lagerimperium, die für Hungerrationen den „Sozialismus in einem Lande“ aufbauen mussten, stieg zur Zeit des „Großen Terrors“ gewaltig. Anfang 1935 zählte der

„Archipel GULag" 965 000 Häftlinge, Ende 1939 waren es bereits 1 670 000. Diese Angaben sind allerdings nicht endgültig. Die genaue Zahl der Opfer ist noch nicht errechnet worden, und über diese Frage werden zur Zeit in der Literatur heftige Kontroversen geführt.

6. Kollektive Sicherheit und Volksfrontstrategie versus Appeasementpolitik – Neue Akzente in der sowjetischen Außenpolitik (1934–38)

Wirkte sich die unberechenbare und selbstzerstörerische Innenpolitik der Moskauer Führung zur Zeit des Großen Terrors auch auf ihr außenpolitisches Verhalten aus? Diese Frage muss man im Wesentlichen verneinen. Anders als zu Beginn der 30er Jahre – zur Zeit der Kollektivierung der Landwirtschaft – versuchte die sowjetische Führung, ihren außenpolitischen Kurs vom innenpolitischen deutlich abzukoppeln. Dieser Umstand trug im Westen zu einer erheblichen Verwirrung bei. Die doppelgleisige Politik Stalins in den Jahren 1934–38 war aber in der Tat nicht leicht einzuordnen – denn Irrationalität und Unversöhnlichkeit nach innen waren mit Kompromissbereitschaft und Flexibilität nach außen verknüpft. Der Janusköpfigkeit, die den Bolschewismus insgesamt auszeichnete, fügte Stalin eine zusätzliche Note hinzu.

Auch in Bezug auf Hitler versuchte Stalin zunächst seine Kompromissbereitschaft zu demonstrieren. Er bekundete im Frühjahr 1933 Berlin gegenüber seine Absicht, die Vernichtung der KPD durch die Nationalsozialisten ausschließlich als innerdeutsche Angelegenheit zu betrachten. In diesem Sinne äußerte sich zum Beispiel am 28. April 1933 im Gespräch mit Hitler der sowjetische Botschafter in Berlin, Chintschuk: Die sowjetische Regierung betrachte die Nichteinmischung in innerdeutsche Angelegenheiten als Selbstverständlichkeit.

Auf dem XVII. Parteitag im Januar 1934 sagte Stalin: „Gewiss, wir sind weit davon entfernt, vom faschistischen Regime in Deutschland entzückt zu sein. Doch handelt es sich hier [bei der Verschlechterung der deutsch-sowjetischen Beziehungen] nicht um den Faschismus, wie allein die Tatsache zeigt, dass der Faschismus zum Beispiel in Italien für die UdSSR kein Hindernis war, die besten Beziehungen zu diesem Land herzustellen ... Nein, nicht darum handelt es sich. Es handelt sich um die Änderung in der Politik Deutschlands. Es handelt sich darum, dass ... in Deutschland ein Kampf zwischen zwei politischen Linien begonnen hat, zwischen der alten Politik, die in den bekannten Verträgen der

UdSSR mit Deutschland ihren Ausdruck gefunden hatte, und der ‚neuen' Politik, die im Wesentlichen an die Politik des ehemaligen deutschen Kaisers erinnert."

Stalin rief also Hitler dazu auf, sich ähnlich wie Mussolini, aber auch ähnlich wie die Bolschewiki zu verhalten – trotz der ideologischen Ausprägung seines Regimes eine pragmatische, flexible Außenpolitik zu betreiben. Insoweit unterschätzte Stalin die ideologischen Zwänge, denen die Politik Hitlers unterworfen war, den Stellenwert, den in seinem außenpolitischen Programm die Bolschewismus- und Russlandfeindlichkeit einnahm. Von Trotzki wurde dies indes sehr früh erkannt. Unmittelbar nach der Errichtung des nationalsozialistischen Regimes warnte er die sowjetische Führung eindringlich vor einem Angriffskrieg Hitlers gegen die Sowjetunion. Da dieser Krieg unvermeidlich sei, riet er, den Nationalsozialisten zuvorzukommen und selbst das Dritte Reich anzugreifen, solange es noch relativ schwach sei. Diese Ratschläge wurden von Moskau als „Provokationen" bezeichnet.

Stalins Suche nach einer Verständigung mit Hitler wurde allerdings nicht von allen Mitgliedern der sowjetischen Führung unterstützt. So vertrat zum Beispiel der Volkskommissar für auswärtige Angelegenheiten, Maxim Litwinow, bereits 1933 die Meinung, eine versöhnliche Politik gegenüber dem Dritten Reich sei für die UdSSR wenig sinnvoll. In seiner äußerst scharfen Rede vom 29. Dezember 1933 bezeichnete er Deutschland und Japan als die größten Störenfriede der Welt.

Litwinow wandte sich nun immer stärker gegen die Revision des Versailler Vertrages. Er betonte, eine solche bedeute unter den gegebenen Umständen den Krieg. Er trat auch für die Verbesserungen der Beziehungen zwischen der Sowjetunion und dem Völkerbund ein. Am 5. Januar 1934 erklärte er dem deutschen Botschafter in Moskau, Nadolny, der Völkerbund sei nach dem Austritt Japans (im Mai 1933 angekündigt) und Deutschlands (Oktober 1933) ein nützliches Instrument zur Aufrechterhaltung des Friedens geworden. Frankreich wurde seinerseits von Litwinow dafür gelobt, dass es an der Sicherung des Friedens mitarbeite.

Nadolny führte die antideutschen Ressentiments Litwinows vorwiegend auf dessen jüdische Herkunft zurück. Am 9. Januar 1934 schrieb er an das Auswärtige Amt: „Das wesentlichste Motiv seiner [Litwinows] Einstellung ist … ein starkes Ressentiment gegenüber Berlin … Es ist ein – wahrscheinlich aus Hass und Furcht zusammengesetztes – Ressentiment gegenüber dem Hitlerismus, der … die Juden – Litwinow ist bekanntlich Herr Wallach aus Białystok – in Acht und Bann getan hat."

Am 23. Januar 1934 fügte Nadolny hinzu: „Litwinow ist zwar für seine Person so gut wie entschlossen, den französischen Kurs zu steuern, auch wenn dies zu einer Entfremdung mit Deutschland führt; aber Litwinow ist nicht der allein Ausschlaggebende. Die auswärtige Politik der Sowjetunion in ihren Grundlinien wird von Stalin und dem Politbüro festgelegt, zu dem Litwinow nicht gehört; und in diesem hat heute immer noch die Richtlinie Geltung: ‚Keine Bindung an irgendeine europäische Gruppierung, die die Sowjetunion gegen ihren Willen in die europäischen Konflikte hineinziehen könnte.'"

Litwinow lehnte das Dritte Reich selbstverständlich nicht aus persönlichen, sondern aus ideologischen Motiven ab. Nichtsdestoweniger wurde die Uneinheitlichkeit der sowjetischen Deutschlandpolitik von Nadolny richtig erkannt. Die Reichsregierung sollte sich, seiner Ansicht nach, diese Meinungsverschiedenheiten zunutze machen: „Unsere Freunde ... sind trotz aller Unbequemlichkeit des deutschen Regimes durchaus bereit, für gute deutsch-russische Beziehungen zu arbeiten, wenn wir ihnen überzeugendes Material an die Hand geben, um Litwinows Argumente zu entkräften."

Diese Worte Nadolnys beweisen, dass er, ähnlich wie andere Vertreter des deutschen diplomatischen Korps, aber auch wie Stalin, die ideologischen Zwänge, unter denen die Russlandpolitik Hitlers stand, unterschätzte. Hitler vermochte seine Politik von seinen ideologischen Grundsätzen nicht derart zu trennen, wie dies Mussolini oder die Bolschewiki selbst praktiziert hatten. Die Versuche deutscher Diplomaten, Hitler mit „rationalen" Argumenten davon zu überzeugen, wie lebenswichtig für Deutschland die Aufrechterhaltung guter Beziehungen zur Sowjetunion sei, wies er gereizt zurück. Der Staatssekretär im Auswärtigen Amt von Bülow berichtet über ein Gespräch mit Hitler, in welchem dieser sich zur Frage der deutsch-sowjetischen Beziehungen geäußert hatte: „Der Reichskanzler legte in längeren Ausführungen dar, dass eine Wiederherstellung des deutsch-russischen Verhältnisses unmöglich sei, dass die Neugestaltung in Deutschland jede Hoffnung der Russen auf Durchführung der Weltrevolution vernichtet habe. Ein scharfer Antagonismus zwischen Deutschland und Russland wird naturgemäß bleiben ... Wir dürfen uns ... keinen Illusionen darüber hingeben, dass die Russen uns immer belügen und eines Tages doch im Stich lassen würden."

Die in der Weimarer Zeit äußerst intensiven wirtschaftlichen Beziehungen zwischen Berlin und Moskau wurden auf ein Minimum reduziert. Der Anteil Deutschlands am sowjetischen Export verringerte sich

1938 im Vergleich zum Jahr 1932 von 17,5 auf 6,6% und am Import von 46,5 auf 4,7%. Die militärische Zusammenarbeit zwischen den beiden Gegnern der Versailler Ordnung wurde bald nach der nationalsozialistischen Machtübernahme beendet. In seinem Buch „Reichswehr und Rote Armee 1920–1933“ schreibt Manfred Zeidler: „Betrachtet man das 20. Jahrhundert vornehmlich als ein Jahrhundert der Ideologien, so gehörte die Zusammenarbeit von Reichswehr und Roten Armee zur realpolitischen, ... ideologieabgewandten Seite dieses Jahrhunderts. Der massive Einbruch des Ideologischen in die Außenpolitik, wie er mit Hitler begonnen hatte, ... markierte unwiederbringlich den Schlusspunkt einer Epoche deutscher, russischer und europäischer Geschichte.“

Hitler hatte die Grundzüge seiner Ostpolitik bereits lange vor der Machtübernahme konzipiert. In seinem so genannten Zweiten Buch, das 1928 entstanden war, aber erst Anfang der 60er Jahre veröffentlicht wurde, schrieb er: Jedes vitale Volk müsse expandieren und zwar auf Kosten anderer. Der Verzicht auf die Expansion bedeute Stagnation. Das stagnierende Volk werde seinerseits von den vitaleren Nationen erobert. Alle Mittel seien in diesem Kampf erlaubt. Diese Expansion sei umso berechtigter für das deutsche Volk, als dieses sich selbst auf seinem engen Raum nicht ernähren könne. Das am besten geeignete Objekt für die deutsche Expansion sei Russland. Die Grenzen von 1914 seien für Deutschland völlig unzureichend gewesen. Sie wieder zu erreichen, würde bedeuten, im Ersten Weltkrieg umsonst gekämpft zu haben. Die Grenzen von 1914 schlössen nicht alle Deutschen ein und reichten für deren Ernährung nicht aus. Die einzig sinnvolle außenpolitische Zielsetzung für Deutschland sei die Gewinnung des Lebensraumes im Osten – auf Kosten Russlands. Hitler erkannte, so paradox es auch klingen mag, dass der Widerstand der Westmächte gegen eine uferlose deutsche Expansion nach Osten bei weitem nicht so stark sein würde, wie deren Widerstand gegen die Wiederherstellung der deutschen Grenzen von 1914. Das russische Chaos eröffne der deutschen Außenpolitik den Weg zu ihrem einzigen Ziel – der Gewinnung des Raumes im Osten, so Hitler im Jahre 1928. Mit atemberaubender Konsequenz begann er seine bereits in den 20er Jahren formulierten außenpolitischen Ziele unmittelbar nach der Machtübernahme zu verwirklichen.

Die deutsche Außenpolitik erhielt nun einen doppelgleisigen Charakter, der in gewisser Weise der sowjetischen Außenpolitik glich. Einerseits verkündeten Hitler und andere nationalsozialistische Ideologen ihre Absicht, die kommunistische Weltbewegung zu vernichten; ähnlich radikal waren die Erklärungen vieler Kominternideologen in

Bezug auf das „Weltkapital". Andererseits bemühten sich deutsche wie auch sowjetische Diplomaten, trotz dieser Grundsatzerklärungen, um die Aufrechterhaltung von normalen Beziehungen zu den ideologischen Gegnern. In beiden Staaten entstand der offizielle außenpolitische Kurs häufig als Resultat immer wieder aufflammender Auseinandersetzungen zwischen den Anhängern einer gemäßigten, pragmatischen und den Befürwortern einer intransigenten politischen Linie. In der Sowjetunion fanden diese Auseinandersetzungen innerhalb der Führung der bolschewistischen Partei statt, weil nur hier die Richtlinien sowohl für die Politik des sowjetischen Staates wie auch für die der Kommunistischen Internationale ausgearbeitet wurden. Im Dritten Reich fanden diese Kontroversen auf einer anderen Ebene statt. Es handelte sich hier um einen Kampf zwischen den traditionellen politischen Vorstellungen der konservativen deutschen Eliten und der revolutionären außenpolitischen Konzeption der nationalsozialistischen Führung.

Anders als die Bolschewiki kamen die Nationalsozialisten nicht durch eine Beseitigung der bis dahin herrschenden Eliten, sondern infolge eines Kompromisses mit ihnen an die Macht. Dieser Kompromiss legte dem revolutionären Umgestaltungswillen der Nationalsozialisten zunächst beinahe unüberwindliche Hindernisse in den Weg. Insofern ähnelte das nationalsozialistische Regime in seiner Entstehungsphase durchaus dem faschistischen Regime in Italien, dessen Handlungsspielraum aufgrund der starken Position seiner konservativen Verbündeten sehr beschränkt war.

Im Gegensatz zur Sowjetunion handelte es sich beim Dritten Reich nach der Definition des deutsch-amerikanischen Politologen Ernst Fraenkel um einen „Doppelstaat", in dem der so genannten „Maßnahmenstaat" und der „Normenstaat" nebeneinander existierten. Fraenkel schreibt in diesem Zusammenhang: „Unter ‚Maßnahmenstaat' verstehe ich das Herrschaftssystem der unbeschränkten Willkür und Gewalt, das durch keinerlei rechtliche Garantien eingeschränkt ist; unter ‚Normenstaat' verstehe ich das Regierungssystem, das mit weitgehenden Herrschaftsbefugnissen zwecks Aufrechterhaltung der Rechtsordnung ausgestattet ist, wie sie in Gesetzen, Gerichtsentscheidungen und Verwaltungsakten der Exekutive zum Ausdruck gelangen."

Indes ist es der nationalsozialistischen Führung relativ schnell gelungen, sowohl den Normenstaat auszuhöhlen, wie auch sich aus der „konservativen Umklammerung" zu befreien. Sie errichtete ein System, das mit den Wertvorstellungen ihrer konservativen Koalitionspartner, ja mit den jahrhundertealten Vorstellungen der Europäer vielleicht noch radikaler brach, als dies die Bolschewiki taten. Ernst Nolte, den man keineswegs allzugroßer Sympathien für kommunistische Regime verdächtigen kann, schrieb 1966: „Das Bild der [nationalsozialistischen] ‚Neuen Ordnung'... ließ deutlich die Grundlinien eines ... großgermanischen Weltreiches hervortreten, das ... mit der vielfältigen Wirklichkeit der europäischen Moderne weitaus weniger Ähnlichkeit hatte, als selbst etwa Lenins Traumbild der Vereinigten Sowjetrepubliken Europas."

Die NSDAP schuf also ein faschistisches Regime „neuen Typs", das sich vom italienischen Faschismus nicht weniger radikal unterschied, als dieser seinerseits von den traditionellen bürgerlichen Regimen. Dies ungeachtet der Tatsache, dass der italienische Faschismus sich totalitär gebärdete und den Begriff „Totalitarismus" prägte. Erst dem Nationalsozialismus sollte es aber gelingen, einige theoretische Postulate des italienischen Faschismus in die Praxis umzusetzen und noch weit darüber hinaus zu gehen. Trotz seines Größenwahns habe der italienische Faschismus keine Weltrevolution eingeleitet, bemerkte 1941 der deutsch-amerikanische Politologe Sigmund Neumann. Dies habe erst der Nationalsozialismus getan.

Bei ihrer Auseinandersetzung mit den konservativen Verbündeten hatte die nationalsozialistische Führung also eindeutig die Initiative.

Der kompromisslose antisowjetische Kurs Hitlers setzte sich relativ schnell durch. Dass Hitler seine außenpolitische Konzeption den Konservativen weitgehend aufzwang, wurde unter anderem durch das deutsch-polnische Nichtangriffsabkommen vom 26. Januar 1934 bestätigt. Die Unversöhnlichkeit gegenüber Polen galt für die deutschen Konservativen der Weimarer Zeit als unverrückbares Prinzip. Das Verlangen nach einer Revision der deutschen Ostgrenze wurde, wie Martin Broszat sagt, zum Axiom der Weimarer Außenpolitik.

Trotz dieser extrem antipolnischen Einstellung, die in erster Linie für die deutschen Konservativen charakteristisch war, vermochten diese das Zustandekommen des deutsch-polnischen Nichtangriffsabkommens nicht zu verhindern. Jede demokratische Regierung wäre wegen eines solchen Abkommens zerrissen worden, schreibt der Politologe Hans Buchheim, Hitlers Macht blieb aber ungefährdet.

Durch den Vertrag mit Polen wollte Hitler das Prinzip des nationalen „sacro egoismo" (heiliger Egoismus) in Europa populär machen und so das Bündnis der Mächte, die den Versailler Vertrag garantierten, allmählich zerbröckeln lassen. Die Angst der polnischen Führung vor der Sowjetunion war Hitler hinreichend bekannt. Er machte sie sich auch zunutze, als er den Polen eine Annäherung an Deutschland vorschlug. Die polnische Führung war eine der ersten europäischen Regierungen, die der Illusion erlagen, Hitlers Politik sei in erster Linie gegen den Kommunismus bzw. gegen die Sowjetunion, nicht aber gegen die „bürgerlichen" Staaten gerichtet. Dieser Glaube wurde im Laufe der Zeit für viele westeuropäische Regierungskreise zum Axiom.

Das Dritte Reich entwickelte sich allmählich zum Zentrum der antisowjetischen Aktivitäten in Europa. Der nationalsozialistische Sieg in Deutschland gab auch den rechtsextremen Kräften im übrigen Europa großen Auftrieb. Die Sowjetunion stand nun vor der Perspektive einer Einkreisung durch aggressive antikommunistische Diktaturen.

Seit Frühjahr 1934 erkannte Stalin, was Trotzki oder Litwinow bereits unmittelbar nach der Errichtung der nationalsozialistischen Diktatur eingesehen hatten, dass nämlich Zugeständnisse an den Nationalsozialismus sinnlos seien, das Dritte Reich werde nur vor einer überlegenen Macht zurückweichen. Nicht mit Kompromissen, sondern nur mit Gewalt könne man der Aggressivität der Faschisten begegnen, erklärte Stalin im Gespräch mit dem englischen Schriftsteller H. G. Wells am 23. Juli 1934. Im Zusammenhang mit dieser außenpolitischen Neuorientierung Stalins ist sein Brief vom 19. Juli 1934 an das Politbüro sehr aufschlussreich. Stalin äußert sich hier negativ über die Absicht der Redaktion des Parteiorgans „Bolschewik", den Aufsatz Friedrich Engels' über die Außenpolitik des Zarenreiches zu veröffentlichen. Engels habe sich geirrt, so Stalin, als er das Zarenreich als die größte Gefahr für den europäischen Frieden und als die größte Bastion der Reaktion in Europa bezeichnete. Diese Thesen seien eindeutig übertrieben. Engels habe die Gefahr unterschätzt, die durch die deutsche Annexion von Elsass-Lothringen für den europäischen Frieden entstanden sei. Für Stalin stellte nicht das Zarenreich, sondern Deutschland im ausgehenden 19. Jahrhundert die größte Gefahr für den Weltfrieden dar. Indirekt wollte Stalin darauf hinweisen, dass die damalige Situation sich nun wiederhole. Deutschland werde nun wieder zum aggressivsten Staat in Europa. Dieser Aggressivität wollte Stalin ähnlich wie das Zarenreich im ausgehenden 19. Jahrhundert in erster Linie durch ein Bündnis mit dem durch Deutschland ebenfalls bedrohten Frankreich begegnen.

Stalin zögerte allerdings zunächst, seine kritischen Bemerkungen zu Engels – einem der Klassiker des Marxismus – zu veröffentlichen. In einem Brief an seinen engen Gefährten Kaganowitsch vom 16. August 1934 äußerte er seine Zweifel, ob man Engels so scharf kritisieren dürfe. Stalins Artikel wurde erst im Mai 1941 – also am Vorabend des deutsch-sowjetischen Krieges – veröffentlicht. Dieses Detail änderte aber nichts an der Absicht Stalins, eine gegen Hitler gerichtete sowjetisch-französische Allianz, der später auch die vom Dritten Reich bedrohte Tschechoslowakei beitreten sollte, zu forcieren. Diese durch gegenseitige Beistandspakte verbundenen Staaten sollten zu den wichtigsten Stützen der so genannten Politik der kollektiven Sicherheit werden, die sich gegen das aggressive Vorgehen des Dritten Reiches wandte.

Auch der damalige französische Außenminister Barthou trat energisch für eine französisch-sowjetische Annäherung ein. Der unversöhnliche Kritiker Hitlers aus dem Lager der Konservativen Revolution, Ernst Niekisch, nannte in seinem 1936 geschriebenen Buch „Das Reich der niederen Dämonen" Barthou den letzten französischen Politiker, der die Tradition Georges Clemenceaus (unversöhnlicher Gegner Deutschlands) fortgesetzt und Deutschland zu bremsen versucht hätte. Das Thema Nummer eins der europäischen Politik sei für Barthou Versailles und nicht der Bolschewismus gewesen. Barthou und die sowjetische Führung hätten in Hitler den größten und den gemeinsamen Feind erkannt.

Die französische und die sowjetische Regierung warben nun für die Idee eines gegen das Dritte Reich gerichteten kollektiven Sicherheitspaktes in Europa. Die Sowjetunion trat im Oktober 1934 dem Völkerbund bei.

Um die Aggressivität des Dritten Reiches in Europa einzudämmen, suchte die Moskauer Führung Verbündete nicht nur auf der zwischenstaatlichen Ebene. Eine Isolierung des Rechtsextremismus, vor allem des Dritten Reiches, sollte nun auch durch Kooperation mit anderen politischen Strömungen und Gruppierungen, deren antifaschistische Gesinnung Moskau hinreichend bekannt war, erreicht werden. Dieses Ziel war allerdings ohne eine grundlegende Revision der bis dahin in der Komintern herrschenden Sozialfaschismus-Theorie nicht erreichbar. Die Wende in der Politik der Komintern sollte sich zunächst in Frankreich vollziehen. Frankreich schien nämlich Anfang 1934 das nächste europäische Land zu sein, dem eine faschistische Machtübernahme unmittelbar bevorstand. Die französischen Rechten strebten nach dem Vorbild der deutschen Nationalsozialisten die Abschaffung des parlamentarischen Systems im Lande an. Dieses System bezeichneten sie als korrupt und volksfeindlich. Am 6. Februar 1934 fand in Paris eine Massendemonstration der Rechten statt, die das Parlamentsgebäude zu erstürmen versuchten. Diese Ereignisse wirkten auf die französische Linke wie ein Schock. Das Streben nach Überwindung der Spaltung der

Arbeiterbewegung wurde angesichts der anwachsenden rechtsextremistischen Gefahr immer stärker. Am 12. Februar fand in Paris eine gewaltige Gegendemonstration der Linken statt, die von den Sozialisten organisiert wurde, der sich aber auch viele Kommunisten anschlossen. Um allerdings von der Kominternführung für diese gemeinsame Aktion mit den Sozialdemokraten nicht gerügt zu werden, betonte die Führung der Kommunistischen Partei Frankreichs (KPF), in ihrer Einstellung gegenüber der Sozialdemokratie habe sich im Prinzip nichts geändert. Einer der Führer der KPF, Duclos, sagte unmittelbar nach der Demonstration, dass die Sozialdemokratie einen faschistischen Charakter habe und die Hauptstütze der Bourgeoisie bilde. Im März 1934 erklärte der Führer der KPF, Maurice Thorez, eine Einheitsfront der Kommunisten mit den Sozialdemokraten sei ausgeschlossen, Feuer und Wasser könnten sich nicht mischen. Diejenigen Kommunisten, die für ein Bündnis mit den Sozialdemokraten eintraten, wurden von der KPF-Führung als Verräter bezeichnet und aus der Partei ausgeschlossen.

Die gemeinsame Demonstration vom 12. Februar schien lediglich eine Episode zu sein. Diejenigen Beobachter, die die Stalinisten für völlig unbelehrbar hielten und meinten, die Kominternführung sei nicht mehr im Stande, ihren selbstzerstörerischen linksradikalen Kurs zu ändern, schienen nun Recht behalten zu haben. Sie sollten allerdings bald eines Besseren belehrt werden. Am 23. Juni schlug die Führung der KPF der Sozialistischen Partei Frankreichs vor, eine antifaschistische Einheitsfront zu bilden. Beide Parteien sollten einen Nichtangriffspakt schließen und sich verpflichten, sich aller Angriffe, Beleidigungen und Kritiken zu enthalten.

Diese von der KPF vollzogene taktische Wendung hatte für die gesamte Komintern eine Art Signalcharakter. Zu der Zeit, als die KPF sich um einen Nichtangriffspakt mit den französischen Sozialisten bemühte, tagte in Moskau eine Kommission, die den VII. Kongress der Komintern vorbereiten sollte. An diese Kommission richtete der Vorsitzende der Komintern Georgi Dimitrow am 1. Juli 1934 ein Schreiben, dessen Inhalt noch deutlicher als die Aktivitäten der französischen Kommunisten auf die Wende hinwies, vor der nun die Komintern stand. Die Kommunisten hätten einen großen Fehler begangen, als sie die Sozialdemokratie allgemein als „sozialfaschistisch" bezeichneten, so Dimitrow. Im Rahmen der Taktik der Einheitsfront müssten die Kommunisten nicht nur an die sozialdemokratischen Arbeiter, sondern auch an die Führer der sozialdemokratischen Parteien appellieren. Die Einheitsfrontpolitik dürfe kein bloßes Manöver zur Entlarvung der Sozialdemokratie sein, sondern ein ernster Versuch zum gemeinsamen Kampf gegen den angreifenden Faschismus.

Nach fünf Jahren Beschimpfungen der Sozialdemokraten als „Sozialfaschisten“ klangen diese Worte revolutionär. Gewiss fiel der Mehrheit der kommunistischen Führer das Umdenken nicht leicht. Zumindest trat die Selbstkritik, die im Briefe Dimitrows (damals noch nicht veröffentlicht) so deutlich klang, weniger zutage. Das Hauptmotiv der damaligen Äußerungen war bei der Mehrheit der Kommunisten immer noch die Selbstrechtfertigung. Trotz zaghafter Versuche seitens einiger kommunistischer Führer, den bisherigen Kurs der Komintern zu verteidigen, unterlag es keinem Zweifel, dass die Taktik der Kommunistischen Internationale vor einem entscheidenden Wendepunkt stand. Der VII. Kongress der Komintern vom Juli–August 1935 gab dieser taktischen Wende offizielle Bestätigung. Obwohl Dimitrow in seinem Hauptreferat an dem Grundsatz der Unantastbarkeit der obersten Führung der Komintern, die die linksradikale Taktik der Jahre 1928–34 konzipiert hatte, festhielt und seinen Angriff formal gegen die so genannten „linken Sektierer“ in der Komintern richtete, stellte seine Rede eine versteckte Selbstkritik der Kominternführung dar. Die bisherige „linke sektiererische“ Taktik habe, so Dimitrow, die politische Realität kaum berücksichtigt und vereinfachende Lösungen auch für die kompliziertesten politischen Probleme gegeben.

Der Appell Dimitrows zur gemeinsamen Aktion gegen die Rechtsextremisten beschränkte sich nicht auf die Sozialdemokraten. Der Hauptfeind des Kommunismus sei der „Faschismus“, daher sei die Komintern bereit, sofort und ohne jegliche Vorbedingungen Bündnisse mit allen denjenigen Kräften einzugehen, die die Offensive der Faschisten aufhalten wollten. Um eine solche breite Front bilden zu können, fuhr Dimitrow fort, müssten die Kommunisten auf die unsinnige Ausdehnung des Begriffes Faschismus, der zeitweise auf fast alle nichtkommunistischen Kräfte angewandt worden war, verzichten. Aufgrund der Erfahrungen, welche die Kommunisten in den Jahren 1930–33 in Deutschland machen mussten, änderten sie auch ihre Einstellung zu der so genannten „bürgerlichen“ Demokratie. Die unnötige Identifizierung der „bürgerlichen“ Demokratie mit dem Faschismus habe für die Kommunisten die Verkennung der Wichtigkeit der demokratischen Freiheit für die Entfaltung der Arbeiterbewegung zur Folge gehabt, so Dimitrow. Die Kommunisten seien keine Anarchisten, es könne daher für sie keineswegs gleichgültig sein, ob jeweils in einem Land eine „bürgerliche“ Demokratie oder eine faschistische Diktatur herrsche.

Die Zugeständnisse der stalinistischen Kominternführung gegenüber den Sozialdemokraten und gegenüber der „bürgerlichen" Demokratie übertrafen bei weitem das, was Trotzki und andere Kritiker Stalins noch kurze Zeit vorher von der Komintern gefordert hatten. Franz Borkenau bezeichnete im Jahre 1938 diese neue Taktik als die einschneidendste Wende in der Geschichte der III. Internationale.

Trotzki wäre zu einem solchen taktischen Sprung nicht bereit gewesen. Als orthodoxer Marxist konnte er gewisse doktrinäre Schranken nicht überschreiten. Dadurch, dass Stalin dies tat, bewies er, dass er ein gelehrigerer Schüler Lenins war als Trotzki (um Trotzki gerecht zu werden, muss man allerdings sagen, dass er sich nie als Schüler Lenins, sondern eher als sein Kampfgefährte betrachtet hatte).

Die französischen Kommunisten sollten mit ihren Einheitsfrontangeboten für die Politik der französisch-sowjetischen Verständigung breite Bevölkerungsschichten gewinnen. Man muss an dieser Stelle erwähnen, dass seit 1934 die KPF in gewisser Weise die Rolle, die die KPD bis 1933 innerhalb der Komintern gespielt hatte, übernahm. Sie wurde nun zur wichtigsten nichtrussischen Partei der Komintern. Bis 1933 war die KPD immer diejenige Partei gewesen, die als erste neue taktische Richtlinien der Komintern zu verwirklichen begann. Seit 1934 übernahm diese Funktion die KPF. Stalin fand also recht schnell einen Ersatz für die KPD.

Wie reagierten die französischen Sozialisten auf das unerwartete Angebot der KPF? Der Führer der Sozialistischen Partei Frankreichs, Léon Blum, berichtet, der Appell der KPF habe bei den Sozialisten ein Gemisch von Begeisterung, Unsicherheit und Beunruhigung hervorgerufen. Am 15. Juli 1934 sprach sich dennoch die absolute Mehrheit der Delegierten auf einer Parteikonferenz der Sozialisten für die Einheitsfront aus. Die proletarische Einheitsfront sei die beste Garantie gegen den Sieg des Faschismus, erklärte Blum. Am 14. Juli 1935 fand in Paris eine gemeinsame Kundgebung der Kommunisten, der Sozialisten und der linksgerichteten „bürgerlichen Radikalen" statt, die die Volksfrontbewegung begründete. Im Januar 1936 schlossen diese drei Parteien ein Wahlbündnis, und dieses Bündnis erhielt im April 1936 bei den Parlamentswahlen die absolute Mehrheit der Stimmen. Am 4. Juni 1936 entstand die erste französische Volksfrontregierung unter Léon Blum. Die rechtsextreme Offensive schien nun, zumindest in Frankreich, abgewehrt. Die rechtsextremen Verbände ließen sich von der Regierung kampflos auflösen.

Auch in Spanien verzeichnete damals die Volksfrontbewegung

beträchtliche Erfolge. Bereits im Februar 1936 entstand dort – nach einem Wahlsieg der Linken – eine Volksfrontregierung. Im Juli 1936 brach in Spanien ein Bürgerkrieg aus, der sowohl auf die europäische Rechte als auch auf die Linke mobilisierend wirkte. Die Truppen General Francos, die gegen die Volksfrontregierung kämpften, wurden massiv vom faschistischen Italien und vom Dritten Reich unterstützt, die Volksfrontregierung von der Sowjetunion. Der propagandistische „kalte Krieg“, der zwischen der extremen Rechten und der kommunistischen Weltbewegung seit Jahren geführt worden war, verwandelte sich in Spanien in einen heißen Krieg. Er wurde zu einem Vorboten des weltanschaulichen Vernichtungskrieges, der nach dem Überfall Hitlers auf die Sowjetunion im Juni 1941 beginnen sollte. Die spanische Volksfrontregierung geriet kurz nach dem Ausbruch des Bürgerkrieges in eine weitgehende Abhängigkeit von Moskau, weil die UdSSR der einzige Staat war, der sie durch Waffenlieferungen und durch Entsendung von zahlreichen Militärberatern massiv unterstützte. Diese Abhängigkeit steigerte sich zusätzlich nach dem von Moskau erzwungenen Rücktritt des energischen linkssozialistischen Ministerpräsidenten Largo Caballero. Unter seinem Nachfolger – dem gemäßigten Sozialisten Negrin – wurde die spanische Volksfrontregierung im Wesentlichen zu einer Marionette Moskaus.

Die Überwindung der Spaltung innerhalb der Arbeiterbewegung schuf eine Art Aufbruchstimmung im linken Lager. Die Resignation und Hoffnungslosigkeit, die für die europäische Linke nach dem deutschen Debakel vom Januar 1933 typisch gewesen waren, wurden nun nach den Erfolgen in Frankreich und in Spanien teilweise überwunden. Aufgrund dieser neuen Entwicklung konnte der Siegesmarsch der rechtsextremen Kräfte in Europa vorübergehend aufgehalten werden – aber nur für kurze Zeit.

Dem antifaschistischen Kreuzzug Moskaus setzte Hitler einen weltanschaulichen Kreuzzug gegen den Kommunismus und gegen die Sowjetunion entgegen. Dabei erwies sich die Taktik Hitlers, ungeachtet der französisch-sowjetischen Annäherung und ungeachtet der Erfolge der Volksfrontbewegung effizienter als diejenige Stalins. Im Grunde übertrug Hitler manche taktischen Vorgehensweisen, die bereits bei seinem Machtkampf in der Weimarer Republik äußerst wirksam gewesen waren, auf die internationale Ebene. Die Angst der Westeuropäer vor der kommunistischen Gefahr erwies ihm ebenso unschätzbare Dienste, wie seinerzeit die Angst der deutschen Konservativen vor dem Bolschewismus. Hitler stilisierte das Dritte Reich zu einer Art Beschützer der europäischen Zivilisation vor der angeblichen Gefahr, die aus dem Osten kam. In seiner Reichstagsrede vom 7. März 1936 sagte er: „Ich zittere für Europa bei dem Gedanken, was aus unserem alten, menschenüberfüllten Kontinent werden soll, wenn durch das Hereinbrechen dieser destruktiven und alle bisherigen Werte umstürzenden asiatischen Weltauffassung das Chaos der bolschewistischen Revolution erfolgreich sein würde. Ich bin vielleicht für viele europäische Staatsmänner ein phantastischer, jedenfalls aber unbequemer Warner. Dass ich aber in den Augen der bolschewistisch-internationalen Weltunterdrücker als einer der größten Feinde gelte, ist für mich nur eine große Ehre und eine Rechtfertigung meines Handelns vor der Nachwelt."

Diese Selbststilisierung Hitlers zum Beschützer des Abendlandes vor der bolschewistischen Gefahr wurde von Ernst Niekisch 1936 folgendermaßen kommentiert: „Hitlers Instinkt fand heraus, dass die Sozialangst des europäischen Bürgers der schwache Punkt der politischen Machtordnung Europas war; hier setzte er an, von hier aus kam das ganze Gebäude ins Wanken."

Die beinahe uneingeschränkte Nachgiebigkeit der Westmächte Hitler gegenüber, die es ihm innerhalb von fünf Jahren ermöglichte, beinahe alle wirtschaftlichen, politischen und militärischen Restriktionen des Versailler Vertrages abzuschütteln, war direkt auf die von Niekisch beschriebene „Sozialangst des europäischen Bürgers" zurückzuführen.

Aber Hitler appellierte nicht nur an die Ängste, sondern auch an das Gerechtigkeitsgefühl der Westeuropäer. Am 7. März 1936 erklärte er: „Es ist unmöglich, ein Volk von Ehrgefühl und von Tapferkeit ... auf die Dauer als Heloten halten ... zu können."

Damit beklagte er sich über die vom Versailler Vertrag sanktionierte Diskriminierung Deutschlands auf militärischem Gebiet, und zwar mit dem Argument, er wolle lediglich die Gleichberechtigung Deutschlands erzielen. Und dieses Argument wurde in den westlichen Hauptstädten als durchaus legitim betrachtet. Auch mit seiner Forderung nach Annexion Österreichs und des Sudetenlandes nutzte Hitler das schlechte Gewissen der Siegermächte aus, die das Selbstbestimmungsrecht der Völker zu einer der Grundlagen der Nachkriegsordnung erklärt hatten. Ähnlich wie er seinerzeit die Weimarer Demokratie mit Hilfe des demokratischen Wahlrechts ausgehöhlt hatte, vermochte Hitler nun die Versailler Ordnung mit Hilfe ihrer eigenen Prinzipien zu zerstören.

Zweifel an der Widerstandbereitschaft des Westens gegenüber der nationalsozialistischen Aggressivität kamen in Moskau sehr früh auf. Dies vor allem nach der Ermordung des unversöhnlichen Gegners des

Dritten Reiches, des französischen Außenministers Barthou, der im Oktober 1934 gemeinsam mit dem jugoslawischen König Alexander einem Attentat zum Opfer fiel. Dem Nachfolger Barthous, Laval, war das Bündnis mit der Sowjetunion recht unwillkommen. Er unterschrieb zwar im Mai 1935 den von Barthou vorbereiteten französisch-sowjetischen Beistandspakt, tat dies aber ohne Begeisterung. Auch in London war die Bereitschaft, dem aggressiven Vorgehen Hitlers Einhalt zu gebieten, nicht allzu stark ausgeprägt. Während des Besuches des englischen Außenministers Eden in Moskau im März 1935 versuchten Stalin und Litwinow diesen von der Gefahr zu überzeugen, die sowohl von Deutschland wie auch von Japan ausgehe. Großbritannien sei von der Aggressivität des Dritten Reiches keineswegs so überzeugt, wie die sowjetische Regierung, erwiderte Eden. Zu den wenigen prominenten Gegnern der Appeasementpolitik in der politischen Klasse Englands gehörte der ehemalige harte Gegner des sowjetischen Staates – Winston Churchill. Ende 1935, im Gespräch mit dem sowjetischen Botschafter in London, Majski, sagte Churchill, es gebe in England politische Kreise, die Hitler Aktionsfreiheit gestatten wollten. Dies sei ein großer Fehler. Churchill glaubte nicht, dass Kompromisse mit Hitler möglich seien und riet den Russen, so schnell wie möglich aufzurüsten, da der gemeinsame Feind vor der Tür stehe. Mit seinen Ansichten war aber Churchill zum damaligen Zeitpunkt im politischen Establishment seines Landes relativ isoliert.

Die Erfolge der Volksfrontbewegung in Spanien und Frankreich seit Mitte der 30er Jahre verstärkten lediglich die Kapitulationsbereitschaft vieler konservativ gesinnter westlicher Politiker dem Dritten Reich gegenüber. Diese Erfolge spielten eine vergleichbare Rolle wie die der KPD bei den Reichstagswahlen in Deutschland zu Beginn der 30er Jahre. Sie konsolidierten nur das antikommunistische Lager und bereiteten den Boden für atemberaubende Erfolge der Nationalsozialisten. Die „Einheitsfront" der westlichen Konservativen und Rechtsextremisten erwies sich als wesentlich effizienter denn die linke Einheitsfront. Die Volksfrontbewegung, die 1934–37 ihre größten Erfolge zu verzeichnen hatte, stand 1938 kurz vor dem Zusammenbruch. Die Kapitulationsbereitschaft der westlichen Konservativen und die Friedenssehnsucht breiter Bevölkerungsschichten im Westen schufen allmählich eine Konstellation, die es den rechtsextremen Diktatoren erlaubte, ungestraft einen aggressiven Akt nach dem anderen zu begehen. Statt das Dritte Reich und seine Verbündeten mit Hilfe der Volksfrontstrategie und der Politik der kollektiven Sicherheit zu isolieren, geriet die Sowjetunion 1938 selbst in eine äußerst gefährliche Isolation. Das anschaulichste Indiz für diese Entwicklung stellte die Münchener Konferenz vom September 1938 dar, die über die partielle Teilung der Tschechoslowakei – des treuesten Verbündeten der westlichen Demokratien in Osteuropa – entschied. Trotz der Tatsache, dass die Sowjetunion offiziell Verbündeter der Tschechoslowakei war, wurde sie nach München nicht einmal eingeladen. Etwa zur gleichen Zeit mussten auch die Volksfrontbewegungen im Westen einen Rückschlag nach dem anderen hinnehmen. Im April 1938 löste sich die letzte französische Volksfrontregierung unter Léon Blum auf. Ende 1938 begann die entscheidende Offensive der Truppen Francos in Spanien. Im März 1939 fiel Madrid, und der spanische Bürgerkrieg war beendet.

Aber das Debakel der Volksfrontbewegung wurde nicht nur durch ihre Gegner, sondern auch durch ihre Urheber – durch die Stalin-Clique – verursacht. Denn der Große Terror dehnte sich allmählich von der bolschewistischen Partei auf die gesamte Kommunistische Internationale aus. Ausländische Kommunisten, die sich auf sowjetischem Territorium aufhielten, wurden von den sowjetischen Terrororganen als besonders verdächtige „Elemente" angesehen. 1936 begann hier, ähnlich wie in der bolschewistischen Partei, eine Jagd auf ehemalige „Trotzkisten", „Sinowjewisten", „Bucharinisten", ihre Freunde, Bekannte und Familienangehörigen: „Ihr alle in der Komintern arbeitet dem Feind in die Hände!" Diese Worte Stalins notierte der Vorsitzende der Komintern, Dimitrow, am 11. Februar 1937 in sein Tagebuch. Am 26. Mai 1937 äußerte sich Jeshow in ähnlichem Sinne: „In der Kommunistischen Internationalen bauten sich die größten Spione ein Nest."

Es begann nun eine Welle von Verhaftungen und Hinrichtungen ausländischer Kommunisten, denen Tausende von Menschen zum Opfer fielen. Besonders tragisch war die Lage derjenigen, die nicht in ihre Heimatländer zurückkehren konnten, weil dort antikommunistische Diktaturen herrschten. Sie waren den sowjetischen Terrororganen auf Gnade oder Ungnade ausgeliefert und diese nutzten die Ohnmacht der Ausländer erbarmungslos aus. In dieser Lage befanden sich zum Beispiel deutsche, italienische, estnische, lettische, litauische, rumänische, ungarische und jugoslawische Kommunisten. Einige Sektionen der Komintern wurden gänzlich aufgelöst, so vor allem die polnische KP (aufgrund einer Anweisung Stalins vom 2. Dezember 1937). Die Führung der KPP wurde größtenteils ermordet. Über die Stimmung, die in den Kreisen der ausländischen Kominternmitglieder herrschte, schrieb der ungarische Kommunist Varga am 28. März 1938 in einem Brief an Stalin: Sie seien demoralisiert und verwirrt. „Mehrere Ausländer packen jeden Abend ihre Sachen in Erwartung möglicher Verhaftung zusammen. Viele sind infolge der dauernden Angst halb verrückt, unfähig zu arbeiten.“

Im Herbst 1938 spielte Dimitrow sogar mit dem Gedanken, im Westen ein alternatives Führungsgremium der Komintern zu errichten. Daraus ist aber nichts geworden.

Zwar versuchten Dimitrow und andere Mitglieder der Führungsgremien der Komintern, einzelne Kominternmitglieder, die von den Terrororganen verhaftet worden waren, zu retten. Nur selten hatten sie aber dabei Erfolg. Insgesamt lässt sich sagen, dass das Exekutivkomitee der Komintern ebenso wenig im Stande war, die kommunistischen Opfer des Terrors zu schützen, wie dies beim Zentralkomitee der bolschewistischen Partei der Fall war. Und so wie viele ZK-Mitglieder wirkten auch führende Kominternmitglieder aktiv an der Verfolgung ihrer Gefährten mit, denunzierten sie und bedankten sich sogar bei den Terrororganen für die Mithilfe „bei der Auffindung und Ausrottung der Todfeinde, Trotzkisten und Spione, die sich eine Stellung im Apparat des Stabs der Weltrevolution erschlichen und sich dort schlau verstellten“.

Auch auf das von Moskau abhängige Spanien dehnte sich der Stalinsche Terror aus. Er richtete sich dort vor allem gegen die außerordentlich starken Anarchisten, Trotzkisten und gegen die linksradikale Katalonische Partei POUM, deren Führer Andreu Nin von den Terrororganen ermordet wurde. Den spanischen Kommunisten wurden von Moskau „gründliche Säuberungen“ nach sowjetischem Vorbild „empfohlen“, die Entlarvung von „trotzkistischen Agenten des Faschismus“, Spionen und Saboteuren in den eigenen Reihen.

Obwohl sich der stalinistische Terror in den Jahren 1936–38 in erster Linie gegen die eigene Bevölkerung bzw. gegen die Kommunisten richtete, konnten die sozialdemokratischen Partner der Komintern in der Volksfrontbewegung diese Verbrechen nicht stillschweigend hinnehmen. Sowohl einzelne sozialdemokratische Parteien als auch die II. Internationale als Ganzes verurteilten aufs Schärfste den Vernichtungsfeldzug Stalins gegen seine eigenen Gefährten. Darauf reagierte die Führung der Komintern ihrerseits mit Gegenangriffen. So behauptete Dimitrow im November 1937, nur die Feigheit der Sozialdemokraten habe die Siege des Faschismus ermöglicht.

Der westlichen Appeasementpolitik wiederum gab der Stalinsche Große Terror eine zusätzliche Motivation. Das nationalsozialistische Regime schien damals vielen westlichen Politikern wesentlich solider, stabiler und zuverlässiger als das stalinistische. Daher auch ihre Bereitschaft, die aggressiven Akte des Dritten Reiches beinahe widerstandslos hinzunehmen.

7. Die Geschichte Russlands und des Bolschewismus wird neu geschrieben

Die Ausrichtung der Sowjetunion auf einen eventuellen Krieg gegen die so genannten Angreiferstaaten (das Dritte Reich und Japan) trug wesentlich zu tief greifenden ideologischen Änderungen im Lande bei. Es fand nun eine zusätzliche „Nationalisierung" bzw. „Russifizierung" des Bolschewismus statt. Das Regime versuchte sich tiefer im nationalen Boden Russlands zu verankern, sich mit der Geschichte des eigenen Landes stärker zu identifizieren. Bis dahin wurde die Idee der nationalen Größe Russlands in erster Linie von den „weißen" Gegnern der Bolschewiki vertreten. Und sogar nach dem verlorenen Bürgerkrieg verkörperten die im Exil agierenden antibolschewistischen Gruppierungen in ihren Augen – aber auch in denen der Bolschewiki – die imperiale Kontinuität. Die Bolschewiki hingegen lebten zunächst auf Kriegsfuß mit dieser Kontinuität und mit dem so genannten großrussischen Chauvinismus, den sie wesentlich schärfer bekämpften als den Nationalismus der kleineren Völker des Imperiums.

In der sowjetischen Historiographie dominierte damals die Schule Michail Pokrowskis, die das vorrevolutionäre Russland als Inbegriff der nationalen Unterdrückung ansah. Sie interpretierte die russische Geschichte vor allem vom revolutionären Klassenstandpunkt aus und war nicht bereit, sich mit der vergangenen Größe Russlands zu identifizieren. Dieser Interpretation stand Stalin bereits in den 20er Jahren skeptisch gegenüber. Er gehörte zu denjenigen bolschewistischen Führern, die frühzeitig erkannten, dass ein vollständiger Bruch mit der russischen Vergangenheit einerseits unerreichbar, andererseits für das sowjetische Regime keineswegs vorteilhaft sei. Nach der nationalsozialistischen Machtergreifung, als die Kriegsgefahr immer aktueller wurde, intensivierte sich der Nationalisierungsprozess des Bolschewismus. Die Pokrowski-Schule wurde seit 1934 immer häufiger von offiziellen Stellen angegriffen, man warf ihr Schematismus und Vereinfachungen vor. Die Idee der nationalen Größe Russlands durfte nun offiziell propagiert werden.

Die Rehabilitierung der nationalen Idee diente zwar vorwiegend propagandistischen Zwecken, zugleich reagierte aber Stalin auf echte emotionale Bedürfnisse der russischen Bevölkerung. Die von den Bolschewiki seit 1917 praktizierte radikale Abrechnung mit der russischen Geschichte und Tradition konnte ihr Ziel – den vollständigen Bruch mit der Vergangenheit – selbstverständlich nicht erreichen. Die Sehnsucht nach der Wiederherstellung der geschichtlichen Kontinuität wurde im Laufe der Zeit im Lande immer stärker. Deshalb wurde sogar der stalinistische Nationalismus, trotz seines offenkundig manipulatorischen Charakters, in Russland bereitwillig aufgenommen. Die Wiederentdeckung des bis dahin in Russland verbotenen Wortes „Heimat" sei nicht nur auf Befehl erfolgt, schrieb 1935 Georgij Fedotow. Die Machthaber hätten nur dem längst vorhandenen nationalen Gefühl eine Äußerungsmöglichkeit gegeben.

Die stalinistische Führung begann sich jetzt der russischen Geschichte auf ähnliche Weise zu bemächtigen, wie dies zuvor die italienischen Faschisten und die Nationalsozialisten mit ihrer jeweiligen nationalen Geschichte getan hatten. Die Wiederanknüpfung an nationale Traditionen sollte dem stalinistischen Regime angesichts der immer stärkeren Bedrohung von außen eine zusätzliche Legitimation verschaffen.

Die Stalin-Riege bemächtigte sich aber nicht nur der russischen, sondern auch der bolschewistischen Geschichte. Nach der physischen Liquidierung prominentester Vertreter der alten bolschewistischen Garde wurden sie auch aus der Geschichte der Partei verbannt. Entweder wurden sie totgeschwiegen oder beispielloser Verbrechen gegen den von ihnen kreierten Staat bezichtigt. Es stellte sich nun heraus, dass die engste Umgebung Lenins beinahe ausnahmslos aus Verrätern und Verschwörern bestanden hatte, die nach seinem Leben trachteten, denen sich eine Lichtgestalt entgegenstellte, die all diese Feinde, die sich unter einer freundlichen Maske verbargen, entlarvte und entsprechend bestrafte. Nach diesem Schema wurde auch der von Stalin persönlich redigierte „Kurze Lehrgang der Geschichte der KPSU(B)" von 1938 konzipiert, der zu einer Art „Bibel" des Stalinismus werden sollte. Die Gesamtauflage des „Kurzen Lehrgangs" betrug mehr als 42 Millionen Exemplare. Dieses Buch, das in erster Linie der Verherrlichung Stalins dienen sollte und eine fiktive Vergangenheit konstruierte, wurde von ihm auf einer Versammlung der Parteipropagandisten (28. 9.–1. 10. 1938) ausgerechnet für seine Wahrhaftigkeit gelobt. „Die Geschichte muss wahrhaftig sein", erklärte er: „Sie muss so beschrieben werden, wie sie tatsächlich war. Man darf nichts [Eigenes] hinzufügen."

Trotz dieser Devise bemühte sich Stalin unaufhörlich um die „Aktualisierung" des von oben verordneten Geschichtsbildes. So hatte er zum Beispiel am 6. November 1918 zum ersten Jahrestag der Oktoberrevolution geschrieben, dass die „gesamte praktische Organisation des Aufstandes vom 7. November 1917 unter der unmittelbaren Leitung ... Trotzkis verlief". Der „Kurze Lehrgang" war diesbezüglich anderer Meinung. Die gesamte praktische Organisation des Aufstandes wurde nun von den Herausgebern des Lehrbuchs nachträglich dem vom ZK gewählten Parteizentrum unter der Leitung Stalins anvertraut.

Aber mit besonderer Sorgfalt redigierte Stalin biographische Abhandlungen über sich selbst und neigte dabei keineswegs zu einer Eindämmung des Kultes um seine Person. Im Gegenteil. Seine eigenhändig eingetragenen Korrekturen wiesen in der Regel in die andere Richtung. So nahm er zum Beispiel in der Druckvorlage seiner Biographie von 1939 am folgenden Ausdruck Anstoß: „Stalin ist der Lenin unserer Tage." Nach Stalins Korrektur lautete der Satz etwas anders: „Stalin ist der würdige Fortsetzer von Lenins Werk oder wie es in unserer Partei heißt, Stalin ist der Lenin unserer Tage". Eine andere von Stalin selbst geschriebene Ergänzung lautete: „Obgleich er seine Aufgabe als Führer der Partei und des Volkes mit vollendeter Kunst meisterte und die uneingeschränkte Unterstützung des ganzen Sowjetvolkes genoss, ließ Stalin es niemals zu, dass seine Arbeit auch nur durch den leisesten Schatten von Eitelkeit, Hochmut oder Eigenlob beeinträchtigt wurde."

Lässt sich dieser von Stalin selbst geschürte Kult um seine Person nur auf Größenwahn und Eitelkeit zurückführen? Wahrscheinlich nicht. Auch andere Momente spielten hier sicher eine Rolle. So behauptete er zum Beispiel im Gespräch mit seinem Schwager, Alexej Swanidse (1934), das russische Volk benötige den Glauben an einen Zaren, es sei „zarentreu" veranlagt.

Wollte Stalin durch den Führerkult dieser angeblichen Sehnsucht der Russen nach einem strengen Zaren entgegenkommen? Dies ist nicht ausgeschlossen. Und die von der offiziellen Propaganda millionenfach wiederholten Lobeshymnen haben ihre Wirkung nicht verfehlt. Große Teile der von der Außenwelt abgeschotteten, indoktrinierten Bevölkerung begannen allmählich das von oben verordnete Stalin-Bild zu verinnerlichen.

Der russische Literaturwissenschaftler Natan Ejdelman spricht in diesem Zusammenhang von einer „Stalin-Hypnose", die die sowjetische Bevölkerung Mitte der 30er Jahre erfasst und praktisch bis zum Tode des Diktators angedauert habe. Dieser wahnhafte Zustand habe zu einer vollkommen verzerrten Wahrnehmung der Wirklichkeit geführt, so Ejdelman. Nur deshalb habe ein Despot, der für die Ermordung von Millionen verantwortlich gewesen sei, in den Augen der Bevölkerungsmehrheit als Sinnbild der Vollkommenheit gelten können.

Diese von Ejdelman geschilderte Stalin-Hypnose wird von vielen Autoren auf die Eigenart der russischen Mentalität oder auf die vormodernen, vorindustriellen Strukturen Russlands zurückgeführt. Solche Erklärungen sind allerdings nicht überzeugend, denn zur gleichen Zeit wurde das industriell wohl am stärksten entwickelte Land Europas, das über viel modernere soziale und wirtschaftliche Strukturen als Russland verfügte – Deutschland – ebenfalls von einem Führer-Wahn erfasst. Es ist zwar richtig, dass das Führersystem in Deutschland eine ganz andere Entstehungsgeschichte hatte als in der Sowjetunion. In Deutschland entstand es infolge einer tiefen Krise des parlamentarischen Systems und einer weit verbreiteten Sehnsucht nach einem charismatischen Helden, einem „Cäsar", der die Herrschaft der unpersönlichen Institutionen durch die Herrschaft des Willens ersetzen sollte. In der Sowjetunion hingegen war der Führerkult nicht zuletzt die Folge der Krise einer Einparteiendiktatur, die ihr ursprüngliches Versprechen – die sofortige Errichtung eines „sozialistischen Paradieses", und zwar weltweit (Weltrevolution) – nicht einlösen konnte.

Auch die wirtschaftlichen und sozialen Funktionen der beiden Führersysteme unterschieden sich grundlegend voneinander. In Deutschland sollte es die angeblich von links gefährdete bestehende wirtschaftliche und soziale Ordnung schützen, in der Sowjetunion hingegen eine „Restauration des Kapitalismus" verhindern. Diese Liste der Unterschiede ließe sich unendlich fortsetzen. Aber auch die Ähnlichkeiten waren verblüffend. Der Führer-Glaube zeugte sowohl in Deutschland als auch in Russland vom Ausbruch der Irrationalität und der Massenpathologie, und zwar in einem beispiellosen Ausmaß, in einem angeblich aufgeklärten Zeitalter – mit verheerenden Folgen für die Betroffenen.

V. Die UdSSR im Zweiten Weltkrieg

1. Der Hitler-Stalin-Pakt – Die brüchige Allianz

Die Münchner Konferenz vom September 1938, die es Hitler erlaubte, mehr als 28 000 qkm des tschechoslowakischen Territoriums „friedlich" zu annektieren, versetzte der Politik der kollektiven Sicherheit den Todesstoß. Die außenpolitische Isolierung Moskaus erreichte nun ähnliche Ausmaße, wie sie in den ersten Jahren nach der Entstehung der „Sowjetmacht" bestanden hatte. Damals hatten die „kapitalistischen" Mächte den so genannten Cordon sanitaire um Sowjetrussland errichtet, 1938 entstand eine vergleichbare Konstellation. Im Westen wurde die UdSSR vom Dritten Reich bedroht, dessen Führer zur „Ausrottung des Bolschewismus" aufriefen und die nicht zuletzt deshalb von den Westmächten hofiert wurden. Im Fernen Osten (Mongolei, Mandschurei) eskalierte der sowjetisch-japanische Konflikt und nahm die Form eines begrenzten Krieges an. Die Gegensätze innerhalb des „kapitalistischen Lagers", die dem sowjetischen Regime seit seiner Entstehung das Überleben ermöglicht hatten, schienen nun in den Hintergrund zu rücken. Dieser Zustand sollte allerdings nicht von Dauer sein.

Bereits einige Monate nach dem „Münchner Debakel" begann sich die außenpolitische Lage der UdSSR günstiger zu gestalten; dazu verhalf Moskau ausgerechnet sein radikalster Gegner – Adolf Hitler. Unmittelbar nach dem Münchner Abkommen versetzte er nämlich den Verfechtern der Appeasementpolitik, die davon ausgingen, dass Kompromisse mit dem Dritten Reich möglich seien, einen Schlag nach dem anderen. Vor München hatte er immer nach völkerrechtlichen Begründungen für seine aggressiven Akte gesucht, sein angebliches Ziel war nur die Gleichberechtigung der Deutschen, die, wie er sagte, auf den Zustand der „Heloten" degradiert worden seien. Diese Wehklagen hörten aber nach München schlagartig auf. Argumente der Schwäche wurden nun durch Argumente der Stärke ersetzt. Am 10. November 1938 erklärte Hitler in einer Geheimrede vor Vertretern der deutschen Presse: „Die Umstände haben mich gezwungen, jahrzehntelang fast nur vom Frieden zu reden ... Es ist selbstverständlich, dass eine solche jahrzehntelang betriebene Friedenspropaganda auch ihre bedenklichen Seiten hat, denn es kann nur zu leicht dahin führen, dass sich in den Gehirnen vieler Menschen die Auffassung festsetzt, dass das heutige Regime identisch sei, mit dem Entschluss und dem Willen, den Frieden unter allen Umständen zu wahren." Der Propaganda-Apparat solle nun „das deutsche Volk psychologisch umstellen und ihm langsam klarmachen, dass es Dinge gibt, die, wenn sie nicht mit friedlichen Mitteln durchgesetzt werden können, mit den Mitteln der Gewalt durchgesetzt werden müssen".

Am 15. März 1939 besetzten die deutschen Truppen Prag. Damit beging Hitler praktisch zum ersten Mal seit 1933 einen eindeutig aggressiven Akt und kümmerte sich dabei nicht um seine völkerrechtliche Rechtfertigung. Die Appeasementpolitik war damit endgültig gescheitert. Wie lässt sich dieser Schritt Hitlers erklären? Die Westmächte wären auch weiterhin zum Nachgeben bereit gewesen, wenn er sie nicht derart offen provoziert hätte. Diesen Übergang Hitlers zur offenen Aggression führen viele Autoren darauf zurück, dass er meinte, keine Zeit mehr zu haben. Er habe seine außenpolitischen Endziele, die auf eine grundlegende Umgestaltung der Welt hinausliefen, unbedingt zu seinen Lebzeiten erreichen wollen. Die Kommunisten träumten zwar auch von einer radikalen Veränderung der Weltordnung, sie setzten dabei aber keine konkreten Fristen. Als geschichtliche Deterministen waren sie davon überzeugt, dass der Sieg des Kommunismus im weltweiten Maßstab ohnehin unvermeidlich sei. Um diesen Sieg herbeizuführen, mussten sie nicht unbedingt alles auf eine Karte setzen. Bei Hitler verhielten sich die Dinge anders. Er hielt sich selbst für den einzigen Politiker, der im Stande sei, derart grandiose Aufgaben wie die Eroberung des Lebensraums im Osten oder die von ihm oft angekündigte „Vernichtung der jüdischen Rasse in Europa" zu erreichen.

Während Stalin trotz seines Größenwahns sich selbst als Fortsetzer des Werks von Marx, Engels (trotz seiner Vorbehalte gegen den zweiten Klassiker des Marxismus) und Lenin bezeichnete, betrachtete Hitler sich selbst als eine einmalige Erscheinung in der Weltgeschichte – ohne Vorgänger. Er glaubte auch nicht an würdige Nachfolger, die im Stande wären, sein Werk zu vollenden. Frank-Lothar Kroll, der das Geschichtsbild Hitlers untersuchte, schreibt von seinem „Endzeit"-Denken, von seiner Vorstellung, den Endkampf zwischen der arischen und der jüdischen Rasse bis zum bitteren Ende durchführen zu müssen: „So oder so war damit ein definitiver Abschluss aller bisherigen Geschichte erreicht, der sich freilich nicht als vage Möglichkeit in nebulöser Zukunftsferne präsentierte. Abschluss und Ende standen vielmehr unmittelbar bevor und waren auf jeden Fall noch zu Hitlers Lebzeiten einzulösen."

So stand Hitler unter einem permanenten Zeitdruck. Am 5. November 1937, in dem von Oberst Hoßbach protokollierten und später viel zitierten Gespräch des Reichskanzlers mit führenden Politikern des Reiches, kündigte er seinen „unabänderlichen Entschluss" an, „die deutsche Raumfrage spätestens 1943/45 zu lösen". Um dies zu erreichen, könne es nur noch den Weg der Gewalt geben, fügte er hinzu. Bei einer anderen geheimen Besprechung, diesmal mit Propagandaleitern der Partei (Oktober 1937), führte Hitler aus: „Er, Hitler, habe nach menschlichem Ermessen nicht mehr lange zu leben. In seiner Familie würden die Menschen nicht alt ... Es sei daher notwendig, die Probleme, die gelöst werden müssten (Lebensraum!), möglichst bald zu lösen, damit dies noch zu seinen Lebzeiten geschehe. Spätere Generationen würden dies nicht mehr können. Nur seine Person sei dazu noch in der Lage."

Hitlers Ankündigungen riefen bei manchen Vertretern des konservativen Establishments des Reiches Entsetzen hervor. Der britische Historiker Trevor-Roper schreibt, die deutschen Konservativen hätten damals ihre Ziele weitgehend erreicht, Hitler habe beinahe alle Beschränkungen des Versailler Vertrages beseitigt und Deutschlands Position als gleichberechtigte Großmacht wiederhergestellt. Viele Konservative hätten sich nun nach einem Ausgleich mit dem Westen gesehnt, bevor das verbrecherische Genie, dem sie selbst die Waffen in die Hände gegeben hätten, Amok laufe.

Allerdings waren diese Wünsche der konservativen Verbündeten Hitlers für die Außenpolitik des Dritten Reiches Ende der 30er Jahre wenig relevant. Von ausschlaggebender Bedeutung sollte indes – wie bereits erwähnt – die Tatsache sein, dass Hitler glaubte, keine Zeit mehr zu haben. Abgesehen davon erfassten solche Zweifel nur kleine Teile der konservativen Eliten. Andere identifizierten sich, wenn manchmal auch nur partiell, mit den Zielen des Regimes bis zum bitteren Ende.

Nach der Zerschlagung der Tschechoslowakei wurde Polen zum nächsten Objekt territorialer Begierden Hitlers, also ein Staat, der in den Jahren 1934–38 eine Art Verbündeter des Dritten Reiches gewesen war, der sogar an der Teilung der Tschechoslowakei partizipiert hatte. Am 1. Oktober 1938 okkupierten nämlich polnische Truppen das von Warschau seit Jahrzehnten beanspruchte Gebiet um die Stadt Teschen. Die polnisch-deutsche Eintracht wurde aber am 24. Oktober 1938 endgültig zerstört. An diesem Tag schlug Hitler der Warschauer Führung eine

Neuregelung des deutsch-polnischen Verhältnisses vor. Er forderte die Eingliederung der freien Stadt Danzig ins Reich und einen extraterritorialen Verbindungsweg zwischen Ostpreußen und dem Reich durch den so genannten polnischen Korridor. Darüber hinaus verlangte er den Beitritt Polens zum so genannten „Antikomintern-Pakt" – einer antikommunistischen Allianz, die im November 1936 zwischen Deutschland und Japan entstanden war, und der im Januar 1937 auch Italien beigetreten war. Verglichen mit den Forderungen, die Hitler kurz zuvor an die Tschechoslowakei gestellt hatte, schienen die an Polen recht bescheiden zu sein. Dessen ungeachtet wurden sie von der polnischen Führung im Januar 1939 kategorisch abgelehnt. Früher als in Paris oder in London erkannte man in Warschau, dass Unfähigkeit zur Selbstbeschränkung und der Vertragsbruch zum Wesen der nationalsozialistischen Außenpolitik gehörten. Polen drohte nun das Schicksal der Tschechoslowakei. Das zweite „München" schien unumgänglich. Die am 15. März 1939 erfolgte Besetzung Prags durch Hitler machte dies aber hinfällig. Nun erkannte man sogar in London und in Paris, dass Kompromisse mit dem Dritten Reich unmöglich waren. Die westlichen Regierungen brachten nicht mehr den Mut dazu auf, von der Warschauer Regierung die gleiche Nachgiebigkeit gegenüber Hitler zu fordern, die sie noch kurz zuvor von Prag verlangt hatten. Am 31. März 1939 versprach der britische Ministerpräsident Neville Chamberlain Polen im Falle der Bedrohung seiner Unabhängigkeit militärische Unterstützung. Hitler antwortete darauf am 28. April mit der Kündigung des deutsch-polnischen Nichtangriffsvertrages vom Januar 1934 und des deutsch-britischen Flottenabkommens vom Juni 1935. Die zunehmende Entfremdung zwischen dem Dritten Reich und den Westmächten stellte für Stalin eine einmalige Chance dar, die außenpolitische Isolation, in die die UdSSR seit dem Münchner Abkommen geraten war, zu beenden. Sowohl die Westmächte als auch Berlin begannen nun um die Gunst Moskaus regelrecht zu werben.

Am 19. Dezember 1938 hatte Berlin der sowjetischen Führung Verhandlungen über die Verlängerung des deutsch-sowjetischen Handels- und Kreditabkommens vorgeschlagen, was von Moskau akzeptiert wurde. Am 12. Januar 1939 unterhielt sich Hitler beim Neujahrsempfang für das diplomatische Korps mit dem sowjetischen Botschafter besonders lang, was den westlichen Medien Nahrung für Spekulationen bezüglich einer Neuorientierung der deutschen Ostpolitik gab. Am 21. Januar 1939 beauftragte das Politbüro Volkskommissare für einzelne Zweige der Schwer- und Rüstungsindustrie „bis zum 24. 1. 1939 eine

Liste von absolut notwendigen Werkzeugmaschinen und anderer Arten von Ausrüstungen, die im Rahmen eines deutschen Kredits im Auftrag gegeben werden könnten, vorzulegen".

Auch der Rechenschaftsbericht, den Stalin am 10. März 1939 dem XVIII. Parteitag erstattete, enthielt neue Akzente. Hier griff der sowjetische Diktator in erster Linie die Westmächte und nicht das Dritte Reich an. Er beschuldigte sie, dass sie Deutschland in einen Krieg gegen die Sowjetunion treiben wollten, sie seien daran gewöhnt, fremde Hände die Kastanien aus dem Feuer holen zu lassen.

Nach der Zerschlagung der restlichen Tschechoslowakei durch das Dritte Reich begannen auch die westlichen Demokratien, verstärkt Moskau zu umwerben. Stalin stand nun vor einer Alternative – entweder die Erneuerung der Politik der kollektiven Sicherheit gemeinsam mit den Westmächten oder die Erneuerung der Rapallo-Allianz, diesmal aber nicht mit einem beinahe wehrlosen, sondern mit einem bis an die Zähne gerüsteten Deutschland, dessen Diktator wiederholt erklärt hatte, die Lösung der deutschen Raumfrage könne nur auf Kosten Russlands erfolgen.

Verfolgt man die Entwicklungen vom Frühjahr und vom Sommer 1939, so entsteht der Eindruck, dass Stalin zwischen beiden Optionen schwankte. Seit April 1939 führte die UdSSR Verhandlungen mit den Westmächten über eine mögliche Eindämmung der nationalsozialistischen Gefahr. Am 24. Juli wurde in Moskau eine französisch-englisch-sowjetische Übereinkunft zum gegenseitigen Beistand bei direkten oder indirekten Aggressionen paraphiert. In dieses Abkommen sollten Finnland, die baltischen Staaten, Polen, Rumänien, die Türkei, Griechenland und Belgien einbezogen werden. Am 11. August erschienen in Moskau britische und französische Militärmissionen, die die Übereinkunft vom 24. Juli präzisieren sollten. Parallel zu diesen Gesprächen verliefen indes geheime deutsch-sowjetische Verhandlungen über die wirtschaftliche und politische Zusammenarbeit zwischen den beiden Mächten. Wenn man bedenkt, dass Stalin in den Jahren 1936–38 Tausende von Kommunisten wegen angeblicher Kontakte mit dem Dritten Reich ermorden ließ, erscheint diese vom Kreml-Diktator betriebene Annäherung an den radikalsten weltanschaulichen Gegner des Kommunismus in einem geradezu makabren Licht.

Von den beiden Optionen, die Stalin zur Wahl standen, neigte er immer stärker zugunsten der deutschen. Die trilateralen Verhandlungen zwischen Moskau, London und Paris verliefen außerordentlich schleppend. Den ehemaligen Verfechtern der Appeasementpolitik fiel eine politische Neuorientierung außergewöhnlich schwer. Neville Chamberlain erklärte im Frühjahr 1939 in einem vertraulichen Gespräch, Russland könne aufgrund seines Systems und seiner militärischen Schwäche kein wertvoller Verbündeter des Westens sein. Die Verhandlungen zwischen Moskau und den westlichen Demokratien wurden zusätzlich durch die Weigerung der polnischen Führung erschwert, sowjetische Truppen im Falle eines Krieges auf polnisches Territorium einrücken zu lassen. In Warschau hatte man vor Stalin nicht weniger Angst als vor Hitler.

Am 3. Mai 1939 hatte in Moskau ein symbolischer Wechsel an der Spitze des Volkskommissariats für Auswärtige Angelegenheiten stattgefunden. Maxim Litwinow wurde durch den engsten Gefährten Stalins, Wjatscheslaw Molotow, abgelöst. In der Literatur wird oft die These vertreten, die jüdische Herkunft Litwinows sei ihm, in der Stunde der Annäherung Stalins an Hitler, zum Verhängnis geworden. Stalin habe die Unterzeichnung eines deutsch-sowjetischen Paktes aus Rücksicht auf den Hitlerschen Antisemitismus nicht einem Juden anvertrauen wollen. Indirekt wird diese These von Molotow bestätigt, der in seinen Erinnerungen sagt, Stalin habe ihn beauftragt, den „Narkomindel" (Außenministerium) von den Juden zu säubern. Trotz dieser Aussage kann man 1939 noch nicht von einer umfassenden Säuberung der sowjetischen Machtelite nach rassischem Prinzip sprechen. Schlüsselpositionen im sowjetischen Partei- und Staatsapparat (auch im Außenministerium) wurden weiterhin von zahlreichen Funktionären jüdischer Herkunft besetzt. Während der Unterzeichnung des deutsch-sowjetischen Nichtangriffspaktes, von dem noch die Rede sein wird, forderte Stalin den Reichsaußenminister von Ribbentrop demonstrativ dazu auf, auf den Volkskommissar für Verkehrswesen, Lasar Kaganowitsch, zu trinken, dessen jüdische Herkunft Ribbentrop wohl bekannt war. Kaganowitsch kommentierte später diesen Toast Stalins folgendermaßen: „Damit wollte Stalin Ribbentrop zu verstehen geben, dass wir den Vertrag zwar unterzeichnen, unsere Ideologie aber nicht ändern."

Den gemeinsamen Nenner der sich 1939 anbahnenden deutsch-sowjetischen Allianz stellte in der Tat nicht der Antisemitismus, sondern die militante Gegnerschaft zur Demokratie und eine äußerst aggressive imperiale Politik dar. Litwinows Rücktritt war sicher nicht durch seine jüdische Herkunft, sondern vielmehr dadurch bedingt, dass er zur Symbolfigur für die prowestliche Orientierung und für die Politik der kollektiven Sicherheit innerhalb der sowjetischen Führung geworden war. So konnte er den neuen prodeutschen Kurs Moskaus nicht glaubwürdig vertreten.

Am 19. August 1939 wurde ein neues deutsch-sowjetisches Handels- und Kreditabkommen unterzeichnet und am 23. August – zum Entsetzen der Westmächte, deren Militärmissionen sich noch in Moskau befanden, aber auch unzähliger Kommunisten – ein deutsch-sowjetischer Nichtangriffspakt. Dieser Vertrag hatte eine grundlegend andere Bedeutung als seinerzeit der Rapallo-Vertrag. Damals hatten sich zwei diskriminierte Großmächte bemüht, mit Hilfe einer Allianz ihre Gleichberechtigung wiederzuerlangen, nun strebten sie eine Neuaufteilung der Welt an. Der Vertrag wurde für die Dauer von zehn Jahren abgeschlossen. Seine wichtigsten Punkte lauteten:

„Artikel II: Falls einer der Vertragschließenden Teile Gegenstand kriegerischer Handlungen seitens einer dritten Macht werden sollte, wird der andere Vertragschließende Teil in keiner Form diese dritte Macht unterstützen ...

Artikel IV: Keiner der beiden Vertragschließenden Teile wird sich an irgendeiner Machtgruppierung beteiligen, die sich mittelbar oder unmittelbar gegen den anderen Teil richtet."

Dieser Vertrag besiegelte das Schicksal Polens, ja ganz Osteuropas, und zwar, wie man inzwischen weiß, für die nächsten fünfzig Jahre. Die volle Souveränität bzw. beträchtliche territoriale Ausdehnung kleinerer Staaten im so genannten „Zwischeneuropa" – zwischen Deutschland und Russland –, die sich infolge des Ersten Weltkrieges ergeben hatte, stellte insofern nur eine kurze Episode dar. Seit 1939 wurden die kleineren Staaten der Region erneut, ähnlich wie vor 1918, zu einer Manövriermasse in den Händen der Großmächte. Ein anschauliches Beispiel dafür war das geheime Zusatzprotokoll zum deutsch-sowjetischen Nichtangriffspakt – nicht das erste und nicht das letzte Dokument dieser Art. Die Existenz dieses Protokolls wurde in der Sowjetunion jahrzehntelang geleugnet. Als Molotow, der gemeinsam mit Ribbentrop das Protokoll unterzeichnet hatte, am 29. April 1983 in einem Interview gefragt wurde, ob ein solches Dokument existiere, verneinte er dies entschieden: „Es gab kein [Geheimabkommen] ... Es ist absurd ... Dies ist eine reine Erfindung."

Erst im Zuge der Gorbatschowschen Perestrojka wurde die Existenz des geheimen Zusatzprotokolls in Moskau eingeräumt. Im Abkommen wurde die „Frage der Abgrenzung der beiderseitigen Interessensphären in Osteuropa erörtert". Die künftige Beute wurde von den beiden Diktaturen folgendermaßen aufgeteilt: „1. Für den Fall einer territorial-politischen Umgestaltung in den zu den baltischen Staaten [Finnland, Estland, Lettland, Litauen] gehörenden Gebieten bildet die nördliche Grenze Litauens zugleich die Grenze der Interessensphären Deutschlands und der UdSSR ... 2. Für den Fall einer territorial-politischen Umgestaltung der zum polnischen Staate gehörenden Gebiete werden die Interessensphären Deutschlands und der UdSSR durch die Linie der Flüsse Narew, Weichsel und San abgegrenzt ... 3. Hinsichtlich des Südostens Europas wird von sowjetischer Seite das Interesse an Bessarabien betont. Von deutscher Seite wird das völlige Desinteressement an diesen Gebieten erklärt."

Es entstand nun eine Konstellation, die kurz zuvor kaum jemand für möglich gehalten hatte. Hitler, der die Zustimmung der Westmächte für den Wiederaufbau der deutschen Militärmaschinerie in erster Linie mit Hilfe seiner antikommunistischen Agitation erreicht hatte, war nun mit dem bolschewistischen Russland verbündet und so gab er seinen wohl stärksten Trumpf aus der Hand, der ihm bis dahin zu atemberaubenden Erfolgen verholfen hatte.

Das Bündnis mit dem bolschewistischen Regime, dessen Ausrottung er jahrelang propagiert hatte, fiel Hitler außerordentlich schwer. Kurz vor der Unterzeichnung des Paktes sagte er im Gespräch mit dem Hohen Kommissar des Völkerbundes für Danzig, Carl J. Burckhardt: „Alles was ich unternehme, ist gegen Russland gerichtet; wenn der Westen zu dumm und zu blind ist, um dies zu begreifen, werde ich gezwungen sein, mich mit den Russen zu verständigen, den Westen zu schlagen und dann nach seiner Niederlage mich mit meinen versammelten Kräften gegen die Sowjetunion zu wenden."

Von den Westmächten, vor allem von den Briten, maßlos enttäuscht, die nicht bereit waren, die Errichtung der deutschen Hegemonie auf dem Kontinent widerstandslos hinzunehmen, wollte Hitler sie dazu mit Erpressungen und mit Gewalt zwingen. Damit verkannte er aber gründlich die englische Mentalität. Dazu bemerkt der britische Historiker Alan Bullock, Hitler habe gewusst, dass die Engländer keinen Krieg wollten, es sei ihm aber unklar gewesen, bis zu welchem Grad man hier den Bogen spannen dürfe.

Die sowjetische Rückendeckung ermöglichte Hitler kurzfristig beispiellose militärische Erfolge. Das am 1. September 1939 angegriffene Polen, das von seinen totalitären Nachbarn in die Zange genommen wurde, brach nach drei Wochen zusammen. Am 17. September 1939 überschritten führende Vertreter der Warschauer Regierung die polnisch-rumänische Grenze und begaben sich ins Exil. Kurz vor ihrem

Abgang von der politischen Bühne erwies aber die polnische Machtelite Europa den letzten Dienst. Da sie nicht bereit gewesen war, vor dem militärisch überlegenen Angreifer kampflos zurückzuweichen, löste sie einen eigendynamischen Prozess aus, der letztendlich zum Zusammenbruch des Dritten Reiches führen sollte. Die Westmächte sahen sich gezwungen, auf den Hitlerschen Überfall auf ihren Verbündeten am 3. September 1939 mit einer Kriegserklärung zu reagieren. Dieser Krieg war zwar im Westen recht unpopulär – man wollte dort nicht für Danzig sterben. Auf der anderen Seite war nun die Zeit der grenzenlosen Nachgiebigkeit dem Aggressor gegenüber endgültig vorbei.

Die Rolle der UdSSR in dem am 1. September 1939 begonnenen Krieg war sehr schillernd. Sie griff ins Kriegsgeschehen nicht sofort ein. Sie tat dies erst in dem Moment, in dem die totale Niederlage Polens sich deutlich abzeichnete. So erhielt der polnische Botschafter in Moskau, Grzybowski, am 17. September von Molotow folgende Note: „Der deutsch-polnische Krieg offenbarte die innere Brüchigkeit des polnischen Staates. Die polnische Regierung zerfiel … Dies bedeutet, dass der polnische Staat und seine Regierung praktisch aufgehört haben zu existieren … Das Schicksal solcher mit sowjetischen Völkern blutsmäßig verwandten Völker wie der Ukrainer und der Weißrussen, die auf polnischem Territorium leben, kann der sowjetischen Regierung nicht gleichgültig sein … Angesichts dieser Sachlage, … werden die Truppen der Roten Armee die [polnisch-sowjetische] Grenze überschreiten, um die Bevölkerung in der Westukraine und im westlichen Teil Weißrusslands unter ihren Schutz zu nehmen."

Der polnische Botschafter protestierte leidenschaftlich gegen die sowjetische Note: „Dies ist die vierte Teilung und die Zerstörung Polens!"

Am 28. September unterzeichneten Ribbentrop und Molotow in Moskau einen deutsch-sowjetischen Freundschafts- und Grenzvertrag, in dem gewisse territoriale Korrekturen im Vergleich zum Vertrag vom 23. August vorgenommen wurden. Die vierte Teilung Polens war damit vollendet. Auf der Sitzung des Obersten Sowjets der UdSSR vom 31. Oktober 1939 erklärte Molotow: Ein rascher Schlag der deutschen und dann der Roten Armee habe ausgereicht, um nichts von diesem „hässlichen Geschöpf des Versailler Vertrages" [Polen] übrig bleiben zu lassen.

Das propagandistische Vokabular Moskaus wandelte sich nun grundlegend. Immer seltener wurde die Solidarität mit den nach Freiheit und Gleichheit strebenden Völkern und Klassen bekundet. Immer häufiger hingegen war von den geopolitischen Sachzwängen die Rede, denen die UdSSR gerecht werden müsse. Aus der so genannten Heimat der Werktätigen aller Welt wurde die Sowjetunion nun zu einer äußerst aggressiven Großmacht, die rücksichtslos auf Kosten der schwächeren Nachbarn expandierte. Am 30. Juni 1940, kurz vor der endgültigen Annexion der baltischen Staaten und ihrer Umwandlung in Sowjetrepubliken, führte Molotow im Gespräch mit dem litauischen Außenminister, Kreve-Mickevicius, aus: „Sie müssen in dem Maße Realisten sein, dass Sie verstehen, dass die kleinen Völker in Zukunft verschwinden werden. Ihr Litauer zusammen mit den anderen baltischen Völkern, Finnland eingerechnet, [werdet] in die glorreiche Familie der Sowjetvölker aufgenommen werden."

Nur den Finnen ist es gelungen, sich der Aufnahme in die „glorreiche Familie der Sowjetvölker" zu entziehen. Dies verdankten sie der Tatsache, dass sie sich gegen die ultimativen sowjetischen Forderungen nach territorialen Zugeständnissen (seit Ende November 1939) entschieden zur Wehr setzten. Deshalb beschloss Moskau, anstelle der sowjetfeindlichen, „bürgerlichen", eine sowjetfreundliche, „demokratische" finnische „Volksregierung" zu errichten. Angeführt wurde sie von einem alten Kominternfunktionär finnischer Herkunft, Otto Kuusinen. Diese Regierung erfüllte im Freundschaftsvertrag zwischen der UdSSR und der Finnischen Demokratischen Republik am 2. Dezember 1939 alle Forderungen Moskaus. Ihre Schwäche bestand allerdings darin, dass sie nur auf dem Papier existierte und absolut keine Verankerung im Lande besaß. Die aus der Sicht Moskaus nicht mehr vorhandene „bürgerliche" finnische Regierung leistete hingegen einen erbitterten Widerstand gegen die sowjetische Aggression. Der für die Sowjetunion äußerst verlustreiche finnisch-sowjetische Krieg (der so genannte „Winterkrieg") ging erst am 12. März 1940 zu Ende. Trotz einer überwältigenden zahlenmäßigen und technischen Überlegenheit (960 000 sowjetische Soldaten gegen 300 000 finnische, 3000 sowjetische Panzer gegen weniger als 100 finnische, etwa 3250 sowjetische Kampfflugzeuge gegen 500 auf der finnischen Seite) war die Rote Armee zunächst nicht in der Lage, den Widerstand der Finnen zu brechen. Die sowjetischen Verluste überstiegen die finnischen um ein Vielfaches: sie betrugen mehr als 290 000 Soldaten, davon mehr als 90 000 Tote und Verschollene. Einige Autoren schätzen diese Verluste noch höher ein (127 000 Gefallene). Die verheerenden Folgen der Enthauptung der Roten Armee durch Stalin waren am Beispiel des „Winterkrieges" nicht zu übersehen. Die taktische Unbeholfenheit der sowjetischen Militärführung rief nur Kopfschütteln vieler Militärexperten hervor. Zwar mussten die Finnen letztendlich, angesichts der erdrückenden Überlegenheit der UdSSR, zurückweichen und im Friedensvertrag mit Moskau auf einige Territorien verzichten. Dass sie aber ihre Unabhängigkeit bewahren konnten, war wohl auf die Entschlossenheit zurückzuführen, mit der sie bereit gewesen waren, ihre Freiheit zu verteidigen.

Der sowjetisch-finnische Krieg verursachte eine gefährliche Verschärfung der Beziehungen zwischen der Sowjetunion und den Westmächten, die eine Zeit lang den Abbruch der diplomatischen Beziehungen zu Moskau und sogar die Entsendung eines Expeditionskorps nach Finnland erwogen. Am 14. Dezember 1939 wurde die Sowjetunion vom Völkerbund als Aggressor gebrandmarkt und aus der Organisation ausgeschlossen.

Trotz der militanten antisowjetischen Stimmung, die in der britischen und in der französischen Öffentlichkeit Ende 1939 herrschte, beschlossen die regierenden Kreise in London und Paris letztendlich, auf die sowjetische Aggression nur mit verbalen Protesten zu reagieren. Die Ressourcen Großbritanniens und Frankreichs seien nicht ausreichend, um einen Krieg gegen Russland zu riskieren – so lautete das damalige Fazit des Londoner Kabinetts.

In Bezug auf Finnland hat sich Stalin also eindeutig verkalkuliert. Die Annexion aller anderen Territorien, die in der geheimen deutsch-sowjetischen Vereinbarungen zum Bestandteil der sowjetischen Einflusssphäre erklärt worden waren, verlief indes wesentlich glimpflicher. Hier fällt ein eigentümliches Wesensmerkmal der Stalinschen Außenpolitik auf. Seine Eroberungen versuchte er in der Regel durch die Zustimmung starker Partner vertraglich abzusichern. Hier unterschied sich sein Vorgehen eindeutig von demjenigen Hitlers, für dessen Außenpolitik der Vertragsbruch geradezu konstitutiv war. Stalins vorrangiges Ziel war eine totale Kontrolle des durch Absprachen mit starken Vertragspartnern abgesicherten Machtbereichs, die er dann mit Hilfe brutalster Terrormaßnahmen durchführte, nicht aber eine uferlose territoriale Ausdehnung, wie dies bei Hitler der Fall war.

In den von der Sowjetunion 1939/40 annektierten Gebieten (Ostpolen, Baltikum, Bessarabien, Nordbukowina) wurden innerhalb kürzester Zeit organisch gewachsene wirtschaftliche, soziale und politische Strukturen zerschlagen, politische und soziale Eliten dezimiert, Hunderttausende von Menschen deportiert. Die Zahl der Häftlinge im Archipel GULag erhöhte sich 1941 im Vergleich zum 1. Januar 1940 von 1 670 000 auf 1 930 000 Personen.

Besonders tragisch gestaltete sich das Schicksal der polnischen Eliten, die sich in den Händen der sowjetischen Terrororgane befanden. Um ihren Widerstandswillen endgültig zu brechen und eine Wiederherstellung des polnischen Staates auf Dauer unmöglich zu machen, leitete die sowjetische Führung einen brutalen Feldzug gegen die staatstragenden Schichten des bezwungenen Landes ein, in erster Linie gegen die in sowjetische Kriegsgefangenschaft geratenen polnischen Offiziere und Polizisten. Im März 1940 schrieb der Leiter der sowjetischen Sicherheitsorgane Berija an Stalin: „Die in Kriegsgefangenschaft geratenen Offiziere und Polizisten versuchen die konterrevolutionäre Arbeit fortzusetzen und betreiben antisowjetische Agitation ... Ausgehend davon, dass sie alle eingefleischte, unverbesserliche Feinde der Sowjetmacht sind, erachtet es der NKWD der UdSSR für erforderlich, sich mit dem Fall aller in Haft befindlichen Polen in einem Sonderverfahren (ohne Vorladung der Verhafteten vor ein Gericht und ohne Anklage ...) zu befassen, unter Anwendung des höchsten Strafmaßes – des Todes durch Erschießen."

Im Rahmen der von Berija angekündigten Aktion wurden mehr als 21 000 Menschen hingerichtet. Neben etwa 15 000 gefangenen Offizieren waren es ehemalige Beamte, Guts- und Fabrikbesitzer. 4400 der ermordeten Offiziere wurden drei Jahre später in einem Massengrab bei Katyn (in der Nähe von Smolensk) gefunden.

Noch gründlicher als im sowjetischen Teil Polens wurde der Kampf gegen die polnischen Eliten im von Deutschland besetzten Teil geführt. Hitlers Statthalter in Polen, Hans Frank, fasste im Mai 1940 die Worte seines Führer folgendermaßen zusammen: „Was wir jetzt an Führerschaft in Polen festgestellt haben, das ist zu liquidieren, was wieder nachwächst, ist von uns sicherzustellen und in einem entsprechenden Zeitraum wieder wegzuschaffen."

Polen wurde für die vom Rassismus geprägte nationalsozialistische Besatzungspolitik zu einer Art Laboratorium. Hier wurden neue Unterdrückungs- und Vernichtungsmethoden entwickelt, die später auch auf besetztem sowjetischen Territorium ihre Anwendung fanden.

Die nationalsozialistische Besatzungspolitik ebenso wie die immer radikaler werdende Judenpolitik des Dritten Reiches wurden von Moskau in der Zeit der deutsch-sowjetischen „Freundschaft" nur selten kritisiert. Dieser Verzicht auf die Auseinandersetzung mit dem „deutschen Faschismus" stellte ein äußerst heikles Problem für die Kommunistische Internationale dar, die ihren Kurs, wegen ihrer weitgehenden Abhängigkeit von Moskau, an den neuen außenpolitischen Kurs der UdSSR anpassen musste. Seit 1933 war der Kampf gegen das nationalsozialistische Deutschland die höchste Pflicht für jeden Kommunisten gewesen. Viele Kommunisten, die aufgrund des „Großen Terrors" der Jahre 1936–38 an einen Bruch mit ihren jeweiligen Parteien dachten, blieben letztendlich doch dem Kommunismus treu, denn sie hielten die Sowjetunion für die wichtigste Bastion im Kampfe gegen den Faschismus. Nun, nach der Unterzeichnung des Hitler-Stalin-Paktes, entstand für viele Kommunisten, am stärksten vielleicht für die deutschen, ein unerträglicher Zustand. Denn die Haltung der sowjetischen Regierung im Krieg, der zwischen dem Dritten Reich und den Westmächten geführt wurde, war keineswegs ausgewogen neutral. Es konnte sogar der Eindruck entstehen, dass die UdSSR und das Dritte Reich Verbündete seien. Und diese Wende war für die Komintern nicht leicht zu verkraften.

Dass es ihnen schwer fiel, sich an diese neue Situation zu gewöhnen, beweisen die ersten Reaktionen westlicher Sektionen der Komintern auf den Ausbruch des Zweiten Weltkrieges. Die französischen und die englischen Kommunisten erklärten sich zunächst mit ihren jeweiligen Regierungen solidarisch. Sie sprachen vom entschlossenen Kampf gegen die nationalsozialistische Diktatur und riefen die Arbeiter ihrer Länder zur Erfüllung ihrer patriotischen Pflicht auf. Aber schon Ende September 1939 änderte sich der Stil der kommunistischen Propaganda radikal. Am 30. September erklärte die „Prawda", nichts könne diesen sinnlosen Krieg zwischen den Westmächten und Deutschland rechtfertigen. Es hänge nur von Frankreich und England ab, diesen gegen den Willen ihrer Völker angezettelten Krieg zu beenden. Innerhalb der gleichgeschalteten Komintern wirkte diese von Moskau vorgenommene Umdeutung der Kriegsschuldfrage wie ein Signal. Douglas Hyde, der Redakteur des Organs der britischen KP „Daily Worker", berichtet über die Verwirrung, welche die neuen Anordnungen, die aus Moskau gekommen waren, im Zentralkomitee der britischen KP hervorriefen. Das ZK habe gerade einen gegen den „Hitlerfaschismus" gerichteten Aufruf an die Arbeiterklasse vorbereitet, als eine neue, aus der damaligen Sicht unglaubliche Instruktion kam, die die Unterschrift Dimitrows trug. Statt eines antifaschistischen Aufrufes erschien dann am 7. Oktober 1939 im kommunistischen Blatt „World News and Views" folgende Erklärung: „Die reaktionären Imperialisten Englands und Frankreichs ... kämpfen jetzt nicht, wie sie behaupten, für die Demokratie gegen den Faschismus oder für den Frieden gegen Aggression, sondern für imperialistische Ziele."

Am 17. Oktober 1939 schrieb Dimitrow an Stalin über die Verwirrung, die der neue Kurs der Komintern in den einzelnen Sektionen der Internationale verursache: „Zwar haben die kommunistischen Parteien im Wesentlichen ihren Kurs korrigiert, trotzdem herrscht in ihren Reihen immer noch Unsicherheit hinsichtlich der Frage, wie man den Charakter ... des jetzigen Krieges deuten solle". Sogar die deutschen Kommunisten wurden nun von der Moskauer Zentrale dazu aufgerufen, gegen die „kriegerischen Pläne der englischen und der französischen Imperialisten" zu protestieren. Der Führer der KP der von den Nationalsozialisten besetzten Tschechoslowakei, Klement Gottwald, erklärte am 28. Februar 1940: „Wir unterstützten gänzlich das deutsche Proletariat, das sich gegen die westlichen Imperialisten als Aggressoren wendet."

In der sowjetischen Presse wurde nun die neue deutsch-sowjetische Kooperation als ein historischer Wendepunkt und als eine Wiederanknüpfung an die traditionelle deutsch-russische bzw. deutsch-sowjetische Zusammenarbeit interpretiert. Die ideologische Auseinandersetzung mit dem nationalsozialistischen Regime bzw. mit dem Faschismus wurde praktisch eingestellt. Am 31. Oktober 1939 erklärte Molotow, die Westmächte führten nun einen ideologischen Krieg gegen Deutschland. Dadurch kehrten sie ins Stadium der mittelalterlichen Religionskriege zurück. Eine Ideologie könne aber nicht mit Gewalt vernichtet werden, weshalb ein Krieg gegen den „Hitlerismus" jeder Rechtfertigung entbehre. Der wahre Grund des Krieges der Westmächte gegen Deutschland sei weder das Streben nach der Vernichtung des Faschismus noch die Restauration Polens, sondern die Furcht, Deutschland könnte einen Anspruch auf die Kolonien erheben, auf deren Ausbeutung der Wohlstand der Westmächte beruhe. „Was habt Ihr Proletarier von diesem Krieg zu gewinnen?" fügte am 6. November 1939 das Exekutivkomitee der Komintern in einem gegen den Krieg gerichteten Manifest hinzu: „Glaubt jenen nicht, die Euch unter dem Vorwand der Verteidigung der Demokratie auffordern, den Krieg zu unterstützen ... Sie kämpfen nicht für die Freiheit der Nationen, sondern um deren Versklavung, nicht um die Demokratie vor dem Faschismus zu retten, sondern für den Triumph der Reaktion."

Trotz der von Moskau angeordneten Friedenspropaganda war Stalin an einer schnellen Beendigung des Krieges innerhalb des „kapitalistischen Lagers" keineswegs interessiert. Ihm gefiel eigentlich die Rolle eines lachenden Dritten in dieser Auseinandersetzung. Kurz nach dem Ausbruch des Krieges argumentierte er im Gespräch mit Dimitrow folgendermaßen: „Wir haben nichts dagegen, dass die beiden Gruppen der Kapitalisten aufeinander losschlagen und sich gegenseitig schwächen. Es wäre nicht schlecht, wenn durch Deutschland die Position der reichsten kapitalistischen Länder erschüttert würde. Ohne es zu wissen und zu wollen, unterminiert Hitler das kapitalistische System". Stalins Argumentation erinnerte an diejenige Lenins vom Jahre 1918, als dieser das Überleben des bolschewistischen Regimes in erster Linie darauf zurückführte, „dass der internationale Imperialismus in zwei Räubergruppen gespalten war ..., die sich ineinander verkrallt hatten und sich um uns nicht kümmern konnten".

Stalin ging davon aus, dass der Abnutzungskrieg im Westen noch sehr lange dauern werde, er glaubte an ein Gleichgewicht der Kräfte zwischen den beiden feindlichen Lagern. Der schnelle Zusammenbruch Frankreichs, der einige Wochen nach dem am 10. Mai 1940 begonnenen Westfeldzug der Wehrmacht erfolgte, überraschte Stalin ebenso wie viele deutsche Generäle, die den vierjährigen Stellungskrieg an der Westfront (1914–1918) noch in Erinnerung hatten. Das europäische Gleichgewicht schien nach der Ausschaltung Frankreichs weitgehend zerstört. In Berlin ging man nun davon aus, dass das isolierte britische Reich keine Chance mehr habe, den Krieg fortzusetzen. Man wollte es zum Nachgeben zwingen. Ende Mai 1940 schrieb in diesem Zusammenhang der Vertreter des auswärtigen Amtes beim Oberkommando des Heeres (OKH), Hasso von Etzdorf: „Wir suchen Fühlung mit England auf der Basis der Teilung der Welt."

Der Staatssekretär im Auswärtigen Amt, Ernst Frhr. v. Weizsäcker, notierte damals: „Es wird wohl darauf hinauskommen, dass wir den Engländern anbieten werden, mit einem blauen Auge sich vom europäischen Festland definitiv zu entfernen und dies uns zu überlassen." Erneut wurde in Berlin der Widerstandswille der Briten falsch eingeschätzt, und besonders falsch deswegen, weil an der Spitze des englischen Kabinetts seit dem 10. Mai 1940 nicht mehr die Symbolfigur der Appeasementpolitik, Neville Chamberlain, sondern der unversöhnliche Gegner des Dritten Reiches, Winston Churchill, stand. Und Churchill war fest entschlossen, ungeachtet der äußerst prekären Lage des britischen Weltreiches, den Krieg bis zur endgültigen Beseitigung Hitlers und seines Regimes zu führen.

Dennoch hing das Schicksal des Krieges, ja das Überleben des aus dem Festland verdrängten Großbritanniens nicht unwesentlich von dem Eingreifen der UdSSR ab. Britische Politiker und Diplomaten versuchten die Moskauer Führung unablässig davon zu überzeugen, dass nach der Zerstörung des europäischen Gleichgewichts Hitler nicht nur für den Westen, sondern auch für den Osten eine tödliche Gefahr darstelle. Früher oder später werde er sich auch gegen die Sowjetunion wenden, denn sein eigentliches Ziel sei die Beherrschung des gesamten europäischen Kontinents, ja die Weltherrschaft. In diesem Sinne argumentierte am 1. Juli 1940 der britische Botschafter in Moskau, Sir Stafford Cripps, im Gespräch mit Stalin. Stalin reagierte skeptisch auf diese Argumente: „Man soll nicht an alles glauben was [manche Propagandisten] laut verkünden. Es ist nicht ausgeschlossen, dass einige Nationalsozialisten von der Weltherrschaft träumen, es gibt aber in Deutschland auch vernünftige Menschen, die verstehen, dass Deutschland nicht stark genug sei, um die Welt zu beherrschen."

Dieser Glaube Stalins an die „Vernunft" der nationalsozialistischen Führung erinnert in verblüffender Weise an den Glauben der westlichen Verfechter der Appeasementpolitik, die in den Jahren 1934–38 davon ausgegangen waren, dass die außenpolitischen Ziele des Dritten Reiches begrenzt seien, dass Hitler sachlichen Argumenten durchaus zugänglich sei. So erhielt die westliche Appeasementpolitik von 1934–38 in den Jahren 1939–41 ihr östliches Pendant.

Trotz der kühlen Reaktion Stalins auf die britischen Annäherungsversuche hörte London nicht auf, um die Gunst Moskaus zu werben. In ihrem Memorandum vom Oktober 1940 erklärte sich die britische Regierung sogar bereit, für die wohlwollende Neutralität Moskaus in diesem Krieg mit der Anerkennung der 1939–40 erfolgten territorialen Eroberungen der Sowjetunion zu bezahlen: „Die britische Regierung ist bereit ... [bis zur endgültigen Regelung der europäischen Nachkriegsordnung], die De-facto-Herrschaft der UdSSR in Estland, Lettland, Litauen, Bessarabien, Nordbukowina und in den Teilen des früheren polnischen Staates, die zur Zeit von der Sowjetunion kontrolliert werden, zu akzeptieren."

Aber auch dieser Annäherungsversuch Londons blieb ohne Folgen. Stalin ging darauf nicht ein, und zwar nicht zuletzt deshalb, weil er Hitler nicht provozieren wollte. Dies nutzte ihm aber wenig, denn der Beschluss Hitlers, seinen alten Traum von der Lösung der deutschen Lebensraumfrage unverzüglich zu verwirklichen, stand unmittelbar nach der Zerschlagung Frankreichs fest. Am 31. Juli 1940 fand auf dem Obersalzberg ein Treffen Hitlers mit der Führung der Wehrmacht statt. Hitlers Worte wurden vom Chef des Generalstabes des Heeres, Halder, folgendermaßen zusammengefasst: „Englands Hoffnung ist Russland und Amerika ... Russland [ist] ostasiatischer Degen Englands und Amerikas gegen Japan ... Ist aber Russland zerschlagen, dann ist Englands letzte Hoffnung getilgt. Der Herr Europas und des Balkans ist dann Deutschland. Entschluss: Im Zuge dieser Auseinandersetzung muss

Russland erledigt werden … Je schneller wir Russland zerschlagen, um so besser. Operation hat nur Sinn, wenn wir [den russischen] Staat in einem Zuge zerschlagen. Gewisser Raumgewinn allein genügt nicht." Als Kriegsziel nannte Hitler die Vernichtung der Lebenskraft Russlands, den Gewinn der Ukraine, des Baltikums und Weißrusslands.

Am 18. Dezember 1940 unterschrieb Hitler die „Weisung Nr. 21: Fall Barbarossa", die Folgendes postulierte: „Die deutsche Wehrmacht muss darauf vorbereitet sein, auch vor Beendigung des Krieges gegen England Sowjetrussland in einem schnellen Feldzug niederzuwerfen." Als Operationsziel wurde festgelegt: die Masse des sowjetischen Heeres im Westen der Sowjetunion solle vernichtet werden. Als Endziel der Operation wurde die Eroberung der Territorien bis zur Linie Wolga-Archangelsk genannt. Das letzte der UdSSR verbliebene Industriegebiet am Ural sollte „erforderlichenfalls" durch die Luftwaffe ausgeschaltet werden. Am 15. Mai 1941 sollten die deutschen Truppen angriffsbereit sein.

Russland galt damals in Deutschland, aber nicht nur dort als „Koloss auf tönernen Füßen". Diese Meinung hatte sich im Westen bereits nach der Niederlage des Zarenreiches im Krimkrieg (1853–56) fest verankert. Die verheerenden Niederlagen, die Russland im Krieg gegen Japan (1904/05), im Ersten Weltkrieg und in der Auseinandersetzung mit dem soeben wiederentstandenen polnischen Staat (1920) erlitten hatte, schienen diese Meinung zu bestätigen. Und der Krieg gegen das kleine Finnland (1939/40) stellte in den Augen der Militärexperten, trotz des mühsam errungenen Sieges, eine beispiellose Blamage für die sowjetischen Streitkräfte dar. Die deutsche Militärführung hingegen befand sich, vor allem nach dem unerwartet leichten Sieg über Frankreich, in einem Siegesrausch. Unmittelbar nach dem Zusammenbruch des alten Rivalen im Westen begann sie einen Russlandfeldzug zu planen. Generalstabschef Halder erklärte am 28. Juni 1940: „Zu siegen gibt es hier im Westen auf lange Zeit nichts mehr." Bereits zehn Tage vor dem Obersalzberger Treffen (21. Juli 1940) konnte der Oberbefehlshaber des Heeres, Walther von Brauchitsch, Hitler einen Plan für den Russlandfeldzug in Grundzügen präsentieren. Brauchitsch meinte, Moskau verfüge lediglich über 50–75 „gute" Divisionen. In Berlin sei man damals davon ausgegangen, der Russlandfeldzug werde noch kürzer und vernichtender sein als der „Westfeldzug", so der Militärhistoriker R.-D. Müller.

Hitlers Absicht, eine neue Front zu eröffnen, bevor der Krieg gegen England zu Ende ging, rief bei einigen Vertretern des konservativen Establishments des Reiches Skepsis hervor. Im Herbst 1940 wurde die Luftschlacht um England von der Royal Air Force praktisch gewonnen.

Der sowjetische Botschafter in London, Majski, notierte am 3. November 1940: „In der Schlacht um England erlitt Hitler, ähnlich wie Napoleon vor 135 Jahren, eine Niederlage – die erste Niederlage in diesem Krieg, deren Folgen schwer abzuschätzen sind."

Und gerade aus diesem Grund mahnten einige konservative Politiker zur Vorsicht. Der deutsche Botschafter in Moskau, Friedrich Werner Graf v.d. Schulenburg, versuchte Hitler zu überzeugen, wie vorteilhaft eine Fortsetzung der deutsch-sowjetischen Allianz für Deutschland wäre. Der Staatssekretär im Auswärtigen Amt, Weizsäcker, meinte, der Russlandfeldzug werde keineswegs zu einer Abkürzung der deutsch-britischen Auseinandersetzung führen. Eher das Gegenteil sei zu befürchten.

Indes nutzten all diese Proteste genauso wenig wie frühere Versuche der konservativen Verbündeten Hitlers, dem abenteuerlichen Vorgehen des „Führers" Einhalt zu gebieten. Die Konservativen gaben, ähnlich wie bei früheren Konfliktsituationen, letztendlich nach, und zwar nicht zuletzt deshalb, weil sie, trotz aller Vorbehalte, mit vielen Punkten des außenpolitischen Programms Hitlers übereinstimmten. Der Militärhistoriker Manfred Messerschmidt spricht in diesem Zusammenhang von einer „Teilidentität der Ziele".

Der 1933 erfolgte Kompromiss der Konservativen mit der nationalsozialistischen Führung forderte seinen Preis. Infolge dieses Kompromisses hatte Hitler auf radikale wirtschaftliche und soziale Veränderungen verzichtet, er hatte den sozial-radikalen Flügel seiner Bewegung, der unmittelbar nach der nationalsozialistischen Machtübernahme nach einer „zweiten Revolution" strebte (Ernst Röhm und andere), gezähmt. Da der Weg einer sozialen Umwälzung der nationalsozialistischen „Revolution" versperrt geblieben war, stellte die uferlose territoriale Expansion nach außen im Grunde das einzige Ventil dar, um die angesammelten Spannungen zu entladen. Um das von Hitler angeblich garantierte innenpolitische Gleichgewicht nicht zu gefährden, verzichteten seine konservativen Partner in der Regel, wenn man von einigen Ausnahmen absieht, auf einen entschlossenen Widerstand gegen die abenteuerlichen Unternehmungen des „Führers" im außenpolitischen Bereich.

Die von Messerschmidt angedeutete „Teilidentität der Ziele" beschränkte sich nicht auf den politischen Bereich. Viele Vertreter der konservativen Eliten lehnten sich sogar an manche ideologischen Postulate der NSDAP an und übernahmen die Diktion ihres Führers.

Der Krieg gegen die Sowjetunion wurde von Hitler bewusst als Krieg neuer Art, als weltanschaulicher Vernichtungskrieg konzipiert. Am 30. März 1941 sagte er seinen Generälen, wie er sich diesen vorstelle. General Halder notierte: *„Kampf zweier Weltanschauungen gegeneinander:* Vernichtendes Urteil über Bolschewismus. [Bolschewismus] ist ... – asoziales Verbrechertum. ... Wir müssen vom Standpunkt des soldatischen Kameradentums abrücken. Der Kommunist ist vorher kein Kamerad und nachher kein Kamerad. ... *Kampf gegen Russland:* Vernichtung der bolschewistischen Kommissare und der kommunistischen Intelligenz. ... Es muss verhindert werden, dass eine neue Intelligenz sich bildet."

Auch diese Argumente des „Führers" riefen keine heftigen Proteste der konservativen Verbündeten Hitlers hervor, von einigen Generälen wurden sie sogar übernommen. So behauptete zum Beispiel der Oberbefehlshaber der 18. Armee, Generaloberst von Küchler, im April 1941 Folgendes: „Von Russland trennt uns weltanschaulich und rassisch ein tiefer Abgrund. Russland ist schon nach der Masse seines Landbesitzes ein asiatischer Staat ... Der Führer will nicht die Verantwortung für den Bestand Deutschlands auf eine spätere Generation abschieben. Er hat sich entschlossen noch in diesem Jahr die Auseinandersetzung mit Russland zu erzwingen. Wenn Deutschland für Generationen Ruhe haben will vor der drohenden Gefahr im Osten, so kann es sich nicht darum handeln, Russland etwas ... zurückzudrängen, sondern das Ziel muss sein, das europäische Russland zu vernichten, den russischen europäischen Staat aufzulösen."

In seinem Buch „Politik der Vernichtung" (1998) schreibt Peter Longerich: „Im Zuge eines ... ideologisch motivierten, mit äußerster Brutalität geführten Krieges, der die Fesseln konventioneller Kriegführung sprengte, so die Kalkulation der NS-Führung, würde sich notwendigerweise innerhalb des ‚Dritten Reiches' ein Radikalisierungsprozess vollziehen, der das Machtgleichgewicht endgültig zu Gunsten der NS-Bewegung, auf Kosten der konservativen Eliten verschieben musste. Dieser Radikalisierungsprozess kam unter anderem bereits in der Tatsache zum Ausdruck, dass die Wehrmacht in der Vorbereitungsphase des Krieges ideologisches Gedankengut des Nationalsozialismus übernahm und in grundsätzliche Befehle umsetzte."

Seit Herbst 1940 wurde Moskau fortwährend vor einem bevorstehenden Überfall Hitlers gewarnt. Bereits im September schickte ein Berliner Agent des sowjetischen Nachrichtendienstes („Korsikaner" – wahrscheinlich A. Harnack) folgende Information nach Moskau: „Zu Beginn des nächsten Jahres wird Deutschland einen Krieg gegen die Sowjetunion beginnen. ... Das Ziel dieses Krieges ist die Abtrennung vom europäischen Teil der Sowjetunion, eines Territoriums, das sich von Leningrad bis zum Schwarzen Meer erstreckt. Dort soll ein prodeutscher Vasallenstaat errichtet werden." Neben zahlreichen sowjetischen Agenten im Ausland gehörten auch führende britische Politiker und Diplomaten zu den Warnern. So berichtete der britische Botschafter in Moskau, Cripps, am 6. März 1941 im Gespräch mit dem stellvertretenden Volkskommissar für Auswärtige Angelegenheiten, Wyschinski, von Gerüchten über den bevorstehenden Überfall Hitlers auf die Sowjetunion: „Worauf basieren diese Gerüchte? Auf Folgendem. Es kann keinem Zweifel unterliegen, dass Hitler auf eine Landung auf den Britischen Inseln vorübergehend verzichtete. ... Da England nicht besiegt ist, muss er einen Ausweg aus einer immer prekärer werdenden Lage finden, und zwar bevor die amerikanische Hilfe für England größere Ausmaße angenommen hat. Der Überfall auf die Sowjetunion könnte Deutschland eine Möglichkeit eröffnen, einen Frieden mit England zu schließen auf der Grundlage des Verzichts auf Belgien, Frankreich etc., und zwar auf Kosten der Sowjetunion."

Wie reagierte die Moskauer Führung auf die immer akuter werdende Gefahr eines deutsch-sowjetischen Krieges? Der Kurs, den sie verfolgte, war zweigleisig. Einerseits versuchte sie, Berlin zu beschwichtigen, suchte nach Kompromissen bei strittigen Fragen, kam ihren Verpflichtungen, die sich aus dem deutsch-sowjetischen Handelsabkommen ergaben, zuverlässig und pünktlich nach. So lieferte die Sowjetunion an Deutschland strategisch wichtige Rohstoffe und Lebensmittel – bis zum Beginn des deutsch-sowjetischen Krieges gelangten zum Beispiel 2,2 Millionen Tonnen Getreide, Mais und Hülsenfrüchte nach Deutschland, eine Million Tonnen Mineralölprodukte, 140 000 Tonnen Baumwolle, 185 000 Tonnen Manganerz, 23 000 Tonnen Chromerz und andere Rohstoffe. Und für das Jahr 1942 wurden sogar 5 Millionen Tonnen Getreide versprochen.

Auf der anderen Seite versuchte Moskau seine strategischen Positionen in dem sich anbahnenden Konflikt mit Deutschland zu verbessern und rüstete ununterbrochen auf.

Ein anschauliches Beispiel für diese Doppelstrategie stellte das Vorgehen Molotows bei seinen Gesprächen mit der Führung des Dritten Reiches in Berlin vom November 1940 dar. Seine Verhandlungsstrategie war von Stalin in einer Direktive festgelegt worden, die erst vor kurzem der Öffentlichkeit zugänglich wurde. Der sowjetische Außenminister sollte mit Hitler eine neue Teilung der östlichen Regionen Europas vereinbaren. Was Stalin am meisten interessierte, war die Sicherung der sowjetischen Positionen an der nördlichen und an der südlichen Flanke – Finnland auf der einen und Bulgarien auf der anderen Seite. Beide Staaten sollten der sowjetischen Einflusssphäre angehören. In Bulgarien sollten sogar sowjetische Truppen stationiert werden.

Auf diese Teilungspläne wollte Hitler auf keinen Fall eingehen. Sowohl Finnland als auch Bulgarien gerieten damals in eine immer stärkere Abhängigkeit vom Dritten Reich und Berlin war dort zu keinen Zugeständnissen bereit. Stattdessen schlugen Hitler und Ribbentrop der Sowjetunion eine Ausdehnung in Richtung Persischer Golf und Arabisches Meer vor, auf Kosten des Britischen Reiches, das nach Ansicht Ribbentrops den Krieg bereits verloren habe. Hitler bezeichnete seinerseits das Britische Weltreich als eine Konkursmasse, die gemeinsam von Deutschland, Japan, Italien und Russland aufgeteilt werden sollte (am 27. 9. 1940 unterzeichneten Deutschland, Japan und Italien einen gegen Großbritannien gerichteten Dreimächtepakt). Die Lage Englands war nach Ansicht Hitlers nicht zuletzt deshalb so aussichtslos, weil es nunmehr keinen Festlandsdegen mehr besäße. Man sollte in diesem Zusammenhang die Tatsache in Erinnerung rufen, dass einige Monate zuvor (31. 7. 1940) bei seiner Besprechung mit der Führung der Wehrmacht Hitler eine ganz andere Meinung vertreten und gesagt hatte, dass England doch einen „Degen" auf dem Festland besitze – nämlich Russland. Dieser Umstand macht deutlich, dass Hitlers Angebote an Moskau, gemeinsam mit Deutschland und seinen Verbündeten das Britische Weltreich aufzuteilen, nicht ernst gemeint waren. An einer Verständigung mit Russland war er damals schon nicht mehr interessiert. Molotows hartnäckige Weigerung, sich mit „weltpolitischen Fragen" zu befassen, sein beharrliches Pochen auf die Lösung solch „peripherer Probleme" wie der bulgarischen oder der finnischen Frage bestärkten Hitler nur in seinem Beschluss, Russland so schnell wie möglich als politischen Faktor gänzlich auszuschalten. „Die Gespräche (mit Ribbentrop und Hitler) haben nicht die gewünschten Ergebnisse erbracht", schrieb Molotow an Stalin aus Berlin: „Es gibt nichts, womit man prahlen könnte."

Immer neue Staaten traten nun dem Dreimächtepakt bei, der formell zwar gegen Großbritannien, in Wirklichkeit aber auch gegen Moskau gerichtet war – Ungarn (20. 11. 1940), Rumänien (23. 11. 1940), Slowakei (24. 11. 1940), Bulgarien (1. 3. 1941) und schließlich am 25. 3. 1941 auch Jugoslawien. Dieser Siegeszug Hitlers in Osteuropa wurde nur in einem Fall kurz unterbrochen. Am 27. März 1941 fand in Belgrad ein Staatsstreich statt. Die neue Führung war antideutsch gesinnt und wandte sich nach Moskau um Hilfe. Am 5. April wurde in Moskau ein sowjetisch-jugoslawischer Freundschaftsvertrag unterzeichnet, den Berlin als beispiellose Provokation empfand. Am 6. April begann der gegen Jugoslawien und Griechenland gerichtete Balkanfeldzug des Dritten Reiches. Am 17. April kapitulierten die jugoslawischen Streitkräfte.

So führte die sowjetische Appeasementpolitik dem Dritten Reich gegenüber zu ähnlichen Resultaten wie ihr westliches Pendant in den Jahren 1934–38. Sie steigerte nur die Aggressivität Hitlers und fügte den Verfechtern der Beschwichtigungspolitik eine Niederlage nach der anderen bei.

Nach der Niederlage Jugoslawiens versuchte Moskau den deutschen Diktator etwas milder zu stimmen. Am 8. Mai 1941 brach die UdSSR diplomatische Beziehungen mit einigen von Deutschland besetzten Staaten ab – Jugoslawien, Belgien, Norwegen. Am 13. Juni erklärte die sowjetische Nachrichtenagentur TASS, dass Gerüchte über einen „nahenden Krieg zwischen der UdSSR und Deutschland" völlig absurd seien. Diese Gerüchte würden von sowjetfeindlichen und antideutschen Kräften verbreitet, die an einer Ausweitung des Krieges interessiert seien.

Diese Beschwörung der deutsch-sowjetischen Freundschaft zeigte zwar keinerlei Wirkung auf Hitler, wirkte aber verheerend auf die eigene Bevölkerung, die sich innerlich auf die bevorstehende Auseinandersetzung mit dem wohl gefährlichsten außenpolitischen Feind Russlands in der gesamten neueren Geschichte nicht vorbereiten konnte.

Die öffentlichen Versuche, das Dritte Reich zu beschwichtigen, stellten indes nur einen Aspekt der sowjetischen Politik am Vorabend des deutsch-sowjetischen Krieges dar. Unterschwellig, zwischen den Zeilen oder außerhalb der Öffentlichkeit setzte sich die sowjetische Führung immer intensiver mit Deutschland auseinander. Zu den anschaulichsten Beispielen einer solchen Auseinandersetzung gehörte die Rede, die Stalin am 5. Mai 1941 im Kreml vor den Absolventen der Moskauer Militärakademien hielt. Diese Rede, um die jahrzehntelang unzählige Gerüchte kursierten, wurde erst 1990 veröffentlicht.

In einem für ihn typischen Frage-und-Antwort-Spiel fragte Stalin, ob die deutsche Armee wirklich unbesiegbar sei und beantwortete diese Frage dann folgendermaßen: „Nein. Es gibt und gab auf der Welt keine unbesiegbaren Armeen ... Deutschland begann den Krieg und ging in die erste Phase unter der Losung der Befreiung vom Joch des Versailler Vertrages. Diese Losung war populär, fand Unterstützung und Mitgefühl bei allen, die durch Versailles gekränkt waren. Jetzt hat sich die Situation geändert. Jetzt kämpft die deutsche Armee mit anderen Losungen. Sie ersetzte die Losungen der Befreiung von Versailles durch Eroberungsparolen ... Ein solcher Wechsel der Losungen [wird] nicht zum Sieg führen ... Die Deutschen meinen, dass ihre Armee die idealste, beste, unbesiegbarste ist. Das stimmt nicht. Eine Armee muss tagtäglich vervollkommnet werden. Jeder Politiker, ... der ein Gefühl der Selbstzufriedenheit zulässt, kann mit einer Überraschung konfrontiert werden wie Frankreich mit der Katastrophe."

Bei dem anschließenden Empfang korrigierte Stalin einen General, der auf die „friedliche Stalinsche Außenpolitik" ein Glas heben wollte: „Die friedliche Politik hat viele Vorzüge ... Wir haben eine Zeit lang in der Tat auf Verteidigung gesetzt, weil wir unsere Armee noch nicht umgerüstet haben. Nun haben wir dieses Ziel erreicht, jetzt müssen wir von der Verteidigung zum Angriff übergehen. Wir sind dazu verpflichtet, unser Land mit Hilfe einer Offensivtaktik zu verteidigen ... Die Rote Armee ist eine moderne Armee und moderne Armeen sind auf Angriff programmiert."

Auch im Kurs der Komintern tauchten seit Herbst 1940 erneut, ähnlich wie vor August 1939, antideutsche und „antifaschistische" Akzente auf. Ende November 1940 berichtete Dimitrow in seinem Gespräch mit Molotow über eine neue Vorgehensweise der Komintern: „Wir betreiben jetzt die Zersetzung der deutschen Besatzungstruppen in verschiedenen okkupierten Ländern. Wir wollen jetzt diese Arbeit intensivieren, ohne dies hinauszuposaunen. Könnte dies vielleicht zu einer Gefahr für die sowjetische Politik werden?" „Natürlich müssen wir einen solchen Kurs verfolgen", antwortete Molotow: „Sonst wären wir keine Kommunisten. Dies muss man allerdings ohne großen Lärm machen."

Den einzelnen Sektionen der Komintern, vor allem in Südosteuropa, empfahl die Komintern-Zentrale die behutsame Propagierung eines antideutschen Kurses. Dies sollte allerdings nicht allzu plakativ geschehen.

Ermutigt durch neue Akzente in der Stalinschen Politik entwarf der damalige sowjetische Generalstabschef Shukov am 15. Mai 1941 gemeinsam mit einigen anderen Generälen „Überlegungen zum Plan eines strategischen Aufmarsches der bewaffneten Streitkräfte der Sowjetunion": „Aus der Tatsache, dass Deutschland gegenwärtig seine Armee einschließlich der Rückwärtigen Dienste im vollmobilisierten Zustand hält, ergibt sich, dass es Deutschland möglich ist, uns im Aufmarsch zuvorzukommen und einen plötzlichen Schlag zu führen. Um das abzuwenden, halte ich es für notwendig, auf keinen Fall dem deutschen Kommando die Initiative zu überlassen, unsererseits dem Gegner beim Aufmarsch zuvorzukommen und die deutsche Armee in dem Moment anzugreifen, in dem sie sich im Stadium des Aufmarsches befindet und noch nicht fähig ist, ihre Front und die Koordination ihrer Waffengattungen zu organisieren."

Kurz vor dem Ausbruch des deutsch-sowjetischen Krieges waren in den westlichen Militärbezirken der Sowjetunion etwa 2,9 Millionen Soldaten stationiert, die über 14–15 000 Panzer und beinahe 9000 Kampfflugzeuge verfügten. Ihnen standen mehr als 3 Millionen Soldaten der Wehrmacht und etwa 600 000 aus den verbündeten Staaten (Rumänien, Finnland, Ungarn) gegenüber. Die Deutschen verfügten über etwa 3600 Panzer, über mehr als 2500 Flugzeuge, ihre Verbündeten über etwa 900 Kampfflugzeuge.

Plante Stalin eine Art Präventivkrieg? Wollte er Hitler, dessen Entschluss, die UdSSR anzugreifen, bereits seit Juli 1940 festgestanden hatte, zuvorkommen?

Der deutsche Angriff auf die Sowjetunion wurde von der nationalsozialistischen Propaganda in der Tat als Reaktion auf sowjetische Angriffsabsichten gerechtfertigt. Unmittelbar nach dem Überfall auf die Sowjetunion erklärte Hitler in seiner Proklamation an das „deutsche Volk und die Nationalsozialisten": „Heute stehen rund 160 russische Divisionen an unserer Grenze. Seit Wochen finden dauernde Verletzungen dieser Grenze statt ... Russische Flieger machen es sich zum Vergnügen, unbekümmert diese Grenze einfach zu übersehen, um uns wohl dadurch zu beweisen, dass sie sich bereits als die Herren dieser Gebiete fühlen ... Damit ist aber nunmehr die Stunde gekommen, in der es notwendig wird, diesem Komplott der jüdisch-angelsächsischen Kriegsanstifter und der ebenso jüdischen Machthaber der Moskauer Zentrale entgegenzutreten."

Handelte es sich also beim Hitlerschen Überfall auf die Sowjetunion seinerseits um eine Art Präventivkrieg?

Gegen diese These spricht eindeutig die Einschätzung der damaligen Lage durch den deutschen Generalstabschef Halder. Auf der Besprechung mit den Heeresgruppen- und Armeechefs am 4. Juni 1941 beurteilte er den sowjetischen Aufmarsch als defensiv. Eine Großoffensive der Roten Armee hielt er für „wenig wahrscheinlich", für „Unsinn". Hitlers größte Ängste bezogen sich damals nicht auf die Stärke der Roten Armee, sondern darauf, dass Stalin seinen Plan, die Sowjetunion zu zerschlagen, im letzten Moment durch eine allzugroße Kompromissbereitschaft durchkreuzen könnte. Er hielt die Sowjetunion keineswegs für einen ebenbürtigen Gegner des Deutschen Reiches, sondern, wie viele frühere potentielle Eroberer Russlands, für einen Koloss auf tönernen Füßen. Joseph Goebbels berichtet über die Gedankengänge seines Führers kurz vor dem Überfall auf die Sowjetunion: „Es wird ein Massenangriff allergrößten Stils. Wohl der gewaltigste, den die Geschichte je gesehen hat. Das Beispiel Napoleons wiederholt sich nicht ... Die Russen sind genau an der Grenze massiert, das Beste, was uns überhaupt passieren kann ... Der Durchstoß geht an verschiedenen Stellen vor sich. Sie werden glatt aufgerollt. Der Führer schätzt die Aktion auf etwa vier Monate, ich schätze auf weniger. Der Bolschewismus wird wie ein Kartenhaus zusammenbrechen. Wir stehen vor einem Siegeszug ohnegleichen."

Trotz seines energischen und offensiven Auftritts vor den Absolventen der sowjetischen Militärakademien (5. 5. 1941) bemühte sich Stalin auch weiterhin unermüdlich um die Beschwichtigung Hitlers. General Ljaschtschenko erinnert sich: Stalin sei zwar von der Unausweichlichkeit des deutsch-sowjetischen Krieges überzeugt gewesen, er habe allerdings gehofft, dass es Molotow vielleicht gelingen könnte, den Ausbruch des Krieges um zwei oder drei Monate zu verschieben.

Über das Schicksal des im sowjetischen Generalstab am 15. Mai 1941 entstandenen Plans eines Präventivschlags gegen die Wehrmacht berichtete Shukow dem sowjetischen Militärhistoriker Viktor Anfilow: Gemeinsam mit dem Verteidigungsminister hätten sie diesen Plan Stalin vorgelegt. Stalin sei empört gewesen: „Seid ihr verrückt geworden, wollt ihr die Deutschen provozieren?" Der Plan sei danach ad acta gelegt worden. Von ähnlichen Reaktionen Stalins auf Versuche sowjetischer Militärs, die Truppen in den Grenzregionen in erhöhte Gefechtsbereitschaft zu setzten, berichtet Marschall Wassilewski, der 1940/41 im sowjetischen Generalstab für die Entwicklung von Operationsplänen zuständig war. Stalin habe an den unmittelbar bevorstehenden Ausbruch des deutsch-sowjetischen Krieges nicht geglaubt, er habe gehofft, man werde mit Hilfe von diplomatischen und politischen Maßnahmen den Ausbruch des Krieges eine Zeit lang verzögern können. Er habe es auch abgelehnt, die Grenztruppen auf den Angriff vorzubereiten, um Hitler nicht zu provozieren. Als die Befehlshaber des Kiewer und des Weißrussischen Militärbezirks Anfang Juni 1941 versuchten, Gegenmaßnahmen gegen den deutschen Aufmarsch zu treffen, wurden sie von der Moskauer Zentrale scharf gerügt. Zu den wenigen Militärführern, die ungeachtet der Verbote der Zentrale ihre Truppen auf einen eventuellen deutschen Angriff einstellten, so der russische Militärhistoriker und General Ssolnyschkow, gehörte der Oberbefehlshaber des Militärbezirks von Odessa, N. Sacharow.

Am 15. Mai 1941 berichtete der sowjetische Top-Spion Richard Sorge aus Tokio, dass der deutsche Angriff am 22. Juni erfolgen werde. Stalin versah diesen Bericht mit dem Kommentar: „Eine deutsche Desinformation." Am 21. Juni schrieb der Leiter der sowjetischen Sicherheitsorgane, Berija, an Stalin: „Ich bestehe ... auf der Abberufung und Bestrafung unseres Botschafters in Berlin, Dekanosow, der mich weiterhin mit Desinformationen über einen angeblich von Hitler vorbereiteten Überfall auf die UdSSR bombardiert. Er teilt mit, dass dieser Angriff morgen beginnt." Berija erinnerte in diesem Zusammenhang an die „weise Voraussage" Stalins: „Hitler wird uns im Jahre 1941 nicht angreifen."

Angesichts dieser Stalinschen Vogel-Strauß-Politik stellt sich nun erneut die Frage, ob die propagandistische These der NSDAP, der deutsche Angriff auf die Sowjetunion sei lediglich ein Präventivkrieg gewesen, vertreten werden kann. Diese These wurde nämlich 1985 vom ehemaligen Offizier des sowjetischen Nachrichtendienstes und Amateurhistoriker Viktor Suworow (W. Resun) wieder aufgewärmt. Suworow nennt sogar das Datum eines von Moskau angeblich geplanten Angriffs – 6. Juli 1941. Von der überwältigenden Mehrheit der Militärhistoriker, wenn man von einigen Ausnahmen absieht (Joachim Hoffmann), wird diese These als wissenschaftlich nicht haltbar verworfen. Der Potsdamer Militärhistoriker Jürgen Förster schreibt dazu: „Es ist ... unwissenschaftlich, von Stalins brutaler Innenpolitik einfach auf eine gegen das Dritte Reich gerichtete aggressive Außenpolitik zu schließen. Für die Interpretation des Unternehmens ‚Barbarossa' als präventiver Maßnahme fehlen also bisher nicht nur die objektiven Tatsachen auf sowjetischer Seite, sondern auch die unabdingbar notwendigen subjektiven Voraussetzungen auf deutscher Seite: das Gefühl einer unmittelbaren Bedrohung Deutschlands durch die Rote Armee als Faktor für den Entschluss der obersten deutschen Führung zum Angriff auf die Sowjetunion."

Im Gegensatz zu Hitler war Stalin in der Außenpolitik kein Va-banque-Spieler. Er griff in der Regel nur solche Gegner an, die der Sowjetunion eindeutig unterlegen waren, so dass das Risiko auf ein Minimum reduziert war. Trotzki schrieb im Juni 1939 dazu: „Vorsicht ist der Grundzug [Stalins], besonders in der Arena der Weltpolitik. Wagemut ist ihm vollkommen fremd. Zwar macht er nicht vor Gewaltanwendung in noch nie dagewesenem Ausmaß halt, jedoch nur, wenn vorher Straflosigkeit gewiss ist. Dafür macht er leicht Zugeständnisse und tritt den Rückzug an, wenn er den Ausgang des Kampfes nicht übersieht." Nicht zuletzt wegen derartiger respektloser und zugleich zutreffender Bemerkungen über den Charakter des Moskauer Tyrannen wurde Trotzki zum Opfer einer von Stalin initiierten Menschenjagd, die letztendlich zu dem vom Kreml-Herrscher gewünschten Erfolg führte. Im August 1940 wurde Trotzki ermordet.

Als der deutsche Botschafter in Moskau, Schulenburg, am 22. Juni 1941 Molotow die deutsche Kriegserklärung überreicht hatte, soll Molotow gesagt haben: „Das haben wir nicht verdient" (so der Bericht des deutschen Diplomaten Gustav Hilger). Laut sowjetischem Stenogramm, das erst vor kurzem veröffentlicht wurde, lauteten die abschließenden Worte Molotows etwas anders: „Wozu hat Deutschland den Nichtangriffspakt unterzeichnet, wenn es ihn derart bedenkenlos bricht?"

Schulenburg unterstrich, dass er sich sechs Jahre lang um freundschaftliche Beziehungen zwischen den beiden Ländern bemüht habe, aber gegen das Schicksal könne er nicht ankämpfen.

2. Die erste Phase des deutsch-sowjetischen Krieges – spontane Entstalinisierung? Modifizierung des stalinistischen Regimes?

Das stalinistische Regime, das seit Anfang der 30er Jahre einen grausamen Krieg gegen imaginäre Volksfeinde geführt hatte, wurde am 22. Juni 1941 mit wirklichen Feinden konfrontiert. Vieles sprach dafür, dass es diese harte Bewährungsprobe nicht überstehen werde. Das Debakel der Roten Armee in den ersten Monaten des Krieges gehört zu den größten Katastrophen in der gesamten Militärgeschichte.

Der deutsch-sowjetische Krieg bestand praktisch aus zwei Kriegen, die sich grundlegend voneinander unterschieden. Und im „ersten" Krieg, der sich im Sommer und im Herbst 1941 abspielte, erlitt die Rote Armee eine verheerende Niederlage. In einer Reihe von Kesselschlachten gelang es den Deutschen, den Großteil der sowjetischen Streitkräfte, die den ersten Schlag der Wehrmacht auf sich genommen hatten, zu zerreiben. In der Kesselschlacht von Białystok-Minsk (Anfang Juli) wurden 329 000 Rotarmisten gefangen genommen, in der Nähe von Uman (Anfang August) 106 000, bei Kiew (um den 20. September) 656 000, bei Brjansk und Wjasma (Mitte Oktober) 663 000. Insgesamt fielen bis Ende 1941 3,8 Millionen sowjetische Soldaten in Gefangenschaft (demgegenüber betrug die Zahl der deutschen Soldaten, die während des gesamten deutsch-sowjetischen Krieges in die sowjetische Gefangenschaft gerieten 3,15 Millionen).

Am 3. Juli 1941 schrieb der Generalstabschef des Heeres Halder: „Es ist wohl nicht zu viel gesagt, wenn ich behaupte, dass der Feldzug gegen Russland innerhalb von vierzehn Tagen gewonnen wurde."

General Wolkogonow berichtet, dass vom Personalbestand der Roten Armee, die zur Zeit des Ausbruchs des Krieges den Deutschen gegenübergestanden hatte, sechs Monate später nur etwa 6–7% übrig geblieben waren. Seit Ende 1941 habe gegen die Deutschen eine ganz andere Armee gekämpft, so Wolkogonow. Darüber hinaus verlor die Rote Armee bis Ende 1941 etwa 22 000 Flugzeuge, 20 000 Panzer und mehr als 100 000 Geschütze unterschiedlichster Art. 1941/42 vermochten die Deutschen beinahe 2 Millionen Quadratkilometer des sowjetischen Territoriums zu besetzen, die vor dem Krieg von mehr als 80 Millionen Menschen bewohnt worden waren (etwa 40% der Bevölkerung). In diesen Gebieten wurden vor dem Krieg etwa 58% des Stahls, 65% des Aluminiums, 71% des Gusseisens, 38% des Getreides produziert, 63% der Steinkohle gefördert.

Die zarischen Generäle, die die offizielle sowjetische Historiographie so oft der Unfähigkeit bezichtigte, hätten niemals derart verheerende Niederlagen erlitten, schreibt der Historiker Alexander Nekritsch.

Lässt sich dieses Debakel darauf zurückführen, dass Stalin bis zuletzt Hitler zu beschwichtigen suchte und die von seinen Generälen geforderten militärischen Gegenmaßnahmen nicht zuließ? Generalstabschef Shukow berichtet zum Beispiel über die erste Reaktion Stalins, nachdem ihm der deutsche Überfall gemeldet wurde: „Das ist eine Provokation der deutschen Militärs. Man soll kein Feuer eröffnen, um eine Eskalation zu vermeiden." Erst drei Stunden nach dem Beginn des deutschen Angriffs sei von Stalin die Erlaubnis erteilt worden, zurückzuschießen.

In der Forschung wurde bisher oft darüber gestritten, warum am ersten Tag des Krieges nicht Stalin, sondern sein Gehilfe Molotow sich mit einer Rundfunkrede an die Bevölkerung wandte. Dies ungeachtet der Tatsache, dass Stalin seit dem 6. Mai 1941 nicht nur Partei-, sondern auch Regierungschef war. Molotow, der bis dahin dieses Amt bekleidet hatte, wurde zum Stellvertreter des Vorsitzenden des Rates der Volkskommissare ernannt. Trotz dieser nicht nur faktischen, sondern auch formellen Machtkumulation in seinen Händen versteckte sich Stalin in der vielleicht gefährlichsten Situation, die sein Regime je erlebte, hinter seinem Stellvertreter, der den deutschen Angriff als einen in der Geschichte der zivilisierten Länder beispiellosen Treue- und Wortbruch bezeichnete: „Nicht zum ersten Mal hat unser Volk mit einem arroganten Aggressor zu tun. Seinerzeit hatte unser Volk auf den Feldzug Napoleons gegen Russland mit einem Vaterländischen Krieg geantwortet und Napoleon wurde geschlagen ... Das Gleiche wird mit dem überheblichen Hitler geschehen ... Unsere Sache ist gerecht, der Feind wird geschlagen, der Sieg ist uns sicher."

In der Literatur wird oft die These vertreten, Stalin habe sich deshalb am Tag des Kriegsausbruchs geweigert, die Bevölkerung über den Krieg zu informieren, weil er in Panik geraten und innerlich gelähmt gewesen sei. Molotow verneinte dies. In einem Gespräch mit dem Schriftsteller Tschujew sagte er, für Stalin sei die Situation noch nicht klar gewesen, er habe noch abwarten wollen, bevor er zu den Entwicklungen an der deutsch-sowjetischen Grenze Stellung nehme. – Mit anderen Worten, Stalin wollte am Tag des deutschen Angriffs immer noch nicht alle Brücken hinter sich verbrennen, er hoffte auf einen Kompromiss mit Hitler. In Panik geriet Stalin erst einige Tage später, als es ihm endgültig klar wurde, dass seine Beschwichtigungspolitik versagt hatte. Mehrere Zeitzeugen erinnern sich, dass Stalin damals derart niedergeschlagen gewesen sei, dass er die Initiative verloren habe. Er habe sich auf seine Datscha zurückgezogen und sich für nichts mehr interessiert. Die Stimmung seiner engsten Gefährten war damals wesentlich zuversichtlicher. Anastas Mikojan erinnert sich: „Wir waren überzeugt davon, dass wir eine Verteidigung organisieren und kämpfen konnten, wie es sich gehörte. Unter uns gab es keine Niedergangsstimmung."

Das Debakel der Roten Armee im Sommer und im Herbst 1941 lässt sich allerdings nicht allein auf Stalins Verbot zurückführen, rechtzeitig wirksame militärische Gegenmaßnahmen zu ergreifen, oder auf den Überraschungseffekt des deutschen Angriffs. Nicht weniger wichtig war die Tatsache, dass der Roten Armee 1941 Tausende von Offizieren fehlten, die Stalin 1937/38 hatte ermorden lassen. Denn dass die sowjetischen Militärs derart kopflos auf den deutschen Vormarsch zu Beginn des Krieges reagierten und es damals zu zahlreichen Kesselschlachten mit Millionen von Kriegsgefangenen gekommen war, war nicht zuletzt auf die Unbeholfenheit und mangelnde Erfahrung des „erneuerten" Offizierskorps zurückzuführen. Nur 7% der sowjetischen Offiziere verfügten über eine militärische Hochschulbildung, 75% der Offiziere hatten zu Beginn des Krieges ihren Posten nicht länger als ein Jahr inne. Die Atmosphäre der Angst, die der „Große Terror" in der Armee verbreitete, lähmte die Eigeninitiative auch derjenigen Offiziere, die ihn überlebt hatten. Aber selbst dieser Umstand stellt keine ausreichende Erklärung dafür dar, dass es der Wehrmacht, die weder zahlenmäßig noch technisch der Roten Armee wesentlich überlegen war, gelang, innerhalb von sechs Monaten 3,8 Millionen sowjetischer Soldaten gefangen zu nehmen und bis Moskau vorzudringen.

Das Debakel der Roten Armee war wohl auch durch die erschreckend niedrige Kampfmoral vieler sowjetischer Soldaten zu Beginn des Krieges bedingt. Der brutale Terror der 30er Jahre, der sich praktisch gegen alle Schichten der Gesellschaft gerichtet hatte, musste sich zwangsläufig verheerend auf die Moral der Bevölkerung auswirken. Vor einer solchen Entwicklung hatte Nikolaj Bucharin, wie bereits geschildert, schon 1929, kurz vor dem Beginn der Kollektivierung der Landwirtschaft, gewarnt. Diese Warnung sollte zwölf Jahre später eine besondere Relevanz erhalten. In vielen sowjetischen Dörfern, und zwar nicht nur in den 1939–40 annektierten Gebieten, sondern auch in manchen altsowjetischen Regionen erhielten die Deutschen nicht selten wohlwollende Aufnahme, wurden manchmal sogar als Befreier begrüßt. Der amerikanische Historiker Alexander Dallin meint, dass die deutschen Besatzungstruppen damals durchaus eine Chance gehabt hätten, „durch ein geschicktes Bemühen die Bevölkerung, ob Zivilisten oder Soldaten, für einen Widerstand gegen das Sowjetregime zu gewinnen."

Bei nicht wenigen sowjetischen Kriegsgefangenen handelte es sich um Überläufer. Sogar gegen Kriegsende (1944/45) war jeder sechzehnte sowjetische Kriegsgefangene ein Überläufer.

Die defätistische Stimmung, die einige Teile der sowjetischen Bevölkerung und sogar der Armee erfasste, war nicht zuletzt dadurch bedingt, dass diese Gegner des sowjetischen Regimes sich zunächst über die Absichten der nationalsozialistischen Führung nicht im Klaren waren. Sie mussten, ähnlich wie früher viele westliche und sowjetische Verfechter der Appeasementpolitik Hitler gegenüber, aber auch wie viele deutsche Konservative, einen Lernprozess durchlaufen, um zu begreifen, dass eine partielle Identifizierung mit dem Nationalsozialismus nur Hitler nutzte, für seine Verbündete aber verheerende Folgen nach sich zog.

Den Krieg gegen die Sowjetunion erlebte Hitler als eine Art innere Befreiung. Endlich brauchte er sich nicht mehr zu verstellen, auf Kompromisse mit dem verhassten ideologischen Gegner einzugehen: „Ich fühle mich, seit ich mich zu diesem Entschluss durchgerungen habe, innerlich frei", schrieb Hitler unmittelbar vor dem Angriff auf die Sowjetunion an Mussolini.

Hitler habe nun nicht mehr taktische Lösungen, sondern nur „Endlösungen" gesucht, so der Hitler-Biograph Joachim C. Fest. Die so genannte „zweite nationalsozialistische Revolution", die Hitler unmittelbar nach der so genannten „Machtergreifung" gebremst hatte, brach nun mit voller Wucht aus. Zu den ersten Opfern dieser neuen Phase der nationalsozialistischen Revolution sollten die sowjetischen Juden und die sowjetischen Kriegsgefangenen werden.

Der weltanschauliche Vernichtungskrieg wurde durch eine Reihe von Führerbefehlen und Erlassen unterschiedlichster Art vorbereitet. Zu den berüchtigtsten von ihnen gehörten die „Richtlinien für die Behandlung der politischen Kommissare", die am 6. Juni 1941 vom Oberkommando der Wehrmacht formuliert wurden: „Im Kampf gegen den Bolschewismus ist mit einem Verhalten des Feindes nach den Grundsätzen der Menschlichkeit oder des Völkerrechts *nicht* zu rechnen. Insbesondere ist von den *politischen Kommissaren aller Art* als den eigentlichen Trägern des Widerstandes eine hasserfüllte, grausame und unmenschliche Behandlung unserer Gefangenen zu erwarten." Die politischen Kommissare seien daher, „wenn im Kampfe oder Widerstand ergriffen, grundsätzlich *sofort* mit der Waffe zu erledigen".

In den von der Abteilung Wehrmachtpropaganda herausgegebenen „Mitteilungen für die Truppe" vom Juni 1941 konnte man Folgendes lesen: „Was Bolschewiken sind, das weiß jeder, der einmal einen Blick in das Gesicht eines der Roten Kommissare geworfen hat ... Es hieße die Tiere zu beleidigen, wollte man die Züge dieser zu einem hohen Prozentsatz jüdischen Menschenschinder tierisch nennen. Sie sind die Verkörperung des Infernalischen, Person gewordenen wahnsinnigen Hasses gegen alles edle Menschentum. In der Gestalt dieser Kommissare erleben wir den Aufstand des Untermenschen gegen edles Blut."

In den ersten Wochen des Russlandfeldzugs fielen Tausende von sowjetischen Politoffizieren dem Kommissarbefehl zum Opfer. Sie wurden von den übrigen Kriegsgefangenen abgesondert und erschossen. Seit Mitte August 1941 mehrten sich allerdings in der Wehrmacht Proteste gegen diesen Befehl. Er wurde als „Mitursache des zähen feindlichen Widerstandes" bezeichnet. Der Kommissarerlass wurde jedoch erst im Frühjahr 1942 im Operationsgebiet ausgesetzt, um bei den sowjetischen Soldaten die Neigung zum Überlaufen zu fördern. Dessen ungeachtet wurde der Feldzug der nationalsozialistischen Terrororgane gegen die politischen Funktionäre und andere Hoheitsträger in den Reihen der sowjetischen Kriegsgefangenen fortgesetzt. Deutsche Militärhistoriker errechneten, dass etwa 580 000 bis 600 000 sowjetische Kriegsgefangene an die Sicherheitspolizei oder an den Sicherheitsdienst abgegeben und erschossen wurden.

Tragisch war allerdings nicht nur das Schicksal der gefangenen Politfunktionäre, sondern auch das der einfachen Rotarmisten. 60% der im Verlaufe des Jahres 1941 gefangenen sowjetischen Soldaten (also etwa 2 Millionen Menschen) waren am 1. Februar 1942 nicht mehr am Leben. Sie waren verhungert oder vom Fleckfieber dahingerafft worden. Der Potsdamer Militärhistoriker Rolf-Dieter Müller schreibt dazu: „Die Mehrheit von über 3 Millionen Kriegsgefangenen erhielt keine Chance zum Überleben. Den starken Anstieg der Sterblichkeit ... allein auf kriegsbedingte Umstände zurückzuführen, wäre verfehlt ... Als ursächlich ist vielmehr das Bestreben der Wirtschaftsführung zu sehen, für die Kriegsgefangenen ebenso wie für die sowjetische Stadtbevölkerung möglichst wenig Nahrungsmittel einzusetzen."

Einige Wochen nach dem Beginn des Russlandfeldzugs hielt Hitler die Sowjetunion für praktisch geschlagen und teilte seiner nächsten Umgebung mit, wie er sich die Zukunft des eroberten Raumes vorstellte: „Die Bildung einer militärischen Macht westlich des Ural darf nie wieder in Frage kommen ... Eiserner Grundsatz muss sein: ... nie darf erlaubt werden, dass ein anderer Waffen trägt als der Deutsche."

Unmittelbar nach dem Beginn des deutsch-sowjetischen Krieges wurde vom Reichskommissariat für die Festigung des deutschen Volkstums, das Heinrich Himmler leitete, der so genannte „Generalplan Ost" vorgelegt. Er sah die Besiedlung des Baltikums, Ostpolens, Weißrusslands und eines Teils der Ukraine durch Deutsche vor, die Vertreibung von mehr als 30 Millionen „rassisch unerwünschten Fremdvölkischen" aus diesen Gebieten nach Westsibirien. Nur 14 Millionen Menschen, die als „rassisch wertvoll" eingestuft wurden, durften in ihren Wohnsitzen bleiben.

Neben der Lösung der Lebensraum- und der Bolschewismusfrage wollte Hitler nun endlich auch seinen dritten großen Traum erfüllen, und zwar sofort – es ging um die so genannte Endlösung der Judenfrage. Unmittelbar nach dem Angriff auf die Sowjetunion begannen die „Einsatzgruppen" des Sicherheitsdienstes, mehrere Bataillone der Ordnungspolizei und andere Truppen einen immer brutaler werdenden Feldzug gegen die Juden. Hunderttausende von Juden in den eroberten sowjetischen Gebieten wurden bereits in den ersten Monaten des Krieges ermordet. Im Gespräch mit dem kroatischen Kriegsminister, Kvaternik, am 21. Juli 1941 erklärte Hitler: „Die Juden seien die Geißel der Menschheit. Sowohl die Litauer als auch die Esten und Letten nähmen nun blutige Rache an ihnen ... Wenn die Juden freien Weg hätten wie im Sowjetparadies, so würden sie die wahnsinnigsten Pläne verwirklichen ... Wenn auch nur ein Staat aus irgendwelchen Gründen eine jüdische Familie bei sich dulde, so würde diese der Bazillusherd für eine neue Zersetzung werden. Gäbe es keine Juden mehr in Europa, so würde die Einigkeit der europäischen Staaten nicht mehr gestört werden. Wohin man die Juden schicke, nach Sibirien oder nach Madagaskar, sei gleichgültig."

Die Beschlüsse der Wannsee-Konferenz vom Januar 1942, an der Vertreter verschiedener Behörden des Dritten Reiches teilnahmen, sollten die Judenfrage endgültig lösen: „Unter entsprechender Leitung sollen im Zuge der Endlösung die Juden in geeigneter Weise im Osten zum Arbeitseinsatz kommen. In großen Arbeitskolonnen unter Trennung der Geschlechter, werden die arbeitsfähigen Juden Straßen bauend in diese Gebiete geführt, wobei zweifellos ein Großteil durch natürliche Verminderung ausfallen wird. Der allfällig endlich verbleibende Restbestand wird, da es sich bei diesen zweifellos um den widerstandsfähigsten Teil handelt, entsprechend behandelt werden müssen."

Der weltanschauliche Ausrottungskrieg des Nationalsozialismus widersprach in eklatanter Weise den traditionellen Vorstellungen der deutschen bzw. preußischen Konservativen vom Krieg. Dennoch erfasste der Widerstand gegen diese neue Form des Krieges nur Randgruppen der traditionellen deutschen Machteliten. Die Mehrheit der konservativen Verbündeten Hitlers nahm diese neue Art der Kriegsführung, die alle bisher geltenden ethischen und militärischen Normen aus den Angeln hob, im Wesentlichen hin. Der englische Historiker Alan Bullock wies darauf hin, wie wenig der ansonsten selbstbewusste deutsche Generalstab im Zweiten Weltkrieg zu sagen hatte. Mehr noch, die Diktion einiger Generäle unterschied sich auch nach dem Ausbruch dieses weltanschaulichen Ausrottungskrieges kaum von der Diktion der nationalsozialistischen Führung. So führte beispielsweise der Oberbefehlshaber der 6. Armee, Generalfeldmarschall von Reichenau, am 10. Oktober 1941 aus: „Der Soldat ist im Ostraum nicht nur ein Kämpfer nach den Regeln der Kunst, sondern auch ein Träger einer unerbittlichen völkischen Idee und Rächer für alle Bestialitäten, die Deutschen und artverwandtem Volkstum zugefügt wurden. Deshalb muss der Soldat für die Notwendigkeit der harten aber gerechten Sühne am jüdischen Untermenschentum volles Verständnis haben."

Und der Oberbefehlshaber der 17. Armee, Generaloberst Hoth, hielt in seinem Befehl vom 17. November 1941 die Ausrottung der „jüdischen

Menschenklasse", die er als die „geistige Stütze des Bolschewismus" bezeichnete, für ein „Gebot der Selbsterhaltung".

Als sich die Brutalität des deutschen Besatzungsregimes in voller Deutlichkeit zeigte, nahm die defätistische Stimmung in der sowjetischen Bevölkerung eindeutig ab. Immer weniger Soldaten der Roten Armee sahen es als Ausweg an, in deutsche Kriegsgefangenschaft zu geraten. Es blieb ihnen nicht verborgen, was sie dort erwartete. Und dieser Umschwung im gesellschaftlichen Bewusstsein sollte nicht unwesentlich zum späteren Sieg der UdSSR über das Dritte Reich beitragen.

Trotzdem blieb die Bereitschaft einiger politischer bzw. nationaler Gruppierungen, mit dem nationalsozialistischen Regime zu kollaborieren, weiterhin bestehen. Nach den Berechnungen des russischen Exilhistorikers Alexander Nekritsch dienten kurz vor Kriegsende in verschiedenen Formationen der Wehrmacht etwa 1 Million Sowjetbürger unterschiedlicher Nationalitäten. Davon etwa 110 000 Kaukasier, 110 000 bis 170 000 Bewohner der zentralasiatischen Republiken, 20 000 Krimtataren, 5000 Kalmücken und einige hunderttausend Russen. General Wlassow, der zu den begabtesten sowjetischen Militärführern zählte, wurde nach seiner Gefangennahme im Juni 1942 an der Wolchow-Front (in der Nähe von Leningrad) zur Symbolfigur der Kollaboration mit dem Dritten Reich. Kurz nach seiner Gefangennahme (am 3. 8. 1942) richtete er gemeinsam mit seinem Gesinnungsgenossen Oberst Bojarski einen Brief an die deutsche Führung, der folgende Gedankengänge enthielt: Millionen von Menschen in den besetzten sowjetischen Gebieten wie auch zahlreiche sowjetische Kriegsgefangene lehnten das stalinistische Regime radikal ab. Diese Massen könnten zur Errichtung einer neuen Ordnung in Russland beitragen, „einer Ordnung, die mit der *neuen Ordnung in Europa, die zur Zeit unter der Führung Deutschlands geschaffen wird,* harmonieren könnte. Dieses menschliche Potential wird zur Zeit nicht ausgenutzt. Aus den oben genannten Gründen schlagen wir Ihnen die Gründung einer russischen Armee vor. Eine russische Armee könnte, abgesehen von ihrer rein militärischen Bedeutung, der ... [antikommunistischen] Bewegung ... einen staatlichen Charakter verleihen. Diese Maßnahme könnte den Kampf gegen das *heutige Russland* legalisieren, ihm ... [das Stigma] des Verrats nehmen."

Diese Bereitschaft Wlassows, mit dem außenpolitischen Feind Russlands zu kooperieren, um das bestehende Regime zu beseitigen, erinnert in gewisser Weise an das Verhalten Lenins zur Zeit des Ersten Weltkrieges, als er sich mit dem Wilhelminischen Reich verbündete, um in Russland an die Macht zu gelangen. Mit einem Unterschied: Anders als die Führung des Wilhelminischen Reiches führte Hitler einen weltanschaulichen Vernichtungskrieg gegen Russland. Sein Ziel war die gänzliche und endgültige Zerstörung der russischen Staatlichkeit. In der von Hitler konzipierten rassisch geprägten hierarchischen Weltordnung sollten Russen und andere Ostslawen als „minderwertige Untermenschen" auf einer der niedrigsten Stufen der Hierarchie vegetieren. Noch tiefer standen nur Juden und Zigeuner, die in der von Hitler konzipierten neuen Welt keinen Platz mehr hatten. Sie waren gänzlich zu liquidieren.

Wlassow und seine politischen Berater waren sich über die Grundzüge der nationalsozialistischen Ostpolitik durchaus im Klaren. Trotzdem träumten sie von der Errichtung einer „Russischen Befreiungsarmee" als einer „dritten Kraft", die zwar an der Seite der Wehrmacht, aber mit einem eigenständigen Programm das stalinistische Regime bekämpfen sollte. Für Hitler kam allerdings die Aufstellung einer solchen Streitmacht zunächst nicht in Frage. Er lehnte die in manchen deutschen militärischen und politischen Kreisen vertretene These: „Russland wird nur durch Russland überwunden" kategorisch ab. Das im Dezember 1942 von den Deutschen errichtete so genannte Russische Nationalkomitee stellte lediglich eine Institution von Marionetten dar, die nur für propagandistische Zwecke missbraucht wurde. Erst im Sommer 1944, kurz vor dem Zusammenbruch des Dritten Reiches, begann die nationalsozialistische Führung ihre Russlandpolitik geringfügig zu korrigieren.

Am 16. September 1944 wurde Wlassow von Heinrich Himmler empfangen. Es wurde beschlossen, das so genannte Komitee zur Befreiung der Völker Russlands (russ. KONR) zu gründen. Am 14. November verabschiedete das Komitee im besetzten Prag das so genannte Prager Manifest, in dem von der Befreiung der Völker Russlands von der Tyrannei Stalins die Rede war, und zwar an der Seite des Dritten Reiches. Deutschland sei die einzige Kraft, die gegen den Bolschewismus kämpfe, hob Wlassow hervor, deshalb werde es vom KONR unterstützt. Das Komitee verfügte auch über eigene Streitkräfte – zwei Divisionen (etwa 50–60 000 Mann). Da aber diese Streitkräfte sich erst zur Zeit des Zusammenbruches des Dritten Reiches formierten, erhielten sie kaum Gelegenheit, an der Front zu kämpfen. Die erste Division der „Russischen Befreiungsarmee" (russ. ROA) unter General Bunjatschenko nahm Anfang Mai 1945 sogar an einem antideutschen Aufstand in Prag teil. Dies half aber den Führern der Wlassow-Bewegung wenig. Am 6. August 1946 wurden Wlassow und einige seiner engsten Gefährten vom Obersten Gericht der UdSSR zum Tode verurteilt und gehängt.

Wlassow war, ähnlich wie viele westliche Verfechter der Appeasementpolitik in den Jahren 1934–38, aber ähnlich wie auch Stalin in den Jahren 1939–41, der Illusion erlegen, dass Kompromisse mit dem Dritten Reich möglich seien. Die überwiegende Mehrheit der Landsleute Wlassows hatte sich indes von dieser irrigen Vorstellung bereits Ende 1941 befreit. Man muss in diesem Zusammenhang hervorheben, dass der Lernprozess bei der sowjetischen Bevölkerung sich wesentlich schneller vollzog, als dies bei den früheren Verfechtern der Kompromisse mit Hitler der Fall gewesen war. Sie benötigte dafür nicht Jahre, sondern nur Monate. Der Krieg wurde nun von ihr in einem immer stärkeren Ausmaß als Verteidigung des Vaterlandes aufgefasst. Mit dem feinen Gespür des Überlebenskünstlers appellierte Stalin nun an den russischen Patriotismus, an eine Kraft also, die bereits vielen Moskauer Herrschern geholfen hatte, tödliche Gefahren zu überstehen. Elf Tage nach dem deutschen Überfall – am 3. Juli 1941 – wandte sich Stalin zum ersten Mal an das Volk, an die von ihm unterjochte und terrorisierte Gesellschaft mit folgender Rede: „... Brüder und Schwestern! ... An Euch wende ich mich meine Freunde! ... Mit dem uns aufgezwungenen Krieg hat unser Land den Kampf auf Leben und Tod gegen seinen schlimmsten und heimtückischsten Feind, den deutschen Faschismus, aufgenommen ... Wir müssen alle Werktätigen zum Kampf mobilisieren, um in unserem Vaterländischen Krieg gegen den deutschen Faschismus unsere Freiheit, unsere Ehre, unsere Heimat unter Einsatz unseres Lebens zu verteidigen."

Am 30. Juni 1941 war in Moskau ein neues Führungsgremium errichtet worden, das alle anderen Führungsinstanzen der Partei und des Staates für die Zeit des Krieges weitgehend entmachtete – dies war das „Staatliche Verteidigungskomitee" (russ. GKO), das in seinen Händen die ganze Machtfülle im Staat konzentrierte, das „für alle Fragen ..., der Kriegsführung, des Wirtschaftslebens, der Außen- und Innenpolitik, der ideologischen Arbeit zuständig war". Diesem Gremium, das erst nach der Beendigung des Krieges (4. 9. 1945) aufgelöst werden sollte, gehörten ursprünglich Stalin als Vorsitzender, Molotow, Woroschilow, Berija und Malenkow an. Später wurde es durch vier weitere Mitglieder ergänzt.

Um vom Dritten Reich nicht hinweggefegt zu werden, musste die stalinistische Clique, die sich bis dahin auf die Terrorisierung der eigenen Bevölkerung konzentriert hatte, das bestehende Unterdrückungssystem modifizieren, es etwas flexibler machen. Der Krieg war paradoxerweise mit einer gewissen Lockerung des Regimes verbunden. Es kam zu einer Art Kompromiss zwischen der bis dahin drangsalierten Gesellschaft und den Machthabern. Viele Offiziere, Ingenieure und Wissenschaftler, die während der Säuberungen verhaftet worden waren, wurden nun aus den Gefängnissen und Straflagern entlassen und erhielten nicht selten erneut führende Positionen in der Armee oder in der Industrie (einige wurden bereits kurz nach dem Sturz Jeshows 1939–40 freigelassen – so die späteren Marschälle Rokossowski und Merezkow). 1941 wurden 600 000 Häftlinge freigelassen, 175 000 von ihnen wurden in die Armee eingezogen. Bis Herbst 1943 befanden sich bereits 900 000 ehemalige Häftlinge in der Roten Armee.

Einige bis dahin offiziell abgelehnte Schriftsteller und Dichter durften wieder publizieren, zum Beispiel die Dichterin Anna Achmatowa, die Zensur wurde gelockert. Die in den 20er und 30er Jahren brutal verfolgte Russisch-orthodoxe Kirche erhielt nun neue Betätigungsmöglichkeiten. Das Amt des Moskauer Patriarchen, das seit dem Tode des Patriarchen Tichon im Jahre 1925 verwaist gewesen war, wurde im September 1943 wieder besetzt. Zum neuen Patriarchen wurde Metropolit Sergij gewählt, der 1927 die bereits erwähnte Loyalitätserklärung gegenüber dem Regime abgegeben hatte, wodurch die Kirche in eine beinahe gänzliche Abhängigkeit vom atheistischen Staat geriet. Diese Untertänigkeitsgeste bewahrte damals die Kirche nicht vor einer noch härteren Welle von Verfolgungen. Nach dem Ausbruch des deutsch-sowjetischen Krieges konnte man allerdings von einer Art Annäherung zwischen „Thron und Altar" sprechen.

Der Moskauer Historiker Michail Gefter spricht im Zusammenhang mit den damaligen Entwicklungen sogar von einer spontanen Entstalinisierung, die sich 1941 ereignete. Er weist darauf hin, dass die vom Regime unterdrückte Bevölkerung den Augenblick seiner Schwäche nutzte, um mehr Eigenständigkeit zu erkämpfen. Zum Wesen des Stalinismus habe gehört, die Menschen jeder Eigenständigkeit und ihrer elementarsten Rechte zu berauben. Der 1941 begonnene Überlebenskampf habe diesen Menschen erneut die Möglichkeit gegeben, wenn auch für kurze Zeit, über ihr Schicksal selbständig zu entscheiden.

Der sowjetische Schriftsteller Konstantin Simonow bezeichnete viele Jahrzehnte später – in der Zeit der so genannten Breshnewschen „Stagnation", von der noch die Rede sein wird – den Krieg als den einzigen lichten Fleck in der sowjetischen Geschichte der letzten Jahrzehnte. Wie grauenhaft muss die sowjetische Wirklichkeit vor dem 22. Juni

1941 gewesen sein, wenn einer der schrecklichsten Kriege in der Geschichte der Menschheit als ein lichter Fleck, als eine Art innere Befreiung empfunden wurde!

Man darf nicht vergessen, dass auch nach dem Ausbruch des Krieges Millionen von Menschen sich weiterhin im „Archipel GULag" befanden. Ganze Völker wurden ins Innere der Sowjetunion deportiert, weil man sie der Kollaboration mit dem Feind bezichtigte, wobei Tausende von Menschen von den Terrororganen ermordet wurden. Zu den ersten Völkern, die kollektiv bestraft wurden, gehörten die Russlanddeutschen. Am 28. August 1941 begann die Deportation der Wolgadeutschen, die sich später auf die deutsche Minderheit in den anderen Gebieten der UdSSR erstreckte – insgesamt wurden etwa 815 000 Russlanddeutsche von der Deportation betroffen. Zu den bestraften Völkern gehörten die Tschetschenen (387 000), Inguschen (91 000), Karatschajer (70 000), Balkaren (37 000), Kalmücken (93 000), Mescheten (90 000) und die Krimtataren (190 000), die gänzlich aus ihren Territorien verbannt wurden. Auch hunderttausende von Polen, Ukrainern, Balten und Vertreter anderer Völker ergänzten das Kontingent der Deportierten oder Bewohner des Archipel GULag.

Mit äußerster Härte ging die Kremlführung auch gegen die eigenen Soldaten vor. Dies betraf vor allem die sowjetischen Kriegsgefangenen, die als Landesverräter behandelt wurden. Der von Stalin am 16. August 1941 unterzeichnete berüchtigte Befehl Nr. 270 ordnete an: „Die Kommandeure und Politkader, die … sich dem Feind gefangengeben, sind als böswillige Deserteure anzusehen, deren Familien als Familien von eidbrüchigen und landesverräterischen Deserteuren zu verhaften sind … Alle übergeordneten Kommandeure … sind verpflichtet, derartige Deserteure … an Ort und Stelle zu erschießen … Jeder Militärangehörige ist unabhängig von seinem Rang verpflichtet …, bis zur letzten Möglichkeit zu kämpfen … Wenn … ein Teil der Soldaten es vorzieht, sich anstelle der Organisierung des Widerstandes gegen den Feind gefangenzugeben, sind diese mit allen Boden- und Luftmitteln zu vernichten. Den Familien der sich gefangengegebenen Soldaten … ist die staatliche Unterstützung und Hilfe zu entziehen."

Von 5,7 Millionen sowjetischen Soldaten, die während des deutsch-sowjetischen Krieges gefangen genommen wurden, sind 3,3 Millionen in der deutschen Gefangenschaft umgekommen. Das Los der Überlebenden war indes ebenfalls äußerst tragisch. Sie waren für ihr ganzes Leben stigmatisiert – erst nach der Auflösung der Sowjetunion wurden sie von diesem Stigma befreit. Hunderttausende von ihnen, die aus den deutschen Konzentrationslagern befreit worden waren, landeten unmittelbar danach im Archipel GULag. Viele Rotarmisten, die sich noch während des Krieges aus der Kriegsgefangenschaft oder aus der deutschen Einkesselung befreit hatten, wurden in Speziallagern des NKWD überprüft. Bis zum 1. Oktober 1944 wurden mehr als 350 000 Rotarmisten einer solchen Überprüfung unterzogen. 250 000 von ihnen kehrten in die Armee zurück, 18 000 in die Strafbataillone, deren Angehörige nur geringe Überlebenschancen hatten.

Mit äußerster Strenge wurden auch die sowjetischen Industriearbeiter, vor allem in den rüstungsrelevanten Sektoren, behandelt. Bereits am Vorabend des Krieges – im August 1940 – war in der Sowjetunion ein drakonischer Arbeitskodex verabschiedet worden, der den Arbeitern die freie Wahl des Arbeitsplatzes verbot und jeden, auch den geringsten Verstoß gegen die Arbeitsdisziplin hart bestrafte. Nach dem Ausbruch des Krieges wurde dieser Arbeitskodex zusätzlich verschärft. Mit dem Dekret vom 26. Dezember 1941 wurden die Arbeiter in der Rüstungsindustrie zwangsmobilisiert und wie Soldaten behandelt. Das eigenmächtige Verlassen der Betriebe galt als Fahnenflucht. Der Urlaub wurde für die Dauer des Krieges gestrichen, der Arbeitstag auf zehn bis zwölf Stunden verlängert. In den Städten, die sich in Frontnähe befanden, zum Beispiel in Leningrad, war der Arbeitstag unbegrenzt. Da 31 Millionen Sowjetbürger während des gesamten Krieges in die Armee eingezogen wurden, mussten alle noch vorhandenen Arbeitsreserven mobilisiert werden. Dienstverpflichtet wurde beinahe die gesamte Bevölkerung – Kriegsinvaliden, Pensionäre, Jugendliche, in erster Linie aber Frauen. Vor allem der Frauenarbeit verdankte die sowjetische Rüstungsindustrie ihre immer höhere Produktivität. Der Anteil der Frauen in den Industriebetrieben erhöhte sich während des Krieges von 41% auf 52%.

In den ersten Monaten des Krieges vermochte die sowjetische Führung ungeachtet des militärischen Debakels an der Front mehr als 1500 Industriebetriebe, davon 1360 große Rüstungswerke, aus den von den deutschen gefährdeten Gebieten ins Innere der Sowjetunion zu evakuieren. Nicht zuletzt dieser Leistung verdankte die sowjetische Rüstungsindustrie ihre außerordentliche Effizienz. In der zweiten Hälfte des Jahres 1941 konnte der unbesetzt gebliebene Teil der Sowjetunion doppelt so viele Kampfflugzeuge und mehr als doppelt so viele Panzer produzieren wie die gesamte Sowjetunion in den ersten sechs Monaten des Jahres. 1942 stieg die Zahl der produzierten Panzer gegenüber dem Vorjahr von etwa 6500 auf mehr als 24 000, die Zahl der Kriegsflugzeuge von etwa 12 000 auf mehr als 21 000 und der Geschütze und Granatwerfer aller Art von 71 000 auf 127 000 an. Die Rüstungsproduktion der UdSSR überstieg in mehreren Sparten diejenige des Dritten Reiches und seiner Satellitenstaaten.

Die überwältigende Mehrheit der Bevölkerung in den unbesetzt gebliebenen Teilen der Sowjetunion fand sich mit der Verschärfung der Arbeitsdisziplin und mit den zusätzlichen Bürden, die das Regime ihr nach dem Ausbruch des Krieges auferlegte, in der Regel ab. Angesichts der tödlichen Gefahr, die das russische Staatswesen als solches bedrohte, sah man die Notwendigkeit dieser Maßnahmen im Wesentlichen ein. Sie waren durch reale und nicht durch imaginäre Gefahren wie in den 30er Jahren verursacht. Das stalinistische System wiederum – diese Verkörperung des Absurden – musste gewisse Konzessionen an die Realität machen, und schon allein dies machte es in den Augen der Bevölkerung etwas erträglicher.

Dieser Kompromiss zwischen Regime und Bevölkerung wurde zur wichtigsten Ursache dafür, dass der „erste" deutsch-sowjetische Krieg im Dezember 1941 zu Ende ging. Am 5. Dezember – kurz vor Moskau – wurde der deutsche Vormarsch gestoppt und zurückgeschlagen. Der „zweite" deutsch-sowjetische Krieg hatte nun begonnen, der im Mai 1945 im zertrümmerten Berlin sein Ende finden sollte. Nach der verlorenen Luftschlacht über England erlitt Hitler im Dezember 1941 die zweite große Niederlage in seiner Karriere seit 1930, denn seit dem Triumph bei den Reichstagswahlen vom September 1930 kannte er im Grunde nur noch Siege. Er hatte es in der Regel mit demoralisierten, innerlich unschlüssigen Gegnern zu tun, die scharenweise vor ihm kapitulierten. Bis er auf zwei Kräfte traf, die zur Selbstaufgabe nicht bereit waren – die Freiheitsliebe der angelsächsischen Nationen und den russischen Patriotismus. An diesen beiden Kräften sollten Hitler und sein Regime auch zerbrechen.

3. Moskau und die westlichen Demokratien – Die widersprüchliche Allianz

Zur Zeit des Bündnisses mit dem Dritten Reich hatte sich Moskau in seinem außenpolitischen Vokabular an die nationalsozialistische Diktion angepasst und das angebliche Recht der stärkeren Staaten unterstrichen, auf Kosten der schwächeren zu expandieren, den schwächeren Nationen wurde praktisch das Existenzrecht abgesprochen. Nach dem

Hitlerschen Überfall auf die Sowjetunion wandte sich aber diese Argumentation gegen die UdSSR selbst. Denn auch sie wurde nun in die Kategorie der schwachen Staaten eingeordnet, die keine Existenzberechtigung besäßen. Die stalinistische Führung, die 1939 ihre pseudodemokratische Rhetorik ad acta gelegt hatte, begann sich ihrer erneut zu bedienen. In Stalins Rede vom 3. Juli 1941 waren folgende Sätze enthalten: „Unser Krieg für die Freiheit unseres Vaterlandes wird verschmelzen mit dem Kampf der Völker Europas und Amerikas für ihre Unabhängigkeit, für die demokratischen Freiheiten. Das wird die Einheitsfront der Völker sein, die für die Freiheit gegen die Versklavung und die drohende Unterjochung durch die faschistischen Armeen Hitlers eintreten."

Von den westlichen Demokratien wurde die Auflösung der totalitären Allianz zwischen Hitler und Stalin als ein „wahres Gottesgeschenk" begrüßt. In diesem Sinne äußerte sich zum Beispiel der ehemalige Botschafter der USA in Moskau, Joseph Davies. Die Ironie der Geschichte wollte es, dass einer der größten Verächter der freiheitlich verfassten Staaten zum Retter der westlichen Demokratien wider Willen wurde. Die Stalinsche Sowjetunion wurde nun von den Westmächten quasi geadelt und in die Gemeinschaft der zivilisierten Nationen aufgenommen. Am Tag des Hitlerschen Überfalls auf die Sowjetunion erklärte Winston Churchill: „Niemand ist seit 25 Jahren ein unversöhnlicherer Gegner des Kommunismus gewesen als ich selbst. Ich nehme nicht ein einziges Wort zurück, das ich zu dem Thema gesagt habe. Doch alles verblasst vor dem Schauspiel, das sich jetzt abwickelt ... Ich sehe die russischen Soldaten an der Schwelle ihres Vaterlandes wachen und sehe sie die Felder schützen, die ihre Vorväter seit undenklichen Zeiten beackert haben ... Wir haben nur ein Ziel, eine einzige unwiderrufliche Aufgabe. Wir sind entschlossen, jede Spur des Naziregimes zu vertilgen ... Wer, Mensch oder Staat, gegen den Nazismus kämpft, wird unseren Beistand haben ... Die Gefährdung Russlands ist daher unsere eigene Gefährdung ... und der Kampf jedes Russen ... ist der Kampf aller freien Menschen und aller freien Völker in allen Teilen der Welt."

Bereits am 12. Juli 1941 wurde ein britisch-sowjetisches Beistandsabkommen unterzeichnet, in dem beide Seiten sich verpflichteten, keinen Seperatwaffenstillstand oder -frieden mit Deutschland zu schließen. Der UdSSR wurden britische Hilfsgüter versprochen. Auch die formell noch neutralen Vereinigten Staaten erklärten sich bereit, Moskau zu unterstützen. Dies vor allem nach der Reise eines der engsten Berater Franklin D. Roosevelts, Harry Hopkins, in die Sowjetunion. Hopkins widersprach der bis dahin in den militärischen Kreisen der USA verbreiteten Meinung von der militärischen Schwäche der Sowjetunion und schätzte die Verteidigungsmöglichkeiten der UdSSR positiv ein. Am 2. August 1941 erklärte die US-Regierung, der militärische Widerstand der Sowjetunion liege nun im Interesse der eigenen nationalen Verteidigung und sicherte Moskau umfangreiche wirtschaftliche Unterstützung zu. Am 1. Oktober wurde zwischen der UdSSR und den angelsächsischen Mächten ein Lieferungsabkommen unterzeichnet (Pacht- und Leihabkommen), das der Sowjetunion eine monatliche Lieferung von 400 Kampfflugzeugen, 500 Panzern und Hilfsgütern anderer Art versprach – vor allem Transport- und Lebensmittel. Diese Lieferungen trugen zum Sieg der Sowjetunion über das Dritte Reich nicht unwesentlich bei. Kriegsentscheidend waren dabei jedoch nicht die westlichen Waffen, denn die sowjetische Rüstungsproduktion war durchaus im Stande, die Rote Armee in ausreichendem Ausmaß mit hochwertigen Waffensystemen zu versorgen. Engpässe bestanden vielmehr in anderen Bereichen, die nun dank des Abkommens überwunden werden konnten. So erhielt die UdSSR während des Krieges mehr als 400 000 Lastkraftwagen, 2000 Lokomotiven, 4,5 Millionen Tonnen Fleischkonserven, 15 Millionen Paar Schuhe usw. 1991 bezifferten sowjetische Autoren den Gesamtwert der westlichen Lieferungen auf 11 Milliarden Dollar.

Die Aktionen der angelsächsischen Mächte und der Sowjetunion waren während des gesamten Krieges wesentlich besser koordiniert als diejenigen ihrer Gegner – der so genannten Achsenmächte (Berlin–Rom–Tokio). Und dies trotz der gewaltigen ideologisch-politischen Gegensätze zwischen der Sowjetunion und den westlichen Demokratien, wie sie innerhalb der „Achse" nicht bestanden. Die mangelnde Koordination war insbesondere für das deutsch-japanische Verhältnis charakteristisch. So unterschrieb der japanische Außenminister, Matsuoka, ausgerechnet am Vorabend des deutsch-sowjetischen Krieges (13.4. 1941) einen Nichtangriffspakt mit der Sowjetunion. Trotz mehrfacher Aufforderungen Berlins war Tokio nicht bereit, diesen Pakt zu brechen und richtete seinen imperialen Drang vielmehr auf Südostasien und den Pazifischen Raum. Hier betrachtete Japan die angelsächsischen Mächte als seine größten Konkurrenten. Für das Schicksal des deutsch-sowjetischen Krieges, nicht zuletzt für den Ausgang der Schlacht vor Moskau im Dezember 1941, war es nicht unerheblich, dass sowjetische Agenten in Tokio, in erster Linie Richard Sorge, Moskau davon informierten, dass Tokio keinen Angriff auf die Sowjetunion, sondern auf britische und niederländische Kolonien in Südostasien plane. In diesem Sinne äußerte sich zum Beispiel Richard Sorge im Oktober 1941 kurz vor seiner Verhaftung.

Vor einigen Jahren wurde in Russland eine Reihe von Berichten sowjetischer Agenten in Tokio vom Sommer und Herbst 1941 veröffentlicht, die sehr aufschlussreich sind. Der Bericht vom 26. September 1941 fasst die Worte eines einflussreichen japanischen Politikers zusammen: „In der letzten Woche forderte Deutschland die Japaner wiederholt dazu auf, die UdSSR anzugreifen und Sibirien zu besetzen. Aber Japan lehnt dies ab. Sogar der Kaiser ist gegen einen Krieg gegen die UdSSR ... Sie werden mich fragen, warum Japan dann eine gewaltige Streitmacht an der sowjetischen Grenze konzentriert? Meine Antwort lautet: In der japanischen Regierung sind zwei unterschiedliche Strömungen vertreten. Eine plädiert für die Konzentration an der russischen Grenze, die andere für eine friedliche Lösung aller anstehenden Probleme." Der Bericht vom 3. November führt aus: „Laut Informationen aus einer zuverlässigen Quelle plant Japan vorläufig keinen Angriff im Norden. Es ist aber entschlossen, in der unmittelbaren Zukunft nach Süden anzugreifen."

Diese Informationen hatten für Moskau unschätzbaren Wert. Sie ermöglichten es der sowjetischen Führung, zahlreiche Divisionen aus dem Fernen Osten und aus Sibirien an die deutsch-sowjetische Front zu verlagern. Dazu kamen noch viele Truppen aus den inneren Militärbezirken, aus Mittelasien und Transkaukasien bzw. neu aufgestellte Einheiten. Mit Hilfe dieser zweiten strategischen Staffel von Reservearmeen vermochte die sowjetische Führung am 5. Dezember 1941 eine Gegenoffensive gegen die sieggewohnte deutsche Wehrmacht zu beginnen. Zwei Tage später griff die japanische Luftwaffe den amerikanischen Flottenstützpunkt in Pearl Harbor an. Am 12. Dezember erklärte Hitler den USA den Krieg. Nun befanden sich alle Mächte der beiden Koalitionen im Krieg. Nur an einer Stelle war diese Kette nicht geschlossen. Der sowjetisch-japanische Nichtangriffspakt vom April 1941 wurde von den beiden Seiten im Wesentlichen respektiert. Gebrochen wurde er von der Sowjetunion, und zwar drei Monate nach dem Zusammenbruch des Dritten Reiches (gemäß der Absprache der Anti-Hitler-Koalition auf der Konferenz von Jalta im Februar 1945). Am 9. August 1945 griff die Rote Armee die japanischen Streitkräfte in der Mandschurei an und eroberte in wenigen Tagen Südsachalin und die Kurilen-Inseln. Am 2. September kapitulierte Japan.

Obwohl die Aktionen der Anti-Hitler-Koalition viel besser aufeinander abgestimmt waren als diejenigen der Achsenmächte, traten auch hier Spannungen auf. Der erste wesentliche Streitpunkt bezog sich auf die Frage der so genannten zweiten Front, die von der Moskauer Führung bereits einige Wochen nach dem Beginn des deutsch-sowjetischen Krieges aufgeworfen wurde. Bereits am 18. Juli 1941 hatte Stalin von Churchill die Eröffnung einer „zweiten Front" in Westeuropa gefordert. Er meinte, fast alle militärischen Kräfte Deutschlands seien nun an der Ostfront konzentriert. England solle dies für eine Invasion in Frankreich ausnutzen. Churchill lehnte dies kategorisch ab. England habe ein ganzes Jahr lang allein gegen Hitler gekämpft. Seine Kräfte seien verbraucht. Ein Jahr später reiste Churchill persönlich nach Moskau, um Stalin schonend beizubringen, dass die Westmächte noch nicht im Stande seien, in Frankreich zu landen. England könne nicht Millionenverluste wie Russland verkraften, da es immer noch an den Folgen des Ersten Weltkrieges leide. Stalin beschuldigte seinerseits die Verbündeten, sie verstünden nicht, dass der Krieg Opfer verlange. Es ließ sich in der Tat nicht leugnen, dass die Sowjetunion die Hauptlast des Krieges trug und dass das Schicksal dieses Krieges sich in erster Linie an der Ostfront entschied. Der Preis, den die sowjetische Bevölkerung dafür zu bezahlen hatte, war unvorstellbar hoch. Er war so hoch, dass die Moskauer Führung es jahrzehntelang nicht wagte, ihn zu nennen. Stalin sprach von 7 Millionen Toten auf der sowjetischen Seite im Krieg. Sein Nachfolger Chruschtschow nannte eine etwas realistischere Zahl – 20 Millionen tote Soldaten und Zivilisten. Und erst während der Gorbatschowschen Perestrojka wurde diese Zahl nach oben korrigiert. Man spricht nun von 27 Millionen Toten. Und ob diese Zahl endgültig ist, bleibt weiterhin offen. Demgegenüber verloren Großbritannien und die Staaten des Commonwealth im Zweiten Weltkrieg 452 000 Soldaten und 60 000 Zivilisten, die USA etwa 295 000 Soldaten. In den Jahren 1941–45 gab es Phasen, in denen die Sowjetunion in einem Monat mehr Verluste zu beklagen hatte als die westlichen Verbündeten während des gesamten Krieges. So verlor die Rote Armee zum Beispiel im Oktober 1942 – während der Schlacht von Stalingrad – 818 000 Soldaten. Diese Zahl allein überstieg die Gesamtverluste Großbritanniens und der Vereinigten Staaten. Nach den Berechnungen von General Wolkogonow hatte die Rote Armee im Jahre 1942 (abgesehen von den Verwundeten) Verluste von mehr als 5 880 000 Soldaten. Das besiegte Dritte Reich verlor demgegenüber während des gesamten Krieges 3 250 000 Soldaten und 3 810 000 Zivilisten.

Nach der Schlacht von Moskau geriet die sowjetische Führung in eine derartige Euphorie, dass sie ihre Kräfte überschätzte. Stalin meinte, die Rote Armee sei nun im Stande, die Initiative an allen Frontabschnitten zu übernehmen, und dass „die gänzliche Zerschlagung der Hitlerschen Armee im Jahre 1942" möglich sei. In Wirklichkeit erlitt die Rote Armee auch im Jahre 1942 eine Reihe von verheerenden Niederlagen – so an der Wolchow-Front bei Leningrad (Frühjahr 1942), auf der Krim und bei Charkow (Mai 1942). Ähnlich wie im Sommer und im Herbst 1941 wurden Hunderttausende von sowjetischen Soldaten eingekesselt und gefangen genommen. Am 17. Juli 1942 begann der deutsche Vormarsch in Richtung Stalingrad, etwa zur gleichen Zeit stießen deutsche Truppen auch in Richtung Kaukasus vor. Erneut versuchte die sowjetische Führung mit Hilfe härtester Maßnahmen gegen die Auflösungserscheinungen an der Front vorzugehen. Am 28. Juli wurde von Stalin der Befehl Nr. 227 erlassen, der in vieler Hinsicht an den drakonischen Befehl Nr. 270 vom August 1941 erinnerte. Der Befehl lautete: Der Rückzug müsse gestoppt werden. Kein Schritt zurück! ... Man müsse hartnäckig bis zum letzten Tropfen Blut ... jeden Fußbreit der sowjetischen Erde verteidigen. Stalin forderte die Wiederherstellung der Disziplin um jeden Preis und eine harte Bestrafung von Panikmachern und Defätisten. Im Rücken der kämpfenden Truppen sollten „Sperreinheiten" aufgestellt werden, die mit Waffengewalt die Flucht der Soldaten zu verhindern hatten.

Das harte Durchgreifen allein wäre aber noch nicht ausreichend gewesen, um den zweiten Wendepunkt im deutsch-sowjetischen Krieg, diesmal bei Stalingrad, herbeizuführen. Die Bereitschaft der Bevölkerung, den eigenen Staat vor seiner endgültigen Auslöschung zu verteidigen, das Gefühl, im gerechten Krieg an der Seite aller freiheitsliebenden Völker zu stehen, spielten bei der Wende von Stalingrad sicher eine noch wichtigere Rolle als die „Sperreinheiten", die das Feuer gegen die eigenen Kameraden richteten.

Im November 1942 verloren die Achsenmächte endgültig die Initiative im Krieg. Die Landung der Westalliierten in Marokko und in Algerien, die Niederlage Rommels bei El-Alamein, vor allem aber die Einkesselung der 6. deutschen Armee in Stalingrad symbolisierten die endgültige Wende im Zweiten Weltkrieg. Anschaulich beschrieb damals Churchill die neue Situation: „Es wäre falsch, in den Ereignissen der letzten Tage schon das Ende zu sehen. Es ist möglicherweise der Anfang vom Ende. Ganz bestimmt aber ist es das Ende des Anfangs."

Im Jahre 1942, als das Dritte Reich das Ende seiner Kraftreserven erreicht habe, hätten seine Gegner erst begonnen, ihre Kräfte zu mobilisieren, schreibt der Politologe Hans Buchheim. So war der Untergang des Dritten Reiches seit Ende 1942 vorprogammiert und sein Schöpfer war sich damals darüber im Klaren. Dieser Meinung sind viele Hitler-Biographen, und sie berufen sich dabei auf glaubwürdige Zeugnisse. Hitlers Ziel bestand nun in erster Linie darin, mit dem Zusammenbruch einen möglichst großen Scherbenhaufen zu hinterlassen. Als Verehrer Wagners wollte er den Untergang seines Regimes zu einer Art „Götterdämmerung" stilisieren. Je aussichtsloser die Lage an der Front war, desto effizienter funktionierte die nationalsozialistische Vernichtungsmaschinerie im Hinterland. Kurz vor dem Ausbruch des deutsch-sowjetischen Krieges schrieb Joseph Goebbels in sein Tagebuch: „Wir haben ... so viel auf dem Kerbholz, dass wir siegen müssen, weil sonst unser ganzes Volk, wir an der Spitze, mit allem, was uns lieb ist, ausradiert werden." Im November 1943 wagte er in der Zeitung „Das Reich" eine noch düsterere Prognose: „Was uns betrifft, so haben wir die Brücken hinter uns abgebrochen ... Wir sind zum Letzten gezwungen und darum zum Letzten entschlossen ... Wir werden als die größten Staatsmänner in die Geschichte eingehen oder als ihre größten Verbrecher."

Angesichts der Erfahrungen, die die Alliierten bei ihrem Umgang mit Hitler bereits seit den 30er Jahren gesammelt hatten, kam für sie eine Beendigung des Krieges mit dem Dritten Reich durch Verhandlungen nicht in Frage. Bereits am 30. Juni 1942 forderte Churchill die bedingungslose Kapitulation Deutschlands. Diese Forderung wurde im Januar 1943 auf dem Treffen von Roosevelt und Churchill in Casablanca bestätigt. Der Friede könne nur durch eine völlige Ausschaltung des militärischen Potentials Deutschlands, Japans und Italiens gesichert werden, erklärten beide Staatsmänner. Stalin hatte die Teilnahme an der Konferenz von Casablanca schroff abgelehnt, denn die wichtigste Frage, über die er damals mit den Westmächten verhandeln wollte, betraf die Eröffnung der zweiten Front. Da dies zum damaligen Zeitpunkt für die angelsächsischen Mächte nicht zur Debatte stand, boykottierte er die Konferenz.

Auch nach dem Sieg von Stalingrad hörte Moskau nicht auf, die sofortige Eröffnung der zweiten Front in Westeuropa zu verlangen. Am 22. Juni 1943 erklärte die sowjetische Presseagentur Sowinformbüro: Der Sieg über Deutschland sei ohne die zweite Front unmöglich.

Zusätzliche Spannungen zwischen der UdSSR und den Westalliierten rief der Flirt Moskaus mit der deutschen Nationalidee hervor. Dies spiegelte sich in erster Linie in der Gründung des „Nationalkomitees ‚Freies

Deutschland'" (NKFD) im Juli 1943 wider, dessen Mitglieder sich aus deutschen Kommunisten und Kriegsgefangenen rekrutierten, wie auch in der Gründung des Bundes der Deutschen Offiziere (BDO) im September 1943, der mit dem NKFD fusionierte. Die Entscheidung über die Gründung einer solchen Organisation wurde in Moskau auf höchster Ebene gefällt. Überliefert ist folgende Mitteilung Stalins an den Chef der politischen Hauptverwaltung der Roten Armee, A. Schtscherbakow, vom Juni 1943: „Genosse Schtscherbakow, es ist an der Zeit, dass die Deutschen auf breiter Basis ihr antifaschistisches Komitee gründen ... Geben Sie die nötigen Anweisungen und stellen sie die nötigen Mittel dazu bereit."

Im NKFD und im BDO waren nun mehrere nationalgesinnte preußische Konservative vertreten, und deutschnationale Töne ließen sich in den Verlautbarungen des Komitees deutlich vernehmen. Hartgesottene Stalinisten aus der KPD, die im NKFD tonangebend waren, begannen sich nun auf Befehl von oben statt eines internationalistischen immer häufiger eines nationalen Vokabulars zu bedienen. Am 26. Juli 1943 fragte der britische Botschafter in Moskau, Kerr, Molotow, welchen Zweck die UdSSR mit der Gründung des Komitees verfolge. Dies seien rein propagandistische Ziele, versuchte Molotow seinen Gesprächspartner zu beruhigen. Die Ängste der Westalliierten blieben aber bestehen. Der stellvertretende Volkskommissar für Auswärtige Angelegenheiten, Litwinow, schrieb am 9. Oktober 1943 an Molotow: „In einigen Kreisen im Ausland entsteht der Eindruck, dass wir die Absicht verfolgen, Deutschland milder zu behandeln als dies die anderen [Alliierten] tun. In diesem Zusammenhang werden uns völlig absurde Pläne für die Gestaltung der Nachkriegsordnung zugeschrieben."

1942 und 1943, als die Kontroverse um die zweite Front andauerte, fanden in Stockholm sogar geheime Gespräche zwischen sowjetischen und deutschen Diplomaten statt. Diese Kontakte blieben nicht unbemerkt. Die schwedische Presse berichtete darüber. Indes darf man diese Gespräche nicht überbewerten. Sie blieben völlig unverbindlich. Am 1. Mai 1943 erklärte Stalin, Gerüchte über einen möglichen Separatfrieden mit Deutschland würden lediglich von den nationalsozialistischen Propagandisten verbreitet, die ihre Gegner zu entzweien suchten. Welchen Zweck verfolgte Stalin mit den Stockholmer Gesprächen? Wollte er dadurch zusätzlich Druck auf die Westmächte ausüben, damit sie schneller die zweite Front eröffneten? Wie dem auch sei, in der Frage der zweiten Front hatten die Westmächte ein permanentes schlechtes Gewissen Moskau gegenüber. Sie waren sich darüber im Klaren, dass die

UdSSR die Hauptlast des Krieges trug, dass alles „von der Entwicklung des gigantischen russisch-deutschen Ringens" abhing (Churchill, April 1942). Und dieses schlechte Gewissen der britischen und der amerikanischen Führung trug zu ihrer Nachgiebigkeit in vielen anderen Punkten bei. Dies betraf zunächst die Nachkriegsgrenzen der UdSSR, denn Stalin war fest entschlossen, territoriale Gewinne, die er in der Zeit der Freundschaft mit dem Dritten Reich erzielt hatte, als integralen Bestand der Sowjetunion für immer zu behalten. Diese Frage stand im Zentrum der Gespräche, die der britische Außenminister Eden im Dezember 1941 in Moskau mit der sowjetischen Regierung führte. Die deutschen Truppen befanden sich damals in der unmittelbaren Nähe Moskaus, das Schicksal des sowjetischen Staates als solchen stand auf dem Spiel, trotzdem hielt Stalin es für wichtig, den genauen Verlauf der künftigen polnisch-sowjetischen Grenze festzulegen. Polen hatte auf seine ehemaligen Ostgebiete, die seit September 1939 von der Sowjetunion okkupiert waren, zu verzichten, dafür sollte es durch deutsche Territorien bis zur Oder und durch Ostpreußen entschädigt werden. Eden wollte sich nicht festlegen. Immerhin war die Verteidigung Polens der unmittelbare Anlass für den Eintritt Großbritanniens in den Krieg gewesen.

Das Thema der polnisch-sowjetischen Grenze wurde auch im Gespräch zwischen Stalin und dem Chef der polnischen Exilregierung in London, General Sikorski, Anfang Dezember 1941 behandelt. Stalin schlug Sikorski „winzig kleine Änderungen" der polnisch-sowjetischen Grenze vor. Sikorski war allerdings nicht bereit, darüber zu diskutieren.

Die polnisch-sowjetischen Beziehungen, die am 30. Juli 1941 offiziell wiederhergestellt worden waren, verschärften sich zusätzlich, als in der von den Deutschen besetzten Smolensker Region – bei Katyn – ein Massengrab mit 4400 erschossenen polnischen Kriegsgefangenen gefunden wurde. Als die polnische Exilregierung von der Sowjetunion eine Aufklärung des Falles verlangte, brach Moskau am 25. April 1943 die diplomatischen Beziehungen mit ihr ab. Obwohl diese Regierung für die Westalliierten weiterhin als die einzige legitime Vertretung Polens galt, existierte sie für Stalin nicht mehr. Er setzte nun immer stärker auf diejenigen polnischen Kräfte, die Moskau ergeben waren – auf die wenigen polnischen Kommunisten, die wie durch ein Wunder die Säuberungen der Jahre 1937/38 überlebt hatten. Im Juni 1943 entstand in der Sowjetunion eine stalinistische Marionettenorganisation – der so genannte Bund der polnischen Patrioten, die Keimzelle der künftigen kommunistischen Regierung Polens. Die legitime Regierung Polens hatte auf die künftige Gestaltung des Landes so gut wie keinen Einfluss mehr. An ihrem Schicksal spiegelt sich das Schicksal aller anderen osteuropäischen Gruppierungen wider, die nicht bereit waren, auf ihre Eigenständigkeit zu verzichten und ein Vasallendasein im Schatten Moskaus zu führen. Sie wurden vom Westen praktisch im Stich gelassen. Nachdem die Westmächte durch ihre Appeasementpolitik der 30er Jahre zum Aufbau der Hitlerschen Kriegsmaschine wesentlich beigetragen hatten, war die Bezwingung des Dritten Reiches ohne das Bündnis mit der Stalinschen Sowjetunion nicht mehr möglich. Und dieses Bündnis forderte seinen Preis, den in erster Linie die Völker Osteuropas zahlen mussten. Bereits im März 1942 schrieb Churchill an Roosevelt, dass es wohl unumgänglich sein werde, Russland in jenen Grenzen anzuerkennen, „die es im Augenblick des deutschen Überfalls de facto besaß".

Je weiter die Rote Armee in Richtung Westen vorstieß, desto nachgiebiger wurden die Westalliierten. Sie hielten nun nicht nur die Wiederherstellung der früheren sowjetischen Grenzen für unumgänglich, sondern auch die Eingliederung des östlichen Teils Europas in die sowjetische Einflusssphäre. Am 3. September 1943 meinte Roosevelt im Gespräch mit dem Kardinal von New York, Francis Spellman, dass „die Europäer die sowjetische Vorherrschaft einfach erdulden müssten in der Hoffnung, dass nach 10 oder 20 Jahren der europäische Einfluss die Russen zu einer weniger barbarischen Haltung bekehrt habe".

Während seines Moskau-Besuchs im Oktober 1944 schlug Churchill Stalin eine Teilung Südosteuropas in Einflusssphären vor. Bulgarien und Rumänien sollten gemäß diesem Plan dem sowjetischen, Griechenland hingegen dem britischen Einflussbereich angehören, Ungarn und Jugoslawien sollten paritätisch geteilt werden. Dies war eine Sprache, die Stalin ausgezeichnet verstand. Er stimmte dem Teilungsplan, der fatal an das Zusatzprotokoll des Hitler-Stalin-Paktes vom 23. August 1939 erinnerte, sofort zu. Zugleich äußerte Stalin den Wunsch, um die UdSSR „einen Gürtel von unabhängigen antinazistischen, prorussischen Staaten formen zu lassen". Diesen Wunsch hielten die Westmächte für durchaus legitim.

Prorussisch und antinazistisch schien aber zunächst keineswegs sowjetisch oder kommunistisch zu bedeuten. Stalin versuchte seine westlichen Partner davon zu überzeugen, dass der Export des Kommunismus für Moskau keine vorrangige Bedeutung mehr habe. Es sei nicht so leicht, der Welt kommunistische Regime aufzuzwingen, sagte er beim ersten Treffen der „Großen Drei" (Roosevelt, Churchill, Stalin) in Teheran Ende 1943. Um die Ängste der Westmächte vor der „kommunistischen Gefahr" zu beschwichtigen, hatte sich die Moskauer Führung Mitte 1943 zu einem so radikalen Schritt wie der Auflösung der Kommunistischen Internationale entschlossen, was bei vielen überzeugten Kommunisten einen wahren Schock auslöste. Denn nach dem Ausbruch des deutsch-sowjetischen Krieges hatte die kommunistische Weltbewegung eine neue Renaissance erlebt. Sie konnte nun den 1939 unterbrochenen antifaschistischen Feldzug erneuern, dies wurde von unzähligen Kommunisten als innere Befreiung erlebt. Dazu schrieb das Zentralorgan der Komintern „Die Kommunistische Internationale": „Wäre der deutsche faschistische Angriff auf die Sowjetunion erfolgreich gewesen, ... dann stünde der Unterwerfung aller Völker [von Lissabon bis Wladiwostok] durch das faschistische Deutschland nichts mehr im Wege."

Die Kommunisten konnten sich nun, anders als zur Zeit der Hitler-Stalin-Allianz, mit gutem Gewissen in die antifaschistische Front in den besetzten Ländern einreihen und gehörten zu den aktivsten Widerstandskämpfern.

Der Vorsitzende der Komintern, Dimitrow, hatte allerdings am Tag des Ausbruchs des deutsch-sowjetischen Krieges die Kommunisten davor gewarnt, zum sofortigen Sturz des kapitalistischen Systems und zur Weltrevolution aufzurufen: „Es geht jetzt [nur] um den Kampf gegen die nationale Unterdrückung, gegen das Besatzungsregime." So wurden die britischen Kommunisten von der Kominternführung ermahnt: „Man darf nicht den heimtückischen Überfall des deutschen Faschismus auf die Sowjetunion als den Kampf zwischen zwei Systemen – dem kapitalistischen und dem sozialistischen – bezeichnen. Durch eine solche Charakterisierung des deutsch-sowjetischen Krieges unterstützt man nur Hitlers Streben, antisowjetische Kräfte in den kapitalistischen Ländern um sich zu scharen."

„Das Geschwätz von der Weltrevolution hilft nur Hitler und verhindert die Vereinigung aller hitlerfeindlichen Kräfte", schrieb die Komintern-Zentrale am 25. Juni 1941 an die französische KP. Als die Kremlführung unmittelbar nach dem Ausbruch des deutsch-sowjetischen Krieges eine Wiederherstellung der 1938 (im Zuge des „Großen Terrors") aufgelösten Kommunistischen Partei Polens erwog, meinte Stalin, diese Partei solle auf die Bezeichnung „kommunistisch" verzichten: „Es ist besser, eine Polnische Arbeiterpartei mit einem kommunistischen Programm zu schaffen", sagte er im Gespräch mit Dimitrow. Der Name „kommunistisch" werde nicht nur die Gegner, sondern auch viele Sympathisanten Moskaus erschrecken.

Auch die jugoslawischen Kommunisten unter Josip Broz Tito, die einen erfolgreichen Partisanenkrieg gegen das Besatzungsregime führten, wurden wiederholt davor gewarnt, sich offen zur kommunistischen Idee zu bekennen. Am 8. August 1942 erhielten sie von Dimitrow folgenden Rat: „Sie sollten Ihre proletarischen Brigaden als Sturmbrigaden bezeichnen ... Sie führen einen nationalen Befreiungskrieg ... und keinen proletarischen Kampf."

Für Stalin wurde die Komintern in immer stärkerem Ausmaß zu einer Belastung. Sie rief bei den Verbündeten Moskaus lediglich Misstrauen hervor. Bereits im April 1941 – also noch vor dem Ausbruch des deutsch-sowjetischen Krieges – spielte er mit dem Gedanken, die Komintern aufzulösen. Kommunistische Parteien sollten sich in nationale Parteien verwandeln: „Sie sollen ein kommunistisches Programm haben, sich auf marxistische Grundsätze stützen, allerdings ohne ständig ihre Blicke auf Moskau zu richten. Sie sollen selbständig konkrete Aufgaben, die in jedem Land verschieden sind, lösen."

Nach dem Ausbruch des deutsch-sowjetischen Krieges wurde dieser Plan vorübergehend ad acta gelegt. Erst Mitte 1943 sollte er verwirklicht werden. Durch ihre zentralisierte Struktur verhindere die Komintern die eigenständige Entwicklung einzelner kommunistischer Parteien, erklärte Stalin am 8. Mai 1943. Diese Überlegungen führten einige Tage später zur Auflösung einer Organisation, die immer noch eine weit verzweigte Weltbewegung darstellte, und zwar per Anordnung von oben. Im Beschluss des Präsidiums des Exekutivkomitees der Komintern vom 22. Mai hieß es: „Der Lauf der Ereignisse im letzten Vierteljahrhundert und die Erfahrung, die von der Komintern gesammelt wurde, zeigten überzeugend, dass die organisatorische Form der Arbeitervereinigung, die der I. Kongress der Komintern wählte, in steigendem Maße veraltete ... Schließlich wurde die Komintern sogar zum Hindernis einer weiteren Konsolidierung der Arbeiterparteien ... Mit der nun erfolgenden Auflösung der Komintern beschließt das zurücktretende Präsidium als seine letzte Handlung an alle früheren Anhänger der Komintern zu appellieren, ihre gesamten Kräfte auf den aktiven Befreiungskampf gegen die Hitler-Koalition zu konzentrieren."

In mancher Hinsicht stellte indes die Auflösung der Komintern nur eine Camouflage dar, denn viele ihrer Strukturen existierten unter anderen Namen weiter. Am 19. Mai 1943 hatte Dimitrow auf einer Geheimsitzung des Präsidiums des EKKI ausgeführt: „Alle Funktionen [der Komintern] sollen in der einen oder anderen Form bewahrt werden. Allerdings unter dem Dach des ZK der WKP(b) [Kommunistische Partei der Sowjetunion]."

Im Westen wurde indes die Auflösung der Komintern und der neue Kurs Moskaus mit Erleichterung aufgenommen. Der bereits erwähnte Berater Theodor D. Roosevelts, Harry Hopkins, meinte damals: Gewiss, die Europäer, zumindest die Osteuropäer, würden sich an die Sowjetunion als einzig verbleibende Großmacht auf dem Kontinent gewöhnen müssen, aber es würde ihnen keine Sowjetisierung mehr drohen, und die Sowjetunion würde in den Vereinten Nationen an der weltweiten Kontrolle des Friedens mitwirken.

Die Sowjetunion schien sich nun aus einem Zentrum der proletarischen Weltrevolution in eine „normale" Großmacht zu verwandeln, aus einem radikalen Widersacher des bestehenden Weltsystems in eine seiner wichtigsten Stützen, in einen Ordnungsfaktor par excellence. So reagierte die Moskauer Führung mit großem Interesse auf das von Präsident Roosevelt entwickelte Konzept von den „vier Weltpolizisten", die die neue Weltordnung bestimmen sollten. Am 29. Mai 1942 hatte Roosevelt dem sowjetischen Außenminister Molotow dieses Konzept erläutert: „Um [künftig] Kriege zu verhindern, ist es erforderlich, in den nächsten 25 bis 30 Jahren eine internationale Polizeikraft aus 3 bis 4 Großmächten zu schaffen". Bei den vier „Weltpolizisten" sollte es sich um die USA, Großbritannien, UdSSR und China handeln. Sie sollten auch nach dem Krieg über beträchtliche Streitkräfte verfügen, um, wenn nötig auch mit Gewalt, den Weltfrieden erhalten zu können. Andere Staaten, in erster Linie die Achsenmächte und ihre Verbündeten, aber auch viele sonstige kleinere Staaten sollten entwaffnet werden.

Molotow war mit diesem Projekt im Wesentlichen einverstanden, dies nicht zuletzt deshalb, weil auch die sowjetische Führung eine Nachkriegsordnung plante, in der den kleineren Staaten eine eher zweitrangige Rolle zugewiesen wurde. In diesem Sinne äußerten sich zum Beispiel Mitglieder der so genannten „Litwinow-Kommission", die Entwürfe über die Nachkriegsordnung entwickelte. D. Manuilski, der zu den führenden Mitgliedern dieser Kommission zählte, sagte in diesem Zusammenhang (1943): „Der Krieg zeigte, dass die kleineren Staaten, die nach dem Frieden von Versailles entstanden waren, aus militärischer Sicht lebensunfähig waren. Sie wurden entweder besetzt oder gerieten in Abhängigkeit von anderen Staaten. Der Krieg zeigte, dass es für diese Staaten notwendig ist, sich um Großmächte zu scharen, um vor einer Aggression geschützt zu werden."

Deutschland nahm verständlicherweise bei allen Überlegungen der Alliierten über die Nachkriegsordnung eine Sonderposition ein. Bereits im Dezember 1941, einige Monate nach dem Beginn des deutsch-sowjetischen Krieges, legte Stalin im Gespräch mit dem englischen Außenminister Eden seine Zukunftsvorstellungen dar und plädierte für eine nachhaltige Schwächung Deutschlands, vor allem aber Preußens. Österreich und eventuell Bayern sollten als selbständige Staaten wiederhergestellt werden. Von Preußen sollten Ostpreußen, das Rheinland und alle Gebiete östlich der Oder abgetrennt werden. Eden reagierte skeptisch auf diesen Plan und meinte, die Teilung Deutschlands werde dort zur Entstehung einer Nationalbewegung führen, die das Land erneut einigen würde. Stalin erwiderte: „Gerade solche Überlegungen haben den jetzigen Krieg verursacht. Sind Sie etwa an einer erneuten deutschen Aggression interessiert?"

Im Gespräch mit dem sowjetischen Botschafter in London, Majski, entwickelte indes Churchill etwa zur gleichen Zeit Thesen, die denjenigen Stalins durchaus ähnelten: „Man muss ein für alle Mal die deutsche Gefahr beseitigen. Dafür muss man Deutschland zumindest für eine Generation völlig entwaffnen und aufteilen. Vor allem Preußen muss vom restlichen Deutschland getrennt werden." Churchill hielt es allerdings für kontraproduktiv, offen über die Teilung Deutschlands zu sprechen. Dies werde den deutschen Widerstand gegen die Alliierten nur verstärken.

Je deutlicher sich die Niederlage des Dritten Reiches abzeichnete, desto größer war allerdings die Sorge Churchills, dass nach dem Zusammenbruch Deutschland ein Machtvakuum im Zentrum Europas entstehen könnte, das die Sowjetunion zur alleinigen Beherrscherin des Kontinents machen würde. Der britische Ministerpräsident kehrte allmählich zum traditionellen englischen Gleichgewichtsdenken zurück und sprach sich gegen eine allzu radikale Schwächung Deutschlands aus. So plädierten Roosevelt und Stalin auf der Teheraner Konferenz der „Großen Drei", die eine Westverschiebung des polnischen Staates auf Kosten Deutschlands beschloss, für eine Zerstückelung Deutschlands. Es sollte als Großmacht für mehrere Jahrzehnte ausgeschaltet werden. Churchill wandte ein, dass die Teilung Deutschlands in allzu viele Teile dort das erneute Aufkommen eines Einheitsgedankens fördern würde. Stalin war auch dieser Meinung. Und deshalb plädierte er für die Errichtung von effizienten internationalen Kontrollmechanismen, die die Entstehung von deutschen Großmachtambitionen und Einheitsplänen im Keime ersticken sollten.

Die amerikanische Administration favorisierte eine Zeitlang den Plan des Finanzministers Morgenthau, der die Zerstückelung Deutschlands und seine Verwandlung in einen Agrarstaat vorsah. Dennoch ließ Roosevelt diesen Plan auf der Konferenz von Dumbarton Oaks (Kanada) im Herbst 1944 fallen: „Niemand beabsichtigt, Deutschland wieder zu einer vollkommen agrarischen Nation zu machen", erklärte er am 29. September.

Einige sowjetische Diplomaten und Historiker vertreten die These, Stalins Haltung Deutschland gegenüber sei bei weitem nicht so unversöhnlich gewesen wie diejenige Washingtons. Der spätere sowjetische Botschafter in Bonn, Wladimir Semjonow, berichtet über eine Sitzung des Politbüros vom Ende Mai 1945, an der er ausnahmsweise teilnehmen durfte. Stalin hielt dort eine Rede, die folgende Gedankengänge enthielt: „Es wäre einfach unrealistisch, daran zu denken, Deutschland aufzusplittern oder seine Industrie zu vernichten und es zu einem Agrarstaat zu degradieren. Wer heute glaubt, durch die Agrarisierung oder Aufteilung Deutschlands könne er den Weltmarkt selbst in die Tasche stecken, der irrt ... Weder Käufer noch Verkäufer sind daran interessiert, dass die Waren auf dem Markt teurer werden ... Die Aufgabe besteht nicht darin, Deutschland zu zerstören, sondern darin, ihm die Möglichkeit zu nehmen, erneut als aggressive Kraft in Europa aufzusteigen."

Da Semjonow zu einer unkritischen Bewunderung Stalins neigte, ist es nicht ausgeschlossen, dass er seinen Bericht etwas beschönigte, um Stalin als einen weitblickenden Staatsmann darzustellen. Die Darstellung Semjonows unterscheidet sich nämlich grundlegend von dem Bericht eines anderen Zeitzeugen, der, im Gegensatz zu Semjonow, sich aus einem Bewunderer in einen unversöhnlichen Kritiker Stalins verwandeln sollte – des jugoslawischen Kommunisten Milovan Djilas, der sich mehrmals mit Stalin in Moskau getroffen hatte. Bei einem dieser Treffen, das im Frühjahr 1945 stattfand, war auch von der Zukunft Deutschlands die Rede: „Jemand gab seinem Zweifel daran Ausdruck, dass die Deutschen fähig sein würden, sich innerhalb von fünfzig Jahren wieder zu erholen. Aber Stalin war anderer Meinung: „Nein, sie werden sich wieder erholen, und zwar sehr rasch. Sie sind eine hochentwickelte Industrienation mit einer äußerst qualifizierten und zahlreichen Arbeiterklasse und einer technischen Intelligenz. Gebt ihnen 12 oder 15 Jahre und sie werden auf den Beinen stehen. Und deshalb ist die Einheit der Slawen so wichtig."

Sowohl die westlichen Demokratien als auch die Moskauer Führung waren sich in einem Punkt einig – Deutschland dürfe nie wieder den Weltfrieden gefährden. Auf der letzten Konferenz der „Großen Drei", die am 16. Juli 1945 (etwa 9 Wochen nach dem Zusammenbruch des

Dritten Reiches) in Potsdam begann, wurde die Entnazifizierung, die Entmilitarisierung, die Dekartellisierung und die Demokratisierung Deutschlands beschlossen. Deutschland wurde zwar als Wirtschaftseinheit behandelt, allerdings zunächst ohne Zentralregierung. Alle anderen Fragen – so die künftige politische, wirtschaftliche und territoriale Gestaltung Deutschlands – blieben offen. Aufgrund des immer schärfer werdenden Ost-West-Konflikts waren aber gesamtdeutsche Lösungen nicht mehr möglich. Angesichts der Teilung Europas und der Welt in zwei feindliche Lager, wovon noch die Rede sein wird, war die Teilung Deutschlands kaum zu vermeiden. Beide Blöcke und beide Teile Deutschlands begannen nun ihre eigenen Wege zu gehen.

In einem Beschluss der Potsdamer Konferenz vom 2. August 1945 wurden ostdeutsche Gebiete der polnischen Verwaltung unterstellt. Die polnischen Behörden erhielten auch die Ermächtigung, die deutschen Einwohner des Landes zu verweisen. Im Osten musste Polen auf 180 000 Quadratkilometer Territorium zugunsten der Sowjetunion verzichten. Das besiegte Deutschland musste seinerseits 103 000 Quadratkilometer seines Territoriums an Polen abtreten. Diese Gebiete wurden vor 1945 von 9 Millionen deutschen Staatsbürgern bewohnt, etwa 7,6 Millionen wurden aus ihnen vertrieben bzw. sind in den letzten Monaten des Krieges geflohen. Die Zahl der Deutschen (auch Angehörige der deutschen Minderheit in Polen), die dabei ums Leben kamen, wird von einem der profundesten deutschen Polenkenner, Hans Roos, auf etwa 1,5 Millionen geschätzt.

Und wie verhielt es sich mit den polnischen Verlusten während des deutsch-polnischen Krieges und unter der deutschen Besatzung? Der Bericht des polnischen Wiedergutmachungsbüros beim Präsidium des polnischen Ministerrates, der im Januar 1947 der Londoner Konferenz der Stellvertreter der alliierten Außenminister vorgelegt wurde, spricht von 6 028 000 Toten. 10,7% oder 644 000 seien nach diesem Bericht den unmittelbaren Auswirkungen des Krieges zum Opfer gefallen. Dazu wurden unter anderem die Gefallenen des deutsch-polnischen Krieges vom September 1939 oder die Gefallenen des Warschauer Aufstandes vom August–Oktober 1944 gezählt. Die restlichen 89% – mehr als 5 Millionen Menschen, darunter etwa 3 Millionen polnische Juden – seien Opfer des nationalsozialistischen Terrors gewesen.

So entstand infolge der deutschen Besatzung Polens und der anschließenden Vertreibung der Deutschen aus den deutschen Ostgebieten zwischen den beiden Völkern eine noch tiefere Kluft, als sie in der Weimarer Zeit bestanden hatte. Der deutsch-polnische Gegensatz schien unüberbrückbar und stellte eine Art Sicherheitsgarantie für die Sowjetunion dar, denn Polen galt der sowjetischen Führung als Staat mit einer besonders tief verankerten antirussischen bzw. antisowjetischen Einstellung. Diese Meinung spiegelt sich in vielen vertraulichen Dokumenten und Expertisen wider, die in den Jahren 1941–1945 angefertigt wurden. In einer Denkschrift des sowjetischen Narkomindel (Außenministerium) vom 3. Oktober 1943 wurde betont, die sowjetische Regierung habe keine Garantie, dass der auf Kosten Deutschlands vergrößerte polnische Staat der Sowjetunion gegenüber keine feindliche Politik mehr führen werde. Deshalb solle man die Frage der künftigen Grenzen Polens davon abhängig machen, welchen politischen Kurs dieses in der Zukunft verfolgen werde. „Polen war in der Vergangenheit fast immer feindlich gegenüber Russland eingestellt", fügte am 11. Januar 1944 der stellvertretende Volkskommissar für Auswärtige Angelegenheiten, Majski, hinzu: „Ob Polen in der Zukunft eine freundliche Politik gegenüber der Sowjetunion führen wird, kann niemand mit Bestimmtheit voraussagen. Viele zweifeln daran, und dies mit Recht."

Aus all diesen Gründen kam die Vertiefung des polnisch-deutschen Gegensatzes infolge der tragischen Ereignisse von 1939–45/46 der Moskauer Führung nicht ungelegen. Durch seine Westverschiebung auf Kosten Deutschlands schien der polnische Staat auf Dauer in eine Abhängigkeit von der Sowjetunion zu geraten – des wichtigsten Garanten der neuen territorialen Ordnung in Europa.

Auch die außerordentliche Verschärfung des deutsch-tschechischen Gegensatzes infolge einer zweifachen Tragödie – der Zerschlagung des tschechoslowakischen Staates durch Hitler und der anschließenden Vertreibung der Deutschen aus der Tschechoslowakei – war für die Hegemonialstellung der UdSSR in Ostmitteleuropa durchaus nützlich. Die Angst der Prager Führung vor einer eventuellen deutschen Revanche band die Tschechoslowakei, in der prorussische Sympathien im Gegensatz zu Polen sehr stark verankert waren, noch stärker an die Sowjetunion, als dies ohnehin der Fall war. Als der Chef der tschechoslowakischen Exilregierung, Eduard Beneš, der sowjetischen Führung am 21. März 1945 mitteilte, seine Regierung plane die Aussiedlung von etwa 2 Millionen Deutschen, sagte Molotow, die sowjetische Regierung habe im Prinzip nichts dagegen. Am 28. Juni äußerte sich Stalin im Gespräch mit einer Prager Regierungsdelegation noch deutlicher: „Wir werden Ihnen keine Hindernisse in den Weg legen. Verjagt sie. Sie sollen am eigenen Leibe erfahren, was das heißt, die anderen zu beherrschen."

Gelegentlich versuchten Vertreter sowjetischer Behörden, die deutsche Zivilbevölkerung vor brutalen Übergriffen in Schutz zu nehmen. So beklagte sich zum Beispiel am 30. August 1945 der Leiter der 7. Abteilung der Hauptpolitverwaltung der Roten Armee, M. Burzew, über die trostlose Lage der deutschen Zivilbevölkerung in den ehemaligen deutschen Gebieten, die an Polen angegliedert worden waren. Viele Deutsche würden beraubt, ohne Grund verhaftet, verhöhnt, geschlagen, auch Morde kämen immer häufiger vor. „Die von den Polen durchgeführte Aktion der Umsiedlung der deutschen Bevölkerung weist einen völlig chaotischen Charakter auf und hat in erster Linie die Beraubung der Deutschen zum Ziel ... Der stellvertretende Industrieminister Polens, Ciszczewski, erklärte, die polnische Regierung wolle noch vor der Friedenskonferenz die zwei Millionen Deutschen, die in den ehemaligen deutschen Gebieten lebten, mit allen Mitteln los werden, sogar wenn sich diese Gebiete dadurch in eine Wüste verwandeln würden."

Der Leiter der dritten Europäischen Abteilung im sowjetischen Außenministerium, A. Smirnow, berichtete Ende März 1945 über die panische Angst der deutschen Zivilbevölkerung vor der Roten Armee, über zahlreiche Anbiederungsversuche gegenüber den Siegern, aber auch über die sich häufenden Selbstmorde, um sich den Gewaltakten seitens der Rotarmisten zu entziehen.

Berichte über zahllose Gewaltakte der marodierenden Soldateska, und zwar nicht nur im besetzten Deutschland, sondern auch im befreiten Polen oder Jugoslawien machten indes auf Stalin keinen allzu großen Eindruck. Er nahm diese Soldaten sogar in Schutz, so zum Beispiel im Gespräch mit einer jugoslawischen Regierungsdelegation im Januar 1945: „Man muss sich in die seelische Lage des Soldaten einfühlen, der kämpfend 3000 km von Stalingrad bis Budapest zurücklegte. Er denkt, er sei ein Held, dem alles erlaubt sei. Heute lebe er noch, morgen werde er vielleicht schon tot sein, deshalb würde man ihm alles verzeihen ... Es ist gar nicht so einfach, die Deutschen zu besiegen. [Nach all diesen Strapazen] liegen die Nerven blank, die Menschen verlieren ihr Gleichgewicht. Man kann sie nicht mit gewöhnlichen Maßstäben messen."

VI. Die „spätstalinistische" Sowjetunion (1945–1953)

1. Die Genese des Kalten Krieges

Siegreiche Koalitionen bleiben nach der Beseitigung des gemeinsamen Gegners selten solidarisch. Der Zerfall solcher Bündnisse stellt in der neueren europäischen Geschichte eher die Regel dar. So verhielt es sich zum Beispiel mit der antinapoleonischen Allianz nach der Bezwingung des französischen Kaisers (1815), mit der antirussischen Koalition des Krim-Krieges (1856) oder mit der siegreichen Entente des Ersten Weltkrieges. Um so mehr galt diese Regel in Bezug auf die Koalition zwischen den demokratischen Westmächten und der stalinistischen Sowjetunion mit ihren völlig entgegengesetzten Gesellschaftsordnungen, politischen Zielsetzungen und ideologischen Vorstellungen. Was in diesem Zusammenhang verwundert, ist also nicht der Zerfall dieser Koalition, der eigentlich unvermeidlich war, sondern die Tatsache, dass die sich nun anbahnenden Spannungen und Konflikte im Wesentlichen kanalisiert werden konnten, dass sie die Form eines „kalten" bzw. eines begrenzten „Stellvertreter-Krieges" (Korea) und nicht eines „heißen" Krieges annahmen. Insofern verfügten die beiden Kontrahenten des Kalten Krieges über viel bessere Kontrollmechanismen als rechtsextreme Diktaturen, die eine besondere Vorliebe für „Götterdämmerungsszenarien" entwickeln und unentwegt in der Alternative „Alles-oder-Nichts" denken.

Die Tatsache, dass es sich bei Stalin um einen brutalen Diktator und Massenmörder handelte, die im Westen in den Jahren 1941–45 vorübergehend verdrängt worden war, drang dort nach der Ausschaltung des Dritten Reiches erneut ins gesellschaftliche Bewusstsein ein. Die Rote Armee, die zur Zeit des deutsch-sowjetischen Krieges als heldenhafte Retterin der zivilisierten Menschheit vor der nationalsozialistischen Barbarei verklärt worden war, wurde nun als außerordentliche Gefahr für die Zivilisation empfunden. Diese Tendenz verstärkte sich insbesondere nach dem Tode Roosevelts am 12. April 1945. Sein Nachfolger, Harry S. Truman, bewertete die UdSSR viel skeptischer als der verstorbene Präsident. Und so erhielt Winston Churchill, der in der Endphase des Krieges unentwegt vor der sich anbahnenden sowjetischen Gefahr gewarnt hatte, neue Bundesgenossen im amerikanischen Establishment.

Der Unterstaatssekretär im amerikanischen State Departement, Joseph C. Grew, meinte in einem Memorandum vom Mai 1945, das Ergebnis des Zweiten Weltkrieges sei „die Übertragung totalitärer Diktatur und Macht von Deutschland und Japan auf die Sowjetunion, die in Zukunft eine ebenso große Gefahr für uns darstellen wird, wie sie die Achsenmächte gebildet haben". Der amerikanische Botschafter in Moskau, Harriman, sprach etwa zur gleichen Zeit von einer „Invasion Europas durch Barbaren". Besonders heftig wandten sich die Westmächte gegen die Verletzung demokratischer Spielregeln in dem von der Sowjetunion kontrollierten Teil Osteuropas. Immer wieder verstieß nämlich die Moskauer Führung gegen die auf der Jalta-Konferenz der Alliierten proklamierte Erklärung über das befreite Europa, die jedem Land, das von der nationalsozialistischen Herrschaft befreit worden war, eine freigewählte und demokratische Regierung versprach. Molotow erinnerte sich, dass er seine Zweifel gehabt hätte, ob die Sowjetunion eine solche Erklärung unterschreiben solle. Stalin habe indes keine Bedenken gehabt: „Wir werden [diese Erklärung] auf unsere Art in die Wirklichkeit umsetzten. Alles hängt vom Kräfteverhältnis ab."

Und die sowjetische Lesart dieser Erklärung bestand darin, dass die UdSSR nur denjenigen politischen Kräften Osteuropas die Teilnahme an politischen Entscheidungsprozessen gestattete, die aus ihrer Sicht „demokratisch" und nicht „volksfeindlich" waren. Und in die Kategorie der „volksfeindlichen Kräfte" sollte im Laufe der Zeit eine immer größere Zahl von politischen Gruppierungen geraten, bis schließlich nur die Kommunisten und ihre Marionetten auf der politischen Bühne übrigblieben. Gegen dieses Vorgehen wurde seitens der Westmächte unentwegt protestiert. Dies führte wiederum zu sowjetischen Gegenprotesten. Die Moskauer Führung behauptete, die Westmächten schürten antisowjetische Emotionen in Osteuropa und unterstützten dort die so genannte „politische Reaktion".

Um ihren Protesten Nachdruck zu verleihen, brachte die amerikanische Administration gelegentlich ihr atomares Monopol ins Spiel. Die Tatsache, dass die letzte Konferenz der Großen Drei in Potsdam erst am 16. Juli 1945 – also mehr als zwei Monate nach der Kapitulation des Dritten Reiches – stattfand, hatte nicht zuletzt damit zu tun, dass der amerikanische Präsident die Zündung der ersten amerikanischen Atombombe auf dem Testgelände in New Mexico abwarten wollte. Dieser

Atomtest fand während der Konferenz statt. Am 21. Juli 1945 berichtete Truman Stalin, dass die USA „eine neue Waffe mit ungeheurer Zerstörungskraft“ besäßen. Einige Autoren gehen davon aus, dass Truman mit diesen Worten Stalin einschüchtern wollte, um ihn zur größeren Nachgiebigkeit in dem sich nun anbahnenden Ost-West-Konflikt zu bewegen. Trumans Nachricht stellte übrigens für Stalin keine Überraschung dar. Bereits am 10. März 1942 hatte Berija Berichte vieler sowjetischer Agenten in Großbritannien und den USA zusammengefasst und an Stalin geschrieben: „In einer Reihe von kapitalistischen Ländern werden beträchtliche Anstrengungen unternommen, durch Spaltung des Atomkerns Zugang zu einer neuen Energiequelle zu gewinnen und die Atomenergie für militärische Zwecke zu nutzen.“

Im amerikanischen Team, das sich an der Entwicklung des „Manhattanprojekts“ (Atombombe) beteiligte, befanden sich mehrere sowjetische Agenten – Klaus Fuchs, Bruno Pontecorvo und andere. Der für die Auslandsspionage zuständige NKWD-General, Pawel Sudoplatow, berichtet, dass die Beschreibung des Konstruktionsplans der ersten Atombombe bereits im Januar 1945 nach Moskau gelangte. Im August wurde in der Sowjetunion eine Sonderkommission unter der Leitung von Berija gebildet, die den Auftrag erhielt, eine sowjetische Atombombe zu konstruieren. Erst vier Jahre später vermochte sie ihren Auftrag zu erfüllen. Am 29. August 1949 wurde die erste sowjetische Atombombe gezündet. Die USA besaßen also vier Jahre lang ein atomares Monopol. Dies half ihnen aber wenig, denn die sowjetische Führung war sich darüber im Klaren, dass der Einsatz der Atomwaffen gegen den ehemaligen Verbündeten für die amerikanische Administration nicht in Frage kam. Im September 1946 sagte Stalin in einem Interview, das er der englischen Zeitung „Sunday Times“ gab: „Die Atombomben sind nur dazu bestimmt, nervenschwache Menschen zu erschrecken. Sie können die Schicksale der Kriege nicht entscheiden.“

So hatten die Westmächte im Grunde keine wirksamen Mittel, um die Sowjetunion zu substantiellen Zugeständnissen zu zwingen. Der amerikanische Historiker John Gaddis spricht in diesem Zusammenhang von der „Ohnmacht der Allmacht“.

Aber auch die Sowjetunion war nicht im Stande, die Positionen der wirtschaftlich überlegenen Westmächte zu erschüttern. Die wichtigsten Waffen, die den beiden Kontrahenten nun verblieben, waren verbale Attacken, die fortwährend eskalierten – die psychologisch-ideologische Kriegsführung.

Im Dezember 1945 erklärte Molotow, der Sieg über Deutschland und

Japan habe keineswegs zur endgültigen Zerschlagung des Imperialismus geführt.

Anfang 1946 formulierte der einflussreiche amerikanische Diplomat und Russlandkenner, George F. Kennan, Prinzipien der so genannten Eindämmungspolitik – der Politik eines aktiven Widerstandes gegen den sowjetischen Expansionismus. Kennan schrieb: „Alles in allem haben wir es mit einer politischen Kraft zu tun, die sich fanatisch zu dem Glauben bekennt, dass es mit Amerika keinen dauernden Modus vivendi geben kann, dass es wünschenswert und notwendig ist, die innere Harmonie unserer Gesellschaft, unsere traditionellen Lebensgewohnheiten und das internationale Ansehen unseres Staates zu zerstören, um der Sowjetmacht Sicherheit zu verschaffen." Im März 1946 hielt Churchill in Fulton (USA) seine berühmt gewordene Rede über den Eisernen Vorhang, der sich von Stettin bis Triest erstrecke.

Die sowjetische Führung begann ihrerseits im ganzen von Moskau abhängigen Machtbereich einen propagandistischen Feldzug gegen den Westen, der nun in einem immer stärkeren Ausmaß dämonisiert wurde. Dabei beklagten sich sowjetische Politiker und Journalisten unentwegt darüber, dass die sowjetische Propaganda im Vergleich zur westlichen hölzern und unattraktiv wirke. S. Rossowski, der führende Mitarbeiter der sowjetischen Presseagentur „Sowinformbüro", schrieb 1946: „In unserer eigenen Presse haben wir eine eigentümliche Sprache entwickelt – eine Sprache von sozialistischen Bürgern für sozialistische Bürger ... Diese Sprache ist den Menschen in den kapitalistischen Ländern, sogar der dortigen Linken ... unverständlich. Eine solche Propaganda erreicht niemanden. Sie gleicht einem Schießen mit Platzpatronen."

Um sich der lästigen Konkurrenz der westlichen bzw. vom Westen subventionierten Presseorgane zu entledigen, wurden sie im Zuge der Verschärfung des Ost-West-Gegensatzes in den von der UdSSR abhängigen Staaten einfach verboten.

Die Verschärfung des Ost-West-Gegensatzes, die in den ersten Nachkriegsjahren zu beobachten war, entsprang nicht in erster Linie der Angst vor einem unmittelbar bevorstehenden Dritten Weltkrieg, sondern diente vielmehr der Konsolidierung und der Disziplinierung des jeweiligen ideologischen Lagers. So reduzierte die Moskauer Führung gerade in der Zeit, in der die sowjetische Propaganda von einem immer aggressiver werdenden „kapitalistischen Feind" sprach, die sowjetischen Streitkräfte von 11,4 Millionen Soldaten im Jahre 1945 auf 2,9 Millionen im Jahre 1948 – also ausgerechnet in der Phase, in der der Kalte Krieg seinen ersten Höhepunkt erreichte (Berlin-Krise). Erst während des im Juni 1950 ausgebrochenen Korea-Krieges wurde die Truppenstärke der sowjetischen Armee wieder erhöht.

Im September 1946 sagte Stalin in einem Interview mit einem britischen Korrespondenten: „Ich glaube nicht an die wirkliche Gefahr eines ‚neues Krieges' ... Man muss scharf zwischen dem Geschrei über einen ‚neuen Krieg' und der tatsächlichen Kriegsgefahr unterscheiden, die zur Zeit nicht besteht." Drei Monate später fügte er hinzu: „Die Völker sind kriegsmüde. Abgesehen davon gibt es keine verständlichen Ziele, die einen neuen Krieg rechtfertigen würden."

Aber auch aus den Dokumenten des amerikanischen Außen- und des Verteidigungsministeriums geht hervor, dass die amerikanische Regierung ebenso wenig mit einem sofortigen Krieg rechnete. Die Beschwörung der kommunistischen Gefahr diente nach Ansicht einiger amerikanischer Autoren der Eindämmung isolationistischer Bestrebungen in den USA, der Tendenz, sich aus den europäischen Angelegenheiten, ähnlich wie nach dem Ersten Weltkrieg, zurückzuziehen. Churchill hielt seine temperamentvolle Rede über den Eisernen Vorhang nicht zufällig in den USA. Er unterstützte damit die Bemühung der US-Administration, die amerikanische Öffentlichkeit davon zu überzeugen, dass es noch zu früh sei, die amerikanischen Soldaten nach Hause zu schicken, obwohl die Forderung „bring the boys home" immer lauter wurde. Die Westmächte waren der Sowjetunion militärisch durchaus gewachsen. Dies allerdings nur unter einer Voraussetzung, und diese hieß – militärische Präsenz der Vereinigten Staaten in Europa. Durch die Beschwörung der kommunistischen Gefahr, durch die gelegentliche Gleichsetzung des sowjetischen Eroberungsdranges mit dem uferlosen Expansionismus Hitlers wurde das Ziel der Bekämpfung des amerikanischen Isolationismus auch erreicht. Die im März 1947 verkündete Truman-Doktrin, die den vom Totalitarismus bedrohten Staaten (in erster Linie Griechenland und der Türkei) amerikanische Hilfe versprach, besiegelte die Präsenz der USA auf dem europäischen Kontinent.

Die amerikanischen Historiker John Gaddis und Daniel Yergin weisen indes darauf hin, dass die Beschwörung der kommunistischen Gefahr, die zunächst vorwiegend dazu diente, den amerikanischen Isolationismus zu bekämpfen, eine Eigendynamik zu entwickeln begann. Es sei immer schwieriger geworden, die dadurch hervorgerufenen Ängste zu steuern. Der amerikanische Außenminister Marshall warnte am 23. März 1948 den Verteidigungsminister Forrestal: Man solle mit der Instrumentalisierung der Kriegsgefahr nicht übertreiben, um nicht gerade das zu provozieren, was man zu verhindern glaubte, also den Krieg.

2. Die Entstehung des „äußeren“ Sowjetimperiums

In der Zwischenkriegszeit war die Sowjetunion durch den so genannten Cordon sanitaire von der Außenwelt abgeriegelt. In den Staaten, die sich in ihrer unmittelbaren Nachbarschaft befanden, herrschten in der Regel antisowjetische Regime. Sie wurden von Moskau als Vorposten des „kapitalistischen Klassengegners“ angesehen. 1944/45 gerieten beinahe alle diese Länder unter die sowjetische Hegemonie, verwandelten sich in ein Glacis der Sowjetunion, einen Schutzgürtel, der die UdSSR gegenüber potentiellen Angreifern verteidigte. So ist das so genannte „äußere Sowjetimperium“ entstanden.

George F. Kennan hatte 1945 die Ansicht vertreten, die UdSSR werde die Ausdehnung ihres Machtbereiches bis zur Elbe kaum verkraften, er sagte auch den baldigen Zusammenbruch ihrer Hegemonie voraus. In Wirklichkeit bereitete es aber der Sowjetunion keine allzu großen Schwierigkeiten, Ostmitteleuropa zu kontrollieren. Dies ungeachtet der Tatsache, dass Moskau nun weit über die traditionelle russische Einflusssphäre hinausging. Vor 1914 war Polen das einzige Land in der Region, das sich unter russischer Kontrolle befand, und es bedurfte einer außerordentlichen Anspannung der Kräfte des gesamten Zarenreiches, die unbotmäßige Provinz immer wieder zu unterwerfen. Demgegenüber gab es in der ganzen Entwicklung des so genannten Ostblocks (1945–89) im Grunde nur ein einziges Pendant hierzu – den Ungarn-Aufstand von 1956. Die Interventionen in Ostberlin und in der Tschechoslowakei (1953, 1968) sind wesentlich glimpflicher verlaufen. Sogar das aufsässige Polen hatte vor 1989, trotz mehrerer Auflehnungsversuche, keine Chance, aus dem sowjetischen Machtbereich auszubrechen. Nur im strategisch weniger neuralgischen südosteuropäischen Raum musste Moskau nach 1945 einige außenpolitische Rückschläge hinnehmen (Jugoslawien, Albanien, Rumänien). Die Auflösung des Ostblocks ereignete sich 1989 nicht in erster Linie unter dem Druck von unten, sondern war eher die Folge eines neuen außenpolitischen Konzepts der sowjetischen Führung, die das Festhalten an der Breshnew-Doktrin, von der noch die Rede sein wird, nicht mehr für opportun hielt.

Die relativ problemlose Kontrolle Ostmitteleuropas verwundert, wenn man bedenkt, dass die kommunistischen Parteien der Region – das wichtigste Instrument der Moskauer Hegemonialpolitik – vor 1945, sieht man von der Tschechoslowakei und Jugoslawien ab, im politischen Spektrum der jeweiligen Länder nur Randerscheinungen darstellten. So zählte die rumänische KP im August 1944 etwa 1000 Mitglieder, die bulgarische im September 1944 25 000, die polnische und die ungarische im Januar 1945 jeweils etwa 30 000. Trotz ihrer zahlenmäßigen Schwäche kontrollierten allerdings die kommunistischen Parteien in den damals entstandenen Koalitionsregierungen mit den anderen „antifaschistischen Kräften" alle Schlüsselpositionen und entschieden, natürlich gemeinsam mit Moskau, über das Schicksal der Region. Um die Unterstützung breiterer Bevölkerungsschichten zu gewinnen, begannen sie einen brutalen Feldzug gegen die alten, halbfeudalen Machteliten, die seit Jahrhunderten die meisten Länder der Region beherrschten. Von Moskau wurden sie zu einem noch radikaleren Vorgehen angespornt. Ende September 1944 belehrte Stalin einige Führer der Polnischen Arbeiterpartei (PPR), die sich in Moskau aufhielten: „Es geht um die Beseitigung einer ganzen Klasse ... Solche Revolutionen werden nicht unter Beachtung bestehender Rechtsnormen vollbracht, ... [sondern] sie werden mit revolutionären Methoden durchgeführt."

Als Stalin erfuhr, dass die polnische Regierung noch keinen einzigen Gutsbesitzer hatte verhaften lassen, war er entrüstet: „Was für Kommunisten seid ihr?", rief er aus. Eine derartige Weichheit gegenüber dem Klassenfeind sei echter Revolutionäre unwürdig.

Der Leiter der Internationalen Informationsabteilung des bolschewistischen ZK (einer Nachfolgeorganisation der Komintern), Georgi Dimitrow, forderte seinerseits (Januar 1945) einen der Führer der bulgarischen KP, Trajtscho Kostow, dazu auf, härter gegen die so genannten „bulgarischen Faschisten" vorzugehen. Als Kostow über die Errichtung von Arbeits- und Erziehungslagern für „Faschisten" berichtete, wandte Dimitrow ein: „Faschisten lassen sich nicht umerziehen."

Aber die Kreml-Führung verlangte von ihren osteuropäischen Satrapen nicht nur revolutionäre Härte und Unduldsamkeit. Aus Rücksicht auf die westlichen Verbündeten der UdSSR mussten sie auch in einem demokratischen Gewand auftreten. Sie hatten zu betonen, dass sie keine Übernahme des sowjetischen Modells anstrebten, dass in ihrem jeweiligen Staat alle „demokratischen" und „antifaschistischen" Kräfte Platz hätten.

Um das „demokratische Gesicht" zu wahren, musste der Vorsitzende des von den Kommunisten dominierten Polnischen Nationalrates, Bolesław Bierut, sogar vorübergehend aus der PPR austreten, was er nur sehr unwillig tat. Er versuchte sich diesem Befehl Stalins zu widersetzen – vergeblich. Stalin bestand darauf. Dieses Opfer sei notwendig, denn sonst würden die Westmächte Bierut als Vorsitzenden des Nationalrates nicht akzeptieren.

Im Oktober 1945 wurden die ungarischen Kommunisten vom Moskauer Emissär, Woroschilow, wegen ihrer Unversöhnlichkeit gegenüber ihren „bürgerlichen" Partnern in der Budapester Koalitionsregierung gerügt. Etwa zur gleichen Zeit hielt Stalin es für inopportun, eine offizielle sowjetische Parteidelegation auf den Kongress der Polnischen Arbeiterpartei zu schicken: „Dies könnten die Gegner der PPR ausnutzen, um zu behaupten, dass der Parteitag der PPR unter der Kontrolle der WKP(b) verlaufe." Auf dem Parteitag der tschechoslowakischen KP vom März 1946 war ebenfalls keine sowjetische Parteidelegation anwesend.

Auch die Deutschlandpolitik Moskaus gestaltete sich zunächst relativ flexibel. Die sowjetische Führung, die während des Krieges mit Nachdruck für die Zersplitterung Deutschlands plädiert hatte, änderte in den letzten Kriegsmonaten ihre Strategie und versuchte bei der Weltöffentlichkeit den Eindruck zu erwecken, die Spaltung Deutschlands entspräche keineswegs ihren Interessen. Am 9. Mai 1945, während der Siegesparade in Moskau, sagte Stalin, dass „die Sowjetunion ... sich nicht anschickt, Deutschland zu zerstückeln oder zu vernichten". Die SBZ war die erste Besatzungszone, in der die Bildung von politischen Parteien erlaubt wurde – dies geschah bereits am 10. Juni 1945. Diese Entwicklung beunruhigte die Westmächte. Im britischen Außenministerium wurde dazu Mitte Juli 1945 vermerkt: Die bloße Tatsache, dass es auf östlicher Seite deutsche Parteien gebe, während es in den westlichen Landesteilen noch an solchen fehle, stärke die Position Moskaus.

Die KPD, die sich am 11. Juni 1945 in der SBZ neu gründete, betonte, dass ihr Ziel keineswegs die „Diktatur des Proletariats", sondern die Vollendung der „bürgerlich-demokratischen Revolution" sei. In ihrem Aufruf vom gleichen Tag hob sie hervor, „dass der Weg, Deutschland das Sowjetsystem aufzuzwingen, falsch wäre". Dieser Weg entspreche nicht „den gegenwärtigen Entwicklungsbedingungen in Deutschland". Anfang 1946 wurde auch die These vom „besonderen deutschen Weg zum Sozialismus" formuliert. Sie sollte den Sozialdemokraten der SBZ den Zusammenschluss mit der KPD erleichtern. Die sowjetischen Behörden forcierten diesen Einigungsprozess, um die KPD, die zur Zeit ihrer Neugründung nur eine Randerscheinung im damaligen Deutschland darstellte, aus ihrer Isolation zu befreien. Die neugegründete KPD litt von Anfang an am Mangel an erfahrenen Führungskadern. Stalin misstraute denjenigen Kommunisten, die sich während der nationalsozialistischen Herrschaftsperiode im westlichen Exil oder in Deutschland befunden hatten. Als völlig zuverlässig galten nur die „Moskauer Kader" – also die deutschen Kommunisten, die seit Jahren im sowjetischen Exil gelebt hatten. Diese Kommunisten waren wiederum zur Zeit der Säuberungen der Jahre 1936–38 außerordentlich stark dezimiert worden. So lebten in der Sowjetunion 1945 nach Berechnungen einiger Autoren nur etwa 600 KPD-Mitglieder, ungefähr 200 von ihnen kehrten nach Deutschland zurück und wurden zum Führungskern der neugegründeten KPD, dann der im April 1946 gegründeten SED und schließlich der im Oktober 1949 errichteten DDR.

Die Politik, die die UdSSR in der SBZ verfolgte, war derjenigen in den von Moskau abhängigen Staaten Osteuropas zum Verwechseln ähnlich.

Stalin verfolgte zunächst in Osteuropa eine zweigleisige Politik, die den Historikern bis heute Kopfzerbrechen bereitet. So wird in diesem Zusammenhang häufig die Aussage Stalins vom Frühjahr 1945 angeführt, die im Gespräch mit der jugoslawischen Führung fiel und die Milovan Djilas folgendermaßen zitiert: „Dieser Krieg ist nicht wie in der Vergangenheit; wer immer ein Gebiet besetzt, erlegt ihm auch sein eigenes System auf. Jeder führt sein eigenes System ein, so weit seine Armee vordringen kann. Es kann gar nicht anders sein“.

Die osteuropäischen Kommunisten, die seit 1944/45 alle Machthebel in ihren jeweiligen Ländern kontrollierten, wären durchaus im Stande gewesen, dieses von Stalin formulierte Programm sofort zu verwirklichen. Die sowjetischen Truppen stellten damals den bei weitem wichtigsten Machtfaktor in der gesamten Region dar. Und sie wären ohne weiteres in der Lage gewesen, jeden Widerstand gegen die kommunistische Revolution von oben im Keime zu ersticken. Trotzdem entschied sich Stalin zunächst für die Fortsetzung der im Kriege entstandenen Koalitionspolitik mit den so genannten „antifaschistischen“ Kräften. Warum? Nur aus Rücksicht auf die Westmächte, oder weil er sich damals über die künftige Gestaltung des sowjetischen Hegemonialbereichs – trotz der oben von Djilas angeführten Aussage – noch nicht im Klaren war?

Diese Frage lässt sich nicht eindeutig beantworten. Eines steht aber fest. Die damalige Politik Moskaus in Osteuropa war höchst ambivalent, sie löste bei den Kommunisten der Region nicht selten Verwirrung aus. Einige nahmen die Aufforderung Moskaus zu einer Fortsetzung der „antifaschistischen“ Allianz ernst. Zu ihnen gehörte auch der Generalsekretär der PPR, Władysław Gomułka: „Wir errichten keine Sowjetmacht“ verkündete Gomułka auf dem ZK-Plenum der PPR im Mai 1945. Der neue polnische Staat solle einen demokratischen und pluralistischen Charakter haben.

Deshalb wandte sich der Generalsekretär gegen das so genannte „Sektierertum", gegen Versuche vieler polnischer Kommunisten, die Verbündeten der PPR zu bevormunden. Eine Koalition habe nur dann einen Sinn, so Gomułka, wenn sie aus eigenständigen Partnern und nicht aus einer „führenden Partei" und ihren Marionetten bestehe.

Als „Sektierer" bezeichnete Gomułka auch diejenigen PPR-Mitglieder, die sich für die Kollektivierung der Landwirtschaft bzw. für die Enteignung der Kleineigentümer aussprachen. Die Verbreitung derart unverantwortlicher Parolen könne das Vertrauen der Bevölkerung in manche Regierungsmaßnahmen, beispielsweise in die Agrarreform, gänzlich untergraben. Auch die starken antisowjetischen Ressentiments im Lande führte Gomułka nicht zuletzt auf das Wirken der „Sektierer" zurück, also auf ihren Versuch, Polen in eine Sowjetrepublik zu verwandeln.

Hatte es unter den polnischen Kommunisten tatsächlich Verfechter der Eingliederung Polens in die Sowjetföderation gegeben? Jakub Berman, der zu der engsten Führungsriege der PPR zählte, bejaht dies. Im Gespräch mit der Warschauer Journalistin Teresa Torańska zu Beginn der 80er Jahre weist er darauf hin, dass zu den Befürwortern dieser Idee unter anderen die Witwe des Gründers der sowjetischen Terrororgane Feliks Dzierżyński, Zofia, gehörte. Berman hebt allerdings hervor, dass Stalin sich für ein souveränes, wenn auch eng an die UdSSR angelehntes Polen aussprach. Eine ähnliche Aussage hatte Berman bereits im Mai 1945 auf dem ZK-Plenum der PPR getroffen: „Stalin verteidigt die Idee der polnischen Souveränität und er weiß, wie die PPR diese Idee versteht".

Wollte Berman sich auf die Autorität Stalins berufen, um die Gegner der polnischen Unabhängigkeit in den eigenen Reihen einzuschüchtern? Wie kann man aber in diesem Zusammenhang seinen Hinweis interpretieren, dass „Stalin weiß, wie die PPR die Idee [der Souveränität] versteht"? Etwa als beschränkte Souveränität? Höchstwahrscheinlich. Denn die Kommunisten, die sich jahrelang im sowjetischen Exil befanden, die so genannten „Moskowiter" – und Berman gehörte zu ihnen –, verknüpften mit dem Begriff Souveränität ganz andere Vorstellungen als einheimische Kommunisten, deren wichtigster Vertreter in Polen Władysław Gomułka war. Die „Moskowiter" entwickelten beinahe Pawlowsche Reflexe, die Fähigkeit auf jedes Signal, auf jeden Wink des Kreml-Herrschers entsprechend zu reagieren. Gomułka als „Nicht-Moskowiter", der zur Zeit des Krieges in Polen lebte, war einer derartigen „Dressur" nicht unterzogen worden. Darauf führt man in der Regel sein störrisches und eigenwilliges Verhalten zurück. Im Mai 1945 führte Gomułka aus: „Einige Genossen ziehen bei der Analyse der jetzigen wirtschaftlichen Situation Polens Parallelen zur Situation der Sowjetunion unmittelbar nach der [Oktober-]Revolution. Sie sagen, die Sowjetunion habe die Industrie auf Kosten der Landwirtschaft geschaffen. Wir müssen aber nicht diesen Weg gehen ... Russland war [damals] kein industrialisiertes Land, deshalb stellte sich in der Sowjetunion das Problem der Industrialisierung [so akut]". Die Lage Polens sei anders, fährt Gomułka fort. Es müsse nicht die industrielle Infrastruktur erst errichten, sondern lediglich die durch den Krieg zerstörten Betriebe wieder aufbauen. Diese Aufgabe erfordere eine ganz andere Strategie als die Industrialisierung der UdSSR zu Beginn der 30er Jahre.

Diese entschiedene Ablehnung des sowjetischen Modells durch Gomułka irritierte die Moskauer Führung. Da ihre Politik gegenüber den osteuropäischen Staaten zunächst noch zweideutig und widersprüchlich war, stellte sie all diejenigen osteuropäischen Kommunisten an den Pranger, die sich eindeutig gegen oder für die Sowjetisierung ihrer jeweiligen Länder aussprachen. So wurden die jugoslawischen Kommunisten für ihr allzu radikales Vorgehen, für die Missachtung der pseudodemokratischen Formen kritisiert, die polnischen hingegen für einen allzu behutsamen Kurs. Die sowjetische Führung hatte im Grunde große Schwierigkeiten mit der theoretischen Einordnung der Regime, die 1944/45 an ihrer westlichen Peripherie entstanden. Der amerikanische Sowjetologe Zbigniew Brzezinski schreibt: „Nach bekannten marxistisch-leninistischen Lehrsätzen muss auf den Zusammenbruch bürgerlicher Staaten die Errichtung der Diktatur des Proletariats ... folgen ... Die osteuropäische Situation nach dem Zweiten Weltkrieg verlangte offenkundig elastischere Konzeptionen; sie ließ sich nicht in die früheren bolschewistischen Kategorien pressen. Die mit Hilfe der Roten Armee geschaffenen Regierungen waren sichtlich keine Diktaturen der Bourgeoisie mehr. Angesichts der Beteiligung der Kommunisten an diesen Regierungen und ihrer Bodenreform- und Nationalisierungsmaßnahmen passten sie nicht in das Schema, das aus den Erfahrungen mit bürgerlichen Staaten abgeleitet war. ... Sie konnten aber auch nicht als Diktaturen des Proletariats gelten. In einigen Fällen waren die Kommunisten nur Minderheitspartner von Koalitionsregierungen ... und in allen waren die ‚feindlichen' politischen Kräfte noch organisiert und politisch aktiv."

Auch Stalin versuchte das nun in Osteuropa errichtete so genannte „volksdemokratische" System zu definieren. Im Gespräch mit einer polnischen Regierungsdelegation im Mai 1946 führte er aus: „Das System, das in Polen errichtet wurde – das ist eine völlig neue Form der Demokratie. Sie hat keine Vorläufer. Sie ähnelt weder der belgischen, noch der englischen oder der französischen Demokratie ... Sie haben die Industrie innerhalb von 100 Tagen nationalisiert, die Engländer hingegen kämpfen bereits seit hundert Jahren erfolglos darum. Deshalb sollen Sie die westlichen Demokratien nicht kopieren. Im Gegenteil, der Westen soll Ihre Demokratie als Vorbild nehmen. Die Demokratie, die in Polen, in Jugoslawien und teilweise auch in der Tschechoslowakei entstand, gibt ihnen die Möglichkeit, sich in Richtung Sozialismus zu bewegen – ohne Diktatur des Proletariats und ohne Sowjetmacht." Dimitrow fügte etwa zur gleichen Zeit hinzu: „Unsere derzeitige Aufgabe ist weder die Verwirklichung des Sozialismus noch die Einführung eines sowjetischen Systems, sondern die Konsolidierung des demokratischen und parlamentarischen Regimes."

Wie ließ sich aber das demokratische und parlamentarische Regime mit der Konzentration aller Machthebel im Staate in den Händen einer politischen Kraft vereinbaren, die, wenn man von der Tschechoslowakei oder von Jugoslawien absieht, nur ein kleines Segment der jeweiligen Gesellschaft repräsentierte. Die verheerende Niederlage der ungarischen Kommunisten bei den Parlamentswahlen vom November 1945, bei denen die de facto herrschende Partei nur 17% der Stimmen erhielt, veranschaulichte deutlich diesen Sachverhalt. Nur eine gänzliche Ausschaltung der demokratischen Mechanismen konnte die Hegemonie der Kommunisten in der Region auf Dauer sichern. Die osteuropäischen Kommunisten hatten bereits von den Bolschewiki gelernt, dass der Wille der Bevölkerungsmehrheit keinen Respekt verdiene, wenn er die Macht der „Werktätigen" und ihrer „Avantgarde" gefährdete. Im Januar 1918 hatte Lenin die Verfassunggebende Versammlung mit ihrer nichtbolschewistischen Mehrheit sprengen lassen, und zwar mit Hilfe dieser Argumentation (s. S. 67 ff.). Sollten die polnischen, ungarischen, rumänischen, bulgarischen oder die deutschen Kommunisten in dieser Beziehung mehr Skrupel haben als seinerzeit das von ihnen so bewunderte Vorbild? So begannen die neuen Machthaber in ganz Osteuropa mit Hilfe der berühmt gewordenen „Salami"-Taktik (der Begriff wurde vom Führer der ungarischen Kommunisten, Mátyás Rákosi, geprägt), die Oppositionsgruppierungen Stück für Stück ihrer Eigenständigkeit zu berauben und in Marionetten des Regimes zu verwandeln. Wie sie dabei mit den demokratischen Spielregeln umgingen, ließ sich nicht zuletzt am Beispiel der polnischen Parlamentswahlen vom Januar 1947 ablesen.

Die mit Abstand populärste Partei im Lande, die Bauernpartei von Stanisław Mikołajczyk, erhielt lediglich 10% der Mandate. Die Wahlergebnisse waren erwiesenermaßen gefälscht.

Auch die außenpolitische Handlungsfreiheit der Volksdemokratien wurde auf ein Minimum reduziert. Dies zeigte sich besonders deutlich Mitte 1947 als der amerikanische Außenminister Marshall den europäischen Staaten, einschließlich den Staaten Osteuropas, Hilfe bei der Wiederherstellung der durch den Krieg zerrütteten wirtschaftlichen Strukturen anbot. Dadurch sollte der soziale Friede in Europa wiederhergestellt werden. Die Warschauer und die Prager Regierung – bereits von den Kommunisten dominiert – waren bereit, sich am Marshall-Plan zu beteiligen. Für die Sowjetunion war dies aber nicht akzeptabel. So erklärte Radio Moskau am 8. Juli 1947, die polnische Regierung habe die Teilnahme an der Pariser Konferenz, die über den Marshall-Plan beraten sollte, abgelehnt. Für den polnischen Regierungssprecher Grosz stellte diese Nachricht eine völlige Überraschung dar, denn die Warschauer Regierung hatte damals noch keinen endgültigen Entschluss über das amerikanische Angebot gefasst. Erst am nächsten Tag teilte sie offiziell mit, dass sie sich an der Pariser Konferenz nicht beteiligen werde. Diese Tatsache allein verdeutlicht das damalige Ausmaß der Abhängigkeit der osteuropäischen Staaten von der Moskauer Zentrale.

Im Gespräch mit einer tschechoslowakischen Regierungsdelegation (9. 7. 1947) bezeichnete Stalin die Bereitschaft Prags, am Marshall-Plan teilzunehmen, als unfreundlichen Akt der Sowjetunion gegenüber: „Objektiv helfen Sie, ob Sie es wollen oder nicht, die Sowjetunion zu isolieren … Alle Staaten, die mit der Sowjetunion befreundet sind, nehmen an der Pariser Konferenz nicht teil, außer der Tschechoslowakei … Sie müssen unbedingt Ihre Entscheidung revidieren … Je schneller desto besser."

Prag beugte sich, ähnlich wie Warschau, dem sowjetischen Ultimatum: „Ich kehre [aus Moskau nach Prag] als Lakai Stalins zurück", kommentierte der tschechoslowakische Außenminister Jan Masaryk diese Entwicklung.

Die letzten Verbindungen zwischen den beiden Blöcken wurden im Laufe des Jahres 1947 abgebrochen. Koalitionsregierungen in den „Volksdemokratien" wurden immer stärker zur Farce. Nur diejenigen Parteien wurden geduldet, die sich den Kommunisten gänzlich unterwarfen. Die Infrastruktur der oppositionellen Parteien wurde zerschlagen, ihre Führer verhaftet oder zur Flucht aus dem Lande gezwungen.

Man darf an dieser Stelle nicht vergessen, dass zur gleichen Zeit auch der westliche Block sich immer stärker konsolidierte. Anfang Mai 1947 zerbrach in Frankreich die Koalition zwischen den Kommunisten und den bürgerlich-demokratischen Parteien. Einige Tage später traten die Kommunisten auch aus der italienischen Regierung aus.

Die Verschärfung des Ost-West-Gegensatzes beschleunigte auch den Prozess der deutschen Spaltung. Die sowjetische Führung war sich bereits seit der Verkündung des Marshall-Planes darüber im Klaren, dass die Sanierung der westdeutschen Wirtschaft durch entsprechende politische Maßnahmen begleitet werden würde, nämlich durch die Bildung eines westdeutschen Staates und durch die Integrierung des gesamten Potentials der westlichen Besatzungszonen in die Strukturen des westlichen Blocks. Diese Entwicklung versuchte Moskau mit verschiedenen Störmanövern zu verhindern. Am 15. März 1948 fand ein Treffen Stalins mit dem Leiter der Sowjetischen Militäradministration in Deutschland (SMAD), Marschall Sokolowski, und deren politischem Berater, Wladimir Semjonow, statt. Stalin meinte, es genüge nicht mehr, gegen die westliche Politik nur verbal zu protestieren. Um auf die Westmächte Druck auszuüben, sollten die Verbindungen zwischen den Westsektoren Berlins und den Westzonen eingeschränkt werden. Am 20. März 1948 trat der Leiter der SMAD aus dem Alliierten Kontrollrat aus, damit hörte dieses Gremium praktisch auf zu existieren.

Die am 20. Juni 1948 durchgeführte Währungsreform in den Westzonen, die von Moskau als ein eigenmächtiger Akt der Westmächte, als Provokation empfunden wurde, bildete den unmittelbaren Anlass für den Beginn der Blockade Westberlins, die bereits seit Mitte März 1948 geplant worden war. Am 24. Juni 1948 wurden alle Land- und Wasserwege zwischen Westberlin und den Westzonen gesperrt. Stalins zentrale Forderungen an die Westmächte, die er am 2. August formulierte, lauteten: Die Westmächte sollten auf die Gründung eines westdeutschen Staates verzichten, die Ostmark solle auch in Westberlin gelten.

Die vom amerikanischen Militärgouverneur, General Clay, initiierte Luftbrücke zur Versorgung Berlins stellte für Moskau, aber auch für die gesamte westliche Öffentlichkeit eine Überraschung dar. Kaum jemand hielt eine permanente Versorgung einer 2-Millionen-Stadt aus der Luft für möglich. Als dies aber geschah, verlor die sowjetische Führung ihr vielleicht wirksamstes Druckmittel. Im Mai 1949 beendete sie die Blockade. Man muss hier jedoch darauf hinweisen, dass beide Blöcke bei dieser äußerst gefährlichen Zuspitzung des Ost-West-Konflikts eine totale Konfrontation zu vermeiden suchten. So unternahm die sowjetische Luftwaffe kaum etwas, um die Luftbrücke zu unterbinden. Insofern handelte es sich bei den Rivalen des Kalten Krieges keineswegs um Vabanque-Spieler. In Konfliktsituationen beachteten sie im Wesentlichen bestimmte Spielregeln, was zur Verhinderung eines „heißen" Krieges erheblich beitrug.

Die Berlin-Krise verfestigte und vertiefte die deutsche Spaltung und beschleunigte die Gründung der beiden deutschen Staaten.

Die Tatsache, dass die Westmächte auf die „Salami"-Taktik der osteuropäischen Kommunisten, auf die Verletzung der elementarsten demokratischen Spielregeln, nur mit verbalen Protesten reagierten, steigerte die Aggressivität Moskaus. Pseudodemokratische Täuschungs- und Tarnmanöver wurden allmählich als überflüssig empfunden. Dies vor allem seit der Gründung des Kommunistischen Informationsbüros (Kominform) im September 1947, das der verstärkten Disziplinierung der kommunistischen Parteien und der beschleunigten Sowjetisierung der osteuropäischen Vasallen Moskaus dienen sollte. Um ihre Forderungen gegenüber den anderen kommunistischen Parteien besser durchsetzen zu können, wollte die sowjetische Führung nun nicht nur in ihrem eigenen Namen, sondern quasi im allgemeinen Interesse, im Namen einer anerkannten internationalen Organisation, sprechen. Stalin habe durch das Kominform der sowjetischen Politik eine internationale Weihe geben wollen, sagt der Chronist des Ostblocks, François Fejtö. Die erste Etappe der Gleichschaltung der Volksdemokratien wurde durch ein spektakuläres und dramatisches Ereignis besiegelt, nämlich durch den kommunistischen Staatsstreich in Prag vom Februar 1948, der zur endgültigen Ausschaltung der bürgerlichen Koalitionspartner der Kommunisten aus der Regierung führte.

Unmittelbar nach diesem Ereignis begann das zweite Stadium der Disziplinierung des Ostblocks. Eingeleitet wurde es durch den sowjetisch-jugoslawischen Konflikt. François Fejtö sagt, der Staatsstreich in Prag sei zwar eine Überraschung, aber keine Sensation gewesen, denn die ganze Entwicklung der letzten Jahre in der Tschechoslowakei habe sich praktisch in diese Richtung bewegt. Sensationell für die Außenstehenden hingegen sei der Bruch Jugoslawiens mit der Sowjetunion gewesen. Die jugoslawischen Kommunisten gehörten zu den radikalsten im ganzen Ostblock. Die von Stalin in den Jahren 1945/46 geforderten Kompromisse mit den bürgerlich-liberalen Kräften wurden von Tito systematisch sabotiert. Bereits Ende 1945 unterdrückte die jugoslawische KP alle oppositionellen Parteien und führte radikale wirtschaftliche und soziale Reformen durch. Die jugoslawischen Kommunisten waren also auf diesem Gebiet allen anderen Ostblockstaaten um etwa zwei Jahre voraus. Da sie aber aus eigener Initiative handelten und die sowjetische Einmischung in die innerjugoslawischen Angelegenheiten nur ungern duldeten, wurden sie von Stalin von Anfang an mit großem Misstrauen betrachtet. Stalin schätzte bei den Kommunisten weniger den ideologischen Eifer als vielmehr deren Bereitschaft, bedingungslos zu gehorchen. In einer geheimen Expertise über die Lage der jugoslawischen KP, die im September 1947 im Moskauer ZK entstand, wurde die KPJ der Hegemonialbestrebungen in Südosteuropa bezichtigt. Sie mische sich in die inneren Angelegenheiten einiger „Bruderländer" ein, so in diejenigen Albaniens und Bulgariens. Immer häufiger warfen sowjetische Politiker, Diplomaten und Militärs der jugoslawischen Führung vor, sie unterbewerte den Beitrag, den die Rote Armee bei der Befreiung Jugoslawiens geleistet habe, verkläre die von Tito entwickelte Militärstrategie und unterschätze das militärische „Genie" Stalins. Mit Empörung reagierte Moskau auf den von Tito und von dem Führer der bulgarischen KP, Dimitrow (dem ehemaligen Komintern-Vorsitzenden), ausgearbeiteten Plan einer südosteuropäischen Föderation. Das Zentralorgan der WKP(b) „Prawda" sprach Ende Januar 1948 von „phantastischen Föderationen und Konföderationen". Reumütig gestand Dimitrow im Gespräch mit der sowjetischen Führung: „Gewiss, wir haben uns geirrt. Aber durch Irrtümer lernen wir, welchen Kurs wir in der Außenpolitik einzuschlagen haben."

Die jugoslawische Führung war indes für derartige Selbstbezichtigungen viel zu selbstbewusst. Um auf Tito Druck auszuüben, unterstützte Moskau immer stärker die prosowjetische Fraktion innerhalb der jugoslawischen KP. Diese Fraktion unter S. Žujovič und A. Hebrang wurde praktisch aufgefordert, Tito zu stürzen. Tito kam allerdings Stalin zuvor und ließ die potentiellen Verschwörer verhaften. Dieser Schritt Titos wurde von Moskau scharf gerügt. Tito reagierte darauf im April 1948 mit folgendem Argument: „So sehr man auch das Land des Sozialismus, die Sowjetunion lieben kann, so kann man doch auf keinen Fall sein eigenes Land weniger lieben, das ebenfalls im Begriff ist, den Sozialismus zu verwirklichen."

Als Stalin der jugoslawischen Führung Eitelkeit vorwarf und die verhafteten Hebrang und Žujovič in Schutz nahm, antwortete Tito: Er habe aus dem „Kurzen Lehrgang der Geschichte der WKP(b)" gelernt, man müsse, um den Sieg des Proletariats zu sichern, vor allem die Führung der Partei von Kapitulanten, Deserteuren und Verrätern säubern.

Am 20. Juni 1948 protestierte die jugoslawische Führung offiziell gegen die Unterstützung der feindlichen Elemente in der KP durch die Sowjetunion. Am 28. Juni 1948 wurde die KPJ vom Kominform öffentlich verurteilt und die „gesunden Kräfte" in der KPJ wurden aufgefordert, ihre gegenwärtigen Führer zu zwingen, offen und ehrlich ihre Fehler zu bekennen oder diese abzusetzen.

Der sowjetisch-jugoslawische Konflikt hatte eine Art Signalcharakter für den gesamten Ostblock. Der Terror, der vorher praktisch nur gegen Nichtkommunisten gerichtet worden war, sprang nun auf die kommunistischen Parteien über. In allen kommunistischen Parteien des Ostblocks gab es Kräfte, die von einem mehr oder weniger nationalen Weg zum Sozialismus träumten. Sie beneideten den selbständigen Kurs der jugoslawischen Kommunisten und wollten ihre jeweiligen Länder, zumindest partiell, von dem erdrückenden sowjetischen Einfluss befreien. Allerdings war die Ausgangsposition dieser nationalen bzw. „autochthonen" Kommunisten, wenn man sie mit derjenigen der jugoslawischen KP vergleicht, äußerst ungünstig. Jugoslawien war das einzige Land Osteuropas, das sich von der nationalsozialistischen Okkupation weitgehend selbst hatte befreien können. Die sowjetische Militärverwaltung hatte in Jugoslawien nicht allzu viel zu sagen. Alle anderen Länder Osteuropas standen demgegenüber unter dem gewaltigen militärischen und politischen Druck Moskaus. Daher hatten die so genannten „autochthonen" Kommunisten dort wenig Spielraum. Gegen diese Kräfte begann Ende 1948 ein vernichtender Feldzug. Man bezichtigte sie der titoistischen Abweichung, sie wurden in Schauprozessen zu Renegaten und Agenten des Imperialismus abgestempelt. Viele von ihnen wurden zum Tode verurteilt und hingerichtet, so der ehemalige ungarische Innenminister Rajk oder der führende bulgarische Kommunist Kostow. Alle diese Prozesse waren in gewisser Hinsicht stellvertretend für einen Prozess gegen Tito konzipiert, der zum großen Bedauern Stalins nicht stattfinden konnte.

Parallelen zu den Schauprozessen in den 30er Jahren in der Sowjetunion selbst sind augenfällig. Auch diese waren nicht zuletzt gegen einen großen Abwesenden – gegen Trotzki – gerichtet. Der Kampf gegen den „Trotzkismus", der für Tausende von Kommunisten damals tödlich enden sollte, hatte zur Gleichschaltung der bolschewistischen Partei und der Kommunistischen Internationale wesentlich beigetragen. Zehn Jahre später spielte der Kampf gegen den „Titoismus" eine ähnliche Rolle in Bezug auf die „Volksdemokratien".

Innerhalb von wenigen Jahren sollten nun die „Volksdemokratien" Entwicklungen nachholen, die in der Sowjetunion seinerzeit einige Jahrzehnte in Anspruch genommen hatten. Die herrschenden Parteien verwandelten sich dort, ähnlich wie damals in der Sowjetunion, in Vehikel einer bürokratisch durchgeführten politischen, wirtschaftlich-sozialen und kulturellen Revolution von oben. Erst ab diesem Zeitpunkt – ab 1948/49 – kann man von totalitären Regimen in den osteuropäischen Vasallenstaaten sprechen. Erst ab 1948/49 wurde jeder dieser Staaten zu einer Sowjetunion en miniature mit einem „Mini-Stalin" und Terrororganen an der Spitze, die beinahe alle Lebensbereiche der Gesellschaft lückenlos kontrollierten. Die Periode, in der die „Volksdemokratien" als ein neuer Typ der Demokratie definiert wurden, der sich qualitativ vom sowjetischen Regime unterschied, war nun vorbei. Dimitrow, der noch 1946 erklärt hatte, das Ziel der Volksdemokratien sei „weder die Verwirklichung des Sozialismus noch die Einführung des sowjetischen Systems", argumentierte zwei Jahre später ganz anders: Nach der marxistisch-leninistischen Lehre seien das sowjetische System und das volksdemokratische System nur zwei Formen ein und derselben Macht, der Macht der Arbeiterklasse ... Dies seien zwei Formen der proletarischen Diktatur. Und das theoretische Organ der WKP(b) „Bolschewik" fügte hinzu: „Die allgemeinen Gesetze des Übergangs vom Kapitalismus zum Sozialismus, die von Marx und Engels entdeckt und von Lenin und Stalin erprobt ...und ... weiterentwickelt wurden, sind für alle Länder bindend."

3. Die spätstalinistische Restauration – die Wiederherstellung der totalitären Kontrollmechanismen in der Sowjetunion

Der so teurer erkaufte Sieg über das Dritte Reich wurde von der sowjetischen Bevölkerung als Neuanfang aufgefasst. Kühne Zukunftsvisionen entwarfen damals sogar derart treue Diener Stalins wie der populäre Schriftsteller Alexej Tolstoj. Am 22. Juli 1943 schrieb er in sein Notizbuch: „Das Volk wird nach dem Krieg vor nichts mehr Angst haben. Es wird neue Forderungen stellen und Eigeninitiative entwickeln ... Die chinesische Mauer zwischen Russland [und der Außenwelt] ... wird fallen."

Die von der Front zurückkehrenden Soldaten, die allerhand gesehen hätten, würden nun ganz neue Maßstäbe im Lande setzen, so der Dichter Nikolaj Asejew im Oktober 1944.

Auf dem Lande waren Gerüchte über die baldige Liquidierung von Kolchosen verbreitet: „Alle erwarten, dass die Kolchosen abgeschafft werden, wenn die Armee nach Hause entlassen wird" – solche Aussagen wurden von Sicherheits- und Parteiorganen unmittelbar nach dem Krieg vielfach registriert. Viele Sowjetbürger sahen allerdings ein, dass die von ihnen so sehnsüchtig erwartete „lichte Zukunft" nicht sofort nach dem Krieg anbrechen konnte. Sie waren bereit, die mit dem Wiederaufbau verknüpften Entbehrungen vorübergehend hinzunehmen. 1700 sowjetische Städte, 70 000 Dörfer, mehr als 30 000 Industriebetriebe waren im Krieg weitgehend zerstört worden. Die Zahl der arbeitsfähigen Kolchosbauern verringerte sich von 18,1 Millionen im Jahre 1941 auf 11,4 Millionen am Ende des Krieges. 1946 begann in der Sowjetunion, nicht zuletzt infolge des Arbeitskräftemangels und einer Dürrekatastrophe, eine Hungersnot, der Tausende von Menschen zum Opfer fielen. Alle Entbehrungen, die die Bevölkerung damals hinnehmen musste, wurden indes zunächst durch die Siegeseuphorie kompensiert, die im Lande herrschte. Allerdings verflog sie recht schnell. Autoren, die sich mit der inneren Beschaffenheit der sowjetischen Nachkriegsgesellschaft befassten, konstatieren Veränderungen im gesellschaftlichen Bewusstsein, die sich etwa 1947 bemerkbar machten. Man habe nun vom Krieg innerlich Abstand genommen und sich auf die Friedenszeit umgestellt. Immer weniger Menschen waren bereit, die Trostlosigkeit des eigenen Daseins mit den Folgen des Krieges zu entschuldigen. Sie warteten nun immer ungeduldiger auf die Verbesserung des Lebens, die der Sieg versprochen zu haben schien.

Kaum jemand rechnete damals damit, dass das absurde System der 30er Jahre wiederhergestellt werden könnte. Stalin war diesbezüglich aber anderer Meinung. A. Awtorchanow schreibt: Stalin habe verstanden, dass das Volk nach all den Opfern, die es gebracht hatte, danach streben werde, menschlicher zu leben. Deshalb habe er vor den eigenen Soldaten nicht weniger Angst gehabt als vor den Soldaten Hitlers.

Die erneute Disziplinierung der auf ihren Sieg so stolzen Nation, ihre erneute Verwandlung in ein bloßes Räderwerk des totalitären Mechanismus betrachtete die stalinistische Clique nun als ihr wichtigstes Ziel. Einen ihrer ersten Schläge richtete sie gegen die Armee, die infolge des Sieges über Deutschland zu einem bis dahin beispiellosen Ansehen gelangt war. Diese Popularität verlieh den Streitkräften ein gewisses Eigengewicht, was für den stalinistischen Apparat inakzeptabel war. Jede Institution, die über eine gewisse Verankerung bei der Bevölkerung verfügte, war schwer zu kontrollieren. Um einer solchen Entwicklung entgegenzutreten, begannen die Machthaber nach dem Krieg, manche hochrangige Militärführer abzusetzen. Anfang 1946 begann eine Kampagne gegen den damals wohl populärsten Militärführer – Marschall Shukow. Einer der engsten Gehilfen Stalins, Shdanow, beschuldigte Shukow, er träume von der Rolle eines Bonaparte. Shukow selbst berichtet nachträglich von einer Sitzung des obersten Militärrates vom März 1946, die für ihn einen äußerst gefährlichen Verlauf nahm. Stalin zitierte hier die Aussagen einiger Militärs, die kurz zuvor von den Sicherheitsorganen verhaftet worden waren, etwa die Aussage des Marschalls der Luftwaffe, Nowikow. Laut Nowikow habe sich Shukow mehrmals kritisch über Stalin geäußert. Er habe sich selbst und nicht Stalin als den Hauptarchitekten des Sieges bezeichnet. Stalins Angriffe auf Shukow wurden von anderen Politbüromitgliedern unterstützt, unter anderem von Molotow, Berija und Bulganin. Allerdings nahmen einige der anwesenden Militärs zur allgemeinen Überraschung der Parteiführung Shukow in Schutz. So sagte Marschall Rybalko, man müsse endlich aufhören, den Aussagen, die mit Gewalt erpresst worden seien, Glauben zu schenken.

Der Sieg über das Dritte Reich hatte also einigen Armeeführern soviel Selbstvertrauen verliehen, dass sie es, anders als in den Jahren 1937/38, wagten, Stalin zu widersprechen. Es ist nicht unwahrscheinlich, dass dieser zaghafte Widerstand Shukow das Leben rettete, denn er wurde nicht hingerichtet, sondern lediglich degradiert. Er erhielt einen unbedeutenden Posten in der Provinz, in Odessa. Allerdings gerieten andere weniger prominente sowjetische Generäle doch in die Fänge der Terrororgane. 1947 wurde eine gründliche Säuberung des sowjetischen Offizierskorps durchgeführt. Hingerichtet wurden zum Beispiel die Generäle Gordow und Kulik, weil sie angeblich den Sturz der Sowjetmacht geplant und die Partei und ihre Führung verunglimpft hätten.

Aber nicht nur die Streitkräfte, sondern auch Intellektuelle, die von der Lockerung der Kontrollmechanismen zur Zeit des Krieges besonders stark profitiert hatten, wurden nun vom Regime zur Ordnung gerufen. Schon im August 1946 begann eine Disziplinierungskampagne in der sowjetischen Literatur, die sich mit den Namen Shdanows assoziiert, deren wahrer Inspirator aber zweifellos Stalin war. Die Partei sagte nun den „fremden", prowestlichen Tendenzen in der Literatur den Kampf an. Im Februar 1947 wurde die Eheschließung von Sowjetbürgern mit Ausländern verboten. Der Westen wurde nun in einem immer stärkeren Ausmaß dämonisiert und vor seinen verderblichen Einflüssen wurde ununterbrochen gewarnt.

Mit äußerster Schärfe wandte sich Stalin gegen die auf Peter den Großen zurückgehende Tradition der Nachahmung des Westens: Peter I.

sei zu liberal gegenüber dem Ausland gewesen, so Stalin im Gespräch mit dem Filmregisseur Sergej Eisenstein im Februar 1947: Peter I. habe die Tore für den ausländischen Einfluss im Lande zu weit geöffnet. Diese Gedankengänge setzte Stalin drei Monate später in einem vertraulichen Gespräch mit einigen sowjetischen Schriftstellern fort: „Wenn man unsere durchschnittliche Intelligenzija näher betrachtet, ... so sieht man bei ihr eine völlig unbegründete Verehrung der ausländischen Kultur. Sie alle sehen sich als unreife, ... ewige Schüler an. Dies ist eine rückständige Tradition, die auf Peter zurückgeht ... Sind wir etwa schlechter? Was hat das zu bedeuten? Wir müssen diesen Geist der Selbsterniedrigung ... bekämpfen."

Dieser von oben befohlene Kampf gegen den „Geist der Selbsterniedrigung", dessen Ansätze man bereits in früheren Jahren hatte erkennen können, war mit einer Verklärung des Russentums verknüpft, die allmählich groteske Züge annahm. Es stellte sich nun heraus, dass beinahe alle großen Entdeckungen und Erfindungen von den Russen gemacht worden seien. „Russland – die Heimat der Elefanten", so verspotteten kritisch gesinnte russische Intellektuelle den russozentrischen Wahn der sowjetischen Führung.

Die bolschewistische Machtelite, die bis dahin einen ausgesprochen multinationalen Charakter aufgewiesen hatte, begann sich nun in einem immer stärkeren Ausmaß zu russifizieren. Der Moskauer Historiker und Politologe Nikolaj Romanowski schreibt in diesem Zusammenhang: Symptomatisch für den neuen Kurs sei die Tatsache gewesen, „dass praktisch alle damals von Stalin Geförderten, von wenigen Ausnahmen abgesehen, Slawen waren ... Gegen Ende seines Lebens legte Stalin offensichtlich eine russischere Mentalität an den Tag als die Mehrheit der Russen."

Die Verklärung des „Eigenen" und die Abwertung des „Fremden" erstreckte sich auch auf manche wissenschaftliche Disziplinen – mit verheerenden Folgen. Besonders tiefe Spuren hinterließ der Feldzug gegen die „fremdländischen Werte" in der Biologie, die zur Domäne eines Scharlatans, eines „Rasputins" der Stalin-Ära – Trofim Lyssenko – wurde. Lyssenkos Stärke, ja beinahe Unbesiegbarkeit bestand darin, dass Stalin persönlich seine dilettantischen Theorien gegenüber den Kritikern in Schutz nahm. Besonders empört reagierte Stalin auf den Vortrag des jungen ZK-Funktionärs, Jurij Shdanow (Sohn des damaligen Chefideologen der Partei, Andrej Shdanow) vom April 1948, der sich mit den „Theorien" Lyssenkos scharf auseinander setzte. Der Vorfall wurde auf einer Sondersitzung des Politbüros behandelt: „Wer gab dem jungen

Shdanow die Erlaubnis seinen Vortrag zu halten?" fragte Stalin die Anwesenden: „Wissen Sie nicht, dass auf Lyssenko unsere gesamte Agrarwirtschaft basiert?" [Lyssenko ging davon aus, dass die pflanzliche, aber auch die menschliche Erbmasse sich durch äußere Lebensbedingungen beeinflussen lasse, sich kurzfristig, d. h. im Laufe von nur einigen Generationen an die Umwelt anpasse – L.L.]. Stalin forderte die exemplarische Bestrafung der Schuldigen, und zwar nicht der Söhne („Sie sind noch jung und unerfahren"), sondern der „Väter". Damit meinte der Parteichef in erster Linie Andrej Shdanow. So trug der Fall Lyssenko nicht unerheblich zur Demontage des damals angeblich so mächtigen Chefideologen bei.

Die Verhärtung des ideologischen Kurses war mit der Verschärfung der Repressalien eng verknüpft. Die Zahl der Häftlinge im Archipel GULag schwoll an. Dies insbesondere nach dem Erlass des Obersten Sowjets vom 4. Juni 1947, der für den Diebstahl vom „staatlichen und gesellschaftlichen Eigentum" eine Lagerhaft von mindestens fünf Jahren vorsah. Im Verlaufe der nächsten Jahre (bis zum Tode Stalins) wurden mehr als eine Million Menschen aufgrund dieses Erlasses verurteilt. 1950 zählte der Archipel GULag 2,6 Millionen Häftlinge (mehr als in den 30er Jahren – zur Zeit des „Großen Terrors"). Abgesehen davon befanden sich damals 200 000 Häftlinge in den Gefängnissen und die Zahl der Verbannten *(spezposselenzy)* betrug 2 750 000. Im Februar 1948 wurden „Sonderlager mit verschärftem Regime" – in erster Linie für politische Gefangene – errichtet. Anfang der 50er Jahre zählte dieser Teil des Lagerimperiums 257 000 Häftlinge.

Die stalinistische Führung begann nun erneut eine Scheinwelt zu errichten – mit imaginären Volksfeinden und Agenten und mit mächtigen Verschwörerzentren. Dies ungeachtet der Tatsache, dass die UdSSR nach dem Zusammenbruch des deutschen und des japanischen Reiches sowohl zur stärksten europäischen als auch asiatischen Macht wurde und dass sie sowohl in Europa als auch in Asien durch einen Gürtel von verbündeten bzw. abhängigen Staaten geschützt war. Für den stalinistischen Fiktionalismus stellte indes diese neue Konstellation kein Hindernis dar. Wie schon in den 30er Jahren wurden die Sowjetbürger auch jetzt zur Wachsamkeit aufgerufen, um Spione und Feinde, die ihr wahres Gesicht unter einer Maske verbargen, zu entlarven. Stalin befand sich also wieder in seinem Element. Der alte Bekannte der sowjetischen Propaganda – das „Finanzkapital" – kam erneut zum Vorschein. In seinen der Öffentlichkeit unzugänglichen Zentren entwerfe das allmächtige „Finanzkapital" seine Welteroberungspläne und versuche seinen einzigen ebenbürtigen Gegner – das „sozialistische Lager" – auszuhöhlen und zu zerstören. Allerdings hatten diese klassenkämpferischen Parolen als solche, anders als in den 30er Jahren, ihre frühere Überzeugungskraft verloren.

Während des deutsch-sowjetischen Krieges hatte man in erster Linie für die Verteidigung des Vaterlandes gekämpft. Bei der Suche nach der Bedrohung, die den restaurativen Kurs des Regimes nach dem Kriege rechtfertigen sollte, versuchte die stalinistische Führung dieser nationalen Wende Rechnung zu tragen. Der neue Gegner musste nicht nur die Grundlagen des Sozialismus, sondern auch das Wesen des Russentums gefährden, er hatte all das zu verkörpern, was den Russen „fremd" war – mangelnden Nationalstolz, Verklärung fremdländischer Werte, Doppelzüngigkeit, Feigheit und Machtgier. Zu einem solchen Gegner wurden allmählich die Juden stilisiert. Etwa drei Jahre nach der Bezwingung des Dritten Reiches begann in der Sowjetunion eine antijüdische Kampagne, deren Diktion erstaunliche Ähnlichkeiten mit dem nationalsozialistischen Vokabular aufwies. Die Tatsache, dass eine Macht, die 1944/45 die Tore von Majdanek und Auschwitz geöffnet hatte, sich einige Jahre später an manche propagandistischen Klischees des besiegten rechtsextremen Gegners anlehnte, konsternierte die gesamte Weltöffentlichkeit. Dies umso mehr, als etwa zur gleichen Zeit die Sowjetunion und die von ihr abhängigen Staaten Osteuropas ja dabei halfen, den uralten jüdischen Traum von der Errichtung eines eigenen Staates zu verwirklichen. Die massive diplomatische und politische Unterstützung seitens der Sowjetunion und die militärische seitens der von ihr völlig abhängigen Tschechoslowakei trugen nämlich sowohl zur Gründung als auch zum Überleben des Staates Israel entscheidend bei. Und dennoch ließ Stalin damals (im Janur 1948) die Symbolfigur des sowjetischen Judentums – den Schauspieler und Vorsitzenden des 1942 gegründeten Jüdischen Antifaschistischen Komitees, Solomon Michoels, ermorden und verlieh dem immer virulenter gewordenen Antisemitismus im Lande einen quasi offiziellen Charakter. Die bereits nach dem Krieg begonnene „antikosmopolitische" Kampagne, die sich gegen die Verehrer „fremdländischer Werte" richtete, erhielt nun eine beinahe ausschließlich gegen die Juden gerichtete Spitze. In einem Artikel der „Prawda" vom 28. Januar 1949, den Stalin höchstwahrscheinlich mitredigiert hatte, wurden die „Kosmopoliten" mit Schmarotzern verglichen, die alles Gesunde in der organischen Welt zu zerstören trachteten. Die Anlehnung an das nationalsozialistische Vokabular war unverkennbar.

Aber der Bolschewismus neigte im Verlauf seiner Geschichte ja oft dazu, ideologische Grundpositionen seiner bezwungenen Gegner zu übernehmen. So bediente sich zum Beispiel Lenin unmittelbar nach der bolschewistischen Machtübernahme des Agrarprogramms der Partei der Sozialrevolutionäre. Während des Bürgerkrieges griffen die Bolschewiki die Idee ihrer „weißen" Gegner vom einheitlichen Russland auf und restaurierten das zusammengebrochene russische Reich. Schließlich begann das sowjetische Regime nach der Bezwingung des Dritten Reiches manche Elemente der nationalsozialistischen Ideologie zu übernehmen, zum Beispiel ihr biologistisches Vokabular. Auch in der nationalsozialistischen Propaganda wurden die Juden oft mit „Schädlingen" und „Krankheitserregern" verglichen, deren Vernichtung als eine Art volkshygienische Maßnahme dargestellt wurde. Die stalinistischen Propagandisten sprachen zwar nicht von der Vernichtung der jüdischen Rasse, sondern von der Ausmerzung kosmopolitischer Einstellungen. Es gehörte aber zum Wesen des Stalinismus, dass er dazu neigte, nicht nur bestimmte Haltungen, sondern auch ihre Träger zu liquidieren.

Charakteristisch für den Stalinismus war auch die Tatsache, dass er nicht nur die so genannten Feinde zu demaskieren suchte, sondern dass er auch selbst oft hinter einer Maske auftrat. So wurde die Judenfeindschaft in „Kampf gegen den Kosmopolitismus" umgetauft, wobei diejenigen, die zwischen den Zeilen lesen konnten – und das waren in der Sowjetunion alle –, sich darüber im Klaren waren, gegen wen diese Kampagne seit Anfang 1949 sich eigentlich richtete. Zwar wurden gelegentlich auch „arische" Verehrer der so genannten „fremdländischen" Werte von der Kampagne erfasst, augenzwinkernd gab aber das Regime seinen Untertanen zu verstehen, dass die Abweichung vom gesunden Verhalten bei den Russen eher eine Ausnahmeerscheinung darstelle, bei den Juden hingegen beinahe eine Regel.

Um zu verdeutlichen, wer das eigentliche Objekt der seit Anfang 1949 geführten Hasspropaganda war, entschleierten die sowjetischen Presseorgane russische Pseudonyme, unter denen manche jüdische Autoren auftraten. Bereits der Titel des Leitartikels der „Prawda" vom 28. Januar 1949 – „Über eine antipatriotische Gruppe der Theaterkritiker" – wies darauf hin, dass der Kampf gegen den so genannten Kosmopolitismus nun eine qualitativ neue Dimension erreicht habe. „Antipatriotische Haltung" war im stalinistischen Vokabular ein Synonym für „Vaterlandsverrat" und der Begriff „Antipatriot" ein Synonym für „Volksfeind". Die Theaterkritiker verkörperten also aus der Sicht der Propaganda eine Haltung, die den Gipfel der Perversion darstellte.

Dass sie nicht einzeln, sondern als „Gruppe" auftraten, machte ihr Verhalten besonders verwerflich. Es verwundert beinahe, dass das Zentralorgan der Partei seinen neuen ideologischen Feldzug an einem so peripheren „Frontabschnitt" wie der Theaterkritik eröffnete. Es gehörte allerdings zum Wesen des stalinistischen Systems, dass die Führung willkürlich entschied, welche „Frontabschnitte" als peripher und welche als zentral zu gelten hätten. Das Regime neigte zur Vereinheitlichung und Simplifizierung der kompliziertesten Sachverhalte. So bedeutete eine ideologische Neuorientierung in welchem Bereich auch immer – es konnte die Theaterkritik, die Sprach- oder die Wirtschaftswissenschaft sein – einen Paradigmenwechsel auf der gesamten ideologischen Front. Mit geballter Kraft ging der gewaltige ideologische Apparat einer totalitären Supermacht gegen acht Theaterkritiker vor, um auf diese Weise stellvertretend alle potentiellen „Antipatrioten", und dies konnte buchstäblich jeder Sowjetbürger sein, einzuschüchtern. Dies erklärt auch die Eskalation der Angriffe, die bewusst eine Hysterie auslösen sollten.

Der propagandistische Feldzug gegen die „wurzellosen Kosmopoliten" enthielt allerdings einen eklatanten Widerspruch. Einerseits behaupteten die sowjetischen Medien, es handele sich bei den „antipatriotischen" Kreisen um kleine, dem Volk völlig entfremdete und vom Volk gehasste Grüppchen, andererseits wurden sie als eine tödliche Gefahr für die zweitstärkste Macht der Welt dargestellt. Da aber die Erschaffung von Pseudorealitäten, in denen die wirklichen Sachverhalte buchstäblich auf den Kopf gestellt wurden, zu den zentralen Wesensmerkmalen des Stalinismus zählte, stellte dieser Widerspruch nichts Untypisches für den stalinistischen Fiktionalismus dar.

Nur wenige Sowjetbürger fanden den Mut, gegen die von oben geschürte Pogromstimmung zu protestieren. Zu diesen gehörte der bekannte Wissenschaftler Gamaleja, der im Februar 1949 in einem Brief an Stalin schrieb: „Wenn man nach offensichtlichen Merkmalen urteilt, so kommt der neue Antisemitismus nicht von unten, nicht von den Volksmassen, die keine Feindschaft gegenüber dem jüdischen Volk verspüren. Er kommt von oben und ist durch eine unsichtbare Hand gelenkt ... Dass der Antisemitismus von oben gelenkt wird, ist daran sichtbar, dass in den letzten Jahren so gut wie kein Jude zum Minister, zum Leiter eines Instituts oder einer wissenschaftlichen Einrichtung ernannt wurde. Juden, die solche Posten innehaben, werden allmählich entfernt und durch Russen ersetzt."

Seit Herbst 1948 begann sich auch die Einstellung Moskaus zum

Staate Israels zu ändern. Bei den sowjetischen Juden hatte dessen Gründung im Mai 1948 beispiellosen Jubel ausgelöst. Sogar obrigkeitstreue Parteifunktionäre jüdischer Herkunft ließen sich von dieser Begeisterung anstecken. Aufgrund der damaligen proisraelischen Einstellung Moskaus schien sie schließlich erlaubt. So lobten sie die weise Politik der sowjetischen Führung, die das Recht des jüdischen Volkes auf Selbstbestimmung entschlossen verteidigte. Am 16. Oktober 1948 fand anlässlich des jüdischen Neujahrsfestes vor der Moskauer Synagoge eine begeisterte Begrüßung der israelischen Botschafterin statt. Tausende von Juden nahmen an dieser spontanen Demonstration teil und verstießen dadurch gegen das Grundprinzip des Stalinismus, der nur eine von oben kontrollierte und manipulierte „Spontaneität" duldete.

Die letzte nicht genehmigte Kundgebung hatte in Moskau am 7. November 1927 stattgefunden. Dies war die von der trotzkistischen Opposition organisierte Gegendemonstration anlässlich des zehnten Jahrestages der Oktoberrevolution. Damals befand sich aber das stalinistische System mit seiner Absage an jede Eigeninitiative erst in seiner Entstehungsphase, seine Kontrollmechanismen waren noch nicht derart lückenlos wie zwanzig Jahre später. Umso größere Irritationen riefen deshalb die Ereignisse vom 16. Oktober 1948 im Kreml hervor, auch wenn die proisraelische Demonstration der Moskauer Juden dem damaligen offiziellen Kurs der Regierung keineswegs zuwiderlief. Sie war aber eben spontan und deshalb in den Augen der Machthaber „subversiv".

Um die Israel-Euphorie zu dämpfen, hatte einer der prominentesten Vertreter des sowjetischen Judentums, der Schriftsteller Ilja Ehrenburg, schon am 21. September 1948 in der „Prawda" einen Artikel veröffentlicht, in dem er betonte, dass durch die Gründung des Staates Israel die Situation des Judentums sich nicht wesentlich verändert habe. Nicht dieser Staat, sondern nur der Sozialismus könne die jüdische Frage lösen: „Der Bürger einer sozialistischen Gesellschaft betrachtet die Einwohner aller bürgerlichen Staaten, auch die Bürger Israels, als Wanderer, die in einem dunklen Wald herumirren. Der Bürger einer sozialistischen Gesellschaft wird niemals die Menschen beneiden, die unter dem Joch der kapitalistischen Ausbeutung leiden."

Auch Mitglieder des bereits erwähnten Jüdischen Antifaschistischen Komitees (JAK) distanzierten sich ganz entschieden vom Zionismus: „Auch heute betrachten wir den Zionismus, so wie früher, als eine reaktionäre Bewegung", erklärte am 21. Oktober 1948 das Präsidiumsmitglied des Komitees M. Gubelman. Alle diese Treuebekenntnisse nutzten aber wenig. Am 20. November wurde das JAK aufgelöst und seine führenden Mitglieder verhaftet.

Die Ende 1948/Anfang 1949 begonnene verschärfte antisemitische Kampagne wurde indes aus bisher unerklärlichen Gründen nach einigen Monaten eingestellt. Der Schriftsteller Alexander Fadejew berichtet über eine Äußerung Stalins, die einem Befehl glich: „Genossen, die Entschleierung von Pseudonymen ist unzulässig; sie riecht nach Antisemitismus."

Trotz der zunehmenden Russifizierung verlor der Bolschewismus keineswegs die für ihn charakteristische Ambivalenz. Die internationalistische Komponente hörte nicht auf, sein Wesen zu prägen. Sie wurde lediglich noch stärker als zuvor an die Peripherie gedrängt; die nationale Idee rückte ins Zentrum. Dennoch hat sich der Bolschewismus mit dieser Idee nie gänzlich identifiziert. Die Verherrlichung der russischen Nation wurde von den bolschewistischen Ideologen immer mit einem „aber" versehen. Sie waren sich nämlich darüber im Klaren, dass die „russische Idee" keineswegs ausreichte, um als alleinige Klammer für mehr als hundert Völker des Sowjetreiches zu dienen. Auch in vielen osteuropäischen Staaten, die nun zum Bestandteil des „äußeren" Sowjetimperiums wurden, war sie nicht sonderlich populär. Nicht anders verhielt es sich auch mit den unzähligen Sympathisanten sowohl im Westen als auch in den Entwicklungsländern: Sie unterstützen Moskau in erster Linie deshalb, weil es das Zentrum der „Weltrevolution" war und nicht darum, weil es die universale Bedeutung des Russentums propagierte. Um allen diesen ideologischen Zwängen gerecht zu werden, mussten die sowjetischen Führer, trotz ihres Hangs zum russozentrisch-antisemitischen Denken, ihr „internationalistisches Gesicht" wahren.

Der für Anfang 1949 erwartete Prozess gegen die JAK-Mitglieder fand erst Mitte 1952 statt. In der Zwischenzeit widmeten sich die sowjetischen Terrororgane ganz anderen Aufgaben. Sie beteiligten sich aktiv als „Berater" an der Vorbereitung und Durchführung der Schauprozesse gegen die so genannten „Titoisten" in Ungarn (Rajk-Prozess – Oktober 1949) und in Bulgarien (Kostow-Prozess – Dezember 1949). Besonders intensiv befassten sie sich aber seit Anfang 1949 mit der „Leningrader Affäre", mit der die Kreml-Führung eine zweite innenpolitische Front eröffnete. Sie kämpfte jetzt nicht nur gegen den „Kosmopolitismus", d. h. gegen die Juden, sondern auch gegen den „russischen Chauvinismus", den die „Leningrader Fraktion" in der Partei angeblich propagierte.

Im Gegensatz zur schrillen und lautstarken antisemitischen Kampagne handelte es sich bei der Auseinandersetzung mit den Leningradern um einen lautlosen Krieg. Der offene Kampf gegen den „russischen Chauvinismus" ließ sich mit der maßlosen Verherrlichung der russischen Nation, die die Partei damals betrieb, in der Tat schwer vereinbaren. Dennoch zeugte diese Wendung gegen die Leningrader bzw. großrussische Fraktion erneut von der Ambivalenz, von der Janusköpfigkeit des Bolschewismus. Ungeachtet der Tatsache, dass sein Bekenntnis zur russischen Nationalidee Ende der 40er Jahre bereits wahnhafte Dimensionen angenommen hatte, bewahrte er immer noch eine gewisse Distanz zu ihr, er ging in ihr nie gänzlich auf.

Allerdings handelte es sich bei der Auseinandersetzung mit der Leningrader Fraktion nicht in erster Linie um die Ideologie. Viel wichtiger war hierbei die Machtfrage, die Rivalität in der engsten Umgebung Stalins, die der Kreml-Despot bewusst schürte; nicht zuletzt durch die Erörterung der Frage seiner Nachfolge. In einem vertraulichen Gespräch, etwa 1946, nannte er zwei Kandidaten, die für ihn in Frage kämen. Der Leiter der Staatlichen Planungskommission Nikolaj Wosnessenski sollte ihn im Amte des Regierungschefs beerben, der ZK-Sekretär Alexej Kusnezow hatte das Amt des Generalsekretärs der Partei zu übernehmen.

Wenn man bedenkt, dass diese beiden Politiker damals erst Anfang vierzig waren, dass Kusnezow erst einige Monate zuvor in die engste Führungsriege aufgenommen worden war (bis März 1946 hatte er das Leningrader Parteikomitee geleitet), dann kann man sich die Enttäuschung der engsten Gefährten Stalins, die ihm jahrzehntelang treu gedient hatten, unschwer vorstellen.

Eng liiert mit den angeblichen Prätendenten auf die höchsten Partei- und Staatsämter war der Chefideologe der Partei Andrej Shdanow, der sowohl Wosnessenski als auch Kusnezow aus seiner Leningrader Zeit gut kannte. Nach dem Tode Shdanows Ende August 1948 begannen seine Rivalen, in erster Linie Malenkow und Berija, einen Rachefeldzug gegen die sog. Leningrader Fraktion. Zu den prominentesten Opfern gehörten die von Stalin vorgeschlagenen Nachfolger. Am 15. Februar 1949 musste Kusnezow wegen seiner „antiparteilichen Tätigkeit" das Amt des ZK-Sekretärs niederlegen, am 5. März verlor Wosnessenski seinen Posten des Vorsitzenden der Staatlichen Planungskommission. Einige Monate später wurden beide verhaftet. Die gesamte Leningrader Parteizentrale wurde gründlich gesäubert. Es begannen auch Vorbereitungen für einen Prozess, die etwa ein Jahr dauerten. Mit den bereits in den 30er Jahren erprobten Methoden wurden die Angeklagten zu Geständnissen gezwungen. In der Zwischenzeit wurde die Todesstrafe in der Sowjetunion, die im Mai 1947 abgeschafft worden war, wieder eingeführt: „... gegenüber Vaterlandsverrätern, Spionen und Saboteuren [wird] die Verhängung der Todesstrafe als Höchststrafe zugelassen" – so lautete das offizielle Kommuniqué vom 12. Januar 1950.

Am 1. Oktober 1950 wurden Wosnessenski, Kusnezow und vier andere Angeklagte zum Tode verurteilt und hingerichtet. Man warf ihnen unter anderem separatistische Tendenzen vor – sie hätten mehr Rechte für die RSFSR (Russland) innerhalb der Sowjetunion gefordert und für die Verselbständigung des Leningrader Parteikomitees innerhalb der Allunionspartei und für die Gründung einer eigenständigen Russischen KP plädiert (dieser letzte Wunsch ist übrigens erst 1990 – ein Jahr vor der Auflösung der UdSSR – in Erfüllung gegangen). Die Anschuldigungen hatten in erster Linie einen demagogischen Charakter, aber sie enthielten wahrscheinlich auch ein Körnchen Wahrheit. Es gab sicher manche russische Kommunisten, die die Liebeserklärung Stalins zur russischen Nation allzu wörtlich nahmen und sich dadurch inspiriert fühlten, mehr Rechte für Russland innerhalb der Union zu verlangen. Dieser Wunsch nach mehr Eigenständigkeit verstieß aber gegen den Absolutheitsanspruch der stalinistischen Führung, die jede selbständige Regung, in der Bevölkerung wie auch in der Partei, im Keime zu ersticken suchte. Dies erklärt vielleicht wenigstens zum Teil das brutale Vorgehen des Regimes gegen die „Leningrader".

Nach der Beendigung der Leningrader Affäre konnte sich Stalin erneut der „jüdischen Frage" widmen. Die im Januar 1949 begonnene antisemitische Kampagne stellte für ihn vermutlich eine Art Experiment dar. Er wollte testen, wie die sowjetische Bevölkerung auf die Annäherung an die nationalsozialistische Ideologie reagieren würde. An eine Doktrin also, deren Bekämpfung das Land immerhin 27 Millionen Tote gekostet hatte! Ob das Experiment zur Zufriedenheit Stalins ausfiel, lässt sich schwer beantworten. Eines steht aber fest: Die „antikosmopolitische Kampagne" von 1948/49, die den Antisemitismus enttabuisierte, bildete bloß den verbalen Prolog für den zweiten, diesmal viel blutigeren Feldzug Stalins gegen die Juden, der 1951/52 beginnen sollte.

Eingeleitet wurde dieser durch einen Wechsel an der Spitze der sowjetischen Terrororgane, dessen wahre Gründe immer noch im Dunkeln liegen. Im Juli 1951 wurde W. Abakumow, der Stalin seit 1946 als Minister für Staatssicherheit ergeben gedient hatte, seines Amtes enthoben und verhaftet. Was wurde Abakumow vorgeworfen? In erster Linie die Unterschätzung der „jüdischen Gefahr". Dies kann man aus dem erst vor kurzem zugänglich gewordenen Brief des ZK vom 13. Juli 1951 entnehmen, der an die wichtigsten regionalen Partei- und Sicherheitsorgane verschickt worden war. Den gröbsten Fehler beging Abakumow angeblich bei der Behandlung des im November 1950 verhafteten prominenten Kreml-Arztes Jakow Etinger. Etinger war den Sicherheitsbehörden seit Jahren als Kritiker der sowjetischen Politik gegenüber den Juden bekannt. Nach seiner Verhaftung wurde er vom Untersuchungsrichter Rjumin vernommen, der sich nicht nur für sowjetfeindliche Äußerungen, sondern auch für „terroristische Aktivitäten" des Arztes interessierte. So gestand Etinger angeblich, dass er bei der Behandlung des erkrankten ZK-Sekretärs Schtscherbakow bewusst falsche Methoden angewendet hätte, die zu dessen Tode im Mai 1945 geführt hätten. Dieser äußerst wichtigen Information habe aber Abakumow keine Bedeutung beigemessen, er habe diese Spur nicht weiter verfolgt, so der ZK-Brief vom 13. Juli 1951. Am 2. März 1951 war Etinger „infolge unzumutbarer Haftbedingungen gestorben". Die Möglichkeit, weitere Einzelheiten über die terroristischen Aktivitäten Etingers und seiner Kollegen zu erfahren, sei vertan worden. Im Gegensatz zu Abakumow sei das ZK der Meinung, dass die Aussagen Etingers höchste Aufmerksamkeit verdient hätten: „Unter den Ärzten existiert zweifellos eine Verschwörergruppe, die danach trachtet, durch ... [falsche Behandlungsmethoden] ... das Leben der Partei- und Staatsführer zu verkürzen. Man darf die Verbrechen solch bekannter Ärzte wie Lewin und Pletnew nicht vergessen, die im Auftrage ausländischer Nachrichtendienste W. W. Kujbyschew und Maxim Gorki vergiftet hatten." Der Brief bezieht sich hier auf den dritten Moskauer Schauprozess vom März 1938, bei dem Lewin zum Tode und Pletnew zu 25 Jahren Haft verurteilt wurden.

Dieser Hinweis war nicht zufällig. Stalin plante in der Tat eine Wiederholung des Szenarios von 1936–1938 – des so genannten „Großen Terrors". Zur Verkörperung des Bösen sollten aber diesmal nicht die Trotzkisten, die Sinowjewisten und die Bucharinisten, sondern die Juden stilisiert werden. Die Absetzung Abakumows erinnert wiederum an die Absetzung Genrich Jagodas, der ebenso wie Abakumow jahrelang die sowjetischen Terrororgane im Sinne Stalins geleitet hatte. Dessen ungeachtet hielt Stalin es für erforderlich, Jagoda samt seiner Mannschaft unmittelbar nach dem ersten Moskauer Schauprozess vom August 1936 abzulösen und dann zu beseitigen.

Mitte 1952 fand unter Ausschluss der Öffentlichkeit vor dem obersten Militärgericht in Moskau ein Prozess gegen die bereits 1948/49 inhaftierten Mitglieder des Jüdischen Antifaschistischen Komitees statt. Dem Vorsitzenden des Gerichts, A. Tschepzow, wurde noch vor dem Beginn der Verhandlung ein Beschluss des Politbüros mitgeteilt – von 14 Angeklagten seien 13 zum Tode zu verurteilen. Im August 1952 wurden die vom höchsten Parteigremium genannten Personen hingerichtet. Anders als 1949 beschränkte Stalin 1951/52 den Feldzug gegen die Juden nicht nur auf die Sowjetunion, sondern dehnte ihn auf seinen gesamten Machtbereich aus. Ende 1952 fand in Prag der erste antisemitische Schauprozess des Ostblocks statt – der Slánský-Prozess –, der mit 11 Todesurteilen endete. Die Jagd auf „zionistische Agenten" und „Kosmopoliten" wurde auch auf die DDR, Ungarn, Rumänien und Polen ausgeweitet. Einer der Führer der tschechoslowakischen KP, Kopecky, meinte Ende 1951, vom Zionismus gehe nun eine außerordentliche Gefahr für die volksdemokratischen Regime aus, er verwandele sich in eine Art „Titoismus".

Das jüdische Volk wurde von der sowjetischen Propaganda allmählich zu einer kollektiven Persona non grata stilisiert. Es habe sich nun erwiesen, dass die Juden gegenüber den sozialistischen Ideen unempfänglich seien, so Tschesnokow, einer der Parteiideologen, Anfang 1953. Am Vorabend des Slánský-Prozesses hatte einer der Mitangeklagten, Eugen Löbl, in Prag eine ähnliche „Theorie" aus dem Munde seines Untersuchungsrichters Drozd gehört: „Die Partei ist ja nicht gegen die Juden, sondern die Juden sind gegen die Partei. Deshalb muss die Partei die Juden bekämpfen, um den Sozialismus zu verteidigen." Während der Vorbereitung des Slánský-Prozesses begannen auch die Verhaftungen prominenter Kremlärzte, von denen die Mehrheit Juden waren. Das gesamte „sozialistische Lager" stellte so einen einheitlichen Mechanismus dar, jedem seiner Einzelteile wurden vom Lenker im Kreml bestimmte Funktionen zugewiesen. Stalin interessierte sich für alle Einzelheiten sowohl der Slánský- als auch der Ärzte-„Verschwörung" und gab fortlaufend Regieanweisungen. Auch das Drehbuch für den künftigen Schauprozess gegen die Kremlärzte wurde vornehmlich von Stalin verfasst. Er las tagtäglich Verhörprotokolle, verlangte mehr Härte, um die Verhafteten zu Geständnissen zu zwingen. Dazu sagte Chruschtschow in seiner Geheimrede auf dem XX. Parteitag: „Stalin berief den Untersuchungsrichter zu sich, erteilte ihm Instruktionen und gab Anweisungen bezüglich der anzuwendenden Untersuchungsmethoden: diese Methoden waren sehr einfach: schlagen, schlagen und nochmals schlagen."

Plante die Kremlführung im Zusammenhang mit der Ärzte-Affäre eine Massendeportation der sowjetischen Juden? Auch heute, ungeachtet der Enthüllungen, die seit Beginn der Gorbatschowschen Perestrojka ans Tageslicht gekommen sind, ist es nicht leicht, diese Frage eindeutig zu beantworten. Eines steht aber fest. Im letzten Herrschaftsjahr Stalins war eine außerordentliche Radikalisierung des antisemitischen Kurses der Kremlführung zu beobachten. Davon zeugen nicht zuletzt einige erst vor kurzem zugänglich gewordene Quellen. So notierte zum Beispiel W. Malyschew – Mitglied des ZK-Präsidiums – folgende Aussage Stalins vom 1. Dezember 1952: „Jeder Jude ist ein Nationalist und Agent des amerikanischen Nachrichtendienstes. Die jüdischen Nationalisten sind der Meinung, dass ihre Nation von der USA gerettet worden sei, ... sie fühlen sich den Amerikanern gegenüber verpflichtet."

Diese Verbindung der Juden mit dem gefährlichsten außenpolitischen Gegner der Sowjetunion erinnert an eine ähnliche Konstruktion, die Stalin bereits in den 30er Jahren entwickelt hatte. Auch damals führte er einen Zweifrontenkrieg – gegen den „Faschismus" nach außen und gegen den „Trotzkismus" nach innen. Beide Gegner galten für die stalinistische Propaganda als Verbündete. Trotz ihrer offensichtlichen Absurdität kostete diese „Zwei-Feinde"-Theorie unzähligen Menschen zur Zeit des „Großen Terrors" das Leben. Welche Folgen diese „Theorie" in ihrer „modernisierten Fassung" für die Juden hätte haben können, lässt sich schwer abschätzen, denn ihrem Urheber wurde nicht die Zeit gegönnt, von ihr bei der Verfolgung der Juden Gebrauch zu machen.

Während der Hetzkampagne gegen die Ärzte wurde immer wieder angedeutet, dass diese Verschwörer Komplizen in den höchsten Parteigremien hätten. In der „Prawda" vom 13. Januar 1953 war zu lesen: „Die Tatsache, dass die aus ‚Männern der Wissenschaft' bestehende Gruppe verachtenswürdiger Ausgeburten eine gewisse Zeit lang ungestraft ihr Handwerk treiben konnte, zeigt, dass einige unserer Sowjetorgane und ihre Leiter die Wachsamkeit vergaßen". Für die alten Parteigefährten Stalins, die die Säuberungen der 30er und der 40er Jahre mitorganisiert hatten, war der Sinn dieser Beschuldigungen sofort klar. Sie sollten eine neue, gigantische Säuberungswelle einleiten. Bereits Ende der 40er Jahre begann Stalin mit der „Demontage" seiner engsten Mitarbeiter, die ihm jahrzehntelang treu gedient hatten. So wurde vielen von ihnen (Molotow, Mikojan unter anderem) der Ministerposten entzogen. Diese Demontage vollzog sich in gewohnter Stalinscher Manier – Stück für Stück. Nach dem 19. Parteitag der KPdSU vom Oktober 1952 (also kurz vor dem Beginn des geplanten Schauprozesses gegen die Kreml-Ärzte) erreichte Stalins Feldzug gegen seine alten Gefährten seinen Höhepunkt. Besonders gehässig waren seine Angriffe gegen Molotow und Mikojan. Auch zwei Jahrzehnte nach dem Tode des Diktators konnte Molotow den Grund für diesen Sinneswandel Stalins nicht begreifen: „Bis heute kann ich nicht verstehen, warum ich entfernt wurde." Molotow versuchte dies auf den Verfolgungswahn zurückzuführen, der sich bei Stalin angeblich in seiner letzten Lebensphase entwickelt hätte.

Neben Molotow und Mikojan wurden auch andere Politbüromitglieder Anfang der 50er Jahre aufs Abstellgleis gestellt, so Andrejew und Woroschilow. Besonders prekär war aber die Lage Berijas, den Stalin durch die von ihm selbst Ende 1951 erfundene „mingrelische nationalistische Verschwörung" (Mingrelien = Teil Georgiens) kompromittieren wollte.

Über die Pläne Stalins in Bezug auf seine alten Gefährten berichtet Chruschtschow auf dem XX. Parteitag der KPdSU: „Offensichtlich beabsichtigte Stalin, sich der alten Politbüro-Mitglieder zu entledigen. Er hat oft erklärt, dass die Mitglieder des Politbüros durch neue ersetzt werden sollten. Als er nach dem XIX. Parteitag den Vorschlag machte, 25 Mitglieder für das ZK-Präsidium auszuwählen [statt 11], zielte dies auf die Beseitigung alter Politbüro-Mitglieder und ihre Ersetzung durch weniger erfahrene Personen ab, die ihn auf jede Weise beweihräuchern sollten".

Stellte also die Ärzte-Affäre bloß eine Begleiterscheinung des Machtkampfes im engsten Umfeld des Kreml-Despoten dar, wie dies gelegentlich behauptet wird? Sicherlich nicht. Stalins Feldzug gegen die Juden hatte eine eigene innere Logik, deren Ergründung immer noch große Schwierigkeiten bereitet. Man hat den Eindruck, dass Stalin in seiner letzten Lebensphase nicht nur viele Elemente der Hitlerschen Ideologie, sondern auch manche Charaktereigenschaften seines bezwungenen Gegners zu übernehmen begann. So schreibt Joachim C. Fest, dass Hitler nach dem Überfall auf die Sowjetunion keine taktischen Lösungen, sondern nur „Endlösungen" gesucht hätte. Auch Stalin schien zehn Jahre später ähnlich zu handeln. Er verlor die für ihn typische Vorsicht und Geduld, hörte praktisch auf, sich zu verstellen, ging auf sein Ziel direkt los. Vielleicht überwältigte ihn wie seinerzeit Hitler die Angst, keine Zeit mehr zu haben? Hitler wollte, wie bereits gesagt, die Verwirklichung seiner programmatischen Endziele nicht den „unfähigen Nachfolgern" überlassen. Auch Stalins Meinung über seine potentiellen Nachfolger war nicht allzu hoch. Nach der Verhaftung der Kreml-Ärzte hatte er sich mit folgenden Worten an die Politbüro-Mitglieder gewandt, die Chruschtschow in seinem Geheimreferat auf dem XX. Parteitag zitiert: „Ihr seid blind, wie junge Katzen; was werdet ihr ohne mich machen? Unser Land wird zugrunde gehen, weil ihr nicht versteht, die Feinde zu erkennen."

Wie so oft in der Vergangenheit kämpfte Stalin auch 1952/53 gleichzeitig an mehreren Fronten. In den 30er Jahren hatte er nicht nur den sowjetischen Bauern, sondern auch den Intellektuellen, nicht nur der Partei, sondern auch der Armee das Rückgrat gebrochen. Nun wandte er sich gleichzeitig gegen die Juden und gegen die „alte Stalin-Garde". Vielleicht wurde ihm gerade das Letztere zum Verhängnis. Denn er hatte es keineswegs mit „unbeholfenen Jünglingen", sondern mit erfahrenen Komplizen zu tun, die ihn seit Jahrzehnten bei seinen massenmörderischen Praktiken unterstützt hatten. A. Awtorchanow nennt sie „Stalins Doppelgänger". Er vertritt auch die These, dass Stalin zum Opfer einer von Berija initiierten Verschwörung geworden sei. Diese Vermutung wird von Molotow bestätigt. Berija sei hinterlistig und unzuverlässig gewesen. Er habe auch Angst um seine eigene Haut gehabt: „Ich bin der Meinung, dass [Stalin] nicht eines natürlichen Todes starb. Er hatte keine besondere Krankheiten, arbeitete die ganze Zeit, ... war sehr lebendig."

Ob die Vermutungen Molotows und Awtorchanows begründet sind, lässt sich bis heute nicht eindeutig beantworten. Eines steht aber fest: Stalins Tod rettete zweifellos vielen Vertretern der sowjetischen Machtoligarchie, aber nicht nur ihnen, das Leben. Denn es kann keinem Zweifel unterliegen, dass Stalin kurz vor seinem Tod eine Art Neuauflage des Szenarios von 1936–38 plante.

VII. Der Kampf um die Nachfolge Stalins und die Herausbildung des Chruschtschowschen Systems (1953–1964)

1. Der Fall Berija

Die engsten Gefährten Stalins, die seit Jahren vom Diktator gedemütigt und terrorisiert worden waren, begannen bereits an seinem Todestag mit der Revision vieler Beschlüsse, die Stalin in seinen letzten Regierungsjahren gefasst hatte. Es stellte sich nun heraus, wie eng das voll ausgebildete stalinistische System mit der Person seines Gründers verflochten war und wie wenig Chancen es hatte, seinen Schöpfer zu überleben.

Die von Stalin auf dem XIX. Parteitag der KPdSU getroffene Entscheidung, die Zahl der Politbüro- bzw. Präsidiumsmitglieder (auf dem XIX. Parteitag wurde das Politbüro ins ZK-Präsidium umbenannt) von 11 auf 25 zu erhöhen, wurde schon am 5. März 1953 (Stalins Todestag) rückgängig gemacht. Das höchste Parteigremium zählte jetzt nur 10 Mitglieder. Die von Stalin kurz zuvor entmachteten Molotow und Mikojan kehrten in die engste Parteiführung zurück. Molotow übernahm erneut die Leitung des Außenministeriums, Berija, der in den letzten Regierungsjahren Stalins um sein Leben hatte bangen müssen, wurde Leiter des Innenministeriums, wobei dieses mit dem bisherigen Sicherheitsministerium zusammengelegt wurde. So stand Berija ein gigantischer Terror- und Unterdrückungsapparat zur Verfügung. Auf Berijas Initiative wurde sein enger Verbündeter aus der Zeit der „Leningrader Affäre", Malenkow, zum neuen Ministerpräsidenten ernannt. Der ohnehin angeschlagene Parteiapparat erlitt nun einen zusätzlichen Prestigeverlust, die Macht konzentrierte sich in erster Linie im Ministerrat.

Am 14. März 1953 verzichtete Malenkow auf seine Mitgliedschaft im Sekretariat der Partei, das die Parteiarbeit leitete, um sich stärker auf die Tätigkeit innerhalb der Regierung konzentrieren zu können. Nach seinem Ausscheiden wurde dieses Gremium, das aus vier Mitgliedern bestand, zu einer Domäne von Nikita Chruschtschow, der im Sekretariat eine zentrale Rolle spielte. Chruschtschow hatte seit Mitte der 30er Jahre zu den engsten Vertrauten Stalins gehört, ihm waren vom Kreml-Diktator mehrere wichtige Ämter anvertraut worden – so das des Leiters des Moskauer Parteikomitees, des Ersten Sekretärs der Ukrainischen KP und des Ukrainischen Regierungschefs. Seit 1939 war Chruschtschow auch Mitglied des Politbüros. Trotz alledem galt er nicht als Anwärter auf die Nachfolge Stalins. Bei der Aufzählung der Parteiführer, die sich am Todestag Stalins an einer Plenarsitzung des ZK beteiligten, wurde Chruschtschow erst an fünfter Stelle erwähnt – nach Malenkow, Berija, Molotow und Woroschilow, der am 5. März 1953 den Vorsitz des Obersten Sowjets übernahm. Berija, der damals wohl mächtigste Mann im Staate, strebte nicht die direkte Nachfolge Stalins an, dies nicht zuletzt wegen seiner nationalen Herkunft. Seine Witwe meinte nachträglich, ihr Mann sei realistisch genug gewesen, um zu begreifen, dass es für einen Georgier unmöglich sein werde, die Nachfolge Stalins (eines anderen Georgiers) zu übernehmen. Deshalb habe er es vorgezogen, nicht direkt, sondern indirekt – mit Hilfe Malenkows – zu herrschen.

Und in der Tat waren die Geschicke des Landes in der ersten Phase nach dem Tode Stalins weitgehend von dem Duumvirat Berija-Malenkow abhängig, in dem Berija die dominierende Rolle spielte. Welchen politischen Kurs verfolgte nun der langjährige Leiter der Terrororgane, der direkt oder indirekt für den Tod von unzähligen Menschen verantwortlich war? Zur allgemeinen Verblüffung liefen seine damaligen Aktivitäten auf eine weitgehende Demontage des terroristischen Systems hinaus, an dessen Errichtung er selbst seinerzeit derart aktiv mitgewirkt hatte. Am 13. März ordnete Berija die Überprüfung der Fälle der verhafteten Ärzte und vieler anderer Untersuchungshäftlinge an. Am 4. April wurde das Verfahren gegen die Ärzte eingestellt und als Provokation der ehemaligen Leitung der Sicherheitsorgane bezeichnet.

Ende März 1953 wurde auf Berijas Initiative eine Amnestie angekündigt, in deren Folge etwa eine Millionen Häftlinge (von 2,5 Millionen), die zu leichteren Strafen verurteilt worden waren, freigelassen wurden. Am 28. März empfahl Berija dem Ministerrat, die Übergabe der Hauptverwaltung der Lager und der Strafkolonien (GULag) mit allen dazugehörigen Arbeitsstellen und örtlichen Organen vom Innenministerium der UdSSR an das Justizministerium. Beim Innenministerium sollten nur die speziellen Lager für die Inhaftierung „besonders gefährlicher Staatsverbrecher" und die Lager für „als Kriegsverbrecher verurteilte ehemalige Kriegsgefangene" verbleiben. Der Vorschlag Berijas wurde vom Vorsitzenden des Ministerrates am gleichen Tag in einen Verordnungsentwurf umgewandelt. Der Begriff „besonders gefährliche Staatsverbrecher" wurde in der Verordnung des Ministerrates präzisiert. Dies waren: „Spione, Saboteure, Terroristen, Trotzkisten, rechte Abweichler, Menschewiki, Sozialrevolutionäre, Anarchisten, Nationalisten, Weiß-Emigranten und Mitglieder anderer antisowjetischer Organisationen" – im Grunde alle politischen Gefangenen. Sie verblieben weiterhin in der „Obhut" der Sicherheitsorgane. Dessen ungeachtet entzog diese Verordnung den bis dahin allmächtigen Terrororganen ein Stück ihrer Omnipotenz.

Nicht weniger wichtig war in diesem Zusammenhang der Befehl des Innenministers vom 4. April 1953 „Über das Verbot der Anwendung von ... Zwangsmaßnahmen und körperlicher Gewaltanwendung gegenüber Verhafteten." Im Befehl war „von grausamen Verhörmethoden" der Sicherheitsorgane die Rede: „Solche ... ‚Verhörmethoden' führten dazu, dass viele unschuldig Verhaftete von den Untersuchungsleitern bis zum Zustand der totalen physischen Erschöpfung und der moralischen Depression ... gebracht wurden. Unter Ausnutzung dieses Zustandes der Verhafteten haben die betrügerischen Untersuchungsrichter ihnen im Voraus fabrizierte ‚Schuldbekenntnisse'... unterschoben". Berija ordnete nun an: „Die Anwendung von ... Zwangsmaßnahmen und körperlicher Gewalteinwirkung durch Organe des MWD ist grundsätzlich verboten."

Aber nicht nur die Willkür der Terrororgane geriet nun unter den Beschuss der neuen Führung, sondern auch die zweite Säule des stalinistischen Systems – der Personenkult. Bereits einige Wochen nach Stalins Tod wurden in einem der Leitartikel der „Prawda" jene Persönlichkeiten kritisiert, „die Prinzipien der kollektiven Führung dadurch verletzten, dass sie wichtige Fragen einzig durch ihre persönliche Entscheidung regelten, ohne die anderen Mitglieder des Politbüros zu Rate zu ziehen".

Am 9. Mai 1953 fasste das ZK-Präsidium auf Anregung Berijas einen Beschluss, der das Tragen von Porträts lebender Partei- und Staatsführer während feierlicher Demonstrationen untersagte.

Berija begann auch die Stalinsche Nationalitätenpolitik, insbesondere die Bevorzugung der Russen im Machtapparat der nichtrussischen Sowjetrepubliken, zu revidieren. Vor allem in seiner eigenen Domäne – im Innenministerium – führte er eine Art „Entrussifizierung" durch und ersetzte viele russische Funktionäre und Offiziere, so in der Ukraine oder in Weißrussland, durch Vertreter der Titularnationen (also in diesen Fällen Ukrainer oder Weißrussen). Im Brief Berijas an das ZK-

Präsidium vom 8. Juni 1953 „Über die nationale Zusammensetzung des Apparats des Innenministeriums [MWD] der Weißrussischen SSR [BSSR]" konnte man lesen: „Durch eine vom Innenministerium der UdSSR durchgeführte Untersuchung wurde festgestellt, dass der Apparat des MWD ... nicht ausreichend mit weißrussischem Einsatzpersonal besetzt ist ... Es bleibt anzumerken, dass bezüglich weißrussischer Kader in den Partei- und Sowjetorganisationen [dieser Republik] ... eine ähnliche Situation vorzufinden ist."

Mit der letzteren Bemerkung deutete Berija an, dass er einen Feldzug gegen den Russozentrismus nicht nur in seinem eigenen Machtbereich, dem Innenministerium, sondern im gesamten Machtapparat der Union plante. Anfang Juni 1953 verlor der Russe L. Melnikow den Posten des Ersten Sekretärs der Ukrainischen KP und wurde durch einen Ukrainer, Kiritschenko, abgelöst. Einen ähnlichen Coup plante Berija auch in Weißrussland. Hier sollte der Weißrusse Michail Simjanin den Russen Nikolaj Patolitschew an der Spitze der Weißrussischen KP ablösen. Am 25. Juni fand in Minsk eine stürmische Plenarsitzung des weißrussischen ZK statt, auf der Patolitschew scharf kritisiert wurde. Gerettet wurde er durch die Ereignisse, die sich einen Tag später im fernen Moskau abspielten, denn am 26.Juni wurde Berija auf einer Sitzung des ZK-Präsidiums in staatsstreichähnlicher Manier verhaftet. Sogar der enge Verbündete Berijas, Malenkow, nahm an dieser Aktion teil. Für viele Vertreter der sowjetischen Machtelite ging Berija mit der Demontage des von Stalin geschaffenen Systems einfach zu weit. Aber ausschlaggebend für ihr Verhalten war die Angst vor einem neuen Tyrannen. Die Parteioligarchie, die seit Mitte der 30er Jahre von den Sicherheitsorganen terrorisiert worden war, wollte sich nicht erneut in Abhängigkeit von ihnen begeben, sich von ihrem Leiter entmündigen lassen. Das Gleiche galt auch für die Militärführung, die sich an der Verschwörung gegen Berija aktiv beteiligte – so der stellvertretende Verteidigungsminister, Marschall Shukow, und der Oberbefehlshaber des Moskauer Militärbezirks, General Moskalenko.

Die Umstände, die zur Entmachtung Berijas führten, lassen sich trotz der nun zugänglich gewordenen Dokumente immer noch nicht eindeutig rekonstruieren. Vieles spricht dafür, dass Berijas Sturz nicht zuletzt durch seine Deutschlandpolitik verursacht wurde. Seit der Gründung der beiden deutschen Staaten im Jahre 1949 war die sowjetische Führung mit zwei großen Problemen konfrontiert, die sie auf vielfache Weise zu lösen suchte. Einerseits ging es ihr um die Verhinderung der Integration der Bundesrepublik in die politischen, vor allem aber in die militärischen Strukturen des Westens. Andererseits wollte sie ihr Sorgenkind, die DDR, vor einer andauernden Ausblutung – der Massenflucht nach Westen – bewahren. Die vielzitierten Deutschlandnoten Stalins vom Jahre 1952 stellten einen Versuch dar, die Westintegration der Bundesrepublik zu verhindern. In der Note vom 10. März 1952 entwarf Moskau ein Konzept für einen Friedensvertrag mit Deutschland. Deutschland sollte unter Verzicht auf die Gebiete östlich von Oder und Neiße wieder vereinigt werden und sich verpflichten, „keinerlei Koalitionen oder Militärbündnisse einzugehen, die sich gegen irgendeinen Staat richten, der mit seinen Streitkräften am Krieg gegen Deutschland teilgenommen hat". Sämtliche Besatzungstruppen sollten Deutschland ein Jahr nach Abschluss des Friedensvertrages verlassen, an ihre Stelle sollten nationale deutsche Streitkräfte treten, die für die Verteidigung des Landes notwendig seien.

Bis heute werden in der Forschung heftige Kontroversen darüber geführt, welche Ziele Stalin mit seinen Vorschlägen verfolgte. Wollte er an die nationalgesinnten deutschen Gruppierungen appellieren? Nach alter Leninscher Manier Gegensätze innerhalb des „kapitalistischen Lagers" ausnutzen? Einige Anzeichen sprechen dafür. So sagte Stalin im Frühjahr 1952, die imperialistischen Mächte müssten sich mit innerer Notwendigkeit in tödliche Konflikte verstricken, die sie früher oder später zu einem Krieg gegeneinander führen würden. Deutschland (West) und Japan würden sich die ihnen zugewiesene untergeordnete Rolle auf die Dauer nicht gefallen lassen. Anderes zu meinen, hieße, „an Wunder glauben". Und in seiner 1952 erschienenen Schrift „Ökonomische Probleme des Sozialismus" fügte Stalin hinzu: „Es fragt sich, welche Garantien gibt es, dass Deutschland und Japan nicht erneut auf die Beine kommen, dass sie nicht versuchen werden, aus der amerikanischen Knechtschaft auszubrechen und ein selbständiges Leben zu führen? Ich denke, solche Garantien gibt es nicht."

Die Stalin-Noten blieben indes im Bereich des Abstrakten stecken, denn weder die Westmächte noch die Bundesrepublik waren bereit, auf sie einzugehen. Die Westintegration der Bundesrepublik wurde zu einem unaufhaltsamen Prozess, auf den Moskau so gut wie keinen Einfluss hatte. So beschränkte sich die aktive Deutschlandpolitik der sowjetischen Führung auf die DDR. Nur hier konnte sie nach Belieben schalten und walten. Und als größtes Problem der DDR wurde in Moskau die Flucht ihrer Bürger nach Westen angesehen. Auf dem ZK-Plenum im Juli 1953, das den „Fall Berija" behandelte, sagte Malenkow: „Infolge der in der DDR begangenen Fehler herrscht dort eine außerordentliche Unzufriedenheit. Sie äußert sich darin, dass die Bevölkerung Ostdeutschland verlässt und in den Westen flieht ... In den letzten zwei Jahren sind etwa 500 000 Menschen geflohen ... Wir haben unseren deutschen Genossen erklärt, dass es in der gegenwärtigen internationalen Konstellation verfehlt wäre, den Aufbau des Sozialismus in der DDR zu forcieren."

Wie wollte Berija das Problem „DDR" lösen? Auf dem Juli-Plenum sagte Malenkow, Berija habe auf den Aufbau des Sozialismus in der DDR gänzlich verzichten wollen. Sein Ziel sei ein „bürgerliches Deutschland" gewesen. Molotow fügte auf dem gleichen Plenum hinzu, Berija habe die Meinung vertreten, die Entstehung eines einheitlichen „bürgerlichen", aber „friedliebenden" deutschen Staates würde den Interessen der Sowjetunion durchaus entsprechen.

Die Krise in der DDR wurde auf mehreren Sitzungen des sowjetischen Ministerrates im Mai 1953 kontrovers diskutiert. Molotow berichtet später über eine angebliche Aussage Berijas, die damals fiel: „Die DDR? Was ist diese DDR denn schon? Sie ist nicht einmal ein richtiger Staat. Sie wird nur durch die sowjetischen Truppen am Leben gehalten."

Ob diese Aussagen der Widersacher Berijas den damaligen Standpunkt des Innenministers objektiv wiedergeben, ist fraglich. Es ist aber auf der anderen Seite nicht leicht, Berijas tatsächliche Pläne in Bezug auf die DDR zu rekonstruieren. Eines steht aber fest: In den wenigen Monaten, in denen Berija die Politik Moskaus maßgeblich bestimmte, versuchte er, die dogmatische Führungsriege um Walter Ulbricht unter Druck zu setzten, sie zur Aufgabe der forcierten Sozialisierungspolitik – zum Beispiel in der Landwirtschaft – zu bewegen. Auch der Personenkult um Ulbricht wurde von der sowjetischen Führung einer Kritik unterzogen. Unter dem Druck Moskaus musste die Ulbricht-Riege im Juni 1953 manche restriktiven Maßnahmen gegenüber den Einzelbauern und privaten Handwerkern zurücknehmen. Etwa zur gleichen Zeit wurden aber die Arbeitsnormen für die Industriearbeiter durchschnittlich um etwa 10% erhöht. Diese widersprüchliche Politik vertiefte die Gärungsprozesse im Lande und führte am 17. Juni 1953 zu einer Explosion – zu der ersten Massenauflehnung der Bevölkerung eines Ostblocklandes gegen das bestehende System. Und diese sollte exemplarischen Charakter für viele spätere Auflehnungsversuche an der westlichen Peripherie des Sowjetimperiums haben. Solche Revolten waren im Grunde chancenlos, weil hinter den diskreditierten Regimen, gegen die sich der Volkszorn richtete, das geballte Militärpotential einer Weltmacht stand, das immer dann zum Einsatz kam, wenn die Kräfte der durch Krisen erschütterten Vasallenstaaten Moskaus nicht ausreichten, um das bestehende System zu bewahren. Dieses Szenario hat sich zum ersten Mal am 17. Juni 1953 in Ost-Berlin abgespielt. Die sowjetischen Panzer erwiesen sich als unüberwindliches Hindernis für die Freiheitsbestrebungen der Völker des Ostblocks. Diese Erfahrung, die der Bevölkerung der DDR zuteil geworden war, musste drei Jahre später das aufsässige Ungarn und fünfzehn Jahre später die durch die Prager Reformer erneuerte Tschechoslowakei machen.

Die Ereignisse in Ost-Berlin beschleunigten den Sturz Berijas. Seine Widersacher führten die Revolte der ostdeutschen Bevölkerung in erster Linie auf die fehlerhafte Deutschlandpolitik Berijas zurück. Im Dezember 1953 wurde Berija zum Tode verurteilt und hingerichtet. Der erste Akt im Kampf um die Nachfolge Stalins ging damit zu Ende.

2. Die Fortsetzung des „Neuen Kurses"

Welche Politik wurde von den Bezwingern Berijas verfolgt? Es war im Grunde die Fortsetzung des bereits im Frühjahr 1953 begonnenen „Neuen Kurses", der auf die Demontage des „voll ausgebildeten Stalinismus" hinauslief. Bezeichnend dafür war die Einstellung der maßgeblichen Parteiführer zum „Personenkult" um Stalin. So warfen einige Parteifunktionäre Berija auf dem ZK-Plenum vom Juli 1953 vor, er habe sich wiederholt despektierlich über Stalin geäußert. Er habe es abgelehnt, Stalin als Fortsetzer des Werkes von Marx, Engels und Lenin zu bezeichnen. In diesem Sinne äußerte sich zum Beispiel L. Kaganowitsch. A. Andrejew fügte hinzu: „Berija versuchte den Namen von Genossen Stalin zu diskreditieren, diesen größten Mann nach Lenin zu verunglimpfen."

Dieser Stalin-Apotheose wurde aber auf dem Plenum entschieden widersprochen, und zwar von dem damals offiziell ersten Mann in der sowjetischen Machthierarchie, Ministerpräsident Malenkow, der sagte: „Sie müssen wissen, Genossen, dass der Personenkult Stalins pathologische Formen und Ausmaße angenommen hatte ... Die höchsten Parteigremien ließen keine Kritik mehr zu. Wir dürfen es vor Ihnen nicht verbergen, dass dieser hässliche Personenkult zu apodiktischen Entscheidungen führte, die der Partei und dem Lande in den letzten Jahren großen Schaden zugefügt haben."

Zu den größten Verfehlungen, die Berija auf dem Juli-Plenum vorgeworfen wurden, gehörte sein Versuch, die Beziehungen zu Jugoslawien zu normalisieren. Malenkow zitierte aus einem Brief, den Berija an einen der engsten Gefährten Titos, Rankovič, geschrieben hatte, in dem er ein sowjetisch-jugoslawisches Treffen auf höchster Ebene vorgeschlagen hatte, um eine Wiederannäherung der seit 1948 verfeindeten Staaten herbeizuführen. Dieser angeblich hochverräterische Plan Berijas wurde jedoch zwei Jahre später von der sowjetischen Führung in vollem Umfang verwirklicht. Ende Mai 1955 fand eine für viele völlig unerwartete sowjetisch-jugoslawische Aussöhnung statt. Eine sowjetische Delegation unter der Leitung von Nikita Chruschtschow, der im September 1953 zum „Ersten Sekretär des ZK der KPdSU" [nicht zum Generalsekretär wie Stalin] ernannt worden war, erschien in Belgrad und unterschrieb eine gemeinsame sowjetisch-jugoslawische Erklärung. Beide Regierungen bekundeten „Treue gegenüber den Prinzipien der gegenseitigen Achtung und der Nichteinmischung in die inneren Angelegenheiten [des anderen Staates] ..., da die Fragen der inneren Organisation der verschiedenen sozialen Systeme unter verschiedenen Formen der sozialistischen Entwicklung allein Sache jedes einzelnen Landes ist".

Manche Dogmatiker in der sowjetischen Führung lehnten die Aussöhnung mit Tito vehement ab: „Tito ist und bleibt durch und durch antisowjetisch", erklärte damals W. Molotow: „Seine Anschauungen haben mit dem Kommunismus nichts gemein."

Auch viele Stalinisten in den Volksdemokratien, die jahrelang den Kampf gegen die so genannte titoistische Abweichung in ihren eigenen Parteien geführt hatten, reagierten auf die Absicht Chruschtschows, sich mit Tito auszusöhnen, sehr ablehnend. Sie erzielten aber mit ihren Protesten keinen Erfolg.

Durch die Unterzeichnung der sowjetisch-jugoslawischen Erklärung räumte die sowjetische Führung nun ein, dass mehrere Wege zum Sozialismus möglich seien, dass die buchstabengetreue Nachahmung des sowjetischen Modells nicht das einzige Kriterium für den sozialistischen Charakter eines Staates sei. Es versteht sich von selbst, dass die Aussöhnung der Sowjetunion mit Jugoslawien den nationalkommunistischen Kräften in anderen Ostblockländern einen starken Impuls gab.

Auch im Ost-West-Verhältnis begann sich unmittelbar nach dem Tode Stalins eine Entspannung anzubahnen. In den letzten Regierungsjahren Stalins hatte sich nämlich nicht nur seine Innen-, sondern auch seine Außenpolitik radikalisiert. Wiederholt hatte er versucht, seine engsten Gefährten davon zu überzeugen, dass eine bewaffnete Konfrontation mit den Westmächten unmittelbar bevorstehe, dies vor allem nach der Gründung der NATO (April 1949) und nach dem Ausbruch des

Koreakrieges (Juni 1950). Der ungarische KP-Chef Rákosi erinnert sich an ein Treffen der Partei- und der Militärführer des Ostblocks im Januar 1951, auf dem der Generalstabschef der Roten Armee, Schtemenko, Folgendes sagte: „Bis Ende 1953 werden die Nato-Staaten ihre militärischen Vorbereitungen abschließen, um dies auszugleichen, müssen die Armeen der sozialistischen Staaten auch entsprechend vergrößert werden." Marschall Rokossowski, der damals das polnische Verteidigungsministerium leitete, wandte ein, die polnische Armee könne erst Ende 1956 die von Schtemenko vorgesehene Größe erreichen. Seine Einwände wurden indes von Stalin beiseite geschoben. Könne Rokossowski garantieren, dass der Krieg bis 1956 nicht ausbrechen werde, fragte Stalin. Wenn dies nicht der Fall sei, so sei Rokossowkis Plan unverantwortlich.

Am 8. Oktober 1950 – einige Monate nach dem Ausbruch des Korea-Krieges – hatte Stalin an den nordkoreanischen Regierungs- und Parteichef Kim Ir-sen geschrieben: „Ich rechnete damit, dass die USA, ungeachtet der Tatsache, dass sie für einen großen Krieg nicht vorbereitet sind, sich aus Prestigegründen in einen solchen Krieg verwickeln können. Folglich könnte in diesen Krieg China und mit ihm auch die Sowjetunion, die mit China durch einen Beistandspakt verbunden ist, verwickelt werden. Muss man davor Angst haben? Ich glaube nicht, denn zusammen sind wir stärker als die USA und England. Und andere kapitalistische Staaten ohne Deutschland, das zur Zeit den USA keinerlei Hilfe leisten kann, stellen keine ernsthafte militärische Kraft dar. Sollte der Krieg unvermeidlich sein, dann sollte er jetzt und nicht in einigen Jahren stattfinden – in der Zeit in der der japanische Militarismus als Verbündeter der USA wiederhergestellt werden wird." Und im Oktober 1952 schrieb Stalin in der „Prawda": „Um die Unvermeidlichkeit der Kriege zu beseitigen, muss man den Imperialismus beseitigen."

Indes zeichnete sich das damalige Vorgehen Stalins durch eine ausgesprochene Ambivalenz aus. Einerseits trug sein außenpolitischer Kurs immer radikalere Züge. Andererseits schreckte er aber davor zurück, die USA direkt zu provozieren und ließ zum Beispiel in Korea einen Stellvertreter-Krieg führen – in erster Linie mit Hilfe der so genannten „Freiwilligen" aus China. Zwar nahmen an diesem Krieg nach den Berechnungen D. Wolkogonows auch etwa 10 bis 15 Tausend sowjetische Militärberater und Piloten teil. Viele trugen indes aus Tarnungszwecken koreanische oder chinesische Uniformen, es war ihnen auch streng untersagt, sich in der Nähe der gegnerischen Linien zu exponieren, um nicht in die Gefangenschaft zu geraten. Ungeachtet all dieser

Ambivalenz war es kaum zu übersehen, dass Stalin seit dem Beginn der 50er Jahre in seinem Machtbereich die Atmosphäre eines Endkampfes zu erzeugen suchte.

Stalin rechnete also mit dem unmittelbar bevorstehenden Ausbruch eines Krieges. Ganz anders wurde diese Frage von seinen Nachfolgern bewertet. Bereits am 9. März 1953 sprach Malenkow von den „Möglichkeiten einer dauernden Koexistenz und eines friedlichen Wettbewerbs der beiden verschiedenen Systeme“. Im August 1953 bediente sich der sowjetische Ministerpräsident bereits in diesem Zusammenhang des Begriffs „Entspannung“ und im März 1954 fügte er hinzu: „Die sowjetische Regierung ... wendet sich entschieden gegen die Politik des Kalten Krieges, denn diese Politik läuft auf die Vorbereitung eines neuen Weltkrieges hinaus und ein solcher Krieg würde, angesichts der neuesten Vernichtungsmittel, das Ende der Weltzivilisation herbeiführen.“

Die flexible Außenpolitik Moskaus wirkte sich auch in einigen Fällen sehr konkret aus. Am 27. Juli 1953 beendete das Waffenstillstandsabkommen in Panmunjon den Krieg in Korea. Am 15. Mai 1955 wurde der österreichische Staatsvertrag unterzeichnet, der die österreichische Souveränität in den Grenzen vom 1. Januar 1938 wiederherstellte. Dafür verpflichtete sich Österreich zur immerwährenden Neutralität.

Dennoch handelte es sich bei der damaligen Ost-West-Entspannung keineswegs um einen geradlinigen Prozess. Die vorübergehende Entspannung bedeutete keineswegs das Ende des Kalten Krieges und der ideologischen Rivalität. Immer wieder kam es zu Eskalationen im Ost-West-Verhältnis, zum Beispiel nach der Aufnahme der Bundesrepublik in die NATO infolge der „Pariser Verträge“ vom Oktober 1954. Als Antwort darauf unterzeichnete Moskau zusammen mit seinen osteuropäischen Satelliten (Polen, Ungarn, Tschechoslowakei, DDR, Rumänien, Bulgarien, Albanien) im Mai 1955 einen Freundschafts- und Beistandsvertrag – den so genannten Warschauer Pakt.

Als Zeichen der neuen sowjetischen Flexibilität soll die Aufnahme der diplomatischen Beziehungen zwischen Moskau und Bonn erwähnt werden, die anlässlich eines Staatsbesuches von Bundeskanzler Konrad Adenauer in Moskau (9.–13. 9. 1955) beschlossen wurde. Damals wurde auch die Rückführung der noch in der Sowjetunion verbliebenen deutschen Kriegsgefangenen vereinbart. Adenauer betonte allerdings im Schreiben an den sowjetischen Ministerpräsidenten Bulganin vom 14. September 1955, dass die Aufnahme diplomatischer Beziehungen zwischen der Bundesrepublik und der UdSSR „keine Anerkennung des derzeitigen beiderseitigen territorialen Besitzstandes darstellt. Die endgültige Festsetzung der Grenzen Deutschlands bleibt dem Friedensvertrag vorbehalten. Die Aufnahme diplomatischer Beziehungen mit der Regierung der UdSSR bedeutet keine Änderung des Rechtsstandpunktes der Bundesregierung in Bezug auf die Befugnis zur Vertretung des deutschen Volkes in internationalen Angelegenheiten".

Die sowjetische Führung wollte demonstrativ zeigen, dass sie trotz dieser Annäherung an Bonn die DDR nicht fallen lasse. Unmittelbar nach der Abreise Adenauers trafen Vertreter der DDR-Führung in Moskau ein. Am 20. 9. 1955 wurde ein Vertrag unterzeichnet, der die DDR für „frei in der Entscheidung über Fragen ihrer Innen- und Außenpolitik" erklärte, vorbehaltlich lediglich der für „Deutschland als Ganzes" geltenden Vier-Mächte-Abkommen. Das Amt des Sowjetischen Hohen Kommissars in der DDR wurde abgeschafft.

Zur gleichen Zeit wurde in Bonn die „Hallstein-Doktrin" verkündet. Nach ihr durfte die Bundesrepublik Deutschland – mit der Ausnahme der Sowjetunion – keine diplomatischen Beziehungen zu Staaten aufnehmen oder unterhalten, die ihrerseits diplomatische Beziehungen zur DDR hatten oder eingehen wollten.

Die Sowjetunion bemühte sich nun unaufhörlich um die Stärkung des internationalen Renomees der DDR. Am 10. November 1958 sagte Chruschtschow, es wäre wünschenswert, wenn die Reste des Besatzungsregimes in Berlin abgeschafft würden. Am 27. November forderte Moskau von den Westmächten in ultimativer Form die Umwandlung Westberlins in eine „entmilitarisierte Freie Stadt". Den Zugang zur Stadt sollten nun die Behörden der DDR kontrollieren. So bahnte sich die zweite Berlin-Krise an, die im August 1961, zur Zeit der Errichtung der Berliner Mauer, ihren Höhepunkt erreichen sollte. Am Vorabend des Mauerbaus beklagte sich die SED-Führung bei den sowjetischen Genossen über die katastrophale wirtschaftliche Lage der DDR. Die offene Grenze in Berlin galt als die wichtigste Ursache für diesen Zustand. Im Januar 1961 schrieb Walter Ulbricht an Chruschtschow: Jeder Bewohner der DDR habe den Konjunkturaufschwung in der Bundesrepublik gesehen und dies „ist der Hauptgrund dafür, dass im Verlaufe von zehn Jahren rund 2 Millionen Menschen unsere Republik verlassen haben." Ulbricht hob dann hervor, um den Rückstand im Lebensstandard zur Bundesrepublik allmählich aufzuholen, seien auf Kosten der Erneuerung des Produktionsapparates mehr Mittel in den privaten Konsum geflossen, als es die Leistungsfähigkeit der DDR-Volkswirtschaft eigentlich zugelassen hätte: „Das kann man auf die Dauer nicht fortsetzen."

Auch für die sowjetische Führung war die wirtschaftliche Stabilisierung der DDR von außerordentlicher Bedeutung. Zum einen entwickelte sich der ostdeutsche Teilstaat zu einem der wichtigsten Handelspartner der UdSSR. 1960 kamen mehr als 34% aller sowjetischen Importe an Maschinen und industrieller Ausrüstung aus der DDR. Zum anderen sollte ihre wirtschaftliche Sanierung als Beweis dafür dienen, dass das sozialistische System auch in einem hoch entwickelten Industrieland funktionieren könne. In diesem Sinne äußerte sich im Mai 1961 der erste stellvertretende Vorsitzende des Ministerrates der UdSSR, Anastas Mikojan: Die DDR sei ein hochentwickelter Industriestaat und zugleich der westliche Vorposten des sozialistischen Lagers: „Deshalb schauen viele, sehr viele auf die DDR. In der DDR wird sich unsere Weltanschauung, unsere marxistisch-leninistische Theorie beweisen müssen. In der DDR wird sich beweisen müssen, dass es falsch ist, was die Kapitalisten und die Renegaten sagen. Die DDR ... ist das Land, in dem sich entscheiden muss, dass der Marxismus-Leninismus richtig ist, dass der Marxismus-Leninismus auch für Industriestaaten die höhere und bessere Gesellschaftsordnung ist ... Wenn der Sozialismus in der DDR nicht siegt, wenn der Kommunismus sich hier nicht als überlegen und überlebensfähig erweist, dann haben wir nicht gesiegt. So grundsätzlich steht für uns die Frage."

Drei Monate nach diesen Äußerungen Mikojans wurde die Berliner Mauer errichtet. Die Westmächte protestierten zwar gegen diesen Vorgang, aber im Großen und Ganzen beließen sie es bei diesen verbalen Protesten. Ähnlich hatten sie sich auch am Ende der 40er Jahre, zur Zeit der Sowjetisierung Osteuropas, 1953, während der Unterdrückung des Aufstandes in der DDR oder 1956 zur Zeit der Zerschlagung des Ungarn-Aufstandes verhalten. Die 1945 vollzogene Teilung Europas in Einflusssphären wurde von den beiden Kontrahenten im Ost-West-Konflikt im Wesentlichen respektiert. In diesem Sinne äußerte sich Ende Juli 1961 der amerikanische Senator Fulbright, der sagte, die DDR habe „das Recht die Grenze zu schließen ..., die Russen haben in jedem Fall die Macht sie zu schließen".

Die Sowjetunion hat übrigens auch das Vorgehen der Westmächte in deren Einflusssphäre im Wesentlichen geachtet. So hatte sie, wie bereits gesagt, während der ersten Berlin-Krise 1948–49 nicht versucht, die Luftbrücke der Westalliierten zu unterbinden. Auch die Wiederbewaffnung der Bundesrepublik und ihren Eintritt in die Nato nahm sie hin.

Die Abkehr vom Kalten Krieg stellte also einen widersprüchlichen und uneinheitlichen Prozess dar. Dessen ungeachtet rückte die sowjetische Führung von der in der Stalin-Zeit so verbreiteten These ab, dass ein Krieg zwischen dem kapitalistischen Westen und dem sozialistischen Osten unvermeidlich sei. Diese Abkehr von der von Stalin geschürten Kriegshysterie wirkte sich auch innenpolitisch aus. Der Terror ließ nach. Im September 1953 wurden die in den 30er Jahren ins Leben gerufenen Sondergerichte, die Hunderttausende von Menschen praktisch ohne Gerichtsverhandlungen abgeurteilt hatten, abgeschafft. Im April 1954 wurden die Opfer der „Leningrader Affäre" von 1949/50 rehabilitiert – viele postum.

Die allmähliche Abkehr von der stalinistischen Herrschaftstechnik erstreckte sich auch auf andere Bereiche, so zum Beispiel auf die Wirtschafts- und Sozialpolitik. Im Mai 1953 wurde eine allgemeine Preissenkung für viele Konsumgüter angeordnet. Im August kündigte Malenkow Steuersenkungen für die Bauern an, einen Monat später wurden die staatlichen Einkaufspreise für landwirtschaftliche Erzeugnisse erhöht. All das sollte die Agrarproduktion stimulieren. Die Konsumwünsche der Bevölkerung sollten nun stärker berücksichtigt werden als bisher, der Entwicklung der Schwerindustrie wurde nicht mehr absolute Priorität eingeräumt. Die Arbeitsgesetze der Stalin-Zeit, die die Freizügigkeit der Arbeiter außerordentlich erschwert und jeden, auch den geringsten Verstoß gegen die Arbeitsdisziplin drakonisch bestraft hatten, wurden nun entscheidend gemildert. Seit Frühjahr 1956 durften die Arbeiter ihren Arbeitsplatz frei wählen, und diese neue Freizügigkeit löste eine außerordentliche Fluktuation auf dem sowjetischen Arbeitsmarkt aus.

Diese Reformen führten nicht über Nacht zur Erhöhung des Lebensstandards der Bevölkerung. Es war allerdings kaum zu übersehen, dass die neue sowjetische Führung sich allmählich von der Politik der grenzenlosen Ausbeutung der eigenen Bevölkerung, wie sie unter Stalin praktiziert worden war, distanzierte.

Von der Entschärfung des politischen Kurses profitierten nicht nur die breiten Bevölkerungsschichten, sondern auch die Intellektuellen. Nicht nur der Konsum, sondern auch manche bis dahin tabuisierten Strömungen und Schulen im künstlerischen und im wissenschaftlichen Bereich wurden nun „rehabilitiert".

In der Stalin-Zeit dienten sowohl die Kunst als auch die Geistes- und Sozialwissenschaften, ja sogar einige naturwissenschaftliche Schulen in erster Linie einem Ziel – der Verherrlichung Stalins und des von ihm geschaffenen Systems. Paradoxerweise hieß die literarische und künstlerische Schule, die die damalige Schreckensherrschaft zum Paradies auf

Erden stilisierte, nicht der „stalinistische Fiktionalismus“, sondern der „sozialistische Realismus“. Diese auf dem I. Kongress der sowjetischen Schriftsteller (1934) verordnete Richtung in der Literatur, die ihre Entsprechung in den bildenden Künsten wie auch in anderen Kunstrichtungen besaß, stellte ein Äquivalent zur Generallinie der Partei dar. Abweichungen von ihr wurden äußerst streng, nicht selten mit dem Tode, bestraft. Der künstlerische und der literarische Diskurs, der in gewisser Weise dem innerparteilichen Diskurs der 20er Jahre entsprach, war unter Stalin gewaltsam unterbunden worden. Die künstlerische und die literarische Avantgarde, die in den 20er Jahren noch die Kulturszene beherrscht hatte, musste dem so genannten Realismus das Feld räumen. Die Avantgarde mit ihrer Experimentierfreude und fieberhaften Suche nach neuen Ausdrucksformen hatte sich mit den rigiden Strukturen des totalitären Staates nicht vereinbaren lassen. Der für den Stalinismus typische Drang nach Verstaatlichung der Gesellschaft, der Wirtschaft und der Partei hatte sich auch auf die Kultur ausgedehnt. So vermochte die stalinistische Führung das zu erreichen, worum sich früher die zarische Autokratie und später die leninistische Führung vergeblich bemüht hatten – die überwältigende Mehrheit der Intellektuellen zu konformistischem Verhalten zu zwingen.

Damals begann auch in der Sowjetunion, ähnlich wie im Dritten Reich, die Bekämpfung der abstrakten, der so genannten „entarteten“ Kunst, die im Namen des „gesunden Volksempfindens“ abgelehnt wurde. Während die Vertreter dieser Kunstrichtungen im Dritten Reich als „Kulturbolschewisten“ diffamiert wurden, wurden sie von den Stalinisten in der Nähe des „Faschismus“ angesiedelt. Trotz der inhaltlichen Unterschiede, die zwischen dem „nationalsozialistischen“ und dem „sozialistischen“ Realismus existierten – Verherrlichung des Krieges in einem, Verherrlichung der Arbeit im anderen Fall –, dienten beide Kunstrichtungen der Disziplinierung der unterworfenen Gesellschaft, der Bekämpfung jeder abweichenden Meinung. Nach der Bezwingung des Dritten Reiches hatte indes die stalinistische Kulturpolitik begonnen, in immer stärkerem Ausmaß nationalsozialistische Züge anzunehmen. Ihr Ethnozentrismus, ihre Ablehnung des Fremdländischen und des Fremdartigen erreichten beinahe ebenso absurde Ausmaße, wie dies im Dritten Reich der Fall gewesen war. Als „fremdländisch“ galt nicht nur die abstrakte Kunst und die Freudsche Psychoanalyse, sondern sogar die Einsteinsche Relativitätstheorie. Man muss hier jedoch hinzufügen, dass die theoretische Physik in der Sowjetunion den Angriff der stalinistischen Dogmatiker relativ unbeschadet überstehen konnte. Dies nicht zuletzt deshalb, weil die Herstellung der sowjetischen Atombombe ohne die Verwendung modernster physikalischer Theorien undenkbar gewesen wäre.

Erst nach dem Tode Stalins wurde dieser radikale Kampf gegen die Moderne, der für die sowjetische Kultur verheerende Folgen hatte, zumindest in einigen Bereichen beendet. Und dies registrierten die sowjetischen Intellektuellen mit Dankbarkeit. Viele von ihnen wurden nun zu glühenden Verfechtern des „Neuen Kurses".

Die allmähliche Liberalisierung und Abkehr von den stalinistischen Herrschaftsmethoden erhielt bereits 1954 einen Namen, den der sowjetische Schriftsteller Ilja Ehrenburg prägte. Seinen in jenem Jahr erschienen Roman nannte er „Ottepel", „Tauwetter". Darin gibt er die Atmosphäre, die in der Sowjetunion unmittelbar nach dem Tode Stalins herrschte, wieder. Der Titel des Romans wurde sehr schnell zu einer symbolischen Bezeichnung für die ganze Epoche.

Der „Neue Kurs" in der Sowjetunion weitete sich auch auf andere Länder des Ostblocks aus. Bisher war das sowjetische Modell von den „Volksdemokratien" sklavisch nachgeahmt worden. Dem Stalinkult in der Sowjetunion entsprach in diesen Ländern der Personenkult um die jeweiligen Parteiführer – um die kleinen Stalins: Bierut in Polen, Rákosi in Ungarn, Ulbricht in der DDR usw. Auch die Sicherheitsorgane der jeweiligen Ostblockstaaten hatten über eine ähnliche Machtfülle verfügt wie in der Sowjetunion. Nun, nach dem Tode Stalins, forderte die sowjetische Führung alle Parteien des Ostblocks dazu auf, kollektive Führungen zu errichten. Dies fiel natürlich den „Mini-Stalins", die inzwischen in allen Volksdemokratien ihre Machtpositionen außerordentlich stark hatten ausbauen können, sehr schwer. Dennoch mussten sie sich dem Druck, der aus Moskau kam, beugen und politischen Veränderungen zustimmen bzw. Selbstkritik üben. So hörte zum Beispiel das ungarische ZK am 28. Juni 1953 mit Verblüffung die selbstkritische Rede des Diktators Rákosi. Dieser gestand, dass es ihm an kommunistischer Bescheidenheit gefehlt habe, dass er mit Ungeduld und Arroganz jegliche Kritik der Genossen zurückgewiesen habe, und dass er sich in gerichtliche Untersuchungen bei gewissen politischen Prozessen willkürlich eingemischt habe. Rákosi behielt nach dieser Selbstkritik zwar sein Amt des Ersten Parteisekretärs, trat aber als Ministerpräsident zugunsten von Imre Nagy zurück. Auch der bulgarische Diktator Tscherwenkow legte Anfang 1954 vor dem bulgarischen ZK Reuebekenntnisse ab: „Der Personenkult ist schädlich, selbst wenn es sich um außerordentlich mächtige und bedeutsame Persönlichkeiten handelt."

Tscherwenkow behielt zwar das Amt des Regierungschefs, musste aber auf das Amt des Ersten Parteisekretärs zugunsten von Todor Shiwkow verzichten. Auch in anderen Ländern des Ostblocks wurden so genannte kollektive Führungen gebildet, die die Machtfülle der jeweiligen Diktatoren mehr oder weniger einschränkten. In einigen Fällen handelte es sich jedoch nur um eine symbolische Machtverteilung, so zum Beispiel in Rumänien oder in Albanien. Die Macht der dortigen Diktatoren – Gheorghiu-Dej und Enver Hoxha – blieb praktisch unangetastet.

Moskau verlangte von seinen Vasallen jedoch nicht nur die Errichtung von kollektiven Führungen, sondern auch die Verkündung des „Neuen Kurses" in der Wirtschafts- und Sozialpolitik. Besonders konsequent befolgte dies der neue ungarische Ministerpräsident Imre Nagy. In einer Parlamentsrede vom 4. Juli 1953 verkündete er den Verzicht auf forcierte Industrialisierung, die stärkere Entwicklung der Konsumindustrie und die Auflösung der Kolchosen, falls die Mehrzahl der Mitglieder dies wünschten. Er versprach auch die Demokratisierung des politischen Lebens, mehr Toleranz in der Kulturpolitik und die Abschaffung der Zwangslager.

Die sowjetische Führung erlaubte ein derartiges Entgegenkommen der ungarischen Regierung gegenüber der Bevölkerung sicherlich nicht zuletzt unter dem Eindruck der Arbeiterproteste, die kurz zuvor in der DDR, aber ebenso in der Tschechoslowakei (wenn auch in viel bescheidenerem Ausmaß) stattgefunden hatten. Stalin hätte auf solche Proteste wahrscheinlich nur mit verstärkten Repressionen reagiert. Die neue sowjetische Führung hingegen versuchte einen Mittelweg zwischen Repression und Kompromiss zu finden. Nicht zuletzt deshalb durfte wahrscheinlich Nagy seine Aufsehen erregende Rede halten. Mit seinem Reformprogramm ging indes Nagy für viele Dogmatiker im gesamten Ostblock viel zu weit. Die einheimischen Hardliner lehnten den Kurs Nagys entschieden ab und versuchten ihn zu sabotieren. Schließlich musste er im März 1955 unter dem Druck der Stalinisten zurücktreten. Zu seinem Verhängnis wurde die Tatsache, dass sein Protektor Malenkow einige Wochen zuvor vom gleichen Schicksal ereilt worden war. Auf dem Moskauer ZK-Plenum vom Januar 1955 war Malenkow in erster Linie von Chruschtschow für die Vernachlässigung der Schwerindustrie zugunsten der Konsumindustrie wie auch für eine allzu nachgiebige Haltung dem Westen gegenüber kritisiert und im Februar als Ministerpräsident von dem relativ farblosen N. Bulganin abgelöst worden.

Nach der Entmachtung Berijas war dies der zweite Akt im Kampfe um die Nachfolge Stalins. Als Sieger ging diesmal eindeutig Nikita Chruschtschow hervor. Von nun an bestimmte vor allem der Erste Sekretär des ZK den Charakter des „Neuen Kurses", d.h. auch das Tempo der Entstalinisierung. Es handelte sich dabei um einen äußerst widersprüchlichen Prozess mit vielen Rückschlägen. Die Rücktritte Nagys und Malenkows, die sich besonders vehement für den „Neuen Kurs" eingesetzt hatten, veranschaulichen diesen Sachverhalt besonders deutlich. Auch der Prozess des allmählichen Abbaus der Allmacht der Sicherheitsorgane und des Terrorregiments verlief nicht in allen Ländern des Ostblocks gleichmäßig. So wurde zum Beispiel in Polen im September 1953 der Primas der Katholischen Kirche, Kardinal Wyszyński verhaftet, was auf eine Verschärfung des politischen Kurses hindeutete. 1954 ließ der rumänische Diktator Gheorghiu-Dej seinen Rivalen Patrăşçănu wegen „titoistischer Abweichung" hinrichten.

Trotz all dieser Widersprüche und trotz der Halbherzigkeit der Politik des „Neuen Kurses" hatte der Entstalinisierungsprozess eine Eigendynamik gewonnen und ließ sich nicht mehr aufhalten.

3. Der postume „Tyrannensturz" – Der XX. Parteitag der KPdSU

Die Paradoxie des Entstalinsierungsprozesses bestand darin, dass es langjährige Gehilfen Stalins waren, die ihn durchführten. Isaac Deutscher schrieb, all diejenigen Kommunisten, die sich am Stalinschen Terror nicht beteiligen wollten, seien von Stalin bereits längst liquidiert worden. Daher sei die gesellschaftlich unerlässliche Aufgabe der Entstalinisierung den Stalinisten zugefallen.

Es bestand allerdings innerhalb der sowjetischen Führung keineswegs Übereinstimmung über das Ausmaß der Entstalinisierung und vor allem über die Frage, ob man Stalin offen angreifen dürfe oder nicht. Chruschtschow, dessen Position innerhalb der kollektiven Führung immer stärker wurde, trat am Vorabend des für Februar 1956 geplanten XX. Parteitages – des ersten Parteitages nach dem Tode Stalins – für die öffentliche Enthüllung der Stalinschen Verbrechen und für die Rehabilitierung der Opfer ein. Seine Kritiker im ZK-Präsidium, in erster Linie Molotow, teilten diese Ansicht nicht. Sie fürchteten, dass das sowjetische Regime dies nicht überleben werde. So forderte Molotow, man müsse auf dem Parteitag unbedingt die Rolle Stalins als großer Führer und Nachfolger Lenins hervorheben. Unterstützt wurde Molotow von Woroschilow und bedingt von Kaganowitsch. Auch Chruschtschow meinte, dass Stalin der Sache des Sozialismus treu geblieben sei: „Aber er machte alles mit barbarischen Methoden. Er vernichtete die Partei ... Er hat alles Heilige, was der Mensch hat, vom Erdboden hinweggefegt. Er hat alles seinen Launen untergeordnet."

Schließlich setzte sich Chruschtschow mit seinem Vorschlag durch, den Parteitag auf einer geschlossenen Sondersitzung über die Verbrechen Stalins zu informieren. Zu den Parteiführern, die Chruschtschows Vorschlag mit Nachdruck unterstützten, gehörten M. Saburow und D. Schepilow, der über seine Gefühle sagte: „Das Herz plagt sich mit tiefen Zweifeln, wenn ich mich an die Ereignisse von 1937 erinnere. Man muss der Partei die Wahrheit sagen, sonst wird uns nicht verziehen."

Kontroversen über das Ausmaß der Entstalinisierung und über die Form, in welcher sie geschehen sollte, fanden ausschließlich innerhalb der höchsten Parteigremien statt und wurden der Öffentlichkeit vorenthalten. Trotz ihrer Rebellion gegen das Erbe des Vorgängers waren Chruschtschow und seine Anhänger letztendlich Zöglinge Stalins, die manche Denkmuster des Diktators verinnerlicht hatten und als unantastbare Dogmen ansahen. Dazu zählte zum Beispiel die Ablehnung jeglicher gesellschaftlicher Spontaneität bzw. das Verbot einer offenen Austragung von Konflikten. So wurde letztlich die Entstalinisierung in stalinistischer Manier durchgeführt – von oben und mit bürokratischen Mitteln, wie Isaac Deutscher schrieb.

Dies ist allerdings nur ein Teil der Wahrheit. Man muss sich zugleich vergegenwärtigen, in welchem Zustand sich das Land am Vorabend des XX. Parteitages befand. Die Bevölkerung war nach zweieinhalb Jahrzehnten permanenten Terrors völlig atomisiert und jeder Möglichkeit politischer Einflussnahme beraubt. Die Partei war damals im Grunde der einzige maßgebliche politische Faktor im Lande. Der Kampf um den „Neuen Kurs" bildete also zunächst eine weitgehend innerparteiliche Angelegenheit. Dabei darf man aber nicht vergessen, um was für eine Partei es sich dabei handelte. Nach unzähligen Säuberungen und Disziplinierungskampagnen, die sie unter Stalin erlebt hatte, hatte sie sich in ein willfähriges Organ der Führung verwandelt, das lediglich Befehle von oben nach unten weitergab. Mit Hilfe der Terrororgane hat Stalin den Bolschewiki eingeimpft, schon die kleinste Abweichung von der Generallinie der Partei stelle ein kriminelles Delikt dar. „Monolithisches" Auftreten, Einstimmigkeit der Beschlüsse und „inbrünstige Verehrung" der Führung gehörten zum Wesen dieser einst revolutionären Partei. Zur Durchführung von Demokratisierungsprozessen war sie völlig ungeeignet. Der Stalinkult galt jahrzehntelang als Faktor, der das System stabilisierte – obwohl viele seiner Verkünder selbst ins Räderwerk der von ihnen mitaufgebauten Terrormaschinerie gerieten. So reagierten viele Parteiführer mit Panik auf die Absicht Chruschtschows, der Götzenverehrung einen offenen Kampf anzusagen. Der Chruschtschow-Biograph Roy Medwedew schreibt hierzu: Bei den Gefährten Stalins, die ihren Aufstieg ausschließlich dem Diktator verdankt hätten, seien allmählich ähnliche Ermüdungserscheinungen aufgetreten, wie seinerzeit bei den Marschällen Napoleons. Die letzteren hätten sich nicht mehr den Gefahren der fortwährenden Kriege aussetzen wollen, die stalinistischen Würdenträger ihrerseits seien der ewigen Angst vor Säuberungen müde geworden. Eine offene Auseinandersetzung mit Stalin hätten sie jedoch rundweg abgelehnt, um die Grundlagen ihrer Herrschaft nicht zu erschüttern.

Gab es angesichts dieser Stimmung innerhalb der Machtelite und des Zustandes der Partei eine Alternative zum autoritären, staatsstreichähnlichen Vorgehen, das Chruschtschow im Kampfe gegen den verstorbenen Tyrannen wählte? Wohl kaum.

Hätte die Enthüllungsrede Chruschtschows vielleicht mehr Gewicht gehabt, wenn sie nicht auf einer geschlossenen Sitzung des Parteitages der KPdSU, sondern vor einem internationalen kommunistischen Gremium vorgetragen worden wäre? Diesbezügliche Kritik, die aus dem Ausland kam, wird von Roy Medwedew folgendermaßen beantwortet: „Jede internationale kommunistische Konferenz, an der solche Parteiführer wie Mao Tse-tung, Mátyás Rákosi, Enver Hoxha … und andere teilgenommen hätten, hätte sich entschieden gegen die Abrechnung mit Stalin ausgesprochen."

Was die Motive Chruschtschows anbetrifft, die ihn zu seinem Schritt im Februar 1956 bewogen hatten, so wird darüber noch heute trotz einer Fülle neuer Analysen und Quellen ähnlich gerätselt wie in den vergangenen Jahrzehnten. Chruschtschow habe gewusst, dass die überwiegende Mehrheit der Kongressteilnehmer gegen eine Abrechnung mit Stalin sei, schreibt der Publizist und ehemalige Mitarbeiter Chruschtschows, Burlazki, und fragt: „Was hat ihm den Mut und die Zuversicht gegeben …? Dies war einer der seltenen Fälle in der Geschichte, bei denen ein politischer Führer seine persönliche Macht und sogar sein Leben auf eine Karte setzte, um höhere gesellschaftliche Ziele zu erreichen."

Das persönliche Risiko Chruschtschows sei am Vorabend des XX. Parteitages nicht geringer gewesen als seinerzeit bei der Verhaftung

Berijas, fügt Roy Medwedew hinzu. Der Historiker fasst dann die Erklärungen für die Beweggründe Chruschtschows zusammen:

1. Mit seiner Abkehr vom stalinistischen Willkürsystem habe Chruschtschow die Sicherung und Festigung der Herrschaft der Parteielite angestrebt. Sie sollte nicht mehr in ständiger Angst vor Repressionen leben. Man könnte aber einwenden, dass solche Gegner Chruschtschows wie Molotow das gleiche Ziel angestrebt hätten.

2. Chruschtschows Rede habe eine entscheidende Episode im Machtkampf um die Nachfolge Stalins dargestellt, so Medwedew. Durch seine Abrechnung mit dem verstorbenen Tyrannen habe Chruschtschow enge Mitarbeiter des Diktators wie Molotow, Kaganowitsch, Malenkow u. a., die sich wesentlich länger in dessen Nähe befunden hätten als er selbst, endgültig diskreditieren wollen.

Aber auch diese Erklärung ist völlig unbefriedigend. Chruschtschow, dessen Aufstieg auf den Parteiolymp ausgerechnet Mitte der 30er Jahre begonnen hatte, der während der Säuberungen zunächst in Moskau und dann in der Ukraine das Amt des Ersten Parteisekretärs bekleidete, war in die damalige Terrormaschinerie nicht weniger verstrickt als seine späteren Kontrahenten. Ihre Warnungen, er säge den Ast ab, auf dem er selbst sitze, waren nicht von der Hand zu weisen.

3. Dass Chruschtschow Ängste um seine Person über Bord werfen konnte, wird von Medwedew, ähnlich wie von einigen anderen Autoren, nicht zuletzt mit seiner spontanen Menschlichkeit in Zusammenhang gebracht. Die Komplizenschaft am permanenten Terror habe die Parteifunktionäre in der unmittelbaren Umgebung Stalins der elementarsten humanen Regungen beraubt. Chruschtschow sei insoweit eine Ausnahme geblieben. Medwedew beruft sich in diesem Zusammenhang auf Alexander Solshenizyn, der das „Wunder" der Liquidierung der stalinistischen Lager auf eine spontane „seelische Regung" Chruschtschows zurückführt, der die Fähigkeit zum Mitgefühl und zur Reue nicht gänzlich eingebüßt hätte.

4. Die Entstalinisierungskrise im Ostblock am Beispiel Polens und Ungarns

Der XX. Parteitag der KPdSU stellte eine der tiefsten Zäsuren in der Geschichte des Ostblocks dar. Er löste eine Reihe von Erschütterungen des bestehenden Systems aus, die sich in ihrem Ausmaß nur mit denen vergleichen lassen, die die Gorbatschowsche Perestrojka dreißig Jahre später in die Wege leiten sollte. Ausschlaggebend für die beiden Umwälzungen war die Tatsache, dass der Impuls für die jeweilige Erneuerung aus dem hegemonialen Zentrum selbst und nicht aus der Peripherie des Imperiums kam, wie dies zum Beispiel 1968 zur Zeit des „Prager Frühlings" oder 1980/81 zur Zeit der „Solidarność-Revolution" in Polen der Fall sein sollte (s. S. 467 ff.).

Die Umwälzungen des Jahres 1956, die jeweils unterschiedlich abliefen, hatten drei Zentren – Moskau, Warschau und Budapest. In Moskau fand eine Revolution von oben statt. Die Parteiführung war ihr Initiator und ihr Motor. Einen Druck von unten verspürte sie nur selten. Zwar fanden im Archipel GULag, der im April 1954 noch 1 360 000 Insassen hatte, 1953 und 1954 mehrere Revolten statt, sie erstreckten sich aber nicht auf den Rest des Landes.

Ganz anders verlief die Entstalinisierung an der westlichen Peripherie des Imperiums, vor allem in Polen und in Ungarn, also in den Ländern, die auf eine jahrhundertealte Tradition des Kampfes gegen die Fremdherrschaft zurückblicken konnten. Die Entstalinisierung verband sich hier mit einer nationalen Renaissance, die sich nicht nur gegen die einheimischen Dogmatiker, die als Statthalter Moskaus galten, sondern auch gegen die Moskauer Zentrale selbst richtete.

Sowohl der Warschauer als auch der Budapester Führung fiel es immer schwerer, auf diesen Druck von unten adäquat zu reagieren, dies um so mehr, als in den beiden Parteien heftige Auseinandersetzungen zwischen Dogmatikern und Reformern (den so genannten Revisionisten) begannen, die die jeweilige Partei zu zerreißen drohten. Dieser Gärungsprozess führte in Polen im Juni 1956 zu einer ersten Explosion – zu einer Revolte der Posener Arbeiter, die vom Regime äußerst brutal unterdrückt wurde. Mehr als 50 Tote waren zu beklagen. Dennoch wurde die Unruhe im Lande nach den Posener Ereignissen zusätzlich vertieft und Konflikte innerhalb der Partei, vor allem innerhalb der Parteiführung, machten ein entschlossenes Vorgehen gegen die Opposition immer weniger möglich. Immer mehr Erwartungen verknüpften nun sowohl die Parteireformer als auch oppositionell gesinnte Kreise in der Bevölkerung mit der Person Władysław Gomułkas, des ehemaligen Generalsekretärs der Partei, der aufgrund der Verfolgungen, die er in der Stalin-Zeit erlitten hatte, zu einem Hoffnungsträger im Lande wurde. Am 4. August 1956 wurde Gomułka wieder in die Partei aufgenommen. Seine Rückkehr an die Parteispitze schien unumgänglich. Dies geschah dann auch im Oktober 1956 auf dem 8. ZK-Plenum der Polnischen Vereinigten Arbeiterpartei (PVAP).

Ungeachtet seiner antistalinschen Ressentiments war Gomułka indes ein überzeugter Kommunist. Die führende Rolle der Partei und das Bündnis Polens mit der Sowjetunion stellten für ihn unantastbare Dogmen dar. In seiner Rede auf dem 8. ZK-Plenum, auf dem er zum Parteichef gewählt wurde, führte er aus: „Wir werden ... niemandem erlauben, den Prozess der Demokratisierung gegen den Sozialismus auszunutzen. An der Spitze der Demokratisierung steht unsere Partei und nur sie allein ... Und wenn jemand glauben sollte, dass es ihm gelingt, antisowjetische Stimmungen in Polen zu entfachen, dann irrt er sich gründlich. Wir werden es nicht zulassen, dass den Lebensinteressen des polnischen Staates und der Sache des Aufbaus des Sozialismus in Polen Schaden zugefügt wird."

Das Programm Gomułkas enthielt nicht nur solch populäre Postulate wie die Demokratisierung des Landes oder den Verzicht auf die Kollektivierung der Landwirtschaft, sondern auch umstrittene Punkte wie die Bündnistreue gegenüber der Sowjetunion und die Aufrechterhaltung der führenden Rolle der Partei. Sein Charisma allein wäre wahrscheinlich nicht ausreichend gewesen, um die Unterstützung der Bevölkerung für alle Punkte seines Programms zu gewinnen. Er benötigte dafür auch einen glaubwürdigen Verbündeten und dies konnte nur die katholische Kirche sein, die in Polen den Ruf genoss, die wirklichen Interessen der Bevölkerung zu vertreten. Nicht zuletzt deshalb bat Gomułka den im Oktober 1956 immer noch internierten Kardinal Wyszyński um Hilfe, und dieser erklärte sich sofort bereit, dem bedrohten Regime zu Hilfe zu eilen, weil er davon ausging, die polnische Staatsräson verlange dies von ihm. Am 28. Oktober 1956 kehrte Wyszyński nach Warschau zurück und trug durch seine Appelle zur Besonnenheit wesentlich zur Entschärfung der Lage bei. So gehörte der Kompromiss zwischen Staat und Kirche zu den wesentlichsten Voraussetzungen dafür, dass in Polen im Jahre 1956 die erste friedliche Revolution in der Geschichte des Ostblocks stattfand.

Einen ganz anderen Verlauf nahmen damals die Entwicklungen in Ungarn. Die ungarische Umwälzung vollzog sich nach dem klassischen Revolutionsmuster. Das handelnde Subjekt war hier die sich im Aufruhr befindende Gesellschaft, die am 23. Oktober 1956, nach einer gewaltigen Massendemonstration in Budapest, den ungarischen Freiheitskampf oder die Revolution (über die Definition der damaligen Ereignisse wird in Ungarn bis heute heftig gestritten) in die Wege leitete. Da das stalinistische Regime in Ungarn über Nacht zusammenbrach und der Aufstand sich aufs ganze Land ausbreitete, besaß die ungarische Führung lediglich zwei Optionen – entweder sich mit den Aufständischen zu solidarisieren oder sowjetische Truppen zur Hilfe zu rufen. Imre Nagy, der am 24. Oktober zum ungarischen Ministerpräsidenten ernannt wurde, versuchte zunächst auf die Aufständischen mäßigend einzuwirken, er konnte sich allerdings auf keine realen Machtmittel stützen, denn die bestehenden Staatsmechanismen waren nach dem 23. Oktober weitgehend zusammengebrochen. Nagy standen nur verbale Argumente zur Verfügung. Mit seinen Sympathien befand er sich aber immer eindeutiger an der Seite der Aufständischen. In einer Rundfunkansprache an das ungarische Volk erklärte er damals: „Die Regierung lehnt es ab, die gewaltige Volksbewegung als Konterrevolution zu betrachten ... Es ist ... unbestreitbar, dass in dieser Bewegung ein großer nationaler und demokratischer Impuls wirksam geworden ist, der unser ganzes Volk umfasst und eint. Diese Bewegung hat das Ziel, unsere nationale Unabhängigkeit und Souveränität zu sichern und die Demokratisierung unseres gesellschaftlichen, wirtschaftlichen und politischen Lebens voranzutreiben, denn dies allein kann die Basis des Sozialismus in unserem Lande sein."

Am 1. November 1956 trat Ungarn aus dem Warschauer Pakt aus.

Die Solidarisierung Nagys mit der eigenen Bevölkerung wurde von den bewahrenden Kräften des gesamten Ostblocks als Herausforderung ohnegleichen empfunden. Nagy verstieß gegen das Leninsche Dogma von der Partei als „Avantgarde der Werktätigen", die den „wankelmütigen" Massen ihren Willen aufzwingen und sich keineswegs deren Willen anpassen sollte. Auf der Sitzung des ZK-Präsidiums der KPdSU vom 23. Oktober 1956 vertraten solche Präsidiumsmitglieder wie Kaganowitsch und Suslow und der Kandidat des Präsidiums, Marschall Shukow, die These, dass die Lage Ungarns sich grundlegend von derjenigen Polens unterscheide; sie sprachen sich für eine militärische Intervention aus. Außenminister Schepilow bezeichnete seinerseits am 1. November die Entwicklungen in Ungarn als gegenrevolutionären, antisowjetischen Putsch und plädierte für eine gewaltsame „Wiederherstellung der Ordnung".

Es waren nicht nur Stalinisten, die sich durch die „Nachgiebigkeit" Nagys gegenüber den spontanen gesellschaftlichen Bestrebungen provoziert fühlten, sondern auch viele ehemalige Opfer Stalins. Zu den letzteren gehörte János Kádár, der am 25. Oktober das Amt des Parteichefs vom Stalinisten Gerö übernahm. Die Entstalinisierung des ungarischen Regimes war zwar durchaus im Sinne Kádárs, nicht aber seine Demokratisierung, nicht die Wiedereinführung eines Mehrparteiensystems, mit dem sich Nagy allmählich abfand. Kádár wollte die Rückkehr Ungarns zu den vorkommunistischen Zuständen auf keinen Fall zulassen. Deshalb floh er am 1. November aus der Hauptstadt und begab sich unter die Obhut der sowjetischen Truppen, dann reiste er weiter nach Moskau und erklärte sich bereit, an der Spitze der sowjetischen Bajonette in die Heimat zurückzukehren. Am 4. November begann eine massive sowjetische Bestrafungsaktion – nach einer Woche war der ungarische Volksaufstand blutig niedergeschlagen.

1956 fühlten sich die Kommunisten, anders als zur Zeit der Gorbatschowschen Perestrojka, immer noch als Sieger der Geschichte und reagierten mit äußerster Brutalität auf jeden Versuch, diesen Sieg ungeschehen zu machen. Ungarn war das einzige Land des Ostblocks – bis zum Beginn der Gorbatschowschen Reformen –, in dem es der rebellierenden Gesellschaft gelungen war, das bereits gefestigte kommunistische Regime zu stürzen. Für diesen kurzfristigen Erfolg, für einige Tage der Freiheit musste aber Ungarn mit Tausenden von Gefallenen und Hunderten von Hingerichteten bezahlen. Die ungarische Erfahrung traumatisierte die Gegner des bestehenden Systems im gesamten Ostblock für mehrere Jahrzehnte. Diese wussten, dass Moskau jeden Versuch, die führende Rolle der kommunistischen Partei in seinem Hegemonialbereich in Frage zu stellen, als „Casus Belli" betrachten werde. Deshalb wurde diese Frage bei allen späteren Auflehnungsversuchen, die im Ostblock stattfinden sollten, sehr behutsam angegangen.

5. Widersprüche der Chruschtschow-Periode

Die brutale Unterdrückung des Ungarnaufstandes führte nicht, wie damals allgemein befürchtet, zu einer Restalinisierung der kommunistischen Regime. Diese Befürchtungen schienen sich zunächst zu bestätigen, als Chruschtschow am 17. Januar 1957 bei einem Empfang in der chinesischen Botschaft Stalin vor seinen Kritikern in Schutz nahm. Er bezeichnete ihn als Vorbild für alle Kommunisten. Es wäre gut, „wenn jeder Kommunist im Stande gewesen wäre, so zu kämpfen, wie Stalin dies getan hat". Dessen Fehler erklärte Chruschtschow durch die Eigentümlichkeiten seines Charakters wie auch durch die Schärfe des Klassenkampfes, der damals im Lande getobt habe.

Ungeachtet seiner zaghaften Versuche, die Wirkung seiner explosiven Rede auf dem XX. Parteitag abzuschwächen, galt Chruschtschow vielen Vertretern der „Stalin-Garde" in der Parteiführung als der Auslöser einer der unheilvollsten Entwicklungen in der Geschichte des Regimes. Die Fortsetzung der Kritik am Stalinismus, die nun untrennbar mit dem Namen von Chruschtschow verbunden war, hielten sie für selbstzerstörerisch. Kritisiert wurden aber auch andere politische und wirtschaftliche Schritte Chruschtschows. So sein 1954 begonnenes und dilettantisch durchgeführtes „Neulandprogamm" – der Versuch, mehr als 40 Million ha Neuland in den klimatisch sehr unsicheren Gegenden von Kasachstan und Westsibirien zu erschließen. Auch Chruschtschows Ankündigung, die Sowjetunion werde bald die USA auf dem Gebiet der landwirtschaftlichen Produktion überholen, wurde von seinen Kritikern als abenteuerlich angeprangert.

Die am 18. Juni 1957 begonnene Sitzung des ZK-Präsidiums nahm für Chruschtschow eine äußerst gefährliche Wendung. Sieben von elf Mitgliedern des Gremiums sprachen sich gegen ihn aus (Molotow, Malenkow, Kaganowitsch, Woroschilow, Bulganin, Perwuchin und Saburow), ähnliches tat auch der Kandidat des Präsidiums, Außenminister Schepilow. Zu den wenigen Präsidiums-Mitgliedern, die Chruschtschow unterstützten, gehörten Mikojan und Suslow. Um einer drohenden Entmachtung zu entgehen, appellierte Chruschtschow an das Zentralkomitee – das offiziell höchste Parteigremium zwischen den Parteikongressen. ZK-Mitglieder aus dem ganzen Land wurden eiligst nach Moskau gerufen. Der Verteidigungsminister Shukow und der Leiter des 1954 entstandenen Komitees für Staatssicherheit (KGB), Serow, stellten ihnen Militärflugzeuge zur Verfügung.

Auf der am 22. Juni 1957 begonnenen Sondersitzung des Zentralkomitees konnte sich Chruschtschow auf die überwältigende Mehrheit der Delegierten stützen. Die Ankläger aus dem Präsidium verwandelten sich nun in Angeklagte. Zum Verhängnis wurde vielen von ihnen ihre Beteiligung an Stalins Verbrechen. Marschall Shukow, der sich entschieden für Chruschtschow aussprach, erinnerte in seiner leidenschaftlichen Rede an die direkte Verantwortung Molotows, Kaganowitschs und Malenkows für die Erschießung von Tausenden von Kommunisten und Offizieren der Roten Armee in den Jahren 1937/38. Seine Rede wurde durch Zwischenrufe empörter ZK-Mitglieder unterbrochen: „Henker! Ihr solltet dafür zur Verantwortung gezogen werden!"

Shukows Argumente hätten natürlich auch gegen Chruschtschow angewendet werden können. Kaganowitsch fragte Chruschtschow direkt: „Haben Sie selbst etwa nicht Erschießungslisten in der Ukraine unterschrieben?" Chruschtschow ließ diese Frage unbeantwortet.

Im offiziellen Kommuniqué über den Verlauf des Juniplenums wurden die gegen Molotow, Malenkow und Kaganowitsch erhobenen Anklagen wegen deren Beteiligung an Stalinschen Verbrechen bezeichnenderweise nicht erwähnt.

Das Juniplenum endete mit einem vollständigen Sieg Chruschtschows. Drei seiner Widersacher wurden aus dem ZK-Präsidium ausgeschlossen (Molotow, Kaganowitsch, Malenkow), Schepilow verlor den Posten eines Kandidaten des Präsidiums. 1958 wurde Bulganin und 1960 Woroschilow aus dem höchsten Parteigremium ausgeschlossen.

Der Kampf um die Nachfolge Stalins war damit beendet. Er war in einer ganz anderen Form als der um die Nachfolge Lenins verlaufen: Abgesehen von Berija blieben diesmal alle Verlierer dieser Auseinandersetzung am Leben, während damals beinahe alle im Auftrag Stalins ermordet wurden. So verfolgten die Nachfolger Stalins nicht nur in Bezug auf ihre Untertanen, sondern auch im Umgang miteinander einen milderen Kurs.

Seit der Bezwingung der so genannten „antiparteilichen Gruppe" im Juni 1957 konnte Chruschtschow relativ ungestört seine politischen Vorstellungen in die Tat umsetzten. Wie lässt sich das System, dass er zu errichten suchte, definieren? Haben die Chruschtschowschen Reformen bzw. die durch den XX. Parteitag eingeleiteten Entwicklungen das sowjetische System qualitativ verändert? Von vielen Beobachtern wurde dies zunächst verneint. Sie begründeten ihren Standpunkt damit, dass die Chruschtschow-Equipe das uneingeschränkte Macht-, Wirtschafts- und Informationsmonopol der Partei unangetastet gelassen hatte. Zbigniew Brzezinski schrieb 1956: Chruschtschow könne es sich erlauben, den Terror abzumildern, weil Stalin alle unabhängigen Gruppierungen und Kräfte bereits liquidiert hätte. Die Bevölkerung sei nun derart gefügig geworden, dass das Aufkommen eines aktiven Widerstandes nicht mehr zu erwarten sei.

Die Tatsache, dass die neue Führung die Stalinsche These von dem sich fortwährend verschärfenden Klassenkampf verwarf und die Konsumwünsche der Bevölkerung stärker berücksichtigte, stellte für die Mehrheit der westlichen Politologen zunächst keine echte Zäsur dar. Die populistische Wende mache die Sowjetunion nicht weniger totalitär, so Zbigniew Brzezinski und Carl J. Friedrich. Das System erhalte dadurch lediglich neue Eigenschaften, die es noch stärker als zuvor in die Nähe der früheren faschistischen Regime rückten. Von qualitativen Veränderungen in der Sowjetunion könne nur dann die Rede sein, so das Fazit der oben beschriebenen Position, wenn die Machthaber einen institutionell verankerten Pluralismus und das Prinzip der Gewaltenteilung akzeptieren würden.

Zu den wenigen Beobachtern, die das Ausmaß der damaligen Veränderungen sofort erkannten, gehörte Isaac Deutscher. Das Vorgehen Chruschtschows sei wesentlich mehr als ein taktisches Manöver, schrieb er unmittelbar nach dem XX. Parteitag. Hier sei nicht nur Stalin als Mensch, sondern auch der Stalinismus mit seinen Herrschaftsmethoden angegriffen worden. Daher sei eine Rückkehr zu dieser Art von Machtausübung im Grunde nicht mehr möglich. Ebenfalls im Jahre 1956 schrieb Deutscher, in der Sowjetunion vollziehe sich nun der Zusammenbruch eines totalitären Systems. Das in der westlichen Politologie vorherrschende Axiom, totalitäre Regime ließen sich nur durch äußere Niederlagen beseitigen, beginne seine Gültigkeit zu verlieren. Deutschers Position sollte seit Anfang der 60er Jahre immer stärkere Zustimmung in der westlichen Sowjetologie erhalten. Immer lauter wurde nun die Forderung nach einer neuen Definition des sowjetischen Systems. Und seit Ende der 60er Jahre gehörte die Initiative in der wissenschaftlichen Diskussion bereits eindeutig den „Revisionisten", die die Ansicht vertraten, die Sowjetunion sei seit dem Tode Stalins in eine posttotalitäre Entwicklungsphase eingetreten. Diese These unterschätzte ihrerseits den immer noch totalitären Charakter des poststalinistischen Regimes und die Widersprüche der Chruschtschow-Periode.

In seiner Geheimrede auf dem XX. Parteitag hatte Chruschtschow die Karriere Stalins in zwei Phasen eingeteilt. Bis 1934 habe Stalin im Großen und Ganzen im Sinne der Partei gehandelt, erst seine Wendung gegen die eigene Fraktion wird als „Sündenfall" geschildert. Sogar in seinen Erinnerungen, die noch schärfer und offener den verbrecherischen Charakter des Stalinschen Regimes anprangern, versäumt Chruschtschow es nicht, Stalins Verdienste hervorzuheben: „Auch heute halte ich den damaligen [in den 20er Jahren geführten] ideologischen Kampf im Wesentlichen für richtig … Stalins Rolle bei der Konsolidierung der Partei, bei der Mobilisierung ihrer Kräfte … im Kampf um die Wiederherstellung der Industrie und der Landwirtschaft [!] war entscheidend."

Chruschtschow bemühte sich also krampfhaft darum, den Frühstalinismus und das zu Beginn der 30er Jahre errichtete so genannte „Kommandosystem" zu verteidigen. Warum erschien es ihm so attraktiv?

Nicht zuletzt deshalb, weil es den Herrschenden eine beispiellose Handlungsfreiheit gewährte. Es vereinfachte ihre Aufgaben außerordentlich und ermöglichte ihnen, den Weg des geringsten Widerstandes zu gehen, denn sie brauchten auf keine eigenständigen politischen und gesellschaftlichen Kräfte Rücksicht zu nehmen. Den politischen Pluralismus im Lande hatte bereits Lenin beseitigt. Stalin erstickte seinerseits die Eigenständigkeit der regierenden Partei und des Marktes. Niemand war nun im Stande, den Dezisionismus und den Voluntarismus der Führung wirksam zu bekämpfen. Nur manchmal stieß ihr Utopismus auf die harten Grenzen der Realität. Bis dies jedoch geschah, hatten sie genug Zeit, um durch ihren Umgestaltungswillen die Gesellschaft manchmal bis zur Unkenntlichkeit zu verändern, wie dies etwa während der Kollektivierung der Landwirtschaft geschah.

Der wichtigste Unterschied zwischen dem Stalinschen und dem Chruschtschowschen Voluntarismus bestand darin, dass der erste als sadistischer Despot die von ihm völlig abhängigen Untertanen quälen und ausbeuten ließ, Chruschtschow hingegen sich bemühte, ihre Lebensumstände zu verbessern. Einer seiner Mitarbeiter, Fjodor Burlazki, zitiert eine Aussage des Ersten Sekretärs, in der er selbst seine Rolle in der Geschichte des Landes so einschätzte: „Er sagte, dass Lenin als Organisator der Revolution und Begründer von Partei und Staat in die Geschichte eingegangen sei und dass Stalin trotz seiner Fehler und Verbrechen eine Persönlichkeit gewesen sei, die den Sieg in dem blutigen Krieg gegen den Faschismus gesichert habe. Seine eigene Bestimmung sah Chruschtschow darin, dem sowjetischen Volk Frieden und Wohlstand zu geben."

Diesen Wohlstand sollte allerdings die Gesellschaft ausschließlich von oben erhalten. Jegliches Mitspracherecht wurde ihr verwehrt, denn dadurch hätten die Pläne der Regierung beeinträchtigt werden können. Diejenigen, die den XX. Parteitag als Signal für die Befreiung der Gesellschaft von der staatlichen Bevormundung verstanden hatten, wurden bald eines Besseren belehrt. Die Kritik, die beim Anhören der Geheimrede Chruschtschows auf verschiedenen Versammlungen geäußert worden war, führte dazu, dass die Parteiführung beschloss, das Verlesen der Rede vorübergehend einzustellen.

Nicht zuletzt auf solche Reaktionen ist wahrscheinlich auch die Tatsache zurückzuführen, dass Chruschtschow letztendlich nicht den Mut hatte, seine Rede in einem allgemein zugänglichen Presseorgan zu veröffentlichen. So entstand die äußerst paradoxe Situation, dass ein Dokument, das eine der größten Umwälzungen in der Geschichte der Sowjetunion und des gesamten Ostblocks eingeleitet hatte, bis zur Gorbatschowschen Perestrojka offiziell nicht existierte. Erst im März 1989 wurde die Rede in der Sowjetunion veröffentlicht. Sowjetische Autoren hatten also 33 Jahre lang keine Möglichkeit, sich bei ihrer Auseinandersetzung mit dem Stalinismus auf dieses so wichtige Zeugnis der Zeitgeschichte zu berufen. Chruschtschow selbst begründete diese Geheimnistuerei auf dem XX. Parteitag folgendermaßen: „Wir können [die Frage des Personenkultes] nicht aus den Reihen der Partei hinaus, vor allem nicht in die Presse dringen lassen ... Wir dürfen dem Feind keine Munition liefern; wir dürfen unsere schmutzige Wäsche nicht vor seinen Augen waschen."

In Wirklichkeit ging es Chruschtschow bei seinen Bedenken gegen die Veröffentlichung der Rede nicht so sehr um die „kapitalistischen" Rivalen, denen übrigens der Text bereits im Juni 1956 zur Verfügung stand, als vielmehr um die eigene Bevölkerung. Er misstraute ihrem politischen Urteilsvermögen und zog es vor, sie als unmündig zu behandeln. Die Eigenschaften eines eigenständigen politischen Subjekts durfte lediglich die Staatsführung besitzen.

Aber Chruschtschow hat seine Machtposition nicht nur nach unten abgesichert. Auch seitens seiner Gegner innerhalb der Parteiführung drohte ihm seit der Ausschaltung der so genannten „antiparteilichen Gruppe" im Juni 1957 keine Gefahr mehr. So besaß er nach einer etwa vierjährigen Anlaufzeit eine Machtfülle, die beinahe derjenigen Stalins glich. Er konnte nun ungehindert an die Verwirklichung seiner politischen Visionen herangehen. Der Moskauer Historiker Michail Gefter meint, wenigstens zweimal, so nach dem XX., vor allem aber nach dem XXII. Parteitag (1961) habe Chruschtschow die Möglichkeit gehabt, alles zu verwirklichen, was er wollte (auf dem XXII. Parteitag setzte sich Chruschtschow, anders als auf dem XX., öffentlich mit Stalin auseinander). Chruschtschow sei damals im Grunde der einzige ganz freie Mensch im Lande gewesen, fügt Gefter hinzu, und gerade deshalb habe seiner Freiheit etwas Brüchiges und Vorübergehendes angehaftet.

Um die sowjetischen Wirtschaftsstrukturen zu modernisieren, versuchte Chruschtschow, etwas gegen die Auswüchse des Bürokratismus bzw. gegen den Hyperzentralismus des sowjetischen Wirtschaftssystems zu unternehmen. Im Mai 1957 wurden viele Wirtschaftsministerien aufgelöst. Die Regierung teilte die Sowjetunion in 105 Wirtschaftsverwaltungsbezirke auf mit den so genannten Volkswirtschaftsräten an der Spitze. Im Herbst 1962 fand eine zusätzliche Reform statt, die die bestehenden verkrusteten Strukturen aufweichen sollte. Die KPdSU sollte nun in einen agrarischen und einen industriellen Zweig aufgeteilt werden. Das Parteiprogramm vom Jahre 1961 sah eine Rotation der Parteikader vor. Ähnlich wie seinerzeit Lenin versuchte Chruschtschow die Bürokratie mit bürokratischen Mitteln zu bekämpfen, denn der

Parteiapparat, der die gesamte Gesellschaft kontrollierte, stellte zugleich auch die einzige Machtbasis Chruschtschows dar. Chruschtschow wollte zwar Volksführer sein und appellierte immer wieder direkt an die Bevölkerung, dennoch wagte er es nicht, einen Teil der Macht an die Gesellschaft abzutreten. Sein Populismus führte zu keinen institutionellen Veränderungen des Systems.

Bei der Analyse der Chruschtschowschen Karriere fällt Folgendes Paradoxon auf: Ungeachtet der vollständigen Ausschaltung seiner politischen Gegner wurde Chruschtschow immer stärker von seinem eigenen Apparat abhängig, der im Wesentlichen aus seinen Zöglingen bestand. Er befreite zwar die Parteioligarchie von der ständigen Angst um ihr Leben, die unter Stalin allgegenwärtig gewesen war. Seine Sprunghaftigkeit wurde aber dem Apparat immer lästiger. Abgesehen davon musste die Parteibürokratie auch feststellen, dass die vom XX. und vom XXII. Parteitag ausgelösten Gärungsprozesse allmählich die Gesellschaft veränderten. Sie begann sich vom Schock der Terrorjahre zu erholen und auf mehr Eigenständigkeit zu pochen. Die Machtelite fühlte sich durch solche Prozesse bedroht. Als Alleinherrscher und Alleineigentümer des Riesenreiches wollte sie nun endlich ungestört die Früchte ihrer privilegierten Stellung genießen. Antistalinsche Ressentiments Chruschtschows standen, ähnlich wie seine Unrast, jedoch der Konsolidierung des Herrschaftssystems im Wege. Da der Erste Sekretär sich unablässig darum bemühte, die Herausbildung von eigenständigen gesellschaftlichen und innerparteilichen Mechanismen zu verhindern, konnte er auch an niemanden appellieren, als der allmächtige Apparat im Oktober 1964 beschloss, sich des ersten Mannes in der Partei zu entledigen.

Aber nicht nur der Parteiapparat, sondern auch die Armee fühlte sich durch die Unrast Chruschtschows verunsichert. Im Oktober 1957 entmachtete er in einer beinahe staatsstreichähnlichen Manier den Verteidigungsminister Shukow, dem er wesentlich den Sieg im innerparteilichen Kampf im Juni 1957 verdankte. Der in Ungnade gefallene Shukov kritisierte nun unentwegt viele militärpolitische Maßnahmen Chruschtschows, wurde zu einem inoffiziellen Führer der immer stärker werdenden Militäropposition, die nicht zuletzt gegen die von Chruschtschow eingeleitete drastische Reduzierung der sowjetischen Streitkräfte protestierte. So sollte die sowjetische Armee, die im Jahre 1953 etwa 5,4 Millionen Soldaten zählte, bis 1958 auf etwa 3,3 Millionen reduziert werden. Im Januar 1960 wurde eine zusätzliche erhebliche Reduzierung der Streitkräfte beschlossen. Zum Prestigeverlust

Chruschtschows trug auch der Ausgang der Kuba-Krise vom Oktober 1962 bei, die die Welt an den Rand einer nuklearen Apokalypse brachte. Auf dem Höhepunkt der Krise befanden sich auf Kuba etwa 43 000 sowjetische Soldaten und Dutzende von weitreichenden Raketen mit nuklearen Sprengköpfen. Die Zahl dieser Sprengköpfe belief sich, wie man inzwischen weiß, auf 164. Die entschlossene Haltung der Kennedy-Administration, die den sofortigen Abbau verlangte, und die Kompromissbereitschaft Chruschtschows trugen dazu bei, dass die Katastrophe im letzten Moment abgewendet werden konnte. Am 1. Dezember 1962 wurden alle sowjetischen Nuklearwaffen, die sich auf Kuba befanden, in die Sowjetunion zurücktransportiert.

Die Tatsache, dass Chruschtschow im letzten Moment auf eine Konfrontation mit den USA verzichtet hatte, wurde von dogmatischen Kräften im kommunistischen Lager als Kapitulation aufgefasst. Vor allem Peking reagierte mit Häme auf die Nachgiebigkeit der Moskauer Führung. Die angebliche Kapitulationsbereitschaft Chruschtschows gegenüber dem „westlichen Imperialismus" war für Peking nicht zuletzt die Folge des Verzichts Chruschtschows auf die „hehren Stalinschen Grundsätze". Chruschtschows Auseinandersetzung mit Stalin wurde von Peking als Verrat am Marxismus angesehen. Der so genannte „Chruschtschowsche Revisionismus" diskreditierte in den Augen der Dogmatiker um Mao Tse-tung Moskau als Zentrum der kommunistischen Weltbewegung. Peking beanspruchte nun die Rolle eines zweiten Zentrums, Belgrad diejenige eines dritten. Der kommunistische Polyzentrismus setzte sich damit endgültig durch. Dies vergrößerte den Handlungsspielraum einiger Ostblockländer, die sich von dem hegemonialen Druck Moskaus befreien wollten. Als die stalinistische Führung Albaniens um Enver Hoxha und die nationalkommunistische Rumäniens um Gheorghiu-Dej zu Beginn der 60er Jahre sich von Moskau abzuwenden begannen, stellte für sie die chinesische Unterstützung eine Art Sicherheitsgarantie dar und hielt womöglich Moskau vor unüberlegten Bestrafungsaktionen ab.

Der Sturz Chruschtschows, der 1964 von den bewahrenden Kräften in der Partei durchgeführt wurde, rief kein allzu großes Bedauern der Reformer hervor. Sie hatten sich von Chruschtschow ebenso abgewandt, wie dies die Dogmatiker getan hatten, wenn auch aus entgegengesetzten Gründen.

Der XX. Parteitag hatte für die Reformer den Anbruch einer neuen Epoche der Freiheit symbolisiert. Sehr schnell mussten sie aber feststellen, dass die Kritiker Stalins in der Parteiführung nicht bereit waren, auf das Wahrheitsmonopol der Partei zu verzichten, auch sie wollten keine Abweichungen von der Generallinie, in welcher Form auch immer, dulden. Zu den ersten Opfern des „Spätfrostes" im „Tauwetter" hatte der Schriftsteller Wladimir Dudinzew gehört, dessen im Sommer 1956 erschienener Roman „Nicht vom Brot allein", in dem er sich mit der sowjetischen Bürokratie auseinander setzte, eine Welle der Entrüstung in der offiziellen Presse auslöste. Eine noch größere Empörung der Behörden rief der 1957 im Westen publizierte Roman Boris Pasternaks „Doktor Shiwago" hervor, in dem der Autor sich von dem offiziellen verklärten Bild der bolschewistischen Revolution distanzierte. Die Tatsache, dass Pasternak für seinen Roman einen Nobelpreis erhielt, wurde von der sowjetischen Führung als beispiellose Provokation empfunden. (1958 – Pasternak wies ihn jedoch aufgrund des politischen Drucks, der auf ihn ausgeübt wurde, zurück). Auch die Bekämpfung der so genannten „dekadenten" abstrakten Kunst, die den ästhetischen Idealen des „Sozialismus" angeblich widersprach, hörte nach 1956 nicht auf. Bezeichnend waren in diesem Zusammenhang abfällige Äußerungen Chruschtschows über eine Ausstellung Moskauer Künstler vom Dezember 1962, in der auch mehrere abstrakte Werke zu sehen waren.

Andersdenkende, die von der offiziell verkündeten Generallinie abwichen, wurden allerdings nicht nur verbal attackiert. Viele wurden verhaftet, zur Zwangsarbeit verurteilt (zum Beispiel der Lyriker und spätere Nobelpreisträger, Josif Brodski). Andere wurden wegen ihrer regimekritischen Tätigkeit für geisteskrank erklärt und in psychiatrische Kliniken eingeliefert (zum Beispiel General Pjotr Grigorenko).

Dies war allerdings nur eine Seite der Medaille. Denn die Periode Chruschtschows assoziiert sich nicht nur mit der Repression, sondern auch mit der Liberalisierung der sowjetischen Kulturpolitik. Viele kühne Werke, die sich mit der stalinistischen Vergangenheit schonungslos auseinander setzten, konnten damals erscheinen, zum Beispiel die Erzählung Alexander Solshenizyns „Ein Tag im Leben von Iwan Denissowitsch" über den Alltag im Archipel GULag oder gesellschaftskritische Gedichte Jewgenij Jewtuschenkos. Zum Sprachrohr der liberalen, kritisch-gesinnten Intelligenzija avancierte die von Alexander Twardowski geleitete Literaturzeitschrift „Nowyj mir", die die liberale Seite des Chruschtschowschen Systems symbolisierte. Insofern stellte der Chruschtschowismus ein janusköpfiges Gebilde dar, in dem antistalinistische und stalinistische Züge eine Symbiose eingingen und schwer voneinander zu trennen waren.

VIII. Die Breshnew-Periode oder der Sieg der Parteibürokratie (1964–1982)

1. Die „bürokratische Restauration"?

Chruschtschow wurde am 14. Oktober 1964 auf einem Sonderplenum des ZK gestürzt. Zum neuen Ersten Sekretär des ZK wurde Leonid Breshnew und zum neuen Ministerpräsidenten Alexej Kossygin gewählt. Zum ersten Mal in der Geschichte des sowjetischen Staates entmachtete die Parteioligarchie einen amtierenden Parteichef. Dies zeugte vom gestiegenen Selbstbewusstsein der Machtelite. Einige Tage nach dem Sturz Chruschtschows erschien in der „Prawda" ein Leitartikel, in dem die Politik des „Subjektivismus", der „Phantasterei" und der „großsprecherischen Ankündigungen" heftig kritisiert wurde. Dieser Artikel war eindeutig gegen Chruschtschow gerichtet.

Die neue Führung war wesentlich sachlicher und pragmatischer als die Chruschtschow-Equipe. Sie verzichtete auf spektakuläre Auftritte und großspurige Versprechungen. Die Erinnerung an Chruschtschow versuchten seine Nachfolger so schnell wie möglich aus dem Bewusstsein der sowjetischen Bevölkerung zu verdrängen. In typisch Orwellschen Manier begannen sie die Geschichte neu zu schreiben. Der Name Chruschtschows – des Staatsmannes, der mehr als ein Jahrzehnt die Entwicklung der Sowjetunion und des gesamten Ostblocks bestimmt hatte – tauchte in der offiziellen Presse in der Regel nicht mehr auf. Der Moskauer Historiker Roy Medwedew schrieb später: Zwei Generationen sowjetischer Schüler, die sich nach 1965 mit der Geschichte der UdSSR befassten, hätten zu dem Schluss kommen können, dass unmittelbar nach Stalin Leonid Breshnew die Macht im Lande und in der Partei übernommen hätte.

Diese Taktik des Schweigens zeigt, wie grundlegend sich der Breshnewsche Herrschaftsstil von demjenigen Chruschtschows unterschied. Während sich Chruschtschow unentwegt mit dem Regime seines Vorgängers Stalin auseinander gesetzt hatte, klammerte die Breshnew-Führung die Dimension der Vergangenheit aus ihrer Politik weitgehend aus. Der amerikanische Politologe George Breslauer weist darauf hin, dass der politische Kurs Chruschtschows sich durch einen konfrontativen Charakter ausgezeichnet hätte, bei Breshnew hingegen habe die Suche nach einem Konsens dominiert. Nicht zuletzt deshalb entschied sich Breshnew für einen zentristischen Kurs und verwarf sowohl die volle Rehabilitierung Stalins, für die die Dogmatiker in der Parteiführung unter dem ehemaligen KGB-Chef Alexander Schelepin plädierten, als auch die Fortsetzung der Chruschtschowschen Auseinandersetzung mit dem Stalinschen Erbe. Indes hatte Stalin innerhalb der Machtelite immer noch eine viel mächtigere Lobby als Chruschtschow. Aufschlussreich war in diesem Zusammenhang ein Disput, der auf einer Politbürositzung am Vorabend des 90. Geburtstages Stalins (17. 12. 1969) stattfand. Es ging dabei um die Frage, ob das Zentralorgan der Partei „Prawda“ anlässlich dieses Datums einen Artikel veröffentlichen solle oder nicht. Der Vorsitzende des Präsidiums des Obersten Sowjets, Nikolaj Podgorny, war dagegen: „Ich glaube nicht, dass man den 90. Geburtstag Stalins irgendwie beachten soll. Sollten wir einen Zeitungsartikel veröffentlichen, dann müssen wir auch darüber schreiben, wen er ermorden ließ und wie viele Menschen es waren. Und ich glaube nicht, dass wir in der jetzigen Situation darüber schreiben sollen ... Jetzt hat sich alles [im Lande] beruhigt. Niemand zwingt uns dazu, einen solchen Artikel zu veröffentlichen ... Er könnte uns nur schaden.“

Podgorny wurde im Wesentlichen von zwei Politbüromitgliedern – Kirilenko und Pelsche – und vom ZK-Sekretär Ponomarjow unterstützt. Die Mehrheit der Anwesenden sprach sich jedoch für die Veröffentlichung aus. Das letzte Wort hatte der Generalsekretär Breshnew, der die Diskussion mit folgenden Sätzen resümierte: „Ich muss ihnen ehrlich sagen, dass ich zunächst auch gegen einen solchen Artikel war. Ich ging davon aus, dass bei uns sich nun alles beruhigt hat, dass keine Fragen in diesem Zusammenhang [in Zusammenhang mit Stalin] entstehen ... Allerdings nach Gesprächen mit vielen Gebietsparteisekretären ... und nach der Anhörung eurer Argumente bin ich doch zu dem Schluss gekommen, dass es von Vorteil sein wird, wenn wir einen solchen Artikel veröffentlichen werden. Letztendlich bestreitet niemand seine [Stalins] revolutionären Verdienste. Niemand von uns bezweifelt auch ... seine Fehler, vor allem in seiner letzten Periode. Es geht natürlich nicht darum, dass man irgendwelche Zahlen der Ermordeten anführt. Nicht darum geht es. Es geht uns um einen ausgewogenen Artikel ... im Geiste der Entscheidungen des Parteitages.“

Die Meinung des Generalsekretärs war ausschlaggebend, und der von ihm befürwortete Artikel ist dann in der Tat erschienen.

Der Name Stalins tauchte immer wieder in den Memoiren der Partei- und Militärführer und in verschiedenen literarischen Werken auf. Nichts Vergleichbares ließ sich hingegen in Bezug auf Chruschtschow feststellen. Die Einstellung der Parteiführung ihm gegenüber war bei weitem nicht so ambivalent wie gegenüber Stalin. Chruschtschows Herrschaft wurde beinahe übereinstimmend als Unglück für die Partei bezeichnet. Auf der Politbürositzung vom 10. November 1966 sagte der Chefideologe der KPdSU, Michail Suslow, stellvertretend für viele: „Unter Chruschtschow wurde uns gewaltiger Schaden zugefügt, und dies buchstäblich auf allen Gebieten, darunter auch im ideologischen Bereich."

Im September 1965 wurde die von Chruschtschow 1957 durchgeführte Aufteilung der Sowjetunion in Wirtschaftsverwaltungsbezirke *(sownarchosy)* aufgehoben. Die zentralen Wirtschaftsministerien wurden wiederhergestellt. Zugleich erhielten aber die sowjetischen Betriebsleiter etwas mehr Eigenständigkeit. Inspiriert wurde diese Wirtschaftsreform vom Wirtschaftswissenschaftler Jewsej Liebermann, der an der Charkower Wirtschaftshochschule lehrte. Liebermann wollte den marktwirtschaftlichen Kriterien von Angebot und Nachfrage, von Gewinn und Rentabilität zum Durchbruch verhelfen. Die Bruttoproduktion, die so genannte „Tonnenideologie" sollte nicht zum einzigen Kriterium des Erfolgs werden. Die Betriebe sollten nicht nur an die Produktion, sondern auch an den Absatz ihrer Produkte denken. Die Arbeitnehmer sollten ihrerseits stärker als bisher an den Entscheidungsprozessen der Betriebe partizipieren. Alle diese Ansätze ließen sich aber kaum verwirklichen, denn sie stießen sehr bald an bestimmte Grenzen des Systems, die nicht überschritten werden durften. Die regierende Bürokratie war zwar an der größeren Effektivität und Rentabilität der Wirtschaft interessiert, zugleich bemühte sie sich aber auch um eine lückenlose Kontrolle des gesamten wirtschaftlichen und politischen Lebens. Sie wollte alles reglementieren, alle disziplinieren und erstickte dadurch die Eigeninitiative mancher ehrgeiziger Betriebsleiter. Auf diese Weise wurde der Wirtschaftsreform von 1965 allmählich jeglicher Schwung genommen, sie scheiterte an der allgemeinen Verkrustung des Systems und an der Verhärtung des innenpolitischen Klimas im Lande. Mit dieser Verhärtung des innenpolitischen Kurses war auch die Entstehung der sowjetischen Dissidentenbewegung eng verknüpft.

2. Die Entstehung der sowjetischen Dissidentenbewegung

Die Abkehr der Machtelite von den stalinistischen Herrschaftsmethoden ging für viele unabhängig denkende Kreise in der Sowjetunion nicht weit genug. Dass die Dissidentenbewegung aber entstehen konnte, wies zugleich auf das Ausmaß der Veränderungen hin, die sich in der Sowjetunion nach dem Tode Stalins vollzogen. Der weitgehende Verzicht der Machthaber auf den Massenterror, auf Schürung der Einkreisungs- und Kriegspsychose stellte eine wahre Revolution von oben dar, die das politische Klima im Lande grundlegend veränderte. Dennoch bedeuteten diese Veränderungen keineswegs die Rückkehr zu den Zuständen, die in der Sowjetunion vor der Errichtung des stalinistischen Systems geherrscht hatten. Die Konzeption von einer monolithischen, alle „Abweichungen" bekämpfenden Partei blieb in der KPdSU auch nach 1956 vorherrschend. Dies war sicher einer der Gründe dafür, dass die „revisionistische" bzw. reformkommunistische Strömung in der Sowjetunion keine nennenswerte Bedeutung erlangen konnte. Die Spaltung der Machtelite in einen liberalen und einen dogmatischen Flügel, die in Polen, in Ungarn und später in der Tschechoslowakei das Aufkommen des Reformkommunismus mitbedingte, konnte in der Sowjetunion vermieden werden. Wenn man aber bedenkt, dass der vollausgebildete Stalinismus in der UdSSR beinahe zweieinhalb Jahrzehnte und in den Ländern Ost- und Mitteleuropas nur vier bis fünf Jahre geherrscht hatte (1948/49–1953), werden diese Unterschiede verständlich.

Da die KPdSU für den Druck von unten wenig empfänglich war, sahen sich die sowjetischen Regimekritiker von Anfang an gezwungen, sich anderer Methoden zu bedienen, als dies die Nonkonformisten anderer Länder des sowjetischen Imperiums getan hatten. Zwar konnten kritisch denkende sowjetische Autoren zur Zeit des „Tauwetters" nicht selten in den offiziellen Organen zu Wort kommen, vor allem in der bereits erwähnten Zeitschrift „Nowyj mir", dennoch konnte ein Äquivalent zu den so genannten revisionistischen Zeitschriften Polens vom Jahr 1956 oder der Tschechoslowakei vom Jahre 1968 in der Sowjetunion nicht entstehen. Daher entwickelten sowjetische Regimekritiker bereits sehr früh den so genannten Samisdat – den zensurfreien Selbstverlag –, und diese Einrichtung sollte sich für die Entwicklung der unabhängigen politischen Kultur umwälzend auswirken: nicht nur in der Sowjetunion, sondern auch im gesamten Ostblock. Viele Schriften des Samisdat gelangten in den Westen und wurden dort von russischen Exilverlagen neuaufgelegt (Tamisdat). Danach kamen sie auf verschiedenen

Wegen – nicht zuletzt mit Hilfe westlicher Radiosender – nach Russland zurück.

Neben dem Samisdat verdankt die osteuropäische Dissidentenbewegung den sowjetischen Regimekritikern auch die Herausbildung einer neuen, wirksamen Strategie zur Bekämpfung des Totalitätsanspruches der herrschenden Bürokratie, nämlich die Konzeption der Bürgerrechtsbewegung, die sich in der zweiten Hälfte der 60er Jahre herauskristallisierte. Dieses Konzept stellte das Ergebnis eines relativ langwierigen Lernprozesses dar. Da legale politische Betätigung außerhalb der alleinregierenden Partei in der Sowjetunion nicht möglich war, versuchten zunächst zahlreiche Regimekritiker, konspirative Organisationen zu gründen. Dabei knüpften sie an alte revolutionäre Traditionen an. In der sowjetischen Wirklichkeit war allerdings eine solche Taktik zum Scheitern verurteilt. Die Untergrundorganisationen wurden relativ schnell von der Polizei entdeckt und zerschlagen. Der befreiende Durchbruch kam, als 1966 im Zusammenhang mit dem gerichtlichen Verfahren gegen die regimekritischen Schriftsteller Andrej Sinjawski und Julij Daniel eine ganz neue Form des Kampfes für die Meinungsfreiheit gefunden wurde. Dieser Kampf war öffentlich, er wurde auf dem Boden der sowjetischen Legalität geführt. Er zielte nicht auf den Sturz des bestehenden Systems, sondern auf die Verteidigung der Menschen- und Bürgerrechte, die die sowjetische Verfassung formell garantierte. Wenn man bedenkt, dass rechtsstaatliche Traditionen in der russischen Geschichte, auch vor der Revolution, nicht besonders tief verwurzelt waren, muss die konzeptionelle Leistung der sowjetischen Bürgerrechtler besonders hoch bewertet werden.

Ursprünglich beteiligten sich an der Bürgerrechtsbewegung Vertreter verschiedener ideologischer Richtungen, da die Organisation bewusst keine programmatischen Alternativen zum bestehenden System ausarbeitete und im Vorfeld des Politischen blieb. Dennoch nahmen allmählich, seit Beginn der 70er Jahre, ideologische Auseinandersetzungen innerhalb der Bewegung an Schärfe zu. Die sowjetische Dissidentenbewegung schuf also keinen Gegenpart zur „monolithischen" kommunistischen Partei und wurde immer heterogener.

Trotz der außergewöhnlichen Vielfalt von Stimmen, die nun zu Wort kamen, lassen sich bei der Analyse der politisch-ideologischen Diskussionen im Lager der sowjetischen Dissidenten der 60er und 70er Jahre zwei Grundströmungen deutlich erkennen. Sie knüpften in gewisser Weise an die alte, bereits in den 30er Jahren des 19. Jahrhunderts begonnene russische Kontroverse zwischen „Westlern" und „Slawophilen" an. Wenn die „Neo-Westler" von den Mängeln des sowjetischen Regimes sprachen, sahen sie in ihnen in der Regel eine Neuauflage der alten Fehler des zarischen Regimes. Wenn sie sich über die Unterdrückung der geistigen Freiheit in der Sowjetunion und über die Allmacht der Zensur beklagten, wiesen sie darauf hin, dass dieses Phänomen in Russland schon immer die Regel mit nur seltenen Ausnahmen gewesen sei, auch die politische Emigration stelle in Russland nichts Neues dar. Und schließlich sei auch die Erklärung der unliebsamen Kritiker des Regimes zu psychisch Kranken in Russland nicht neu. So sei zum Beispiel der scharfe Kritiker des russischen „Sonderweges" Pjotr Tschaadajew nach der Veröffentlichung seines „Philosophischen Briefes" im Jahre 1836 für geisteskrank erklärt worden.

Die Nachahmung des Westens und die Übernahme der westlichen Entwicklungsmodelle war nach Ansicht der Vertreter der oben beschriebenen Strömung für Russland immer segensreich. Sollte in Russland irgendwann eine freiheitliche Gesellschaftsordnung entstehen, so werde dies nur dann geschehen, wenn es den Weg des westlichen Parlamentarismus einschlage.

Eine entgegengesetzte Position bei dieser Diskussion nahmen diejenigen ein, die in ihrer Argumentation in gewisser Hinsicht an die in den 30er Jahren des 19. Jahrhunderts entstandene slawophile Strömung anknüpften. Gelegentlich wurde diese ideologische Richtung auch als Neo-Slawophilentum bezeichnet. Alexander Solshenizyn war ihr bedeutendster Verfechter. Für ihn und für seine Gesinnungsgenossen war Russland kein rückständiges europäisches Land, dessen Geschichte im Wesentlichen aus Unfreiheit und Staatsdespotismus bestehe. Die Besonderheit der Entwicklung Russlands, die sich von der Entwicklung des Westens unterscheide, war für sie keine Abweichung vom Normalen und Gesunden. Im Gegenteil, diese Besonderheit sei ein kostbares Gut, das den eigentlichen Wert der russischen Geschichte ausmache. Das sowjetische System stellte für sie nicht eine Fortsetzung der alten russischen Tradition, sondern im Gegenteil einen Bruch mit ihr, ein qualitativ neues Phänomen dar. Der Bolschewismus sei im Grunde eine aus dem Westen importierte Erscheinung, eine Ausformung der materialistisch-atheistischen Denkströmung, deren Heimat nicht in Russland, sondern im Westen liege. Der Bolschewismus habe die russische Tradition nicht fortgesetzt, wie die Neo-Westler dies meinten, sondern vielmehr sie zu zerstören versucht.

Die Wiederherstellung der russischen Eigenart war für die Neo-Slawophilen die wichtigste Aufgabe der Zeit. Nur sie könne zur Gesundung Russlands, zur Wiedererlangung seines inneren Gleichgewichts führen. Russland müsse für seine Entwicklung Anregungen und Modelle in seiner eigenen Vergangenheit suchen. Die hektische, konfliktbeladene westliche Gesellschaft war für die Neo-Slawophilen kein Ideal.

In der zweiten Hälfte der 70er Jahre nahmen die Auseinandersetzungen zwischen den beiden Strömungen an Schärfe zu, nicht zuletzt deshalb, weil die überwiegende Mehrheit ihrer Wortführer, die vom Regime zur Emigration gezwungen worden waren, sich nun im Westen befand. Solange sie noch in der Sowjetunion gelebt hatten, rief der Druck des Staatsapparates, der sich gegen beide in gleicher Weise richtete, einen gewissen Solidarisierungseffekt hervor. Als dieser Druck entfiel, begann sich die Kluft zwischen den ideologischen Kontrahenten immer weiter zu vertiefen.

In der Sowjetunion gelang es dem Regime zur gleichen Zeit, die organisatorische Infrastruktur der Bürgerrechtsbewegung, die ohnehin sehr bescheiden war, weitgehend zu zerschlagen. Dies ungeachtet der Tatsache, dass die Sowjetunion im August 1975 die Schlussakte der Konferenz für Sicherheit und Zusammenarbeit in Europa (KSZE) in Helsinki unterschrieben hatte, die die „Achtung der Menschenrechte einschließlich Gedanken-, Gewissens- und Überzeugungsfreiheit" garantierte. Die sowjetische Führung fand sich mit dieser für sie nicht ungefährlichen Formulierung nicht zuletzt deshalb ab, weil die KSZE die europäische Nachkriegsordnung, d. h. im Grunde die sowjetische Hegemonie im östlichen Europa, bestätigte. Den sowjetischen Dissidenten, vor allem der 1976 gegründeten Helsinki-Gruppe um Jurij Orlow, half die Berufung auf die Helsinki-Akte wenig, sie wurden weiterhin verfolgt. Die Verbannung des weltberühmten Atomphysikers und Regimekritikers Andrej Sacharow im Januar 1980 – der integrierenden Gestalt der gesamten sowjetischen Dissidentenbewegung – stellte eine Art Symbol für den Abschluss der von der Bürgerrechtsbewegung dominierten Periode der Tätigkeit der sowjetischen Regimekritiker dar. Unmittelbar danach verkündete der stellvertretende Leiter des KGB, General Zwigun, die Dissidentenbewegung existiere in der Sowjetunion nicht mehr, dieses Problem sei nun gelöst.

3. Reform und „Gegenreform" an der westlichen Peripherie des Ostblocks

Auch außerhalb der Grenzen der Sowjetunion – in ihrem gesamten Hegemonialbereich – kämpfte die Breshnew-Equipe rigoros gegen alle Versuche, das bestehende System zu erneuern. Die herrschende Bürokratie hatte panische Angst vor einem Kontrollverlust, vor gesellschaftlicher Spontaneität und bestrafte brutal diejenigen Kräfte, die sich der von oben verordneten Reglementierung zu entziehen suchten. Lediglich im wirtschaftlichen Bereich war sie bereit, bestimmte Reformansätze zu dulden, aber nur unter der Bedingung, dass sie einen paternalistischen Charakter annahmen und von der Partei weitgehend kontrolliert wurden – so verhielt es sich zum Beispiel mit den Wirtschaftsreformen János Kádárs in Ungarn nach 1968 und mit dem neuen Kurs des polnischen Parteichefs Edward Gierek, der nach dem Sturz Władysław Gomułkas im Dezember 1970 die Macht in Polen übernahm.

Die reformgesinnte Führung in Prag um Alexander Dubček, die 1968 versuchte, weit darüber hinauszugehen, wurde dafür hart bestraft. Die Prager Reformer wollten aus der ungarischen Tragödie von 1956 Lehren ziehen. Anders als im damaligen Ungarn blieb die Partei der Initiator und der Motor des Erneuerungsprozesses. Auch die Bündnistreue gegenüber der Sowjetunion wurde in Prag damals nicht in Frage gestellt. Indes verstanden die Prager Reformer die führende Rolle der Partei anders als die Moskauer Dogmatiker. Sie wollten einen Teil der geballten Macht, die sich in den Händen der Partei konzentrierte, an die Gesellschaft abgeben, und statt die gesellschaftliche Spontaneität zu bekämpfen, versuchten sie diese zu fördern. Besonders verwerflich in den Augen der bewahrenden Kräfte im gesamten Ostblock war aber die Tatsache, dass die Prager Führung auch auf das Wahrheitsmonopol der Partei zu verzichten schien. Im Aktionsprogramm der KPTsch vom April 1968 konnte man lesen: „In der Presse muss es möglich sein, andere Ansichten als die offiziellen des Staates [und] der Parteiorgane ... zu vertreten ... Es ist erforderlich durch juristische Normen die *freie Meinungsäußerung auch von Minderheitsinteressen und -ansichten zu garantieren.*"

Alexander Dubček und seine Gesinnungsgenossen waren also bereit, den freien Wettbewerb der Ideen in einem nicht unbeträchtlichen Ausmaß zu dulden und gefährdeten damit in den Augen der Dogmatiker das eigentliche Fundament des bestehenden Systems. Da den kommunistischen Regimen die demokratische Legitimierung in der Regel fehlte, begründeten sie ihren Herrschaftsanspruch in erster Linie ideologisch. Diese Begründung lässt sich aber nicht aufrechterhalten, wenn die kommunistische Ideologie ihren verpflichtenden Charakter verliert und die Machthaber einen weltanschaulichen Pluralismus dulden. In diese Richtung schien die Entwicklung in Prag nach der weitgehenden Auflockerung der Zensur zu laufen. Nur den Panzern der Staaten des Warschauer Paktes, die am 21. August 1968 die Tschechoslowakei überfielen, ist es gelungen, das angeschlagene Wahrheitsmonopol der kommunistischen Partei wiederherzustellen.

Die Ereignisse des Jahres 1968 stellten eine gewaltige Zäsur in der Geschichte des Ostblocks dar. Kommunistische Regime galten von nun an in den Augen vieler Regimekritiker als nicht reformierbar. Statt an die Reformer in der Partei begannen die osteuropäischen Regimekritiker nun in einem immer stärkeren Ausmaß an die Gesellschaft zu appellieren – diese war der neue Hoffnungsträger der Opposition. Mit einer besonderen Konsequenz begannen dieses Konzept seit der Mitte der 70er Jahre vor allem polnische Regimekritiker zu verwirklichen. Die Partei werde die demokratische Erneuerung nur dann zulassen, wenn die Gesellschaft auf sie einen entsprechenden Druck ausüben werde, meinte 1976 einer der Vordenker der polnischen Opposition, Adam Michnik. Michniks Gesinnungsgenosse, Jacek Kuroń, entwickelte etwa zur gleichen Zeit die Konzeption der selbstverwalteten Gesellschaft. Er schrieb: „Das totalitäre System zeichnet sich in erster Linie durch die Atomisierung der Gesellschaft und die Zersetzung aller sozialen Bindungen aus. Deshalb muss sich der Kampf um die Demokratisierung in erster Linie ... auf die Errichtung von selbstverwalteten, vom Staat unabhängigen Organisationen richten, die die Mehrheit oder zumindest einen großen Teil der Nation erfassen."

Um dieses Programm zu verwirklichen, musste die polnische Opposition alle gesellschaftlich relevanten Kräfte, die ähnliche Ziele verfolgten, integrieren. Die wichtigste Trennlinie im Lande sollte nun anders verlaufen, als dies bis dahin der Fall gewesen war – nicht zwischen links und rechts, nicht zwischen marxistisch und katholisch, sondern zwischen autoritär und antiautoritär. Ideologische Kontrahenten, die bis dahin scharf gegeneinander polemisiert hatten, waren nun bereit, über weltanschauliche Differenzen hinweg, auf der Basis des so genannten „antitotalitären Konsenses", miteinander zu kooperieren. Zum wichtigsten Ergebnis dieses antitotalitären Bündnisses wurde die im August 1980 gegründete unabhängige Gewerkschaft „Solidarność", die im Verlaufe der nächsten Monate etwa 10 Millionen Mitglieder umfasste und zur wohl größten oppositionellen Massenbewegung in der Geschichte des Ostblocks wurde. Doch stellte das durch die Solidarność-Revolution erneuerte Polen einen Fremdkörper in der damaligen – durch den Breshnewschen Immobilismus geprägten – politischen Landschaft Osteuropas dar. Die Zugeständnisse der Warschauer Führung an die eigene Gesellschaft drohten eine Kettenreaktion im gesamten Ostblock auszulösen. Eine unzufriedene Arbeiterschaft – der eigentliche Nährboden der Solidarność – war in allen kommunistischen Ländern zu Genüge vorhanden. So wurden die polnischen Militärs, die am 13. Dezember 1981 gewaltsam gegen die Solidarność vorgingen und das Kriegsrecht im Lande verkündeten, von allen dogmatischen Kräften des Ostblocks vorbehaltlos unterstützt.

Der polnische Auflehnungsversuch gegen das bestehende System wurde – anders als in der DDR (1953), in Ungarn (1956) oder in der Tschechoslowakei (1968) – durch die Panzer der eigenen Streitkräfte und nicht durch sowjetische unterdrückt. Diese Lösung war der sowjetischen Führung, die seit Dezember 1979 in einen äußerst verlustreichen Krieg in Afghanistan (s. S. 476 ff.) verwickelt war, durchaus willkommen. Auf der Sitzung des Moskauer Politbüros vom 10. Dezember 1981 sprach sich die sowjetische Führung ausdrücklich gegen eine Intervention aus: „Wir können nichts riskieren. Wir haben nicht die Absicht, [unsere Streitkräfte] in Polen einzusetzen", so eines der einflussreichsten Politbüromitglieder, Jurij Andropow. „Ich denke, wir sind hier einmütig der Meinung, dass von einem Einsatz der [sowjetischen] Streitkräfte keine Rede sein kann", fügte der Chefideologe Suslow hinzu.

Es kann aber kaum einem Zweifel unterliegen, dass im Falle eines Scheiterns der polnischen Militärs bei ihrer Auseinandersetzung mit der eigenen Gesellschaft Moskau nicht untätig geblieben wäre. Denn das polnische Territorium galt in den Augen der Moskauer Dogmatiker, aber auch ihrer polnischen Gesinnungsgenossen, als Gebiet, das für die sowjetische Sicherheit von außerordentlicher Bedeutung war: Polen sei häufig als Sprungbrett für Aggressionen gegen Russland benutzt worden, beinahe alle großen antirussischen Invasionen seien durch dieses Gebiet geführt worden, betonten wiederholt viele Kritiker der Solidarność in der Sowjetunion und in Polen. Damit wollten sie andeuten, dass es für Moskau nicht in Frage komme, Polen aus seinem Hegemonialbereich wieder zu entlassen.

4. Zwischen Entspannung und Konfrontation – Das Ost-West-Verhältnis in der Breshnew-Periode

Die Unterdrückung der freiheitlichen Bestrebungen der Völker an der westlichen Peripherie des Sowjetreiches, die in der Breshnew-Zeit stattfand, stellte nichts Neues in der Geschichte des Ostblocks dar. Die von der KPdSU-Führung und von ihrem Generalsekretär im Herbst 1968 formulierte These von der „begrenzten Souveränität der sozialistischen Staaten im Falle einer Gefahr für das sozialistische Weltsystem" (Breshnew-Doktrin), wurde in mehr oder weniger abgewandelter Form schon von den Vorgängern Breshnews vertreten. Sie rief zwar bei den Westmächten vorübergehend Irritationen hervor, letztendlich bekundeten diese aber immer wieder ihre Bereitschaft, den infolge des Zweiten Weltkriegs entstandenen Hegemonialbereich der östlichen Siegermacht zu respektieren. Auch die sowjetische Führung ging davon aus, dass die Respektierung der Vereinbarungen von Jalta und Potsdam durch ihre ehemaligen Verbündeten eine Konstante der Weltpolitik darstelle. In manchen Konfliktsituationen berief sie sich ausdrücklich auf die Beschlüsse der „Großen Drei" der Anti-Hitler-Koalition. Auf einer Sitzung des ZK-Präsidiums der KPdSU, die unmittelbar vor der gewaltsamen Unterdrückung des Ungarn-Aufstandes stattfand (30. 10. 1956), hielten es einige Präsidiumsmitglieder für erforderlich, in der offiziellen Stellungnahme Moskaus zu den ungarischen Ereignissen das „Potsdamer Abkommen zu erwähnen". Am Vorabend des Einmarsches der Warschauer-Pakt-Staaten in die Tschechoslowakei erkundigte sich Leonid Breshnew beim amerikanischen Präsidenten Johnson, „ob die amerikanische Regierung auch heute noch die Ergebnisse der Konferenz von Jalta und Potsdam voll anerkennt". Am 18. August soll Breshnew folgende Antwort erhalten haben: „In Bezug auf die Tschechoslowakei und Rumänien gilt die vorbehaltlose Anerkennung, was Jugoslawien anbetrifft, müsse man darüber verhandeln".

Bereits am 22. Juli 1968 fand ein Treffen des sowjetischen Außenministers Gromyko mit seinem amerikanischen Kollegen, Dean Rusk, statt. Rusk soll erklärt haben, die USA hätten nicht vor, sich in die tschechoslowakischen Angelegenheiten einzumischen.

Am 26. August versuchte der Generalsekretär der KPdSU, die nach Moskau verschleppte tschechoslowakische Führung mit folgenden Worten einzuschüchtern, die einer der Akteure des Prager Frühlings, Zdeněk Mlynář, in seinen Erinnerungen wiedergibt: „Was glaubt ihr, wird nun zu euren Gunsten geschehen? Gar nichts wird geschehen." Und in der

Tat standen die Ereignisse in Prag der Ende der 60er Jahre einsetzenden Entspannung im Ost-West-Verhältnis nicht wesentlich im Wege.

Die im Herbst 1969 in Bonn entstandene sozial-liberale Koalition unter Willy Brandt und Walter Scheel gehörte zu den Vorreitern der westlichen Entspannungspolitik. Die 1961 errichtete Berliner Mauer hatte den Prozess der Abgrenzung zwischen den beiden Blöcken, der 1944/45 begonnen hatte, vervollständigt. Die europäische Teilung war im gespaltenen Deutschland und im gespaltenen Berlin wohl am deutlichsten spürbar. Kein Wunder, dass das Streben, die Mauer zwischen Ost und West durchlässiger zu machen, in Deutschland eine besondere Intensität erreichte. Seit 1969 wurden Verhandlungen zwischen Bonn und Moskau geführt. Das Ergebnis schlug sich im Moskauer Vertrag vom 12. August 1970, vor allem im Artikel 3 des Vertrages nieder, der lautete: „In Übereinstimmung mit den vorstehenden Zielen und Prinzipien stimmen die Bundesrepublik Deutschland und die Union der Sozialistischen Sowjetrepubliken in der Erkenntnis überein, dass der Friede in Europa nur erhalten werden kann, wenn niemand die gegenwärtigen Grenzen antastet.

Sie verpflichten sich, die territoriale Integrität in Europa in ihren heutigen Grenzen uneingeschränkt zu achten; sie erklären, dass sie keine Gebietsansprüche gegen irgend jemand haben und solche in Zukunft auch nicht erheben werden; sie betrachten heute und künftig die Grenzen aller Staaten in Europa als unverletzlich, wie sie am Tage der Unterzeichnung dieses Vertrages verlaufen, einschließlich der Oder-Neiße-Linie, die die Westgrenze der Volksrepublik Polen bildet, und der Grenze zwischen der Bundesrepublik Deutschland und der Deutschen Demokratischen Republik."

Bei einem Treffen der Partei- und Regierungschefs der sozialistischen Länder am 20. August 1970 wurde der Moskauer Vertrag ausdrücklich von Leonid Breshnew gelobt: Die im Artikel 3 des Vertrages erreichten Regelungen zu den Grenzen „sind nicht abstrakt, nicht in Form eines frommen Wunsches, sondern in Form konkreter Verpflichtungen formuliert." Dieser Vertrag sei „das erste internationale Dokument, in dem die Regierung der BRD die Unantastbarkeit der Grenzen in Europa anerkennt", wodurch die „politischen Abenteurer aller Schattierungen" geschwächt würden. Als „Abenteurer" bezeichnete Breshnew neben der NPD auch ... die CDU/CSU!

Im September 1971 unterzeichneten die Westmächte und die Sowjetunion ein Berlin-Abkommen, das den Transitverkehr erleichterte und die Lage um Berlin entschärfte.

Die Aussöhnung zwischen Moskau und Bonn rief im Westen gelegentlich alte Ängste hervor – insbesondere die Angst vor einem neuen „Rapallo“. Sogar Henry Kissinger, der amerikanische Sicherheitsberater und spätere Außenminister, ließ sich davon anstecken. Am 16. Februar 1970 schrieb er an Präsident Nixon: „Man sollte daran denken, dass in den 50er Jahren viele Deutsche ... traditionell vom Osten fasziniert oder von der Vorstellung Deutschlands als einer ‚Brücke‘ zwischen Ost und West begeistert waren und sich mit der Begründung gegen die Einbeziehung Bonns in westliche Einrichtungen stellten, dass das die Teilung Deutschlands ... verewigen würde. Solch eine Debatte über die Grundhaltung Deutschlands könnte die Tendenz zur Abspaltung vom Westen begünstigen.“

Kissinger empfahl Nixon, „Brandt nur ganz allgemein bei der Verbesserung der Beziehungen zwischen der Bundesrepublik und dem Osten zu unterstützen, ohne den einzelnen Schritten der Bundesrepublik ausdrücklich zuzustimmen“.

Die Ängste Kissingers und anderer westlicher Politiker waren maßlos übertrieben, denn die Verankerung der Bundesrepublik im westlichen Bündnis stellte die wichtigste Voraussetzung für die Erfolge ihrer Ostpolitik dar. Kein verantwortungsbewusster deutscher Politiker war bereit, die Westintegration der Bundesrepublik – die wohl größte Errungenschaft Nachkriegsdeutschlands – in Frage zu stellen.

Die Ostpolitik der sozial-liberalen Regierung war allerdings nicht im Stande, die Spaltung Deutschlands in irgendeiner Form zu überwinden, sie konnte sie nur erträglicher machen. Denn der Schlüssel für die deutsche Einheit war in Moskau deponiert. Nur eine grundlegende Änderung des außenpolitischen Kurses der UdSSR hätte die 1945 erstarrte europäische Nachkriegsordnung dynamisieren können.

Trotz ihrer Skepsis gegenüber der Bonner Ostpolitik strebte auch die amerikanische Führung eine Entspannung im Ost-West-Verhältnis an, dies nicht zuletzt wegen des Vietnam-Krieges, der zum größten außenpolitischen Debakel der USA nach 1945 zu werden drohte und der sich in erster Linie deshalb in die Länge zog, weil die UdSSR ihren nordvietnamesischen Verbündeten massiv unterstützte. Die sowjetische Wirtschaftshilfe für Nordvietnam betrug allein im Jahre 1970 316 Millionen Rubel – dies waren 45% der sowjetischen Wirtschaftshilfe für alle „sozialistischen“ Länder. Einen beträchtlichen Teil der Lieferungen an Vietnam (etwa 40%) stellten Rüstungsgüter dar. Aber auch andere kommunistische Staaten beteiligten sich aktiv an der Unterstützung Nordvietnams in seiner Auseinandersetzung mit der führenden Macht des Westens. Die Lasten wurden wie folgt verteilt: Aus der Volksrepublik China erhielt Hanoi 1970 Wirtschaftshilfe im Umfang von 235 Millionen Rubel, der Anteil der DDR betrug 42 Millionen. Ungarn steuerte 30 Millionen Rubel bei, Polen 20, Bulgarien 18, Nordkorea 10, Rumänien 8 und die Tschechoslowakei 5 Millionen.

Seit Mitte der 60er Jahre waren in Nordvietnam etwa 300 bis 500 sowjetische Militärberater tätig, die dort unter anderem sowjetische Flugabwehrsysteme installierten und diese auch nicht selten bedienten. Die hohen Verluste der amerikanischen Luftwaffe im Vietnam-Krieg waren in erster Linie auf die sowjetische Militärtechnik zurückzuführen. Nach den Berechnungen des Leiters der russischen Staatsarchive, Rudolf Pichoja, zerstörte die Luftabwehr Nordvietnams im Zeitraum vom 5. August 1964 bis zum 1. November 1968 3423 amerikanische Flugzeuge.

So hing die Lösung der Vietnam-Frage, die für die amerikanische Öffentlichkeit zu einem immer größeren Trauma wurde, nicht nur von Hanoi, sondern auch von Moskau, aber auch von Peking ab. Nicht zuletzt deshalb bemühte sich die amerikanische Führung, insbesondere unter Präsident Nixon (seit 1969), um eine Verbesserung der Beziehungen zu den Zentren des Weltkommunismus. Die Geheimdiplomatie seines Sicherheitsberaters Kissinger spielte dabei eine äußerst wichtige Rolle. Henry Kissinger, der zu den besten Kennern der Geschichte der europäischen Diplomatie, insbesondere der Metternichschen Periode zählt, versuchte die Idee des Gleichgewichts und des „Konzerts der Mächte", die die europäische Geschichte des 19. Jahrhunderts geprägt hatte, auf die weltpolitische Ebene des letzten Drittels des 20. Jahrhunderts zu übertragen. Dabei handelte es sich bei zwei der wichtigsten Akteure des geplanten „Konzerts der Mächte" um kommunistische Diktaturen, die das traditionelle „bürgerliche" System radikal in Frage stellten und seine Beseitigung als ihr politisches Endziel betrachteten. Setzte aber das „Konzert der Mächte" und das Gleichgewichtskonzept nicht einen Konsens über einige Grundprinzipien und Spielregeln im Bereich der zwischenstaatlichen Beziehungen voraus?

Die Sowjetunion, die ihren weltrevolutionären Elan in der spätstalinistischen Zeit, vor allem aber unter den Nachfolgern Stalins eingebüßt hatte, fand sich als saturierte Siegermacht mit diesen Spielregeln im Wesentlichen ab. Aber gerade deshalb wurde sie von der chinesischen Führung des Opportunismus und der Feigheit gegenüber dem „imperialistischen Feind" bezichtigt. Sobald die sowjetische Führung versuchte, sich von ihren ideologischen Ursprüngen zu entfernen und eine Großmachtpolitik im traditionellen Sinne zu treiben, wurde sie von den Gralshütern der kommunistischen Orthodoxie in Peking des Verrats an den hehren Idealen des Marxismus-Leninismus bezichtigt. Besonders heftig setzte sich die Pekinger Führung mit der Chruschtschowschen Entstalinisierungskampagne auseinander.

Der Sturz Chruschtschows 1964 wurde in Peking als der „große Sieg der Marxisten-Leninisten der gesamten Welt" begrüßt. Aber auch unter den Nachfolgern Chruschtschows nahmen die sowjetisch-chinesischen Spannungen fortwährend zu, nicht zuletzt wegen territorialer Streitigkeiten. Im März 1969 erreichten sie ihren Höhepunkt. Am 2. und am 15. März 1969 fanden am Grenzfluss Ussuri heftige Gefechte statt (es ging dabei vor allem um die Besitzansprüche auf die im Strom liegende Insel Damanski), bei denen beide Seiten mehrere Tote zu beklagen hatten.

Dieser scheinbar unüberwindbare Konflikt zwischen den beiden kommunistischen Weltzentren vergrößerte jedoch den Handlungsspielraum ihrer „kapitalistischen" Widersacher, die nun versuchten, die innerkommunistische Rivalität machtpolitisch auszunutzen. So kam der kommunistische Polyzentrismus, der in den 60er Jahren immer schärfere Konturen annahm, dem Gleichgewichtskonzept Kissingers zugute.

Den unüberbrückbaren Gegensatz zwischen der pragmatischen „kapitalistischen" Welt und dem intransigent-doktrinären China hielt man in Moskau jahrelang für eine Konstante der Weltpolitik, insbesondere nach dem Beginn der chinesischen Kulturrevolution, die im Westen vergleichbares Entsetzen auslöste wie seinerzeit die stalinistischen Säuberungen der 30er Jahre. Die weit verbreitete Meinung, China sei aufgrund seiner unberechenbaren Politik koalitionsunfähig, wurde wohl auch von Moskau geteilt. Als ob die Geschichte der bolschewistischen Partei nicht genügend Beweise für die Flexibilität und Wandlungsfähigkeit der kommunistischen Politik geliefert hätte!

So stellte die am 15. Juli 1971 von Richard Nixon abgegebene Erklärung über die Absicht Washingtons, die Beziehungen zu Peking zu normalisieren, eine Überraschung für die gesamte Weltöffentlichkeit dar, auch für Moskau. „Es war nicht nur eine Sensation für die Medien", schrieb Kissinger in seinen Erinnerungen: „Über Nacht veränderte sich die Struktur der weltpolitischen Bühne."

Es entstand nun eine eigentümliche Dreieckskonstellation, in der zwischen den beiden kommunistischen Kontrahenten eine Art Kalter Krieg herrschte, zugleich aber die verfeindeten „kommunistischen Brüder" gegenüber dem gemeinsamen „kapitalistischen Klassengegner" einen Entspannungskurs verfolgten.

Einen der Höhepunkte der sowjetisch-amerikanischen Entspannung stellte die Unterzeichnung des SALT-Abkommens (Strategic Arms Limitation Talks) dar, die im Mai 1972 während des Moskauer Gipfels stattfand. Ein strategisches annäherndes Gleichgewicht zwischen den beiden atomaren Supermächten wurde damit vertraglich fixiert. Im November 1972 begannen in Genf die SALT-II-Gespräche über die Begrenzung der strategischen Offensivwaffen. Seit Oktober 1973 verhandelten die NATO und die Warschauer-Pakt-Staaten über eine ausgewogene beiderseitige Truppenreduzierung in Mitteleuropa (Mutual Balanced Force Reduction – MBFR). Im Juli 1973 begann in Helsinki die Konferenz über Sicherheit und Zusammenarbeit in Europa (KSZE), die ebenfalls zum Abbau der Spannungen zwischen Ost und West beitragen sollte.

Trotz all dieser Anzeichen von Entspannung konnte aber von einer Überwindung des Ost-West-Gegensatzes keine Rede sein. Die vorübergehende Führungskrise der USA infolge des Watergate-Skandals, der 1974 zum Rücktritt Richard Nixons führte, und der amerikanischen Niederlage im Indochina-Krieg (1975) nutzte die UdSSR für die Ausdehnung ihrer Einflusssphäre auf immer neue Regionen der Welt aus. Hanoi stellte nach der Eroberung Südvietnams der UdSSR mehrere wichtige Militärstützpunkte zur Verfügung, unter anderem den Hafen Danang. Vietnam wurde auch zum wichtigsten strategischen Verbündeten Moskaus in Asien, vor allem nach der außerordentlichen Verschlechterung der vietnamesisch-chinesischen Beziehungen wegen der Beseitigung der Schreckensherrschaft Pol Pots in Kambodscha durch die vietnamesischen Streitkräfte (Anfang 1979).

Auch in Afrika und sogar in Lateinamerika – dem angeblichen „Vorhof der USA" – verhalf Moskau einer Reihe „sowjetfreundlicher Regime" zur Macht: Angola (mit Hilfe eines kubanischen Expeditionskorps), Äthopien, Somalia, Nicaragua und anderen.

Diese scheinbar unaufhaltsame Expansion Moskaus und die Unfähigkeit des Westens, die angeblich sich anbahnende kommunistische Weltherrschaft zu verhindern, wirkte bedrückend auf viele Kritiker des Sowjetregimes. Düstere Zukunftsvisionen wurden entwickelt. Alexander Solshenizyn sagte seit Mitte der 70er Jahre wiederholt den unmittelbar bevorstehenden „Untergang des Abendlandes" voraus, falls der Westen weiterhin derart passiv auf den welthegemonialen Drang der sowjetischen Machthaber reagieren werde.

Der Ende Dezember 1979 erfolgte Einmarsch der sowjetischen Streitkräfte in Afghanistan schien die These einiger Warner vor der angeblichen sowjetischen Welteroberungsstrategie zu bestätigten. Nun versuchte die Sowjetunion zum ersten Mal direkt, mit Hilfe ihrer eigenen Streitkräfte und nicht mit Hilfe ihrer Stellvertreter (Nordkorea, China, Nordvietnam, Kuba) die ihr in Jalta und Potsdam zugesicherte Einflusssphäre zu überschreiten. Bereits im April 1978 hatte in Afghanistan ein Umsturz stattgefunden, der die marxistisch orientierte Volksdemokratische Partei unter N. Taraki an die Macht brachte. Seit diesem Zeitpunkt hätten solche führenden sowjetischen Parteiideologen wie M. Suslow und B. Ponomarjow Afghanistan als ein „beinahe sozialistisches" Land betrachtet, so der sowjetische Diplomat und ehemalige stellvertretende Außenminister G. Kornijenko in seinen Erinnerungen: „Sie sahen Afghanistan als eine ‚zweite Mongolei' an, die vom Feudalismus direkt zum Sozialismus springen kann."

Als in Afghanistan verschärfte Auseinandersetzungen zwischen den unterschiedlichen Flügeln der regierenden Volksdemokratischen Partei („Chalk" und „Parcham") begannen, beschloss man in Moskau, sich direkt in diesen Konflikt einzumischen. Hafisullah Amin („Chalk"), der den innerparteilichen Konflikt im September 1979 zu seinen Gunsten entschied, galt im Kreml als schwer lenkbar. Nicht zuletzt deshalb wurde er im Dezember 1979 infolge eines von Moskau inszenierten Putsches gestürzt und durch den fügsameren Babrak Karmal abgelöst.

Die sowjetische Führung hielt die Intervention für völlig legitim. G. Kornijenko zitiert eine Aussage des damaligen Verteidigungsministers Ustinow, der das Vorgehen der Sowjetunion in Afghanistan mit den damaligen Drohgebärden der USA gegenüber dem islamischen Revolutionsregime im Iran verglich: „Wenn die USA sich ein solches Vorgehen gegenüber dem Iran erlauben, der zehntausende Kilometer von ihren Grenzen entfernt ist, warum sollen wir Angst davor haben, unsere Interessen im benachbarten Afghanistan zu verteidigen."

Diese Überlegungen Ustinows wie auch anderer sowjetischer Führer weisen eindeutig darauf hin, dass sie die Tragweite ihrer damaligen Entscheidung unterschätzten. Die Heftigkeit, mit der die Weltöffentlichkeit auf den sowjetischen Einmarsch in Afghanistan reagierte, stellte für Moskau sicherlich eine Überraschung dar. Am 5. Januar 1980 verschob der amerikanische Senat wegen der sowjetischen Invasion die Ratifizierung des SALT-II-Abkommens auf unbestimmte Zeit. Washington verhängte auch ein Handelsembargo für Hochtechnologie, das die Sowjetunion sehr empfindlich traf. Der amerikanische Präsident Carter, der die Verteidigung der Menschenrechte zu einem der wichtigsten Anliegen seiner Amtszeit deklariert hatte, drohte mit dem Boykott der Olympischen Spiele, die 1980 in Moskau stattfinden sollten. Dieser Boykottaufruf wurde von vielen Länder befolgt. Mehr als 40 Staaten weigerten sich, ihre Olympia-Mannschaften nach Moskau zu schicken.

Besonders schmerzlich für die sowjetische Führung war die Tatsache, dass ihr Vorgehen in Afghanistan nicht nur von den „westlichen Imperialisten", sondern auch von vielen blockfreien Staaten aufs Schärfste verurteilt wurde. Die Forderung der UNO-Vollversammlung vom Januar 1980 nach einem sofortigen Rückzug aller ausländischen Truppen aus Afghanistan wurde von 104 UNO-Mitgliedern (darunter waren auch mehr als 50 blockfreie Staaten) unterstützt. Nur 18 UNO-Delegationen stimmten gegen diese Resolution. Beinahe einhellig wurde die sowjetische Invasion von den islamischen Ländern verurteilt – so auf der Konferenz der Außenminister der islamischen Staaten in Islamabad (Ende Januar 1980). Auch die chinesische Führung, die ebenso wie Moskau um die Gunst der blockfreien Staaten und der Befreiungsbewegungen der Dritten Welt warb, schloss sich dem Chor der Kritiker an. Diese „Einheitsfront" zwischen den westlichen „Kapitalisten" und den chinesischen Kommunisten wirkte auf die sowjetische Führung besonders irritierend. Auf einem ZK-Plenum der KPdSU vom Juni 1980 klagte Breshnew: „Die herrschenden Kreise der USA wie auch China schrecken vor nichts zurück, auch nicht vor einer bewaffneten Aggression, um die Afghanen dabei zu stören, das neue Leben aufzubauen ... Und als wir unserem Nachbar Afghanistan halfen, ... diese Aggression zurückzuschlagen, ... begann in Washington und in Peking ein entsetzliches Geschrei."

Die Klagen des Generalsekretärs halfen aber wenig. Sowohl im Westen wie im Fernen Osten, aber auch in der gesamten islamischen Welt fühlte man sich durch das Vorgehen Moskaus außerordentlich herausgefordert, und die Sowjetunion sah sich ihrerseits in einem immer stärkeren Ausmaß isoliert. Die Lage der UdSSR erinnerte in gewisser Hinsicht an diejenige des Wilhelminischen Reiches zu Beginn des 20. Jahrhunderts, das durch seine arrogante und zugleich ungeschickte Politik beinahe alle Großmächte der damaligen Zeit herausgefordert hatte und sich nicht zuletzt infolge seiner eigenen Politik äußerst gefährdet und eingekreist fühlte. Die innere Unsicherheit der deutschen Reichsführung hatte ihrerseits die anderen Mächte wegen der Pläne Deutschlands verunsichert. All diese Ängste vor potentiellen Gefahren förderten bloß den Rüstungswettlauf, den „trockenen Krieg" (Hans Delbrück).

Auch infolge der erneuten Verschärfung des Ost-West-Gegensatzes Ende der 70er/Anfang der 80er Jahre begann ein neuer Rüstungswettlauf – insbesondere in der Amtszeit des amerikanischen Präsidenten Reagan (seit 1981) –, der der sowjetischen Wirtschaft, die bei weitem nicht so leistungsfähig wie die amerikanische war, kaum verkraftbare Lasten aufbürdete. Der Kölner Osteuropa-Experte Boris Meissner vermerkte Mitte der 80er Jahre: „Für die volle Wahrnehmung eines Weltmachtanspruchs ist ... die vorhandene wirtschaftliche Basis der Sowjetunion viel zu schmal. Daher sind die Schwierigkeiten, die sich aus der gleichzeitigen Durchführung einer kontinentalen und globalen Außenpolitik ergeben, am Ausgang der Breshnew-Ära deutlich hervorgetreten."

So war das sowjetische Vorgehen in Afghanistan durch eine Reihe von Fehlkalkulationen bedingt, dabei war die Unterschätzung des afghanischen Widerstandspotentials die folgenschwerste. Im April 1980 berichtete die sowjetische Botschaft in Kabul, dass die Freischärler bereits 40% des afghanischen Territoriums kontrollierten. Im Verlaufe der nächsten Jahre wurde die Lage des Karmal-Regimes noch düsterer. Der Prawda-Korrespondent in Kabul, I. Schtschedrow, schrieb im Herbst 1981 in einem vertraulichen Brief an das ZK der KPdSU, die afghanischen Regierungstruppen hätten nur 15% der Dörfer des Landes unter ihrer Kontrolle.

Die Schwäche des afghanischen Marionettenregimes zwang Moskau zu einem immer stärkeren Einsatz der eigenen Streitkräfte, deren Verluste ununterbrochen stiegen. Nach den Berechnungen des bereits erwähnten Rudolf Pichoja fielen in Afghanistan – im „sowjetischen Vietnam" – etwa 15 000 sowjetische Soldaten. Andere Autoren schätzen diese Verluste noch höher ein.

Die Tatsache, dass der afghanische Widerstand in einem nicht unbeträchtlichen Ausmaß religiös motiviert war, wirkte auf die sowjetische Führung besonders verwirrend. Als Anhänger des angeblich fortschrittlichsten Welterklärungsmodells – des Marxismus-Leninismus – hielten sie die Religion für ein Relikt längst überwundener finsterer Epochen, für ein Weltbild, das nicht zukunftsfähig war. In Wirklichkeit verwandelte sich aber gerade der Marxismus-Leninismus in seiner erstarrten Form, wie sie für die Breshnew-Zeit charakteristisch war, in ein Fossil, das den Anschluss an die Moderne gänzlich verlor und nicht im Stande war, auf die Bevölkerung inspirierend zu wirken. Religiöse Weltbilder hingegen erlebten damals eine für die Verfechter des dogmatischen Marxismus völlig unerwartete Renaissance. Und dies betraf nicht nur das angeblich „mittelalterlich-feudale" Afghanistan, sondern auch einige der „westlichsten" Länder des Ostblocks, in erster Linie Polen.

In den 70er Jahren musste nämlich die polnische Parteiführung resigniert feststellen, dass sie den Kirchenkampf praktisch verloren hatte. Der Katholischen Kirche Polens war es in der Tat gelungen, den vom atheistischen Staat gesteuerten und geförderten Säkularisierungsprozess aufzuhalten. Die Zahl der Gläubigen, die in den 60er Jahren vorübergehend gesunken war, begann in den 70er Jahren erneut zu steigen. Als besonders pikant galt in diesem Zusammenhang die hohe Zahl der Gläubigen in der herrschenden PVAP. (Nach der Ende 1977 durchgeführten Umfrage deklarierten sich 60% der Parteimitglieder und beinahe 40% der Parteifunktionäre als gläubig.) Alle diese Prozesse verstärkten sich nach der Wahl des Krakauer Kardinals Karol Wojtyła zum Papst (Oktober 1978).

Für die kommunistische Führung, und zwar sowohl in Warschau als auch in Moskau, stellte diese Wahl einen wahren Schock dar: „An alles habe ich gedacht, nur nicht an die Wahl eines polnischen Papstes" – so reagierte Leonid Breshnew auf die Kunde, die aus Rom gekommen war. Einige Wochen danach schickte der prominente sowjetische Osteuropa-Experte Oleg Bogomolow an das Moskauer ZK eine Expertise, in der folgende Sätze zu lesen waren: „ Die Wahl K. Wojtyłas zum Papst stellt für die katholische Hierarchie ... in erster Linie ein Mittel zur effektiveren Bekämpfung der sozialistischen Idee dar ...Die Tatsache, dass der Bürger eines sozialistischen Staates zum Papst gewählt wurde, wird höchstwahrscheinlich in der unmittelbaren Zukunft zur Verstärkung der religiösen Emotionen in den sozialistischen Ländern führen, in erster Linie in Polen, aber auch in Ungarn, Jugoslawien, womöglich auch in Litauen und in den westlichen Regionen der Ukraine und Weißrusslands."

Die Voraussagen Bogomolows haben sich in mancher Hinsicht, und zwar in erstaunlich kurzer Zeit erfüllt. In seiner Rede zur Amtseinführung sagte der neue Papst: „Reißt für Christus die Türen auf! Seiner erlösenden Macht öffnet die Grenzen der Staaten, die wirtschaftlichen wie die politischen Systeme. Habt keine Angst!"

Diese Worte wurden von vielen als Aufruf zur Überwindung der europäischen Spaltung, des Gegensatzes zwischen Ost und West, verstanden. Der Papst, der aus der vergessenen östlichen Hälfte des Kontinents kam, trug in der Tat erheblich dazu bei, den europäischen Osten stärker als bisher ins Blickfeld der Weltöffentlichkeit zu rücken. Nicht zuletzt deshalb halten viele Beobachter die römische Wahl vom Oktober 1978 für eine Art Prolog zur friedlichen Revolution von 1989.

5. Die Chruschtschow- und die Breshnew-Perioden im Vergleich

Trotz der Reformfeindlichkeit des Breshnewschen Systems fand in der Breshnew-Zeit keineswegs eine Restauration des Vor-Chruschtschowschen Regimes statt. Die wichtigsten Wesensmerkmale des seit dem Tode Stalins veränderten Systems blieben auch nach dem Sturz Chruschtschows bestehen. So gab es zum Beispiel keine Rückkehr zum Massenterror. Die Parteioligarchie wollte das erneute Aufkommen einer willkürlichen Despotie verhindern, denn sie wusste, dass sie selbst wahrscheinlich deren erstes Opfer wäre. Der bürokratische Apparat, der nun erneut fest im Sattel saß, brauchte nicht zu extremen Mitteln zu greifen, um seine Macht zu sichern: „Männer des XX. Parteitages oder einfach kühne Erneuerer wurden nicht mehr wie in den 30er Jahren erschossen", schreibt Fjodor Burlazki: „sie wurden nur stillschweigend versetzt, ... bedrängt, unterdrückt. Überall triumphierte das ‚Mittelmaß'."

Die Tatsache, dass Machtkämpfe innerhalb der politischen Elite nun eine humanere Form angenommen hatten, als dies unter Stalin der Fall gewesen war, blieb nicht ohne Folgen auf das gesamte politische Klima im Lande. Andrej Sacharow bemerkte hierzu: Zwar sei infolge der Chruschtschowschen Reformen kein „Sozialismus mit menschlichem Antlitz" errichtet worden, dennoch habe das System seine „raubtierhaften" Züge verloren.

Auch die von Chruschtschow vorgenommene Rehabilitierung des Konsums und seine Abkehr von der stalinistischen Entbehrungsideologie wurden von seinen Nachfolgern nicht in Frage gestellt. Es gab kein Zurück zur rücksichtslosen Ausbeutung der Bevölkerung, wie sie für das Stalinsche Regime typisch gewesen war. Die relativ liberalen Arbeitsgesetze vom Frühjahr 1956, die den drakonischen Stalinschen Arbeitskodex von 1940 aufhoben und den Arbeitnehmern recht große Bewegungsfreiheit garantierten, blieben weiterhin in Kraft. Die Mindest- und Durchschnittslöhne wurden fortwährend angehoben, und der Lebensstandard der Bevölkerung stieg in den Jahren 1950 bis 1981 um das Dreifache. Auch die von Chruschtschow eingeführte Neuerung der Getreideeinfuhren sollte sich als fester Bestandteil der sowjetischen Wirtschaftspolitik etablieren. Zwar zeugte diese Maßnahme von der extremen Schwäche der sowjetischen Landwirtschaft, zugleich wies sie aber auch auf einen weicheren Herrschaftsstil der Machthaber hin. 1963 erklärte Chruschtschow, dass er durch die Weizenimporte der Bevölkerung Hungerkatastrophen, wie sie sein Vorgänger immer wieder in Kauf genommen hätte, ersparen wollte. Auch seine Nachfolger wollten der

Gesellschaft keine allzu großen Lasten aufbürden. Hierzu bemerkte der Prager Reformpolitiker, Zdeněk Mlynář, der zu den besten Kennern der Sowjetunion zählte: „Das sowjetische System legitimiert sich [seit Chruschtschow] vor der eigenen Bevölkerung dadurch, wie es die Aufgabe erfüllt, die eine industrielle Konsumgesellschaft stellt ... Die sowjetische Machtelite, die es zwanzig Jahre lang nicht wagte, Chruschtschows Namen auch nur auszusprechen, musste schließlich ... ihre Erfolge und Misserfolge an den [Konsum]kriterien messen, die Chruschtschow ... aufstellte."

Die wichtigsten Unterschiede zwischen der Chruschtschowschen und der Breshnewschen Periode bestanden eher im Atmosphärischen. Chruschtschows Glaube an kommunistische Ideale, an die Überlegenheit des sozialistischen Systems gegenüber dem Kapitalismus blieb bis zuletzt unerschüttert. Er war davon überzeugt, dass die lichte kommunistische Zukunft bald anbrechen werde. Idealistisch war auch die Generation des XX. bzw. des XXII. Parteitages (1956, 1961) – die so genannten „Sechziger" (der Name bezieht sich auf die 60er Jahre, in denen sie agierte) – gesinnt. Sie glaubte an die Reformierbarkeit des „real existierenden Sozialismus". Bei den Bürokraten, die die Generation der Sechziger entmachteten, spielte hingegen der Glaube an die kommunistischen Ideale so gut wie keine Rolle mehr. Das Streben nach der lichten Zukunft hielten sie eher für einen romantischen Unfug. Sie täuschten in der Regel den Glauben an die kommunistischen Ideale nur vor, die kommunistischen Eiferer wurden von ihnen eher als Störenfriede empfunden. In der Erosion des kommunistischen Glaubens und der kommunistischen Ideologie, die in der Breshnew-Zeit zu beobachten war, sahen viele westliche Beobachter keine Gefahr für die Stabilität des kommunistischen Regimes. Im Gegenteil, einige gingen sogar davon aus, dass der Kommunismus nun infolge der Sachzwänge der Moderne immer technokratischer und pragmatischer werde und damit den modernen westlichen Industriegesellschaften immer ähnlicher. So wurde die so genannte Konvergenztheorie geboren. Ihre Verfechter ließen jedoch außer Acht, dass es sich bei den kommunistischen Regimen um Ideokratien handelte, deren Herzstück das ausgeklügelte ideologische System darstellte, das ununterbrochen an die neuen Erfordernisse der Zeit angepasst werden musste. Deshalb musste jeder neue Parteichef sich nicht nur als Machttechniker, sondern auch als Theoretiker bewähren, als Interpret letzter Instanz der Werke der Klassiker des Marxismus-Leninismus.

Auch die Breshnew-Führung war nicht untätig im interpretatorischen

Bereich und wartete mit der Theorie von der „entwickelten sowjetischen Gesellschaft" auf. Die Präambel zur Verfassung der Union der sozialistischen Sowjetrepubliken vom Jahre 1977 führte aus: „In der UdSSR wurde die entwickelte sozialistische Gesellschaft aufgebaut ... Das ist eine Gesellschaft, in der ... der Wohlstand des Volkes ständig wächst und sich immer günstigere Bedingungen für die allseitige Entwicklung der Persönlichkeit herausbilden. Das ist eine Gesellschaft reifer sozialistischer gesellschaftlicher Beziehungen, in der auf der Grundlage der Annäherung aller Klassen und sozialen Schichten, der juristischen und tatsächlichen Gleichheit aller Nationen und Völkerschaften ... eine neue historische Gemeinschaft von Menschen – das Sowjetvolk – entstanden ist ... Das ist eine Gesellschaft wahrer Demokratie ... Die entwickelte sozialistische Gesellschaft ist eine gesetzmäßige Etappe auf dem Wege zum Kommunismus."

In der Breshnewschen Verfassung wurde auch die führende Rolle der Partei an einer prominenten Stelle – im Artikel 6 – fest verankert: „Die führende und lenkende Kraft der sowjetischen Gesellschaft, der Kern ihres politischen Systems, der staatlichen Organe und gesellschaftlichen Organisationen ist die Kommunistische Partei der Sowjetunion."

In der Stalinschen Verfassung von 1936 war von dieser Rolle erst im Artikel 126 en passant die Rede, und zwar im Zusammenhang mit dem Recht der Sowjetbürger, sich zu gesellschaftlichen Organisationen zusammenzuschließen. Am Schluss des Artikels wird vermerkt: „Die aktivsten und zielbewusstesten Bürger aus den Reihen der Arbeiterklasse und anderer Schichten der Werktätigen ... vereinigen sich in der Kommunistischen Partei der Sowjetunion [der Bolschewiki], die ... den führenden Kern aller Organisationen der Werktätigen ... darstellt."

Ungeachtet der Tatsache, dass die Breshnew-Riege die führende Rolle der KPdSU verfassungsmäßig viel stärker verankerte als dies früher der Fall gewesen war, war die Stabilität des Breshnew-Regimes nur trügerisch. Wirtschaftlich und technologisch begann das Land erneut den Anschluss an den Westen zu verlieren. Die hyperzentralistischen Strukturen des planwirtschaftlichen Systems verstärkten die bürokratische Verkrustung und die Erstarrung des Regimes, der Innovationsgeist wurde weitgehend erstickt. All diese Phänomene führten zu einer drastischen Verlangsamung des Wirtschaftswachstums. 1966–1970 betrug das durchschnittliche jährliche Wachstums des Nationaleinkommens 7,7%, 1979–1982 nur 3,1%. Die Grenzen des so genannten „extensiven Wachstums" – ohne Steigerung der Produktivität der Arbeit und des Kapitals – wurden nun erreicht.

Um im Ost-West-Vergleich konkurrenzfähig zu bleiben, musste die sowjetische Wirtschaft jetzt zum „intensiven Wachstum" übergehen. Indes war das bestehende System zu einem solchen qualitativen Sprung immer weniger im Stande. Es war auch immer weniger in der Lage, die Bevölkerung zu einem verstärkten Einsatz im Namen der kommunistischen Ideale zu mobilisieren, weil in der Periode der „Stagnation" (so wurde die Breshnew-Zeit später definiert) so gut wie niemand die kommunistischen Werte ernst nahm – weder die Herrscher noch die Beherrschten. Eine radikale Veränderung des Systems schien unumgänglich, davor hatte aber die herrschende Bürokratie panische Angst. Keine vorherige Führung in Moskau hatte das Status-quo-Prinzip in einem solchen Ausmaß verkörpert, wie die Breshnew-Equipe. So verwandelte sich die Sowjetunion im Zeitalter der Elektronik und der grenzüberschreitenden Kommunikation in einen lebenden Anachronismus – in ein bürokratisches Schlaraffenland, das auf Reglementierung und Bevormundung basierte.

Der auf Konsens mit dem Apparat fixierte Führungsstil des seit 1974 gesundheitlich angeschlagenen Leonid Breshnew entsprach durchaus den Wünschen der Machtelite. Sie brauchte keinen Lenker, sondern ein Sprachrohr ihrer Interessen und als solches galt ihr Leonid Breshnew. Fjodor Burlazki schrieb später: „Menschen, die sich in der Umgebung Breshnews befanden, hatten nur einen einzigen Wunsch – dass er ewig lebe."

Ein allzu aktiver Generalsekretär, wie der langjährige KGB-Chef Jurij Andropow, der nach dem Tode Breshnews im November 1982 die Parteiführung übernahm, störte die Machtelite nur. Die Disziplinierungsmaßnahmen Andropows, der 18 Minister und 37 regionale Parteichefs ablöste, riefen bei der herrschenden Bürokratie Unbehagen hervor. Deshalb wurde der Tod Andropows, der die Hälfte seiner Amtszeit im Krankenbett verbracht hatte, im März 1984 und die Wahl des willensschwachen und betagten Konstantin Tschernenko zum Generalsekretär von der Parteibürokratie mit Erleichterung aufgenommen.

Symbolisch für die Angst der Parteioligarchie vor einer grundlegenden Veränderung des Systems war die Tatsache, dass an der Spitze der östlichen Supermacht in der ersten Hälfte der 80er Jahre drei dahinsiechende Parteichefs standen, die stärker mit der Bekämpfung ihrer Krankheiten als mit dem Regieren beschäftigt waren. Erst im dritten Anlauf entschied sich das Politbüro, und zwar nach einer Kampfabstimmung, für einen Generationswechsel – für sein jüngstes Mitglied, den damals 54jährigen Michail Gorbatschow.

IX. Die Gorbatschowsche Perestrojka (1985–1991)

1. Von einer Erneuerung des Systems zum Systemwechsel

Was prädestinierte Gorbatschow, abgesehen von seinem Alter, für die Rolle des Erneuerers eines verkrusteten Systems?

Die Frage ist nicht leicht zu beantworten. Versucht man seine politische Laufbahn zu rekonstruieren, so entdeckt man nicht allzu viele Ansätze hierfür. Es ist die Karriere eines typischen Parteifunktionärs. Bereits während des Studiums an der juristischen Fakultät der Moskauer Staatsuniversität fiel Gorbatschow in erster Linie als Aktivist des kommunistischen Jugendverbandes auf. Nach der Abschlussprüfung im Jahre 1955 hatte er kaum Gelegenheit, sich als Jurist zu bewähren. Seine Karriere verdankt er ausschließlich seiner Arbeit im Parteiapparat. Ungewöhnlich war lediglich das Tempo seines Aufstiegs. Mit 39 wurde er in seinem heimatlichen Stawropol zum jüngsten Gebietsparteisekretär des Landes. 1978 stieg er ins Sekretariat des ZK und 1980 ins Politbüro auf – ebenfalls als jüngstes Mitglied der jeweiligen Gremien. Als ZK-Sekretär war Gorbatschow für die Landwirtschaft verantwortlich – eine äußerst undankbare Aufgabe, wenn man bedenkt, wie krisenhaft dieser Wirtschaftssektor in der Sowjetunion war. Für viele seiner Vorgänger wurde dieser Posten zu einem Schleudersitz. Auch Gorbatschows Tätigkeit war hier durch keine berauschenden Erfolge gekrönt. Seiner Karriere hat dies jedoch erstaunlicherweise nicht geschadet.

Die Konturen des Gorbatschowschen Programms hatten sich recht früh herauskristallisiert. Bereits aus der ZK-Rede, die er einen Monat nach seinem Machtantritt im April 1985 hielt, ebenso wie aus seinen Äußerungen vom Mai und Juni desselben Jahres konnte man entnehmen, dass der Kampf gegen den Breshnewschen Immobilismus sein Hauptziel war. Nach anderthalb Jahrzehnten „Stagnation" hatte die Sowjetunion den wirtschaftlichen und technologischen Anschluss an den Westen weitgehend verloren. Zwar hob der neue Generalsekretär mit Stolz die inzwischen erreichte militärisch-strategische Parität im Vergleich zu den Vereinigten Staaten hervor. Dennoch sei auch diese

Leistung, so Gorbatschow, aufgrund der unterentwickelten Infrastruktur des Landes auf die Dauer gefährdet. Die Gorbatschow-Führung wurde demnach mit einem uralten russischen Problem konfrontiert, das sich zu Beginn der 80er Jahre erneut dramatisch zuspitzte: Wie kann man den sich schnell entwickelnden und davoneilenden Westen einholen?

Ähnlich wie andere Reformer vor ihm entwarf Gorbatschow die Vision von einem modernen, wirtschaftlich mächtigen Russland. Was bei diesem Programm zunächst aber auffiel, war sein vorwiegend technokratischer Charakter. Der propagandistische, auf Schaueffekte ausgerichtete Regierungsstil der Breshnew-Zeit wurde verurteilt, von der Partei und von der Gesellschaft wurden mehr Effizienz, Sachlichkeit und Disziplin gefordert. In gewisser Hinsicht ließ sich die neue Linie in ihrem Anfangsstadium als eine Neuauflage des Andropow-Kurses bewerten. Es handelte sich hier um einen Modernisierungsversuch, der Fragen der Liberalisierung weitgehend ausklammerte. Die Partei konzentrierte ihre Aufmerksamkeit vor allem auf die Lösung ihrer gegenwärtigen und künftigen Aufgaben, an einer grundlegenden Auseinandersetzung mit den politischen Fehlern der Vergangenheit war sie nicht allzu stark interessiert. Ihre Kritik beschränkte sie vor allem auf wirtschaftliche Mängel des Systems und auf Auswüchse der Bürokratie.

Mit diesem Lamento konnte sie allerdings die Sowjetbürger kaum beeindrucken, denn an solche Klagen waren sie praktisch seit Lenin gewöhnt. Auch Disziplinierungskampagnen unterschiedlichster Art stellten für sie nichts Neues dar, und sie wussten recht gut mit ihnen umzugehen, d.h. ihnen auszuweichen. Dies zeigte sich besonders deutlich am Beispiel der von Gorbatschow im Mai 1985 angeordneten Kampagne gegen „Trunkenheit und Alkoholismus". Der Verkauf von Alkohol wurde drastischen Beschränkungen unterworfen. Auch wenn diese Maßnahme nicht zu einer wesentlichen Reduzierung des Alkoholkonsums führte, so verringerte sie immerhin erheblich die Staatseinnahmen, und zwar um Milliarden von Rubeln. Die Kampagne wurde zwar 1988 stillschweigend beendet, von Verlusten, die sie nach sich zog, konnte sich aber der sowjetische Staatshaushalt nach Ansicht von Wirtschaftsexperten bis zur Auflösung der UdSSR nicht mehr erholen.

So waren Disziplinierungskampagnen in alter sowjetischer Manier kaum dazu geeignet, das Land zu neuen Ufern zu führen. Und es zeugt von der Lernfähigkeit der Gorbatschow-Equipe, dass sie dies relativ schnell einsah. Die Katastrophe im Atomreaktor von Tschernobyl im April 1986 spielte bei diesem Umdenkungsprozess sicher die Rolle eines

Beschleunigers. Erst nach dieser Katastrophe, die den desolaten Zustand des sowjetischen Systems als solchen geradezu symbolisierte, begann sich das Programm der Perestrojka mit neuem Inhalt zu füllen. Aber auch hierbei handelte es sich eher um Entscheidungen ad hoc, deren Tragweite und Folgen von ihrem Urheber kaum übersehen wurden. Dies betraf zum Beispiel den im Grunde revolutionären Entschluss Gorbatschows, direkt an die Öffentlichkeit zu appellieren. Sie sollte einen permanenten Druck auf den reformunwilligen Parteiapparat ausüben, ihn kontrollieren. Im Juni 1986 erklärte der Generalsekretär: „Zwischen dem Volk, das nach Veränderungen strebt, das davon träumt, und der Staatsführung befindet sich eine Schicht der Verwaltung, ... die keine Umgestaltungen will."

In einem System, das bis dahin auf der lückenlosen Staatskontrolle und der Bevormundung der Bürger basierte, wollte Gorbatschow nun auf einen neuen Menschentypus setzten. Dies sollten keine Befehlsempfänger, sondern „einfallsreiche, klar denkende und dynamische Persönlichkeiten sein ..., die im Stande sind, eine Situation selbstkritisch einzuschätzen, sich vom Formalismus und vom dogmatischen Verhalten bei der Arbeit zu lösen".

Wie ließen sich aber all diese Konzepte mit dem von Gorbatschow bis Ende 1989 krampfhaft verteidigten Dogma von der führenden Rolle der Partei vereinbaren?

Mit ähnlichen Widersprüchen war auch der Gorbatschowsche Feldzug gegen das Unfehlbarkeitsdogma der Partei behaftet, das die Kommunisten bis dahin wie das kostbarste Gut gehütet hatten. Unantastbare Autoritäten und Tabus dürfe es nicht mehr geben, verkündete 1987 Gorbatschow und versetzte dadurch das Land in eine Art Wahrheitsrausch. Dennoch erlag er der naiven Hoffnung, es sei möglich, den von ihm ausgelösten Bildersturm lediglich auf die Stalin-Zeit zu beschränken.

Zu den entschiedensten Verfechtern der Perestrojka zählten diejenigen Politiker und Publizisten, die sich seinerzeit an dem vom XX. Parteitag der KPdSU eingeleiteten Reformprozess aktiv beteiligt hatten und die im Zuge der Breshnewschen Restauration kaltgestellt worden waren.

Nun bekam die einst entmachtete Gruppe – die „Sechziger" – eine neue Chance. Ihre ideologischen und politischen Vorstellungen prägten die erste Phase der Perestrojka sehr stark. Die Leichtigkeit, mit der es der regierenden Bürokratie nach dem Sturz Chruschtschows gelungen war, den Erneuerungsprozess abzuwürgen und das verlorene Terrain wiederzugewinnen, bildete für die „Männer des XX. Parteitages" ein Trauma. Sie sahen darin die verspätete Rache Stalins und führten den Sieg der Parteibürokraten vor allem darauf zurück, dass Chruschtschow es nicht gewagt hatte, die in den 30er Jahren entstandenen stalinistischen Strukturen, das so genannte „Stalinsche Kommandosystem" gründlich zu erschüttern. Sie sehnten sich nach der leninistischen Vergangenheit, nach der Frühzeit des Bolschewismus, in der die Partei noch kein willfähriges Organ in den Händen der despotischen Führung, sondern eine offen und polemisch diskutierende Gemeinschaft von Gleichgesinnten gewesen war. Auch Gorbatschow, der sich bei seinen Auftritten einer eher nüchternen Sprache bediente, verfiel bei der Erwähnung Lenins in der Regel in einen schwärmerischen Ton: „Die Hinwendung zu Lenin ... hat eine äußerst stimulierende Rolle bei der Suche nach Erklärungen und Antworten auf die anfallenden Fragen gespielt", sagte er zum Beispiel im November 1987.

Lenin, vor allem in seinen letzten Jahren (nach der Einführung der Neuen Ökonomischen Politik im Jahre 1921), symbolisierte für die „Männer des XX. Parteitages" die innerparteiliche Demokratie, den Kampf gegen die bürokratischen Auswüchse – all das, was der von Stalin entwickelte bürokratische Apparat später abwürgte. Die Befreiung der Gesellschaft von der erstickenden Umarmung dieses Apparats galt den Reformern als eine der wichtigsten Aufgaben der Perestrojka. Bereits Chruschtschow versuchte über die Köpfe des Apparates an die Bevölkerung zu appellieren, um auf die reformfeindliche Machtelite Druck auszuüben. Dennoch war dieser Appell sehr zaghaft, denn Chruschtschow war, wie bereits beschrieben, nicht nur Kritiker, sondern auch Zögling Stalins. So hatte er vor der Eigeninitiative der Gesellschaft viel mehr Angst als vor der Reformfeindlichkeit des Parteiapparats. Ganz anders verhielten sich die Dinge in der neuen Phase der Gorbatschowschen Umgestaltung – etwa ab Ende 1986.

Die Appelle der Gorbatschow-Equipe an die Bevölkerung, sich stärker für gesellschaftliche und politische Belange zu engagieren, blieben nicht ungehört. Im ganzen Land begannen sich nun lawinenartig so genannte informelle Vereinigungen zu bilden – Diskussionsklubs, ökologische Gruppen, Friedensinitiativen unterschiedlichster Art usw. Ihre Zahl betrug Anfang 1988 bereits etwa 30 000. Die Presse setzte sich immer kühner mit der stalinistischen und mit der Breshnewschen Vergangenheit, aber auch mit vielen Missständen der Gegenwart auseinander. Unzählige Werke der bis dahin vom Regime verbotenen Autoren, nicht zuletzt viele Schriften russischer Emigranten, durften nun veröffentlicht werden. Die Tatsache, dass diese Autoren aus der Sicht der Dogmatiker „Klassenfeinde" waren, spielte nun immer weniger eine Rolle. Das von Gorbatschow postulierte „Neue Denken" begann sich von der Klassenkampflehre abzuwenden und den allgemein menschlichen Werten eine immer größere Bedeutung beizumessen. Ähnliches hatten seinerzeit auch die sowjetischen Dissidenten getan. So lässt sich die Perestrojka in gewisser Hinsicht als ein nachträglicher Sieg der Ende der 70er/Anfang der 80er Jahre scheinbar bezwungenen Dissidenten bezeichnen. Symbolisch war in dieser Hinsicht das Telefongespräch Gorbatschows mit Andrej Sacharow vom Dezember 1986, in dem der Generalsekretär das Ende der Verbannung dieser wohl populärsten Figur in der sowjetischen Bürgerrechtsbewegung ankündigte. Etwa 300 politische Häftlinge wurden freigelassen.

Auch die Kommunistische Partei wurde nun vom neuen Geist der Umgestaltung und der Transparenz *(Glasnost)* erfasst. Die 19. Parteikonferenz vom Juni 1988 wurde zur ersten repräsentativen Parteiversammlung seit dem Ausgang der 20er Jahre, auf der Verfechter unterschiedlicher Standpunkte öffentlich und kontrovers miteinander diskutierten. Eine immer größere Rolle begann bei diesen Diskussionen Boris Jelzin zu spielen, den Gorbatschow aus dem fernen Swerdlowsk (Ural) nach Moskau holte und dem er Anfang 1986 die Leitung des Moskauer Parteikomitees anvertraute. Jelzin wurde auch zum Politbürokandidaten ernannt. Während viele Dogmatiker in der Parteiführung sich über einen zu schnellen und zu radikalen Reformkurs beklagten, war dieser für Jelzin nicht radikal genug. Gorbatschow versuchte seinen Gefährten zur Ordnung zu rufen und erklärte, das Land brauche zwar eine Umgestaltung, aber keine Umwälzung. Jelzin ließ sich jedoch nicht zähmen. Auf dem ZK-Plenum vom Oktober 1987, das die Feierlichkeiten zum 70. Jahrestag der Oktoberrevolution vorbereitete, lehnte er sich offen gegen die Parteielite auf und kritisierte den aus seiner Sicht zu zaghaften Verlauf der Reformen. Für diesen Aufstand musste Jelzin mit dem Verlust all seiner Partei- und Regierungsämter bezahlen und wurde vom höchsten Parteigremium zur Unperson erklärt.

Früher waren solche Urteile endgültig, zur Zeit der Perestrojka aber nicht mehr. Nun entschied über das Geschick des Landes und auch über das Schicksal einzelner Politiker nicht mehr nur das Kräfteverhältnis innerhalb der höchsten Parteigremien, sondern auch das innerhalb der Gesellschaft. Dieser Sachverhalt spiegelte sich bei den Wahlen zum „Kongress der Volksdeputierten" vom Frühjahr 1989 wider, bei dem Jelzin im Moskauer Wahlbezirk 89% der Stimmen erhielt. So hatten die

Moskauer Wähler das Urteil des früher so allmächtigen Politbüros revidiert und Jelzin ein erstaunliches Comeback auf die politische Bühne ermöglicht.

Der Kongress der Volksdeputierten sollte den so genannten sowjetischen Parlamentarismus, den die bolschewistische Partei bereits 1918 weitgehend erstickt hatte, wieder beleben. In seiner Rede auf der 19. Parteikonferenz im Juni 1988 sprach Gorbatschow von der Notwendigkeit, die ursprüngliche Macht der Sowjets zu restaurieren. Der Kongress der Volksdeputierten bestand nun aus 2250 Abgeordneten, 1500 wurden gewählt und 750 von verschiedenen „gesellschaftlichen" Organisationen – KPdSU, Kommunistischer Jugendverband, Gewerkschaften usw. – entsandt. Der Kongress der Volksdeputierten wählte aus seinen Reihen das höchste gesetzgebende Organ – den Obersten Sowjet (542 Parlamentarier), der sich aus zwei Kammern zusammensetzte (Unionssowjet und Nationalitätensowjet).

Da Gorbatschow zum damaligen Zeitpunkt auf die führende Rolle der Partei, die im Artikel 6 der Verfassung verankert war, nicht verzichten wollte – dies trotz wiederholter Aufforderungen sowjetischer Regimekritiker, in erster Linie Andrej Sacharows –, sollten auch die reformierten Sowjets von der KPdSU dominiert werden, und zwar sowohl auf zentraler als auch auf regionaler Ebene. Gorbatschow hoffte allerdings, dass die erneuerten Sowjetstrukturen, die aus den allgemeinen Wahlen hervorgingen, der Parteiherrschaft eine zusätzliche Legitimität verschaffen würden. Abgesehen davon wollte er mit Hilfe der erneuerten Sowjets auf die reformfeindlichen Teile des Parteiapparats Druck ausüben. Gorbatschow vereinigte in seiner Hand sowohl die Leitung der Partei als auch die des Sowjetapparats – auf dem ersten Kongress der Volksdeputierten Ende Mai 1989 wurde er zum Vorsitzenden des Obersten Sowjets gewählt.

Die Verfechter der alten Ordnung sahen sehr früh ein, sicher früher als Gorbatschow, welch katastrophale Folgen für das Regime die Auflockerung der bestehenden Machtstrukturen, das Abrücken vom kommunistischen Unfehlbarkeitsdogma oder die Förderung der gesellschaftlichen Eigeninitiative haben könnten. Die sowjetischen Medien gäben nur den angriffslustigen Zerstörern die Möglichkeit sich zu äußern, beklagte sich im März 1987 der konservativ gesinnte Schriftsteller Jurij Bondarew. Wenn man diesen Kräften keine neue Niederlage à la Stalingrad bereiten würde, würden sie das Land in den Abgrund stürzen. Auch in der Parteielite wurde immer häufiger die Meinung vertreten, das Reformkonzept Gorbatschows sei völlig verfehlt. Der sowjetische Botschafter in Warschau, Wladimir Browikow, führte 1989 auf einem ZK-Plenum aus: Aus einer hochgeachteten Weltmacht habe sich die Sowjetunion nun in ein Gespött der Völker verwandelt, für den schadenfrohen Westen sei sie bereits ein Koloss auf tönernen Füßen.

Als erfahrener Parteiapparatschik beherrschte Gorbatschow virtuos die Spielregeln des innerparteilichen Kampfes. Es gelang ihm, viele seiner innerparteilichen Kritiker zu entmachten. Bis August 1987 wurden 6 von 14 Parteichefs in den Unionsrepubliken, 75 von 150 Parteichefs in den einzelnen großen Regionen ersetzt. Auch im Jahre 1988 fanden unzählige Umbesetzungen statt. Dennoch ist es Gorbatschow trotz all dieser Aktionen nicht gelungen, den immer stärkeren Widerstand des Apparats gegen die Reformen zu brechen. Auch die spektakuläre Entmachtung des Wortführers der Dogmatiker, Jegor Ligatschow (Oktober 1988), hat daran nichts geändert.

Nach den Wahlen zum Kongress der Volksdeputierten im Frühjahr 1989, die zum ersten Mal seit der Errichtung des „stalinistischen Kommandosystems" keinen rein akklamatorischen Charakter hatten, geriet die allmächtige Parteibürokratie in Panik. Bis dahin hing die berufliche Karriere und das politische Wohlergehen der Parteifunktionäre beinahe ausschließlich vom Willen ihrer jeweiligen Vorgesetzten ab. Nun kam aber ein neuer Unsicherheitsfaktor hinzu – das Verhalten der Wähler. Das politische Handeln der Parteifunktionäre erschöpfte sich bisher im Reglementieren und Verordnen, nun mussten sie auch überzeugen. Dies fiel vielen von ihnen außerordentlich schwer. Ihre Wahlniederlagen im Frühjahr 1989 haben dies deutlich gezeigt.

Auf einer Sitzung des Politbüros vom 28. März 1989, auf der die Wahlergebnisse analysiert wurden, führte Jegor Ligatschow aus: „Die Perestrojka hat in der Gesellschaft widersprüchliche Reaktionen ausgelöst, woraus sich erklärt, dass man gegen Partei-, Wirtschafts- und Militärfunktionäre gestimmt hat: Der Hauptgrund dafür liegt meines Erachtens vornehmlich in der Haltung der Medien: Den Menschen ist förmlich eingehämmert worden, dass man gegen die Partei vorgehen müsse; das ist sehr gefährlich. Auch in Ungarn und 1968 in der Tschechoslowakei hat alles mit den Medien angefangen."

Alexander Jakowlew, der zu den glühendsten Verfechtern der Perestrojka zählte, widersprach Ligatschow: „Von einer Niederlage kann überhaupt keine Rede sein. 84% der Wähler sind zu den Urnen gegangen, und 85% der Gewählten sind Kommunisten. Das ist ein Referendum für die Perestrojka."

Die verunsicherte sowjetische Machtelite wurde durch solche Argumente allerdings kaum beruhigt.

Noch stärker als durch die Wahlen wurden die bestehenden Machtstrukturen durch die zweiwöchigen Debatten des Kongresses der Volksdeputierten (Mai/Juni 1989) erschüttert. Millionen, die wie gebannt den Verlauf der Debatten vor den Fernsehschirmen verfolgten, erfuhren über den tatsächlichen Zustand ihres Staates und über die Mängel des bestehenden Systems so viel, dass es wohl nicht mehr möglich war, das Land wie bisher zu regieren.

Der Massenterror war für das Bestehen des bolschewistischen Regimes, zumindest in seinem reiferen Stadium, nicht unbedingt erforderlich. Hier haben sich manche Klassiker der Totalitarismustheorie geirrt. Auch die totale Kontrolle über die Produktionsmittel stellte keine unerlässliche Voraussetzung für das Überdauern des Systems dar. Das Vorhandensein eines starken wirtschaftlichen Privatsektors in der Periode der Neuen Ökonomischen Politik in den 20er Jahren hat die Alleinherrschaft der Bolschewiki in keiner Weise gefährdet. Was dieses System aber nicht verkraften konnte, das war die Wahrheit über sich selbst.

Der Widerstand der herrschenden Parteibürokratie gegen den Kurs Gorbatschows nahm ununterbrochen zu. Die Reformer führten diesen Widerstand auf das immer noch lebendige Stalinsche Erbe zurück: „Stalin ist erst gestern gestorben", schrieb der Moskauer Historiker Michail Gefter Mitte 1988 in dem viel zitierten Sammelband „Es gibt keine Alternative zu Perestrojka...". Aber nicht nur der bürokratische Apparat stand nach Ansicht der Reformer der Perestrojka im Wege. Viele Stalinsche Verhaltens- und Denkmuster seien nicht nur von Vertretern der Machtelite, sondern auch von breiten Bevölkerungsschichten verinnerlicht worden. Einige Autoren sprachen in diesem Zusammenhang vom vulgären bzw. naiven Stalinismus. Der Publizist Len Karpinski führte Mitte 1988 das Phänomen des „Volksstalinismus" auf folgende Ursachen zurück: „Dazu gehört die aufrichtige Identifizierung Stalins mit den Idealen des Sozialismus, ... die Nostalgie nach der eigenen kämpferischen Jugend ... [und auch] das Bedürfnis nach Schutz, nach einer väterlich übergeordneten Kraft, die das Laster bestraft, die Tugend belohnt und alles auf den rechten Platz rückt."

Nach Ansicht der Reformer gab es ein Mittel, das sich besonders gut eignete, die Stalin-Mythologie zu bekämpfen, nämlich die Wahrheit über die damaligen Verbrechen, und zwar die ganze Wahrheit und nicht eine vorsichtig dosierte: „Die Wahrheit über die Realität ist genauso unteilbar, wie die Realität selbst", schrieb der Literaturkritiker Igor

Winogradow. Und weiter heißt es bei ihm: „Eine portionierte Wahrheit, die in Etappen ans Licht gebracht wird, ist bestenfalls eine halbe Wahrheit ... d. h. eine Wahrheit verbunden mit Lügen ... Eine mit Lügen gewürzte Wahrheit aber ... das ist, entschuldigen Sie, alles andere als Wahrheit."

Mit diesem Wahrheitspostulat gerieten allerdings diejenigen Verfechter der Perestrojka, die den Stalinismus mit Hilfe der Leninschen Ideen bekämpfen wollten, in ein großes Dilemma. Denn der Wahrheitsrausch, in dem sich das Land nun befand, begann auch mächtig am Lenin-Denkmal zu rütteln. Es stellte sich allmählich heraus, dass eine pluralistische und offene Gesellschaft mit Lenins Prinzipien kaum zu vereinbaren war, denn die Missachtung gegenüber den elementarsten demokratischen Spielregeln gehörte zum Wesen des Leninschen Systems. Die Rückkehr zu Lenin wäre also kaum mit dem erhofften emanzipatorischen Effekt verbunden gewesen. Die Lenin-Euphorie ließ in der Publizistik der Perestrojka allmählich nach. Immer häufiger wurde das von ihm während des russischen Bürgerkrieges geschaffene System des Kriegskommunismus als der unmittelbare Vorläufer des Stalinschen Kommandosystems angesehen. Der Wirtschaftswissenschaftler Wassilij Seljunin schrieb zum Beispiel im Mai 1988: „Die Tatsachen weisen unmissverständlich darauf hin, dass die Liquidierung des Kulakentums hauptsächlich in der Periode des Kriegskommunismus und nicht an der Wende von den 20er zu den 30er Jahren [während der stalinistischen Kollektivierung] stattgefunden hat."

An einer anderen Stelle charakterisierte Seljunin den Kriegskommunismus als die Periode der uferlosen Gewalt: „Ursprünglich war sie gegen die Gegner der Revolution gerichtet, dann gegen die potentiellen Gegner [der Rote Terror] und schließlich wurde sie für die Lösung rein wirtschaftlicher Aufgaben angewandt."

Solche Thesen haben die dogmatischen Kräfte in der Partei außerordentlich verunsichert. Ihre Reaktionen stellten eine Mischung aus Empörung und Panik dar: „Die antileninistischen Ideen finden in der letzten Zeit eine große Verbreitung in unserer Partei und in unserem Land", beklagte sich Anfang 1990 der Leiter des ZK-Instituts für Marxismus-Leninismus G. Smirnow: „Alle Katastrophen, die das Land erlebt hat", so Smirnow weiter, „werden auf die Hypertrophie des Klassenkampfes und auf den utopischen Charakter der sozialistischen Bestrebungen von Marx und Lenin zurückgeführt."

Der Vorsitzende des sowjetischen Rundfunk- und Fernsehkomitees Michail Nenaschew bezeichnete im Februar 1990 die Person und das

Gedankengut Lenins als die letzte Verteidigungsbastion der KPdSU. Deshalb hielt er „die ideologische Passivität und Hilflosigkeit", mit denen die Partei auf die Kritik am Leninismus reagierte, für äußerst beunruhigend. Die Verteidiger Lenins befanden sich nun unter permanentem Rechtfertigungsdruck, die Kritik am Leninschen Erbe wurde immer schärfer: „[Das bolschewistische Erbe] hinterlässt uns kein Parteimodell, das wir heute benötigen", schrieb einer der Verfechter der Perestrojka, der Philosoph A. Butenko, in der „Prawda" vom Februar 1990. Bei der Leninschen Partei habe es sich lediglich um ein Instrument für den Kampf um die politische Macht gehandelt. Andere Aufgaben habe sie nicht zu lösen vermocht. Der KPdSU fehle gänzlich die Erfahrung einer demokratischen Konkurrenz mit anderen politischen Kräften.

Noch schärfer setzte sich einen Monat später der Historiker Jurij Afanassjew mit Lenin auseinander: „Unsere gesamte Geschichte besteht aus Gewalt und Gewaltanwendung. Wenn unser Führer und Gründer tatsächlich Grundlagen gelegt hat, dann war dies die Einführung der staatlichen Politik der massiven Gewalt und des massiven Terrors als Prinzip."

Etwa zur gleichen Zeit rang sich Gorbatschow dazu durch, den Artikel 6 der Verfassung, der die führende Rolle der Partei garantierte, in seiner ursprünglichen Form zu streichen. Dies geschah zunächst auf dem ZK-Plenum vom Februar 1990 und dann endgültig auf dem 3. Kongress der Volksdeputierten im März 1990.

Die allgemeine Diskreditierung und Aushöhlung der Parteiherrschaft ging mit einer scheinbar immer größer werdenden Zusammenballung der Macht in den Händen Gorbatschows einher. Im März 1990 wurde in der Sowjetunion ein Präsidialsystem eingeführt, Gorbatschow wurde vom Kongress der Volksdeputierten – nicht direkt vom Volk – zum ersten Präsidenten der Sowjetunion gewählt. Nur 59% der Delegierten stimmten für ihn. Die Zeiten, in denen die gleichgeschalteten Sowjetgremien die Entscheidungen der Parteiführung per Akklamation bewilligten, waren vorbei. Dessen ungeachtet schien damals Gorbatschow, der das höchste Partei- und das höchste Staatsamt im zweitstärksten Land der Welt vereinigte, über eine beispiellose Macht zu verfügen. Diese Macht wurde aber immer brüchiger, denn allmählich begannen sich nicht nur die Dogmatiker, sondern auch die konsequenten Reformer von Gorbatschow abzuwenden. Auf dem XXVIII. Parteitag der KPdSU im Juli 1990 trat Jelzin demonstrativ aus der Partei aus, viele Reformer schlossen sich ihm an. Die dogmatischen Kräfte in der Partei begannen sich ihrerseits auch immer stärker zu konsolidieren, und zwar vor allem um die im Juni 1990 gegründete bzw. neu gegründete Russische Kommunistische Partei. Der erste Vorsitzende der russischen KP, Iwan Poloskow, hielt es für einen unverzeihlichen Fehler Gorbatschows, dass er die Klassenkampflehre als anachronistisch abtat: „Durch die Vertuschung der Klassenkampfgegensätze haben wir die Partei ihres wichtigsten methodologischen Instrumentariums beraubt. Wir haben politisch die breiten Massen der Kommunisten entwaffnet."

Um Gorbatschow bildete sich nun eine immer größere Leere. Dies insbesondere, nachdem er seine engsten Gefährten in der Parteiführung, die den Reformkurs geradezu symbolisierten – den Außenminister Eduard Schewardnadse und den Parteitheoretiker Alexander Jakowlew – fallengelassen hatte. Auf dem VI. Kongress der Volksdeputierten im Dezember 1990 trat Schewardnadse demonstrativ zurück und warnte das Land vor einer Revanche der Dogmatiker, vor einer sich anbahnenden Diktatur. Am 16. April 1991 sprach auch Alexander Jakowlew in einem an Gorbatschow gerichteten Brief von einem geplanten Staatsstreich: „Es soll eine Art neofaschistisches Regime errichtet werden. Die Ideen des Jahres 1985 wird man zertreten, Sie und ihre Gefährten ächten. Die Folgen dieser Tragödie lassen sich kaum beschreiben."

Gorbatschow versuchte nicht nur im politischen, sondern auch im wirtschaftlichen Bereich eine „zentristische" Position zu bewahren. Auch hier blieb er der „sozialistischen Wahl" treu und war nicht bereit, auf planwirtschaftliche Mechanismen gänzlich zu verzichten. So sicherte das Unternehmensgesetz, das am 1. Januar 1988 in Kraft trat, den Staatsbetrieben mehr Eigenständigkeit zu, und das Genossenschaftsgesetz vom Mai 1988 erleichterte die Gründung von Kooperativen, die Ende 1990 bereits mehr als 6 Millionen Menschen beschäftigten (etwa 4% der Erwerbstätigen). Trotz dieser Duldung von Ansätzen marktwirtschaftlicher Mechanismen lehnte Gorbatschow einen radikalen Schritt in Richtung Marktwirtschaft, wie ihn die Wirtschaftswissenschaftler S. Schatalin und G. Jawlinski in ihrem 500-Tage-Plan vorgeschlagen hatten, ab. Auch wirtschaftlich befand sich also die Sowjetunion in einem Schwebezustand zwischen „gestern und morgen". Die planwirtschaftlichen Mechanismen hörten allmählich auf zu funktionieren, die marktwirtschaftlichen setzten sich noch nicht durch. So sank das Bruttosozialprodukt im Jahre 1990 im Vergleich zum Vorjahr um 2%. Die Versorgungsengpässe nahmen dramatische Formen an. Sie führten immer wieder zu Massenstreiks, die das Regime zusätzlich destabilisierten. Den Streikenden gelang es auf der anderen Seite, das Regime zu einer Reihe von Zugeständnissen zu bewegen, was zu einem erhöhten Selbstbewusstsein der bis dahin im Grunde rechtlosen Industriearbeiter– und dies in einem „proletarischen Staat"! – führte. Besonders erfolgreich waren in diesem Zusammenhang die Streiks der Bergarbeiter in der Kusbas-Region in Westsibirien (Sommer 1989 und Frühjahr 1991).

Als Gorbatschow während der Perestrojka verkündete: „Wir brauchen die Demokratie wie die Luft zum Atmen", läutete er damit im Grunde das Ende des Bolschewismus ein. Denn das demokratische Prinzip, das die Bolschewiki aus ihren Staatsstrukturen im Januar 1918 – nach der Zerschlagung der Verfassunggebenden Versammlung – verbannt hatten, musste zwangsläufig das auf lückenlose Kontrolle programmierte kommunistische System aus den Angeln heben.

So grenzt es beinahe an ein Wunder, dass die ans Herrschen gewohnte Parteibürokratie die Etablierung der ersten Ansätze für eine zivile Gesellschaft im Lande, wenn auch unter heftigen Protesten, zunächst zuließ. Das in sich geschlossene kommunistische Staatsgebäude erhielt einen Riss, der im Laufe der Zeit immer tiefer wurde. Beide Strukturen – das bereits angeschlagene Kommandosystem und die noch äußerst schwachen demokratischen Einrichtungen – speisten sich aus völlig unterschiedlichen legitimatorischen Quellen und konnten daher nicht miteinander kooperieren, denn jedes der Systeme verneinte das andere. Sie brauchten einen Vermittler, und dies war Michail Gorbatschow, der sowohl die Eigenschaften eines Reformers als auch die eines Apparatschiks in sich vereinte. Eine Zeit lang fungierte er als eine Art Brücke zwischen den beiden Kontrahenten. So wies das von ihm errichtete System in der ersten Phase der Perestrojka durchaus Ähnlichkeiten mit dem Bonapartismus-Modell auf, wie es von Karl Marx in seiner Schrift „Der achtzehnte Brumaire des Louis Bonaparte" beschrieben worden war. Auch Louis Bonapartes Aufstieg war nicht zuletzt dadurch bedingt, dass er zwischen Kräften vermittelte, die sich gegenseitig neutralisierten, nämlich zwischen dem Dritten und dem Vierten Stand (Proletariat).

Indes strebt jede Gesellschaft, die ihren Selbsterhaltungstrieb nicht gänzlich eingebüßt hat, danach, den Zustand der Doppelherrschaft – wie er sich auch im Zuge der Perestrojka ergeben hatte – so schnell wie möglich zu beseitigen, denn der legitimatorische Wirrwarr macht nicht nur wirksame Reformen unmöglich, sondern auch das Funktionieren des Staatsmechanismus als solchen. So steuerte die Entwicklung in der UdSSR unvermeidlich auf eine Konfrontation zu. Gorbatschows Stellung büßte ihre bonapartistischen Züge ein. Aus einem Schiedsrichter verwandelte er sich in einen Puffer zwischen den beiden Konfliktparteien. Dabei waren die Demokraten am Fortbestand dieses Puffers weit stärker interessiert als die Dogmatiker, denn sie fühlten sich ihren Gegnern hoffnungslos unterlegen. Die russischen Reformer hatten sich an ihr Image der ewigen Verlierer gewöhnt.

Nicht anders verhielt es sich mit den Demokraten, als die Reformgegner Anfang 1991 zu einem Gegenschlag ausholten. Die Chancen für das restaurative Vorhaben der Gegner der Perestrojka schienen damals in der Tat sehr günstig. Den USA und ihren Verbündeten waren die Hände durch den Golfkrieg gebunden. So konnten sie nicht allzu entschlossen auf das brutale Vorgehen der Dogmatiker, vor allem im Baltikum im Januar 1991 (Vilnius und Riga), reagieren. Im Lager der sowjetischen Demokraten machte sich eine Art Endzeitstimmung breit. Die Soziologin Tatjana Saslawskaja bezeichnete Mitte Februar 1991 die dogmatische Wende in der Sowjetunion als einen Prozess, der nicht Jahre, sondern wahrscheinlich Jahrzehnte dauern werde.

Die offensichtlichen Veränderungen in der politischen Kultur des Landes haben den damaligen Pessimismus der Demokraten nicht zerstreut. Zu einem äußerst wichtigen Zeichen für diese Veränderungen wurde zum Beispiel die Tatsache, dass Hunderttausende von Moskauern gegen die Gewaltanwendung im Baltikum im Januar 1991 protestierten. 22 Jahre zuvor – bei der Zerschlagung des Prager Frühlings – waren lediglich 7 Bürgerrechtler auf dem Roten Platz erschienen, um gegen die Invasion der Warschauer-Pakt-Staaten zu protestieren. Dennoch scheiterten die Befürworter der Umwälzung im Januar 1991 nicht in erster Linie am Widerstand der Demokraten, sondern an demjenigen Michail Gorbatschows. Trotz seines „Paktes" mit den Dogmatikern im Herbst 1990 schreckte er davor zurück, sein Geschöpf – die Perestrojka – eigenhändig zu liquidieren. Einer der Gründer der dogmatischen Abgeordnetengruppe „Sojus" (Bund), Oberst Viktor Alksnis, nannte in einem Interview offen den Hauptschuldigen für das Scheitern der Putschpläne: „Die Sache wurde mittendrin aufgegeben. Offenbar zeigte sich auch hierbei das Wesen Gorbatschows als Mensch und als Politiker. Er machte halt und alles brach zusammen."

Das Schicksal Gorbatschows als des obersten Chefs der Parteibürokratie war damit besiegelt. Indes hatte diese Schicht, die bis dahin die Technologie der Macht bis zur Virtuosität beherrscht hatte, ihren gewöhnlich so untrüglichen Herrschaftsinstinkt bereits eingebüßt. Denn eine so günstige Konstellation für ihre Restaurationspläne, wie sie zu

Jahresbeginn bestanden hatte, als die Demokraten sich beinahe selbst aufgaben, sollte sich nicht mehr wiederholen. Nach der schnellen Beendigung des Golfkrieges rückten die Entwicklungen in der Sowjetunion erneut ins Zentrum der Aufmerksamkeit der westlichen Öffentlichkeit, und in ihrem Licht war es nicht mehr so leicht, derart offen die Ansätze der jungen sowjetischen Demokratie mit Füßen zu treten, wie dies noch im Januar im Baltikum möglich gewesen war.

Abgesehen davon trug der landesweite Streik der Bergarbeiter vom Frühjahr 1991 zu einer partiellen Überwindung des Stimmungstiefs der russischen Demokraten bei. Besonders wichtig war aber in diesem Zusammenhang der Vorgang, der sich am 12. Juni 1991 abspielte und der vielleicht zum entscheidenden Datum der Perestrojka wurde. An diesem Tag wurde Boris Jelzin von etwa 57% der Wähler zum russischen Staatspräsidenten gewählt. Damit hatte Russland zum ersten Mal in seiner Geschichte ein demokratisch legitimiertes Staatsoberhaupt. Die Demokraten besaßen nun einen eindeutigen legitimatorischen Vorsprung gegenüber der Parteibürokratie, denn die KPdSU herrschte nach dem Verzicht Gorbatschows auf das Wahrheits- und Machtmonopol der Partei lediglich durch die Macht des Faktischen. Zwar gibt es auf der Welt genug Diktaturen, die sich nur auf eine solche Basis stützen, dennoch handelt es sich bei dem kommunistischen Regime keineswegs um eine gewöhnliche Diktatur, sondern um eine Ideokratie, die ohne einen weltanschaulichen Absolutheitsanspruch nicht existieren kann.

Trotz all dieser Entwicklungen hielten die russischen Demokraten den kommunistischen Apparat für einen kaum bezwingbaren Gegner. Mit Neid blickten sie auf ihre polnischen Gesinnungsgenossen, denen es gelungen war, eine derart mächtige Organisation wie die Solidarność zu schaffen. Die Erfahrung aller osteuropäischen Länder habe gezeigt, dass nur eine antitotalitäre Massenbewegung im Stande sei, den Angriff der Dogmatiker abzuwehren, meinte Ende März 1991 die Politologin Lydia Schewzowa.

Jedoch zeigte gerade die polnische Erfahrung, dass für den entschlossen und brutal agierenden kommunistischen Apparat selbst eine solche Organisation kein Hindernis darstellte. Am 13. Dezember 1981 genügten den polnischen Militärs einige Stunden, um die Solidarność mit ihren 10 Millionen Mitgliedern zu zerschlagen. Auf die „schwankenden Massen" (Lenin) haben die Kommunisten nur selten Rücksicht genommen. Die Zerschlagung der russischen Konstituante mit ihrer nicht-bolschewistischen Mehrheit am 18. Januar 1918 hatte dafür einen zusätzlichen Beweis geliefert.

Die Moskauer Putschisten wollten im Grunde am 19. August 1991 den Vorgang vom 18. Januar 1918 wiederholen. Jedoch handelte es sich bei ihnen nicht mehr um die Schüler Lenins oder Stalins, sondern um Zöglinge Breshnews. Das Ideal, das ihnen vorschwebte, war nicht die Schreckensherrschaft nach leninistischer oder stalinistischer Manier, sondern es waren die aus ihrer Sicht „goldenen" 70er Jahre. Also die Jahre, in denen sie in Ruhe ihre Privilegien genießen konnten. Der bedenkenlose Umgang mit dem Massenterror gegenüber dem innenpolitischen Gegner, die Inkaufnahme von Millionen von Opfern setzen indes einen unerschütterlichen Glauben voraus – an die Utopie, wie dies bei Lenin, oder an sich selbst, wie dies bei Stalin der Fall gewesen war. Beides hatten die Putschisten vom 19. August 1991 längst verloren.

Einen farcenhaften Charakter hatte auch ihr Vokabular. Der Rückgriff auf den alten kommunistischen Jargon nach sechs Jahren Glasnost wirkte beinahe gespenstisch. Der vorrevolutionäre russische Historiker Pawel Miljukow bemerkte einmal, dass Revolutionen dann unausweichlich würden, wenn die Aktivitäten der autoritären Herrscher nicht mehr Furcht, sondern nur noch Spott und Verachtung hervorrufen. Insofern war die revolutionäre Situation am 19. August 1991 durchaus gegeben. Die Kommunisten wirkten nun ähnlich unbeholfen, wie einst ihre demokratischen Widersacher, die sie 1917 auf den „Kehrichthaufen der Geschichte" geschickt hatten. Dies ungeachtet der Tatsache, dass sie noch unangefochten beinahe alle Machtstrukturen im Staate kontrollierten. Zu den Mitgliedern des am 19. August errichteten „Staatskomitees für den Ausnahmezustand" gehörten der Vizepräsident der UdSSR G. Janajew, der Ministerpräsident W. Pawlow, der Verteidigungsminister D. Jasow, der Innenminister B. Pugo und der KGB-Chef W. Krjutschkow. Auch das ZK der KPdSU unterstützte vorbehaltlos die Putschisten. Am gleichen Tag schickte das Sekretariat des ZK an alle Parteichefs der Unionsrepubliken und anderer Regionen ein Rundschreiben, in dem diese zur Unterstützung des „Staatskomitees für den Ausnahmezustand" aufgefordert wurden.

Als Boris Jelzin seine Landsleute zur Auflehnung gegen die Putschisten aufrief, tat er dies praktisch mit leeren Händen. Er besaß so gut wie keine Machtmittel und verfügte lediglich über moralische Argumente. Sein Aufruf vom 20. August enthielt folgende Sätze: „Ein Häufchen von politischen Abenteurern hat sich zur obersten Macht erklärt, ein verfassungswidriges Komplott geschmiedet und damit das schwerste Verbrechen gegen den Staat verübt. Die demokratischen Veränderungen, die unser Volk in den letzten fünf Jahren erringen konnte, wurden mit Füßen getreten. In einer Nacht wurden Pressefreiheit, Demonstrationsfreiheit, das legitime Recht der Bürger auf Meinungsfreiheit und auf Durchsetzung der eigenen bürgerlichen Positionen vernichtet ... Die legitim gewählten Vertreter der Völker Russlands verfügen über keine Möglichkeit, sich an ihre Wähler zu wenden ... Durch den Erlass des Präsidenten der RSFSR wurde die Tätigkeit des Komitees [für den Ausnahmezustand] für ungesetzlich und dessen Anordnungen auf dem Territorium Russlands für rechtswidrig erklärt. Alle auf dem Territorium der Russischen Föderation tätigen Exekutivorgane der UdSSR, einschließlich des KGB der UdSSR, des Innenministeriums der UdSSR und des Verteidigungsministeriums der UdSSR, werden unmittelbar dem vom Volk gewählten Präsidenten der RSFSR unterstellt. Handlungen von Amtspersonen, die die Beschlüsse des erwähnten Komitees ausführen, unterliegen dem Strafgesetzbuch der RSFSR und werden entsprechend dem Gesetz verfolgt."

Die Tatsache, dass der russische Staatspräsident einen legitimatorischen Vorsprung gegenüber den Putschisten besaß, die von ihm als Usurpatoren angeprangert wurden, erwies ihm unschätzbare Dienste. Mehrere Militäreinheiten, die in Moskau und Umgebung stationiert waren, gerieten in Loyalitätskonflikte und weigerten sich, die Befehle des neugegründeten Staatskomitees auszuführen. Dies taten zum Beispiel die Offiziere der Sondereinheit „Alpha", der befohlen wurde, den Sitz des russischen Parlaments (das „Weiße Haus") zu erstürmen und Jelzin zu verhaften.

Bereits am 21. August 1991 erkannten die Putschisten die Aussichtslosigkeit ihres Vorhabens und räumten das Feld. In der Auseinandersetzung zwischen Macht und Moral erwies sich die letztere als überlegener Sieger.

2. Die Auflösung des sowjetischen Imperiums

Das russische Vielvölkerreich, das die Bolschewiki nach dem Zusammenbruch des Zarenregimes restauriert hatten, wurde nicht nur durch Gewalt zusammengehalten. Es basierte auch auf der Ideologie des „proletarischen Internationalismus", die die wichtigste weltanschauliche Klammer des Imperiums darstellte. Der Wegfall dieser Klammer infolge der Erosion der kommunistischen Ideologie stellte den gesamten imperialen Zusammenhalt in Frage. Auch hier – ähnlich wie bei der Frage der

Parteiherrschaft – befand sich die sowjetische Führung in legitimatorischen Nöten.

Die Moskauer Führung war nun mit immer stärker werdenden Unabhängigkeitsbestrebungen der Unionsrepubliken konfrontiert, denen die sowjetische Verfassung vom Jahre 1977 im Artikel 72 „das Recht auf freien Austritt aus der UdSSR" garantiert hatte.

Am 16. November 1988 erklärte der Oberste Sowjet Estlands die Souveränität der Republik und löste damit eine Lawine aus. Am 18. Mai 1989 erfolgte die Souveränitätserklärung Litauens und am 27. Juli diejenige Lettlands. Am 11. März 1990 ging das Litauische Parlament darüber hinaus und verabschiedete einen Akt „über die Wiederherstellung des Litauischen Staates". Auch alle anderen Sowjetrepubliken verabschiedeten in den Jahren 1989–90 Souveränitätserklärungen. Besonders folgenschwer für die Union war die Souveränitätserklärung Russlands, die der russische Kongress der Volksdeputierten am 12. Juni 1990 proklamierte. Mit besonderem Engagement setzte sich dafür Boris Jelzin ein, der kurz zuvor zum Präsidenten des russischen Parlaments gewählt worden war. „Zum entscheidenden Faktor beim Zerfall der UdSSR war … nicht die Haltung des Baltikums, sondern Russlands geworden", sagte später in diesem Zusammenhang Michail Gorbatschow.

Alle Souveränitätserklärungen hoben den Vorrang der Verfassung der jeweiligen Unionsrepublik gegenüber der Verfassung der Union und die Hoheitsgewalt über das eigene Territorium hervor. Die Union wurde nun in immer stärkerem Ausmaß ausgehöhlt. Einen der letzten verzweifelten Versuche Gorbatschows, sie zu retten, stellte das Referendum über den Fortbestand der UdSSR als „erneuerter Föderation" dar (17. 3. 1991). Obwohl 76% der Teilnehmer am Volksentscheid sich für den Erhalt der Union aussprachen, gingen die Auflösungsprozesse unaufhaltsam weiter.

Die demokratische Revolution in Osteuropa von 1989, die zum Zerfall des „äußeren Sowjetimperiums" (Ostblock) geführt hatte, beschleunigte auch den Zerfall des „inneren Imperiums" (UdSSR).

Die friedliche Revolution von 1989 war im Grunde nur deshalb möglich, weil sie „grünes Licht" aus Moskau erhielt. Auf der 19. Parteikonferenz vom Juni 1988 hatte Gorbatschow von der Freiheit der Völker und Staaten bei der Wahl ihres Gesellschaftssystems gesprochen – dies war ein indirekter Verzicht auf die Breshnew-Doktrin, auf das von Moskau usurpierte Recht, die sozialistischen Regime in den „Bruderländern" in der Stunde der Gefahr militärisch zu unterstützen.

Unter dem Eindruck der revolutionären Umwälzungen in Osteuropa von 1989 neigen viele Beobachter dazu, die Bedeutung der gesellschaftlichen Protestbewegungen in den kommunistischen Ländern überzubewerten. In Wirklichkeit waren diese kaum im Stande, einen Systemwechsel herbeizuführen – bis auf Ungarn im Jahre 1956. Dafür musste aber die ungarische Gesellschaft, wie bereits gezeigt, einen außerordentlich hohen Preis bezahlen. Nicht zuletzt unter dem Eindruck der ungarischen Tragödie vertrat der ehemalige ungarische Ministerpräsident (1955–56), Ándrás Hegedüs, der nach einem langen Umdenkungsprozess zum Regimekritiker wurde, in den 70er Jahren folgende Ansicht: Der Versuch, ein Mehrparteiensystem im Ostblock zu errichten, werde unvermeidlich einen Bürgerkrieg mit unabsehbaren Folgen nach sich ziehen. Deshalb plädiere er für die Erweiterung der Freiheitsräume nur innerhalb des bestehenden Systems unter Ausklammerung der Machtfrage.

Nicht einmal der „Solidarność" – der wohl größten Protestbewegung in der Geschichte des Ostblocks – ist es gelungen, das bestehende System zu stürzen. Und die Niederschlagung der Solidarność durch die polnischen Generäle wurde von der Weltöffentlichkeit als zusätzlicher Beweis für die Unbezwingbarkeit der kommunistischen Regime aufgefasst. Einer der prominentesten polnischen Regimekritiker, Jerzy Turowicz, der Chefredakteur des hochangesehenen katholischen Blattes „Tygodnik Powszechny", erklärte Ende 1987: „Wir haben es niemals verhehlt, dass uns der real existierende Sozialismus nicht gefällt. Wir streben aber nicht danach, ihn abzuschaffen, denn wir wissen, dass dies unmöglich ist." Und diese Meinung war im damaligen Polen – dem größten Unruheherd im gesamten Ostblock – relativ verbreitet.

So ereignete sich die Auflösung der kommunistischen Regime im Ostblock nicht in erster Linie unter dem Druck von unten, sondern sie war eher die Folge eines neuen außenpolitischen Konzepts der sowjetischen Führung, die das Festhalten an der Breshnew-Doktrin nicht mehr für opportun hielt. Im September 1989 erklärte der sowjetische Außenminister Schewardnadse vor der UNO: „Die Freiheit der Wahl steht … an oberster Stelle der höchsten Werte der Nationen. Jedes Volk hat … [das Recht], frei die Wege und Mittel seiner Entwicklung zu wählen." Weitere Folgen der außenpolitischen Umorientierung waren neben dem Zusammenbruch der sozialistischen Hegemonie in Osteuropa auch die deutsche Einheit und die Überwindung der europäischen Spaltung.

Für die Kritiker dieses Kurses im sowjetischen Establishment glich die Politik Gorbatschows und seiner Gesinnungsgenossen einem Verrat.

Einer der radikalsten Verfechter der imperialen Idee, der Schriftsteller Alexander Prochanow, schrieb im Frühjahr 1990: „Zum ersten Mal in der Geschichte unseres Landes, ja in der Weltgeschichte, sehen wir, wie eine Macht nicht infolge von außenpolitischen Rückschlägen ..., sondern infolge der zielstrebigen Handlungen ihrer Führer zerfällt." Trotz dieser gehässigen Kritik setzten Gorbatschow, Schewardnadse und andere Verfechter der Perestrojka ihren Kurs fort. Ihr Ziel war selbstverständlich nicht die Auflösung, sondern eine Erneuerung der bestehenden Regime in den Vasallenstaaten Moskaus. Als die friedliche Revolution von 1989 diese Regime aber hinwegfegte, griffen sie nicht ein. Und dieser Umstand stellte eine der wichtigsten Voraussetzungen für den Erfolg der Revolution von 1989 dar. In seinen Erinnerungen schreibt Gorbatschow hierzu: „Der politische Kurs und die offizielle Propaganda der ‚Bruderparteien' basierten ... bis dahin auf der These von der führenden Rolle der KPdSU. Die Reformen aber, die jetzt in der Sowjetunion eingeleitet wurden, bedeuteten das Ende dieses Systems. Mit sowjetischen Panzern zum Erhalt der politischen Macht war nicht mehr zu rechnen."

Zum Vorreiter der Revolution von 1989 wurde, (ähnlich wie bei vielen früheren Erneuerungsprozessen in der Region) Polen. Von der ständigen Angst vor einer Bestrafungsaktion Moskaus befreit, begannen Verfechter des „weichen" Kurses in der polnischen Führung um General Jaruzelski nach unorthodoxen Lösungen für die innenpolitischen Konflikte zu suchen. In überfallartiger Manier setzten sie auf dem sehr kontrovers verlaufenden 10. Plenum des ZK der PVAP (Polnische Vereinigte Arbeiterpartei) im Januar 1989 ihr Konzept durch. Es sah eine Wiederzulassung der bis dahin verbotenen Solidarność und Gespräche am „Runden Tisch" vor. Das Ergebnis dieser Gespräche war die Einführung eines begrenzten innenpolitischen Pluralismus im Lande. Die Opposition erhielt die Möglichkeit, ein Drittel der Mandate im polnischen Parlament *(Sejm)* zu besetzten. Die Parlamentswahlen vom 4. Juni 1989 endeten mit einem Debakel für die Kommunisten und ihre Verbündeten. Dies zeigte sich besonders deutlich bei den Wahlen zur ersten Kammer des Parlaments – zum Senat –, die im Gegensatz zu den Wahlen zum Sejm (der zweiten Kammer) keinen Restriktionen unterworfen waren. Hier erhielt die Opposition 99 von 100 Mandaten. Die Folge dieses Wahldebakels war die Auflösung des bestehenden Regimes. Die bis dahin regimetreuen Blockparteien begannen sich von der PVAP abzuwenden. Und diese Entwicklungen führten letztendlich zur Entstehung der ersten Koalitionsregierung im Ostblock, die nicht von den Kommunisten, sondern von der Opposition – der Solidarność – dominiert wurde (die Regierung Tadeusz Mazowiecki – August 1989).

Auch Ungarn gehörte 1989 zu den Vorreitern der Demokratisierung in Osteuropa, was angesichts der traumatischen Erinnerungen an das Jahr 1956 bemerkenswert ist. Aber auch bei der ungarischen Revolution spielte die Haltung Moskaus sicher die ausschlaggebende Rolle. So erhielt der ungarische Ministerpräsident Nemeth im März 1989 in Moskau von Gorbatschow die Zusicherung, dass die Sowjetunion keine Einwände gegen die Demokratisierung des ungarischen Systems erheben werde. Auch die sensationelle Entscheidung der ungarischen Führung vom September 1989 – die ungarisch-österreichische Grenze für die DDR-Bürger, die sich auf ungarischem Territorium aufhielten, zu öffnen – wäre wohl ohne den Verzicht Moskaus auf Einmischung in die inneren Angelegenheiten der Ostblockstaaten kaum möglich gewesen.

Nicht einmal die Selbstauflösung der Ungarischen Sozialistischen Arbeiterpartei im Oktober 1989 und der Polnischen Vereinigten Arbeiterpartei im Januar 1990 führte zu einer sowjetischen Intervention, obwohl dies teilweise befürchtet wurde.

Besonders heftige Widerstände rief das Gorbatschowsche „Neue Denken" bei der DDR-Führung hervor, was nicht verwunderlich war. Als deutscher Teilstaat schöpfte die DDR ihre Identität in erster Linie aus der sozialistischen Idee. Zaghafte Versuche der Ostberliner Führung, an bestimmte deutsch-nationale Traditionen anzuknüpfen, führten nicht zum gewünschten Erfolg. Jede Gefährdung des „real existierenden Sozialismus" musste zwangsläufig auch die Staatlichkeit der DDR als solche gefährden. Nicht zuletzt deshalb reagierte man in Ost-Berlin mit ungewöhnlicher Heftigkeit auf alle Versuche, dieses System zu reformieren. Wiederholt beklagte sich Erich Honecker bei Gorbatschow über die „allzu lockeren Zügel der sowjetischen Massenmedien". Bei seinem Treffen mit Gorbatschow in Moskau im September 1988 führte Honecker aus: „Die Probleme entstehen dadurch, dass Publikationen erscheinen und über die Westmedien bei uns kolportiert werden, in denen alle Errungenschaften seit der Oktoberrevolution in Frage gestellt werden."

Bei einem anderen Treffen mit dem sowjetischen Generalsekretär bezeichnete Honecker die von manchen sowjetischen Verfechtern der Perestrojka verbreiteten Thesen von einer „einheitlichen deutschen Literatur" oder von der Wünschbarkeit der deutschen Einheit als Provokationen. Gorbatschow wies seinerseits bei seinen Gesprächen mit dem SED-Chef auf die Bedeutung der Demokratie für den Sozialismus hin und versuchte diese These mit Zitaten von Lenin zu begründen. Am 7. Oktober 1989 – dem 40. Jahrestag der DDR – versuchte er die DDR-Führung zu überreden, mutiger den Reformkurs zu beschreiten: „Ich halte es für sehr wichtig, den Zeitpunkt nicht zu verpassen und keine Chance zu vertun ... Wenn wir zurückbleiben, bestraft uns das Leben sofort." An eine Aufgabe der DDR dachte er damals keineswegs. Er erklärte: „Die Deutsche Demokratische Republik ist für uns der vorrangigste Partner und Verbündete. Davon lassen wir uns in unserer Politik leiten."

Am 9. November 1989, am Tag an dem die Berliner Mauer fiel, nannte der Sprecher des sowjetischen Außenministeriums, Gerassimow, die Diskussion über eine mögliche Wiedervereinigung Deutschlands eine „rein intellektuelle Beschäftigung". Einen Monat später fügte Gorbatschow hinzu: „Wir unterstreichen mit aller Entschiedenheit, dass wir die DDR nicht im Stich lassen; sie ist unser strategischer Verbündeter und ein Mitglied des Warschauer Paktes. Es muss von den nach dem Krieg entstandenen Realitäten ausgegangen werden, zu denen die Existenz zweier souveräner deutscher Staaten zählt. Ein Abrücken davon bringt die Gefahr einer Destabilisierung Europas mit sich." Man sollte sich in diesem Zusammenhang auch an den Satz Gorbatschows erinnern, den der französische Staatspräsident Mitterand übermittelte: „Am Tage der Ankündigung einer deutschen Wiedervereinigung wird sich ein Marschall auf meinen Stuhl im Kreml setzten."

Das 10-Punkte-Programm Helmut Kohls zur Überwindung der deutschen Spaltung, das er am 28. November 1989 im Bundestag vorstellte, rief großes Unbehagen in Moskau hervor. Gorbatschow warf dem Bundesaußenminister Genscher am 5. Dezember 1989 vor, Bonn versuche die Ereignisse zu forcieren, ohne seine Partner zu konsultieren: „Jede künstliche Beschleunigung dieser Prozesse würde sowohl den Interessen aller Völker als auch den Interessen der beiden deutschen Staaten widersprechen."

Ende Januar 1990 fand sich jedoch Gorbatschow damit ab, dass der deutsche Einigungsprozess unumkehrbar sei. In diesem Sinne äußerte er sich damals beim Treffen mit dem Regierungschef der DDR, Hans Modrow, und einige Tage später im Gespräch mit Helmut Kohl. Bereits Ende Januar 1990 erhielt Marschall Achromejew, der engste Militärberater Gorbatschows, vom Parteichef die Anordnung, den Abzug der sowjetischen Truppen aus der DDR vorzubereiten. Unmittelbar danach begannen Gespräche zwischen den Siegermächten und den beiden deutschen Staaten (Zwei-plus-Vier-Verhandlungen) über die Überwindung der deutschen Spaltung. Offen blieb noch die Frage der Mitgliedschaft des wieder vereinigten Deutschland in der NATO. Gorbatschow war zunächst strikt dagegen. Darüber berichtet einer seiner engsten Mitarbeiter, Anatolij Tschernjajew. In diesem Sinne äußerte sich der Generalsekretär zum Beispiel noch im Mai 1990 auf einer Politbürositzung. Der Durchbruch wurde erst im Juli 1990 bei einem Treffen zwischen Kohl und Gorbatschow in Moskau und später im Kaukasus erzielt. Ganz Deutschland durfte nun der NATO angehören. Gorbatschow schilderte einen Monat später im Gespräch mit dem amerikanischen Präsidenten George Bush, welche Selbstüberwindung ihn dieses Zugeständnis gekostet hätte und wie wenig Verständnis viele seiner Landsleute für diesen Schritt gehabt hätten.

Die Gorbatschow-Equipe verzichtete also auf das westliche Glacis des Sowjetreiches, dessen Errichtung die Verfechter der imperialen Idee in Moskau als das bedeutendste Ergebnis des sowjetischen Sieges im Zweiten Weltkrieg betrachteten. Zu diesem Verzicht rang sich Gorbatschow nicht zuletzt deshalb durch, weil der Ost-West-Gegensatz, der sich Ende der 70er/Anfang der 80er Jahre erneut zugespitzt hatte (Krieg in Afghanistan, Doppelbeschluss der NATO über die Stationierung von amerikanischen Pershing-Raketen und Marschflugkörpern in Europa, mit einem Abrüstungsvorschlag an die UdSSR verknüpft), kurz nach dem Machtantritt Gorbatschows eindeutig an Schärfe verlor. Im Dezember 1987 wurde der INF (Intermediate range nuclear forces – Atomwaffen mittlerer Reichweite)-Vertrag zwischen Moskau und Washington unterzeichnet. Beide Mächte verpflichteten sich, landgestützte Mittelstreckenflugkörper mit einer Reichweite zwischen 500 und 5500 km zu beseitigen. Im Mai 1988 begann der Abzug der sowjetischen Streitkräfte aus Afghanistan, der im Februar 1989 abgeschlossen wurde. Die seit Jahrzehnten verfestigten Feindbilder auf beiden Seiten begannen sich aufzulösen. Erst in dieser neuen Atmosphäre war die Überwindung der deutschen und der europäischen Spaltung, die Dynamisierung der seit 1945 erstarrten Nachkriegsordnung möglich. Im Januar 1991 wurde der 1949 entstandene und von Moskau dominierte Rat für Gegenseitige Wirtschaftshilfe (RGW) und einen Monat später der Warschauer Pakt aufgelöst.

Den Zusammenbruch der sowjetischen Hegemonie in Osteuropa und die deutsche Wiedervereinigung betrachteten viele Kritiker der Perestrojka als Folge eines Verrats an den Interessen der Sowjetunion. Vergeblich versuchten die Verfechter der Perestrojka ihre konservativen Kritiker zu überzeugen, dass der neue politische Kurs durchaus den

Interessen der UdSSR entspreche. So beteuerte zum Beispiel im Dezember 1990 Eduard Schewardnadse, die Sowjetunion sei nun endlich voll in die zivilisierte Völkergemeinschaft integriert. Die außenpolitischen Gefahren, die das Land seit eh und je bedroht hätten, seien nun verschwunden, keine andere Macht versuche, die innenpolitischen Schwierigkeiten der Sowjetunion zu ihrem eigenen Vorteil auszunutzen.

Dennoch wurden die Kritiker der Perestrojka keineswegs besänftigt. Der bereits erwähnte Mitbegründer der imperial gesinnten Abgeordnetengruppe „Sojus", Oberst Alksnis, sagte: „Unser Land hat zum ersten Mal in seiner Geschichte keine Verbündeten mehr; ich kann das nicht als einen Erfolg der sowjetischen Politik bewerten."

Das Ende der sowjetischen Vorherrschaft in Osteuropa bewirkte zweierlei: Es radikalisierte zum einen die Gegner der russischen Hegemonie in den einzelnen Sowjetrepubliken und zum anderen die Verfechter der imperialen Idee, die die UdSSR mit militärischen Mitteln vor einem Zerfall bewahren wollten – dies vor allem im Baltikum. Alle solche Versuche scheiterten. Der Zusammenbruch des innerlich morschen Gebäudes ließ sich nicht mehr verhindern.

X. Das postkommunistische Russland unter Boris Jelzin – Auf der Suche nach Identität

1. Der dornige Weg zu einer offenen Gesellschaft

Die Tatsache, dass das ZK der KPdSU den Staatsstreich vom 19. August 1991 vorbehaltlos unterstützt hatte, führte nach der Zerschlagung des Putsches zu einer gänzlichen Diskreditierung der Partei, die nach dem geglückten Putsch vom 7. November 1917 das Land so selbstherrlich regiert hatte. Ihren letzten Vorsitzenden, Michail Gorbatschow, entmachtete sie, ähnlich wie sie dies seinerzeit mit Nikita Chruschtschow getan hatte. Mit einem Unterschied: Nach dem Sturz Chruschtschows konnte sie ungestört weiterregieren, den Sturz Gorbatschows hingegen vermochte sie politisch nicht zu überleben. Am 22. August 1991 kehrte Gorbatschow aus seiner Sommerresidenz im Süden Russlands (Foros), wo er zur Zeit des Putsches interniert worden war, nach Moskau zurück und erklärte: „Ich bin aus Foros in ein anderes Land zurückgekehrt, und ich selbst bin ein anderer Mensch geworden."

Am 24. August 1991 trat Gorbatschow als Generalsekretär der KPdSU zurück. Bereits einen Tag zuvor hatte Jelzin im russischen Parlament vor laufenden Fernsehkameras und in der Anwesenheit Gorbatschows ein Dekret über die Suspendierung der Tätigkeit der KPdSU auf dem Territorium der RSFSR unterschrieben. Am 29. August wurde dieses Dekret vom Obersten Sowjet der UdSSR auf das ganze Territorium der Union ausgedehnt. Am 6. November – am Vorabend des 74. Jahrestages der Revolution – verbot Jelzin die Tätigkeit der KPdSU und der russischen KP auf dem Territorium der RSFSR und begründete dieses Verbot mit folgendem Argument: „Die KPdSU war niemals eine Partei. Sie stellte vielmehr einen eigenartigen Herrschaftsmechanismus dar, der sich mit den Staatsstrukturen verschmolz bzw. diese der Partei unterwarf."

Die Ausschaltung der KPdSU wurde zum Todesurteil für die Sowjetunion, denn dadurch verschwand, wie bereits gesagt, die wichtigste organisatorische und weltanschauliche Klammer, die die Union geeinigt hatte. Während des August-Putsches und unmittelbar danach bestätigten beinahe alle Unionsrepubliken ihre bereits früher erfolgten Unabhängigkeitserklärungen bzw. erklärten sich für unabhängig. Nur Russland und Kasachstan zögerten zunächst, ihre staatliche Unabhängigkeit zu proklamieren. Zugleich höhlte aber Jelzin die Unionsstrukturen aus. Am 28. Oktober 1991 erklärte er, dass Russland eine Reihe von „Unionsministerien und anderen Einrichtungen des Zentrums (etwa 70 an der Zahl) … nicht weiter finanzieren wird."

Am 1. Dezember 1991 fand ein Referendum in der Ukraine statt – nach der Bevölkerungszahl der zweitgrößten Republik der Union, die neben Russland, Weißrussland und der damaligen Transkaukasischen Republik zu den Unterzeichnern des Unionsvertrags vom 30. Dezember 1922 gezählt hatte, mit dem die UdSSR gegründet worden war. 90% der Wähler bestätigten die am 24. August 1991 erfolgte Unabhängigkeitserklärung der Ukraine. Das ukrainische Referendum beschleunigte den Zerfall der UdSSR. Am 8. Dezember fand ein Treffen der Präsidenten Russlands, der Ukraine (L. Krawtschuk) und des Vorsitzenden des Obersten Sowjets Weißrusslands (S. Schuschkewitsch) bei Minsk statt, dessen Ergebnisse zu einer Zäsur für die Geschichte des russischen bzw. sowjetischen Reiches wurden, denn die Vertreter der Staaten, die einst den Unionsvertrag unterzeichnet hatten, erklärten jetzt, „… dass die UdSSR als Subjekt des Völkerrechts und als geopolitische Realität aufhört zu bestehen." Anstelle der UdSSR beschlossen die Unterzeichner, einen viel lockereren Staatenbund – die Gemeinschaft der Unabhängigen Staaten (GUS) – zu gründen. Am 21. Dezember 1991 schlossen sich im Vertrag von Alma Ata alle anderen Sowjetrepubliken der GUS an, abgesehen von den baltischen Staaten und von Georgien. Georgien trat erst 1993 der GUS bei. Der Artikel 1 der Satzung der GUS, die am 22. Januar 1993 unterschrieben wurde, betonte, dass die Gemeinschaft auf der Grundlage der souveränen Gleichheit ihrer Mitglieder beruhe: „Die Mitgliedsstaaten sind selbständige und gleichberechtigte Subjekte des Völkerrechts."

Am 25. Dezember 1991 trat Gorbatschow als Präsident der UdSSR zurück. Die RSFSR wurde in Russische Föderation umbenannt, die rote Fahne, die den internationalistischen Charakter des sowjetischen Staates symbolisierte, wurde durch die national-russische weiß-blau-rote Fahne ersetzt. Russland übernahm den ständigen Sitz der UdSSR im Sicherheitsrat der UNO und wurde de facto zum Rechtsnachfolger der Sowjetunion. Eine Art Kontinuität wurde dadurch bewahrt.

Viele Verfechter des imperialen Gedankens in Russland – aber auch in den anderen Teilen der Sowjetunion – betrachteten das Minsker Treffen vom Dezember 1991, das die Auflösung der UdSSR beschlossen hatte, als heimtückisches Komplott erklärter Feinde des russischen Reiches, die im Auftrage des Westens Russland als Großmacht zerstören wollten. Diese Dolchstoßlegende weist verblüffende Ähnlichkeiten mit derjenigen auf, die unmittelbar nach dem Ersten Weltkrieg in Deutschland entstand und die die politische Kultur der Weimarer Republik so stark vergiftete. Die Tatsache, dass das Minsker Abkommen den bereits vollzogenen Auflösungsprozess, der seit der Erosion der Parteiherrschaft zwangsläufig war, lediglich bestätigte, wird von den Urhebern der russischen Dolchstoßlegende kaum wahrgenommen. Man muss aber zugleich hervorheben, dass die Auflösung der Sowjetunion trotz all dieser gehässigen Angriffe auf die russische Führung erstaunlich friedlich vor sich ging. Vergleichbaren geopolitischen und sozialen Umwälzungen waren bisher in der Regel verheerende Kriege und blutige Revolutionen vorausgegangen. Um so mehr verblüfft die Leichtigkeit, mit der sich die ostmitteleuropäischen Staaten 1989 der sowjetischen Kuratel und die Völker der Sowjetunion zwei Jahre später des bolschewistischen Systems und der Moskauer Hegemonie entledigen konnten. Dabei waren den Bolschewiki pazifistische Tendenzen bekanntlich durchaus fremd. Ihr 1917 errichtetes Regime basierte geradezu auf Gewalt, die sie auch bei jeder Gefahr für ihr Machtmonopol bedenkenlos anwandten. Bis zum Schluss stand ihnen ein gewaltiges Machtpotential zur Verfügung. So verschlang der militärisch-industrielle Komplex nach einigen Berechnungen etwa 25% des sowjetischen Bruttosozialprodukts – in Friedenszeiten eine unvorstellbare Summe. Trotz des wirtschaftlichen und ideologischen Versagens hatten die Kommunisten auf dem Gebiet der Machttechnik eine wahre Virtuosität entwickelt. Allerdings fehlte ihnen zur Zeit der Gorbatschowschen Perestrojka bereits der „Wille zur Macht". Anders als zur Zeit der früheren Krisen des Systems (1953, 1956, 1968) fühlten sie sich nicht mehr als „Sieger", sondern als „Verlierer der Geschichte". Nicht zuletzt deshalb gaben sie ihr Herrschaftsmonopol, das sie bis dahin so entschlossen und brutal verteidigt hatten, beinahe kampflos auf.

Paradoxerweise verlief die Auflösung der kommunistischen Regime gerade in denjenigen Staaten am friedlichsten, die von der Sowjetunion am stärksten abhängig waren. Die Führungsschichten der unabhängigeren kommunistischen Staaten (Jugoslawien, Rumänien, Albanien) wehrten sich hingegen besonders hartnäckig gegen die liberalen Impulse, die aus Moskau kamen.

Dass es in den Ländern Ostmitteleuropas (Polen, Tschechoslowakei, Ungarn, DDR) gelang, den „real existierenden Sozialismus" relativ friedlich abzuschaffen, scheint noch einigermaßen verständlich. Diese Staaten befreiten sich von den Regimen, die die sowjetische Besatzungsmacht ihnen 1945 aufoktroyiert hatte. Die wichtigste strategische Reserve dieser Regime waren die Panzer der östlichen Hegemonialmacht. Der Verzicht Gorbatschows auf die Breshnew-Doktrin entzog aber den Vasallen Moskaus ihre wichtigste Grundlage und so brachen ihre Regime über Nacht zusammen. Eine ähnliche Entwicklung in Moskau hielt man indes in Ost und West für kaum denkbar. Schließlich war das kommunistische System in Russland, anders als in Osteuropa, infolge einer Revolution nach klassischem Muster entstanden. Es konnte hier viel tiefere Wurzeln schlagen als in Polen, in Ungarn oder in der DDR. Doch den Moskauer Kommunisten war ein beinahe identisches Schicksal wie ihren osteuropäischen Gesinnungsgenossen beschert. Auch ihnen fehlte der Wille zur Macht.

Auch die UdSSR löste sich praktisch ohne Blutvergießen auf und dies am Ende eines Jahrhunderts, das zwei Weltkriege, grausame Bürgerkriege, Auschwitz und den Archipel GULag erlebt hatte! Vielleicht waren es aber gerade die traumatischen Erinnerungen an die Schrecken der ersten Hälfte dieses Jahrhunderts, die in der Sowjetunion erst 1953 – mit dem Tode Stalins – zu Ende gegangen waren, die den im Wesentlichen friedlichen Verlauf der Entwicklungen im sowjetischen Hegemonialbereich in den Jahren 1989–91 mitbedingten. Diese früheren Erfahrungen prägten auch das Verhalten der Bezwinger des August- Putsches. Viele von ihnen wollten die Ereignisse des August 1991 nicht als eine Revolution verstehen, da sie damit Erscheinungen wie Massenterror und Diktatur verbanden. Nicht zuletzt deshalb verzichteten sie auf eine blutige Abrechnung mit den Besiegten nach bolschewistischem Muster. Für einen der führenden Vertreter des demokratischen Lagers, Gawriil Popow, war dies eine Entscheidung von außerordentlicher Tragweite, und zwar nicht nur für Russland, sondern auch für die übrige Welt.

Boris Jelzin meinte nachträglich: „In den Monaten September–Oktober 1991 sind wir buchstäblich am Abgrund entlang gelaufen. Wir konnten jedoch Russland vor einer Revolution und die Menschheit vor deren katastrophalen Folgen bewahren. Im Laufe des Jahres erklangen viele Aufrufe, eine scharfe Konfrontation zu beginnen ... Doch keiner der Aufrufe fand in den Herzen der Russen ein Echo ... Dies sehe ich als unseren gemeinsamen Sieg an."

Die später ermordete demokratische Politikerin Galina Starowojtowa hielt es dagegen für einen unverzeihlichen Fehler der Demokraten, dass sie ihren Sieg vom August 1991 nicht ausreichend genutzt hätten: „Gerade damals bestand eine einmalige Gelegenheit, den geschockten alten Machtapparat abzulösen bzw. radikal zu erneuern. Das ist aber nicht geschehen und so erhielten die alten Strukturen eine Atempause, um sich erneut zu konsolidieren." Hätten die Kommunisten gesiegt, fuhr die Politikerin fort, so wären sie gegenüber ihren demokratischen Opponenten wohl nicht so großzügig gewesen.

An der Frage, ob es ein Fehler Jelzins und seiner Anhänger war, im August 1991 den Weg des Kompromisses und nicht denjenigen der Revolution zu gehen, scheiden sich in Russland bis heute die Geister. Man darf jedoch in diesem Zusammenhang nicht vergessen, wie dürftig die organisatorische Basis der Jelzin-Equipe in der Stunde ihres Sieges war. Abgesehen davon geriet die Mehrheit der demokratischen Gruppierungen nach der Bezwingung des gemeinsamen kommunistischen Gegners in Opposition zu den neuen Machthabern. So hing die Regierung Jelzin in der Luft. Um nicht von der politischen Bühne hinweggefegt zu werden, war sie angesichts ihrer prekären Lage zu einem Kompromiss mit den reformwilligen Teilen der alten Strukturen gezwungen. Nicht anders hatten sich nach 1917 auch die Bolschewiki verhalten. Obwohl sie ihre Revolution als die radikalste Umwälzung der Geschichte auffassten, waren sie bereits einige Monate nach der Machtübernahme gezwungen, sich um die Unterstützung der „bürgerlichen Spezialisten" zu bemühen, die sich der „alten Welt" verbunden fühlten. Anders hätte das Regime nicht überleben können. Die Bolschewiki besaßen aber ein durchaus effektives Mittel, um die „Klassengegner" zu zwingen, für sie zu arbeiten – nämlich den „Roten Terror". Dieses Mittel stand den Siegern vom August 1991 aber nicht zur Verfügung. Um die flexiblen Teile der alten Strukturen für eine Zusammenarbeit zu gewinnen, mussten sie an deren Interessen appellieren und ihnen zugleich das Gefühl vermitteln, die Restauration des alten Regimes sei ein undurchführbares Unterfangen.

Die politische Initiative gehörte in der ersten Entwicklungsphase des postkommunistischen Russland den radikalen Reformern, die – durch den August-Sieg beflügelt – von einem schnellen Übergang des Landes zur freien Marktwirtschaft, zu rechtsstaatlichen Verhältnissen und zur offenen Gesellschaft träumten. In seiner Rede auf dem Kongress der Volksdeputierten der RSFSR vom 28. Oktober 1991 kündigte Jelzin eine Reihe von grundlegenden Reformen an: „Die Zeit der kleinen Schritte ist vorbei. Das Feld für Reformen ist frei. Nötig ist ein starker reformerischer Durchbruch ... Wir haben die politische Freiheit verteidigt, jetzt müssen wir die ökonomische Freiheit gewähren und alle Hindernisse auf dem Weg zu freien Betrieben und zum freien Unternehmertum beseitigen, und, indem wir den bürokratischen Druck aufheben, den Menschen die Möglichkeit geben, zu arbeiten und dafür soviel zu erhalten wie sie verdienen ... Eine besonders schmerzliche Maßnahme ist ... die ... Freigabe der Preise im laufenden Jahr. Ohne sie ist alles Reden über Reformen und über den Markt leeres Geschwätz. Im Laufe der letzten Jahre haben das alle begriffen, dennoch traut sich keiner, diesen schwerwiegenden Schritt auch zu tun. Daher kommen die unendlichen Kompromisse, die dem wirtschaftlichen Chaos den Weg ebneten. Der zweite Bereich ist die Privatisierung, die Schaffung einer gesunden Mischwirtschaft mit einem mächtigen privaten Sektor."

Jelzin verschwieg nicht, dass die geplante Reform, zumindest im Anfangsstadium, mit außerordentlichen Härten verbunden sein werde: „Ich muss offen sagen: Es wird uns heute, unter den Bedingungen einer außerordentlich akuten Krise, nicht gelingen, die Reformen schmerzlos durchzuführen. Besonders schwierig wird der erste Schritt sein. Es wird zu einem gewissen Absinken des Lebensstandards kommen, dafür wird endlich die Unbestimmtheit verschwinden und sich eine klare Perspektive abzeichnen."

Die russischen Reformer, in erster Linie der Finanzminister Jegor Gajdar, lehnten sich bei ihrem Vorhaben an die so genannte polnische Schocktherapie an, die der Finanzminister der Regierung Mazowiecki, Leszek Balcerowicz, am 1. Januar 1990 in die Wege geleitet hatte. Balcerowicz selbst befand sich kurz vor dem Beginn der russischen Schocktherapie (1. 1. 1992), deren Kernstück die Freigabe der Preise sein sollte, in Moskau. Er berichtet über ein Gespräch, dass er damals mit Jelzin führte: Wie stark würden die Preise in Russland nun steigen, fragte der besorgte Präsident. Zweifach, dreifach, wie seine Wirtschaftsberater meinten, oder zehnfach, wie er selbst fürchte. Dennoch war Jelzin fest entschlossen, diesen dornigen Weg zu beschreiten: „Gorbatschow hatte keine Chance, diese kühnen und unpopulären Reformen zu verwirklichen. Bei seinem niedrigen Ansehen bei der Bevölkerung hätte ein solcher Schritt seinen politischen Selbstmord bedeutet."

Die Umstellung Russlands von der Plan- auf die Marktwirtschaft erwies sich jedoch als ein wesentlich komplizierteres Unterfangen, als dies bei seinen ehemaligen ostmitteleuropäischen Satelliten (Polen, Ungarn oder der Tschechischen Republik) der Fall gewesen war. Die staatliche Bevormundung, die die wirtschaftliche Eigeninitiative der Gesellschaft zu ersticken suchte, hatte in Russland bereits 1918 begonnen, in Ostmitteleuropa erst dreißig Jahre später. Abgesehen davon verfügte Russland als Großmacht im Gegensatz zu seinen ehemaligen Vasallen über einen sehr starken und vom Staat mit unzähligen Privilegien ausgestatteten militärisch-industriellen Komplex, dessen Einbindung in marktwirtschaftliche Strukturen sich als äußerst kompliziert erweisen sollte. Nicht zuletzt aus diesen Gründen vermochten die russischen Reformer keine solchen Erfolge zu erzielen, wie sie bei ihren ostmitteleuropäischen Gesinnungsgenossen zu verzeichnen gewesen waren. Während die wirtschaftliche Entwicklung Polens, Ungarns oder Tschechiens nach einer gewissen Durststrecke sich wieder zu stabilisieren begann, war die russische Wirtschaft mehrere Jahre nach dem Beginn des neuen wirtschaftlichen Kurses von einer Stabilisierung immer noch weit entfernt. Die Inflation betrug nach einigen Berechnungen im Jahre 1992 2600%, im Jahre 1993 940%. Obwohl die Regierung versuchte, die Einkommen der Inflationsrate anzupassen, konnte sie das drastische Absinken des Lebensstandards der Bevölkerung, der sich nach Meinung einiger Wirtschaftsexperten beinahe halbierte, nicht verhindern. Die industrielle Bruttoproduktion fiel im Jahre 1992 um 23%, und der Produktionsrückgang hielt auch in den nächsten Jahren, wenn auch in einem langsameren Tempo, an. Die Zahl der Menschen, die der gemäß in Russland angewandten Definition unterhalb der Armutsgrenze lebten, betrug im Frühjahr 1995 46 Millionen Personen (31% der Bevölkerung).

Erst 1994 gelang es, die Hyperinflation, nicht zuletzt dank der Unterstützung des Internationalen Währungsfonds, in den Griff zu bekommen, und in der zweiten Hälfte der 90er Jahre begann sich die Inflationsrate sogar einem einstelligen Bereich zu nähern. Die Zahl der Bürger Russlands, die unter der Armutsgrenze lebten, verringerte sich ab 1996, auch der Niedergang des Bruttoinlandsprodukts schien etwa 1997 ein Ende gefunden zu haben. Man sprach damals von einer „Stabilisierung auf niedrigem Niveau". Die allmähliche Stabilisierung wurde indes durch den Einbruch des Rubelkurses am so genannten „Schwarzen Montag" (17. 8. 1998), der unzählige russische Sparer ruinierte, erneut erschüttert.

Wie reagierte die russische Bevölkerung auf die „wirtschaftliche Schocktherapie"? Der Wirtschaftswissenschaftler und liberal eingestellte Politiker Grigorij Jawlinski, der zu den schärfsten Kritikern der Reformpolitik Gajdars zählte, schrieb im Mai 1992: „Das wichtigste Resultat der Reform war der Verlust der bisher üblichen Orientierungen praktisch durch alle Schichten der Bevölkerung und der Zerfall des alten

Systems der Lebenssicherungen." Eine soziale Explosion ungeahnten Ausmaßes hielt Jawlinski angesichts dieser Entwicklung für sehr wahrscheinlich. Nicht weniger pessimistisch waren die Experten des unabhängigen Moskauer „Instituts für das neue Denken". In ihrem Memorandum, ebenfalls vom Mai 1992, warfen sie der Regierung Jelzin völlige Konzeptionslosigkeit vor. Auch sie hielten Hungerrevolten und eine soziale Explosion nur für eine Frage der Zeit: „Das Gespenst der Jacquerie wandert bereits durch das Land." Und im Westen waren ähnliche Stimmen zu vernehmen. Der Direktor des amerikanischen Geheimdienstes CIA, Robert Gates, sagte einige Monate nach dem August-Sieg der russischen Demokraten für den Winter 1991/92 die schwersten Unruhen in Russland seit der Machtergreifung der Kommunisten voraus.

Der russische Vizepräsident, General Alexander Ruzkoj, sprach im Februar 1992 von der in Russland verbreiteten Sehnsucht nach den Löhnen und Preisen der Breshnew-Jahre: „Anscheinend wollen diese Menschen auch die Rückkehr des damaligen politischen Systems", mutmaßte der General. Die Verfechter der alten Ordnung witterten in der Tat wieder ihre Chance. Der im August 1991 gescheiterte Angriff auf das Weiße Haus – den Sitz des russischen Parlaments – sollte nun erneuert werden. Diesmal wollten sie es nicht mit Panzerkolonnen, sondern an der Spitze der verzweifelten Massen erstürmen. Der misslungenen Restauration von oben sollte nun eine Restauration von unten folgen. Dennoch sahen die Protestkundgebungen, die die Verfechter der untergegangenen Sowjetunion in der russischen Hauptstadt seit Februar 1992 immer wieder organisierten, nicht sehr bedrohlich aus. Aufrufe zum gewaltsamen Sturz der „demokratischen Ausbeuter" trafen auf keine allzu große Resonanz. Die beinahe sprichwörtliche Geduld der russischen Bevölkerung wurde, ungeachtet außerordentlich hoher Preise und katastrophaler Versorgungsmängel, im ersten Winter der „zweiten" russischen Demokratie nicht erschüttert. Dazu meinte der Soziologe Jurij Lewada im März 1992: „An der Langmut der Bevölkerung zerbrachen bisher sowohl die ‚Roten' mit ihren Appellen zur Revanche als auch die ‚Schwarzen' mit ihren fremdenfeindlichen Parolen."

Bei einem Referendum, das die russische Führung im April 1993 – also anderthalb Jahre nach dem Beginn der Schocktherapie – durchführte, wurde die Reformpolitik der Regierung, zum allgemeinen Erstaunen der Beobachter, immer noch von der Mehrheit der Wähler unterstützt.

Trotz der sprichwörtlichen Langmut der Bevölkerung begann sich jedoch die politische Lage in Russland seit Ende 1992 immer stärker zu destabilisieren, und zwar in erster Linie aufgrund der immer schärfer werdenden Konflikte an der Spitze der russischen Machtpyramide. Noch während des August-Putsches von 1991 befanden sich die russische Exekutive (der Staatspräsident) und die Legislative (der Kongress der Volksdeputierten und der Oberste Sowjet) in einem Boot. Gemeinsam wehrten sie den Versuch der Dogmatiker, das Rad der Geschichte zurückzudrehen, ab. Am 1. November erhielt Jelzin vom Kongress der Volksdeputierten Sondervollmachten, die es ihm ermöglichen sollten, das Reformwerk zu vollenden. Auf diese Weise wurde das russische Parlament aus den damaligen Entscheidungsprozessen weitgehend ausgeschaltet. Auch Vizepräsident Ruzkoj, der sich immer kritischer über den Reformkurs äußerte, gehörte nicht dem engen Führungsstab Jelzins an. Um Ruzkoj und um den Parlamentspräsidenten Ruslan Chasbulatow sammelten sich nun Kritiker des Reformkurses, die sich auf die Mehrheit des Parlaments stützen konnten. Das wirtschaftliche Programm des Urhebers der Schocktherapie, Jegor Gajdar, hielten sie für einen weltfremden Importartikel aus dem Westen, der unter russischen Bedingungen unausweichlich zum völligen Zerfall der wirtschaftlichen Mechanismen und zur sozialen Katastrophe führen müsse.

Im Dezember 1992 musste sich Jelzin dem Druck des Parlaments beugen und Gajdar opfern. Zu seinem Nachfolger wurde der Vertreter der Industrielobby Viktor Tschernomyrdin ernannt, der sich von dem radikalen marktwirtschaftlichen Konzept Gajdars distanzierte. Der Konfrontation zwischen Exekutive und Legislative wurde aber dadurch kein Ende gesetzt. Im Gegenteil, sie nahm im Verlaufe des Jahres 1993 an Schärfe zu. Beide Seiten des Konflikts stützten sich auf unterschiedliche legitimatorische Quellen: Jelzin auf den demokratisch bekundeten Willen der Bevölkerung, auf das Ergebnis der ersten freien Wahlen in der Geschichte Russlands seit den Wahlen zur Verfassunggebenden Versammlung vom November 1917. Die Wahlen zum Kongress der Volksdeputierten Russlands hingegen, die im März 1990 stattfanden, galten als halbfrei, denn zur Zeit der Kandidatenaufstellung bestand in Russland bzw. in der Sowjetunion formell immer noch das Machtmonopol der KPdSU. So schöpfte der Oberste Sowjet seine Legitimität in erster Linie aus der damals noch geltenden Breshnewschen Verfassung der RSFSR, die in ihrem Artikel 104 den Obersten Sowjet zum höchsten Organ im Staate erklärte und das Prinzip der Gewaltenteilung praktisch aufhob. Der verantwortliche Sekretär des Verfassungsausschusses des

Obersten Sowjets, Oleg Rumjanzew, meinte in diesem Zusammenhang: Nach der geltenden Verfassung seien die Vollmachten des russischen Parlaments im Grunde unbeschränkt.

So hatte der Oberste Sowjet nach der Verfassung das Recht, jeden Beschluss der Exekutive als verfassungswidrig einzustufen, und er machte von diesem Recht immer wieder Gebrauch. Dieses Vorgehen wurde allmählich zur Routine. Die Paradoxie der damaligen Situation, die sich Mitte 1993 gefährlich zuspitzte, fasste der Moskauer Wirtschaftswissenschaftler und Politologe, Wassilij Seljunin, folgendermaßen zusammen: „Man kann dem Moskauer Parlament vieles vorwerfen. Eines aber nicht: nämlich, dass es Gesetze missachte. Denn nach der bestehenden Verfassung sind alle seine Handlungen, auch die verrücktesten, legal."

Die im Juni 1993 einberufene Verfassungsversammlung vermochte den Verfassungskonflikt nicht zu lösen. So wurde die nach August 1991 errichtete „zweite" russische Demokratie, ähnlich wie die „erste" (Februar–Oktober 1917) und ähnlich wie die UdSSR kurz vor ihrer Auflösung, durch eine Art „Doppelherrschaft" gelähmt – durch ein System, dass die Gewaltenteilung nicht akzeptiert und das Gewaltmonopol des Staates aushöhlt. Die Doppelherrschaft schien zum Fluch der russischen Demokratie im 20. Jahrhundert zu werden.

Die „erste" russische Doppelherrschaft wurde am 7. November 1917 durch den bolschewistischen Putsch beseitigt. Der „zweiten" setzte der Staatsstreich Boris Jelzins ein Ende, als er am 21. September 1993 das sowjetische Parlament per Dekret auflöste.

Jelzins Dekret löste seinerseits den Versuch eines Gegenstaatsstreiches der konservativ eingestellten Parlamentarier aus. Zum erstenmal in der Geschichte des postkommunistischen Russland wurde im innenpolitischen Kampf massiv Gewalt angewandt. Der Sitz des russischen Parlaments, das Weiße Haus, das während des Putsches vom August 1991 noch als Symbol der jungen russischen Demokratie gegolten hatte, symbolisierte nun für Jelzin-Anhänger die Reformfeindlichkeit der „ewig gestrigen Dogmatiker". Bei den Zusammenstößen, die am 3. und am 4. Oktober 1993 ihren Höhepunkt erreichten, verloren nach offiziellen Angaben etwa 150 Menschen das Leben. Erneut wurden die Streitkräfte – ähnlich wie im August 1991 – von einem Loyalitätskonflikt erfasst, und erneut entschieden sie sich letztendlich für den demokratisch legitimierten russischen Staatspräsidenten. Damit war das Schicksal des Obersten Sowjets besiegelt. Indes hinterließ die von vielen Fernsehstationen live übertragene Erstürmung des Weißen Hauses ein tiefes

Trauma im Bewusstsein der Bevölkerung und trug zur Diskreditierung der demokratischen Idee außerordentlich bei.

Welches Regime wurde von der Jelzin-Equipe nach der Ausschaltung des Obersten Sowjets, nach der Beseitigung der „zweiten" russischen Doppelherrschaft im 20. Jahrhundert, errichtet? 1917 hatten die Bolschewiki nicht nur die Doppelherrschaft, sondern auch die russische Demokratie beseitigt und an ihrer Stelle das erste totalitäre Regime der modernen Geschichte errichtet. Demgegenüber war das Regime, das nach dem Staatsstreich Jelzins aufgebaut wurde, keineswegs totalitär. Es erinnerte vielmehr an das System, das im zarischen Russland nach der Revolution von 1905 entstanden war und das seinerzeit von Max Weber mit dem Etikett „scheinkonstitutionalistisch" versehen wurde. Die von Jelzin und seinen Beratern konzipierte Verfassung vom Dezember 1993 stellte eine beinahe getreue Kopie der zarischen Verfassung vom April 1906 – der Staatsgrundgesetze – dar. „Dem Kaiser von Allrussland gehört die Oberste selbstherrscherliche Gewalt" – so der Artikel 4 der Staatsgrundgesetze von 1906. In der Jelzinschen Verfassung wird der Staatspräsident der Russischen Föderation als Garant der Verfassung bezeichnet (Artikel 80). „Seine Majestät der Kaiser ist der Oberste Leiter aller äußeren Beziehungen des Russischen Staates zu fremdländischen Mächten" – so der Artikel 12 der Staatsgrundgesetze von 1906. Ähnliches lässt sich im Artikel 86 der Jelzinschen Verfassung nachlesen, usw.

Der Stellenwert des russischen Parlaments fällt sowohl in den Staatsgrundgesetzen von 1906 als auch in der Verfassung von 1993 relativ bescheiden aus. Es heißt übrigens in beiden Fällen „Staatsduma" – auch dieses Detail zeugt von einer bewussten Wiederanknüpfung der postkommunistischen Machthaber an die vorrevolutionäre Geschichte. Die russische Geschichte hatte sich schon immer durch die Allmacht des Staates und die Ohnmacht der Gesellschaft ausgezeichnet. So ist man versucht, auch die 1906 bzw. 1993 errichteten Regime als unbedeutende Modifikationen des traditionellen russischen Etatismus zu bezeichnen. Dabei verkennt man, welch radikale Zäsur die Einführung der Gewaltenteilung in Russland 1905/1906 und 1993 darstellt. Denn sowohl vor 1905 als auch nach dem November 1917 handelte es sich bei Russland um eine uneingeschränkte Autokratie, in der die Gesellschaft in der Regel nur Pflichten gegenüber dem Staat und sehr wenig Rechte besaß. Von einer legalen Opposition, von einer gesetzlich verankerten Meinungs- bzw. Versammlungsfreiheit konnte keine Rede sein. So lässt sich die Wiederanknüpfung des postsowjetischen Russland an die Periode des so genannten „Scheinkonstitutionalismus" von 1905/06–1917 – also an die einzige Zeit, in der im Lande die Gewaltenteilung gesetzlich verankert war, keineswegs als Katastrophe bewerten.

Zu Beginn des ersten Tschetschenien-Krieges im Dezember 1994, von dem noch die Rede sein wird (s. S. 532 ff.), wurde allgemein befürchtet, dass die Errichtung eines diktatorischen Regimes in Russland nun unmittelbar bevorstehe. Diese Befürchtungen haben sich nicht bestätigt.

„Wir sagen heute, was wir wollen, wir lesen, was wir wollen und das ist, glauben Sie mir, nicht wenig", stellte im Mai 1995, also ein halbes Jahr nach dem Ausbruch des tschetschenischen Krieges, der Menschenrechtler Sergej Kowaljow fest, der für viele in Ost und West als „das Gewissen Russlands" gilt. Der von der so genannten Moskauer „Kriegspartei" begonnene brutale Krieg gegen die abtrünnige Kaukasus-Republik hat also, anders als zunächst befürchtet, die brüchigen pluralistischen Strukturen im Lande zwar angeschlagen, aber nicht zerstört. Wiederum fühlt man sich an die Situation von 1905–17 erinnert. Auch damals hatte es durchaus Versuche gegeben, die Verfassung auszuhöhlen, zum Beispiel die staatsstreichähnliche Auflösung der Duma durch den Ministerpräsidenten P. Stolypin (3. Juni 1907). Die eigentlichen Grundlagen der Verfassung blieben aber unangetastet. Die Verfassung habe begonnen, sowohl auf die Regierung als auch auf die Öffentlichkeit erzieherisch zu wirken, schrieb damals der liberale russische Politiker Maklakow.

Und in der Tat, Russland hatte nach 1905 einen gewaltigen Schritt in Richtung Rechtsstaat mit Parteienpluralismus, Presse- und Versammlungsfreiheit gemacht. Die bis dahin ohnmächtige Gesellschaft hatte begonnen, sich von der staatlichen Bevormundung zu befreien und sich zu einem eigenständigen Partner bzw. Gegenspieler der regierenden Bürokratie zu entwickeln. Dennoch war die damals im Entstehen begriffene „zivile Gesellschaft" in Russland äußerst brüchig, denn es fehlte ihr ein solider Unterbau. Die russischen Unterschichten, vor allem die russischen Bauern, waren nämlich an den konstitutionellen Freiheiten und an den mit ihnen verknüpften Rechtsgarantien nicht so sehr interessiert wie an der aus ihrer Sicht ungelösten Agrarfrage. So empfanden sie die von der Verfassung garantierte Unantastbarkeit des Eigentums (Artikel 77) eher als Hindernis. Denn sie träumten von einer gänzlichen Enteignung der Gutsbesitzer – von der so genannten „schwarzen Umverteilung", und der Artikel 77 der Verfassung stand der Verwirklichung dieses Traums im Wege.

Von dieser Sehnsucht der russischen Volksschichten nach sozialer

Gerechtigkeit profitierten letztendlich politische Demagogen, die 1917 das Rad der Geschichte zurückzudrehen vermochten. Die Entwicklung Russlands in Richtung Rechtsstaat wurde gewaltsam abgewürgt, die Gesellschaft erneut in ein Instrument des autokratischen Regimes verwandelt. Droht dem heutigen Russland auch hier die „Wiederholung der Geschichte"? Wird es erneut der Versuchung erliegen, die von der Freiheit erzeugte soziale und wirtschaftliche Ungleichheit durch ein egalitaristisches und zugleich paternalistisch-autoritäres Regime abzulösen? Die russische Ethik sei egalitaristisch und kollektivistisch, bemerkte vor vielen Jahrzehnten Georgij Fedotow. Von allen Formen der Gerechtigkeit stehe die Gleichheit für die Russen an erster Stelle.

Und von diesem Charakterzug der russischen Mentalität profitieren heute radikale Reformgegner von rechts und von links, so die rechtsradikale so genannte Liberal-demokratische Partei Wladimir Shirinowskis, vor allem aber die im Februar 1993 neu gegründete Kommunistische Partei der Russländischen Föderation (KPRF). Die KPRF profitierte von einem Kompromissurteil des russischen Verfassungsgerichts vom Jahre 1992, das das Dekret Jelzins über das Verbot der Kommunistischen Partei zwar als verfassungskonform bezeichnete, zugleich aber den kommunistischen Parteizellen an der Basis das Recht einräumte, sich politisch zu betätigen. Dieses Urteil gab den russischen Kommunisten im Grunde die Möglichkeit, sich als Partei erneut zu konstituieren. Unter ihrem neuen Vorsitzenden, Gennadij Sjuganow, entwickelte sich die KPRF innerhalb kürzester Zeit zur größten Partei des Landes mit mehr als 500 000 Mitgliedern und 20 000 Basisorganisationen. Die Parlamentswahlen vom Dezember 1993 endeten mit einem Debakel der Reformparteien. Ihren radikalen Gegnern von links und von rechts (KPRF, Agrarpartei, Liberal-demokratische Partei, Russlands Weg, u. a.) gelang es, beinahe die Hälfte der Parlamentssitze zu erzielen. Innerhalb kürzester Zeit verspielten also die russischen Reformer, die noch ein halbes Jahr zuvor, beim Referendum vom 25. April 1993, einen beträchtlichen Erfolg verbucht hatten, ihr Vertrauenskapital.

Russland stand nun vor einem ähnlichen Dilemma, vor dem seinerzeit die Weimarer Republik gestanden hatte, als die Nationalsozialisten bei den Reichstagswahlen vom September 1930 einen erdrutschartigen Sieg erzielt hatten. Dieses Dilemma wurde damals von einem der Führer der SPD, Rudolf Hilferding, folgendermaßen formuliert: „Die Demokratie zu behaupten gegen die Mehrheit, die die Demokratie verwirft und das mit den politischen Mitteln einer demokratischen Verfassung – es ist fast die Lösung der Quadratur des Kreises."

Schon zwei Mal im 20. Jahrhundert wandte sich die russische Gesellschaft von dem eigenen Staat ab und entzog ihm dadurch jede legitimatorische Grundlage (1917 und 1991). Eine ähnliche Gefahr droht jetzt dem auf den Trümmern der Sowjetunion entstandenen postsowjetischen Regime. Es gilt in den Augen vieler als schwach und korrupt. Es könne weder die eigene Gesellschaft vor der zunehmenden Pauperisierung schützen, noch sich gegen seine extremen Gegnern von links wie von rechts, gegen die so genannte „Rot-braune-Allianz", verteidigen. Diese Allianz stellt übrigens etwas ganz Neues in der Geschichte Russlands, ja in der Geschichte der politischen Auseinandersetzungen des 20. Jahrhunderts insgesamt dar. Bisher befanden sich die „Braunen" und die „Roten" bzw. die „Weißen" und die „Roten", ungeachtet der für sie gemeinsamen radikal antidemokratischen Haltung, in der Regel auf den verschiedenen Seiten der Barrikaden. Nur sporadisch traten sie gemeinsam auf („Schlageter"-Kurs der KPD während der Ruhrkrise von 1923, Streik bei der Berliner Verkehrsgesellschaft vom November 1932, das kurzfristige, von gegenseitigem Misstrauen begleitete Hitler-Stalin-Bündnis von 1939–41). Im postkommunistischen Russland hingegen entwickelt sich diese Allianz zu einem permanenten Phänomen. Die Gräben des Russischen Bürgerkrieges mit seinen 10 Millionen Toten und des deutsch-sowjetischen Krieges mit 27 Millionen Toten allein auf der sowjetischen Seite werden nun zugeschüttet. Der gemeinsame Hass gegen die Demokratie vereint die extremen Gegner von einst. Sie haben quasi ihre Lehren aus der Geschichte gezogen. Und die russischen Demokraten? Wie lässt sich in Russland ein Verfassungs- und Rechtsstaat etablieren, wenn extreme Gegner der Verfassung und der Rechtsstaatlichkeit ungehindert agieren können?

Mitte der 90er Jahre erschienen in Russland etwa 150 Periodika rechtsextremen Charakters, die Zahl der rechtsextremen Organisationen im Lande wurde 1998 auf 90 geschätzt. Trotz dieser auf den ersten Blick imponierenden Zahlen handelt es sich bei den „Braunen" lediglich um den Junior-Partner innerhalb der „Rot-braunen-Allianz", die eindeutig von den Kommunisten dominiert wird. Vor allem sie gelten als die Kraft, die in der Lage wäre, die 1991 in Russland entstandene „offene Gesellschaft" abzuwürgen und das Rad der Geschichte zurückzudrehen.

Die Kommunisten profitieren nicht nur von den in Russland tief verankerten egalitaristischen Traditionen, für die die immer tiefer werdende Kluft zwischen Arm und Neu-Reich unannehmbar ist. Auch die „Große Kriminelle Revolution" (diesen Begriff prägte der Filmregisseur Stanislaw Goworuchin), die in Russland in den letzten Jahren stattfand, ist Wasser auf die Mühlen der Kommunisten, die das Regime der Unfähigkeit bezichtigen, das organisierte Verbrechen wirksam zu bekämpfen. Die Zahlen, die in diesem Zusammenhang genannt werden, sind in der Tat erschreckend. So agierten Mitte der 90er Jahre auf dem Gebiet der ehemaligen Sowjetunion nach Schätzungen des russischen Innenministeriums 8000 kriminelle Organisationen, 40% der privaten und 60% der staatlichen Unternehmen und mehr als die Hälfte der Banken würden von Mafia-Strukturen kontrolliert.

Dass der Staatsapparat im Kampfe gegen die „Mafia" derart kläglich versagt, ist auf die Korrumpierbarkeit unzähliger Staatsbeamten zurückzuführen. Indes gehört die Korruption zu den bösartigsten Krebsgeschwüren des russischen Staates seit Menschengedenken. Der Zar Nikolaus I. (1825–1855) soll gesagt haben, der Kaiser sei in Russland der einzige, der nicht stehle. Auch in der bolschewistischen Periode gehörten die Klagen über die bestechlichen Beamten zur Tagesordnung, dies ungeachtet der gegen sie oft verhängten drakonischen Strafen. Der bolschewistische Staat, der beispiellose Verbrechen an der eigenen Bevölkerung verübt hatte, duldete nur „willige" Vollstrecker, die Straftaten in seinem eigenen Auftrage verübten, und keine „eigenwilligen" Täter, die Eigeninitiative auf diesem Gebiet entwickelten. Dennoch versagten die Bolschewiki im Kampfe gegen die „Korruption von unten" genauso kläglich wie ihre zarischen Vorgänger. Von solchen geschichtlichen Analogien wollen die heutigen kommunistischen Kritiker der Korruption nicht allzu viel hören. Die enge Verflechtung krimineller Strukturen mit manchen Teilen des Staatsapparates stellt für sie eine Eigentümlichkeit lediglich des postsowjetischen Systems dar. Sie betrachten Korruption, organisiertes Verbrechen und Demokratie als unzertrennliche Phänomene. Durch eine solche Betrachtungsweise versuchen sie, das postsowjetische System zusätzlich zu diskreditieren.

Die Verteidiger der „offenen Gesellschaft" stehen jetzt in Russland mit dem Rücken zur Wand und verfügen nur über wenige überzeugende Argumente. So weisen sie zum Beispiel auf die im heutigen Russland herrschende Meinungsfreiheit hin – die wohl größte Errungenschaft der demokratischen Revolution von 1991. Diese Freiheit soll in gewisser Hinsicht Verluste und Entbehrungen auf vielen anderen Gebieten kompensieren. Aber auch dieses Argument beginnt, aufgrund der immer größeren Abhängigkeit der Massenmedien von einigen mächtigen Finanzmagnaten – den so genannten „Oligarchen" – an Überzeugungskraft zu verlieren. So ist es für niemanden mehr ein Geheimnis, dass solch einflussreiche Zeitungen wie die „Komsomolskaja Prawda" und

„Iswestija" von der „Oneksim-Bank" (W. Potanin), die Zeitungen „Segodnja" und „Obschtschaja gaseta", das Fernsehprogramm NTV und der Radiosender „Echo Moskwy" von der Gruppe „Most" (W. Gussinski) und die Zeitung „Nesawissimaja gaseta" und das Fernsehprogramm ORT von der Gruppe „LogoVas" (B. Beresowski) gesponsert und teilweise sogar gelenkt werden.

Dieser Sachverhalt veranlasst die Kommunisten dazu, die kommunistischen Blätter als die „letzten Inseln der Unabhängigkeit in Russland" zu bezeichnen. In diesem Sinne äußerte sich zum Beispiel Mitte 1998 der Chefredakteur eines der wichtigsten kommunistischen Organe – „Sowetskaja Rossija" – Walentin Tschikin.

Die russischen Kommunisten gebärden sich heute also nicht nur als Verfechter der sozialen Gerechtigkeit, sondern sogar als die letzten Verteidiger der Meinungsfreiheit im Lande. Ungeachtet der Tatsache, dass sie bereits 74 Jahre Zeit hatten, um ihre Postulate zu verwirklichen und dabei scheiterten, präsentieren sie sich heute als eine unverbrauchte Kraft, die eine zweite Chance erhofft. Bei den Präsidentschaftswahlen von 1996 schienen sie kurz vor diesem Ziel zu stehen.

Noch im Januar 1996 befand sich die Popularität Boris Jelzins auf einem Tiefpunkt. Bei den damals durchgeführten Umfragen wurde er als Präsidentschaftskandidat nicht nur von dem KP-Führer Sjuganow, von General Alexander Lebed, sondern auch von dem Reformer Jawlinski und sogar von dem Rechtsradikalen Shirinowski überholt. Der Bruch zwischen Jelzin und den russischen Demokraten, der sich zu Beginn des Tschetschenien-Krieges vollzog, schien das Ende der Ära Jelzin eingeleitet zu haben. Es grenzt beinahe an ein Wunder, dass Jelzin aus dieser beinahe ausweglosen Situation auszubrechen vermochte und die Wahlen letztendlich gewann.

Der überraschende Erfolg Jelzins bei den Präsidentschaftswahlen von 1996 wird von vielen Beobachtern auf die Wirkung der von den „Oligarchen" manipulierten Medien zurückgeführt. In der Tat beteiligten sich die einflussreichsten Finanzmagnaten Russlands mit außerordentlichem Engagement am Wahlkampf des amtierenden Staatspräsidenten. Sie vergaßen vorübergehend ihre widerstreitenden Interessen und traten wie eine geschlossene Phalanx auf, um eine dem Lande drohende kommunistische Restauration abzuwenden.

Mit Manipulation allein lässt sich indes der Wahlsieg Jelzins keineswegs erklären. So hatten zum Beispiel die Kommunisten im Juni 1991, trotz ihrer damaligen Kontrolle über die Mehrzahl der Massenmedien im Lande, den Sieg Jelzins bei den ersten russischen Präsidentschaftswahlen nicht zu verhindern vermocht. Im Dezember 1993 wiederum hatten die russischen Demokraten einen empfindlichen Rückschlag bei den Wahlen zur Staatsduma erlitten – ungeachtet ihres erheblichen Einflusses auf die damalige Medienlandschaft Russlands. Diese Beispiele weisen darauf hin, dass die Wahlen in Russland – und nicht nur dort – sich von Medien nur begrenzt manipulieren und beeinflussen lassen. So spiegelte der Ausgang der Präsidentschaftswahlen vom Sommer 1996 sicher im Großen und Ganzen das tatsächliche Kräfteverhältnis in der damaligen russischen Gesellschaft wider. Ähnlich wie die russischen „Oligarchen", die 1996 um ihren in den wenigen Jahren nach der Auflösung der UdSSR angehäuften märchenhaften Reichtum bangten, wollte auch die Mehrheit der pauperisierten russischen Bevölkerung keine kommunistische Revanche. Dies trotz der im Lande so verbreiteten Ablehnung der bestehenden Verhältnisse. Ein russischer Analytiker (W. Sogrin) schrieb vor kurzem in diesem Zusammenhang: „Vor die Wahl zwischen den ‚zwei Übeln' gestellt, zwischen dem alten und dem neuen Regime, wählte man als das kleinere Übel das neue. Die Erklärung hierfür liegt wahrscheinlich darin, dass das sowjetische Regime in den Augen der Bevölkerungsmehrheit seine reformatorischen Möglichkeiten bereits gänzlich ausgeschöpft hatte. Das neue Regime hingegen gilt immer noch als wandlungsfähig."

Es gehört sicher zu den größten Paradoxien der Geschichte, dass die Kommunisten in solchen Ländern wie Polen und Ungarn, die jahrzehntelang den antikommunistischen Aufruhr geradezu symbolisiert hatten, einige Jahre nach der Wende an die Macht zurückkehrten (um dann wieder, zumindest partiell, abgewählt zu werden). Ihren Gesinnungsgenossen aus der ehemaligen „Heimat der Diktatur des Proletariats" hingegen blieb dieser Triumph 1996 versagt.

Was unterscheidet die russische KP von den kommunistischen Parteien in den ehemaligen Satellitenstaaten Moskaus? In erster Linie die Tatsache, dass die Nachfolgerin der KPdSU, im Gegensatz zu den Postkommunisten in Polen oder in Ungarn, sich mit einer offenen und pluralistischen Gesellschaft nicht abfinden kann. Zwar wurde auch ihr Programm in den letzten Jahren erheblich verändert – aber nicht in Richtung einer Konzession an die Moderne. Im Gegenteil: Das Gedankengut, mit dessen Hilfe Gennadij Sjuganow die kommunistische Ideologie erneuern will, stammt in der Regel aus dem vorrevolutionären Russland, und zwar aus dem Lager der rechten bzw. rechtsextremen Verfechter der uneingeschränkten zarischen Autokratie. So stellt das Programm der russischen KP nicht eine Synthese des Alten mit dem

Neuen, sondern des Alten mit dem Uralten dar. So weit möchte die Mehrheit der Russen das Rad der Geschichte nicht zurückdrehen. Durch ihr Wahlverhalten am 3. Juli 1996 haben sie dies deutlich zum Ausdruck gebracht. Dieses Verhalten wird zusätzlich durch einige Umfragen erklärt, die kurz vor den damaligen Präsidentschaftswahlen durchgeführt wurden.

So verlangten nach diesen Umfragen 70% der befragten Russen nach einer „Wiederherstellung der Ordnung um jeden Preis", nach einer Regierung der „eisernen Hand". Zugleich lehnten aber 70% der Befragten die Wiederherstellung einer Zensur ab, für die Hälfte stand die individuelle Freiheit an der Spitze ihrer Wertehierarchie. Und noch ein anderes Umfrageergebnis ist in diesem Zusammenhang recht aufschlussreich. Im Frühjahr 1995 wünschten noch mehr als 30% der Befragten die Rückkehr zur Planwirtschaft, Ende 1998 reduzierte sich diese Zahl auf 20%. Dies trotz des Einbruchs des Rubel-Kurses am 17. August 1998. All das zeigt, dass die russische Gesellschaft einige demokratische bzw. marktwirtschaftliche Werte durchaus verinnerlichte, ungeachtet der Diskreditierung der demokratischen bzw. marktwirtschaftlichen Idee als solcher.

Wie lässt sich in diesem Zusammenhang die Popularität des Generals Lebed bewerten, die zur Zeit der Präsidentschaftswahlen von 1996 ihren Höhepunkt erreichte? Nicht selten wird er als ein potentieller „russischer Pinochet" bezeichnet. Das schien aber den General bis vor kurzem kaum zu stören. Seine Meinung über den früheren chilenischen Diktator war noch Mitte 1995 durchaus positiv. Damals sagte er: „Der so genannte „blutige Diktator" Pinochet hat in seiner Regierungszeit die chilenische Wirtschaft wiederhergestellt und ohne viel Aufsehen die Macht einer zivilen Regierung übergeben. Man wirft ihm vor, den Tod von etwa 3000 Menschen verschuldet zu haben, bei uns werden tagtäglich ebenso viele Menschen getötet." Derartige Sprüche beeinträchtigten indes die Popularität Lebeds im Lande kaum. Viele Russen, auch einige Vertreter der intellektuellen Eliten, sahen in einem auf strenge Disziplin gegründeten Regime die einzige Alternative zum damaligen Zustand, den sie oft mit der „Zeit der Wirren" verglichen – mit der Anarchie zu Beginn des 17. Jahrhunderts, die zu einem vorübergehenden Zerfall des russischen Staates geführt hatte.

Das Programm Alexander Lebeds enthielt keinen Erlösungsgedanken. Es beschränkte sich im Wesentlichen auf zwei Begriffe: „Law and order". Trotzdem vermochte der General bei den Präsidentschaftswahlen vom Sommer 1996 auf Anhieb etwa 10 Millionen Stimmen für sich zu gewinnen. Man hatte nun den Eindruck, dass die russische Gesellschaft, nach den kurz nacheinander erfolgten Zusammenbrüchen zweier Visionen – der kommunistischen und der demokratischen – auf die sofortige Verwirklichung des Paradieses auf Erden vorübergehend verzichtete. Nicht die Sehnsucht nach einer „lichten Zukunft" oder nach imperialer Größe bewegte nun die Gemüter, sondern das Streben nach Ordnung und nach bescheidenem Wohlstand. Angesichts einer tief verwurzelten ideokratischen Tradition im Lande stellte diese ideologische Umorientierung eine scharfe Zäsur dar.

Aber auch eine gewisse politische Aufwertung des Militärs, die sich im Aufstieg Lebeds widerspiegelte, leitete ein neues Kapitel in der russischen Geschichte ein. Im zarischen oder im bolschewistischen Russland wäre eine vergleichbare Karriere undenkbar gewesen. In beiden Systemen war die Armee völlig der politischen Führung untergeordnet. Jeder Versuch der russischen Militärs, politische Selbständigkeit zu erlangen, wurde sowohl vor als auch nach 1917 im Keime erstickt. In den ideokratisch legitimierten Systemen stehen auf der höchsten Stufe der Machthierarchie die „Wahrer des Glaubens" bzw. die „Gralshüter der Ideologie", die Technokraten hingegen, unter ihnen auch die Militärs, müssen sich mit bescheideneren Rängen begnügen. Der Zusammenbruch der kommunistischen Ideokratie befreite jedoch die Armee von der ideologischen Bevormundung und verlieh politisch ehrgeizigen Generälen neue Entfaltungsmöglichkeiten.

Die Erfolge des Generals Lebed waren nicht nur durch die in Russland stark verbreitete Sehnsucht nach Ordnung, sondern paradoxerweise auch durch die Sehnsucht nach Frieden bedingt. Im Bewusstsein seiner Landsleute ist er, trotz seiner noch Mitte der neunziger Jahre geäußerten Bewunderung für Pinochet, nicht mit Gewaltanwendung und brutaler Repression assoziiert, sondern mit der friedlichen Beilegung des bewaffneten Konflikts im Dnjestr-Gebiet und mit der Beendigung des Tschetschenien-Krieges (s. S. 536). Insofern erinnert der Werdegang Lebeds in keiner Weise an die Laufbahn des chilenischen Diktators, weist aber verblüffende Ähnlichkeiten zur politischen Karriere Boris Jelzins auf. Wie seinerzeit Jelzin war Lebed zunächst als Rebell aus allen Machtstrukturen verbannt worden, kehrte aber dann als strahlender Sieger mit Hilfe des Wählervotums auf die politische Bühne zurück. In beiden Fällen revidierten die demokratischen Mechanismen das Urteil der herrschenden Bürokratie.

Im politischen Establishment Russlands existiert indes, wie bereits gesagt, und zwar seit Generationen, ein tiefes Misstrauen gegenüber politisch ehrgeizigen Generälen. Jeder Versuch der russischen Militärs, politische Selbständigkeit zu erlangen, wurde im Keime erstickt. Besonders deutlich ließ sich dies am Schicksal des wohl populärsten sowjetischen Feldherrn, Marschall Shukow, ablesen. Im Juni 1957 trug er, wie bereits geschildert, entscheidend zum Sieg des Parteichefs Nikita Chruschtschow über die dogmatische Mehrheit in der Parteiführung bei. Vier Monate später aber wurde er von Chruschtschow entmachtet. Nicht anders sollte es etwa vierzig Jahre später General Lebed ergehen. Der Sieg Boris Jelzins in der zweiten Runde der russischen Präsidentschaftswahlen am 3. Juli 1996 wurde nicht zuletzt durch den Eintritt des populären Generals in die Mannschaft des amtierenden Staatsoberhaupts gesichert. Dennoch vermochte Lebed auf dem russischen Machtolymp nicht wesentlich länger als seinerzeit Shukow zu verweilen. Die herrschende Bürokratie, die in der Stunde der Gefahr nach ihm wie nach einem Rettungsanker gegriffen hatte, ließ ihn nach der gewonnenen Schicksalswahl ohne Bedauern fallen. Gleichwohl vermochte sie dadurch keineswegs die politische Karriere des Generals zu beenden.

Nach dem Sieg bei den Gouverneurswahlen im Krasnojarsker Gebiet im Frühjahr 1998 blickt der „politische General" erneut hoffnungsvoll in Richtung Hauptstadt. Reichen aber seine Parolen von „law and order" als politisches Programm, um den „kranken Mann an der Moskwa" zu heilen? Zweifel sind hier angebracht. Umso weniger lässt sich das von Krisen geschüttelte Land mit den Methoden Feliks Dzierżyńskis – der Symbolfigur des bolschewistischen „roten" Terrors – erlösen, der innerhalb der Russischen KP zu einer Art Lichtgestalt verklärt wird. Aber auch die Wiederherstellung der uneingeschränkten Monarchie der Romanows stellt im säkularisierten und postmodernen Zeitalter keine Lösung dar. Die feierliche Beisetzung der Gebeine der Zarenfamilie am 80. Jahrestag ihrer Ermordung (Juli 1998) trug zwar partiell zur Aussöhnung des Landes mit seiner vorrevolutionären Vergangenheit bei, die Idee der absoluten Monarchie ist aber dadurch nicht populärer geworden. Nur 9% der befragten Russen bekennen sich zu ihr.

So bleibt dem Lande im Grunde keine andere Wahl, als den 1917 unterbrochenen und 1991 wiederaufgenommenen Marsch in Richtung Rechtsstaat, zivile Gesellschaft und freie Marktwirtschaft fortzusetzen. Dennoch ist dieser Prozess keineswegs unumkehrbar, ein erneuter Absturz in den Abgrund wie im Jahre 1917 ist immer noch möglich. Um dies zu verhindern, müssen die Verfechter der „zweiten russischen Demokratie" energischer gegen die Feinde der „offenen Gesellschaft" vorgehen. Sowohl die russische Katastrophe von 1917 wie auch die deutsche von 1933 zeigen anschaulich, dass willensschwache und wehrlose Demokratien ernsthafte Krisen nicht überstehen können. Aber die Errichtung einer „wehrhaften Demokratie" allein wird das Überleben des 1991/93 errichteten Systems nicht sichern. Dazu ist noch eine andere Voraussetzung erforderlich – die Mehrheit der Bevölkerung muss nämlich den Eindruck gewinnen, dass die Demokratie im Stande ist, auch die soziale Frage zu lösen. Schreiende soziale Ungerechtigkeit und frühkapitalistische Verhältnisse sind in einem Land, in dem das allgemeine Wahlrecht herrscht, auf die Dauer unhaltbar.

2. Das postsowjetische Russland auf der Suche nach seiner Großmachtrolle

Der Zusammenbruch des sowjetischen Imperiums wird von vielen Verfechtern des imperialen Gedankens im heutigen Russland als eine Art Apokalypse erlebt. Sie lassen sich nicht durch das Argument trösten, dass auch andere europäische Mächte im Verlaufe dieses Jahrhunderts ihre Imperien verloren haben, dass das Sowjetreich angesichts der Beschleunigung der emanzipatorischen Prozesse auf der ganzen Welt infolge des Zweiten Weltkriegs zu einem lebenden Anachronismus geworden war.

Auf der anderen Seite kann man die in Russland zur Zeit verbreitete Verunsicherung durchaus verstehen. Denn anders als Großbritannien oder Frankreich musste sich Russland nicht nur von einem Weltreich, sondern zur gleichen Zeit auch von seinem seit Generationen herrschenden politischen und wirtschaftlichen System wie auch von der Ideologie, die dieses System legitimierte, verabschieden. Insofern lassen sich die Ereignisse von 1991, die zum Zerfall des Sowjetimperiums führten, weniger mit der Auflösung der westlichen Weltreiche, viel eher aber mit den Umwälzungen von 1917/18 in Russland selbst vergleichen. Denn auch damals erlebte Russland einen Zusammenbruch in vielfacher Hinsicht. 1917/18 zerfielen nicht nur das russische Imperium und das bestehende wirtschaftliche und politische System des Landes, sondern auch die Staatsdoktrin, die der russischen Staatlichkeit seit Jahrhunderten zugrunde lag. Als der Philosoph Wassilij Rosanow seine damals verfasste Schrift „Die Apokalypse unserer Zeit" nannte, gab er damit das Grundgefühl seiner Landsleute wieder. Ähnliche Stimmungen herrschen offensichtlich auch im heutigen Russland, vor allem in den national- bzw. imperial-gesinnten Kreisen.

Warum hatten aber diese Kreise den Zerfall des sowjetischen Imperiums nicht zu verhindern vermocht? Warum verlief die Auflösung der Sowjetunion nach einem ganz anderen Szenarium als der Zerfall Jugoslawiens, der von mehreren Kriegen begleitet wurde? Und dies obwohl sich in der Stunde der Dämmerung des Sowjetimperiums auch in Moskau viele Kräfte zu Wort meldeten, die den Prozess der Auflösung des Sowjetreiches mit Gewalt aufhalten wollten.

Die überwältigende Mehrheit der Bevölkerung erteilte ihnen aber eine eindeutige Abfuhr. Dies zeigte sich besonders deutlich bei den russischen Präsidentschaftswahlen vom 12. Juni 1991. Eine Nation, die in den Augen vieler Beobachter als die imperiale Nation par excellence gilt, wählte zu ihrem ersten demokratisch legitimierten Staatsoberhaupt Boris Jelzin – einen Politiker, der sich damals vom imperialen Gedanken expressis verbis distanzierte.

Als Jelzin und seine Gesinnungsgenossen im August 1991 die kommunistische Diktatur und im Dezember 1991 das Sowjetimperium beseitigten, kämpften sie aber nicht nur unter demokratischen, sondern auch unter national-russischen Fahnen. Die Aufbruchstimmung, die in Moskau unmittelbar nach der Bezwingung des kommunistischen Putsches vom August 1991 herrschte, erinnerte sehr stark an die Atmosphäre der Frankfurter Paulskirche im Jahre 1848, als die Idee der Freiheit und die der Nation eine Symbiose eingegangen waren. Man muss sich allerdings vor Augen führen, in welche Richtung sich die deutsche Nationalbewegung weiter entwickelt hatte, denn das, wonach sie strebte, war nicht nur Freiheit, sondern auch Macht. Bezeichnend für diese Tendenzwende in der deutschen Nationalbewegung war die berühmt gewordene Polen-Debatte der Paulskirche vom Juli 1848. Bis dahin stellte die Solidarität mit den unterdrückten Polen eine Art Prüfstein für die liberale bzw. revolutionäre Gesinnung in Europa, auch in Deutschland, dar. Dieses Solidaritätsgefühl sollte sich jedoch unmittelbar nach dem Ausbruch der Revolution von 1848 deutlich abkühlen. Da die eventuelle Wiederherstellung eines unabhängigen polnischen Staates territoriale Verluste für Deutschland hätte nach sich ziehen können, nahm die Polenbegeisterung der Deutschen rapide ab. Bei der Polen-Debatte der Paulskirche vom Juli 1848 entschied sich die Mehrheit der Abgeordneten für den „gesunden Volksegoismus" und gegen den „sentimentalen, kosmopolitischen Idealismus", d. h. gegen Polen.

Eine ähnliche Entwicklung begann sich auch in Russland nach der Entmachtung der KPdSU anzubahnen. Die siegreichen Demokraten begannen immer häufiger von den nationalen Interessen Russlands und immer seltener von der Solidarität mit den kleineren Völkern zu sprechen. Viele Demokraten, die sich vor dem August 1991 noch für die „Rückkehr Russlands nach Europa" eingesetzt hatten, besannen sich danach auf den so genannten russischen „Sonderweg". Die Befürworter der prowestlichen Orientierung in der russischen Politik, in erster Linie Außenminister Andrej Kosyrew, wurden von ihren Opponenten als entwurzelte Politiker dargestellt, die sich den Traditionen ihres eigenes Landes weitgehend entfremdet hätten: „Sobald die russischen Westler [d. h. Bewunderer des Westens] an die Macht kommen, müssen sie aufhören, Westler zu sein", sagte kurz nach dem Sieg der Demokraten einer der engen Mitarbeiter Jelzins, Jewgenij Koshokin. Eine grenzenlose Verklärung des Westens sei in Russland nur dann möglich, wenn man sich in der Opposition befinde, fügte der Politiker hinzu.

Die national gesinnten Gruppierungen im demokratischen Lager warfen den prowestlich orientierten Kreisen in der Regierung eine grenzenlose Nachgiebigkeit gegenüber dem Westen wie auch gegenüber den unmittelbaren Nachbarn Russlands vor. So erklärte damals Sergej Stankewitsch, der politische Berater des russischen Staatspräsidenten: „Unsere Nachbarn betrachten Russland als eine Art Relikt, von dem man sich diesen oder jenen Teil abschneiden kann." Begriffe wie Nationalstolz, nationale Identität oder nationale Interessen seien für den Westen selbstverständlich, fügte der Vorsitzende des Außenpolitischen Komitees des Obersten Sowjets, Jewgenij Ambarzumow, hinzu. Warum sollten sie nicht auch für Russland gelten?

Der ehemalige russische Botschafter in Washington, Wladimir Lukin, der zu den führenden Verfechtern der nationalen Renaissance im demokratischen Lager zählt, kritisierte Anfang der 90er Jahre manche westliche, vor allem amerikanische Politiker, die den Status Russlands als Großmacht untergraben wollten. Eine solche Haltung sei äußerst kurzsichtig: „Die NATO – dies war eine amerikanische Reaktion auf das starke und aggressive Russland und auf das schwache, geschlagene Deutschland. Die Fortsetzung der gleichen Strategie in einer Situation, in der Deutschland immer stärker und Russland immer schwächer wird – das ist keine Politik, sondern eine Trägheit des Denkens."

Zu den kompliziertesten Folgen des Zusammenbruchs der Sowjetunion gehört das Problem der russischen Minderheiten im so genannten „nahen Ausland" – also in den ehemaligen Sowjetrepubliken. Das Engagement Moskaus für 25 Millionen Russen außerhalb der russischen Grenzen ruft in Ost und West große Sorgen hervor. Immer wieder werden Parallelen zur Instrumentalisierung der Minderheitenfrage durch das

Dritte Reich zum Beispiel in Bezug auf das Sudetenland gezogen. Der amerikanische Politologe Francis Fukuyama gab unmittelbar nach der Auflösung der Sowjetunion den Moskauer Politikern den Rat, den Weg zu gehen, den die Türkei unmittelbar nach dem Ersten Weltkrieg gewählt hatte. Dank der Reformen Kemal Atatürks habe sich das Osmanische Reich innerhalb kürzester Zeit in einen modernen Nationalstaat verwandelt. Die neue Türkei habe sowohl auf panislamische als auch auf pantürkische Ansprüche verzichtet und die Turkvölker, die außerhalb der Grenzen des neuen Staates lebten, ihrem Schicksal überlassen.

Die Argumentation Fukuyamas wurde indes von Sergej Stankewitsch in Frage gestellt. Das Schicksal der Türken bzw. der Turkvölker im Ausland sei den Politikern in Ankara keineswegs gleichgültig geblieben. Darauf weise die Invasion der Türkei auf Zypern im Jahre 1974 hin, die aus der Sicht Ankaras dem Schutz der türkischen Minderheit gedient habe. Man dürfe auch nicht übersehen, so Stankewitsch weiter, wie intensiv sich die Türkei darum bemühe, die nun unabhängig gewordenen Turkstaaten auf dem Gebiet der ehemaligen Sowjetunion in ihre Einflusssphäre einzubeziehen. Diese Handlungsweise hält Stankewitsch für selbstverständlich: „Die Normalität der Türkei besteht gerade darin, dass sie ihre eigenen geopolitischen Interessen hat und sich um deren Sicherung bemüht." Die gleichen Rechte beanspruchte Stankewitsch auch für Russland.

Und wie wurden die Interessen Russlands kurz nach der Auflösung der UdSSR von den Befürwortern der nationalen Renaissance im Regierungslager definiert? In erster Linie ging es ihnen um die Wahrung der territorialen Integrität der Russischen Föderation. Russland solle das Schicksal der Sowjetunion erspart bleiben, betonten sie wiederholt. Der Vorsitzende des russischen Verfassungsgerichts, Walerij Sorkin, hielt den Separatismus, der Russland zu sprengen drohte, für die größte Gefahr, mit der das Land damals konfrontiert sei. Der Petersburger Oberbürgermeister, Anatolij Sobtschak, betrachtete seinerseits das Recht auf Austritt aus der Russischen Föderation als neue Auflage der bolschewistischen Demagogie von 1917, mit der Lenin das damalige Russische Reich gesprengt hatte: „Alle Versuche, die Russische Föderation zu desintegrieren, müssen als Staatsverbrechen angesehen werden, die mit der ganzen Kraft des Gesetzes zu verfolgen sind."

Der ehemalige Pressesprecher des russischen Präsidenten, Pawel Woschtschanow, meinte Ende 1992: Russland stehe jetzt vor dem gleichen Abgrund, in den die UdSSR vor einem Jahr stürzte.

Waren diese Ängste vor einem baldigen Zerfall Russlands begründet? Sicherlich nicht. Von allen 89 Regionen bzw. Subjekten der Russischen Föderation wurde im Grunde nur in einem – nämlich in Tschetschenien – die Oberhoheit Moskaus nicht anerkannt. Alle anderen waren mehr oder weniger bereit, sich mit dem Zentrum zu arrangieren. Diese Bereitschaft wurde durch beträchtliche Konzessionen seitens der Moskauer Zentrale an die Regionen erleichtert. Denn nach der Entmachtung der KPdSU verwandelte sich Russland praktisch zum ersten Mal in seiner Geschichte in ein genuin föderales Staatswesen. Bei der 1991 aufgelösten Sowjetunion hatte es sich lediglich um eine Pseudoföderation gehandelt. Der Verwandlung der UdSSR in einen echten Bundesstaat hatte die streng zentralisierte Struktur der kommunistischen Partei im Wege gestanden, die seit der bolschewistischen Machtübernahme das einzige politische Subjekt im Lande darstellte. Als Michail Gorbatschow versuchte, diesen Zustand zu ändern, riefen seine Pläne einen heftigen Widerstand der kommunistischen Dogmatiker hervor. Seine Gegner setzten ihn am 19. August 1991 nicht zuletzt deshalb ab, um die für den nächsten Tag geplante Unterzeichnung eines neuen Föderationsvertrages zu vereiteln.

Das, was Gorbatschow nicht gelungen war, vermochte 7 Monate später Jelzin – wenn auch in einem kleineren, nur russischen Rahmen – zu erzielen. Im März 1992 unterzeichneten 18 von 20 autonomen Republiken Russlands einen neuen Föderationsvertrag, der die Abkehr des Landes von seinem bisherigen Hyperzentralismus formell besiegelte. Nur Tatarstan und Tschetschenien weigerten sich, den Vertrag zu unterzeichnen. Eine Vereinbarung mit der Tatarischen Republik kam letztendlich doch zustande. Im Februar 1994 wurde nach langwierigen Verhandlungen zwischen Moskau und Kasan (Hauptstadt von Tatarstan) ein Vertrag unterzeichnet, der der Tatarischen Republik zahlreiche Sonderrechte gewährte – dazu zählte die Gründung einer tatarischen Nationalbank und die Errichtung eines alternativen Zivildienstes. Die Republik wurde zum alleinigen Besitzer von Boden und Bodenschätzen auf ihrem Territorium erklärt und erhielt das Recht, mit anderen Staaten direkte Verträge abzuschließen. Einen vergleichbaren Kompromiss mit der Tschetschenischen Republik vermochte Moskau nicht zu erreichen. Für den tschetschenischen Präsidenten, General Dschochar Dudajew, kam ein autonomer Status Tschetscheniens innerhalb der Russischen Föderation, in welcher Form auch immer, nicht in Frage. Er pochte auf die vollkommene Unabhängigkeit seines Landes.

3. Die Tschetschenien-Kriege

Tschetschenien gehörte seit Generationen zu den aufsässigsten Provinzen des Russischen Reiches. Vor etwa 180 Jahren begann ein Freiheitskampf der Tschetschenen und anderer kaukasischer Bergvölker gegen das Zarenreich unter dem legendären Rebellenführer Schamil, der etwa 40 Jahre andauerte. Auch nach der bolschewistischen Revolution gehörte Tschetschenien zu den unruhigsten Provinzen des Landes. Zur Zeit des deutsch-sowjetischen Krieges wurden die Tschetschenen und die mit ihnen eng verwandten Inguschen pauschal der Kollaboration mit dem Feind bezichtigt und ins Innere der Sowjetunion deportiert. Von der im Februar 1944 begonnenen Deportation, bei der zahlreiche Menschen ums Leben kamen, waren etwa 500 000 Bewohner des Landes (Tschetschenen und Inguschen) betroffen. Erst unter den Nachfolgern Stalins wurden die Tschetschenen rehabilitiert und durften in ihre Heimat zurückkehren.

So war die Unbotmäßigkeit Tschetscheniens gegenüber Moskau nicht zuletzt historisch bedingt. Abgesehen davon verfügte das Land als einziges Subjekt der Russischen Föderation über eine schlagkräftige Armee. Deren Stärke wurde in Moskau zunächst völlig falsch eingeschätzt. Man plante im Kreml eine schnelle Bestrafungsaktion gegen die abtrünnige Republik. Daraus wurde aber ein grausamer Kolonialkrieg mit Tausenden von Toten auf beiden Seiten, völlig zerstörten tschetschenischen Dörfern und Städten – ein Krieg mit verheerenden moralischen wie auch innen- und außenpolitischen Folgen für das postkommunistische Russland, ein Krieg, für den Zehntausende von Zivilisten mit ihrem Leben bezahlen mussten.

Der Tschetschenien-Krieg stellte für das demokratische Lager Russlands die wohl tragischste Bewährungsprobe seit der Entmachtung der KPdSU dar, er verursachte dort eine Spaltung, von der sich die russischen Demokraten im Grunde bis heute nicht zu erholen vermochten.

Der Einmarsch Moskaus in Tschetschenien rief nicht nur im demokratischen Lager, sondern auch weit darüber hinaus Proteste hervor. Nach Umfragen, die unmittelbar nach dem Ausbruch des „ersten" Tschetschenien-Krieges durchgeführt wurden, lehnten etwa 70% der Bevölkerung das Vorgehen der Regierung ab. Es war nicht gerade schmeichelhaft für die so genannte Kriegspartei in der Regierung, dass ausgerechnet die Chauvinisten um Wladimir Shirinowski zu den wenigen politischen Gruppierungen Russlands zählten, die den Kurs der Regierung beinahe vorbehaltlos unterstützten. So forderte Shirinowski eine

Woche nach dem Beginn der Kriegshandlungen das russische Parlament dazu auf, der Regierung bei der Lösung des Tschetschenien-Problems freie Hand zu lassen. Dies kam indes für die Mehrheit der demokratisch gesinnten Politiker – die ehemaligen Verbündeten Jelzins – nicht in Frage. Der tschetschenische Separatismus wurde zwar von der Mehrheit der russischen Demokraten bedauert, sie lehnten aber die gewaltsame „Rückführung der abtrünnigen Provinz ins Reich" ab. Der Vorsitzende der Partei „Demokratische Wahl Russlands", Jegor Gajdar, schrieb an Jelzin Ende Dezember 1994: „Die Erstürmung Grosnys [der Hauptstadt Tschetscheniens] wird ein Schlag gegen die Integrität Russlands sein, gegen unsere demokratischen Fortschritte und gegen all das, was Sie in den letzten Jahren erreicht haben".

Um den Krieg zu beenden, wandten sich die Kritiker Jelzins an das Verfassungsgericht. Eine Reihe von Präsidialerlassen, die am Vorabend des Krieges verabschiedet worden waren, betrachteten sie als verfassungswidrig. So den Erlass vom 30. November 1994 über die Wiederherstellung der verfassungsmäßigen Ordnung in Tschetschenien und das Dekret vom 9. Dezember 1994 über die „Unterbindung der Tätigkeit illegaler Kampfverbände auf dem Gebiet der tschetschenischen Republik". Das Verfassungsgericht bezeichnete jedoch im Juli 1995 das Dekret vom 9. Dezember 1994 als „völlig verfassungskonform". Verurteilt wurden lediglich einige Maßnahmen der Regierung während des Krieges, so die Ausweisung von Journalisten und die Deportation von Bürgern aus dem Kriegsgebiet.

Diesem Urteil gingen dreiwöchige, kontrovers geführte Verhandlungen voraus. Dabei entstand im Sitzungssaal des Verfassungsgerichts eine merkwürdige Allianz, denn das Vorgehen der Regierung wurde sowohl von Kommunisten als auch von Demokraten verurteilt. Anatolij Lukjanow – einer der Hauptakteure des kommunistischen Putschversuches vom August 1991 – hielt es für unvertretbar, dass reguläre Truppen in Tschetschenien eingesetzt worden seien. Die Armee habe bei der Bewältigung von innenpolitischen Krisen nichts zu suchen. Das Verfassungsgericht müsse die Frage beantworten, was wichtiger sei – das Recht oder die pure Gewalt. Ähnlich argumentierte auch der Menschenrechtler Sergej Kowaljow. Bei seinem Versuch, die territoriale Integrität der Russischen Föderation zu verteidigen, habe der Präsident gegen einige Grundsätze der Verfassung verstoßen, die unantastbar seien, so vor allem gegen den Artikel 2, der den Menschenrechten die absolute Priorität einräume. Der Vertreter der Regierung, Sergej Schachraj, hingegen hielt die Bewahrung der territorialen Integrität Russlands für ein ähnlich wichtiges konstitutionelles Gebot wie die Verteidigung der Menschenrechte. Der Austritt Tschetscheniens aus der Russischen Föderation hätte den Zerfall Russlands einleiten können, und dies könne der Präsident auf keinen Fall zulassen.

Jelzin selbst rechtfertigte das Vorgehen der Regierung in seiner Rede zur Lage der Nation vom Februar 1995 folgendermaßen: Auf dem Gebiet der Republik Tschetschenien sei infolge eines bewaffneten Aufstandes ein diktatorisches Regime errichtet worden, es sei zu einer Brutstätte der Kriminalität, zu einer Art Krebsgeschwulst geworden. Kompromisse mit einem solchen Regime seien sinnlos.

Die ehemaligen Verbündeten Jelzins aus dem demokratischen Lager wurden durch solche apologetischen Äußerungen des Staatspräsidenten maßlos enttäuscht. Die Kluft, die sich zwischen ihnen und dem Präsidenten seit dem Ausbruch des Krieges aufgetan hatte, sollte sich nun zusätzlich vertiefen. Und dieser Bruch zwischen Jelzin und seinen ehemaligen Gesinnungsgenossen stellte sicher die wichtigste innenpolitische Folge des Tschetschenien-Krieges dar. Einer Allianz, die ein gewaltiges Reformwerk durchgeführt, die zwei Putschversuche der Reformgegner – vom August 1991 und vom Oktober 1993 – abzuwehren vermocht hatte, wurde nun ein Ende gesetzt. Sergej Kowaljow erklärte stellvertretend für viele, er werde bei den nächsten Präsidentschaftswahlen nicht mehr für Boris Jelzin stimmen, auch dann nicht, wenn es keinen anderen geeigneten Kandidaten für dieses Amt geben sollte.

Bis zum Ausbruch des Krieges waren viele russische Demokraten leidenschaftliche Verfechter der Präsidialdemokratie gewesen. Die Tatsache, dass die russische Verfassung vom Dezember 1993 dem Staatspräsidenten eine Machtfülle verlieh, über die kein Staatsoberhaupt im Westen verfügt, hatte sie kaum beunruhigt, denn sie betrachteten Boris Jelzin, auf den die neue Verfassung zugeschnitten war, als den wichtigsten Garanten der ungefestigten russischen Demokratie. Die einzige Sorge, die sie im Zusammenhang mit der neuen Verfassung hatten, betraf die möglichen Nachfolger Jelzins. Sollten dies Reformgegner sein, so könne die gleiche Verfassung, die die Demokratie in Russland retten sollte, zu ihrer Abschaffung beitragen. Dass Boris Jelzin selbst die neue Ordnung gefährden könnte, kam seinen damaligen demokratischen Verbündeten kaum in den Sinn. Durch den Schock des Tschetschenien-Krieges sahen sie aber ein, dass das Land wirksamere Mechanismen benötigt, um die Exekutive zu kontrollieren. Angesichts der weitgehenden Ohnmacht des russischen Parlaments – eine Folge der Präsidialverfassung – avancierte die „vierte Gewalt" – die Medien – zum wichtigsten Gegenspieler der Exekutive.

Die Politik der Regierung befand sich unter einem ununterbrochenen Beschuss der Medien, immer wieder meldeten sich dort scharfe Kritiker des Krieges zu Wort. Die Zeitung „Iswestija" schrieb am 29. Dezember 1994: „Eine gewaltsame polizeiliche Bestrafungsaktion, wie sie zur Zeit in Tschetschenien durchgeführt wird, kann nur dann erfolgreich sein, wenn sie von der überwältigenden Mehrheit der Bevölkerung unterstützt wird ... Alle Anzeichen sprechen jedoch dafür, dass die Kriegshandlungen in Tschetschenien von der Mehrheit der Bürger abgelehnt werden. Das Ansehen des Präsidenten in der Öffentlichkeit erreichte jetzt einen noch nie dagewesenen Tiefpunkt." Und die Zeitung „Moskowskie Nowosti" fügte am 12. Februar 1995 hinzu: „Die Vernichtung von Tausenden unbeteiligter Zivilisten, die zur Zeit auf tschetschenischem Territorium geschieht, wird vom Völkerrecht eindeutig definiert – das ist Völkermord."

Aber nicht nur Journalisten, sondern auch viele russische Menschenrechtler, unter anderem auch Kowaljow selbst, reisten wiederholt nach Tschetschenien, um aus der Nähe das Kriegsgeschehen zu beobachten. Dabei prangerten sie immer wieder das brutale Vorgehen der russischen Streitkräfte gegen die – auch die russische – Zivilbevölkerung an. Dafür wurden sie vom Verteidigungsminister Gratschow als Landesverräter und Feinde Russlands bezeichnet. Diese verbalen Attacken der Verfechter der so genannten Kriegspartei vermochten indes die Kritiker der Regierungspolitik nicht zum Schweigen zu bringen. Insofern spielten sich die tschetschenischen Ereignisse in einer völlig anderen Konstellation ab als der Afghanistan-Krieg, mit dem der Krieg in Tschetschenien immer wieder verglichen wurde. Gegen die 1979 begonnene sowjetische Invasion in Afghanistan hatte kaum jemand in der Sowjetunion zu protestieren gewagt. Andrej Sacharow gehörte zu den wenigen Ausnahmen, er wurde aber sehr schnell mundtot gemacht und aus Moskau in die ferne Stadt Gorki verbannt. So hatte die vom Regime entmündigte sowjetische Gesellschaft so gut wie keine Mittel, um auf das abenteuerliche Vorgehen der Machthaber adäquat zu reagieren. Ganz anders verhielten sich die Dinge zur Zeit des „ersten" Tschetschenien-Krieges. Die russische Öffentlichkeit, in der das Verlangen nach der Beendigung des im Dezember 1994 begonnenen „Abenteuers" immer stärker wurde, stellte einen gewichtigen politischen Faktor dar. Und nicht zuletzt unter dem Druck der Öffentlichkeit suchte die Regierung nach Wegen, den Krieg zu beenden, ohne dabei einen allzu großen Gesichtsverlust zu erleiden. Die Urheber des Abenteuers – die Mitglieder der so genannten Kriegspartei – waren aber sowohl in den Augen der russischen Öffentlichkeit als auch in den Augen der Tschetschenen so stark kompromittiert, dass ihre Suche nach einer Kompromisslösung zwangsläufig scheitern musste.

Der Ausbruch aus der Sackgasse gelang erst General Lebed, einem Neuling im politischen Establishment Russlands, der seit dem Ausbruch der Tschetschenien-Krieges zu seinen schärfsten Kritikern gezählt hatte. Die tschetschenische Frage lasse sich nur politisch lösen, betonte er wiederholt. Bereits zu Beginn der 90er Jahre war es ihm als Oberbefehlshaber der 14. Armee im Dnjestr-Gebiet gelungen, den dortigen Bürgerkrieg friedlich zu beenden. In ähnlichem Sinne begann er auch im Tschetschenien-Konflikt zu wirken, als Boris Jelzin ihn im Juni 1996 zum Sekretär des Sicherheitsrates ernannte. Nach mehreren Wochen zäher Verhandlungen wurden die Bemühungen Lebeds, der in Tschetschenien ein außerordentliches Ansehen genießt, vom Erfolg gekrönt. Anfang September 1996 wurde in der nordkaukasischen Stadt Chasawjurt ein Abkommen unterzeichnet, das zwar ein Provisorium darstellte – die Entscheidung der Frage des endgültigen Status von Tschetschenien wurde bis zum Jahre 2001 verschoben –, das aber den Krieg faktisch beendete.

Dieses Provisorium befriedigte indes weder die Verfechter der territorialen Integrität der Russischen Föderation, noch die Befürworter der vollständigen Souveränität Tschetscheniens wie auch anderer moslemischer Regionen im Nordkaukasus. Mitte 1999 gewährten tschetschenische Freischärler den islamischen Separatisten im benachbarten Dagestan „brüderliche Hilfe", um dieses Territorium der Kontrolle Moskaus zu entreißen. Die russische Führung reagierte darauf mit einem erneuten Einmarsch in Tschetschenien. Der für drei Jahre unterbrochene Krieg wurde wieder aufgenommen. So stellt Tschetschenien auch weiterhin eine offene Wunde des postsowjetischen Russland dar, wie dies im vorrevolutionären Russland Polen war. Es hatte einer außerordentlichen Anspannung der Kräfte des gesamten Zarenreiches bedurft, um dieses unbotmäßige Land immer wieder zu unterwerfen. Die Unterdrückung des polnischen Aufstandes von 1863/64 hatte düstere Schatten auf das gewaltige Reformwerk des Zaren Alexander II. geworfen, der als „Zar-Befreier" in die Geschichte Russlands einging. Ähnlich verhält es sich heute mit der tschetschenischen Tragödie, die die Glaubwürdigkeit des Reformkurses des postsowjetischen Russland noch stärker als Korruptionsskandale unterschiedlichster Art zu untergraben droht.

4. Eine neue Ost-West-Konfrontation?

Das neue Russland wird indes nicht nur von den Tschetschenen, sondern auch von vielen anderen kleineren Völkern der Region mit Misstrauen beobachtet. Dies ungeachtet der Tatsache, dass die russischen Demokraten in den Jahren 1989–91 wohl der wichtigste Verbündete dieser Völker im Kampf um deren Unabhängigkeit waren. Noch im Frühjahr 1991, also noch vor dem Sieg der russischen Demokraten, richtete der bekannte polnische Publizist Józef Kuśmierek an Boris Jelzin einen Brief mit folgenden Worten: „Sie sind für die Polen der erste russische Politiker, der im Namen Russlands und nicht im Namen des russischen Imperiums spricht ... Sie symbolisieren für mich ein Russland, das ich als Pole nicht fürchten muss."

Von dieser Euphorie ist im heutigen Warschau nicht allzu viel übrig geblieben. Moskaus ablehnende Haltung gegenüber der Ausdehnung der NATO auf Osteuropa wird in Warschau, aber auch in anderen Hauptstädten der Region als eine Art Rückkehr zu der früheren sowjetischen Doktrin von der beschränkten Souveränität der osteuropäischen Staaten aufgefasst. Der ehemalige polnische Außenminister Andrzej Olechowski sagte in diesem Zusammenhang: Russland habe von der Sowjetunion einen unermesslichen imperialen Ehrgeiz geerbt, den es aber aufgrund seiner beschränkten Ressourcen nicht befriedigen könne, und so entstehe dort das Syndrom einer „belagerten Festung", das für die Nachbarn Russlands sehr gefährliche Folgen haben könne.

So droht jetzt, einige Jahre nach der Überwindung des Jalta-Systems, nach der Beendigung des Kalten Krieges der Welt eine neue Ost-West-Konfrontation. In Moskau spricht man nun beinahe in alter Manier von der Aggressivität der westlichen Allianz, im Westen wiederum wird erneut die russische Gefahr heraufbeschworen. Diese Neuauflage des Ost-West-Konflikts ist im Grunde nicht ideologisch bedingt. Seit dem Zusammenbruch der kommunistischen Diktatur im August 1991 setzten sich in Russland viele westliche Wertvorstellungen mehr oder weniger durch. Die in der sowjetischen Zeit abgelehnten Prinzipien der Gewaltenteilung, der freien Marktwirtschaft und der offenen Gesellschaft beginnen sich im Lande immer stärker zu verankern. Nicht zuletzt deshalb wird das postsowjetische System so schonungslos von der kommunistisch-nationalistischen Opposition bekämpft. Zwar ist das erneuerte Russland noch äußerst labil und krisenanfällig, dennoch kann es keinem Zweifel unterliegen, dass sich das politische, wirtschaftliche und gesellschaftliche System in Russland seit August 1991 grundlegend gewandelt hat.

So liegen dem neuen Ost-West-Konflikt nicht in erster Linie ideologische Differenzen, sondern andere Ursachen zugrunde, unter anderem die Tatsache, dass der Westen einerseits und Russland andererseits zur Zeit völlig entgegengesetzte politische Prozesse erleben. Im Westen vollzieht sich eine immer tiefer greifende Integration, Russland hingegen gerät in immer größere Isolierung. Die verheerenden Erfahrungen der beiden Weltkriege führten im Westen zu einer grundlegenden Veränderung der politischen Kultur. Man hat hier schließlich eingesehen, dass die Vergötterung des Nationalstaates und der nationalen Interessen, wie sie für das 19. Jahrhundert typisch gewesen war, in den Abgrund führt. Diese Erkenntnis lag den europäischen Integrationsprozessen zugrunde. Auch auf die russischen Demokraten übte der europäische Gedanke seit dem Beginn der Gorbatschowschen Perestrojka eine außerordentliche Anziehungskraft aus. Die Tatsache, dass die Auflösung des Ostblocks und des Sowjetimperiums, zum allgemeinen Erstaunen der Weltöffentlichkeit, relativ reibungslos verliefen, ist nicht zuletzt darauf zurückzuführen, dass die russischen Reformer nach den im Westen geltenden Normen handeln wollten. Bald stellte sich aber heraus, dass die Aufnahme Russlands in das gemeinsame „europäische Haus" keineswegs auf der Tagesordnung stand. Es wurde nur partiell in wirtschaftliche und politische Strukturen des Kontinents integriert. Das recht unverbindliche NATO-Programm „Partnerschaft für den Frieden" vermochte nicht, Russland aus seiner Außenseiterposition herauszureißen. Während der Westen an der Schwelle des postnationalen Zeitalters steht, kehrt das isolierte Russland quasi ins 19. Jahrhundert zurück und räumt den nationalen Interessen absolute Priorität ein. Nicht zuletzt deshalb reagiert die Moskauer Führung derart gereizt auf die Osterweiterung der NATO. Sie hat Angst vor einer Einkreisung, vor einem neuen Cordon sanitaire. Im Westen geht man davon aus, Russland habe kein Vetorecht gegen die Ausdehnung der westlichen Allianz, Moskau müsse sich mit der Osterweiterung der NATO abfinden. Viele russische Politiker halten diesen Standpunkt für kurzsichtig. Der bereits erwähnte Wladimir Lukin sagt in diesem Zusammenhang: „Juristisch gesehen darf die NATO neue Mitglieder aufnehmen und keiner darf ihr das verbieten. Politisch gesehen ist das jedoch nicht haltbar. Es bedeutet, dass Russland über die Probleme der europäischen Sicherheit praktisch nicht mitreden darf."

Noch vor kurzem wurde in Ost und West immer wieder betont, der

Kalte Krieg habe keine Sieger und keine Besiegten gehabt. Nun verbreitet sich aber in Russland doch das Gefühl, diesen Krieg verloren zu haben.

Wenn man all dies bedenkt, wird die Entstehung der Achse Moskau–Belgrad verständlicher. Nur vordergründig hat dieses Bündnis mit dem panslawistischen Gedanken zu tun. Der Zerfall Jugoslawiens, der Tschechoslowakei und die Abwendung der Ukraine von Russland zeigen deutlich, dass die Idee der slawischen Solidarität auf einem Mythos beruht. Der serbisch-russischen Allianz liegt nicht in erster Linie die ethnische oder religiöse Verwandtschaft, sondern die Ähnlichkeit der politischen Schicksale zugrunde. Beinahe gleichzeitig verloren die Serben ihr kleines und die Russen ihr großes Imperium. Beide Völker fühlen sich isoliert und vom Westen bedrängt. Um aus dieser Isolation auszubrechen, wärmen sie nun den Traum von der slawischen Solidarität wieder auf. Allzu viele Erfolge vermochte indes diese Allianz bis vor kurzem nicht zu verbuchen. Besonders deutlich offenbarte sich ihre Schwäche bereits zur Zeit der NATO-Luftangriffe auf die bosnischen Serben im Herbst 1995. Russland – immerhin die zweitgrößte Nuklearmacht der Welt und Mitglied des UN-Sicherheitsrates – spielte bei diesen Ereignissen nur die Rolle eines Statisten. Seine heftigen, schrill vorgetragenen Proteste haben den Westen kaum zu beeindrucken vermocht. Kein Wunder, dass nun im Lande das Syndrom einer „besiegten Großmacht" entsteht, das an das „Versailler Syndrom" der Deutschen nach dem verlorenen Ersten Weltkrieg erinnert.

Eines muss man aber hervorheben. Die Verfechter des Großmachtdenkens in der Moskauer Führung waren bisher keineswegs an einem Abbruch der Beziehungen mit dem Westen interessiert, sie wollten nicht alle Brücken hinter sich abreißen. Dies nicht zuletzt wegen der Abhängigkeit des Landes von den westlichen Krediten. Dieser Sachverhalt offenbarte sich besonders deutlich während der Kosovo-Krise. Obwohl die Moskauer Führung unter permanentem Druck der eigenen Öffentlichkeit stand, die das Vorgehen der NATO beinahe einhellig ablehnte, verhielt sie sich durchaus kooperativ. Ohne diese Kooperationsbereitschaft wäre das Zustandekommen des Friedensplans für Kosovo vom Juni 1999 kaum denkbar gewesen. Für ihre angeblich nachgiebige Haltung dem Westen gegenüber wurde die russische Regierung jedoch von der national-patriotischen Opposition erneut des Verrats an den Interessen des Landes bezichtigt. Einer der Führer der National-Patrioten, Sergej Baburin, rief sein Land während des Kosovo-Krieges zu Taten auf, die Zeit der lediglich verbalen Auseinandersetzung mit der

NATO sei nun vorbei: „Die Bombardierungen Belgrads bedeuten eine Umwälzung in der gesamten Weltordnung ... Sie symbolisieren nicht nur die völlige Zerstörung des Potsdamer Systems der europäischen Sicherheit, sondern auch den Beginn des Untergangs Europas, den Zusammenbruch des moralischen Führungsanspruchs der USA ... Nun haben alle begriffen, dass diese Führung von Kannibalen beansprucht wird. Jetzt begreifen alle, 50 Jahre Friede in Europa – dies war das Verdienst des Warschauer Paktes. Solange er existierte, herrschte in Europa ungeachtet des ‚Kalten Krieges' Friede." Und Baburin setzte seine Ausführungen fort: „Das, was heute in Jugoslawien geschieht, wird sich morgen in Russland abspielen ... Wenn wir nicht wollen, dass die Raketen der NATO im Kaukasus oder an der Wolga explodieren, müssen wir den Aktionen der westlichen Allianz auf dem Balkan Einhalt gebieten."

Die Zeitschrift „Sawtra", die zu den wichtigsten Organen der national-patriotischen Opposition zählt, hielt den Kosovo-Krieg ebenfalls für eine Art Generalprobe für einen bevorstehenden Russlandfeldzug der NATO: „Viele unserer Spießer meinten, wenn Russland sich aus Europa zurückziehen werde, werde der Westen es vergessen, dennoch begann unmittelbar nach der böswilligen Zerstörung des sozialistischen Systems ein Drang der zivilisierten Hunnen [d. h. des Westens] nach Osten ... Nur Jugoslawien steht diesem Drang im Wege."

Diese Beispiele, die beliebig vermehrt werden könnten, veranschaulichen deutlich, unter welchem Druck sich die Moskauer Führung während des Kosovo-Konflikts – aber auch danach – befand. Denn im Gegensatz zu der im Kreml seit August 1991 herrschenden Gruppierung sind maßgebliche oppositionelle Kreise an der Fortsetzung des Dialogs mit dem Westen kaum interessiert. Im Gegenteil. Sie träumen von einer Revanche, wollen sich an den Siegern des Kalten Krieges für alle Demütigungen, die Russland in den letzten Jahren erlitten hat, rächen. Zu einem der wichtigsten Ideologen der russischen Revanche avancierte in der letzten Zeit der Publizist Alexander Dugin, dessen Zeitschrift „Elementy" einen immer größeren Einfluss auf das national-patriotische Lager ausübt. Hier werden in komprimierter Form Rache-Strategien entworfen, die in den anderen Organen der Opposition eher in verwässerter Manier auftreten. Die Zeitschrift will sich nicht mit dem endgültigen Sieg ihres westlichen Erzfeindes abfinden und ruft zum Gegenangriff auf, um die Schmach der Niederlage aller Gegner des Westens ungeschehen zu machen. Krieg und Gewalt werden von der Zeitschrift ausdrücklich verklärt. Sie beruft sich auf den „Begriff des Politischen" des deutschen Rechtsgelehrten und radikalen Antidemokraten Carl Schmitt, für den die Unterscheidung zwischen Freund und Feind das wesentlichste Kriterium der Politik darstellte. Auch die Zeitschrift „Elementy" hält diese Unterscheidung für das A und O der Politik. Als Feinde betrachten die Herausgeber „ ... die neue Weltordnung, die offene Gesellschaft, die liberale Weltregierung, den globalen Markt, das One-World-Modell und den westlichen Universalismus."

Alle Gegner dieser „Feinde" werden von der Zeitschrift in die Kategorie der „Freunde" eingestuft. Eine Versöhnung zwischen den beiden Lagern sei unmöglich, so die Autoren: „Zwischen ihnen herrscht nur Feindschaft, Hass, brutalster Kampf nach Regeln und ohne Regeln, der Kampf auf Vernichtung, bis zum letzten Tropfen Blut. Zwischen ihnen liegen Berge von Leichen ... Wer von ihnen wird das letzte Wort haben? ... Wer wird die letzte Kugel in den Leib des daniederliegenden Feindes jagen? Sie oder wir? ... Dies wird der Krieg entscheiden, ‚der Vater aller Dinge'."

Der Pax Americana, der Unipolarität der Welt, setzt die Zeitschrift eine bipolare Konzeption entgegen, die auf die Erneuerung des Konflikts zwischen Ost und West hinausläuft. Da die Herausgeber in der Alternative „alles oder nichts", „sie oder wir" denken, stellen sie sich diesen erneuten Ost-West-Gegensatz nicht als „kalten", sondern eher als „heißen" Krieg vor. Die Zeitschrift empfiehlt allen Gegnern der angelsächsischen Seemächte, ihre internen Rivalitäten zu beenden und sich auf die Errichtung einer großen kontinentalen Allianz zu konzentrieren – nur auf diese Weise könnten sie im bevorstehenden Endkampf Siegeschancen haben. Russland stehe nur vor einer Alternative: Entweder verwandele es sich in eine Provinz einer anderen Hegemonialmacht oder es restauriere seine frühere Hegemonialstellung.

Aber anders als die unzähligen imperialen Nostalgiker im heutigen Russland wollen sich die Herausgeber der „Elementy" mit der Wiederherstellung des früheren Zustandes keineswegs begnügen. Die Restauration der früheren Grenzen des russischen Reiches stellt für sie nur die erste Stufe ihres strategischen Plans dar. Denn das eigentliche Ziel des wiederhergestellten Imperiums solle der Kampf gegen die amerikanische Welthegemonie, also der Kampf um die Weltherrschaft, der Endkampf sein. Dieses Konzept erinnert sehr stark an die Vorstellungen der Weimarer Rechten, zum Beispiel an das Programm der „revolutionären Raumpolitik". So hielten manche radikale Gegner der Weimarer Demokratie die Weltherrschaft für das einzige Mittel, das im Stande wäre, die Leiden der Deutschen zu lindern: „Die Beherrschung der Erde [ist] die gegebene Möglichkeit ..., dem Volke eines überbevölkerten Landes das

Leben zu ermöglichen", schrieb 1923 einer der Vordenker der „Konservativen Revolution", Moeller van den Bruck, in seinem Buch „Das Dritte Reich". Zehn Jahre später begann das „real existierende" Dritte Reich dieses Programm zu verwirklichen. So handelt es sich beim Gedankengut der „Elementy" eindeutig um ein Importprodukt. Allerdings um ein verschimmeltes Produkt, dessen Verfallsdatum bereits längst, nämlich am 30. Januar 1933, abgelaufen war.

Wie reagieren Vertreter des politischen Establishments im heutigen Russland auf derartige Ideen? Sind sie sich über ihren Charakter und über ihre Herkunft im Klaren? Einige wohl nicht. So wurde das Buch Alexander Dugins über die „Grundlagen der Geopolitik", in dem die oben erwähnten Gedankengänge enthalten sind, vom Inhaber des Lehrstuhls für Strategie der Militärakademie des Generalstabes der Russischen Föderation, General-Leutnant N. P. Klokotow, wissenschaftlich betreut. Die Schrift wird von den Herausgebern sogar in den Rang eines Lehrbuchs erhoben, das „für all diejenigen, die in den wichtigsten Bereichen der russischen Politik Entscheidungen treffen, unentbehrlich" sei.

Den Nachbarn und Partnern Russlands fällt es immer schwerer, zwischen den Aussagen der regierenden Elite und denjenigen der „national-patriotischen" Opposition zu unterscheiden. Beinahe alle politischen Gruppierungen im Lande pochen auf die nationalen Interessen Russlands und sprechen von der führenden Rolle Moskaus auf dem Gebiet der ehemaligen Sowjetunion. Die Demokraten haben also die Initiative im politischen Diskurs verloren und passen sich immer stärker an das Vokabular ihrer „national-patriotischen" Widersacher an. Und diese Tatsache stimmt nicht weniger bedenklich als die Zerrüttung der russischen Wirtschaft und die Polarisierung der Gesellschaft.

Man darf aber auf der anderen Seite nicht vergessen, dass die politischen Gruppierungen, die in Russland seit August 1991 an der Macht sind, trotz ihrer antiwestlichen Rhetorik, zu einem pragmatischen außenpolitischen Verhalten durchaus fähig sind. Zuletzt stellten sie dies während der Kosovo-Krise unter Beweis.

Dessen ungeachtet vertiefte sich die Kluft zwischen Ost und West im Verlaufe des Jahres 1999 zusehends. Neben dem Kosovo-Krieg trug dazu auch der zweite Tschetschenien-Krieg bei. Zum ersten Mal seit dem Beginn der wirtschaftlichen „Schocktherapie" (Januar 1992) und seit der Beschießung des Moskauer Parlaments durch Regierungstruppen (Oktober 1993) kam es zu einer Art Schulterschluss zwischen großen Teilen der Bevölkerung und dem herrschenden Establishment, zu einer weitgehend einheitlichen Beurteilung vieler politischer Vorgänge. Die Bombardierung Serbiens gilt in der russischen Öffentlichkeit im Allgemeinen als eine „verwerfliche Bestrafungsaktion" eines kleinen Landes durch die NATO, (nicht zuletzt deshalb, weil sie ohne UNO-Auftrag erfolgte), der Tschetschenien-Krieg hingegen wird als antiterroristischer Feldzug interpretiert, als ein Kampf gegen Kräfte, die sowohl die Sicherheit des Landes als auch seine territoriale Integrität gefährdeten. Nach einer Ende September 1999 in Russland durchgeführten Umfrage wurde der Einmarsch in Tschetschenien von mehr als 60% der Befragten unterstützt. Man sollte sich in diesem Zusammenhang daran erinnern, dass zu Beginn des ersten Tschetschenien-Krieges der damalige Einmarsch von etwa 70% der Befragten abgelehnt worden war. Die Kritik des Westens am brutalen Vorgehen der russischen Truppen, dem auch unzählige Zivilisten zum Opfer fallen, wird heute schroff als Einmischung in innerrussische Angelegenheiten zurückgewiesen: „Der Westen versteht die wirklichen Ursachen für die Vorgänge in Tschetschenien bis heute nicht", meinte Ende Januar 2000 der Regierungssprecher Jastrschembski. Abgesehen davon wird in Moskau oft die These vertreten, die Nato-Staaten hätten auf Grund des Kosovo-Krieges ihre Glaubwürdigkeit als Verteidiger völkerrechtlicher Prinzipien verloren.

Der von Boris Jelzin im August 1999 zum Ministerpräsidenten ernannte ehemalige KGB-Offizier Wladimir Putin errang innerhalb kürzester Zeit eine außergewöhnliche Popularität im Lande und zwar in erster Linie als „Kriegsheld". Nicht zuletzt dieser Tatsache verdankte der der Regierung nahe stehende Block „Einheit" einen überwältigenden Erfolg bei den Parlamentswahlen vom 19. Dezember 1999. Dies ungeachtet der Tatsache, dass diese Gruppierung erst am Vorabend der Wahlen gebildet wurde (Ende September). Noch im Oktober wollten lediglich 4% der Befragten für die „Einheit" stimmen. Zwei Monate später gewann sie 23,3% der Stimmen und wurde zur zweitstärksten Gruppierung im Parlament – nach den Kommunisten, die etwa 24,3% der Stimmen erhielten. Zum Vergleich: Bei den Wahlen zur Staatsduma, die während des ersten Tschetschenien-Kriegs stattgefunden hatten (Dezember 1995), vermochte der vom damaligen Ministerpräsidenten Viktor Tschernomyrdin angeführte Wahlblock „Unser Haus Russland" lediglich 10,1% der Stimmen zu gewinnen. Der kometenhafte Aufstieg Putins wird vom Publizisten Andrej Gratschow in der liberalen Moskauer Zeitschrift „Moskowskije Nowosti" folgendermaßen kommentiert: „Putin ist der erste [postsowjetische] Ministerpräsident, der seine Popularität nicht der wirtschaftlichen Effizienz, nicht dem Kampf gegen die Korruption und die Kriminalität, sondern einer Militärkampagne verdankt."

Aber die Erfolge Putins und des Wahlblocks „Einheit" werden nicht nur auf den Krieg, sondern auch auf eine äußerst unfaire Wahlkampagne vieler regierungstreuer Medien zurückgeführt, in der die politischen Gegner – in erster Linie das vom Moskauer Oberbürgermeister Jurij Lushkow und vom ehemaligen Ministerpräsidenten Jewgenij Primakow angeführte gemäßigte Bündnis „Vaterland – Ganz Russland" diffamiert, ja dämonisiert wurden. Die Tatsache, dass sich an dieser Schlammschlacht eine ganze Reihe von führenden Presseorganen des Landes beteiligten, stimmt besonders bedenklich. Zu Beginn des ersten Tschetschenien-Krieges hatte der Chefredakteur der Moskauer Zeitung „Iswestija", Igor Golembiowski, die Massenmedien als „das einzige, was aus der schwächlichen russischen Demokratie übriggeblieben ist", bezeichnet. Bricht jetzt also auch die letze Bastion der angeschlagenen „zweiten" russischen Demokratie zusammen? Verwandelt sich Russland am Ende der Ära Jelzin in eine Art Diktatur, in der der ohnehin mächtige Staatspräsident sich auf ein im Wesentlichen regierungstreues Parlament stützen kann, in der die Opposition so gut wie keine Möglichkeiten hat, die „Generallinie" des Regimes zu korrigieren? Diese Meinung wird jetzt oft in Ost und West vertreten, sie ist aber alles andere als differenziert.

Das postsowjetische Russland unterscheidet sich zwar wesentlich von Demokratien im klassischen Sinne, es unterscheidet sich aber auch von klassischen Diktaturen. Es befindet sich in einem Schwebezustand zwischen Paternalismus und Pluralismus. Man kann das Jelzinsche System in Analogie zu den beinahe „frühkapitalistischen" Verhältnissen, die die wirtschaftliche Schocktherapie 1992 eingeführt hatte, als „frühdemokratisch" bezeichnen. Es respektiert zwar viele demokratische Spielregeln, viele Bürger- und Menschenrechte nicht, die Opposition hat indes immer noch die Mittel, um das Vorgehen der Staatsführung zu kritisieren, ihre „Weisheit" in Frage zu stellen. Und diese Mittel werden von einigen demokratisch gesinnten Gruppierungen und Presseorganen durchaus wahrgenommen. So wird der zweite Tschetschenien-Krieg unentwegt vom Vorsitzenden der liberalen Partei Jabloko Grigorij Jawlinski kritisiert: In Tschetschenien werde ein breit angelegter Krieg gegen ein ganzes Volk geführt, ein Krieg zur Auslöschung dieses Volkes, so der Politiker Mitte Januar 2000. Auch viele Menschenrechtler, in erster Linie der prominenteste von ihnen – Sergej Kowaljow – prangern das Vorgehen der russischen Regierung immer wieder an. Zwar repräsentieren diese Kritiker, anders als während des ersten Tschetschenien-Krieg, ein relativ kleines Segment der Gesellschaft, dieser Zustand könnte sich aber irgendwann durchaus ändern.

Es ist auch fraglich, ob die russische Öffentlichkeit von antiwestlichen, fremdenfeindlichen und militaristisch-imperialen Emotionen zur Zeit derart stark beherrscht wird, wie dies auf den ersten Blick scheint. Nach einer vor kurzem durchgeführten Umfrage sprachen sich 50% der Befragten für die Integration Rußlands in westliche Strukturen aus. Mehr als 70% der Befragten halten den Wohlstand der Bevölkerung für das wichtigste Kriterium der Größe eines Landes und keineswegs seine militärische Stärke. Von einer anderen Umfrage berichtete Ende Dezember 1999 der Soziologe Jurij Lewada: Danach unterstützte etwa die Hälfte der Befragten eine Lösung des Tschetschenien-Konflikts auf dem Wege von Verhandlungen. So stellt die russische Gesellschaft am Ende der Ära Jelzin ein durchaus widersprüchliches Gebilde dar.

Als Boris Jelzin am 31. Dezember 1999 als Staatspräsident zurücktrat – nicht zuletzt auf Grund seiner seit Jahren angeschlagenen Gesundheit, aber auch um auf diese Weise seinem Wunschkandidaten Putin den Weg als Nachfolger zu erleichtern –, erntete er für seine politischen und wirtschaftlichen Fehler harsche Kritik. Zu den größten von ihnen gehören nach der übereinstimmenden Meinung der Kommentatoren die beiden Tschetschenien-Kriege, durch die Jelzin viele der Prinzipien, die er seit dem Beginn der Perestrojka leidenschaftlich vertreten hatte, außerordentlich stark desavouierte. Jelzin selbst war sich über manche dunkle Seiten seiner mehr als achtjährigen Regierungszeit durchaus im Klaren und bat seine Landsleute in der letzten Ansprache als Staatspräsident um Verzeihung: „Für die Tatsache, dass viele der von uns geteilten Träume nicht in Erfüllung gegangen sind. Und für die Tatsache, dass sich das, was uns so einfach schien als quälend schwierig herausgestellt hat. Ich bitte um Verzeihung dafür, dass ich die Hoffnung derjenigen nicht eingelöst habe, die geglaubt haben, dass wir mit einem Schlag ... aus der grauen, stagnierenden, totalitären Vergangenheit in die lichte, reiche, zivilisierte Zukunft springen können. Ich habe selbst daran geglaubt ... Es hat sich herausgestellt, dass ich manchmal zu naiv war."

Aber bei der Bilanz der Ära Jelzin sollen nicht nur Fehler, sondern auch manche Verdienste des freiwillig zurückgetretenen Präsidenten erwähnt werden. Jelzin habe sich unablässig um einen Bruch mit dem bolschewistischen Erbe bemüht, dies sei die wichtigste Antriebskraft seines politischen Tuns gewesen, so der polnische Publizist und Politiker Adam Michnik. In ähnlichem Sinne äußerte sich auch der amerikanische Präsident Bill Clinton: Der Gedanke, den er bei seinen neunzehn Treffen mit Jelzin am häufigsten gehört habe, lautete: Sein Land dürfe auf keinen Fall zu einer Diktatur in welcher Form auch immer zurückkehren, insbesondere aber nicht zu einer kommunistischen Diktatur.

Schlusswort

Das 20. Jahrhundert begann für Russland mit der Revolution von 1905, die im Vokabular der Widersacher der russischen Autokratie als „gescheitert" galt. Aber ausgerechnet diese „gescheiterte" Revolution, die die herrschende Bürokratie zu einem Kompromiss mit den rebellierenden Untertanen zwang, schuf die Voraussetzungen für eine allmähliche Befreiung der Gesellschaft von der staatlichen Bevormundung, für die allmähliche Zähmung des bis dahin allmächtigen autokratischen Regimes. Dieser emanzipatorische Prozess, der nach dem Sturz der Romanow-Dynastie im Februar 1917 seinen Höhepunkt erreichte, wurde durch eine „erfolgreiche" bolschewistische Revolution jäh unterbrochen, die die Ergebnisse der „unvollendeten" Revolution von 1905 rückgängig machte. Die Bevölkerung wurde erneut jeglicher Möglichkeit beraubt, das Vorgehen der Machtelite zu beeinflussen, die sich, ähnlich wie die zarische Bürokratie vor 1905, als omnipotent wähnte. Die Gleichschaltung der Gesellschaft wurde durch die „erfolgreiche" Stalinsche Revolution von oben, vor allem durch die Entmündigung der herrschenden Partei infolge des „Großen Terrors" (1936–38) vollendet. Die stalinistische Führung schien nun den in der russischen Gesellschaft, und zwar sowohl bei der Bildungselite als auch bei den einfachen Volksschichten, tief verankerten Freiheitsdrang erstickt zu haben.

Georgij Fedotow führte Anfang der 30er Jahre den Erfolg der Stalinschen Revolution von oben darauf zurück, dass Russland nun, nach der Vernichtung der revolutionären Intelligenzija durch die Bolschewiki, keine gesellschaftliche Schicht mehr besitze, die die Freiheit über alles schätze. Doch der stalinistische Terror vermochte die Sehnsucht nach Freiheit aus dem gesellschaftlichen Bewusstsein nicht gänzlich zu verbannen. Dies ließ sich vor allem während des deutsch-sowjetischen Krieges feststellen. Die Zeit der vorübergehenden Schwäche des Regimes nutzte die unterdrückte Gesellschaft dazu aus, um bestimmte Freiheitsräume zu erkämpfen („spontane Entstalinisierung"). Die Siegeseuphorie, die nach der Bezwingung des Dritten Reiches ausbrach, trug indes zur Stabilisierung des Regimes bei und erleichterte den Machthabern die erneute Disziplinierung der Gesellschaft. Allerdings blieb die Sehnsucht nach einem würdevollen Leben, nach einem „Leben wie im Märchen", immer noch bestehen. Dieser Sehnsucht kamen die Nachfolger Stalins entgegen, als sie bereits wenige Tage nach dem Tod des Tyrannen mit der Demontage des von ihm errichteten Systems begannen.

Obwohl diese Reform zaghaft und halbherzig war, obwohl sie in einer bürokratischen Manier durchgeführt wurde – in der Form einer paternalistischen Schenkung –, stellte der Tod Stalins eine der tiefsten Zäsuren in der neuesten Geschichte Russlands dar. Dieser Einschnitt setzte der beinahe 40jährigen Gewaltspirale, die die Entwicklung des Landes seit dem Ausbruch des Ersten Weltkrieges, mit einer kurzen Unterbrechung in den 20er Jahren, geprägt hatte, ein Ende. Die Machthaber begannen sowohl im Umgang miteinander als auch im Umgang mit der Gesellschaft im Großen und Ganzen bestimmte Spielregeln zu beachten, ihre Vorgehensweise wurde berechenbarer. Nur das regimekritische Verhalten wurde nun bestraft, das regimetreue und konforme hingegen belohnt. Unter Stalin galten solche Regeln im Wesentlichen nicht. Ins Räderwerk der stalinistischen Terrormaschinerie gerieten sowohl ausgesprochene Gegner des Regimes als auch überzeugte Stalinisten.

Unter den Erben Stalins allerdings wurde sogar für die Regimekritiker das Risiko kalkulierbar. Falls sie sich für einen gewaltfreien Widerstand entschieden, setzten sie zwar ihre politische Karriere und ihre Freiheit aufs Spiel, nur selten aber ihr Leben. Nur in einer solchen milderen politischen Atmosphäre war die Entstehung der Bürgerrechtsbewegung möglich, die sich offen für Menschen- und Grundrechte einsetzte. Zwar vermochte die Bürgerrechtsbewegung breitere Bevölkerungsschichten nicht zu beeinflussen, sie blieb sogar innerhalb der Bildungsschicht weitgehend isoliert. Dessen ungeachtet gelang es ihr, die politische Kultur im Lande grundlegend zu verändern. In einem unfreien Land hätten sich die Bürgerrechtler wie freie Menschen verhalten, so einer der führenden Vertreter der Bürgerrechtsbewegung Andrej Amalrik. Sie hätten den in der Sowjetunion bis dahin anrüchigen Begriff „Opposition" enttabuisiert und eine pluralistische Komponente in die politische Kultur der UdSSR eingeführt. Der Zweikampf der kleinen Schar sowjetischer Bürgerrechtler mit dem autokratischen Staat erinnert auf den ersten Blick an die Auseinandersetzung der revolutionären russischen Intelligenzija mit der russischen Autokratie im 19. und zu Beginn des 20. Jahrhunderts. Doch viele Bürgerrechtler distanzierten sich bewusst von ihren angeblichen Vorahnen, vor allem aber von deren Ideologie. So lehnten sie die für die Intelligenzija typische Verklärung der Revolution ab und waren nicht bereit, Gewalt für das Erreichen von hehren Zielen anzuwenden.

Anders als die damalige revolutionäre Intelligenzija strebten sie nicht nach einer Errichtung des Paradieses auf Erden, sondern nach der Durchsetzung der in der zivilisierten Welt geltenden allgemein menschlichen Werte. Zwar vermochten sie ihre Ziele nicht direkt zu verwirklichen, alle ihre organisatorischen Strukturen wurden bereits Ende der 70er/Anfang der 80er Jahre zerschlagen. Als ihr nachträglicher Sieg lässt sich indes die Tatsache bezeichnen, dass das Gorbatschowsche „Neue Denken" sich in manchen Punkten, bewusst oder unbewusst, an die von den Bürgerrechtlern entwickelten Denkmodelle anlehnte. Und dadurch löste der Generalsekretär der KPdSU ungewollt eine der größten Umwälzungen in der Geschichte dieses Jahrhunderts aus. Denn die „Klassenkampfmoral", die das Herzstück der kommunistischen Ideologie darstellt, ließ sich mit dem von Gorbatschow nun propagierten „absoluten Vorrang der allgemein menschlichen Werte" nicht vereinbaren. Die bis dahin geltende kommunistische Wertehierarchie wurde gesprengt und mit ihr auch das gesamte politische Gebäude, das auf ihr basierte.

Dass dieser Auflösungsprozess sich in kontrollierten Bahnen vollzog, dass Russland im August 1991 eine „sich selbst beschränkende Revolution" und keine Revolution nach klassischem Muster wie im Jahre 1917 erlebte, ist sicher auf die Veränderungen in der politischen Kultur des Landes, die sich seit dem Tode Stalins vollzogen hatten, zurückzuführen. Der Tribut, den Russland für die beiden siegreichen Revolutionen im 20. Jahrhundert (die bolschewistische und die stalinistische) zu entrichten hatte, war so hoch, dass beide Seiten des Konflikts vom August 1991 eine totale Konfrontation zu vermeiden suchten. Auch die Tatsache, dass die Sieger vom August 1991 wie auch vom Oktober 1993 nicht danach strebten, einen totalen Sieg zu erringen, zeugt von einer grundlegenden Veränderung der politischen Kultur. Da sie, anders als seinerzeit die Bolschewiki, nicht versuchten, ihre Widersacher gänzlich von der politischen Bühne zu verjagen, waren sie zu einem Kompromiss mit ihnen gezwungen. Und dieser Kompromiss schuf Voraussetzungen für die Errichtung eines Systems, in dem der Staat ein Stück von seiner Allmacht verliert und die Gesellschaft an Macht gewinnt, eines Systems, in dem sich allmählich ein labiles Gleichgewicht zwischen den beiden herausbildet. Die erste Chance eine derartige Gesellschaftsordnung zu errichten, war zu Beginn des 20. Jahrhunderts (1905–1917) vertan worden. Ob die zweite, die sich am Ende des Jahrhunderts ergab, genutzt wird, bleibt offen.

Literatur (Auswahl)

Abramovitch, Raphael: Die Sowjetrevolution, Hannover 1963.

Adomeit, Hannes: Die Sowjetunion in internationalen Krisen und Konflikten. Verhaltensmuster, Handlungsprinzipien, Bestimmungsfaktoren, Baden-Baden 1983. *Ders.:* Imperial Overstretch: Germany in Soviet Policy from Stalin to Gorbachev, Baden-Baden 1998.

Afanassjew, Juri (Hrsg.): Es gibt keine Alternative zur Perestrojka, Nördlingen 1988.

Alexeyewa, Ludmila: Soviet Dissent, Middletown 1985.

Allard, Sven: Stalin und Hitler. Die sowjetrussische Außenpolitik 1930–1941, München 1974.

Altrichter, Helmut: Staat und Revolution in Sowjetrussland 1917–1922/23, Darmstadt 1981. *Ders.:* Kleine Geschichte der Sowjetunion 1917–1991, München 1993. *Ders.:* Russland 1917. Ein Land auf der Suche nach sich selbst, Paderborn u. a. 1997.

Amalrik, Andrej: UdSSR – 1984 und kein Ende. Essays, Frankfurt/Main u. a. 1981. *Ders.:* Aufzeichnungen eines Revolutionärs, Berlin 1983.

Andreyev, Catherine: Vlasov and the Russian Liberation Movement 1941–1945, Cambridge 1987.

Angress, Werner: The Communist Bid for Power in Germany 1921–1923, Princeton, N. J., 1963.

Anweiler, Oskar: Die Rätebewegung in Russland 1905–1921, Leiden 1958.

Arendt, Hannah: Elemente und Ursprünge totaler Herrschaft, München 1991.

Aron, Raymond: Opium für Intellektuelle oder die Sucht nach Weltanschauung, Köln, Berlin 1957.

Ash, Timothy Garton: Ein Jahrhundert wird abgewählt, München 1990.

Avtorkhanov, A.: Stalin and the Soviet Communist Party. A study in the technology of power, New York 1959.

Bahne, Siegfried: Die KPD und das Ende von Weimar. Das Scheitern einer Politik. 1932–1935, Frankfurt/Main 1976.

Balabanoff, Angelica: Lenin. Psychologische Beobachtungen und Betrachtungen, Hannover 1961.

Baumgart, Winfried: Deutsche Ostpolitik 1918. Von Brest-Litovsk bis zum Ende des I. Weltkrieges, Wien 1966.

Beloff, Max: The Foreign Policy of Soviet Russia 1929–1941. Band 1–2, London, New York 1949.

Berdjajew, Nikolaj: Das Neue Mittelalter. Betrachtungen über das Schicksal Russlands und Europas, Tübingen 1950. *Ders.:* Sinn und Schicksal des Russischen Kommunismus, Luzern 1937. *Ders.:* Wahrheit und Lüge des Kommunismus, Darmstadt, Genf 1953. *Ders.:* Die russische Idee, Sankt Augustin 1983.

van den Berg, Ger P.: Organisation und Arbeitsweise der sowjetischen Regierung, Baden-Baden 1984.

Besançon, Alain: The Rise of the Gulag. Intellectual Origins of Leninism, New York 1981.

Beyme, Klaus von: Die Sowjetunion in der Weltpolitik, München, Zürich 1983. *Ders.:* Systemwechsel in Osteuropa, Frankfurt/Main 1994.

Beyrau, Dietrich: Intelligenz und Dissens. Die russischen Bildungsschichten in der Sowjetunion 1917 bis 1985, Göttingen 1993.

Bialer, Seweryn: Stalin's Successors. Leadership, stability and change in the Soviet Union, Cambridge 1980.

Bialer, Seweryn/Mandelbaum, Michael: The Global Rivals, London 1989.

Bialer, Seweryn/Mandelbaum, Michael (Hrsg.): Gorbachev's Russia and American Foreign Policy, London 1988.

Bochenski, Joseph M.: Der Sowjetrussische Dialektische Materialismus, Diamat, Bern 1962. *Ders.:* Marxismus-Leninismus. Wissenschaft oder Glaube, München 1975.

Bonwetsch, Bernd: Die russische Revolution 1917. Eine Sozialgeschichte von der Bauernbefreiung 1861 bis zum Oktoberumsturz, Darmstadt 1991.

Boog, Horst/Förster, Jürgen/Hoffmann, Joachim/Klink, Ernst/Müller, Rolf-Dieter/Überschär, Gerd R.: Der Angriff auf die Sowjetunion, Frankfurt/Main 1996.

Borkenau, Franz: The Communist International, London 1938. *Ders.:* Der Europäische Kommunismus. Seine Geschichte von 1917 bis zur Gegenwart, München 1952.

Bracher, Karl Dietrich: Zeitgeschichtliche Kontroversen. Um Faschismus, Totalitarismus, Demokratie, München 1976. *Ders.:* Zeit der Ideologien. Eine Geschichte politischen Denkens im 20. Jahrhundert, München 1985.

Braunthal, Julius: Geschichte der Internationale. Band 1–2, Berlin 1978.

Breslauer, George W.: Khrushchev and Breshnev as Leaders. Building Authority in Soviet Politics, London 1982.

Brovkin, Vladimir: Behind the Front Lines of the Civil War. Political Parties and Social Movements in Russia 1918–1922, Princeton 1994.

Brown, Archie: The Gorbachev Factor in Soviet Politics, Oxford 1996.

Brzezinski, Zbigniew: Der Sowjetblock. Einheit und Konflikt, Köln, Berlin 1962. *Ders.:* Das gescheiterte Experiment. Der Untergang des kommunistischen Systems, Wien 1989.

Buchanan, George: My Mission to Russia and Other Diplomatic Memories. Band 1–2, London 1923.

Bucharin, Nikolaj: Das Programm der Kommunisten (Bolschewiki), Wien 1918.

Bucharin, Nikolaj/Preobraschensky, Evgenij: Das ABC des Kommunismus, Hamburg 1921.

Buchheim, Hans: Totalitäre Herrschaft. Wesen und Merkmale, München 1962.

Bullock, Alan: Hitler und Stalin. Parallele Leben, Berlin 1991.

Bunyan, James: The Bolshevik Revolution, 1917–1918. Documents and Materials, 2. Aufl., Stanford/Calif. 1961.

Carr, Edward Hallet: History of Soviet Russia. The Bolshevik Revolution. Band 1–3, 2. Aufl., London 1960– 1961. *Ders.:* The Interregnum 1923–1924, 2. Aufl., London 1960. *Ders.:* Socialism in One Country. Band 1–3, London 1958 ff. *Ders.:* Foundations of a Planned Economy 1926–1929. Band 1–2 (mit R. W.Davies), Harmondsworth 1974, 1976. *Ders.:* German-Soviet Relations between the two World Wars 1919–1939, Baltimore 1951. *Ders.:* Twilight of the Comintern, 1930–1935, New York 1982.

Carrère D'Encausse, Helene: The Great Challenge: Nationalities and the Bolshevik State, 1917–1930, New York 1992. *Dies.:* Decline of an Empire: the Soviet Socialist Republics in Revolt, New York 1979.

Chlevnjuk, Oleg: Das Politbüro. Mechanismen der politischen Macht in der Sowjetunion der dreißiger Jahre, Hamburg 1998.

Chruschtschows historische Rede, in: Ost-Probleme 22. 6. 1956 Nr. 25/26, S. 867–897.

Chruschtschow erinnert sich, Reinbek bei Hamburg 1971.

Churchill, Winston: Der Zweite Weltkrieg. 6 Bände, Stuttgart 1954.

Cohen, Stephen: Bukharin and the Bolshevik Revolution. A political biography. 1888–1938, Oxford 1980.

Conquest, Robert: Am Anfang starb Genosse Kirow. Säuberungen unter Stalin, Düsseldorf 1970. *Ders.:* The harvest of sorrow. Soviet collectivization and the terror famine, London 1986.

Courtois, Stéphane/Werth, Nicolas/Panné, Jean-Louis/Paczkowski, Andrzej/Bartosek, Karl/Margolin, Jean-Louis: Das Schwarzbuch des Kommunismus. Unterdrückung, Ver-

brechen und Terror. Mit dem Kapitel „Die Aufarbeitung des Sozialismus in der DDR" von Joachim Gauck und Ehrhart Neubert, München 1998.
Curry, Jane L. (Hrsg.): Dissent in Eastern Europe, New York 1983.
Dallin, Alexander: Deutsche Herrschaft in Russland 1941–1945, Düsseldorf 1958.
Daniels, Robert: Das Gewissen der Revolution. Kommunistische Opposition in Sowjetrussland, Köln 1963. *Ders.:* The End of the Communist Revolution, New York 1993.
Danilov, Viktor: Rural Russia under the New Regime, London 1988.
Davies, Robert William: The Industrialisation of Soviet Russia. 1. Band: The Socialist Offensive. The Collectivisation of Soviet Agriculture 1929–1930. 2. Band: The Soviet Collective Farm, 1929–1930, London 1980.
Degras, Jane (Hrsg.): The Communist International 1919–1943. Documents. 3 Bände, London 1956.
Deutscher, Isaac: Der bewaffnete Prophet, Stuttgart 1962. *Ders.:* Der unbewaffnete Prophet, Stuttgart 1962. *Ders.:* Der verstoßene Prophet, Stuttgart 1963. *Ders.:* Stalin. A Political Biography 2. Aufl., New York 1967. *Ders.:* Ironies of History. Essays on Contemporary Communism, London 1967. *Ders.:* The Unfinished Revolution. Russia 1917–1967, London 1967.
Dimitroff, Georgij: Ausgewählte Schriften, 3 Bände, Berlin 1956–1958.
Djilas, Milovan: Gespräche mit Stalin, Frankfurt/Main 1962. *Ders.:* Die neue Klasse. Eine Analyse des kommunistischen Systems, Wien, München 1976.
Domarus, Max: Hitler. Reden und Proklamationen 1932–1945. 2 Bände, Wiesbaden 1973.
Drachkovitch, M./Lazitch, B. (Hrsg.): The Comintern: Historical Highlights. Essays, Recollections, Documents, Stanford/Calif.1966.
Dunlop, J.: The Faces of Contemporary Russian Nationalism, Princeton 1983. *Ders.:* The Rise of Russia and the Fall of Soviet Empire, Princeton 1993.
Elleinstein, Jean: Geschichte des „Stalinismus", Hamburg 1977.
Erickson, John: Stalin's War with Germany. Bd. 1: The Road to Stalingrad, London 1975. *Ders.:* The Road to Berlin, London 1983.
Erler, Gernot/Süß, Walter (Hrsg.): Stalinismus. Probleme der Sowjetgesellschaft zwischen Kollektivierung und Weltkrieg, Frankfurt/Main 1982.
Erlich, Alexander: Die Industrialisierungsdebatte in der Sowjetunion 1924–1928, Frankfurt/Main 1971.
Fainsod, Merle: Smolensk Under Soviet Rule, Harvard 1958.
Fehér, Ferenc/Heller, Agnes/Márkus, György: The Dictatorship over the Needs. An Analysis of Soviet Societies, Oxford 1986.
Fejtö, François: Die Geschichte der Volksdemokratien. Band 1–2, Graz 1972.
Ferro, Marc: The Bolshevik Revolution. A Social History of the Russian Revolution, London 1985.
Feuchtwanger, Lion: Moskau 1937. Ein Reisebericht für meine Freunde, Amsterdam 1937.
Figes, Orlando J.: Peasant Russia, Civil War: The Volga Countryside in Revolution 1917–1921, Oxford 1989. *Ders.:* Die Tragödie eines Volkes. Die Epoche der russischen Revolution 1891 bis 1924, Berlin 1998.
Fischer, Alexander: Die Sowjetische Deutschlandpolitik im Zweiten Weltkrieg 1941–1945, Stuttgart 1975.
Fischer, Louis: Das Leben Lenins, Köln 1965. *Ders.:* The Soviets in World Affairs. A History of the Relations between the Soviet Union and the Rest of the World 1917–1929, Princeton 1951.
Fischer, Ruth: Stalin und der deutsche Kommunismus, Frankfurt/Main 1950.
Fitzpatrick, Sheila: The Russian Revolution, Oxford 1984. *Dies.* (Hrsg.): Cultural Revolution in Russia 1928–1931, Bloomington 1978.
Flechtheim, Ossip: Die Kommunistische Partei Deutschlands in der Weimarer Republik, Frankfurt/Main 1969.

Fleischhauer, Ingeborg: Der Pakt. Hitler, Stalin und die Initiative der deutschen Diplomatie 1938–1939, Berlin, Frankfurt/Main 1990.
Förster, Roland G. (Hrsg.): „Unternehmen Barbarossa". Zum historischen Ort der deutsch-sowjetischen Beziehungen von 1933 bis Herbst 1941, München 1993.
Fraenkel, Ernst: Der Doppelstaat, Frankfurt/Main 1974.
Frank, Pierre: Geschichte der Kommunistischen Internationale (1919–1943). 2 Bände, Frankfurt/Main 1981.
Frank, Semen: Die russische Weltanschauung, Berlin 1926. *Ders.:* Die Häresie des Utopismus, Stuttgart 1983.
Freund, Gerald: The Unholy Alliance. Russian-German Relations from the Treaty of Brest-Litovsk to the Treaty of Berlin, London 1957.
Friedrich, Carl J./Brzezinski, Zbigniew: Totalitarian Dictatorship and Autocracy, Cambridge/Mass. 1965.
Funke, Manfred (Hrsg.): Hitler, Deutschland und die Mächte. Materialien zur Außenpolitik des Dritten Reiches, Düsseldorf 1976.
Furet, François: Das Ende der Illusion. Der Kommunismus im 20. Jahrhundert, München 1996.
Fursenko, Aleksandr/Naftali, Timothy: „One Hell of a Gamble". Khrushchev, Castro, Kennedy and the Cuban Missile Crisis 1958–1964, London 1999.
Gaddis, J. L.: The United States and the Origins of the Cold War, 1941–1947, New York 1972. *Ders.:* We now know. Rethinking Cold War History, Oxford 1997.
Galili y Garcia, Ziva: The Menshevik Leaders in the Russian Revolution: Social Realities and Political Strategies, Princeton 1989.
Garthoff, L. Raymond: Détente and Confrontation. American-Soviet Relations from Nixon to Reagan, Washington 1985.
Getty, J. Arch: Origins of the Great Purges. Soviet Communist Party Reconsidered, 1933–1938, Cambridge 1985.
Getty, J. Arch/Manning, R. T. (Hrsg.): Stalinist Terror. New Perspectives, Cambridge 1993.
Getzler, Israel: Kronstadt 1917–1921: The Fate of a Soviet Democracy, Cambridge 1983. *Ders.:* Martov. A Political Biography of a Russian Social Democrat, Cambridge 1967.
Geyer, Dietrich: Die Russische Revolution. Historische Probleme und Perspektiven, Göttingen 1977. *Ders.:* Osteuropäische Geschichte und das Ende der komunistischen Zeit, Heidelberg 1996. *Ders.* (Hrsg.): Osteuropa-Handbuch, Außenpolitik 1917–1955, Köln, Wien 1972. *Ders.* (Hrsg.): Die Umwertung der sowjetischen Geschichte, Göttingen 1991.
Gilboa, Yehoshua: The Black Years of the Soviet Jewry 1939–1953, Boston 1971.
Gill, Graeme: The Origins of the Stalinist Political System, Cambridge 1990.
Goldbach, Marie Luise: Karl Radek und die deutsch-sowjetischen Beziehungen 1918–1923, Bonn-Bad Godesberg 1973.
Gorbatschow, Michail: Perestroika. Die zweite russische Revolution. Eine neue Politik für Europa und die Welt, München 1987. *Ders.:* Gipfelgespräche. Geheime Protokolle aus meiner Amtszeit, Berlin 1993. *Ders.:* Erinnerungen, Berlin 1995.
Gorodetsky, Gabriel (Hrsg.): Soviet Foreign Policy, 1917–1991, London 1994.
Gorodetsky, Gabriel: Grand Delusion. Stalin and the German Invasion of Russia. Yale University Press, 1999.
Grebing, Helga/Kinner, Klaus (Hrsg.): Arbeiterbewegung und Faschismus. Interpretationen in der europäischen Arbeiterbewegung, Essen 1990.
Gruber, Helmut: International Communism in the Era of Lenin. Documentary History, Ithaca/N.Y. 1967. *Ders.:* Soviet Russia Masters the Comintern. International Communism in the Era of Stalin's Ascendancy, New York 1974.
Günther, Hans: Die Verstaatlichung der Literatur. Entstehung und Funktionsweise des sozialistisch- realistischen Kanons in der sowjetischen Literatur der dreißiger Jahre, Stuttgart 1984.

Gurian, Waldemar: Der Bolschewismus. Einführung in Geschichte und Lehre, Freiburg i. Br. 1931.
Hacker, Jens: Der Ostblock. Entstehung, Entwicklung und Struktur 1939–1980, Baden-Baden 1983.
Häfner, Lutz: Die Partei der Linken Sozialrevolutionäre in der russischen Revolution von 1917/18, Köln 1994.
Hahlweg, Werner: Lenins Rückkehr nach Russland 1917, Leiden 1957.
Hahn, Werner G.: Postwar Soviet Politics, The Fall of Zhdanov and the Defeat of Moderation, 1946–53, Ithaca, London 1982.
Haimson, Leopold (Hrsg.): The Mensheviks from the Revolution of 1917 to the Second World War, Chicago 1974.
Harrison, Mark: Accounting for war. Soviet production, employment, and the defence burden 1940–1945. Cambridge Univ. Press 1996.
Hasegawa, Tsuyoshi: The February Revolution: Petrograd 1917, Seattle 1981.
Haslam, Jonathan: Soviet Foreign Policy, 1930–1933, London 1983. *Ders.:* The Soviet Union and the Struggle for Collective Security in Europe, 1933–1939, London 1984.
Heiden, Konrad: Adolf Hitler (1 und 2), Zürich 1936/1937.
Heller, Agnes/Fehér, Ferenc: Ungarn 56, Hamburg 1982.
Heller, Michail/Nekrich, Alexander: Geschichte der Sowjetunion 1914–1980. Band 1–2, Königstein/Ts. 1981 f.
Hellmann, Manfred/Schramm, Gottfried/Zernack, Klaus (Hrsg.): Handbuch der Geschichte Russlands. Band 3, Stuttgart 1983.
Hildebrand, Klaus: Deutsche Außenpolitik 1933–1945. Kalkül oder Dogma?, Stuttgart 1971.
Hildermeier, Manfred (Hrsg.): Stalinismus vor dem Zweiten Weltkrieg: neue Wege der Forschung, München 1998.
Hildermeier, Manfred: Die russische Revolution, Frankfurt/Main 1989. *Ders.:* Geschichte der Sowjetunion 1917–1991, München 1998.
Hilger, Gustav: Wir und der Kreml. Deutsch-sowjetische Beziehungen 1918–1941. Erinnerungen eines deutschen Diplomaten, Frankfurt/Main 1955.
Hillgruber, Andreas: Hitlers Strategie. Politik und Kriegsführung 1940–41, Frankfurt/Main 1965.
Hodos, Georg H.: Schauprozesse. Stalinistische Säuberungen in Osteuropa 1948–1954, Frankfurt/Main 1988.
Hofmann, Werner: Stalinismus und Antikommunismus. Zur Soziologie des Ost-West-Konflikts, Frankfurt/Main 1967.
Hoensch, Jörg K.: Sowjetische Osteuropapolitik 1945–1975, Kronberg 1977.
Holloway, David: Stalin and the Bomb. The Soviet Union and Atomic Energy, 1939–1956, New Haven 1994.
Holzer, Jerzy: „Solidarität". Die Geschichte einer freien Gewerkschaft in Polen, München 1985.
Hosking, Geoffrey: The Awakening of the Soviet Union, Cambridge 1990. *Ders.:* A History of the Soviet Union 1917–1991, London 1992.
Hough, Jerry F./Fainsod, Merle: How the Soviet Union is Governed, Cambridge/Mass. 1979.
Jäckel, Eberhard: Hitlers Weltanschauung. Entwurf einer Herrschaft, Stuttgart 1983.
Jacobsen, Hans-Adolf: Der Zweite Weltkrieg. Grundzüge der Politik und Strategie in Dokumenten, Frankfurt/Main 1965. *Ders.:* Nationalsozialistische Außenpolitik 1933–1938, Frankfurt/Main 1968.
Jacobsen, Hans-Adolf/Löser, Jochen/Proektor, Daniel/Slutsch, Sergej (Hrsg.): Deutsch-russische Zeitenwende. Krieg und Frieden 1941–1995, Baden-Baden 1995.
Jansen, Marc: A Show Trial under Lenin. The Trial of the Socialist Revolutionaries, Moscow 1922, The Hague u. a. 1982.

Jelzin, Boris: Aufzeichnungen eines Unbequemen, München 1990. *Ders.:* Auf des Messers Schneide. Tagebuch des Präsidenten, Berlin 1994.
Jesse, Eckhard (Hrsg.): Totalitarismus im 20. Jahrhundert. Eine Bilanz der internationalen Forschung, Baden-Baden 1996.
Kaplan, Karel: Die politischen Prozesse in der Tschechoslowakei 1948–1954, München 1986. *Ders.:* Der kurze Marsch. Kommunistische Machtübernahme in der Tschechoslowakei 1945–1948, München 1981.
Kappeler, Andreas: Russland als Vielvölkerreich. Entstehung, Geschichte, Zerfall, München 1992.
Katzer, Nikolaus: Die weiße Bewegung in Russland. Herrschaftsbildung, praktische Politik und politische Programmatik im Bürgerkrieg, Köln 1999.
Kautsky, Karl: Terrorismus und Kommunismus. Ein Beitrag zur Naturgeschichte der Revolution, Berlin 1919.
Keep, John L. H.: The Russian Revolution. A Study in Mass Mobilization, London 1976. *Ders.:* The Last of the Empires: A History of the Soviet Union, 1945–1991, New York 1995.
Kenez, Peter: The Birth of the Propaganda State: Soviet Methods of Mass Mobilization, 1917–1929, Cambridge 1985. *Ders.:* A History of the Soviet Union from the Beginning to the End, Cambridge 1999.
Kennan, G.F.: Sowjetische Außenpolitik unter Lenin und Stalin, Stuttgart 1961. *Ders.:* Memoiren eines Diplomaten, Stuttgart 1968.
Kerenski, Alexander: Memoiren. Russland und der Wendepunkt der Geschichte, Wien 1966.
Kissinger, Henry A.: Memoiren 1968–1973, München 1979.
Knight, Amy: Beria. Stalin's First Lieutenant, Princeton 1996.
Koenker, Diane: Moscow Workers and the 1917 Revolution, Princeton 1981.
Koenen, Gerd/Kopelew, Lew (Hrsg.): Deutschland und die russische Revolution 1917–1924, München 1998.
Kolakowski, Leszek: Die Hauptströmungen des Marxismus. Entstehung, Entwicklung, Zerfall. Band 1–3, Zürich 1981.
Kotkin, Stephen: Magnetic Mountain: Stalinism as a Civilization, Berkeley/Calif. u. a. 1995.
Krausnick, H./Wilhelm, H.-H.: Die Truppe des Weltanschauungskrieges, Stuttgart 1981.
Krammer, Arnold: The Forgotten Friendship. Israel and the Soviet Bloc 1947–1953, Urbana 1974.
Krivitsky, Walter.: I was Stalin's Agent, London 1939.
Kubina, Michael/Wilke, Manfred (Hrsg.): „Hart und kompromisslos durchgreifen". Die SED contra Polen 1980/81. Geheimakten der SED-Führung über die Unterdrückung der polnischen Demokratiebewegung, Berlin 1995.
Küchenmeister, Daniel (Hrsg.): Honecker-Gorbatschow. Vieraugengespräche, Berlin 1993.
Kuromiya, H.: Stalin's Industrial Revolution: Politics and Workers, 1928–1932, Cambridge 1988.
Kuron, Jacek/Modzelewski, Karol: Monopolsozialismus, Hamburg 1969.
Kynin, G./Laufer, J. (Hrsg.): Die UdSSR und die deutsche Frage 1941–1949. Dokumente aus dem Archiv für Außenpolitik der Russischen Föderation, Moskau 1996.
Leggett, George: The Cheka: Lenin's Political Police, Oxford 1981.
Lenin, W. I.: Werke. Band 1–40, Berlin 1961 ff.
Lemberg, Hans u. a. (Hrsg.): Sowjetisches Modell und nationale Prägung. Kontinuität und Wandel in Ostmitteleuropa nach dem Zweiten Weltkrieg, Marburg 1991.
Leonhard, Wolfgang: Die Revolution entlässt ihre Kinder, Köln 1955. *Ders.:* Der Schock des Hitler-Stalin-Paktes, München 1989.
Lewin, Mosche: Lenins letzter Kampf, Hamburg 1970. *Ders.:* Political Undercurrents in Soviet Economic Debates. From Bukharin to the Modern Reformers, London 1975.

Ders.: Gorbatschows neue Politik. Die reformierte Realität und die Wirklichkeit der Reformen, Frankfurt/Main 1988.

Lieber, Hans-Joachim/Ruffmann, Karl-Heinz (Hrsg.): Der Sowjetkommunismus. Dokumente. Band 1–2, Köln 1963.

Liebich, André: From the Other Shore. Russian Social Democracy after 1921, Cambridge/Mass. 1997.

Lih, T. H./Naumov, O. V./ Chlevnjuk, O. V. (Hrsg.): Stalin's Letters to Molotov, 1925–1936, New Haven 1995.

Lindner, Bernd: Die demokratische Revolution in der DDR 1989/90, Bonn 1998.

Linz, Juan: Totalitarian and Authoritarian Regimes, in: Greenstein/Polsby, N. W. (Hrsg.): Handbook of Political Science. Band 3. Macropolitical Theory, S. 175–411, Reading/Mass. 1975.

Lockhart, Sir Robert H.: Vom Wirbel erfasst. Bekenntnisse eines britischen Diplomaten, Stuttgart 1933.

Lorenz, Richard: Sozialgeschichte der Sowjetunion 1, 1917–1945, Frankfurt/Main 1976.

Loth, Wilfried: Die Teilung der Welt. Geschichte des Kalten Krieges 1941–1955, München 1990.

Löwenthal, Richard/ Meissner, Boris (Hrsg.): Der Sowjetblock zwischen Vormachtkontrolle und Autonomie, Köln 1984.

Luchterhand, Galina: Die politischen Parteien im neuen Russland. Dokumente und Kommentare, Bremen 1993.

Luks, Leonid: Entstehung der kommunistischen Faschismustheorie. Die Auseinandersetzung der Komintern mit Faschismus und Nationalsozialismus 1921–1935, Stuttgart 1985. *Ders.* (Hrsg.): Der Spätstalinismus und die „jüdische Frage". Zur antisemitischen Wendung des Kommunismus, Köln 1998.

Luxemburg, Rosa: Politische Schriften, hrsg. von Ossip Flechtheim. Band 1–3, Frankfurt/Main 1967.

Maier, Hans (Hrsg.): „Totalitarismus" und „Politische Religionen". Konzepte des Diktaturvergleichs. Bd. 1 u. 2, Paderborn u. a. 1996/1997.

Maier, Robert: Die Stachanov-Bewegung 1935–1938. Der Stachanovismus als tragendes und verschärfendes Moment der Stalinisierung der sowjetischen Gesellschaft, Stuttgart 1990.

Malia, Martin: Vollstreckter Wahn: Russland 1917–1991, Stuttgart 1994.

Markert, Werner, (Hrsg.): Deutsch-Russische Beziehungen von Bismarck bis zur Gegenwart, Stuttgart 1964.

Marx, Karl und Engels, Friedrich: Werke. Band 1–39, Berlin 1959ff.

Mastny, Vojtech: Moskaus Weg zum Kalten Krieg, München, Wien 1980. *Ders.:* The Cold War and Soviet Insecurity. The Stalin Years, New York 1996.

Mawdsley, Evan: The Russian Civil War, London 1987.

McCagg, William: Stalin Embattled, 1943–1948, Detroit 1978.

McCauley, Martin (Hrsg.): Khrushchev and the Khrushchevism, Bloomington/Indianapolis 1987. *Ders.* (Hrsg.): The Soviet Union after Brezhnev, London 1983. *Ders.* (Hrsg.): The Soviet Union under Gorbachev, London 1987.

McDermott, Kevin/Agnew, Jeremy: The Comintern: a history of international communism from Lenin to Stalin, Basingstoke 1996.

Medwedew, Roy: Die Wahrheit ist unsere Stärke. Geschichte und Folgen des Stalinismus, Frankfurt/Main 1973. *Ders.:* Nikolai Bukharin. The Last Years, New York, London 1980.

Medwedew Roy/Medwedew, Zhores: Khrushchev: The Years in Power, Oxford 1977.

Medwedev, Zhores: Andropov, Oxford 1983.

Meissner, Boris: Das Parteiprogramm der KPdSU 1903 bis 1961, Köln 1962. *Ders.:* Sowjetgesellschaft am Scheideweg. Beiträge zur Sozialstruktur der Sowjetunion, Köln 1985. *Ders.:* Vom Sowjetimperium zum eurasischen Staatensystem. Die russische Außenpolitik im Wandel und in der Wechselbeziehung zur Innenpolitik, Berlin 1995. *Ders.* (Hrsg.):

Die Außenpolitik der GUS-Staaten und ihr Verhältnis zu Deutschland und Europa, Köln 1994.

Meissner, Boris/Eisfeld, Alfred (Hrsg.): 50 Jahre sowjetische und russische Deutschlandpolitik sowie ihre Auswirkungen auf das gegenseitige Verhältnis, Berlin 1999.

Melgunov, Sergej: The Bolshevik Seizure of Power, Santa Barbara 1972.

Merl, Stephan: Die Anfänge der Kollektivierung in der Sowjetunion. Der Übergang zur staatlichen Reglementierung der Produktions- und Marktbeziehungen im Dorf (1928–1930), Wiesbaden 1985. *Ders.:* Bauern unter Stalin. Die Formierung des sowjetischen Kolchossystems 1930–1941, Berlin 1990.

Meyer, Alfred G.: Leninism, Cambridge/Mass. 1957. *Ders.:* The Soviet Political System. An Interpretation, New York 1965.

Miljukov, Pavel: Russlands Zusammenbruch. Band 1–2, Stuttgart 1925–26.

Miller, R. F./Fehér, F. (Hrsg.): Khrushchev and the Communist World, London 1984.

Mlynář, Zdeněk: Nachtfrost. Erfahrungen auf dem Weg vom realen zum menschlichen Sozialismus, Köln, Frankfurt/Main 1978. *Ders.:* Krisen und Krisenbewältigung im Sowjetblock, Köln, Wien 1983.

Moore, Barrington: Soziale Ursprünge von Diktatur und Demokratie. Die Rolle der Grundbesitzer und Bauern bei der Entstehung der modernen Welt, Frankfurt/Main 1969.

Müller, Rolf-Dieter: Hitlers Ostkrieg und die deutsche Siedlungspolitik. Die Zusammenarbeit von Wehrmacht, Wirtschaft und SS, Frankfurt/Main 1991.

Myllyniemi, Seppo: Die baltische Krise, Stuttgart 1979.

Naimark, Norman: Die Russen in Deutschland. Die sowjetische Besatzungszone 1945–1949, Berlin 1997.

Nekritsch, A./Grigorenko, P.: Genickschuss. Die Rote Armee am 22. Juni 1941, Frankfurt/Main 1969.

Neumann, Sigmund: Permanent Revolution. Totalitarianism in the age of International Civil War, 2.Aufl., New York 1965.

Niedhart, Gottfried (Hrsg.): Der Westen und die Sowjetunion. Einstellungen und Politik gegenüber der UdSSR in Europa und in den USA seit 1917, Paderborn 1983.

Nikolaevsky, Boris J.: Power and the Soviet Elite. „The letter of an old Bolshevik" and other essays, hrsg. v. J. Zagoria, New York 1965.

Nolte, Ernst: Der Faschismus in seiner Epoche, München 1963. *Ders.:* Die faschistischen Bewegungen. Die Krise des liberalen Systems und die Entwicklung der Faschismen, München 1966. *Ders.:* Theorien über den Faschismus, Köln 1967. *Ders.:* Deutschland und der Kalte Krieg, München 1974.

Nove, Alec: An Economic History of the USSR, 1917–1991. 3. rev.Aufl., New York 1992.

Oberländer, Erwin: Sowjetpatriotismus und Geschichte. Eine Dokumentation, Köln 1967.

O'Sullivan, Donal: Furcht und Faszination. Deutsche und britische Russlandbilder 1921 bis 1933, Köln 1996.

Paléologue, Maurice: Am Zarenhof während des Weltkrieges. Tagebücher und Betrachtungen. Band 1–2, München 1926.

Parrish, Michael: The Lesser Terror. Soviet State Security, 1939–1953, Westport/Conn., London 1996.

Pauer, Jan: Prag 1968. Der Einmarsch des Warschauer Paktes. Hintergründe – Planung – Durchführung, Bremen 1995.

Pethybridge, Roger: The social prelude to Stalinism, London 1974.

Pietrow, Bianka: Stalinismus, Sicherheit, Offensive. Das „Dritte Reich" in der Konzeption der sowjetischen Außenpolitik 1933–1941, Melsungen 1983.

Pinkus, Benjamin: The Jews of the Soviet Union. The History of a National Minority, Cambridge 1988.

Pipes, Richard: Die Russische Revolution, Berlin 1991/92. *Ders.:* Russia under the Bol-

shevik Regime, New York 1993. *Ders.* (Hrsg.): The Unknown Lenin: From the Secret Archive, New Haven 1996.
Pohl, J. Otto: Ethnic cleansing in the USSR 1937–1949. Westport/Conn. 1999.
Pospelovsky, Dmitri: The Russian Church under the Soviet Regime 1917–1982. Band 1–2, Crestwood, New York 1984.
Raack, R. C.: Stalin's Drive to the West 1938–1945. The Origins of the Cold War, Stanford 1995.
Rabenau, Friedrich von: Seeckt. Aus seinem Leben 1918–1936, Leipzig 1941.
Rabinowitch, Alexander: Prelude to Revolution. The Petrograd Bolsheviks and the July 1917 Uprising, Indiana 1968. *Ders.:* The Bolsheviks Come to Power. The Revolution of 1917 in Petrograd, New York 1976.
Radkey, Oliver Henry: The Election to the Russian Constituent Assembly of 1917, Cambridge/Mass. 1950. *Ders.:* The sickle and the hammer. The Russian Socialist Revolutionaries in the early months of the Soviet rule, New York 1963.
Raeff, Marc: Russia abroad. A Cultural History of the Russian Emigration 1919–1939, New York, Oxford 1990.
Rapoport, V./Alexeev, Y.: High Treason. Essays on the History of the Red Army 1918–1938, Durham 1985.
Rauch, Georg von: Geschichte der Sowjetunion, Stuttgart 1990.
Redlich, Shimon: War, Holocaust and Stalinism. A documented Study of the Jewish Anti-Fascist Comittee in the USSR, Harwood 1995.
Reed, John S.: Zehn Tage, die die Welt erschütterten, Berlin 1958.
Reimann, Michal: Die Geburt des Stalinismus. Die UdSSR am Vorabend der „2. Revolution", Frankfurt/Main 1979.
Rigby, T. H.: Lenin's Government: Sovnarkom, 1917–1922, Cambridge 1979. *Ders.:* Communist Party membership in the USSR, 1917–1967, Princeton 1968.
Rigby, T. H./Fehér, Ferenc (Hrsg.): Political Legitimation in Communist States, Oxford 1982.
Rimscha, Hans von: Der russische Bürgerkrieg und die russische Emigration 1917–1921, Jena 1924. *Ders.:* Russland jenseits der Grenzen 1921–1926. Ein Beitrag zur russischen Nachkriegsgeschichte, Jena 1927.
Roberts, Geoffrey: The Soviet Union and the Origins of the Second World War. Russo-German Relations and the Road to War, 1933–1941, Basingstoke 1995.
Rosenberg, Arthur: Geschichte des Bolschewismus, Frankfurt/Main 1966.
Rosenberg, William G.: Liberals in the Russian Revolution. The Constitutional Democratic Party; 1917–1921, Princeton 1974.
Ruban, Maria Elisabeth/Gloeckner, Eduard/Lodahl, Maria/Scherzinger, Klaus/von Beyme, Klaus: Lebensbedingungen in der Sowjetunion 1955–1980. Planziele und Ergebnisse im Spiegel sozialer Indikatoren, Frankfurt/Main, New York 1983.
Rubinstein, Alvin C.: Soviet Foreign Policy Since World War II: Imperial and Global, 2. Aufl., Boston, Toronto 1985.
Sacharow, Andrej: Wie ich mir die Zukunft vorstelle, Zürich 1969. *Ders.:* Mein Leben, München 1991.
Schapiro, Leonard: The Origin of the Communist Autocracy. Political Opposition in the Soviet State. First Phase 1917–1922, London 1955. *Ders.:* Die Geschichte der Kommunistischen Partei der Sowjetunion, Frankfurt/Main 1961. *Ders.:* Totalitarianism, London 1972.
Schlögel, Karl (Hrsg.): Der große Exodus. Die russische Emigration und ihre Zentren 1917–1941, München 1994. *Ders.* (Hrsg.): Wegzeichen. Zur Krise der russischen Intelligenz, Frankfurt/Main 1990. *Ders.:* Russische Emigration in Deutschland 1918–1941; Leben im europäischen Bürgerkrieg, Berlin 1995.
Schmidt, Karl-Heinz: Dialog über Deutschland. Studien zur Deutschlandpolitik der KPdSU und der SED (1960–1979), Baden-Baden 1998.

Schmidt-Hartmann, Eva (Hrsg.): Kommunismus und Osteuropa. Konzepte, Perspektiven und Interpretationen, München 1994.

Schröder, Hans Henning: Arbeiterschaft, Wirtschaftsführung und Parteibürokratie während der Neuen Ökonomischen Politik. Eine Sozialgeschichte der bolschewistischen Partei 1920–1928, Berlin, Wiesbaden 1982. *Ders.:* Industrialisierung und Parteibürokratie in der Sowjetunion. Ein sozialgeschichtlicher Versuch über die Anfangsphase des Stalinismus (1928–1934), Berlin, Wiesbaden 1988.

Schwendemann, Heinrich: Die wirtschaftliche Zusammenarbeit zwischen dem Deutschen Reich und der Sowjetunion von 1939 bis 1941. Alternative zu Hitlers Ostprogramm?, Berlin 1993.

Seaton, A.: Der russisch-deutsche Krieg 1941–1945, Frankfurt/Main 1973.

Segbers, Klaus: Die Sowjetunion im Zweiten Weltkrieg. Die Mobilisierung von Bevölkerung, Wirtschaft und Gesellschaft im „Großen Vaterländischen Krieg" 1941–1943, München 1987.

Seidel, Bruno/Jenkner, Siegfried (Hrsg.): Wege der Totalitarismus-Forschung, Darmstadt 1968.

Selucky, Radoslav: Reformmodell CSSR, Hamburg 1969.

Service, Robert: The Bolshevik Party in Revolution. A Study in Organisational Change 1917–1923, London 1979.

Shub, David: Lenin, Wiesbaden 1952.

Simon, Gerhard: Nationalismus und Nationalitätenpolitik der Sowjetunion. Von der totalitären Diktatur zur nachstalinschen Gesellschaft, Baden-Baden 1986.

Simon, Gerhard/Simon, Nadja: Verfall und Untergang des sowjetischen Imperiums, München 1993.

Skilling, H. G./Griffiths, F.: Pressure Groups in der Sowjetunion, Wien 1974.

Smith, S.: Red Petrograd: Revolution in the Factories, 1917–18. Cambridge 1983.

Solomon, Peter H. Jr.: Soviet Criminal Justice under Stalin, Cambridge 1996.

Solshenizyn, Alexander: Von der Verantwortung des Schriftstellers. Zürich 1969. *Ders.* (Hrsg.): Stimmen aus dem Untergrund. Zur geistigen Situation in der UdSSR Darmstadt 1975. *Ders.:* Der Archipel Gulag, Bern 1974.

Stalin, Josif: Werke. Band 1–13, Berlin 1952 ff. *Ders.:* Correspondence with Churchill, Attlee, Roosevelt and Truman 1941–1945, London 1958.

Staniszkis, Jadwiga: Poland's Self-Limiting Revolution, New Jersey 1984.

Stepun, Fedor: Vergangenes und Unvergängliches. Band 1–3, München 1947 ff. *Ders.:* Der Bolschewismus und die christliche Existenz, München 1962.

Streit, Christian: Keine Kameraden. Die Wehrmacht und die sowjetischen Kriegsgefangenen 1941–45, Stuttgart 1980.

Struve, Gleb: Geschichte der Sowjetliteratur 1917–1950, München 1957.

Suchanov, Nikolaj: 1917. Tagebuch der russischen Revolution, München 1967.

Sudoplatow, Pawel/Sudoplatow, Anatolij: Der Handlanger der Macht. Enthüllungen eines KGB-Generals, Düsseldorf u. a. 1994.

Suvorov, V.: Der Eisbrecher. Hitler in Stalins Kalkül, Stuttgart 1989.

Talmon, Jakov: The Myth of the Nation and the Vision of Revolution. The Origins of Ideological Polarisation in the Twentieth Century, London 1981.

Tasca, Angelo: Glauben, Gehorchen, Kämpfen. Aufstieg des Faschismus, Wien 1969.

Teckenberg, Wolfgang: Gegenwartsgesellschaften: UdSSR, Stuttgart 1983.

Teltschik, Horst: 329 Tage. Innenansichten der Einigung, Berlin 1991.

Tökes, Rudolf F. (Hrsg.): Opposition in Eastern Europe, Oxford 1979.

Toranska, Teresa: Die da oben. Polnische Stalinisten zum Sprechen gebracht, Wien 1987.

Trotzki, Leo: Geschichte der russischen Revolution, Berlin 1960. *Ders.:* Schriften 1. Sowjetgesellschaft und stalinistische Diktatur. Band 1–2, Frankfurt/Main 1988. *Ders.:* Schriften über Deutschland, in: Gesammelte Werke I, Bd. 1–2, Frankfurt/Main 1971.

Ders.: Mein Leben. Versuch einer Autobiographie, Berlin 1961. *Ders.:* Über Lenin. Material für einen Biographen, Frankfurt/Main 1964. *Ders.:* Tagebuch im Exil, Köln 1979.
Trotsky, Papers (hrsg. v. Meijer, I. M.) Band 1–2, Den Haag 1964–71.
Tschernajew, Anatolij: Die letzten Jahre einer Weltmacht, Stuttgart 1993.
Tucker, Robert C.: Stalin as Revolutionary 1879–1929. A Study in History and Personality, New York 1973. *Ders.:* Stalin in Power. The Revolution from Above 1929–1941, New York, London 1990. *Ders.:* The Soviet Political Mind. Stalinism and post-Stalin Change. 2.Aufl, New York 1971. *Ders.* (Hrsg.): Stalinism. Essays on Historical Interpretation, New York 1977.
Tumarkin, Nina: Lenin Lives! The Lenin Cult in Soviet Russia, Cambridge 1983.
Ueberschär, G. R./Wette, W. (Hrsg.): „Unternehmen Barbarossa". Der deutsche Überfall auf die Sowjetunion 1941. Berichte, Analysen, Dokumente, Paderborn 1984.
Ulam, Adam: Die Bolschewiki, Köln 1967. *Ders.:* Stalin. Koloss der Macht, Esslingen 1977. *Ders.:* Expansion and Coexistence. The History of Soviet Foreign Policy, London 1968.
Uldricks, Teddy J.: Diplomacy and ideology. The origins of Soviet foreign relations 1917–1930, London 1979.
Utechin, S.V.: Geschichte der politischen Ideen in Russland, Stuttgart 1966.
Voegelin, Eric: Die politischen Religionen, Wien 1938.
Voslensky, Michail: Nomenklatura: die herrschende Klasse der Sowjetunion, Wien 1980.
Weber, Hermann: Die Wandlungen des deutschen Kommunismus, Frankfurt/Main 1969.
Weber, Hermann (Hrsg.): Die Kommunistische Internationale. Eine Dokumentation, Hannover 1966.
Weber, Hermann/Staritz, Dietrich/Bahne, Siegfried/Lorenz, Richard (Hrsg.): Kommunisten verfolgen Kommunisten, Berlin 1993.
Wehner, Markus: Bauernpolitik im proletarischen Staat. Die Bauernfrage als zentrales Problem der sowjetischen Innenpolitik 1921–1928, Köln 1998.
Weingartner, Thomas: Stalin und der Aufstieg Hitlers. Die Deutschlandpolitik der Sowjetunion und der Kommunistischen Internationale 1929–1934, Berlin 1970.
Werth, Alexander: Russland im Krieg 1941–1945, München 1965.
Westad, Odd u. a. (Hrsg.): The Soviet Union in Eastern Europe 1945–1989, London 1994.
Wetter, Gustav: Der Dialektische Materialismus. Seine Geschichte und sein System in der Sowjetunion, Freiburg 1960.
Wettig, Gerhard: Die Rolle der russischen Armee im revolutionären Machtkampf 1917 in: Forschungen zur osteuropäische Geschichte, Band 12, S. 46–389, Berlin 1967. *Ders.:* Die Sowjetunion, die DDR und die Deutschland-Frage 1965–1976. Einvernehmen und Konflikt im sozialistischen Lager, Stuttgart 1977. *Ders.:* Bereitschaft zu Einheit in Freiheit? Die sowjetische Deutschland-Politik 1945–1955, München 1999.
Wheeler-Bennett, J.: Brest-Litovsk. The Forgotten Peace, March 1918, London 1956.
Wildman, Allan K.: The End of the Russian Imperial Army. Band 1–2, Princeton 1980, 1987.
Winkler, Heinrich August: Von der Revolution zur Stabilisierung. Arbeiter und Arbeiterbewegung in der Weimarer Republik 1918–1924, Berlin, Bonn 1984.
Wolfe, Bertram: Three who made a Revolution (Lenin, Trotsky, Stalin). A biographic history, New York 1948. *Ders.:* An Ideology in Power, New York 1968.
Wolkogonow, Dmitri: Stalin. Triumph und Tragödie, Düsseldorf 1989. *Ders.:* Lenin. Die Macht der Bolschewiki, Berlin 1994.
Yanov, Alexander: The Russian New Right, Berkeley 1978.
Zarusky, Jürgen: Die deutschen Sozialdemokraten und das sowjetische Modell. Ideologische Auseinandersetzung und außenpolitische Konzeptionen 1917–1933, München 1992.

Zeidler, Manfred: Reichswehr und Rote Armee 1920–1933. Wege und Stationen einer ungewöhnlichen Zusammenarbeit, München 1993. *Ders.*: Kriegsende im Osten. Die Rote Armee und die Besetzung Deutschlands östlich von Oder und Neiße 1944/45, München 1996.
Zeman, Zbynek/Scharlau, Winfried: Freibeuter der Revolution. Parvus-Helphand. Eine politische Biographie, Köln 1964.
Zubok, Wladislaw/Pleshakov, Konstantin: Der Kreml im Kalten Krieg, Hildesheim 1997.

Personenregister

Abakumow, Viktor (1908–1954) – 1946–51 sowjet. Min. für Staatssicherheit 422f.
D'Abernon, Edgar Vincent, Lord (1857–1941) – brit. Diplomat 137
Achmatowa, Anna (1889–1966) – russ. Lyrikerin 373
Achromejew, S.F. – sowjet. Marschall 504
Adenauer, Konrad (1876–1967) – 1949–63 Bundeskanzler 437f.
Afanassjew, Jurij 493
Aldanow, Mark (1886–1957) – russ. Schriftsteller 11
Alexander (1888–1934) – König von Jugoslawien 330
Alexander II. (1818–1881) – russ. Zar (1855–81) 536
Alexander III. (1845–1894) – russ. Zar (1881–94) 53
Alexejew, Michail (1857–1918) – russ. General 87
Alexejew, Jurij – 312
Alksnis, Ja. I. – sowjet. Armeekommandeur 311
Alksnis, Viktor – sowjet. Oberst u. Politiker 496, 506
Amalrik, Andrej (1938–1980) – russ. Bürgerrechtler 548
Ambarzumow, Jewgenij 529
Amin, Hafisullah (1922–1979) – 1979 afghan. Staatspräs. 476
Andrejew, Andrej (1895–1971) – 1938–45 Vorsitz. des Unionssowjets, 1946–53 stellvertr. Vorsitz. des Ministerrates 267, 426, 434
Andropow, Jurij (1914–1984) – 1967–82 KGB-Chef, 1982–84 Generalsekr. der KPdSU 469, 483
Anfilow, Viktor 361
Antonow, Alexander (1888–1922) – russ. Bauernführer 151
Antonow-Owsejenko, A.S. 313
Antonow-Owsejenko, Wladimir (1883–1939) – bolschew. Militärführer, Politiker u. Diplomat 109, 144, 301,
Asejew, Nikolaj (1889–1963) – russ. Dichter 411
Atatürk, Kemal (1881–1938) – türk. Heerführer u. Staatspräs. 530
Awtorchanow, A. 210, 258, 291, 412, 427

Baburin, Sergej 539, 540
Bainville, Jacques (1879–1936) – frz. Historiker u. Politiker 181f.
Balcerowicz, Leszek – poln. Politiker, Finanzmin. 512
Barth, Emil – dt. Sozialist, Mitgl. des Rates der Volksbeauftragten (1918) 139
Barthou, Louis (1862–1934) – frz. Politiker, Außenmin. 324, 330
Bebel, August (1840–1913) – dt. Sozialist, Mitbegründer der SPD 199
Below, Iwan (1893–1938) – sowjet. Armeekommandeur 311
Beneš, Eduard (1884–1948) – 1935–38 u. 1945–48 tschechosl. Staatspräs. 392
Berdjajew, Nikolaj (1874–1948) – russ. Philosoph 60, 95, 249, 251
Beresowski, Boris – russ. Unternehmer 522
Berija, Lawrentij (1899–1953) – sowjet. Politiker, 1938–45 Volkskommissar für Inneres, 1953 Innenminister 314, 348, 362, 372, 396, 413, 421, 426–435, 443, 453
Berman, Jakub (1896–1984) – poln. Politiker, bis 1956 Mitgl. des Politbüros der Polnischen Arbeiterpartei, ab 1948 der PVAP 403
Berthelot – frz. General 85
Bethmann Hollweg, Theobald von (1856–1921) – 1909–17 Reichskanzler 32
Bettelheim, Ernst – ungar. Kommunist 144
Bierut, Bolesław (1892–1956) – 1947–52 poln. Staatspräs., 1948–56 Vorsitz. bzw. Erster Sekr. der PVAP 400, 442
Bismarck, Otto von (1815–1898) – 1871–90 Reichskanzler 75
Blomberg, Werner von (1878–1946) – dt. Generalfeldmarschall, Reichswehrmin., Oberbefehlshaber der Wehrmacht 284
Blücher, Wassilij (1890–1938) – sowjet. Marschall 311
Blum, Léon (1872–1950) – frz. Politiker, 1936–38 Min.Präs. 327, 331
Bogomolow, Oleg 479
Bojarski – Offizier der Wlassow-Armee 370
Bonaparte, Louis – Napoleon III. (1808–1873) – Kaiser der Franzosen (1852–1870) 495
Bondarew, Jurij – sowjet. Schriftsteller 489
Bordiga, Amadeo (1889–1970) – Führer der KPI 148, 168, 175, 207
Borkenau, Franz (1900–1957) – dt. Sozialist u. Historiker 276f., 327
Brandler, Heinrich (1881–1967) – 1921–23 einer der Führer der KPD 167, 190, 192

Brandt, Willy (1913–1992) – 1969–74 Bundeskanzler 242f., 471f.
Brauchitsch, Walther von (1891–1948) – dt. Generalfeldmarschall 353
Bredow, Ferdinand von – dt. General (1934 ermordet) 264
Breshnew, Leonid (1906–1982) – 1964–82 Erster Sekr. bzw. Generalsekr. der KPdSU 460f., 470f., 477, 479, 483, 497
Breslauer, George 460
Briand, Aristide (1862–1932) – frz. Staatsmann, Außenmin. 182, 241
Brockdorff-Rantzau, Ulrich Graf von (1869–1928) – dt. Politiker u. Diplomat, 1919 Außenmin., 1922–28 Botschafter in Moskau 242
Brodski, Josif (1940–1996) – russ. Dichter, Nobelpreisträger 459
Broszat, Martin 322
Browikow, Wladimir 490
Brussilow, Alexej (1853–1926) – russ. General 135
Brzezinski, Zbigniew 404, 453
Buchanan, George William (1854–1924) – brit. Diplomat, 1910–17 Botschafter in Petersburg 29, 33, 42, 75
Bucharin, Nikolaj (1888–1938) – bolschew. Theoretiker, 1924–29 Politbüromitglied 64, 83, 102, 111, 126, 166, 187, 198, 200, 203ff., 209, 212–215, 217–222, 243, 245, 253, 256, 264, 272, 287, 288, 291, 303, 305ff., 310f., 314, 366
Buchheim, Hans 322, 381
Budennyj, Semjon (1883–1973) – sowjet. Marschall 135, 311
Bulganin, Nikolaj (1895–1975) – sowjet. Politiker, 1948–58 Mitgl. des Politbüros bzw. des ZK-Präsidiums, 1955–58 sowjet. Min.Präs. 413, 437, 443, 452f.
Bullitt, William – amerik. Diplomat 123f.
Bullock, Alan 344, 369
Bülow, Bernhard Wilhelm von (1885–1936) – dt. Diplomat 319
Bunjatschenko – General der Wlassow-Armee 371
Burckhardt, Carl Jacob (1891–1974) – Schweizer Historiker u. Diplomat 344
Burlazki, Fjodor 446, 455, 480, 483
Burzew, M. 393
Bush, George – 1989–93 amerik. Präs. 505
Butenko, A. 315, 493

Caballero, Francisco Largo (1869–1946) – span. Politiker, 1936–37 Min.Präs. 328
Carr, E.H. 198, 221
Carter, Jimmy – 1977–1981 amerik. Präs. 476
Cavaignac, Eugène (1802–1857) – frz. Politiker u. General 35
Chamberlain, Arthur Neville (1869–1940) – 1937–40 brit. Min.Präs. 340, 342, 351
Chamberlain, Sir Joseph Austin (1863–1937) – brit. Politiker, 1924–29 Außenmin. 241
Chasbulatow, Ruslan – russ. Politiker, Vorsitz. des Obersten Sowjets 515
Chiang Kai-shek (1887–1975) – chines. Staatsmann u. General 244
Chlewnjuk, Oleg 288, 291
Chruschtschow, Nikita (1894–1971) – 1953–64 Erster Sekr. der KPdSU, 1958–64 sowjet. Min.Präs. 289, 293, 301, 309, 380, 424, 426, 428f., 435, 438, 443–447, 451–462, 474, 480f., 486f., 507, 526
Churchill, Sir Winston Spencer (1874–1965) – brit. Staatsmann, 1940–45, 1951–55 Min.Präs. 75, 121f., 127, 330, 351, 377, 380ff., 384f., 389, 394, 397f.
Ciszczewski – poln. Politiker 393
Clay, Lucius D. (1897–1978) – amerik. General, 1947–49 Militärgouverneur der amerik. Besatzungszone in Deutschl. 407
Clemenceau, Georges (1841–1929) – frz. Staatsmann, 1906–09, 1917–20 Min.Präs. 76, 85, 209, 324
Clinton, Bill – amerik. Präs. 546
Cohen, Stephen 219, 272
Conquest, Robert 291, 294
Cripps, Sir Stafford (1889–1952) – brit. Diplomat, 1940–42 Botschafter in Moskau 352, 356
Cuno, Wilhelm (1876–1933) – dt. Politiker, 1922–23 Reichskanzler 186, 189

Dallin, Alexander 366
Dan, Fjodor (1871–1947) – menschewist. Politiker 40, 119, 154
Daniel, Julij (1925–1988) – sowjet. Schriftsteller, Regimekritiker 464
Danilow, Viktor 261
Danischewski, Karl (1894–1938) – bolschew. Funktionär 151
Danton, Georges (1759–1794) – frz. Revolutionsführer 219
Däumig, Ernst – dt. Sozialist 139
Davies, Joseph (1876–1958) – amerik. Diplomat, 1936–38 Botschafter in Moskau 377
Dehio, Ludwig 55
Dekanosow, Wladimir (1898–1953) – sowjet. Politiker, Diplomat u. Funktionär des Sicherheitsdienstes, 1940–41 Botschafter in Berlin 362
Delbrück, Hans (1843–1929) – dt. Historiker 477

Denikin, Anton (1872–1947) – russ. General 109f., 116–120, 124, 128f.
Deutscher, Isaac 11, 164, 197, 206, 211, 255, 272, 444f., 454
Dewey, John (1859–1952) – amerik. Philosoph 300
Dimitrow, Georgi (1887–1949) – 1935–43 Generalsekr. des Exekutivkomitees der Komintern, 1946–49 bulgar. Min.Präs. 325, 326, 331f., 349f., 359, 386f., 400, 405, 409, 411
Djilas, Milovan (1911–1995) – jug. kommunist. Politiker, Regimekritiker 390, 402
Dmitrijewski, 71
Dostojewski, Fjodor (1821–1881) – russ. Schriftsteller 92
Drozd, 424
Drushinin, Nikolaj – sowjet. Historiker 300
Dubček, Alexander (1921–1992) – tschechosl. Politiker, 1968–69 Erster Sekr. der tschechosl. KP 467
Duclos, Jacques (1896–1975) – frz. Kommunist 325
Dudajew, Dschochar (1944–1996) – sowjet. General, 1991–96 Präs. Tschetscheniens 531
Dudinzew, Wladimir – sowjet. Schriftsteller 459
Dugin, Alexander 540, 542
Dzierżyńska, Zofia 403
Dzierżyński, Feliks (1877–1926) – seit 1917 Vorsitz. der Tscheka 106, 194, 205, 213, 403, 526

Eberlein, Hugo (1887–1944) – dt. Sozialist u. Kommunist 142
Ebert, Friedrich (1871–1925) – seit 1913 Vorsitz. der SPD, 1919–25 Reichspräsident 200
Eden, Anthony (1897–1977) – brit. Politiker u. Diplomat, 1935–38, 1940–1945 Außenmin. 330, 384, 389
Ehrenburg, Ilja (1891–1967) – sowjet. Schriftsteller 419, 442
Eiche, R.I. (1890–1940) – bolschew. Funktionär, 1935–38 Kandidat des Politbüros 293
Einstein, Albert (1879–1955) – dt. Physiker 441
Eisenstein, Sergej (1898–1948) – sowjet. Filmregisseur 414
Ejdelman, Natan 335
Ejsmont, N.B. (1891–1935) – bolschew. Funktionär 290
Engels, Friedrich (1820–1895) – Theoretiker des Sozialismus 59, 89, 289, 323, 338, 411, 434
Etinger, Jakow 423
Etzdorf, Hasso von 351

Fadejew, Alexander (1901–1956) – sowjet. Schriftsteller 420
Fedotow, Georgij (1886–1951) – russ. Historiker u. Philosoph 18, 251, 255, 268, 302, 307, 334, 519, 547
Fejtö, François 408
Fest , Joachim C. 367, 426
Fischer, Louis 244
Fischer, Ruth (1895–1961) – Funktionärin der KPD 190, 207f., 270
Fitzpatrick, S. 247
Foch, Ferdinand (1851–1929) – frz. Marschall 85, 121
Forrestal, James (1892–1949) – amerik. Politiker, Marinenmin. 398
Förster, Jürgen 362
Fraenkel, Ernst 321
Franco, (y Bahamonde) Francisco (1892–1975) – span. General u. Staatchef 328, 331
Frank, Hans (1900–1946) – nat.soz. Jurist u. Politiker, ab 1939 Generalgouverneur von Polen 348
Frank, Semjon (1877–1950) – russ. Philosoph 92
Freud, Sigmund (1856–1939) – Begründer der Psychoanalyse 441
Friedrich, Carl J. 453
Frinowski, M.P. – 1936–38 stellvertr. Volkskommissar für Inneres 310
Fröhlich, August – dt. Sozialdemokrat, Min.Präs. von Thüringen 190
Fuchs, Klaus – Atomphysiker 396
Fukuyama, Francis 530
Fulbright, James W. (1905–1995) – amerik. Senator 439

Gaddis, John 396, 398
Gajdar, Jegor – russ. Politiker, Finanzmin. u. Min.Präs. 512f., 515, 533
Gamaleja, Nikolaj (1859–1949) – sowjet. Wissenschaftler 418
Gamarnik, Ja. B. (1894–1937) – bolschew. Funktionär, 1929–37 Leiter der Politverwaltung der Roten Armee 311f.
Gates, Robert 514
Gefter, Michail 309, 373, 456, 491
Genscher, Hans-Dietrich – Bundesaußenminister 504
Gerassimow – Sprecher des sowjet. Außenminist. 504
Gerö, Ernö (1898–1980) – 1956 Generalsekr. der ungar. KP 450
Gerschenson, Michail – russ. Publizist 22
Gheorghiu-Dej, Gheorghe (1901–1956) – rum. KP-Führer, Min.Präs. 443f., 458
Gierek, Edward – 1970–80 Erster Sekr. der Polnischen Vereinigten Arbeiterpartei (PVAP) 467
Goebbels, Joseph (1897–1945) – nat.soz.

Politiker, seit 1933 Reichsmin. für Volksaufklärung u. Propaganda 361, 382
Goldstücker, Eduard (geb. 1913) – tschechosl. Politiker u. Schriftsteller 269
Golembiowski, Igor – russ. Publizist 544
Goloschtschjokin, Filip (1876–1941) – bolschew. Funktionär 104
Gomułka, Władysław (1905–1982) – 1943–48 Generalsekr. der Polnischen Arbeiterpartei, 1956–70 Erster Sekr. der PVAP 402ff., 448f., 467
Gopner, D.Ju. (1884–1925) – bolschew. Funktionärin 106
Gorbatschow, Michail (geb. 1931) – 1985–91 Generalsekr. der KPdSU 483–491, 493–497, 500–505, 507–510, 512, 531, 549
Gordow – sowjet. General 413
Gorki, Maxim (1868–1936) – sowjet. Schriftsteller 48, 423
Gorter, Hermann – holländ. Kommunist 168f.
Gottwald, Klement (1896–1953) – tschechosl. kommunist. Politiker, 1946–48 Min.Präs., 1948–53 Staatspräs. 350
Goworuchin, Stanislaw – sowjet. Filmregisseur 520
Gramsci, Antonio (1891–1937) – Führer der KPI 165f., 207
Gratschow, Andrej 543
Gratschow, Pawel – russ. General, Verteidigungsmin. 535
Grew, Joseph C. – amerik. Politiker 395
Grigorenko, Pjotr (1907–1987) – sowjet. General, Regimekritiker 459
Gromyko, Andrej (1909–1989) – sowjet. Diplomat, 1957–85 Außenmin. 470
Grosz, W. – Sprecher des poln. Außenminist. 406
Grzybowski,W. – poln. Diplomat, Botschafter in Moskau 345
Gubelman, M. – Mitgl. des Jüdischen Antifaschistischen Komitees 419
Guralski, Abraham – Funktionär der Kommunistischen Internationale 167
Gussinski, Wladimir – russ. Unternehmer 522
Gutschkow, Alexander (1862–1936) – russ. Politiker, 1917 Kriegsmin. 24, 33

Haase, Hugo (1863–1919) – 1918 Mitgl. des Rates der Volksbeauftragten 138
Halder, Franz (1884–1972) – dt. General, 1938–42 Chef des Generalstabes des Heeres 352, 355, 360, 364
Harnack, Arvid von (1901–1942) – Oberregierungsrat im Reichswirtschaftsministerium, Mitgl. der „Roten Kapelle" 355
Hanecki, Jakub (1879–1937) – bolschew. Funktionär 31
Harriman, Averell William (1891–1985) – amerik. Diplomat, 1943–46 Botschafter in Moskau 395
Hebrang, Andrije – jug. kommunist. Politiker 409
Hegedüs, András (1922–1999) – ungar. kommunist. Politiker, 1955–56 Min. Präs. 501
Heiden, Konrad 51, 139, 314
Helfferich, Karl (1872–1924) – dt. Politiker u. Diplomat 87
Herriot, Edouard (1872–1957) – frz. Politiker 224, 242
Hildebrand, Klaus 86
Hilferding, Rudolf (1877–1941) – dt. Politiker, soz.dem. Theoretiker 275, 519
Hilger, Gustav – dt. Diplomat 363
Himmler, Heinrich (1900–1945) – „Reichsführer SS" 368, 371
Hindenburg, Paul von (1847–1934) – dt. Generalfeldmarschall, 1925–34 Reichspräsident 77
Hitler, Adolf (1889–1945) – 1933–45 Reichskanzler 39, 179, 193, 263f., 281, 283–287, 293, 313, 317–320, 322ff., 328ff., 337–340, 342, 344, 347f., 351–358, 360ff., 365–369, 371f., 376f., 379f., 382, 386, 392, 398, 412, 426
Hoffmann, Joachim 362
Hoffmann, Max – dt. General, 1916–18 Stabchef des Oberbefehlshabers Ost 77f.
Honecker, Erich (1912–1994) – Generalsekr. der SED u. Staatsvorsitzender der DDR 503
Hopkins, Harry (1890–1946) – Berater des amerik. Präs. Franklin D. Roosevelt 377, 388
Horthy, Nikolaus (1868–1957) – ungar. Admiral u. Staatsmann, 1920–44 ungar. Reichsverweser 144
Hoßbach, Friedrich (1894–1980) – Hitlers Wehrmachtsadjutant 339
Hoth, Hermann – dt. General 369
House, Edward Mandell (1856–1938) – Berater des amerik. Präs. W. Wilson 76
Hoxha, Enver (1908–1981) – alban. Min.Präs. u. Erster Sekr. der alban. KP 443, 446, 458
Hugenberg, Alfred (1865–1951) – dt. Politiker, seit 1928 Vorsitz. der DNVP 285
Hunter, H. 272
Hyde, Douglas – brit Kommunist 349

Jacobsen, A. 178f.
Jagoda, Genrich (1891–1938) – sowjet. Funktionär, 1934–36 Volkskommissar für Inneres 299, 308f., 423
Jakir, Jona (1896–1937) – sowjet. Armeekommandeur 311f.

Jakowlew, A. – sowjet. Flugzeug-Ingenieur 315
Jakowlew, Alexander – sowjet. Politiker, Politbüromitglied, Verfechter der Perestrojka 490, 494
Jakubowitsch, M. – menschew. Politiker 271
Janajew, Gennadij – sowjet. Politiker, 1990–91 Vizepräs. der UdSSR 498
Jaruzelski, Wojciech (geb. 1923) – poln. Politiker u. General, 1981–89 Parteichef, 1989–90 Staatspräs. 502
Jasow, Dmitrij – sowjet. Marschall, Verteidigungsmin. 498
Jastrschembski, Sergej – russ. Regierungssprecher 543
Jawlinski, Grigorij – russ. Politiker, Vorsitz. der liberalen „Jabloko"-Partei 494, 513f., 522, 544
Jegorow, Alexander (1883–1939) – sowjet. Marschall 135
Jelzin, Boris (geb. 1930) – 1991–1999 russ. Staatspräs. 488f., 493, 497–500, 507, 510ff., 514–517, 519, 522, 525f., 528f., 533f., 536f., 543–546
Jeshow, Nikolaj (1895–1940) – bolschew. Funktionär, 1936–38 Volkskommissar für Inneres 298f., 308–311, 314ff., 331, 373
Jewtuschenko, Jewgenij – russ. Dichter 459
Joffe, Adolf (1883–1927) – sowjet. Diplomat 77, 86, 183
Johnson, Lyndon B. (1908–1973) – 1963–69 amerik. Präs. 470
Judenitsch, Nikolaj (1862–1933) – russ. General 116ff., 120, 124, 128
Jurowski, Jakow – bolschew. Funktionär, nahm an der Erschießung der Zarenfamilie (Juli 1918) teil 104

Kádár, János (1912–1989) – 1956–88 Erster Sekr. der ungar. KP 450f., 467
Kaganowitsch, Lasar (1893–1991) – sowjet. Politiker, 1930–1957 Mitgl. des Politbüros bzw. ZK-Präsidiums 299, 308, 323, 342, 434, 444, 447, 450, 452f.
Kalinin, Michail (1875–1946) – seit 1919 Vorsitz. des Zentralexekutivkomitees des Sowjets, seit 1938 Vorsitz. des Präsidiums des Obersten Sowjets 214
Kakurin, Nikolaj (1883–1936) – sowjet. Militärexperte 128
Kamenew, Lew (1893–1936) – sowjet. Politiker, 1919–25 Politbüromitglied 24, 47f., 65, 170, 172, 198, 200, 203, 205ff., 210, 214, 217, 219, 287f., 295, 298f., 303, 306
Kamenew, Sergej (1881–1936) – 1919–24 Oberbefehlshaber der Roten Armee 108, 151
Kaminski, G.N. (1895–1938) – sowjet. Politiker, Volkskommissar für Gesundheitswesen 311f.
Kamkow, B. – russ. Politiker, Mitbegründer der Partei der Linken Sozialrevolutionäre 46, 71
Kaplan, Fanny (1890–1918) – russ. Revolutionärin 105
Karelin, Wladimir (1891–1938) – Mitbegründer der Partei der Linken Sozialrevolutionäre 72
Karmal, Babrak – afghan. Politiker, Staatspräs. 476, 478
Károlyi, Michael Graf (1875–1955) – ungar. Politiker, 1918–19 Min.Präs. 142
Karpinski, Len 491
Kautsky, Karl (1854–1938) – sozialist. Theoretiker 102
Kennan, George F. (geb. 1904) – amerik. Diplomat, 1952–53 Botschafter in Moskau 397, 399
Kennedy, John F. (1917–1963) – 1961–63 amerik. Präs. 458
Kerenski, Alexander (1881–1970) – russ. Politiker, 1917 Min.Präs. 24, 28, 36, 40ff., 46, 51
Kerr, Archibald J.C. (1887–1951) – brit. Diplomat, 1942–46 Botschafter in Moskau 383
Kim Ir-sen (1912–1994) – nordkorean. Diktator 436
Kirilenko, A.P. (1906–1990) – sowjet. Politiker, 1962–82 Mitgl. des ZK-Präsidiums bzw. des Politbüros 461
Kiritschenko, A.I. (1908–1975) – sowjet. Politiker, 1952–60 Mitgl. des ZK-Präsidiums 431
Kirow, Sergej (1886–1934) – sowjet. Politiker, 1926–34 Erster Sekr. des Leningrader Parteikomitees, 1930–34 Mitgl. des Politbüros 223, 287ff., 291–295, 298f.
Kischkin, N. – russ. Politiker, Mitgl. der Partei der Konstitutionellen Demokraten 160
Kissinger, Henry – amerik. Politiker, 1973–77 Außenmin. 472ff.
Klokotow, N.P. 542
Knorin, W.G. (1890–1938) – bolschew. Funktionär 285
Kohl, Helmut – 1982–98 Bundeskanzler 504
Koltschak, Alexander (1873–1920) – russ. Admiral 110, 114, 116–120, 122f., 126
Kondratjew, Nikolaj – russ. Agrarexperte 270f.
Kopecky, Václav (1897–1961) – tschechosl. kommunist. Politiker 424
Kornijenko, G. – sowjet. Diplomat 476
Kornilow, Lawr (1870–1918) – russ. General 39–43, 45–48

Korsch, Karl (1886–1961) – dt. kommunist. Theoretiker 270
Koshokin, Jewgenij 529
Kossior, S.W. (1889–1939) – bolschew. Funktionär, seit 1930 Mitgl. des Politbüros 293
Kossygin, Alexej (1894–1980) – sowjet. Politiker, 1964–89 Vorsitz. des Ministerrates 460
Kostow, Trajtscho – bulg. kommunist. Politiker, Mitgl. des Politbüros, 1949 nach einem Schauprozess hingerichtet 400, 410
Kosyrew, Andrej – russ. Außenmin. 529
Kowaljow, Sergej – russ. Menschenrechtler 518, 533ff., 544
Krasnow, Pjotr (1869–1947) – Ataman der Don-Kosaken 51
Krassin, Leonid (1870–1926) – bolschew. Wirtschaftsexperte 87, 172
Krawtschuk, Leonid – ukrain. Präs. 508
Krestinski, Nikolaj (1883–1938) – sowjet. Diplomat, Botschafter in Berlin, stellv. Volkskommissar des Äußeren 190, 306f.
Kreve-Mickevicius – litau. Außenmin. 346
Kriwitzki, Walter (1899–1941) –Mitarbeiter des sowjet. Geheimdienstes im Ausland 293
Krjutschkow, Viktor – Vorsitzender des KGB 498
Kroll, Frank-Lothar 338
Krupskaja, Nadjeshda (1869–1939) – Ehefrau von W. Lenin 198, 205
Krymow, A.I. – russ. General 41f.
Küchler, Georg von – dt. General 355
Kühlmann, Richard von (1873–1948) – dt. Diplomat, 1917–18 Staatssekr. des Auswärtigen Amtes 77, 80
Kujbyschew, Walerjan (1888–1935) – bolschew. Politiker, 1927–35 Mitgl. des Politbüros 203, 223, 423
Kulik, G.I. (1890–1950) – sowjet. General 413
Kun, Béla (1886–1939) – Gründer der ungar. KP, Führer der ungar. Räterepublik von 1919 142, 144, 167
Kuroń, Jacek – poln. Regimekritiker u. Politiker, Arbeitsminister 468
Kuskowa, E. – russ. Politikerin, führendes Mitgl. des russ. Hungerkomitees von 1921 160
Kuśmierek, Józef – poln. Publizist 537
Kusnezow, Alexej (1905–1950) – 1945–46 Erster Sekr. des Leningrader Parteikomitees, 1946–49 Sekr. des ZK der WKP(b) 421f.
Kuusinen, Otto (1881–1964) – sowjet. Politiker u. Funktionär der Kommunistischen Internationale, 1921–39 Sekr. des Exekutivkomitees der Komintern 282, 346
Kvaternik, Slawko – kroat. Politiker u. Marschall, 1941–42 Kriegsminister 368

Larin, Jurij (1882–1932) – bolschew. Wirtschaftsexperte161, 215
Laval, Pierre (1883–1945) – frz. Politiker, Außenmin. u. Min.Präs. 330
Lebed, General Alexander – russ. General 522, 524, 525, 526, 536
Lenin, Wladimir (1870–1924) – Gründer der bolschewistischen Partei, 1917–24 Vorsitz. des Rates der Volkskommissare 13, 24–27, 30–34, 37f., 43ff., 47–50, 57, 59–65, 67, 69f., 74–84, 87–91, 94, 98, 102–109, 111, 115, 119–126, 128f., 136f., 141, 143–145, 147, 149–153, 155, 158f., 162–168, 171ff., 180, 183, 187, 191, 194–200, 203, 205f., 208, 211ff., 215, 218, 220, 222, 253, 258, 265, 271, 289, 293f., 298, 302, 306f., 322, 327, 335, 338, 351, 370, 405, 411, 417, 434, 455f., 487, 492f., 497f., 504
Leopold, Prinz von Bayern (1846–1930) – dt. Generalfeldmarschall, Oberbefehlshaber der Ostfront 77
Lersner, Kurt Frhr. von (1883–1954) – Legationsrat, Vertreter des Auswärtigen Amtes im Großen Hauptquartier 31
Levi, Paul (1883–1930) – dt. Kommunist, 1919–21 Führer der KPD 143, 166, 167f.
Leviné, Eugen (1883–1919) – dt. Sozialist u. Kommunist, einer der Führer der Bayerischen Räterepublik von 1919 143
Lewada, Jurij 514, 545
Lewin, L. – sowjet. Arzt, Opfer des Moskauer Schauprozesses von 1938 423
Liebermann, Jewsej – sowjet. Wirtschaftsexperte 462
Liebknecht, Karl (1871–1919) – dt. Sozialist, Mitbegründer der KPD 141
Liebknecht, Wilhelm (1826–1900) – dt. Sozialist, einer der Gründer der SPD 199
Ligatschow, Jegor – sowjet. Politiker, Mitgl. des Politbüros in der Gorbatschow-Periode 490
Litwinow, Maxim (1876–1951) – sowjet. Diplomat, 1930–39 Volkskommissar des Äußeren 122, 318f., 323, 330, 342
Ljaschtschenko – sowjet. General 361
Lloyd George, David (1863–1945) – brit. Staatsmann, 1916–22 Min.Präs. 76, 121–124, 182
Löbl, Eugen (1907–1987) – tschechosl. kommunist. Politiker, Opfer des Slánský-Prozesses von 1952 424
Lockhart, Robert H. Bruce – brit. Diplomat, 1915–17 Generalkonsul in Petrograd 84f., 121

Lominadse, W.W. (1897–1935) – bolschew. Politiker, 1925–30 ZK-Mitgl. 289f.
Longerich, Peter 355
Löwenthal, Richard (1908–1991) – dt. Sozialist, Politikwissenschaftler 139
Lorenz, Richard 272
Ludendorff, Erich (1865–1937) – dt. General, 1916–18 Erster Generalquartiermeister 31, 77, 80, 86f., 180
Ludwig, Emil (1881–1948) – dt. Schriftsteller 264f.
Lukin, Wladimir – russ. Politiker 529, 538
Lukjanow, Anatolij – sowjet. Politiker, 1990–91 Vorsitz. des Obersten Sowjets der UdSSR 533
Lushkow, Jurij – russ. Politiker, Moskauer Oberbürgermeister 544
Lutowinow, Ju.Ch. – bolschew. Politiker, Mitgl. der „Abeiteropposition" 163
Luxemburg, Rosa (1871–1919) – poln.-dt. Sozialistin, 1917 gründete gemeinsam mit Karl Liebknecht den Spartakusbund, Mitbegründerin der KPD 62f., 141f., 165
Lwow, Georgij (1861–1925) – russ. Politiker, 1917 Min.Präs. 40
Lyssenko, Trofim – sowjet. Wissenschaftsfunktionär 414f.

Machno, Nestor (1889–1934) – russ. Anarchist 110
de Maistre, Joseph Maria (1753–1821) – frz. Philosoph 43
Majski, Iwan (1884–1975) – sowjet. Diplomat, 1932–53 Botschafter in London 330, 354, 389, 392
Maklakow, Wassilij – russ. Politiker, führendes Mitgl. der Partei der Konstitutionellen Demokraten 518
Malenkow, Georgij (1902–1988) – sowjet. Politiker, 1946–57 Mitgl. des Politbüros u. des ZK-Präsidiums, 1953–55 Min.Präs. 372, 421, 428f., 431–435, 437, 440, 443f., 447, 452f.
Maltzan, von (1877–1927) – dt. Diplomat 183
Malyschew, W.D. (1902–1957) – sowjet. Politiker, 1952–53 Mitgl. des ZK-Präsidiums 425
Manuilski, Dmitrij (1883–1959) – sowjet. Politiker, Funktionär der Kommunistischen Internationale 246, 283, 388
Mao Tse-tung (1893–1976) – chin. kommunist. Staatsmann, Parteichef, 1949–59 Regierungschef 446, 458
Marshall, George (1888–1959) – amerik. General u. Staatsmann, Außenmin. 398, 406
Martow, Julij (1873–1923) – russ. Sozialist, Mitbegründer der menschewist. Partei 35, 46f.
Martynow, Alexander – bolschew. Funktionär 246
Marx, Karl (1818–1883) 49, 59, 89, 102, 172, 289, 338, 411, 434, 495
Masaryk, Jan (1886–1948) – 1945–48 tschechosl. Außenmin. 406
Maslow, Arkadij (1893–1941) – einer der Führer der KPD 207, 269
Matsuoka, Josuke (1880–1946) – japan. Politiker, 1940–41 Außenmin. 378
Mawdsley, Evan 120
Mazowiecki, Tadeusz – poln. katholischer Publizist u. Politiker, 1989–90 Min.Präs. 503, 512
Medwedew, Roy 291, 446f., 460
Meissner, Boris 478
Melgunow, Sergej (1879–1956) – russ. Exilhistoriker 117
Melnikow, L.G. (1906–1981) – sowjet. Politiker, 1949–53 Erster Sekr. des ZK der ukrain. KP 431
Menshinski, W.R. (1874–1934) – 1926–34 Leiter der Sowjetssicherheitsorgane (OGPU) 270
Merezkow – sowjet. Militärführer 373
Merker, Paul – KPD-Funktionär 273
Messerschmidt, Manfred 354
Michnik, Adam – poln. Publizist u. Bürgerrechtler 468, 545
Michoels, Solomon (1890–1948) – sowjet. Schauspieler, Leiter des jüdischen Theaters in Moskau, 1942–48 Vorsitz. des Jüdischen Antifaschistischen Komitees 416
Mikojan, Anastas (1895–1978) – sowjet. Politiker, 1935–66 Mitgl. des Politbüros u. des ZK-Präsidiums 266, 291, 293, 305f., 365, 425f., 428, 439, 452
Mikołajczyk, Stanisław (1901–1966) – poln. Politiker, 1943–44 Min.Präs. der poln. Exilregierung, 1945–47 Vizeministerpräsident der Warschauer Regierung der Nationalen Einheit 406
Miljukow, Pawel (1859–1934) – russ. Historiker u. Politiker, führendes Mitgl. der Partei der Konstitutionellen Demokraten, 1917 Außenmin. 24, 29, 33, 43, 498
Miljutin, W.P. (1884–1938) – bolschew. Funktionär 65
Millar, James R. 272
Mirbach, Graf Wilhelm (1871–1918) – dt. Diplomat, 1918 Botschafter in Moskau 85f.
Mlynář, Zdeněk (1930–1997) – tschechosl. Reformkommunist 470, 481
Modigliani, Giuseppe Emanuele – ital. Sozialist 175
Modrow, Hans – Min.Präs. der DDR 504
Moeller van den Bruck, Arthur

(1876–1925) – dt. Publizist, Vertreter der „konservativen Revolution" 188, 542
Molotow, Wjatscheslaw (1890–1986) – sowjet. Politiker, 1930–41 Vorsitzender des Rates der Volkskommissare, 1939–49, 1953–56 Volkskommissar für Äußeres bzw. Außenmin. 155, 161, 208, 255, 266, 271, 274, 308, 342f., 345f., 350, 356f., 359, 361, 363ff., 372, 383, 388, 392, 395f., 413, 425–429, 433, 435, 444, 447, 452f.
Morgenthau, Henry (1891–1967) – 1934–45 US-Finanzmin. 389
Moskalenko, K.S. (1902–1985) – sowjet. General 431
Mratschkowski, S.W. (1888–1936) – bolschew. Funktionär u. Militärführer 210, 298
Müller, Alfred – Reichswehrgeneral 192
Müller, Rolf-Dieter 353, 368
Muralow, Matwej (1877–1937) – bolschew. Funktionär 303
Mussolini, Benito (1883–1945) – bis 1914 einer der Führer der Sozialistischen Partei Italiens, Gründer der faschistischen Bewegung u. des faschistischen Regimes 176f., 209, 241f., 285f., 315f., 319, 366

Nadolny, Rudolph (1873–1953) – dt. Diplomat, 1933–34 Botschafter in Moskau 318f.
Nagy, Imre (1896–1956) – 1953–55 u. 1956 ungar. Min.Präs. 442ff., 450f.
Napoleon I. (1769–1821) – Kaiser der Franzosen (1804–1814/15) 127, 354, 365, 446
Nansen, Fritjof (1861–1930) – norweg. Polarforscher u. Diplomat 161
Negrín, Juan (1894–1956) – 1937–39 span. Min.Präs. 328
Nekritsch Alexander 364, 370
Nemeth, Miklós – 1988–1990 ungar. Min.Präs. 503
Nenaschew, Michail 492
Neumann, Heinz – KPD-Funktionär, Politbüromitglied, Opfer des „Grossen Terrors" von 1936–38 207
Neumann, Sigmund 322
Neurath, Konstantin Frhr. von (1873–1956) – dt. Diplomat, 1932–38 Außenmin. 284
Niekisch, Ernst (1889–1967) – dt. Publizist, Vertreter der „konservativen Revolution" 51, 324, 329
Nikolajew, Leonid (1904–1934) – Funktionär des kommunistischen Jugendverbandes (Komsomol), tötete am 1.12.1934 Sergej Kirow 293f.
Nikolajewski, Boris (1887–1966) – menschewist. Politiker 290f.
Nikolaus I. (1796–1855) – russ. Zar (1825–1855) 15, 521
Nikolaus II. (1868–1918) – russ. Zar (1894–1917) 16, 53, 105
Nin, Andreu (1892–1937) – katalanischer Revolutionär 332
Nipperdey, Thomas 75
Nixon, Richard –1969–1974 amerik. Präs. 472, 474f.
Nogin, Viktor (1878–1924) – bolschew. Politiker 47, 65
Nolte, Ernst 322
Noske, Gustav (1868–1946) – dt. Sozialdemokrat, 1918 Mitgl. des Rates der Volksbeauftragten, 1919–20 Reichswehrmin. 140
Nowikow, A.A. (1900–1976) – sowjet. Marschall 413

Olechowski, Andrzej – poln. Politiker, Außenmin. 537
Oracheschwili, M.D. (1881–1937) – sowjet. Politiker, 1923–25 stellvertr. Vorsitz. des Rates der Volkskommissare 293
Ordshonikidse, Georgij (1886–1937) – bolschew. Politiker, 1930–37 Politbüromitglied 129, 194, 205, 209, 223, 312
Orlow, Jurij – russ. Bürgerrechtler 466
Orlow, A. – führender Mitarbeiter des sowjet. Geheimdienstes 295f.
Ossinski, N. (1887–1938) – bolschew. Politiker, Wirtschaftsexperte 97, 111, 158, 163

Paléologue, Maurice (1859–1944) – frz. Diplomat, 1914–17 Botschafter in Petrograd 29
Papen, Franz von (1879–1969) – dt. Politiker, 1932 Reichskanzler, 1933–34 Vizekanzler 281, 284
Parfjonow, P. 215
Parvus (Helphand), Alexander (1867–1924) – dt.-russ. Sozialdemokrat, sozialist. Theoretiker, Geschäftsmann 30, 181
Pasternak, Boris (1890–1960) – russ. Dichter u. Schriftsteller, Nobelpreisträger 459
Patolitschew, Nikolaj (1908–1989) – sowjet. Politiker, 1958–85 Min. für Außenhandel der UdSSR 431
Pătrăşçanu, Lucreţiu – rumän. kommunist. Politiker 444
Pawlow, W. – sowjet. Politiker, 1991 Min.Präs. 498
Pelsche, Arwid (1899–1983) – sowjet. Politiker, Politbüromitglied 461
Perwuchin, M.G. (1904–1978) – sowjet. Politker, 1952–57 Mitgl. der ZK-Präsidiums 452
Peter der Große (1672–1725) – russ. Zar (1682–1725) 249, 251, 264f., 413f.

Peters, Jakow (1886–1938) – bolschew. Politiker, Funktionär des Sicherheitsdienstes 106
Petrowski, Grigorij (1878–1958) – bolschew. Politiker 293, 295
Pichoja, Rudolf 473, 478
Pietsch, Anne-Jutta 272
Piłsudski, Józef (1865–1935) – poln. Marschall u. Staatsmann 128, 134, 136f.
Pjatakow, Georgij (1890–1937) – bolschew. Politiker, Wirtschaftsexperte 171, 190, 218, 301, 303, 305
Pjatnitzki, Josif (1882–1938) – bolschew. Politiker, Funktionär der Kommunistischen Internationale 300, 311, 312
Platten, Fritz (1883–1942) – Schweizer Sozialist u. Kommunist 32
Plechanow, Georgij (1856–1918) – einer der Gründer der russ. Sozialdemokratie, sozialist. Theoretiker 16
Pletnew – sowjet. Arzt, Opfer des Moskauer Schauprozesses von 1938 423
Pobedonoszew, Konstantin (1827–1907) – 1880–1905 Oberprokuror des Heiligen Synod 53
Podgorny, Nikolaj (1903–1983) – sowjet. Politiker, 1960–77 Mitgl. des ZK-Präsidiums bzw. des Politbüros, 1965–77 Vorsitz. des Präsidiums des Obersten Sowjets 461
Poincaré, Raymond (1860–1934) – frz. Politiker, 1912–13, 1922–24, 1926–29 Min.Präs., 1913–20 Staatspräs. 182, 186, 224
Pokrowski, Michail (1868–1932) – sowjet. Historiker 333
Poliwanow – russ. General 135
Polkownikow – 1917 Militärkommandant von Petrograd 49f.
Poloskow, Iwan (1900–1991) – Vorsitz. der russischen KP 494
Pol Pot (1925–1998) – kambodschanischer Diktator 475
Ponomarjow, Boris (1905–1995) – sowjet. Politiker, 1972–86 Kandidat des Politbüros 461, 476
Pontecorvo, Bruno – ital. Atomphysiker 396
Popow, Gawriil – russ. Politiker u. Wirtschaftswissenschaftler 510
Potanin, Wladimir – russ. Unternehmer 522
Preobrashenski, Jewgenij (1886–1937) – bolschew. Politiker u. Wirtschaftsexperte 204, 217f., 265, 287
Primakow, Jewgenij – russ. Politiker, 1998–99 Min.Präs. 544
Primakow, Witalij (1897–1937) – sowjet. Militärführer 310f.
Pritt, D.N. 300
Prochanow, Alexander 502
Prokopowitsch, Sergej (1871–1955) – russ. Ökonom u. Politiker, Mitgl. der Partei der Konstitutionellen Demokraten 160
Pugatschew, Jemeljan (1742–1775) – russ. Bauernführer 20
Pugo, Boris – sowjet. Politiker, Innenmin. 498
Putin, Wladimir (geb. 1952) – seit August 1999 russ. Min.Präs., seit Dezember 1999 geschäftsführender Staatspräs. 543ff.
Putna, Witowt (1893–1937) – sowjet. Militärführer 310f.

Radek, Karl (1882–1939) – bolschew. Deutschlandexperte, Funktionär der Kommunistischen Internationale 136, 138, 166f., 177f., 187, 189f., 201f., 218, 242, 274f., 287, 301, 303, 314
Rajk, László (1909–1949) – ungar. kommunist. Politiker, Innen- u. Außenmin., Opfer des Schauprozesses von 1949 410
Rákosi, Mátyás (1892–1971) – 1945–56 Führer der ungar. KP, 1952–53 Min.Präs. 405, 436, 442, 446
Rakowski, Christian (1873–1938) bolschew. Politiker u. Diplomat 301, 306
Rankovič, Alexandar (1909–1983) – jugosl. Politiker, Innenmin. 435
Rappoport, W. 312
Rasin, Stenka (1630–1671) – russ. Bauernführer 20
Rasputin, Grigorij (1864–1916) – sibirischer Bauer, Wanderprediger 19, 414
Rathenau, Walter (1867–1922) – dt. Politiker, 1922 Außenmin. 181, 183
Rauschning, Hermann (1887–1982) – bis 1934 nat.soz. Politiker, 1933–34 Senatspräsident von Danzig, nach 1934 Gegner Hitlers 284
Reagan, Ronald – 1981–89 amerik. Präs. 478
Reichenau, Walter von (1884–1942) – dt. Generalfeldmarschall 369
Remmele, Hermann (1888– 1939) – KPD Funktionär, 1923–33 Politbüromitglied 207
Reventlow, Graf 188
Ribbentrop, Joachim von (1893–1946) – nat.soz. Diplomat, 1938–45 Außenmin. 342f., 345, 357
Riekhoff, Harald von 133
Rimscha, Hans von 247f., 250
Rjasanow, David (1878–1938) – bolschew. Theoretiker 171
Rjumin, M.D. (1913–1954) – Funktionär des sowjetischen Sicherheitsdienstes, 1951–52 stellvertr. Min. der Staatssicherheit 423

Rjutin, Martemjan (1890–1937) – bolschew. Funktionär, Kritiker Stalins 290f.
Robespierre, Maximilien de (1758–1794) – frz. Revolutionsführer, 1793–94 Präs. des Wohlfahrtsausschusses 219, 256, 309
Röhm, Ernst (1887–1934) – SA-Stabschef 293, 354
Rokossowski, Konstantin (1896–1968) – sowjet. Marschall 373, 436
Rolland, Romain (1866–1944) – frz. Schriftsteller 295
Romanows – russ. Dynastie (1613–1917) 526
Romanowski, Nikolaj 414
Romberg, Frhr. von – dt. Diplomat 32
Roos, Hans 391
Roosevelt, Franklin D. (1882–1945) – 1933–45 amerik. Präs. 377, 382, 385, 388, 394
Rosanow, Wassilij (1856–1919) – russ. Philosoph 527
Roschkow, N. – menschewist. Politiker 154
Rosenberg, Arthur – dt. Kommunist u. Historiker 67, 140, 175, 189–192, 224, 263, 270, 273
Rosenmark, Raymond 300
Rossowski, S. 397
Rumjanzew, Oleg 516
Rusk, Dean (1909–1994) – amerik. Diplomat, Außenmin. 470
Ruzkoj, Alexander – sowjet. General, russ. Politiker, 1991–93 Vizepräs. 514f.
Rybalko – sowjet. Marschall 413
Rykow, Alexej (1891–1938) – sowjet. Politiker, 1924–30 Vorsitz. des Rates der Volkskommissare, 1922–30 Mitgl. des Politbüros 47, 65, 164, 200, 203, 214, 221, 287, 301, 303, 305ff., 311

Saburow, M. (1900–1977) – sowjet. Politiker, 1952–57 Mitgl. des ZK-Präsidiums 445, 452
Sacharow, Andrej (1921–1989) – sowjet. Atomphysiker u. Bürgerrechtler, Friedensnobelpreisträger 466, 480, 488f., 535
Sacharow, N. 362
Safonowa – bolschew. Politikerin 313
Sapronow, T.W. (1878–1939) – bolschew. Funktionär, Kritiker der Generallinie der Partei 158
Saslawskaja, Tatjana 496
Satonski, W.P. (1888–1938) – bolschew. Funktionär 291
Sawitzki, Petr – russ. Geograph u. Publizist, Mitbegründer der Eurasier-Bewegung 262
Sawtschenko, K.D. – bolschew. Agrarexperte 215
Schachraj, Sergej – russ. Politiker 533
Schamil (1797–1871) – Anführer des Aufstandes der kaukasischen Bergvölker gegen das Zarenreich (1817–1864) 532
Schatalin, S. 494
Schatzkin, L.A. (1902–1937) – bolschew. Funktionär 289f.
Scheboldajew, B.B. (1895–1937) – bolschew. Funktionär 293
Scheel, Walter – 1969–74 Bundesaußenminister, 1974–79 Bundespräsident 242f., 471
Scheidemann, Philipp (1865–1939) – dt. soz.dem. Politiker, 1919 Min.Präs. 200
Schelepin, Alexander (1918–1994) – sowjet. Politiker, 1958–61 Vorsitz. des KGB, 1963–75 Mitgl. des ZK-Präsidiums bzw. des Politbüros 461
Schepilow, D. (1905–1995) – 1956–57 sowjet. Außenmin. 445, 450, 452f.
Schewardnadse, Eduard – 1985–90 Außenmin. der UdSSR 494, 501, 506
Schewzowa, Lydia 497
Schifrin, Alexander – russ.dt. Sozialdemokrat, Publizist 275
Schlageter, Albert Leo (1894–1923) – dt. Offizier, Mitgl. der Freikorps 187f.
Schleicher, Kurt von (1882–1934) – dt. General, Reichswehrmin., 1932–33 Reichskanzler 264
Schljapnikow, Alexander (1885–1937) – bolschew. Funktionär, Kritiker der Generallinie der Partei 159, 163
Schmitt, Carl (1888–1985) – dt. Rechtswissenschaftler 541
Schtemenko, S.M. – sowjet. General 436
Schtschedrow, I. 478
Schtscherbakow, A.S. (1901–1945) – sowjet. Politiker, 1941–45 ZK-Sekr. u. Leiter des Sowinformbüros 383, 423
Schulenburg, Friedrich Werner Graf v.d. (1875–1944) – dt. Diplomat, 1934–41 Botschafter in Moskau 354, 363
Schürer, Heinz – dt. Kommunist 246, 278
Schuschkewitsch, Stanislaw – Vorsitz. des Obersten Sowjets Weißrusslands 508
Seeckt, Hans von (1866–1936) – dt. General, 1920–26 Chef der Heeresleitung 133, 179–181, 183
Seljunin, Wassilij – russ. Wirtschaftswissenschaftler 492, 516
Semjonow, Wladimir (1911–1992) – sowjet. Diplomat, 1946–49 polit. Berater der SMAD, 1978–86 Botschafter in Bonn 390, 407
Serebrjakow, L. (1890–1937) – bolschew. Funktionär 218
Sergij, Starogorodskij (1867–1944) – Metropolit der russ.-orthodoxen Kirche, 1943–44 Moskauer Patriarch 156, 373

Serow, Iwan (1905–1990) – Funktionär des sowjet. Sicherheitsdienstes, 1941–54 stellvertr. Volkskommissar für Inneres bzw. stellvertr. Innenmin., 1954–58 Vorsitz. des KGB 452
Serrati, G.M. (1872–1926) – einer der Führer der SPI 175
Shdanow, Andrej (1896–1948) – sowjet. Politiker, 1934–44 Erster Sekr. des Leningrader Parteikomitees, 1938–48 Mitgl. des Politbüros 289, 299, 307, 413–415, 421
Shdanow, Jurij 414
Shirinowski, Wladimir – rechtsgerichteter russ. Politiker, Vorsitz. der „Liberal-Demokratischen" Partei 519, 522, 532
Shiwkow, Todor – bulg. Politiker, 1962–71 Min.Präs., 1971–89 Staatsratsvorsitzender 443
Shukow, Georgij (1896–1974) – sowjet. Marschall, 1955–57 Verteidigungsmin. 359, 361, 364, 413, 431, 450, 452, 457, 526
Sikorski, Władysław (1881–1943) – poln. General u. Staatsmann, 1939–43 Min.Präs. der poln. Exilregierung, 384
Simjanin, Michail – sowjet. Politiker, Parteiideologe 431
Simonow, Konstantin (1915–1979) – sowjet. Schriftsteller 373
Sinjawski, Andrej – russ. Schriftsteller, Regimekritiker 464
Sinowjew, Grigorij (1883–1936) – bolschew. Politiker, 1921–26 Mitgl. des Politbüros, 1919–26 Vorsitz. der Kommunistischen Internationale 47f., 65, 69, 104, 143, 166, 178, 192, 198, 200f., 203, 205–208, 210, 214, 219, 287, 295, 298ff., 304, 306
Sjuganow, Gennadij – seit 1993 Vorsitz. der russ. KP 519, 522f.
Skoblewski – sowjet. Militärexperte 190
Skoblin – russ. General u. sowjet. Agent 310
Slánský, Rudolf (1901–1952) – 1946–51 Generalsekr. der tschechosl. KP 424
Smirnow, A. – sowjet. Diplomat 393
Smirnow, A.P (1878–1938) – bolschew. Funktionär 290
Smirnow, G. – Leiter des Moskauer Instituts für Marxismus u. Leninismus 492
Smirnow, Iwan (1881–1936) – bolschew. Politiker u. Mitbegründer der linken Opposition 298
Sobtschak, Anatolij – russ. Politiker, Oberbürgermeister von Petersburg 530
Sogrin, W. 523
Sokolnikow, Grigorij (1888–1939) – sowjet. Politiker u. Diplomat 303
Sokolowski, Wassilij – 1946–49 Leiter der SMAD 407
Solomon, G. – sowjet. Diplomat 63
Solshenizyn, Alexander – russ. Schriftsteller, Regimekritiker, Nobelpreisträger 447, 459, 465, 475
Sonnino, Sidney Baron – ital. Politiker 76
Sorge, Richard (1895–1944) – dt. Kommunist, Agent des sowjet. Geheimdienstes 362, 378
Sorkin, Walerij – Vorsitz. des russ. Verfassungsgerichts 530
Spellman, Francis – amerik. Kardinal 385
Speranski, Michail (1772–1839) – russ. Staatsmann u. Rechtsgelehrter 66
Spiridonowa, Marija (1881–1941) – russ. Revolutionärin, Mitbegründerin der Partei der linken Sozialrevolutionäre 46, 71f.
Ssolnyschkow – sowjet. General 362
Stachanow, Alexej (1905–1977) – sowjet. „Stoßarbeiter" 268
Stalin, Josef (1879 ?–1953) – seit 1922 Generalsekr. der bolschew. Partei, 1941–46 Vorsitz. des Rates der Volkskommissare, seit 1946 Min.Präs. 24, 37f., 108, 115, 117, 125, 135ff., 147, 162f., 194, 196ff., 200, 203–206, 208, 210, 212–223, 241, 244, 252–259, 261–266, 269–272, 277, 287–299, 301–305, 307–315, 317ff., 323, 327f., 330, 331, 333, 334f., 338, 341f., 347ff., 350ff., 356–365, 371f., 374, 377, 380–385, 387–390, 392–396, 398, 400–404, 406–415, 418, 420–432, 434–437, 442–447, 450f., 453–456, 458, 461ff., 473, 480, 487, 491, 498, 510, 532, 547f.
Stankewitsch, Sergej 529f.
Starowojtowa, Galina – russ. demokr. Politikerin 510
Steklow, Ju.M. (1873–1941) – bolschew. Politiker u. Publizist, Chefredakteur der Zeitung „Iswestija" 119
Stepun, Fjodor (1884–1965) – russ. Philosoph 33f., 43, 61, 249
Stolypin, Pjotr (1862–1911) – russ. Staatsmann, 1906–11 Min.Präs. 518
Stresemann, Gustav (1878–1929) – dt. Staatsmann, 1923 Reichskanzler, 1923–29 Außenmin. 184, 189, 241ff.
Ströbel, Heinrich – dt. Sozialist, Mitgl. der USPD 139
Suchanow, Nikolaj (1882–1940) – menschewist. Politiker 21, 26, 34, 45, 50, 254
Sudoplatow, Pawel (1907–1996) – Funktionär des sowjet. Sicherheitsdienstes, General 396
Sultan Galijew, M.Ch. – bolschew. Funktionär 117
Suslow, Michail (1902–1982) – sowjet.

Politiker, Parteiideologe 450, 452, 462, 469, 476
Suworow, Viktor (W. Resun) – Mitarbeiter des sowjet. Geheimdienstes, Publizist 362
Suwtschinski, Pjotr – russ. Publizist, Mitbegründer der Eurasier–Bewegung 251
Swanidse, Alexej (1884–1941) – bolschew. Funktionär 335
Swerdlow, Jakow (1885–1919) – sowjet. Politiker, 1917–19 Vorsitz. des Zentralexekutivkomitees der Sowjets 95
Syrzow, S.I. (1893–1937) – bolschew. Funktionär, 1927–30 Kandidat des Politbüros 289f.

Talmon, Jakov 140
Taraki, N. – 1978–79 afghan . Präs. 476
Tasca, Angelo – einer der Gründer der KPI 177, 207
Taylor, A. J. P. 224
Terechow, 261
Thälmann, Ernst (1886–1944) – dt. Kommunist, sei 1925 Führer der KPD 207, 276, 278, 281
Thalheimer, August (1884–1948) – dt. Kommunist, 1921–23 mit Heinrich Brandler an der Spitze der KPD 167, 202, 279, 285
Thorez, Maurice (1900–1964) – seit 1930 Generalsekr. der KPF 325
Tichon, Belawin (1865–1925) – 1917–25 Moskauer Patriarch 156, 373
Tito, Josip Broz (1892–1980) – jugosl. Marschall u. Staatspräs. 386, 408ff., 435
Togliatti, Palmiro (1893–1964) – seit 1926 Generalsekr. der KPI 207, 289
Tolmatschow, W.N. (1886–1937) – bolschew. Funktionär, 1928–30 Volkskommissar für Inneres der RSFSR 290
Tolstoj, Alexej (1883–1945) – sowjet. Schriftsteller 265, 411
Tomski, Michail (1880–1936) – sowjet. Politiker, 1919–30 Mitgl. des Politbüros, 1922–29 Vorsitz. der sowjet. Gewerkschaften 200, 203, 214, 221, 287, 303, 305, 312
Torańska, Teresa 403
Trevor-Roper, Hugh 339
Trotzki, Leo (1879–1940) – bolschew. Politiker, 1918 Volkskommissar für Äußeres, 1918–25 Vorsitz. des revolutionären Militärrates, 1919–26 Politbüromitglied 19, 31, 44f., 49f., 52, 65, 76–81, 83ff., 91, 102ff., 114f., 120, 127, 136f., 144–147, 149f., 175, 190f., 196–212, 214, 217–221, 244, 255, 263, 277–281, 285f., 299f., 302–306, 312f., 318, 323, 327, 335, 364, 410
Truman, Harry (1884–1972) – 1945–53 amerik. Präs. 394, 396, 398
Tschaadajew, Pjotr (1794–1856) – russ. Philosoph 465
Tschajanow, Alexander – russ. Agrarexperte 270
Tscheremisow – russ. General 51
Tschepzow, A.A. (1902–1980) – Vorsitz. des Obersten Militärgerichts der UdSSR 424
Tscherepanow, Georgij – russ. Revolutionär, Mitgl. der Partei der Linken Sozialrevolutionäre 71
Tschernjajew, Anatolij – Berater Michail Gorbatschews 505
Tschernenko, Konstantin (1911–1985) – 1984–85 Generalsekr. der KPdSU 483
Tschernomyrdin, Viktor –1992–1998 russ. Min.Präs. 515, 543
Tschernow, Viktor (1873–1952) – Führer der Partei der Sozialrevolutionäre 17, 47, 72
Tscherwenkow, Wylko (1900–1980) – 1948–54 Generalsekr. der bulg. KP, 1950–56 Min.Präs. 442
Tschesnokow – sowjet. Funktionär 424
Tschikin, Walentin 522
Tschitscherin, Georgij (1872–1936) – sowjet. Diplomat, 1918–30 Volkskommissar für Äußeres 86f., 89, 122f., 130, 242
Tschujew, Feliks 365
Tuchatschewski, Michail (1893–1937) – sowjet. Marschall 128, 135, 153, 310f.
Tucker, Robert C. 197, 291
Turati, Filippo (1857–1932) – Mitbegründer der SPI 175
Turowicz, Jerzy –poln. kathol. Publizist, Chefredakteur der Zeitschrift „Tygodnik Powszechny" 501
Twardowski, Alexander (1910–1971) – russ. Dichter, Chefredakteur der Zeitschrift „Nowyj mir" 459

Uborewitsch, I.P. (1896–1937) – sowjet. Militärführer 311
Uglanow, N.A. (1886–1937) – bolschew. Funktionär, 1926–29 Kandidat des Politbüros, 1924–28 Erster Sekr. des Moskauer Parteikomitees 214
Ulbricht, Walter (1893–1973) – seit 1929 Mitgl. des Politbüros der KPD, 1953–71 Erster Sekr. der SED 433, 438, 442
Uritzki, Mojsej (1873–1918) – 1918 Chef der Petrogader Tscheka 105
Ustinow, A. – russ. Agrarexperte 96
Ustinow, Dmitrij (1908–1984) – 1976–84 sowjet. Verteidigungsmin. 476
Ustrjalow, Nikolaj – russ. Politiker u. Publizist, Mitbegründer der „Smena-Wjech-Bewegung" 131, 250

Varga, Eugen (1879–1964) – ungar. Kommunist, sowjet. Wirtschaftsexperte 331

Wagner, Richard (1813–1883) – dt. Komponist 382
Warejkis, I. – bolschew. Funktionär 293
Wassilewski, Marschall (1895–1977) – sowjet. Marschall, 1949–53 Verteidigungsmin. 361
Wazetis, Joachim (1873–1938) – 1918–19 Oberbefehlshaber der Roten Armee 108, 144
Weber, Max (1864–1920) – dt. Soziologe 517
Wehner, Markus 160
Weidlé, Wladimir – russ. Kulturhistoriker 93
Weizsäcker, Ernst Frhr. von (1882–1951) – dt. Diplomat, 1938–43 Staatssekretär im Auswärtigen Amt 351, 354
Wells, H.G. (1866–1946) – engl. Schriftsteller 323
Werchowych, W.M. – bolschew. Funktionär 291
Werth, Nicolas 109
Wilson, Woodrow (1856–1924) – 1913–21 amerik. Präs. 76, 85, 121ff., 127
Winkler, Heinrich August 140, 284
Winogradow, Igor 491f.
Wirth, Julius (1879–1956) – dt. Politiker, 1921–22 Reichskanzler 133, 180
Witos, Wincenty – poln. Politiker, 1920 Min.Präs. 135
Witte, Sergej (1849–1915) – russ. Staatsmann, 1891–1903 Finanzmin., 1905–06 Min.Präs. 16, 265f.
Wlassow, Andrej (1900–1946) – sowjet. General, seit 1942 in dt. Kriegsgefangenschaft, Gründer der „Wlassow-Armee", die mit den Deutschen kollaborierte 370ff.
Wojtyła, Karol – Krakauer Erzbischof u. Kardinal, seit 1978 Papst Johannes Paul II. 479
Wolfe, Bertram 17, 44
Wolkogonow, Dmitrij 30, 82, 103, 156, 258, 291, 294, 310, 364, 380
Wolodarski, Mojsej (1891–1918) – bolschew. Politiker u. Publizist 104
Woroschilow, Klement (1881–1969) – bolschew. Politiker u. Militärführer, 1925–40 Volkskommissar für Verteidigung 299, 303, 308, 311, 372, 401, 426, 429, 444, 452f.
Woschtschanow, Pawel 530
Wosnessenski, Nikolaj (1903–1950) – 1947–49 Politbüromitglied, 1942–49 Leiter der staatl. Planungskommission 421, 422
Wrangel, Pjotr (1878–1928) – russ. General 117
Wyschinski, Andrej (1883–1954) – Generalstaatsanwalt der UdSSR, 1949–53 Außenmin. 299f., 304, 306f., 356
Wyszyński, Stefan (1900–1981) – 1948–81 Primas der kathol. Kirche Polens 444, 449

Yergin, Daniel 398

Zeidler, Manfred 320
Zeigner, Erich – dt. Sozialist, Min.Präs. von Sachsen 190
Zereteli, Iraklij (1881–1959) – menschewist. Politiker 22, 34f., 37f., 41, 46
Zetkin, Clara (1857–1933) – dt. Kommunistin 137
Zjurupa, Alexander (1870–1928) – bolschew. Politiker, Volkskommissar für Versorgung 94, 104
Žujović, S. – jugosl. Politiker 409
Zwigun – stellvertr. Vorsitz. des KGB, General 466

Bildnachweis

dpa, München: S. 240
Süddeutscher Verlag, München: S. 227 oben, 228 oben, 229 unten, 230, 231 oben links, 234, 237, 238
Tony-Stone Bilderwelten, München: Umschlagmotive
Ullstein-Bilderdienst, Berlin: S. 225, 227 unten, 228 unten, 229 oben, 231 oben rechts u. unten, 232, 233, 235, 236, 239
Verlagsarchiv Pustet, Regensburg: S. 226

Karte auf dem Vorsatz: Aus: Putzger, Historischer Weltatlas, Jubiläumsausgabe, 1979, © Cornelsen Verlag, Berlin, S. 125.
Karte auf dem Nachsatz: BITmap, Kartografie und Infografik GmbH, Mannheim

Luks

Nordkaukasusgebiet

1 Republik Adygeja
2 Rep. Karatschai-Tscherkessien
3 Republik Kabardino-Balkarien
4 Republik Nordossetien
5 Republik Inguschetien
6 Republik Tschetschenien
7 Republik Dagestan
8 Region Krasnodar
9 Region Stawropol
10 Gebiet Rostow

Zentrales Schwarzerdegebiet

11 Gebiet Kursk
12 Gebiet Belgorod
13 Gebiet Lipezk
14 Gebiet Woronesch
15 Gebiet Tambow

Zentrales Wirtschaftsgebiet

16 Gebiet Smolensk
17 Gebiet Twer
18 Gebiet Brjansk
19 Gebiet Kaluga
20 Moskva
21 Gebiet Moskau
22 Gebiet Jaroslawl
23 Gebiet Orjol
24 Gebiet Tula
25 Gebiet Rjasan
26 Gebiet Wladimir
27 Gebiet Iwanowo
28 Gebiet Kostroma

Nordwestliches Wirtschaftsgebiet

29 Gebiet Kaliningrad
30 Sankt Petersburg
31 Gebiet Pskow
32 Gebiet Nowgorod
33 Gebiet Leningrad

Nördliches Wirtschaftsgebiet

34 Republik Karelien
35 Republik Komi
36 AB der Nenzen
37 Gebiet Murmansk
38 Gebiet Wologda
39 Gebiet Archangelsk

Wolga-Wjatka-Gebiet

40 Republik Mordwinien
41 Republik Tschuwaschien
42 Republik Marij El
43 Gebiet Nischni Nowgorod
44 Gebiet Kirow